Hand- und Lehrbücher zu Unternehmung, Steuern und Recht

Herausgegeben von
Universitätsprofessor Dr. Michael Heinhold

Bisher erschienene Werke:

Hofmann, Corporate Governance
Kaplan · Elmaleh, Israelisches Wirtschaftsrecht
Obermann, Steuerliche Förderung selbstgenutzten
Wohneigentums

Steuerliche Förderung selbstgenutzten Wohneigentums

Buch mit Diskette

Von

Dr. Volker Obermann

R. Oldenbourg Verlag München Wien

Die Deutsche Bibliothek - CIP-Einheitsaufnahme

Steuerliche Förderung selbstgenutzten Wohneigentums / von
Volker Obermann. – München ; Wien : Oldenbourg
   (Hand- und Lehrbücher zu Unternehmung, Steuer und Recht)
   ISBN 3-486-24656-9

   Buch. 1998
   Pp.

   Diskette. 1998

© 1998 R. Oldenbourg Verlag
Rosenheimer Straße 145, D-81671 München
Telefon: (089) 45051-0, Internet: http://www.oldenbourg.de

Gedruckt auf säure- und chlorfreiem Papier
Gesamtherstellung: Hofmann-Druck Augsburg GmbH, Augsburg

ISBN 3-486-24656-9

Inhaltsübersicht

Seite

Kapitel 1: Einleitung 1

1.1 Problemstellung 1
1.2 Zielsetzung und Abgrenzung 7
1.3 Vorgehen und Aufbau der Arbeit 10

Kapitel 2: Grundlagen der Systeme zur Wohneigentumsförderung 14

2.1 Die Förderung des Wohneigentums primär über Abschreibungen 14
2.2 Die Förderung des Wohneigentums primär über Sonderausgaben 41
2.3 Die Förderung des Wohneigentums primär über Zulagen 132

Kapitel 3: Das Programm FIWoComp© als Analysewerkzeug 186

3.1 Hardware- und Softwarevoraussetzungen 186
3.2 Bedienungsanleitung 187
3.3 Darstellung der Programmstruktur 196
3.4 Beschreibung des Programmablaufs 204

Kapitel 4: Analyse der Förderungsinstrumente für selbstgenutztes
Wohneigentum 221

4.1 Kriterien und Verfahren der Sensitivitätsanalysen 221
4.2 Analyse für die Variable „Gesamtbetrag der Einkünfte" 235
4.3 Analyse für die Variable „Objekttyp" 244
4.4 Analyse für die Variable „Bau- bzw. Erwerbskosten" 250
4.5 Analyse für die Variable „Kinderzahl" 257
4.6 Analyse für die Variable „Vorbezugskosten" 262
4.7 Analyse für die spezifische § 10e-Variable „Schuldzinsenabzug" 266
4.8 Untersuchung von spezifischen Variablen der Eigenheimzulage 268

Kapitel 5: Resümee 274

Inhaltsverzeichnis

Seite

Inhaltsübersicht V
Inhaltsverzeichnis VI
Abbildungsverzeichnis XII
Tabellenverzeichnis XIV
Abkürzungsverzeichnis XV

Kapitel 1:   Einleitung 1

1.1 Problemstellung 1
1.2 Zielsetzung und Abgrenzung 7
1.3 Vorgehen und Aufbau der Arbeit 10

Kapitel 2:   Grundlagen der Systeme zur Wohneigentumsförderung 14

2.1 Die Förderung des Wohneigentums primär über Abschreibungen 14
    2.1.1 Erhöhte Absetzungen nach § 7b Abs. 1 Satz 1 EStG 15
        2.1.1.1 Anspruchsberechtigte Personen 15
        2.1.1.2 Begünstigte Objekte 17
            2.1.1.2.1 Gebäude und Wohnungen im Sinne des § 7b EStG 17
            2.1.1.2.2 Ausbauten und Erweiterungen 17
            2.1.1.2.3 Ferien- und Wochenendhäuser 19
            2.1.1.2.4 Folgeobjekte 19
        2.1.1.3 Begünstigte Nutzungsformen 20
        2.1.1.4 Bemessungsgrundlage 22
            2.1.1.4.1 Anschaffungs- und Herstellungskosten 22
            2.1.1.4.2 Nachträgliche Anschaffungs- und Herstellungskosten ... 23
        2.1.1.5 Begünstigungszeitraum 24
        2.1.1.6 Ausschlußkriterien für die Förderung 25
            2.1.1.6.1 Eintritt des Objektverbrauchs 25
            2.1.1.6.2 Erwerb eines Objekts vom Ehegatten 27
            2.1.1.6.3 Wechselseitige Anschaffungsgeschäfte 27
            2.1.1.6.4 Rückerwerb 29
        2.1.1.7 Höhe der Abschreibungen 29
            2.1.1.7.1 Erhöhte Absetzungen 29
            2.1.1.7.2 Nachholung erhöhter Absetzungen 32
    2.1.2 Restwertabschreibung nach § 7b Abs. 1 Satz 2 EStG 33
    2.1.3 Zusatzförderung durch Baukindergeld gemäß § 34f EStG 35
    2.1.4 Übergangsregelungen zur Nutzungswertbesteuerung 37
        2.1.4.1 Kleine Übergangsregelung 38
        2.1.4.2 Große Übergangsregelung 39

Seite

2.2 Die Förderung des Wohneigentums primär über Sonderausgaben 41

2.2.1 Förderung des selbstgenutzten Wohneigentums nach § 10e EStG 41

   2.2.1.1 Die Grundförderung gemäß § 10e Abs. 1 bis 5a EStG 42

      2.2.1.1.1 Anspruchsberechtigte Personen 42

         2.2.1.1.1.1 Bauherrn und entgeltliche Erwerber 43

         2.2.1.1.1.2 Sachlage bei unentgeltlichem Erwerb 44

      2.2.1.1.2 Begünstigte Objekte 46

         2.2.1.1.2.1 Wohnungen im Sinne des § 10e EStG 46

         2.2.1.1.2.2 Ausbauten und Erweiterungen 47

         2.2.1.1.2.3 Anteile an begünstigten Objekten 48

         2.2.1.1.2.4 Folgeobjekte 49

      2.2.1.1.3 Begünstigte Nutzungsformen 51

         2.2.1.1.3.1 Nutzung zu eigenen Wohnzwecken 51

         2.2.1.1.3.2 Eigennutzung bei Ausbau / Erweiterung 52

         2.2.1.1.3.3 Überlassung von Teilen der Wohnung 53

         2.2.1.1.3.4 Wohnungsüberlassung an eigene Kinder 54

      2.2.1.1.4 Bemessungsgrundlage 55

         2.2.1.1.4.1 Anschaffungs- und Herstellungskosten 55

         2.2.1.1.4.2 Nachträgliche Anschaffungs- und
Herstellungskosten 57

         2.2.1.1.4.3 Bemessungsgrundlage bei Ausbauten
und Erweiterungen 58

         2.2.1.1.4.4 Bemessungsgrundlage bei unentgeltlichem
und teilentgeltlichem Erwerb 59

         2.2.1.1.4.5 Bemessungsgrundlage bei nicht vollständiger
Nutzung zu eigenen Wohnzwecken 60

      2.2.1.1.5 Begünstigungszeitraum 63

      2.2.1.1.6 Ausschlußkriterien für die Förderung 65

         2.2.1.1.6.1 Überschreiten bestimmter Einkunftsgrenzen . 65

         2.2.1.1.6.2 Eintritt des Objektverbrauchs 66

         2.2.1.1.6.3 Erwerb eines Objekts vom Ehegatten 71

         2.2.1.1.6.4 Ferien-, Wochenend- und Zweitwohnungen .. 72

         2.2.1.1.6.5 Bauten ohne Baugenehmigung 73

      2.2.1.1.7 Höhe des Sonderausgabenabzugsbetrags 73

         2.2.1.1.7.1 Zeitpunkt der erstmaligen Anwendung 74

         2.2.1.1.7.2 Kürzung bei gemischter Nutzung 79

         2.2.1.1.7.3 Kürzung bei Miteigentumsanteilen 82

      2.2.1.1.8 Nachhol- und Rückbeziehungsmöglichkeiten 84

         2.2.1.1.8.1 Nachholung nicht ausgenutzter
Abzugsbeträge 84

         2.2.1.1.8.2 Rückbeziehung nachträglicher Anschaffungs-
oder Herstellungskosten 86

                                                                      Seite
2.2.1.2 Der Vorkostenabzug gemäß § 10e Abs. 6 EStG 88
    2.2.1.2.1 Anspruchsberechtigte Personen 88
    2.2.1.2.2 Begünstigte Aufwendungen 89
        2.2.1.2.2.1 Vorbezugskosten 91
        2.2.1.2.2.2 Erhaltungsaufwendungen 92
2.2.1.3 Der erweiterte Schuldzinsenabzug gemäß § 10e Abs. 6a EStG ... 94
    2.2.1.3.1 Anspruchsberechtigte Personen 95
    2.2.1.3.2 Begünstigter Tatbestand 96
    2.2.1.3.3 Höhe und Zeitraum des Schuldzinsenabzugs 97
2.2.1.4 Zusatzförderung durch Baukindergeld gemäß § 34f EStG 99
    2.2.1.4.1 Anspruchsberechtigte Personen 99
    2.2.1.4.2 Begünstigter Tatbestand 101
    2.2.1.4.3 Höhe des Baukindergelds 102

2.2.2 Förderung der unentgeltlich überlassenen Wohnung nach § 10h EStG .. 108
    2.2.2.1 Anspruchsberechtigte Personen und begünstigte Aufwendungen. 108
    2.2.2.2 Begünstigte Nutzungsform 110
    2.2.2.3 Bemessungsgrundlage und Abzugsbetrag 112
    2.2.2.4 Sonstige Anwendungstatbestände 113

2.2.3 Förderung selbstgenutzter begünstigter Objekte nach § 10f EStG 115
    2.2.3.1 Entstehung und Bedeutung des § 10f EStG 115
    2.2.3.2 Anspruchsberechtigte Personen und begünstigte Objekte 116
    2.2.3.3 Bemessungsgrundlage und Abzugsbetrag 117
        2.2.3.3.1 Begünstigte Anschaffungs- / Herstellungskosten 117
        2.2.3.3.2 Begünstigte Erhaltungsaufwendungen 120
    2.2.3.4 Objektbeschränkung 121

2.2.4 Förderung schutzwürdiger Kulturgüter nach § 10g EStG 122
    2.2.4.1 Entstehung und Bedeutung des § 10g EStG 122
    2.2.4.2 Anspruchsberechtigte Personen und begünstigte Objekte 122
    2.2.4.3 Bemessungsgrundlage und Abzugsbetrag 123
    2.2.4.4 Objektbeschränkung 125

2.2.5 Förderung selbstgenutzter Immobilien nach § 7 FördG 126
    2.2.5.1 Anspruchsberechtigte Personen 126
    2.2.5.2 Begünstigte Objekte 127
    2.2.5.3 Bemessungsgrundlage und Abzugsbetrag 128
    2.2.5.4 Begünstigungszeitraum 129

Seite
2.3 Die Förderung des Wohneigentums primär über Zulagen 132
  2.3.1 Der Fördergrundbetrag gemäß § 9 Abs. 2 EigZulG 135
    2.3.1.1 Anspruchsberechtigte Personen 135
    2.3.1.2 Begünstigte Objekte 137
      2.3.1.2.1 Wohnungen im Sinne des EigZulG 137
      2.3.1.2.2 Ausbauten und Erweiterungen 138
      2.3.1.2.3 Anteile an begünstigten Objekten 140
      2.3.1.2.4 Folgeobjekte 141
    2.3.1.3 Begünstigte Nutzungsformen 143
      2.3.1.3.1 Nutzung zu eigenen Wohnzwecken 143
      2.3.1.3.2 Unentgeltliche Überlassung zu Wohnzwecken 144
    2.3.1.4 Bemessungsgrundlage 146
      2.3.1.4.1 Anschaffungs- und Herstellungskosten 146
      2.3.1.4.2 Nachträgliche Anschaffungs- und Herstellungskosten .. 147
      2.3.1.4.3 Bemessungsgrundlage bei unentgeltlichem und
               teilentgeltlichem Erwerb 148
      2.3.1.4.4 Bemessungsgrundlage bei nicht vollständiger Nutzung
               zu eigenen Wohnzwecken 149
    2.3.1.5 Begünstigungszeitraum 150
    2.3.1.6 Ausschlußkriterien für die Förderung 152
      2.3.1.6.1 Überschreiten bestimmter Einkunftsgrenzen 152
      2.3.1.6.2 Eintritt des Objektverbrauchs 154
      2.3.1.6.3 Erwerb eines Objekts vom Ehegatten 157
      2.3.1.6.4 Ferien-, Wochenend- und Zweitwohnungen 157
      2.3.1.6.5 Bauten ohne Baugenehmigung 158
    2.3.1.7 Höhe des Fördergrundbetrags 159
      2.3.1.7.1 Relevanz des Objekttyps 159
      2.3.1.7.2 Kürzung bei gemischter Nutzung 162
      2.3.1.7.3 Kürzung bei Miteigentumsanteilen 164
  2.3.2 Die Zusatzförderungen für ökologische Baumaßnahmen 165
    2.3.2.1 Förderung energiesparender Anlagen (§ 9 Abs. 3 EigZulG) 166
    2.3.2.2 Förderung von Niedrigenergiehäusern (§ 9 Abs. 4 EigZulG) 167
  2.3.3 Die Kinderzulage gemäß § 9 Abs. 5 EigZulG 168
    2.3.3.1 Anspruchsberechtigte Personen 168
    2.3.3.2 Ausschluß von Doppelförderungen 169
    2.3.3.3 Gemeinsame Obergrenze mit dem Fördergrundbetrag 170
  2.3.4 Der Vorkostenabzug gemäß § 10i EStG 172
    2.3.4.1 Die Vorkostenpauschale 173
    2.3.4.2 Abzug für Erhaltungsaufwendungen 175
  2.3.5 Die Genossenschaftsanteilsförderung gemäß § 17 EigZulG 177
    2.3.5.1 Anspruchsberechtigte Personen und begünstigter Tatbestand 178
    2.3.5.2 Höhe der Förderung 179

Seite

Kapitel 3:   Das Programm FIWoComp© als Analysewerkzeug 186

3.1 Hardware- und Softwarevoraussetzungen 186

3.2 Bedienungsanleitung 187

    3.2.1 Programmstart und allgemeine Hinweise 187

    3.2.2 Erläuterungen zum Eingabedialog und zur Programmanwendung 190

3.3 Darstellung der Programmstruktur 196

    3.3.1 Das Modell des Programms 196

    3.3.2 Der Tabellenaufbau 198

        3.3.2.1 Grundsätzliche Einteilung der Analysetabellen 198

        3.3.2.2 Der Tabellenaufbau bei Förderung nach § 10e EStG 200

        3.3.2.3 Der Tabellenaufbau bei Förderung nach dem EigZulG 201

    3.3.3 Die Prämissen des Computermodells................................ 201

3.4 Beschreibung des Programmablaufs 204

    3.4.1 Generelle Programmprozeduren 204

    3.4.2 Merkmale bei Berechnungen nach § 10e EStG 207

        3.4.2.1 Die Vorbezugskosten nach § 10e Abs. 6 Satz 1 EStG 207

        3.4.2.2 Die Erhaltungsaufwendungen nach § 10e Abs. 6 Satz 3 EStG ... 208

        3.4.2.3 Der Schuldzinsenabzug nach § 10e Abs. 6a EStG 209

        3.4.2.4 Die Grundförderung des § 10e EStG 209

        3.4.2.5 Das Baukindergeld nach § 34f EStG 212

    3.4.3 Merkmale bei Berechnungen nach Eigenheimzulagengesetz 214

        3.4.3.1 Der Fördergrundbetrag des EigZulG 214

        3.4.3.2 Die Kinderzulage nach § 9 Abs. 5 EigZulG 216

        3.4.3.3 Die Zulage für energiesparende Anlagen (§ 9 Abs. 3 EigZulG) .. 217

        3.4.3.4 Die Zulage für Niedrigenergiehäuser (§ 9 Abs. 4 EigZulG) 218

        3.4.3.5 Die Vorkostenpauschale nach § 10i Abs. 1 Nr. 1 EStG 218

        3.4.3.6 Die Erhaltungsaufwendungen nach § 10i Abs. 1 Nr. 2 EStG 219

Seite

Kapitel 4:   Analyse der Förderungsinstrumente für selbstgenutztes

Wohneigentum 221

4.1 Kriterien und Verfahren der Sensitivitätsanalysen 221
    4.1.1 Die geplante große Steuerreform 1999 221
    4.1.2 Die standardisierten Basisdaten als Ausgangspunkt der Untersuchungen 228
    4.1.3 Die Untersuchungsvariablen 229
    4.1.4 Die Zusammenfassung des Analyseergebnisses 232
    4.1.5 Der MS EXCEL© Szenario-Manager für zusätzliche Analysen 233
4.2 Analyse für die Variable „Gesamtbetrag der Einkünfte" 235
    4.2.1 Untersuchung für den Grundtarif 236
    4.2.2 Untersuchung für den Splittingtarif 240
4.3 Analyse für die Variable „Objekttyp" 244
4.4 Analyse für die Variable „Bau- bzw. Erwerbskosten" 250
    4.4.1 Analyse der Neubaukosten 250
    4.4.2 Analyse der Altbaukosten 255
4.5 Analyse für die Variable „Kinderzahl" 257
4.6 Analyse für die Variable „Vorbezugskosten" 262
4.7 Analyse für die spezifische § 10e-Variable „Schuldzinsenabzug" 266
4.8 Untersuchung von spezifischen Variablen der Eigenheimzulage 268
    4.8.1 Analyse für die Variable „Ökologische Zusatzförderungen" 268
    4.8.2 Analyse der neuen Genossenschaftsförderung 270
    4.8.3 Gestaltungsspielraum bei überschrittenen Einkunftsgrenzen 272

Kapitel 5:   Resümee 274

Anhang 276

Verzeichnis der Gesetze, Verordnungen, Verwaltungsanweisungen
und amtlichen Veröffentlichungen 356

Rechtsprechungsverzeichnis 364

Literaturverzeichnis 367

Stichwortverzeichnis 381

Abbildungsverzeichnis

Seite

Abb. 1: Übersicht über die Wohneigentumsförderung
nach § 7b und § 34f EStG 15

Abb. 2: Übersicht über die Wohneigentumsförderung
nach § 10e und § 34f EStG 42

Abb. 3: Übersicht über die Wohneigentumsförderung
nach EigZulG und § 10i EStG 132

Abb. 4: Übersicht über die Genossenschaftsanteilsförderung
nach § 17 EigZulG 178

Abb. 5: Verlauf der Grenzsteuersätze im Vergleich der Steuertarife seit 1994 ... 226

Abb. 6: Steuerbelastungen im Vergleich der Tarife seit 1994.................. 227

Abb. 7: Zusammenfassung der Ergebnisse für Ledige mit Standardbasisdaten,
5 Kinderfreibeträgen und maximaler ökologischer Zusatzförderung 233

Abb. 8: Variation des Gesamtbetrags der Einkünfte für Ledige ohne Kind
bei Neubaumaßnahme zu mindestens 330.000 DM 237

Abb. 9: Variation des Gesamtbetrags der Einkünfte für Ledige ohne Kind
bei Neubaumaßnahme zu 100.000 DM 238

Abb. 10: Variation des Gesamtbetrags der Einkünfte für Ledige ohne Kind
bei Altbaumaßnahme zu mindestens 330.000 DM 239

Abb. 11: Variation des Gesamtbetrags der Einkünfte für Verheiratete mit zwei
Kindern bei Neubaumaßnahme zu mindestens 330.000 DM 241

Abb. 12: Variation des Gesamtbetrags der Einkünfte für Verheiratete mit zwei
Kindern bei Neubaumaßnahme zu 100.000 DM 241

Abb. 13: Variation des Gesamtbetrags der Einkünfte für Verheiratete mit zwei
Kindern bei Altbaumaßnahme zu mindestens 330.000 DM 242

Abb. 14: Variation des Objekttyps für Ledige ohne Kind 244

Abb. 15: Variation des Objekttyps für Ledige mit einem Kind 245

Abb. 16: Variation des Objekttyps für Verheiratete ohne Kind 246

Abb. 17: Variation des Objekttyps für Verheiratete mit zwei Kindern 247

Abb. 18: Tarifvergleich für die Objektvariation bei Ledigen mit einem Kind 249

Abb. 19: Tarifvergleich für die Objektvariation bei Verheirateten
mit zwei Kindern 249

Abb. 20: Variation der Neubaukosten für Ledige mit einem Kind bei
einem Anfangs-GdE von 100.000 DM 251

Abb. 21: Variation der Neubaukosten für Verheiratete mit einem Kind bei
einem Anfangs-GdE von 100.000 DM 251

Seite

Abb. 22: Variation der Neubaukosten für Verheiratete mit einem Kind bei
einem Anfangs-GdE von 150.000 DM 253

Abb. 23: Variation der Neubaukosten für Ledige mit einem Kind bei
einem Anfangs-GdE von 50.000 DM 254

Abb. 24: Variation der Neubaukosten für Verheiratete mit einem Kind bei
einem Anfangs-GdE von 50.000 DM 254

Abb. 25: Variation der Altbaukosten für Ledige mit einem Kind bei
einem Anfangs-GdE von 100.000 DM 256

Abb. 26: Variation der Altbaukosten für Verheiratete mit einem Kind bei
einem Anfangs-GdE von 100.000 DM 256

Abb. 27: Förderungsvolumen bei Variation der Kinderfreibeträge von
Eheleuten mit 100.000 DM Anfangs-GdE 258

Abb. 28: Förderungsvolumen bei Variation der Kinderfreibeträge von
Eheleuten mit 100.000 DM Anfangs-GdE unter Berücksichtigung
des geplanten Steuerreformtarifs 1999 259

Abb. 29: Förderungsvolumen bei Variation der Kinderfreibeträge von
Eheleuten mit 200.000 DM Anfangs-GdE 261

Abb. 30: Variation der Vorbezugskosten für Ledige ohne Kind
bei einem Anfangs-GdE von 80.000 DM 262

Abb. 31: Variation der Vorbezugskosten für Verheiratete ohne Kind
bei einem Anfangs-GdE von 80.000 DM 263

Abb. 32: Variation der Vorbezugskosten für Ledige mit zwei Kindern
bei einem Anfangs-GdE von 80.000 DM 264

Abb. 33: Variation der Vorbezugskosten für Verheiratete mit zwei Kindern
bei einem Anfangs-GdE von 80.000 DM 264

Abb. 34: Variation der Schuldzinsen für Ledige ohne Kind
bei einem Anfangs-GdE von 80.000 DM 266

Abb. 35: Variation der Schuldzinsen für Verheiratete mit zwei Kindern
bei einem Anfangs-GdE von 80.000 DM 267

Abb. 36: Darstellung der Vorteilhaftigkeit der ökologischen Zusatzförderungen
nach dem Eigenheimzulagengesetz für Verheiratete mit zwei Kindern . 269

Abb. 37: Förderung des Erwerbs von Genossenschaftsanteilen
nach § 17 EigZulG mit Kinderzulage für ein Kind 270

Tabellenverzeichnis

Seite

Tab. 1:   Übersicht über die Grundförderung nach § 10e Abs. 1 EStG
in den verschiedenen Fassungen des Gesetzes seit 1990 77

Tab. 2:   Übersicht über die Baukindergeldbeträge nach § 34f EStG
in den Fassungen des Gesetzes seit 1981 106

Tab. 3:   Vergleichende Kurzübersicht der Regelungen für eigengenutzte
Wohnungen nach §§ 10e (mit 34f), 10h, 10f EStG sowie § 7 FördG 130

Tab. 4:   Übersicht über die Fördergrundbeträge nach § 9 Abs. 2 EigZulG
in den Fassungen des Gesetzes seit 1996 162

Tab. 5:   Maximale Eigenheimzulage bei Alt- und Neubauten
in Abhängigkeit von der Kinderzahl 172

Tab. 6:   Synopse der Inhalte aus § 10e mit § 34f EStG
und EigZulG mit § 10i EStG 181

Tab. 7:   Übersicht über alle vom Programm durchgeführten Rechenoperationen 189

Tab. 8:   Übersicht über die berücksichtigten Sonderausgaben und Freibeträge .. 205

Tab. 9:   Verwendete Steuergrundtarife und Solidaritätszuschlagsätze 206

Tab. 10: § 10e EStG: Bemessungsgrundlagen und Grundförderung ab 1994 210

Tab. 11: Umkehrfunktion für den Einkommensteuergrundtarif 1995 213

Tab. 12: EigZulG: Bemessungsgrundlagen und Fördergrundbeträge ab 1996 216

Tab. 13: Grenzwerte für zulagengedeckte Bemessungsgrundlagen 217

Tab. 14: Einkommensteuergrundtarif nach geplanter Steuerreform für 1999 226

Tab. 15: Standardisierte Basisdaten für die Sensitivitätsanalysen 228

Tab. 16: Die im einzelnen analysierten Einflußvariablen 231

Tab. 17: Relative Endwertvorteile der Maximalwerte des § 10e EStG
gegenüber der Eigenheimzulagenförderung bei Analyse
des Gesamtbetrags der Einkünfte 243

Tab. 18: Endwertdifferenzen bei Analyse der Kinderfreibeträge
im Tarifvergleich 260

Tab. 19: Endwertvorteile bei Variation der Kinderfreibeträge
von Eheleuten mit 200.000 DM Anfangs-GdE 261

Tab. 20: Endwertvorteile bei unterschiedlicher Gewährung der ökologischen
Zusatzförderung für Anspruchsberechtigte mit zwei Kindern 268

Tab. 21: Deckungsgrenzen der Genossenschaftszulage in Abhängigkeit
von der Kinderzahl 271

Tab. 22: Rendite auf Genossenschaftseinlage in Abhängigkeit von der Kinderzahl 272

Tab. 23: Zuordnung der Aufwendungen bei Erwerb/Herstellung des
selbstgenutzten Wohneigentums 294

Abkürzungsverzeichnis

a. A.	anderer Ansicht
Abb.	Abbildung
Abs.	Absatz
AfA	Absetzung für Abnutzung
AHK	Anschaffungs- / Herstellungskosten (Abkürzung in Tabellenregister)
AK	Anschaffungskosten
ANK	Anschaffungsnebenkosten
Anm.	Anmerkung
AO	Abgabenordnung
Aufl.	Auflage
BauGB	Baugesetzbuch
BauNVO	Baunutzungsverordnung
BB	Der Betriebs-Berater (Zeitschrift)
BBK	Buchführung, Bilanz, Kostenrechnung - Zeitschrift für das gesamte Rechnungswesen
BerlinFG	Berlinförderungsgesetz
BeurkG	Beurkundungsgesetz
BewG	Bewertungsgesetz
BFH	Bundesfinanzhof
BFH/NV	Sammlung amtlich nichtveröffentlichter Entscheidungen des Bundesfinanzhofs
BGB	Bürgerliches Gesetzbuch
BGBl.	Bundesgesetzblatt
BKGG	Bundeskindergeldgesetz
BMF	Bundesminister(ium) für Finanzen
BStBl.	Bundessteuerblatt
bzw.	beziehungsweise
c. p.	ceteris paribus
d. h.	das heißt
DB	Der Betrieb (Zeitschrift)
DDR	Deutsche Demokratische Republik
DIN	Deutsche Industrienorm
DM	Deutsche Mark
DOS	Disk Operating System
DStR	Deutsches Steuerrecht (Zeitschrift)
DStZ	Deutsche Steuer-Zeitung (Zeitschrift)

EFG	Entscheidungen der Finanzgerichte (Zeitschrift)
EigZulG	Eigenheimzulagengesetz
ESt	Einkommensteuer
EStDV	Einkommensteuer-Durchführungsverordnung
EStG	Einkommensteuergesetz
EStH	Amtliche Bearbeitungshinweise zu den Einkommensteuer-Richtlinien
EStR	Einkommensteuer-Richtlinien
etc.	et cetera
f.	folgende (Seite/Vorschrift)
FAZ	Frankfurter Allgemeine Zeitung
ff.	fortfolgende (Seiten/Vorschriften)
Ffm.	Frankfurt am Main
FG	Finanzgericht
FinMin	Finanzminister(ium)
FKPG	Gesetz zur Umsetzung des Föderalen Konsolidierungsprogramms
FördG	Fördergebietsgesetz
FR	Finanz-Rundschau (Zeitschrift)
GdE	Gesamtbetrag der Einkünfte
GdW	Gesamtverband der Wohnungswirtschaft
gem.	gemäß
gl. A.	gleicher Ansicht
ggf.	gegebenenfalls
GrEStG	Grunderwerbsteuergesetz
H	Hinweis der Einkommensteuer-Hinweise
HFR	Höchstrichterliche Finanzrechtsprechung (Zeitschrift)
HGB	Handelsgesetzbuch
HK	Herstellungskosten
h. M.	herrschende Meinung
Hrsg.	Herausgeber
HStruktG	Haushaltsstrukturgesetz
IBM	International Business Machines Corporation
i. d. F.	in der Fassung
i. d. R.	in der Regel
IDW	Institut der deutschen Wirtschaft Köln
ifo	Institut für Wirtschaftsforschung
INF	Die Information über Steuer und Wirtschaft (Zeitschrift)
inkl.	inklusive
i. S.	im Sinne
i. V. m.	in Verbindung mit

JStG	Jahressteuergesetz
KfW	Kreditanstalt für Wiederaufbau
led.	ledig (Abkürzung in Tabellenregister)
max.	maximal
MB	Megabyte
MHz	Megahertz
mind.	mindestens
Mio.	Millionen
MS	Microsoft
m. w. N.	mit weiteren Nachweisen
NW	Nordrhein-Westfalen
NWB	Neue Wirtschaftsbriefe (Zeitschrift)
Nr.	Nummer
o.	ohne
Objektvar.	Objektvariation (Abkürzung in Tabellenregister)
OFD	Oberfinanzdirektion
o. V.	ohne Verfasserangabe
PC	Personal Computer
R	Richtlinie der Einkommensteuer-Richtlinien
RGBl.	Reichsgesetzblatt
Rz.	Randziffer
s.	siehe
S.	Seite
s. o.	siehe oben
SolZ	Solidaritätszuschlag
SolZG	Solidaritätszuschlaggesetz
StÄndG	Steueränderungsgesetz
SteuerStud	Steuer und Studium (Zeitschrift)
StMBG	Mißbrauchsbekämpfungs- und Steuerbereinigungsgesetz
Tab.	Tabelle
Tarifvergl.	Tarifvergleich (Abkürzung in Tabellenregister)
TDM	Tausend Deutsche Mark
Tz.	Textziffer

u. a.	unter anderen / und andere (bei Angabe zu Erscheinungsorten)
usw.	und so weiter
Var.	Variation (Abkürzung in Tabellenregister)
verh.	Verheiratet (Abkürzung in Tabellenregister)
Vfg.	Verfügung
VGA	Video Graphics Adapter
vgl.	vergleiche
vs.	versus
VZ	Veranlagungszeitraum
WEG	Wohnungseigentumsgesetz
WoBauG	Wohnungsbaugesetz
WoBauFG	Wohnungsbauförderungsgesetz
WohneigFG	Wohnungseigentumsförderungsgesetz
WohneigFördG	Wohneigentumsförderungsgesetz
Würtbg	Württemberg
z. B.	zum Beispiel
ZRFG	Zonenrandförderungsgesetz
z.v.E.	zu versteuerndes Einkommen

1 Einleitung

1.1 Problemstellung

Die zentrale volkswirtschaftliche Bedeutung des Wohnungsbaus wird daran ersichtlich, daß mehr als ein Viertel aller Anlageinvestitionen in der Bundesrepublik und knapp die Hälfte der gesamten Bauinvestitionen auf den Wohnungsbau entfallen.[1] Obgleich die gesamtwirtschaftliche Konjunktur und insbesondere die Nachfrage im Bausektor zuletzt eher schwach war, hatten sich speziell im Bereich des Wohnungsbaus die Auftragsbestände weiter erhöht.[2] Damit bleibt der seit 1989 festzustellende Trend einer jährlichen Zunahme neu fertiggestellter und genehmigter Wohnungen erhalten.[3] Daß Investitionen im Wohnungsbau derzeit lohnend sind, ist zum einen auf noch immer sinkende Tendenz bei den Preisen für Immobilien zurückzuführen, zum anderen aber auch ein Verdienst nach wie vor attraktiver öffentlicher Wohnungsbauförderung.[4]

Die Unterstützung des Wohnungsbaus und der Bildung von Wohneigentum ist seit langem ein Anliegen staatlicher Institutionen. Bereits im letzten Jahrhundert findet sich die Propagierung des eigenen Heims, des Erwerbs der Wohnstätte zu Eigentum, als Reaktion auf die große Wohnungsnachfrage in den Städten bedingt durch das Fortschreiten der industriellen Revolution.[5] Eigentliche Auslösefaktoren für die Förderung des Wohnungsbaus - einschließlich seiner speziellen Variante, des Eigenheimbaus - in der heute bekannten Form war die Wohnungsnot nach dem Zweiten Weltkrieg mit rein quantitativem Fehlbestand an Wohnraum und qualitativ unzureichenden Wohnverhältnissen.[6] In den fünfziger Jahren wurden dann auch die gesetzlichen Grundlagen der heutigen Wohnungsbauförderung mit dem ersten und zweiten Wohnungsbaugesetz, der zweiten Berechnungsverordnung, Erlassen und vielem anderen mehr auf Bundes- und Länderebene geschaffen, wonach schon damals ganz unterschiedliche Arten der Förderung, wie z. B. Kapitalsubventionen, Zins- und Tilgungsbeihilfen, Miet- und Lastenbeihilfen, Steuerli-

---

[1] Vgl. GdW (Hrsg.) (1993), S. 13.
[2] Vgl. BUNDESMINISTERIUM FÜR WIRTSCHAFT (Hrsg.) (1996b), S. 4 f.; IFO-INSTITUT (Hrsg.) (1996), S. T5; STATISTISCHES BUNDESAMT (Hrsg.) (1996), Tabelle S. 28.
[3] Vgl. IDW (Hrsg.) (1997), Tabelle 102.
[4] Vgl. IFO-INSTITUT (Hrsg.) (1996), S. T5 und T21.
[5] Vgl. NEUFERT, S. (1980), S. 17.
[6] Vgl. NEUFERT, S. (1980), S. 20 f.

che Vergünstigungen oder Bürgschaften, zur Verfügung standen.[7] Seit 1980 sind durchschnittlich etwa ein Viertel des gesamten Neubauvolumens an Wohnungen im Rahmen
der öffentlichen Förderung des Wohnungsbaus erstellt worden.[8] Da bis zum Jahr 2000
der Neubaubedarf mit jährlich 600.000 Wohnungen angenommen wird, dem noch zusätzlicher Bedarf infolge Wanderungsbewegungen aus Osteuropa hinzuzurechnen ist,
zur Zeit aber nur etwa zwei Drittel davon jährlich fertiggestellt werden, ist eine steigen-
de dramatische Wohnungsnot vorprogrammiert, die staatliche Wohnungsbauförderung
auch künftig unabdingbar macht.[9]

Eine Interpretation des Begriffs „Wohnungsbauförderung" im wörtlichen Sinne läßt
womöglich vermuten, es käme für die Inanspruchnahme der Vergünstigung darauf an,
durch eigene oder fremde Bautätigkeit bisher noch nicht vorhandene Wohnungen zu
schaffen. Das ist nur bedingt richtig, da es tatsächlich um die Schaffung zusätzlichen
Wohnraums geht, wozu allerdings unterschiedliche Maßnahmen zum Tragen kommen
können. So wird nicht nur Herstellung und Erwerb von neuen Wohnungen und Wohneigentum vom Staat gefördert, sondern auch der Erwerb, die Modernisierung und die Sanierung von Altbauten. Dergestalt kann sich die staatliche Unterstützung zur Schaffung
von Wohneigentum gleichzeitig positiv auf den Mietwohnungssektor auswirken, wenn
durch den Bezug einer eigenen Wohnung wieder eine Mietwohnung frei wird.[10] Umgekehrt kann durch den Bau neuer Mietwohnungen Altbausubstanz freigestellt werden, die
es für manche Haushalte erst möglich und attraktiv macht, Wohneigentum daran zu erwerben.[11]

Das Spektrum derzeitiger staatlicher Förderung ist recht beachtlich[12]. Obgleich dabei die
Förderungsinstrumente von verschiedenen Regelungsebenen - einerseits dem Bund, an-

---

[7] Vgl. DEUTSCHER VERBAND FÜR WOHNUNGSWESEN, STÄDTEBAU UND RAUMPLA-
     NUNG (Hrsg.) (1960), S. I/2.
[8] Vgl. BUNDESFORSCHUNGSANSTALT FÜR LANDESKUNDE UND RAUMORDNUNG (Hrsg.)
     (1995), S. 7.
[9] Vgl. WAGNER, K.-R./LORITZ, K.-G. (1993), S. 16 ff.
[10] Vgl. GdW (Hrsg.) (1993), S. 13.
[11] Vgl. BUNDESMINISTER FÜR RAUMORDNUNG, BAUWESEN UND STÄDTEBAU (Hrsg.)
     (1991), S. 27 f.
[12] Die öffentliche Wohnungsbauförderung ist nach dem II. WoBauG in die drei Förderungsgruppen
     öffentlich geförderter sozialer Wohnungsbau, steuerbegünstigter Wohnungsbau und freifinanzierter
     Wohnungsbau untergliedert, wofür nachfolgende Förderungsmaßnahmen in Betracht kommen:
     Übernahme von Bürgschaften (§§ 24 und 36a), Einsatz öffentlicher Mittel (§§ 25 bis 68), Gewährung
     von Wohngeld (§ 46), vorzeitige Rückzahlung öffentlicher Mittel (§§ 69 und 70), Gewährung von

dererseits den einzelnen Bundesländern - eingesetzt werden und teilweise unterschiedliche Förderungsvoraussetzungen bestehen, können sie oft kumulativ, gelegentlich aber
auch nur sich gegenseitig einschränkend, in Anspruch genommen werden[13].

Im Rahmen spezieller Förder- und Investitionsprogramme stellen Bund und Länder eine
Vielzahl von Finanzierungshilfen[14], z. B. die Gewährung von Zuschüssen, Darlehen
oder Zinsverbilligungen, zur Verfügung. Damit wird die Finanzierungsrechnung bei der
Immobilienanschaffung oder -herstellung deutlich günstiger, als wenn das notwendige
Kapital ohne staatliche Hilfen aufgebracht werden müßte.

Mittel aus Bundesprogrammen - wie z. B. das KfW-Wohnungsbauprogramm -, die
meist über die bundeseigenen Kreditinstitute abgewickelt werden, können für alle durch
die Richtlinien des Programms präzisierten Maßnahmen zur Schaffung von Wohnraum
innerhalb der Bundesrepublik in Anspruch genommen werden. In 1994 erreichten allein
die über solche Kreditinstitute mit Sonderaufgaben zur Verfügung gestellten Mittel
einen Marktanteil bei der gesamten Wohnungsbaufinanzierung von 5,74 %.[15] Einer geplanten Änderung des Wohnungsbaurechts zufolge sollen allerdings die immer geringer
werdenden Fördermittel des Bundes künftig verstärkt für bestehende Wohnungen und
nicht mehr vorrangig für Neubauten verwendet werden.[16]

Die Förderungen der Länder beruhen überwiegend auf den Vorschriften zur Wohnungsbauförderung, werden jedoch durch länderspezifische Einzelprogramme in den korrespondierenden Förderrichtlinien konkretisiert und sind begünstigten Wohnungsbaumaß-
nahmen innerhalb der Grenzen des jeweiligen Bundeslandes vorbehalten. Bekanntgege-

---

Aufwendungszuschüssen bzw. -darlehn (§§ 88 und 88d), Bereitstellung von Bauland (§§ 89 und 90),
Maßnahmen zur Baukostensenkung (§ 91), Steuer- und Gebührenvergünstigungen (§§ 92 bis 96).

[13] Eine kumulative Förderung mit Mitteln, die in einem öffentlichen Haushalt als Ausgaben veranschlagt
sind (z. B. Mittel im Rahmen des sozialen Wohnungsbaus, Zinsverbilligungen nach dem KfW-
Wohnungsbauprogramm, Aufwendungszuschüsse der Länder zur Senkung der laufenden Betriebskosten des Vermieters, kommunale Aufwendungen für den Erwerb von Belegungsrechten), ist z. B.
möglich für die Abschreibungsvergünstigung nach § 14c BerlinFG; ein Kumulierungsverbot für die
Förderung mit öffentlichen Mitteln besteht dagegen z. B. für die erhöhten Absetzungen nach § 7c
EStG. Generell werden außerdem alle Sonderabschreibungen nach dem Fördergebietsgesetz zusätzlich
zur linearen AfA gewährt, erhöhte Absetzungen treten an die Stelle der ansonsten zu gewährenden
linearen AfA; vgl. BMF-Schreiben vom 17.2.1992, Tz. 9.

[14] Einen Überblick bietet SCHIEBEL, H. (1996), S. 383 ff.

[15] Vgl. GERHARDS, H./KELLER, H. (1996), S. 471.

[16] Vgl. o. V. (1997b), S. 3.

ben werden die Förderrichtlinien in den einschlägigen amtlichen Veröffentlichungsblättern der Länder.

Den Förderungsprogrammen des Bundes und der Länder ist häufig zu eigen, daß sie zeitlich begrenzt und ggf. zusätzlich auf einen Fonds limitiert sind, dessen Mittel nach Maßgabe des Datums der Antragstellung vergeben werden.[17]

Neben solchen fest umrissenen Finanzierungshilfen wird der Wohnungsbau allgemein vom Staat durch Steuerbegünstigungen und Investitionszulagen gefördert. Hier enthalten die Gesetze im Bereich der Ertrags- und Substanzbesteuerung eine Vielzahl steuerlicher Vergünstigungen für den Immobilienerwerb und -besitz, die Kapitalanlegern und Interessenten für Wohneigentum die Scheu vor der beim Erwerb von Immobilien auftretenden beträchtlichen Verschuldung nehmen und den aufzubringenden Eigenkapitaleinsatz reduzieren helfen sollen.[18]

Die steuerliche Wohnungsbauförderung läßt sich grob in drei Bereiche unterteilen:

– Zum einen ist die Förderung von Investitionen in vermietete Immobilien zu nennen, deren Ziel es ist, den angespannten Mietwohnungsmarkt durch zusätzlichen Wohnraum zu entlasten. In diesem Komplex stehen die einkommensteuerlichen Vergünstigungen für Kapitalanleger durch Gewährung von degressiver AfA, erhöhten Absetzungen und Sonderabschreibungen im Vordergrund. Neben den geltenden Vorschriften des Einkommensteuergesetzes[19] und des Fördergebietsgesetzes[20] fallen hierunter auch die mittlerweile ausgelaufenen Bestimmungen zu Modernisierungsmaßnahmen nach § 82a EStDV sowie zu Sonderabschreibungen nach dem Zonenrandförde-

---

[17] Eine ausführliche Zusammenstellung aller Bundesprogramme sowie der Förderrichtlinien der 16 Bundesländer mit den aktuellen Bestimmungen zu Einkommensgrenzen und anderen Voraussetzungen des ersten, zweiten und dritten Förderwegs findet sich einschließlich der Adressen für die Beantragung der Mittel bei CHRISTOFFEL, H. G./CREMERS, K.-H./JASPER, L. (1997), Kapitel F.

[18] Vgl. ERNST, P. (1982), S. 19.

[19] Vgl. die besondere degressive AfA für den Mietwohnungsbau (§ 7 Abs. 5 Nr. 3 EStG) sowie die erhöhten Absetzungen für An-, Aus- und Umbauten zur Schaffung neuer Mietwohnungen (§ 7c EStG), für Sanierungsobjekte (§ 7h EStG), für denkmalgeschützte Objekte (§ 7i EStG) und für Wohnungen mit Sozialbindung (§ 7k EStG).

[20] Vgl. die unterschiedliche Höhe (20 %, 25 %, 40 %, 50 %) der möglichen Sonderabschreibungen nach dem Fördergebietsgesetz für Objekte in den neuen Bundesländern (§ 4 FördG).

rungsgesetz[21] und zu Abschreibungsvergünstigungen nach dem Berlinförderungsgesetz[22].

Desgleichen ist die nur begrenzte Besteuerung von Gewinnen aus Grundstücksspeku-
lationsgeschäften (§ 23 EStG)[23] diesem Bereich zuzuordnen. Die Wohnungsbauförderung im Vermietungsbereich muß insofern stets auch im Zusammenhang mit der
Besteuerung von Spekulationsgewinnen gesehen werden, als bei Veräußerung von
mehr als drei Immobilienobjekten innerhalb eines Zeitraums von fünf Jahren von der
Finanzverwaltung ein gewerblicher Grundstückshandel angenommen wird[24], mit der
Folge, daß die bei der Veräußerung aufgedeckten stillen Reserven als gewerbliche
Einkünfte besteuert werden und die bereits erhaltenen Steuervorteile an den Staat in
kumulierter Form wieder zurückfließen. Die Veräußerungsgewinne sind im Fall des
gewerblichen Grundstückshandels auch dann nicht begünstigt, wenn sie im Zusammenhang mit der Aufgabe des Gewerbebetriebs anfallen.[25]

– Zum anderen ist die Besserstellung der Besteuerung des Grundvermögens im Vergleich zu anderen Vermögensarten von Bedeutung. Die Begünstigung liegt hier in
der niedrigeren Bewertung des Grundbesitzes - im Durchschnitt wird seit 1996 ein

---

[21] Sonderabschreibungen bis zu 50 % der Anschaffungs- oder Herstellungskosten, maximal jährlich 20
Mio. DM für Investitionen, die nach dem 31.12.1991 und vor dem 1.1.1995 abgeschlossen wurden,
konnten letztmals im Kalenderjahr 1994 bzw. im Wirtschaftsjahr 1994/95 in Anspruch genommen
werden (§ 3 Abs. 2 Satz 1 bis 4 ZRFG).

[22] Erhöhte Absetzungen von zweimal 14 % und zehnmal 4 % der Anschaffungs- oder Herstellungskosten
für vermietete, neu errichtete Mehrfamilienhäuser, Eigentumswohnungen, Ausbauten oder Erweiterungen in Berlin (West) wurden zuletzt gewährt, wenn der Bauantrag vor dem 1.7.1991 gestellt
worden war (§ 14a Abs. 1 und 8 i. V. m. § 31 Abs. 6 BerlinFG). Erhöhte Absetzungen bis zu 50 % der
entstandenen Aufwendungen für Modernisierungsmaßnahmen an älteren Mehrfamilienhäusern in
Berlin (West) wurden ebenfalls letztmals gewährt, wenn die Maßnahmen vor dem 1.7.1991 begonnen
wurden (§ 14b i. V. m. § 31 Abs. 9a BerlinFG). Die gegenüber § 7c EStG noch verbesserten Abschreibungsvergünstigungen für Baumaßnahmen zur Schaffung neuer Mietwohnungen in Berlin
(West) durch Anhebung der Bemessungsgrundlage auf 75.000 DM bzw. auf 100.000 DM statt vorher
60.000 DM und Verkürzung des Abschreibungszeitraums auf drei statt fünf Jahre können letztmals
geltend gemacht werden, wenn die Fertigstellung der Wohnung bis 31.12.1995 erfolgt war (§ 14c i. V.
m. § 31 Abs. 9 BerlinFG). Für Wohnungen mit Sozial- und Mietpreisbindung, die vor dem 1.1.1993 in
Berlin (West) fertiggestellt wurden, können abweichend von § 7k EStG bis zu 75 % der Anschaf-
fungs- oder Herstellungskosten in den ersten fünf Jahren abgeschrieben werden (§ 14d BerlinFG).

[23] Siehe ausführlicher dazu Abschnitt 4.1.1.

[24] Vgl. BMF-Schreiben vom 20.12.1990, Tz. 21.

[25] Vgl. BFH vom 9.9.1993, S. 105.

am Verkehrswert gemessenes Wertniveau von ca. 50 %[26], mithin eine Besserstellung gegenüber dem Kapitalvermögen um die Hälfte, erreicht - mit Auswirkungen insbesondere auf die Erbschaft- und Schenkungsteuer[27].

– Schließlich der Bereich der Wohnungsbauförderung, bei dem es um selbstgenutztes Wohneigentum geht. Im Mittelpunkt dieses Komplexes stehen entsprechende steuerliche Vergünstigungen. Gerade die Entwicklung der Eigenheimförderung war in den letzten Jahren häufiger starken Veränderungen unterworfen. Bis Ende 1995 erfolgte die Förderung im Rahmen der Einkommensbesteuerung, zuerst hauptsächlich im Einkunftsbereich, dann schwerpunktmäßig im Sonderausgabenbereich, seit 1996 vollzieht sie sich außerhalb der Einkommensbesteuerung.

Letztgenannter Bereich soll Untersuchungsgegenstand dieser Arbeit sein, also jener Teil aus dem umfangreichen Gebiet der Wohnungsbauförderung, in dem der Staat die private Vermögensbildung vorzugsweise durch eigengenutztes Immobilieneigentum unterstützt, das als gestaltbare Vermögensform Eigeninitiative und Selbstverantwortung hervorruft, damit einen wesentlichen Beitrag zur materiellen Unabhängigkeit leistet,[28] positive Effekte im Hinblick auf die individuelle Altersvorsorge erzielt[29] und zudem als Realwert - infolge des begrenzten Angebots des Faktors Boden - seit jeher im Gegensatz zu Nominalwerten wie Anleihen oder Obligationen einen weitgehenden Geldentwertungsschutz genießt[30]. Diesem Bereich der Wohnungsbauförderung kommt deshalb auch eine zentrale Bedeutung im Rahmen der Wohnungspolitik zu[31], so daß mittlerweile Wohnungen in Ein- und Zweifamilienhäusern einen Anteil von nahezu 50 % am gesamten Wohnungsbestand des Landes und von 45,2 % am Volumen in 1995 neu fertiggestellter Wohnungen besitzen.[32]

---

[26] Das ergaben stichprobenartige Erhebungen der Finanzverwaltung bei der Anwendung des jetzt gültigen Ertragswertverfahrens für die Grundstücksbewertung; vgl. PRESSE- UND INFORMATIONS-AMT DER BUNDESREGIERUNG (HRSG.) (1996), S. 8; vgl. auch BUNDESTAGSDRUCKSACHE 13/2784 vom 26.10.1995, S. 42.

[27] Vgl. ausführlich PAUS, B. (1997), S. 97 ff; BECK, G. (1997), S. 105 ff.

[28] Vgl. GdW (Hrsg.) (1993), S. 13.

[29] Vgl. BUNDESTAGSDRUCKSACHE 10/5208 vom 17.3.1986, S. 31.

[30] Vgl. SUTER, R. A. (1995), S. 11 f.

[31] Vgl. BUNDESMINISTER FÜR RAUMORDNUNG, BAUWESEN UND STÄDTEBAU (Hrsg.) (1991), S. 27.

[32] Vgl. IDW (Hrsg.) (1997), Tabellen 101 und 102; GREFE, C. (1995), S. 497.

1.2   Zielsetzung und Abgrenzung

Die Bearbeitung der Fragestellung der steuerlichen Wirkung staatlicher Förderungen beim selbstgenutzten Wohneigentum erfolgt in der vorliegenden Arbeit aus einem betriebswirtschaftlichen Blickwinkel, welcher sich auf eigengenutzte Immobilien als Investitionsobjekte im Privateigentum ausrichtet. Dabei werden die einkommensteuerlichen Folgen der alternativen Inanspruchnahme verschiedener staatlicher Förderungen des Eigentumserwerbs an solchen Immobilien über eine jeweils achtjährige Betrachtungsperiode untersucht. Diese Zeitspanne entspricht der maximalen Dauer staatlicher Unterstützung vom Beginn der erstmaligen Selbstnutzung einer Wohnimmobilie bis zum Ablauf des Förderungszeitraums.

Die Zielsetzung der Arbeit besteht somit darin, einerseits die Steuerwirkung nach Objekt und Volumen differenzierter Investitionen in selbstgenutztes Immobilieneigentum unter dem Einfluß der diversen Förderungsinstrumente aufzuzeigen. Andererseits wird veranschaulicht, wie die Förderungswirkungen ceteris paribus voneinander abweichen können, wenn bestimmte, auf die förderungsberechtigte Person bezogene Einflußgrößen variiert werden. Gleichzeitig liegt ein besonderer Schwerpunkt auf der Darstellung von Tendenzen und Entwicklungen im Zeitablauf. Deshalb werden bei den Berechnungen und Ausführungen die - infolge sich im Verlauf der Untersuchungsphase ändernder Rechts- und Einkommensverhältnisse entstehenden - Unterschiede in der steuerlichen Wirkung verdeutlicht, wobei auch aktuelle Gesetzesänderungen und Steuerreformpläne[33] Berücksichtigung finden.

Die Resultate der Untersuchung stellen eine quantitative und qualitative Grundlage für einen umfassenden Vergleich des aktuellen staatlichen Förderungsinstrumentariums beim selbstgenutzten Wohneigentum dar.

Schließlich ist es ein weiteres Ziel dieser Arbeit, mit dem eigens für die Analyse entwickelten Programm „FIWoComp©" dem Anwender ein Werkzeug an die Hand zu geben, das es erlaubt, eine persönliche Strategie des Erwerbs selbstgenutzten Wohneigentums zu entwickeln und zu überprüfen.

---

[33] Vgl. BUNDESTAGSDRUCKSACHE 13/7242 vom 18.3.1997.

Eingang ins Programm und mithin auch in die Analyse finden hierzu die steuerlichen Begünstigungen nach § 10e EStG in der Fassung der letzten Änderung dieser Vorschrift mit Wirkung ab 1.1.1994 sowie das Eigenheimzulagengesetz in den Fassungen vom 1.1.1996 und vom 1.1.1997 einschließlich der jeweils korrespondierenden Vorschriften § 34f EStG und § 10i EStG.

Von Interesse für einen Vergleich unterschiedlicher Förderungsinstrumente sind im Grunde schwerpunktmäßig die Regelungen des § 10e EStG in der ab Veranlagungszeitraum 1995 gültigen Version sowie die Bestimmungen des neuen Eigenheimzulagengesetzes. Zum einen, weil diese beiden Vorschriften jüngsten Datums und von daher noch am längsten anwendbar sind. Zum anderen, weil lediglich diese Regelungen - wenn auch nur für einen kurzen Zeitraum, nämlich vom 27.10.1995 bis zum 31.12.1995 - eine echte Alternative für Steuerpflichtige darstellen, die in jenem Zeitraum einen Bauantrag für eine eigengenutzte Immobilie gestellt haben. Ihnen wird somit auch, weil sie ein tatsächliches Wahlrecht zwischen den beiden Förderungssystemen ausüben können[34], die Möglichkeit geboten, beide Alternativen direkt miteinander zu vergleichen.

Dessenungeachtet ist die Vorschrift des § 10e EStG in der für den Veranlagungszeitraum 1994 geltenden Fassung des Gesetzes ebenfalls für die vergleichende Analyse mit berücksichtigt worden. Die Besonderheit dieser Version der § 10e-Förderung lag in der auf drei Jahre begrenzten Möglichkeit des erweiterten Schuldzinsenabzugs, der indes ausschließlich für geförderte Maßnahmen des Zeitraums 1.10.1991 bis 31.12.1994 zur Anwendung kommen konnte. Hier soll die Untersuchung zeigen, wie sich die steuerliche Wirkung der § 10e-Förderung mit und ohne diese Ergänzungsvorschrift je nach Ausgangslage völlig anders darstellen kann.

In der Untersuchung und bei der Programmierung zwar nicht mehr berücksichtigt, aber für den historischen Überblick vom Inhalt her noch dargestellt, werden die älteren Fassungen der § 10e-Regelungen sowie in den wesentlichen Zügen die Vorgängervorschrift dazu, die Abschreibungsvergünstigungen nach § 7b EStG. Außerdem werden die sonstigen gesetzlichen Bestimmungen zum selbstgenutzten oder der Selbstnutzung gleichgestellten Wohneigentum, die §§ 10f und 10h EStG, der § 7 FördG sowie die Ergänzungs-

---

[34] Vgl. ausführlich dazu TROMPETER, F./LEHMANN, F. (1996), S. 1783 ff.

vorschrift zum § 10f EStG, der § 10g EStG, in ihren Grundzügen im theoretischen Teil erläutert.

Weitestgehend keine Berücksichtigung finden dagegen die Vorschriften zur Erbschaft- und Schenkungsteuer und zur Grund- und Grunderwerbsteuer sowie einkommensteuerliche Regelungen, soweit sie Alternativen des Immobilienerwerbs im gewerblichen Bereich oder zur Fremdvermietung oder die diversen Formen gemischt genutzter Gebäude betreffen. Im konkreten Zusammenhang mit Fragen zur Selbstnutzung sowie zur geplanten Steuerreform werden nichtsdestoweniger im theoretischen Teil auch Hinweise auf tangierende Rechtsnormen erfolgen.

Nicht einbezogen werden ferner die mannigfaltigen staatlichen Finanzierungshilfen, denen es auf der einen Seite an einem breiteren Anwendungsbereich mangelt, da sie lediglich bestimmte Maßnahmen oder Personenkreise begünstigen bzw. regional begrenzt sind, und die auf der anderen Seite ohnehin häufig recht kurzlebig sind, wenn die zur Verfügung stehenden Mittel bei großer Nachfrage schnell aufgebraucht sind.

Ebenfalls außen vor bleiben in der Untersuchung die diversen Finanzierungsalternativen bei der Anschaffung oder Herstellung einer Immobilie, wie z. B. die Finanzierung mit Eigenkapital, über Hypotheken- bzw. Grundschulddarlehn, über Lebensversicherungen oder Bausparverträge, die teilweise für sich allein oder jede mit jeder bzw. alle miteinander kombiniert vorliegen können. Abhängig von der gewählten Finanzierungsart bzw. von der gewählten Finanzierungskombination und innerhalb der Finanzierungen mit Fremdkapital wieder abhängig vom Zinssatz, der Zinsbindungsfrist, den Tilgungs- und Sondertilgungsvereinbarungen ergeben sich bei sonst gleichen Bedingungen völlig unterschiedliche Vermögensendwerte für ein Immobilienengagement, so daß die Ergebnisse nicht mehr vergleichbar sind. Die Investition in die eigengenutzte Immobilie wird daher gewissermaßen isoliert betrachtet, um solche Einflüsse, wie sie durch die Art der Finanzierung ausgeübt werden können, auszuschließen. Gleichwohl werden auch Schuldzinsen mit ins Kalkül gezogen, soweit sie in den betreffenden Regelungen zu den Vorkosten bzw. zum erweiterten Schuldzinsenabzug zu berücksichtigen sind.

1.3 Vorgehen und Aufbau der Arbeit

Aufgrund der geschilderten Zielsetzungen ist das Vorgehen zur Erarbeitung der vorliegenden Fragestellung in drei Abschnitte gegliedert.

Im Anschluß an die Einleitung geht es im zweiten Kapitel zunächst um die Darstellung der theoretischen Hintergründe. Dazu erfolgt eine systematische Abhandlung der verschiedenen Instrumente staatlicher Förderung selbstgenutzten Wohneigentums anhand der einschlägigen Rechtsgrundlagen sowie die eingehende Auswertung der betreffenden Literatur und einer umfangreichen Rechtsprechung. Infolge zweier einschneidender Systemumstellungen seitens des Gesetzgebers in den letzten zehn Jahren haben die Rechtsanwendenden auf diesem Gebiet mittlerweile zeitgleich drei Fördersysteme zu bewältigen. Grundsätzlich sind deswegen hier die folgenden Zeitabschnitte zu unterscheiden:

1. In der ersten Phase bis Ende 1986 wurde selbstgenutztes Wohneigentum den vermieteten Objekten typisierend gleichgestellt. Für die allein zu eigenen Wohnzwecken genutzten Objekte wurde ein fiktiver Mietwert geschätzt. Schuldzinsen durften - mit Ausnahme des erweiterten Schuldzinsenabzugs nach dem 30.9.1982 - grundsätzlich nur bis zur Höhe dieses pauschalierten Nutzungswertes in Höhe von 1,4 % des Einheitswertes (§ 21a EStG i. V. m. § 121a BewG[1991]) abgezogen werden, darüber hinaus konnten lediglich die erhöhten Absetzungen nach § 7b EStG auch zu negativen Vermietungseinkünften führen.

Befand sich die selbstgenutzte Wohnung in einem Gebäude zusammen mit weiteren, vermieteten Wohnungen, wurde von einer Fremdvermietung des Objektes insgesamt ausgegangen und für die eigengenutzte Wohnung ein der ortsüblichen Marktmiete vergleichbarer Mietwert angesetzt. Davon konnten dann alle auf die selbstgenutzte Wohnung entfallenden Aufwendungen einschließlich Abschreibungen als Werbungskosten abgezogen werden. Diese Art der Nutzungswertbesteuerung kann im Rahmen einer zwölfjährigen Übergangsfrist noch bis Ende 1998[35] fortgeführt werden.

---

[35] Für Baudenkmale im Betriebsvermögen ist die Nutzungswertbesteuerung sogar noch über das Jahr 1998 hinaus anzuwenden, vgl. § 52 Abs. 15 Satz 16 EStG.

2. In der zweiten Phase, beginnend am 1.1.1987 und grundsätzlich am 31.12.1995 endend, wurden eigengenutzte Wohnungen, ab 1991 auch die unentgeltlich an nahe Angehörige überlassenen Wohnungen, in der Wohnungsbauförderung als sogenannte Konsumgut- oder Privatgutlösung behandelt. Im Verlauf dieser Phase stand den Steuerpflichtigen ein zwischenzeitlich mehrfach geänderter Sonderausgabenabzugsbetrag nach § 10e EStG bzw. ein Abzugsbetrag nach § 10h EStG zu. Zusätzlich konnten bei §§ 10e- und 10h-Förderungen die vor Bezug des selbstgenutzten Objektes angefallenen Aufwendungen als Vorkosten ebenfalls wie Sonderausgaben abgezogen werden und nach § 10e EStG Förderberechtigte mit Kindern erhielten außerdem ein wiederum zwischenzeitlich mehrfach geändertes progressionsunabhängiges Baukindergeld nach § 34f EStG. Da der Förderungszeitraum grundsätzlich acht Jahre beträgt, können die §§ 10e- und 10h-Förderungen beispielsweise für erst im Jahr 1997 fertiggestellte Wohnungen, für die gleichwohl die Investitionsentscheidungen bereits in 1995 zu treffen waren, noch bis zum Veranlagungszeitraum 2004 einschließlich anzuwenden sein.

   Die Regelungen für Baudenkmale und schutzwürdige Kulturgüter nach den §§ 10f und 10g EStG bleiben aus dieser Förderungsphase bestehen.

3. Seit dem 1.1.1996, mit einer Übergangsregelung auch schon seit dem 27.10.1995, ist die Förderung des selbstgenutzten Wohneigentums mit der Einführung der Eigenheimzulage progressionsunabhängig gestaltet und grundsätzlich aus dem einkommensteuerlichen Bereich in den Zulagenbereich verlagert worden. Lediglich die Vorkosten können weiterhin wie Sonderausgaben, allerdings jetzt nur in Höhe einer Pauschale von 3.500 DM, abgezogen werden. Ebenfalls für einen Förderungszeitraum von acht Jahren erhält nun der Erwerber von Wohneigentum gleichermaßen bei Selbstnutzung wie bei unentgeltlicher Überlassung an Angehörige unter bestimmten Voraussetzungen eine, nach Neu- und Altbauten differenzierte, prozentuale Zulage von den Anschaffungs- oder Herstellungskosten. Darüber hinaus gibt es bei Erfüllung bestimmter ökologischer Kriterien eine Zusatzförderung. Für jedes Kind wird den Zulageberechtigten anstelle des früheren Baukindergeldes eine Kinderzulage von 1.500 DM pro Jahr im achtjährigen Förderungszeitraum gewährt.

Die in einigen Bereichen bestehenden Verbindungen zwischen den verschiedenen Fördersystemen werden aufgezeigt und erläutert und die teilweise komplexe Rechtslage wird durch Beispiele, Tabellen und Übersichtsdarstellungen transparent gemacht.

An dieser Stelle sei zum besseren Verständnis des zweiten Kapitels auch auf Anhang I als Teil der theoretischen Grundlagendarstellung hingewiesen. Im Rahmen der Thematik dieser Arbeit treten immer wieder Schlüsselbegriffe auf, deren genaue Inhalte zum besseren und eindeutigen Verständnis einer Definition bedürfen. Um jedoch den Text nicht mit juristischen Formulierungen zu überladen, wurden diese begrifflichen Abgrenzungen ins Glossar ausgelagert. Angesichts der dort vorliegenden alphabetischen Sortierung kann auf die Erläuterungen der relevanten Fachausdrücke schnell zugegriffen werden. Eine problemlose Handhabung des Glossars wird durch Querverweise innerhalb der Begriffsbestimmungen bei erstmaliger Nennung anderer zu definierender Termini unterstützt.

Zur Analyse der steuerlichen Wirkung verschiedener Subventionierungsformen selbstgenutzten Wohneigentums seit 1994 müssen objektive Vorteilhaftigkeitsvergleiche zwischen den einzelnen Förderungsmethoden durchgeführt, Auswirkungen durch Gesetzgebungsänderungen ermittelt und die Ergebnisse durch Zahlenwerte und Graphiken greifbar gemacht werden. Um diese Zielsetzung zu erreichen, wurde das Programm „FIWoComp$^{©}$" entwickelt, das in Kapitel 3 vorgestellt und beschrieben wird.

Hierzu wurden in einem ersten Schritt mittels des Tabellenkalkulationsprogramms Microsoft EXCEL 7.0$^{©}$ Planberechnungen, differenziert nach Version der Förderung, Veranlagungsart des Steuerpflichtigen und Stand der Steuergesetzgebung, in verschiedenen Arbeitsblättern durchgeführt. Anschließend wurden die Erfassung der für die Rechenoperationen notwendigen Basisdaten sowie Hinweise und Informationen zum Programm unter Verwendung von Visual Basic-Modulen zentralisiert, um den Eingabeaufwand zu verringern und die Bedienerfreundlichkeit zu verbessern. Für die Untersuchung wurden dann im dritten Schritt die Rechenergebnisse auf den einzelnen Tabellenblättern unter Zuhilfenahme spezieller in EXCEL 7.0$^{©}$ integrierter Werkzeuge systematisch ausgewertet. Dies erfolgte in Form von Sensitivitätsanalysen, bei denen die durch Variation der Einflußfaktoren bewirkten Veränderungen auf die herangezogenen Förderungsvarianten beobachtet werden konnten.

Im Rahmen des vierten Kapitels werden die Resultate der Analysen aufbereitet, in Tabellen und Graphiken anschaulich dargestellt und erläutert sowie ausführlich kommentiert.

Eine zusammenfassende Betrachtung und Quintessenz im fünften Kapitel schließt die Arbeit ab.

2   Grundlagen der Systeme zur Wohneigentumsförderung

2.1   Die Förderung des Wohneigentums primär über Abschreibungen

Bis Ende 1986 gehörte der Nutzungswert einer eigengenutzten Wohnung oder einer dem Steuerpflichtigen ganz oder teilweise unentgeltlich überlassenen Wohnung zu den Einkünften aus Vermietung und Verpachtung (§ 21 Abs. 2 i. V. m. § 52 Abs. 21 Satz 1 EStG) - sogenannte Investitionsgutlösung[1]. Obgleich diese Besteuerung der privaten Nutzung aus dem Rahmen der übrigen Einkunftsarten fällt, ist es keine neue Vorschrift, sondern findet sich bereits in § 7 Nr. 2 des Preußischen Einkommensteuergesetzes vom 24.6.1891[2]. Die damalige Intention, mit dieser Nutzungswertbesteuerung dem Staat eine zusätzliche Einnahmequelle zu erschließen[3], hat sich allerdings nach dem Zweiten Weltkrieg ins Gegenteil verkehrt: Damals wurden zur Beseitigung des Wohnungsdefizits im Einkommensteuergesetz 1949 mit dem § 7b erstmals erhöhte Absetzungen geschaffen, die Anreize zur Neubautätigkeit bieten sollten.[4] Hiernach bestand die Möglichkeit, für nach dem 1.1.1949 errichtete Wohngebäude zwei Jahre lang 10 % und in den darauffolgenden Jahren je 3 % der Herstellungskosten abzusetzen sowie anschließend Absetzungen vom Restwert gemäß § 7 Abs. 4 EStG vorzunehmen. Die Vorschrift wurde im Verlauf der Jahrzehnte mehrfach geändert und ergänzt, vorübergehend von Oktober 1962 bis Ende 1964 durch § 54 EStG abgelöst, sogar für etwas mehr als sechs Monate in 1973 ausgesetzt und zuletzt in 1981 überarbeitet.[5] In dieser Zeit hat sie durch rege, zunehmende Inanspruchnahme der Steuerpflichtigen zu umfangreichen Steuerausfällen bei der öffentlichen Hand geführt. Bereits in 1949 beliefen sich diese auf zwanzig Mio. DM, in 1958 betrugen sie 400 Mio. DM, weitere 10 Jahre später 660 Mio. DM und in 1982 machten die Ausfälle 4,75 Milliarden DM aus; insgesamt entgingen Bund, Ländern und Kommunen zwischen 1949 und 1982 rund 41,5 Milliarden DM an Steuererträgen.[6]

---

[1]   Vgl. VOLZ, W. (1990), S. 58 f.
[2]   Vgl. OBERMEIER, A. (1988), S. 25.
[3]   Vgl. OBERMEIER, A. (1988), S. 25.
[4]   Vgl. GABLOFFSKY, J. (1983), S. 52.
[5]   Vgl. die ausführliche Übersicht zur Rechtsentwicklung des § 7b EStG in STEUERTABELLEN, Tabelle 1/9: AfA für Wohngebäude, S. 2 bis 11.
[6]   Vgl. GABLOFFSKY, J. (1983), S. 73 ff.

Nachfolgend wird, wegen der nun auch in Kürze endgültig auslaufenden, sogenannten großen Übergangsregelung zu § 7b EStG, nur noch ein Überblick über die - zum Verständnis und für einen Vergleich mit der Nachfolgevorschrift § 10e EStG - wesentlichen Inhalte dieser Abschreibungsvergünstigung in der zuletzt von 1981 bis 1986 gültigen Fassung gegeben. Abbildung 1 zeigt zunächst die möglichen Bestandteile einer Förderung nach § 7b EStG einschließlich der korrespondierenden Vorschrift § 34f EStG:

Abb. 1:   Übersicht über die Wohneigentumsförderung nach § 7b und § 34f EStG

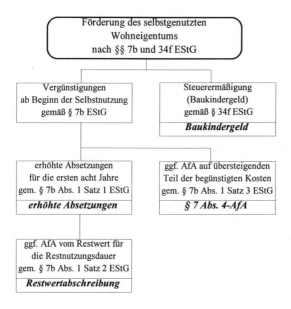

2.1.1   Erhöhte Absetzungen nach § 7b Abs. 1 Satz 1 EStG

2.1.1.1   Anspruchsberechtigte Personen

Der Bauherr sowie jeder entgeltliche Erwerber eines vor dem 1.1.1987 angeschafften oder fertiggestellten nach dieser Vorschrift begünstigten Objekts können die erhöhten Absetzungen nach § 7b Abs. 1 Satz 1 EStG für die entstandenen Herstellungs- bzw. Anschaffungskosten in Anspruch nehmen, und zwar ein Erwerber auch dann, wenn der Veräußerer für dieses Objekt erhöhte Absetzungen bereits vorgenommen hatte oder nicht vornehmen durfte.[7] Bauherr oder Erwerber können unbeschränkt oder beschränkt Steuerpflichtige natürliche oder juristische Personen sein.[8] Der Bauherr, der regelmäßig auch bürgerlich-rechtlicher Eigentümer des Gebäudes ist, kann § 7b EStG allerdings nur in Anspruch nehmen, wenn er zugleich wirtschaftlicher Eigentümer ist, er also die aus seinem Eigentum resultierenden Chancen und Risiken zu tragen hat.[9] In Anschaffungs-fällen steht jedem späteren Erwerber die Inanspruchnahme von Abschreibungen nach § 7b EStG unabhängig vom Fertigstellungszeitpunkt des Gebäudes zu sowie unabhän-gig davon, ob er Ersterwerber ist oder nicht.[10]

Auch der im Rahmen eines bestellten Vorbehaltsnießbrauchs oder aufgrund eines einge-räumten dinglichen Wohnrechts Nutzungsberechtigte einer Wohnung kann die erhöhten Absetzungen nach § 7b EStG vornehmen.[11]

Bei einem unentgeltlichen Erwerb eines Gebäudes durch Erbfall oder auch durch vor-weggenommene Erbfolge[12] besteht für den Rechtsnachfolger die Möglichkeit, die er-höhten Absetzungen des Rechtsvorgängers fortzusetzen (§ 11d Abs. 1 EStDV, R 43 Abs. 3 EStR), sofern er in seiner Person die Voraussetzungen dazu erfüllt (z. B. darf bei ihm noch kein Objektverbrauch eingetreten sein)[13]. Im Gegensatz zu § 10e EStG *(vgl. dazu unten 2.2.1.1.1.2)* ist es nach § 7b EStG sowohl dem Gesamtrechtsnachfolger als auch einem Einzelrechtsnachfolger gestattet, die erhöhten Absetzungen des Rechtsvor-gängers fortsetzen.[14] Gleichwohl besteht generell beim unentgeltlichen Erwerb für den Rechtsnachfolger nicht die Möglichkeit, mit den vollen erhöhten Absetzungen in seiner Person neu zu beginnen.[15]

Personengesellschaften oder Grundstücksgemeinschaften, die ein begünstigtes Objekt erworben oder errichtet haben, können ebenfalls § 7b-Absetzungen in Anspruch neh-

---

[7]   Vgl. BURHOFF, A. (1983), S. 77.
[8]   Vgl. CLAUSEN, U. (1997), § 7b EStG, Anm. 12.
[9]   Vgl. POHLMANN, H.-R. (1983), S. 58.
[10] Vgl. BURHOFF, A. (1983), S. 77.
[11] Vgl. BMF-Schreiben vom 15.11.1984, Tz. 39 ff. und 52 ff.
[12] Die vorweggenommene Erbfolge ist ein entgeltlicher Vorgang, wenn der übernehmende Erbe Gleich-stellungsgelder leistet, vgl. BFH (Beschluß) vom 5.7.1990, S. 847.
[13] Vgl. STUHRMANN, G. (1997a), § 7b EStG, Anm. 31.
[14] Vgl. BFH vom 19.12.1960, S. 37.
[15] Vgl. POHLMANN, H.-R. (1983), S. 58.

men.[16] Bauherr oder Erwerber im Sinne des § 7b EStG ist in diesem Fall jedoch nicht die Personengesellschaft oder die Grundstücksgemeinschaft, sondern der Miteigentümer oder Gesellschafter.[17] Diesem stehen dann die erhöhten Absetzungen nur im Verhältnis seiner Anteile an dem begünstigten Objekt zu.[18]

2.1.1.2 Begünstigte Objekte

2.1.1.2.1 Gebäude und Wohnungen im Sinne des § 7b EStG

Die erhöhten Absetzungen nach § 7b EStG kommen nur für im Inland belegene Einfamilienhäuser, Zweifamilienhäuser und Eigentumswohnungen in Betracht, die zu mehr als $66\,^2/_3$ % Wohnzwecken dienen (§ 7b Abs. 1 Satz 1 EStG). Demzufolge können selbst gemischt genutzte Grundstücke zu den nach § 7b EStG begünstigten Objekten gehören, solange sie zu mehr als $66\,^2/_3$ % Wohnzwecken dienen und nicht mehr als eine oder zwei Wohnungen enthalten.[19] Entscheidend für eine § 7b-Abschreibung ist allerdings nicht die bewertungsrechtliche Einordnung des Gebäudetyps, sondern dessen tatsächliche bauliche Gestaltung im Zeitpunkt der Errichtung oder des Erwerbs[20] - sogenanntes Erstarrungsprinzip[21]. Aus diesem Grunde kann etwa für ein Mehrfamilienhaus, das erst nach dem Erwerbszeitpunkt in ein Ein- oder Zweifamilienhaus umgebaut wird, keine Abschreibung nach § 7b EStG vorgenommen werden.[22]

2.1.1.2.2 Ausbauten und Erweiterungen

Erhöhte Absetzungen können auch für Ausbauten und Erweiterungen an im Inland belegenen Einfamilienhäusern, Zweifamilienhäusern und Eigentumswohnungen vorgenommen werden, wenn die ausgebauten oder neu geschaffenen Gebäudeteile zu mehr als 80 % Wohnzwecken dienen (§ 7b Abs. 2 Satz 2 EStG). Dabei muß das Objekt, an dem die Ausbauten oder Erweiterungen vorgenommen werden, nicht zwingend zu mehr als

---

[16] Vgl. BOEKER, H. (1997), § 7b EStG, Anm. 107.
[17] Vgl. BFH vom 25.9.1970, S. 130; BURHOFF, A. (1983), S. 132.
[18] Vgl. BOEKER, H. (1997), § 7b EStG, Anm. 15.
[19] Vgl. STUHRMANN, G. (1997a), § 7b EStG, Anm. 42.
[20] Vgl. BOEKER, H. (1997), § 7b EStG, Anm. 39; CLAUSEN, U. (1997), § 7b EStG, Anm. 65.
[21] Für die Förderung des Wohneigentums nach § 10e EStG wurde das Erstarrungsprinzip mittlerweile aufgehoben, vgl. 2.2.1.1.2.1.
[22] Vgl. BMF-Schreiben vom 30.9.1977, Ziffer I, Abs. 4; BOEKER, H. (1997), § 7b EStG, Anm. 39.

66 $^2/_3$ % Wohnzwecken dienen.[23] Erhöhte Absetzungen sind nur möglich für vor dem 1.1.1987 fertiggestellte Ausbauten und Erweiterungen an Ein- oder Zweifamilienhäusern bzw. Eigentumswohnungen, die vor dem 1.1.1964 fertiggestellt und nicht nach dem 31.12.1976 angeschafft worden sind (§ 7b Abs. 2 Satz 1 EStG). Da seit 1977 jede Anschaffung von Einfamilienhäusern, Zweifamilienhäusern und Eigentumswohnungen nach § 7b Abs. 1 Satz 1 EStG begünstigt ist, war diese zeitliche Begrenzung notwendig.[24] Sie sollte eine doppelte Inanspruchnahme von erhöhten Absetzungen an nach dem 31.12.1976 angeschafften Objekten verhindern, die ohne diese Einschränkung zum einen für die Anschaffungskosten des Objekts und zum andern für die Herstellungskosten eines späteren Ausbaus oder einer Erweiterung desselben Objekts hätten beansprucht werden können.[25] Weiterhin begünstigt sind Ausbauten und Erweiterungen an vor dem 1.1.1964 fertiggestellten Einfamilienhäusern, Zweifamilienhäusern oder Eigentumswohnungen, die der Steuerpflichtige errichtet oder vor dem 1.1.1977 erworben hat, und zwar auch dann, wenn der Steuerpflichtige für das errichtete oder erworbene Objekt bereits erhöhte Absetzungen nach § 7b EStG in Anspruch genommen hat.[26] Für Ausbauten und Erweiterungen an nach dem 31.12.1963 fertiggestellten Ein-, Zweifamilienhäusern und Eigentumswohnungen sind erhöhte Absetzung nach § 7b Abs. 2 EStG ausgeschlossen; die infolge der Baumaßnahme entstandenen Aufwendungen können indes ab diesem Zeitpunkt als nachträgliche Herstellungskosten des Gebäudes behandelt werden und erhöhen somit die Bemessungsgrundlage für die § 7b-Absetzungen.[27]

Zum Gebäude gehörende Garagen sind mit begünstigt, soweit sie Platz nur für ein Fahrzeug für jede im Gebäude befindliche Wohnung bieten (§ 7b Abs. 4 EStG). Auf die tatsächliche Nutzung der Garage als Fahrzeugunterstellmöglichkeit kommt es nicht an, selbst wenn der Wohnungsinhaber die Garage an Dritte vermietet oder dem Hauseigentümer überläßt, kann dafür eine § 7b-Abschreibung vorgenommen werden.[28]

---

[23] Vgl. CLAUSEN, U. (1997), § 7b EStG, Anm. 231.
[24] Vgl. STUHRMANN, G. (1997a), § 7b EStG, Anm. 11.
[25] Vgl. SEITHEL, R. (1979), S. 429.
[26] Vgl. LÄNGSFELD, H. (1977), S. 1332.
[27] Vgl. BOEKER, H. (1997), § 7b EStG, Anm. 56.
[28] Vgl. BFH vom 22.1.1967, S. 315.

2.1.1.2.3 Ferien- und Wochenendhäuser

Für Ferien- und Wochenendhäuser konnten vor dem 1.1.1977 erhöhte Absetzungen nach § 7b EStG nur in Anspruch genommen werden, wenn diese Objekte bautechnisch zum ständigen Wohnen geeignet waren und auch aus baurechtlichen Gründen eine ständige Nutzung zulässig war.[29] Wurden die Ferien- oder Wochenendhäuser dagegen nach dem 31.12.1976 hergestellt oder angeschafft, waren erhöhte Absetzungen nach § 7b EStG uneingeschränkt möglich;[30] eine rechtliche Eignung zur Dauernutzung war fortan nicht mehr notwendig.[31] Diejenigen Objekte, die nach dem 31.12.1976 hergestellt oder angeschafft wurden und für die eine erhöhte Absetzung aufgrund der bisherigen Rechtslage nicht in Betracht kam, können nichtsdestotrotz erst ab dem Zeitpunkt der Rechtsänderung mit erhöhten Absetzungen nach § 7b EStG begünstigt werden. Eine nachträgliche Gewährung der ursprünglich versagten Abzugsbeträge ist nicht möglich.[32]

2.1.1.2.4 Folgeobjekte

Für ein weiteres Ein- oder Zweifamilienhaus, eine weitere Eigentumswohnung oder einen Ausbau bzw. eine Erweiterung (Folgeobjekt) besteht die Möglichkeit, erhöhte Absetzungen nach § 7b EStG vorzunehmen, wenn beim Erstobjekt die erhöhten Absetzungen deshalb nicht voll ausgenutzt werden konnten, weil dem Steuerpflichtigen das Erstobjekt nicht bis zum Ablauf des Begünstigungszeitraums zuzurechnen war (§ 7b Abs. 5 Sätze 4 und 5 EStG). Voraussetzung für die Übertragung auf ein Folgeobjekt ist, daß der Steuerpflichtige dieses innerhalb eines Zeitraums von zwei Jahren vor und drei Jahren nach dem Ende des Kalenderjahres angeschafft oder hergestellt hat, in dem er das Eigentum an dem Erstobjekt verloren hat (§ 7b Abs. 5 Satz 4 zweiter Halbsatz EStG). Das Folgeobjekt braucht seiner Art nach nicht dem Erstobjekt zu entsprechen, jedoch muß es die Voraussetzungen des § 7b Abs. 1 oder 2 EStG erfüllen.[33] Die Inanspruchnahme erhöhter Absetzungen bei einem dritten Objekt ist grundsätzlich nicht möglich.[34]

---

[29] Vgl. BFH vom 18.7.1978, S. 593.
[30] Vgl. BFH vom 8.3.1983, S. 498; FRIELE, K. (1983), S. 705.
[31] Vgl. BOEKER, H. (1997), § 7b EStG, Anm. 57.
[32] Vgl. FRIELE, K. (1983), S. 705.
[33] Vgl. BOEKER, H. (1997), § 7b EStG, Anm. 122.
[34] Vgl. POHLMANN, H.-R. (1983), S. 42.

Bemessungsgrundlage für die erhöhten Absetzungen beim Folgeobjekt sind dessen, ggf. auf die Höchstbeträge zu begrenzenden, Anschaffungs- oder Herstellungskosten nach § 7b Abs. 1 EStG.[35] Die Nachholmöglichkeit nicht ausgenutzter Abschreibungen nach § 7b Abs. 3 EStG innerhalb des Folgeobjekts besteht, kann allerdings nicht für nicht ausgenutzte AfA-Beträge beim Erstobjekt auf das Folgeobjekt übertragen werden.[36]

Frühestens nach Ablauf des Veranlagungszeitraums, in dem das Erstobjekt letztmalig dem Steuerpflichtigen zuzurechnen war, können beim Folgeobjekt erhöhte Absetzungen geltend gemacht werden und der Begünstigungszeitraum ist beim Folgeobjekt um die Anzahl der Veranlagungszeiträume zu kürzen, in denen dem Steuerpflichtigen das Erstobjekt zugerechnet worden ist (§ 7b Abs. 5 Satz 5 EStG).[37]

Ehegatten, bei denen die Voraussetzungen des § 26 Abs. 1 EStG vorliegen, können erhöhte Absetzungen für insgesamt zwei Objekte in Anspruch nehmen *(vgl. 2.1.1.6.1)*. Für jedes der beiden Erstobjekte ist auch ein Übergang auf ein je ein Folgeobjekt möglich, so daß hier bis zu vier Objekte nach § 7b EStG begünstigt sind.[38] Die Kumulation von verbleibenden nicht ausgenutzten Restjahren der beiden Erstobjekte und Übertragung dieser Jahre auf nur ein Folgeobjekt ist allerdings nicht zulässig.[39] Ehegatten, die bisher nur für ein Objekt erhöhte Absetzungen in Anspruch genommen haben und denen dieses Objekt nicht bis zum Ende des Begünstigungszeitraum zuzurechnen ist, können bei Anschaffung oder Herstellung eines weiteren Objekts innerhalb des für Folgeobjekte maßgebenden fünfjährigen Zeitraums wählen, ob sie dieses weitere Objekt als Folgeobjekt des Erstobjekts oder als zweites selbständiges Objekt behandeln wollen.[40]

2.1.1.3   Begünstigte Nutzungsformen

Die begünstigten Objekte müssen zu bestimmten Vomhundert-Sätzen Wohnzwecken dienen. Davon ist auszugehen, wenn das Objekt zum Bewohnen bestimmt und zum

---

[35] Vgl. MÄRKLE, R. W. (1979), S. 127.
[36] Vgl. KIESCHKE, H.-U. (1977), S. 426; BOEKER, H. (1997), § 7b EStG, Anm. 125.
[37] Vgl. STUHRMANN, G. (1997a), § 7b EStG, Anm. 87.
[38] Vgl. BURHOFF, A. (1983), S. 129.
[39] Vgl. STUHRMANN, G. (1997a), § 7b EStG, Anm. 98.
[40] Vgl. BMF-Schreiben vom 30.9.1977, Ziffer I, Abs. 22; KIESCHKE, H.-U. (1977), S. 427.

dauernden Aufenthalt geeignet ist.[41] Nicht erforderlich ist dazu die ununterbrochene Nutzung zu Wohnzwecken[42] oder die alleinige Nutzung zu Wohnzwecken durch den Eigentümer oder seine Angehörigen.[43] Ein Objekt dient nach § 7b EStG auch dann Wohnzwecken, wenn es als Wohnung an Dritte vermietet wird.[44]

Für die Berechnung des Wohnzwecken dienenden Teils und zwecks Prüfung des maßgebenden Vomhundert-Satzes (66 $^2/_3$ % für Ein-, Zweifamilienhäuser und Eigentumswohnungen bzw. 80 % für Ausbauten und Erweiterungen) ist das Verhältnis der Grundfläche der Wohnzwecken dienenden Räume zur gesamten Nutzfläche aller Räume zu ermitteln.[45] Bei der Ermittlung dieser Flächen sind die §§ 43 und 44 der Zweiten BV zugrunde zu legen.[46] Zur Nutzfläche eines begünstigten Objekts gehören die Grundfläche der Wohnzwecken dienenden Räume, die Grundflächen der beruflichen oder betrieblichen Zwecken dienenden Räume (z. B. Arbeitszimmer, Büro, Laden, Lager) sowie die Grundflächen der anderen Zwecken dienenden Räume (z. B. Vorrats-/Abstellräume).[47] Zu den Wohnzwecken dienenden Räumen zählen u. a. die Wohn- und Schlafräume, Küchen und Nebenräume einer Wohnung und die zur räumlichen Ausstattung einer Wohnung gehörenden Räume (z. B. Speicher, Waschküche, Keller).[48] Dienen Räume gleichzeitig Wohnzwecken und beruflichen oder gewerblichen Zwecken (z. B. Schreibtisch und Büroschränke in einer Ecke eines Wohnraums) sind sie entweder ganz den Wohnzwecken oder ganz den anderen Zwecken dienenden Räumen hinzuzurechnen. Diesbezüglich hat die Zurechnung nach Maßgabe der überwiegenden Verwendung zu erfolgen.[49]

Zum Gebäude gehörende Garagen, die dem Wohnungsinhaber zur Verfügung stehen und in denen nicht mehr als ein Personenkraftwagen für jede im Gebäude befindliche Wohnung untergestellt werden kann, sind ohne Rücksicht auf ihre tatsächliche Nutzung als Wohnzwecken dienend zu betrachten (§ 7b Abs. 4 Satz 1 EStG). Nicht mehr zu

---

[41] Vgl. BOEKER, H. (1997), § 7b EStG, Anm. 57.
[42] Vgl. BFH vom 25.4.72, S. 671; CLAUSEN, U. (1997), § 7b EStG, Anm. 71.
[43] Vgl. CLAUSEN, U. (1997), § 7b EStG, Anm. 71.
[44] Vgl. CLAUSEN, U. (1997), § 7b EStG, Anm. 71.
[45] Vgl. BURHOFF, A. (1983), S. 89.
[46] Vgl. BFH vom 9.9.1980, S. 258.
[47] Vgl. CLAUSEN, U. (1997), § 7b EStG, Anm. 72.
[48] Vgl. CLAUSEN, U. (1997), § 7b EStG, Anm. 76.
[49] Vgl. BFH vom 8.7.1971, S. 707; MÄRKLE, R. W. (1979), S. 122.

Wohnzwecken dienen dagegen Räumlichkeiten für die Unterstellung weiterer Fahrzeuge (§ 7b Abs. 4 Satz 2 EStG).

Das begünstigte Objekt muß in jedem Jahr, in dem die erhöhten § 7b-Absetzungen in Anspruch genommen werden, im gesetzlich vorgeschriebenen Umfang (66 $^2/_3$ % bzw. 80 %) Wohnzwecken dienen.[50] Ist diese Voraussetzung zeitweilig im Kalenderjahr nicht erfüllt, so wird die erhöhte Absetzung nach § 7b EStG für dieses Kalenderjahr nur gewährt, wenn der Zeitraum, in dem der gesetzlich vorgeschriebene Umfang vorgelegen hat, überwiegt.[51] Im Jahr der Anschaffung bzw. Herstellung oder Veräußerung muß die Voraussetzung hinsichtlich des Wohnzwecken dienenden Teils nur im Zeitabschnitt zwischen Anschaffungs- bzw. Fertigstellungszeitpunkt und Jahresende bzw. in der Zeitspanne zwischen Jahresbeginn und Veräußerungszeitpunkt überwiegend vorgelegen haben.[52]

2.1.1.4   Bemessungsgrundlage

2.1.1.4.1   Anschaffungs- und Herstellungskosten

Die erhöhten Absetzungen nach § 7b EStG bemessen sich grundsätzlich nach den Anschaffungs- oder Herstellungskosten einschließlich der anschaffungsnahen Herstellungskosten des Einfamilienhauses, des Zweifamilienhauses oder der Eigentumswohnung bzw. nach den Herstellungskosten der Ausbauten und Erweiterungen, die bis zum Ende des jeweiligen Kalenderjahres angefallen sind.[53]

Nicht begünstigt sind allerdings die Aufwendungen

1. für besondere Anlagen und Einrichtungen in Einfamilienhäusern, Zweifamilienhäusern und Eigentumswohnungen, soweit sie in solchen Gebäuden und Wohnungen nicht üblich sind, wie z. B. Schwimmbecken innerhalb und außerhalb des Gebäudes, eine Sauna, Bar oder Kegelbahn[54] und

---

[50]   Vgl. BFH vom 3.2.1955, S. 89; BOEKER, H. (1997), § 7b EStG, Anm. 67.
[51]   Vgl. MÄRKLE, R. W. (1979), S. 121.
[52]   Vgl. BOEKER, H. (1997), § 7b EStG, Anm. 69.
[53]   Vgl. POHLMANN, H.-R. (1983), S. 60.
[54]   Vgl. BFH vom 27.11.1962, S. 115 und BFH vom 11.12.1973, S. 478.

2. für Einbaumöbel, wenn diese nicht bei vermieteten Wohnungen üblicherweise vom Vermieter gestellt werden; dies gilt auch für eine Schranktrennwand mit der Funktion eines Raumteilers[55] und für Einbauküchen mit Ausnahme von Spüle und ggf. Kochherd[56].

Die Anschaffungskosten des zum begünstigten Objekt gehörenden Grund und Bodens sowie die Grundstücksnebenkosten (Grunderwerbsteuer, Maklerprovisionen, Notargebühren etc.) zählen ebenfalls nicht zu den begünstigten Aufwendungen.[57] Beim Kauf eines bebauten Grundstücks ist somit der Gesamtkaufpreis in einen Gebäudewert und einen Bodenwert nach dem Verhältnis der jeweiligen Verkehrswerte aufzuteilen.[58]

Beim unentgeltlichen Erwerb eines begünstigten Objekts setzt sich die Bemessungsgrundlage aus den Anschaffungs- bzw. Herstellungskosten des Rechtsvorgängers zuzüglich der ggf. noch vom Einzel- oder Gesamtrechtsnachfolger[59] aufgewendeten Herstellungskosten zusammen (§ 11d Satz 1 EStDV).

2.1.1.4.2 Nachträgliche Anschaffungs- und Herstellungskosten

Auch nachträgliche Anschaffungs- oder Herstellungskosten im Begünstigungszeitraum sind zu berücksichtigen (§ 7b Abs. 3 Satz 2 i. V. m. § 7a Abs. 1 EStG). Obgleich nicht explizit im Gesetz erwähnt, ist davon auszugehen, daß nachträgliche Aufwendungen, die im Jahr der Fertigstellung und in den drei folgenden Jahren anfallen, so behandelt werden können, als wären sie bereits im Jahr der Anschaffung oder Herstellung entstanden.[60] Das gilt andererseits nicht für nachträgliche Aufwendungen des fünften bis achten Jahres des Begünstigungszeitraums. Sie können gemäß der korrespondierenden Grundsatzregelung des § 7a Abs. 1 Sätze 1 und 2 EStG nur noch ab dem Jahr ihres Entstehens bis zum Ende des Begünstigungszeitraums erhöht abgesetzt werden.[61]

---

[55] Vgl. BFH vom 11.12.1973, S. 476 f.
[56] Vgl. BFH vom 13.3.1990, S. 514.
[57] Vgl. POHLMANN, H.-R. (1983), S. 60; BOEKER, H. (1997), § 7b EStG, Anm. 75.
[58] Vgl. BFH vom 19.12.1972, S. 295; MÄRKLE, R. W. (1979), S. 122 f.
[59] Vgl. BOEKER, H. (1997), § 7b EStG, Anm. 84.
[60] Vgl. o. V. (1978), S. 517; a. A.: SÖFFING, G. (1977), S. 341.
[61] Vgl. SÖFFING, G. (1977), S. 341.

Nicht in die Bemessungsgrundlage einbezogen werden können nachträgliche Herstellungskosten im Zusammenhang mit Ausbau- oder Erweiterungsmaßnahmen, da diese
die Voraussetzungen des § 7b Abs. 2 EStG erfüllen und somit selbständig begünstigte
Bauobjekte sind.[62]

2.1.1.5   Begünstigungszeitraum

Eine § 7b-Abschreibung kann vom Steuerpflichtigen in den Fällen der Herstellung erstmals im Jahr der Fertigstellung, in Erwerbsfällen im Jahr der Anschaffung des nach dieser Vorschrift begünstigten Objekts, und in den sieben darauffolgenden Jahren vorgenommen werden (§ 7b Abs. 1 Satz 1 EStG). Der Begünstigungszeitraum umfaßt demnach acht zusammenhängende Jahre.[63] Er beginnt zwingend im Jahr der Fertigstellung
oder Anschaffung und endet spätestens nach sieben weiteren Jahren.[64]

Geht das begünstigte Objekt vor Ablauf des achten Jahres entgeltlich oder unentgeltlich
auf einen anderen Eigentümer über, führt dies zu einer vorzeitigen Beendigung des Begünstigungszeitraums.[65] Eine Verlängerung dieser Zeitspanne kommt auch dann nicht in
Betracht, wenn der Steuerpflichtige die erhöhten Absetzungen innerhalb der acht Jahre
einmal oder mehrmals nicht geltend gemacht hat bzw. nicht geltend machen konnte,
weil die Voraussetzungen des § 7b EStG für diese Jahres nicht erfüllt waren.[66]

Ein Rechtsnachfolger kraft unentgeltlichen Erwerbs ist neben der Bemessungsgrundlage
auch an den Begünstigungszeitraum des Rechtsvorgängers gebunden.[67] Die erhöhten
Absetzungen nach § 7b EStG können von ihm nicht in Anspruch genommen werden,
wenn der Begünstigungszeitraum des Objekts bereits vom Rechtsvorgänger ausgeschöpft wurde.[68]

---

[62] Vgl. BOEKER, H. (1997), § 7b EStG, Anm. 78.
[63] Vgl. BOEKER, H. (1997), § 7b EStG, Anm. 90.
[64] Vgl. CLAUSEN, U. (1997), § 7b EStG, Anm. 125.
[65] Vgl. BOEKER, H. (1997), § 7b EStG, Anm. 90.
[66] Vgl. CLAUSEN, U. (1997), § 7b EStG, Anm. 125 und 130.
[67] Vgl. BOEKER, H. (1997), § 7b EStG, Anm. 35.
[68] Vgl. BURHOFF, A. (1983), S. 79.

2.1.1.6   Ausschlußkriterien für die Förderung

2.1.1.6.1   Eintritt des Objektverbrauchs

Von jedem Steuerpflichtigen dürfen erhöhte Absetzungen nur für ein einziges, nicht auswechselbares Objekt[69] in Anspruch genommen werden, zusammenveranlagte Ehegatten können erhöhte Absetzungen für insgesamt zwei Objekte in Anspruch nehmen (§ 7b Abs. 5 Sätze 1 bis 3 EStG). Dabei ist es unerheblich, wem die Objekte im einzelnen zuzurechnen sind.[70]

Unter einem Objekt ist hier nicht nur ein Einfamilienhaus, ein Zweifamilienhaus, eine Eigentumswohnung oder ein Ausbau bzw. eine Erweiterung zu verstehen, sondern auch ein Miteigentumsanteil an den vorgenannten Objekten (§ 7b Abs. 6 Satz 1 EStG). Die Objektbeschränkung gilt für alle Objekte, für die nach § 7b EStG - in der jeweiligen Fassung ab Inkrafttreten des Gesetzes seit 1964 - und nach § 15 Abs. 1 bis 4 BerlinFG - in der jeweiligen Fassung ab Inkrafttreten des Gesetzes seit 1977 - erhöhte Absetzungen vorgenommen wurden (§ 7b Abs. 5 Satz 3 EStG). Objekte, für die Antrag auf Baugenehmigung vor dem 1.1.1965 gestellt wurde, bleiben ausgenommen.[71]

Objektverbrauch tritt bei einem Steuerpflichtigen ein, wenn sich die Inanspruchnahme der erhöhten Absetzungen tatsächlich steuerlich auswirkt.[72] Dabei ist unerheblich, ob der Steuerpflichtige die Höchstgrenzen der Bemessungsgrundlage voll ausschöpfen oder in jedem Jahr des Begünstigungszeitraum erhöhte Absetzungen in Anspruch nehmen konnte.[73] Erhöhte Absetzungen für einen Miteigentumsanteil führen ebenfalls zum vollen Objektverbrauch beim Miteigentümer, da jeder Anteil eines begünstigten Objekts als ein selbständiges Objekt anzusehen ist.[74] Erwirbt ein Miteigentümer einen weiteren Miteigentumsanteil an demselben Objekt hinzu, kann er hierfür keine erhöhten Abset-

---

[69] Vgl. BFH vom 4.12.1979, S. 199.
[70] Vgl. BFH vom 4.12.1979, S. 202.
[71] Vgl. STUHRMANN, G. (1977), S. 1038.
[72] Vgl. BOEKER, H. (1997), § 7b EStG, Anm. 112.
[73] Vgl. STUHRMANN, G. (1997a), § 7b EStG, Anm. 68.
[74] Vgl. DRENSECK, W. (1995), § 7b EStG, Anm. 24.

zungen in Anspruch nehmen, da es sich hierbei um ein eigenständiges Objekt handelt.[75] Erwirbt ein Rechtsnachfolger ein Objekt unentgeltlich und setzt die § 7b-AfA des Rechtsvorgängers fort, tritt auch bei ihm Objektverbrauch ein, da die Objektbeschränkung i. S. des § 7b Abs. 5 EStG personenbezogen und nicht objektbezogen ist.[76]

Ausnahmen gelten hinsichtlich der Objektbeschränkung für Bauherren von Kaufeigenheimen, Trägerkleinsiedlungen und Kaufeigentumswohnungen[77]. Sie können für alle von ihnen errichteten vorgenannten Objekte im Jahr der Fertigstellung und im folgenden Jahr erhöhte Absetzungen nach § 7b EStG vornehmen, ohne daß Objektverbrauch eintritt (§ 7b Abs. 7 EStG). Durch diese Sonderregelung sollte ein Anreiz zum Bau solcher Objekte gegeben werden, für die von Rechts wegen Absetzungen nicht zulässig sind, da es sich, solange sie im Eigentum des Bauherrn stehen, um Wirtschaftsgüter des Umlaufvermögens handelt.[78]

Solange bei Ehegatten die Voraussetzungen für die Zusammenveranlagung gemäß § 26 Abs. 1 EStG vorliegen, sind ihre Anteile an einem Gebäude, das ihnen gemeinsam oder auch nur einem von ihnen gehört, als ein Objekt zu behandeln (§ 7b Abs. 6 Satz 2 EStG).[79] Das gilt auch im Falle des Todes eines Ehegatten, wenn diese Voraussetzungen im Zeitpunkt des Todes des Partners vorlagen und der überlebende Ehegatte durch Gesamtrechtsnachfolge infolge Erbfalls Alleineigentümer des Gebäudes geworden ist oder einen weiteren Anteil an dem Objekt erworben hat.[80] Fallen dagegen bei Ehegatten die Voraussetzungen für die Zusammenveranlagung im nachhinein weg, sind ihre Anteile an einem Gebäude, das ihnen gemeinsam gehört, wieder als selbständige Objekte anzusehen; bei jedem Ehegatten tritt hinsichtlich seines Anteils Objektverbrauch ein[81]. Objektverbrauch tritt selbst dann ein, wenn eine Ehefrau ihren Anteil an einem Einfamilienhaus vor der Scheidung auf ihren Ehemann übertragen hatte und dieser Alleineigen-

---

[75] Vgl. DRENSECK, W. (1995), § 7b EStG, Anm. 24; a. A.: STUHRMANN, G. (1997a), § 7b EStG, Anm. 71: Es handelt sich weiterhin um ein und nicht um zwei Objekte. Durch Hinzuerwerb eines weiteren Anteils am selben Objekt wird eine betragsmäßige Erweiterung der erhöhten Absetzung möglich, sofern beim Miteigentümer kein Objektverbrauch eingetreten ist und er durch den Anteilserwerb nicht Alleineigentümer des begünstigten Objekts wurde.

[76] Vgl. BOEKER, H. (1997), § 7b EStG, Anm. 113.

[77] Zu den Begriffen vgl. CLAUSEN, U. (1997), § 7b EStG, Anm. 373-375.

[78] Vgl. POHLMANN, H.-R. (1983), S. 44.

[79] Vgl. MÄRKLE, R. W. (1979), S. 125.

[80] Vgl. BFH vom 4.12.1979, S. 202.

[81] Vgl. BFH vom 29.9.1982, S. 293; BFH vom 22.10.1985, S. 387; BFH vom 30.10.1990, S. 143.

tümer des Einfamilienhauses geworden war.[82] Nach Wegfall der Voraussetzungen für eine Zusammenveranlagung hat der Alleineigentümer von zwei Objekten, für die während der Ehe erhöhte Absetzungen beansprucht wurden, keine Wahlmöglichkeit hinsichtlich der weiteren Verfahrensweise; er kann nur für das zeitlich erste Objekt die erhöhten Absetzungen fortführen[83].

Sind die Eheleute neben anderen Miteigentümern an dem begünstigten Objekt beteiligt, zählt jeder Ehegatten-Miteigentumsanteil - im Gegensatz zu § 10e EStG[84] - nach § 7b Abs. 6 Satz 1 EStG als eigenständiges Objekt.[85]

2.1.1.6.2   Erwerb eines Objekts vom Ehegatten

Erhöhte Absetzungen nach § 7b EStG sind ausgeschlossen, wenn ein Steuerpflichtiger ein Einfamilienhaus, ein Zweifamilienhaus, eine Eigentumswohnung oder einen Anteil an einem solchen Objekt von seinem Ehegatten erwirbt und bei den Ehegatten die Voraussetzungen der Zusammenveranlagung vorliegen (§ 7b Abs. 1 Satz 4 Nr. 1 EStG). Auf die tatsächliche Veranlagungsart bei den Ehegatten kommt es dabei nicht an.[86]

Der erwerbende Ehegatte kann auch dann keine erhöhten Absetzungen in Anspruch nehmen, wenn die Voraussetzungen des § 26 Abs. 1 EStG nach der Anschaffung eines Objekts wegfallen. Er kann aber erhöhte Absetzungen für ein vom Partner erworbenes Objekt weiter fortführen, wenn die Voraussetzungen der Zusammenveranlagung durch Eheschließung erst nach der Anschaffung eintreten.[87]

2.1.1.6.3   Wechselseitige Anschaffungsgeschäfte

Wird ein nach § 7b EStG begünstigtes Objekt angeschafft und dem Veräußerer im zeitlichen Zusammenhang mit der Anschaffung ein anderes begünstigtes Objekts veräußert,

---

[82] Vgl. BFH vom 20.7.1982b, S. 198.
[83] Vgl. BFH vom 3.5.1983, S. 457.
[84] Ehegatten-Miteigentumsanteile, die die Ehegatten im selben Veranlagungszeitraum angeschafft haben, sind auch dann als ein Objekt zu behandeln, wenn noch weitere Personen Miteigentümer an dem Objekt sind, vgl. 2.2.1.1.6.2.
[85] Vgl. DRENSECK, W. (1995), § 7b EStG, Anm. 25.
[86] Vgl. SÖFFING, G. (1977), S. 339.
[87] Vgl. BOEKER, H. (1997), § 7b EStG, Anm. 24.

sind erhöhte Absetzungen ausgeschlossen (§ 7b Abs. 1 Satz 4 Nr. 2 EStG). Von einem zeitlichen Zusammenhang ist auszugehen, wenn der Zeitraum zwischen der Anschaffung des Objekts durch den Steuerpflichtigen und der Veräußerung an den anderen weniger als zwei Jahre beträgt.[88] Hinsichtlich der Fristberechnung sind die Zeitpunkte der notariellen Vertragsabschlüsse maßgebend.[89] § 7b-Absetzungen sind bei wechselseitigen Anschaffungsgeschäften auch dann ausgeschlossen, wenn das Geschäft unter Einbeziehung zumindest eines Ehegatten des Erwerbers oder des Veräußerers erfolgt und bei den Ehegatten sowohl im Zeitpunkt der Anschaffung als auch im Zeitpunkt der Veräußerung die Voraussetzungen des § 26 Abs. 1 EStG vorliegen (§ 7b Abs. 1 Satz 4 Nr. 2 zweiter Halbsatz EStG).[90] Für den Ausschluß ist generell unerheblich, ob es sich bei dem wechselseitigen Anschaffungsgeschäft um gleichartige und gleichwertige Objekte handelt oder nicht.[91] Die Inanspruchnahme erhöhter Absetzungen ist ebenfalls nicht möglich, wenn das veräußerte Objekt im Ausland belegen ist oder es zu weniger als 66 $^2/_3$ % Wohnzwecken dient.[92] Handelt es sich hingegen bei dem vom Steuerpflichtigen veräußerten Objekt um ein Mehrfamilienhaus, kann das angeschaffte Objekt nach § 7b EStG abgeschrieben werden, sofern dieses die Voraussetzungen des § 7b Abs. 1 EStG erfüllt.[93]

Erhöhte Absetzungen nach § 7b EStG sind nicht ausgeschlossen, wenn die wechselseitigen Anschaffungsgeschäfte auf sinnvollen wirtschaftlichen Erwägungen beruhen, wie sie im Tausch einer Dreizimmer-Eigentumswohnung gegen eine Vierzimmer-Eigentumswohnung im gleichen Haus vorliegen können, weil der Steuerpflichtige für die heranwachsenden Kinder eine größere Wohnung benötigt.[94] Bei Anschaffungsgeschäften zwischen drei oder mehr Personen - sogenannter Ringtausch - ist die Ausschlußklausel des § 7b Abs. 1 Satz 4 Nr. 2 EStG nicht anwendbar; in diesen Fällen ist aber zu prüfen, ob es sich nicht um mißbräuchliche Gestaltungen i. S. des § 42 AO handelt.[95]

---

[88] Vgl. BMF-Schreiben vom 30.9.1977, Ziffer I, Abs. 11; a. A.: STUHRMANN, G. (1977), S. 1036: Ein zeitlicher Zusammenhang ist anzunehmen, wenn zwischen Anschaffungs- und Veräußerungsvorgang weniger als vier Jahre liegen.

[89] Vgl. BMF-Schreiben vom 30.9.1977, Ziffer I, Abs. 11.

[90] Vgl. KIESCHKE, H.-U. (1977), S. 424.

[91] Vgl. STUHRMANN, G. (1997a), § 7b EStG, Anm. 46.

[92] Vgl. KIESCHKE, H.-U. (1977), S. 423.

[93] Vgl. STUHRMANN, G. (1977), S. 1037.

[94] Vgl. FG Hamburg vom 24.3.1980, S. 432; BFH vom 26.3.1985, S. 692; BOEKER, H. (1997), § 7b EStG, Anm. 25.

[95] Vgl. STUHRMANN, G. (1977), S. 1037.

2.1.1.6.4   Rückerwerb

Gemäß § 7b Abs. 1 Satz 4 Nr. 3 EStG sind erhöhte Absetzungen in den Fällen ausgeschlossen, in denen der Steuerpflichtige ein Einfamilienhaus, ein Zweifamilienhaus,
eine Eigentumswohnung oder einen Anteil an einem solchen Objekt nach einer früheren
Veräußerung wieder zurückerwirbt. Dies gilt auch, wenn das veräußerte Objekt im Zeitpunkt der Veräußerung dem Ehegatten des Steuerpflichtigen zuzurechnen war und bei
den Ehegatten die Voraussetzungen des § 26 Abs. 1 EStG vorliegen (§ 7b Abs. 1 Satz 4
Nr. 3 zweiter Halbsatz EStG). Entscheidend für den Begünstigungsausschluß ist, daß
die Voraussetzungen der Zusammenveranlagung im Zeitpunkt des Rückerwerbs vorgelegen haben, die Verhältnisse im Veräußerungszeitpunkt sind nicht von Bedeutung.
Demgemäß kann der Steuerpflichtige auch keine erhöhten Absetzungen in Anspruch
nehmen für ein Objekt, das der Ehegatte bereits vor der Eheschließung veräußert hat.[96]

2.1.1.7   Höhe der Abschreibungsbeträge

2.1.1.7.1   Erhöhte Absetzungen

Die erhöhten Absetzungen betragen grundsätzlich in jedem Jahr des Begünstigungszeitraums bis zu 5 % der Bemessungsgrundlage (§ 7b Abs. 1 Satz 1 EStG). Hierbei besteht
nach dem Gesetzeswortlaut („... bis zu ...") keine gesetzliche Verpflichtung, die erhöhten Absetzungen in vollem Umfang auszunutzen. Allerdings muß der Steuerpflichtige in
jedem Jahr des Begünstigungszeitraums mindestens die linearen Absetzungen nach § 7
Abs. 4 EStG in Höhe von 2 % bzw. 2,5 % vornehmen (§ 7a Abs. 3 EStG). Innerhalb
dieser Bandbreite von 2 % bzw. 2,5 % linearer Mindest-AfA bis zu 5 % maximaler
§ 7b-Abschreibung kann der Steuerpflichtige nach freiem Ermessen jeden Absetzungs-
betrag in Anspruch nehmen.[97] Die Vorschrift des § 7a Abs. 3 EStG gilt indes nicht für
Steuerpflichtige, die ihre Einkünfte aus Vermietung und Verpachtung nach § 21a EStG
ermitteln, weil bei ihnen die normalen Absetzungen bereits durch Ansatz des Grundbetrags gemäß § 21a EStG pauschal berücksichtigt worden sind. Diesen Steuerpflichtigen

---

[96] Vgl. SÖFFING, G. (1977), S. 340.
[97] Vgl. CLAUSEN, U. (1997), § 7b EStG, Anm. 131.

steht mithin sogar ein jährlicher Ermessensspielraum in Höhe des vollen § 7b-Abschreibungssatzes von 5 % offen.[98]

Die Anschaffungs- oder Herstellungskosten sind bei Einfamilienhäusern und Eigentumswohnungen sowie bei Ausbauten und Erweiterungen an Einfamilienhäusern und Eigentumswohnungen auf einen Höchstbetrag von 200.000 DM begrenzt; für Zweifamilienhäuser sowie für Ausbauten und Erweiterungen an solchen Gebäuden gilt ein Höchstbetrag von 250.000 DM (§ 7b Abs. 1 Satz 3 EStG). In Miteigentumsfällen kann nur der dem Anteil am begünstigten Objekt entsprechende Teil des jeweiligen Höchstbetrages bis zu 5 % abgeschrieben werden (§ 7b Abs. 1 Satz 3 EStG).[99]

Der maßgebende Höchstbetrag wird durch die Änderung eines nach § 7b EStG begünstigten Gebäudes in ein anderes nach § 7b EStG begünstigtes Objekt (etwa wenn durch die Maßnahme ein Einfamilienhaus zu einem Zweifamilienhaus wird und umgekehrt) nicht berührt.[100] Nach einer Scheidung kann der Ehegatte in der Folge des hinzuerworbenen anderen Miteigentumsanteils nur die Hälfte des Höchstbetrags nach § 7b EStG ansetzen.[101]

Im Fall der Vermietung, nicht hingegen bei vollständiger Eigennutzung oder bei sonstigen Objekten, deren Nutzungswert nach § 21a EStG pauschal ermittelt wird,[102] können auf den Teil der Anschaffungs- oder Herstellungskosten, der die Höchstbeträge von 200.000 DM bzw. 250.000 DM übersteigt, lineare Abschreibungen nach § 7 Abs. 4 EStG vorgenommen werden (§ 7b Abs. 1 Satz 3 EStG).

Im Jahr der Anschaffung oder Fertigstellung und im Jahr der Veräußerung steht dem Steuerpflichtigen der volle Jahresbetrag an erhöhten Absetzungen nach § 7b EStG zu,[103] für die lineare AfA nach § 7 Abs. 4 EStG kann dagegen nur ein zeitanteiliger Betrag in Anspruch genommen werden (R 44 Abs. 2 EStR). Insofern sind nach § 7b EStG Käufer und Verkäufer gleichermaßen im Jahr des Eigentumsübergangs zu erhöhten Absetzun-

---

[98] Vgl. BOEKER, H. (1997), § 7b EStG, Anm. 105.
[99] Vgl. LÄNGSFELD, H. (1977), S. 1332.
[100] Vgl. BFH vom 10.10.1989, S. 881.
[101] Vgl. BFH vom 21.2.1991, S. 570.
[102] Vgl. BFH vom 18.1.1972, S. 342; BFH vom 16.1.1973, S. 443.
[103] Vgl. DRENSECK, W. (1995), § 7b EStG, Anm. 32.

gen in vollem Umfang bis zu 5 % der jeweiligen Bemessungsgrundlage berechtigt.[104] Findet der Eigentumsübergang unentgeltlich statt, können die für das Jahr des Übergangs zulässigen § 7b-Abschreibungen zwischen Rechtsvorgänger und Rechtsnachfolger nach freier Vereinbarung aufgeteilt oder auch nur bei einem von beiden berücksichtigt werden; eine gleichzeitige Inanspruchnahme der Begünstigung bei jedem von ihnen scheidet jedoch aus.[105]

In jedem auf das Jahr der Anschaffung oder Fertigstellung folgenden Jahr des Begünstigungszeitraums müssen für die Inanspruchnahme der erhöhten Absetzungen die dazu notwendigen Voraussetzungen des § 7b EStG für den überwiegenden Teil des Jahres vorgelegen haben.[106] Anderenfalls entfallen die § 7b-Abschreibungen endgültig, da eine zeitanteilige Berücksichtigung ebenfalls ausgeschlossen ist.[107] Der Steuerpflichtige kann aber in Jahren, in denen die erhöhten Absetzungen nicht gewährt werden, lineare Absetzungen nach § 7 Abs. 4 EStG in Anspruch nehmen, soweit er nicht die Einkünfte aus Vermietung und Verpachtung nach § 21a EStG ermittelt, da in diesen Fällen lineare Absetzungen bereits durch Ansatz des Grundbetrags nach § 21a EStG abgegolten sind.[108]

Bei gemischt genutzten Objekten sind die § 7b-Absetzungen im Verhältnis der Nutzungsanteile des Objekts auf die in Betracht kommenden Einkunftsarten aufzuteilen.[109] Gleichermaßen ist in Vermietungsfällen bei der linearen Absetzung nach § 7 Abs. 4 EStG, die sich nach dem die Höchstgrenzen von 200.000 DM bzw. 250.000 DM übersteigendem Teil der Herstellungs- oder Anschaffungskosten bemißt, zu verfahren.[110]

Grundsätzlich ist eine gleichzeitige Inanspruchnahme von erhöhten Absetzungen nach § 7b EStG und Abschreibungen nach § 7 EStG für dasselbe Objekt ausgeschlossen. Dies folgt aus der Formulierung des § 7b Abs. 1 Satz 1 EStG, nach der die Vergünstigung „abweichend von § 7 Abs. 4 und 5 [EStG]" einem Bauherrn oder Erwerber ge-

---

[104] Vgl. BMF-Schreiben vom 30.9.1977, Ziffer I, Abs. 7.
[105] Vgl. CLAUSEN, U. (1997), § 7b EStG, Anm. 97.
[106] Vgl. BOEKER, H. (1997), § 7b EStG, Anm. 91.
[107] Vgl. BOEKER, H. (1997), § 7b EStG, Anm. 91.
[108] Vgl. BOEKER, H. (1997), § 7b EStG, Anm. 91.
[109] Vgl. BFH vom 27.1.1972, S. 526; CLAUSEN, U. (1997), § 7b EStG, Anm. 131.
[110] Vgl. CLAUSEN, U. (1997), § 7b EStG, Anm. 181.

währt wird.[111] Außergewöhnliche Absetzungen nach § 7 Abs. 1 EStG sind daneben gleichwohl zulässig.[112]

Infolge des Ermessensspielraums bezüglich der Höhe anzusetzender Abschreibungen steht dem Steuerpflichtigen in jedem Jahr des achtjährigen Begünstigungszeitraums frei, einen Wechsel von der linearen AfA nach § 7 Abs. 4 EStG zu den erhöhten Absetzungen nach § 7b EStG und wieder zurück vorzunehmen.[113] Ebenso kann er zu jedem Zeitpunkt von einer degressiven AfA nach § 7 Abs. 5 EStG zu den § 7b-Abschreibungen innerhalb des achtjährigem Begünstigungszeitraum wechseln, anschließend allerdings nicht mehr zurück.[114]

2.1.1.7.2   Nachholung erhöhter Absetzungen

In den ersten drei Jahren des Begünstigungszeitraums nicht in vollem Umfang in Anspruch genommene oder nicht ausgenutzte erhöhte Absetzungen können bis zum vierten Jahr nachgeholt werden (§ 7b Abs. 3 Satz 1 EStG). Bei unentgeltlichem Erwerb eines Objekts ist der Nachholzeitraum des Rechtsvorgängers maßgebend. Von diesem nicht ausgenutzte erhöhte Absetzungen kann der Rechtsnachfolger während des entsprechenden Zeitabschnitts nachholen.[115] Für Ausbauten und Erweiterungen ist die Vorschrift entsprechend anzuwenden (§ 7b Abs. 3 Satz 3 EStG).

Nicht in vollem Umfang in Anspruch genommen wurden die § 7b-Abschreibungen, wenn der Steuerpflichtige in der Folge seiner Ermessensentscheidung niedrigere Absetzungen als zulässig (bis zu 5 %) geltend gemacht hat. Als nicht ausgenutzt gelten erhöhte Absetzungen, die sich steuerlich nicht ausgewirkt haben.[116] Hierbei haben die vom Steuerpflichtigen beanspruchten Abschreibungen bei ihm nicht zu einer Ermäßigung der Einkommensteuer geführt.[117]

---

[111] Vgl. CLAUSEN, U. (1997), § 7b EStG, Anm. 110.
[112] Vgl. BFH vom 27.6.1978, S. 8.
[113] Vgl. CLAUSEN, U. (1997), § 7b EStG, Anm. 110.
[114] Vgl. Vgl. BFH vom 17.2.1976, S. 414; BFH vom 10.3.1987, S. 618.
[115] Vgl. CLAUSEN, U. (1997), § 7b EStG, Anm. 279.
[116] Vgl. BOEKER, H. (1997), § 7b EStG, Anm. 100.
[117] Vgl. CLAUSEN, U. (1997), § 7b EStG, Anm. 270.

Die erhöhten Absetzungen können nur für solche Jahre nachgeholt werden, in denen die Voraussetzungen des § 7b Abs. 1 Satz 1 EStG vorgelegen haben.[118] Im Nachholungsjahr ist demgegenüber das ganzjährige Vorliegen dieser Bedingung nicht erforderlich,[119] für die Nachholung an sich reicht es aus, daß die Voraussetzungen zumindest für einen kurzen Zeitraum erfüllt sind.[120] Ist die Nachholung nicht ausgenutzter Absetzungen bis zum Ende des vierten Jahres nicht erfolgt, scheidet damit diese Möglichkeit zwar aus, jedoch erhöhen nun die versäumten Absetzungen, ebenso wie die ab dem vierten Jahr entstehenden erhöhten Absetzungen, die in der Folge nicht ausgenutzt werden, den nach Ablauf des Begünstigungszeitraums abzuschreibenden Restwert.[121]

Nachträgliche Herstellungskosten, die in den ersten vier Jahren des Begünstigungszeitraums entstehen, können unabhängig davon, ob die erhöhten Absetzungen für das begünstigte Objekt in den vorangegangenen Jahren voll ausgenutzt worden sind, in jedem Fall nachgeholt werden.[122]

2.1.2   Restwertabschreibung nach § 7b Abs. 1 Satz 2 EStG

Im Anschluß an den achtjährigen Begünstigungszeitraum sind nach § 7b Abs. 1 Satz 2 EStG als AfA bis zur vollen Absetzung grundsätzlich jährlich 2,5 % des Restwerts abzuziehen. Das gilt auch bei Folgeobjekten im Sinne des § 7b Abs. 5 Sätze 4 und 5 EStG. Absetzungen vom Restwert sind nicht möglich, wenn es sich um eigengenutzte nach § 7b EStG begünstigte Objekte handelt, die pauschal nach § 21a EStG besteuert werden, da im hier unterstellten Nutzungswert die normalen Absetzungen bereits berücksichtigt sind.[123]

Können innerhalb des Begünstigungszeitraums für ein Objekt zeitweise keine § 7b-Abschreibungen vorgenommen werden, weil die Voraussetzungen hierfür nicht vorgelegen haben, so sind für diesen Zeitraum die Abschreibungen nach den Anschaffungs- oder

---

[118] Vgl. CLAUSEN, U. (1997), § 7b EStG, Anm. 270.
[119] Vgl. BFH vom 22.4.1980, S. 688.
[120] Vgl. o. V. (1981), S. 41; a. A.: CLAUSEN, U. (1997), § 7b EStG, Anm. 270: Die Voraussetzungen des § 7b Abs. 1 EStG müssen im Nachholungsjahr überhaupt nicht vorliegen.
[121] Vgl. BURHOFF, A. (1983), S. 112.
[122] Vgl. LÄNGSFELD, H. (1977), S. 1332.
[123] Vgl. POHLMANN, H.-R. (1983), S. 77.

Herstellungskosten und dem nach § 7 Abs. 4 EStG maßgebenden Vomhundert-Satz zu berechnen. Restwert ist dann der Betrag, der nach Abzug aller im Begünstigungszeitraum beim Objekt vorgenommenen erhöhten Absetzungen, Abschreibungen nach § 7 EStG sowie etwaiger Sonderabschreibungen und Teilwertabschreibungen von den Anschaffungs- oder Herstellungskosten (die Höchstbeträge von 200.000 DM bzw. 250.000 DM haben hier keine Bedeutung) verbleibt. [124] Ungeachtet dessen, ob zeitweise keine § 7b-AfA geltend gemacht wurde, beginnt die Restwertabschreibung stets erst nach Ablauf des achtjährigen Begünstigungszeitraums. [125]

Mit dem AfA-Satz von jährlich 2,5 % des Restwerts wird eine Restnutzungsdauer von 40 Jahren unterstellt. [126] Gemäß § 7b Abs. 1 Satz 2 zweiter Halbsatz EStG i.V.m. § 7 Abs. 4 Satz 2 EStG können jedoch auch der tatsächlich kürzeren Nutzungsdauer entsprechend höhere lineare Abschreibungen vorgenommen werden. Wird ein Objekt, für das die Restwertabschreibung erfolgt, im Laufe eines Jahres veräußert, kann hierfür nur die anteilig auf das Veräußerungsjahr entfallende lineare AfA nach § 7 Abs. 4 EStG beansprucht werden. [127]

Bei Ausbauten und Erweiterungen ist der nach Ablauf des Begünstigungszeitraums noch vorhandene Restwert den Anschaffungs- oder Herstellungskosten des Gebäudes bzw. der Eigentumswohnung oder dem an deren Stelle getretenen (Rest-)Wert hinzuzurechnen (§ 7b Abs. 2 Satz 3 erster Halbsatz EStG). [128] Die Summe aus Anschaffungs- oder Herstellungskosten des Objekts oder dem an deren Stelle getretenen Wert und dem Restwert des Anbaus bzw. der Erweiterung ist in den weiteren Jahren einheitlich nach dem für das Objekt maßgebenden Vomhundert-Satz abzusetzen (§ 7b Abs. 2 Satz 3 zweiter Halbsatz EStG).

---

[124] Vgl. BURHOFF, A. (1983), S. 136.
[125] Vgl. BOEKER, H. (1997), § 7b EStG, Anm. 131.
[126] Vgl. CLAUSEN, U. (1997), § 7b EStG, Anm. 173.
[127] Vgl. DRENSECK, W. (1995), § 7b EStG, Anm. 49; a. A.: CLAUSEN, U. (1997), § 7b EStG, Tz . 174: Der Veräußerer kann die Restwertabsetzung mit dem vollen Jahresbetrag in Anspruch nehmen.
[128] Vgl. POHLMANN, H.-R. (1983), S. 78.

2.1.3 Zusatzförderung durch Baukindergeld gemäß § 34f EStG

Der § 34f EStG wurde durch das Zweite Haushaltsstrukturgesetz vom 22.12.1981[129] in das Einkommensteuergesetz eingefügt und ermöglicht Steuerpflichtigen, die von erhöhten Absetzungen nach § 7b EStG oder nach § 15 BerlinFG Gebrauch machen, eine Ermäßigung der tariflichen Einkommensteuer in Höhe von 600 DM für das zweite und jedes weitere Kind (§ 34f Abs. 1 Satz 1 EStG). Die Steuerermäßigung nach § 34f EStG kommt erstmals bei solchen Objekten zur Anwendung, für die der Bauantrag nach dem 29.7.1981 gestellt wurde bzw. die nach diesem Datum angeschafft wurden.[130]

Voraussetzung für die Inanspruchnahme der Steuerermäßigung nach § 34f EStG ist, daß der Steuerpflichtige das § 7b-Objekt zu eigenen Wohnzwecken nutzt oder lediglich wegen Wechsel des Arbeitsortes nicht zu eigenen Wohnzwecken nutzen kann. Bei einem Zweifamilienhaus ist es ausreichend, wenn mindestens eine Wohnung zu eigenen Wohnzwecken genutzt wird (§ 34f Abs. 1 Satz 2 Nr. 1 EStG). In den Fällen, in denen der Nutzungswert für die Wohnung pauschal nach § 21a EStG ermittelt wird, liegt bei einer unentgeltlichen Nutzungsüberlassung an gesetzlich unterhaltsberechtigte Personen keine Nutzung zu eigenen Wohnzwecken vor.[131]

Eine Steuerermäßigung gemäß § 34f EStG wird nur gewährt, wenn die Kinder des Steuerpflichtigen - einschließlich des ersten Kindes - im jeweiligen Veranlagungszeitraum[132] nach § 32 Abs. 1 bis 5 EStG zu berücksichtigen sind und eine auf Dauer angelegte Haushaltszugehörigkeit vorliegt oder vorgelegen hat (§ 34f Abs. 1 Satz 2 Nr. 2 EStG).

Ehegatten, bei denen die Voraussetzungen der Zusammenveranlagung erfüllt sind und die gleichzeitig für zwei Objekte erhöhte Absetzungen nach § 7b EStG in Anspruch nehmen, wird das Baukindergeld - unabhängig von der Wahl der Veranlagungsart - grundsätzlich nur einmal im Kalenderjahr je begünstigtem Kind gewährt.[133]

---

[129] BGBl. 1981 I, S. 1523.
[130] Vgl. RICHTER, H./WINTER, W. (1982), S. 344.
[131] Vgl. RICHTER, H./WINTER, W. (1982), S. 345.
[132] Vgl. BFH vom 21.11.1989, S. 216.
[133] Vgl. o. V. (1982), S. 1646.

Das Baukindergeld wird auch in den Fällen gewährt, in denen die Inanspruchnahme der erhöhten § 7b-Absetzungen beim Steuerpflichtigen nur geringe steuerliche Auswirkungen zur Folge hat.[134] Holt der Steuerpflichtige im Rahmen der gesetzlichen Möglichkeiten (§ 7b Abs. 3 EStG) in einzelnen Jahren § 7b-Abschreibungen nach *(vgl. 2.1.1.7.2)*, so muß er in diesen Jahren zumindest die lineare AfA nach § 7 Abs. 4 EStG in Anspruch nehmen, damit er eine Steuerermäßigung nach § 34f EStG erhalten kann. Anderenfalls entfällt die Steuerermäßigung für diese Jahre und kann auch nicht auf ein späteres Jahr übertragen werden.[135] Wird für das begünstigte Objekt ein pauschalierter Nutzungswert nach § 21a EStG ermittelt, ist die lineare AfA nach § 7 Abs. 4 EStG nicht zulässig. In diesen Fällen muß der Steuerpflichtige innerhalb seines Ermessensspielraums (bis zu 5 %) eine erhöhte § 7b-Absetzung vornehmen, um die Steuerermäßigung nach § 34f EStG zu erhalten.[136]

Teilen sich bei unentgeltlichem Eigentumsübergang im Laufe eines Jahres Rechtsvorgänger und Rechtsnachfolger des Objekts die erhöhten Absetzungen nach § 7b EStG, die auf dieses Jahr entfallen, können beide das der jeweils eigenen Kinderzahl entsprechende Baukindergeld in voller Höhe von 600 DM je begünstigtem Kind in Anspruch nehmen, sofern sie die übrigen Voraussetzungen des § 34f EStG erfüllen.[137]

Restwertabschreibungen gemäß § 7b Abs. 1 Satz 2 EStG sind keine im Sinne des § 34f EStG begünstigten erhöhten Absetzungen, so daß nach Ablauf des achtjährigen Zeitraums für erhöhte § 7b-Absetzungen eine weitere Steuerermäßigung nach § 34f EStG ausgeschlossen ist.[138]

---

[134] Vgl. RICHTER, H./WINTER, W. (1982), S. 344.
[135] Vgl. o. V. (1982), S. 1646; POHLMANN, H.-R. (1983), S. 81.
[136] Vgl. o. V. (1982), S. 1646.
[137] Vgl. o. V. (1982), S. 1646.
[138] Vgl. POHLMANN, H.-R. (1983), S. 81.

2.1.4   Übergangsregelungen zur Nutzungswertbesteuerung

§ 7b EStG gilt nur noch für

1. Objekte (Einfamilienhäuser, Zweifamilienhäuser oder Eigentumswohnungen), die
   vor dem 1.1.1987 angeschafft oder fertiggestellt worden sind, wenn der Bauantrag
   nach dem 29.7.1981 gestellt oder mit den Bauarbeiten nach diesem Datum begonnen
   wurde bzw. wenn der obligatorische Vertrag[139] oder ein gleichstehender Rechtsakt[140]
   nach dem 29.7.1981 rechtswirksam abgeschlossen wurde[141], bzw. für

2. Ausbauten oder Erweiterungen an einem vor dem 1.1.1964 fertiggestellten Objekt
   (Einfamilienhaus, Zweifamilienhaus oder Eigentumswohnung), die nach dem 29.7.
   1981 beantragt oder begonnen und bis zum 31.12.1986 abgeschlossen wurden, wenn
   das Objekt vom Steuerpflichtigen selbst hergestellt oder vor dem 1.1.1977 angeschafft wurde.

Für Objekte im Beitrittsgebiet hat § 7b EStG keine Gültigkeit (§ 57 Abs. 2 EStG), in
den alten Bundesländern ist der Paragraph aber weiter anzuwenden, soweit der nach diesen Vorschriften geltende Begünstigungszeitraum noch nicht abgelaufen ist:

Seit 1987 unterliegt die Eigennutzung und die ganz oder teilweise unentgeltliche Überlassung einer Wohnung grundsätzlich nicht mehr der Besteuerung.[142] Bis dahin wurde
für die selbstgenutzte Wohnung im eigenen Haus ein pauschalierter Nutzungswert (sogenannter Grundbetrag) in Höhe von 1,4 % des Einheitswerts (§ 21a Abs. 1 EStG i. V.
m. § 121a BewG[1991]) als fiktive Einnahme angenommen, die im Rahmen der Einkünfte aus Vermietung und Verpachtung (§ 21 Abs. 2 EStG) zu erfassen war.

Davon abgesetzt werden durften nur die mit dem begünstigten Objekt in wirtschaftlichem Zusammenhang stehenden Schuldzinsen bis maximal zur Höhe des Grundbetrags,

---

[139] Ein obligatorischer Vertrag (Kaufvertrag, Kaufanwartschaftsvertrag) wird im Zeitpunkt der notariellen
   Beurkundung rechtswirksam abgeschlossen, vgl. R 42a Abs. 6 EStR.
[140] Ein dem obligatorischen Vertrag gleichstehender Rechtsakt ist ein Zuschlag bei einer Zwangsverstei-
   gerung oder eine notarielle Ankaufsverpflichtung, vgl. DRENSECK, W. (1997), § 7h EStG, Anm. 3.
[141] Vgl. BFH vom 24.4.1990, S. 889.
[142] Vgl. BMF-Schreiben vom 19.9.1986, Abschnitt I.

sowie ggf. auch über den Grundbetrag hinaus die erhöhten Absetzungen nach § 7b EStG
(§ 21a Abs. 3 EStG). Negative Vermietungseinkünfte konnten demgemäß nur mit den
§ 7b-Abschreibungen erreicht werden, nicht mit den Schuldzinsen.

Lediglich für Objekte, bei denen die Bauarbeiten nach dem 30.9.1982 begonnen wurden
und die bis Ende 1986 fertiggestellt waren, galt der erweiterte Schuldzinsenabzug. Danach konnten auch die Schuldzinsen drei Jahre lang, mit Nachholmöglichkeit vier Jahre,
zu einem Verlust bei den Vermietungseinkünften bis zu 10.000 DM schon vor dem Ansatz der § 7b-Abschreibungen führen (§ 21a Abs. 4 EStG).

2.1.4.1   Kleine Übergangsregelung

Mit dem Wegfall der Nutzungswertbesteuerung entfiel folgerichtig die Notwendigkeit
für einen mit der selbstgenutzten Wohnung in Zusammenhang stehenden Abzug von
Aufwendungen als Werbungskosten gemäß § 7b EStG.[143] Die sogenannte kleine Übergangsregelung nach § 52 Abs. 21 Satz 4 EStG für Wohnungen, die im Veranlagungszeitraum 1986 für die gesamte Dauer der Selbstnutzung der pauschalierten Nutzungswertbesteuerung des § 21a EStG unterlagen,[144] bildete eine Art Auffangtatbestand[145] für
all diejenigen Fälle, in denen die „große" Übergangsregelung nicht zum Zuge kam. Sie
gestattete den Steuerpflichtigen ab 1987, Aufwendungen, die unter der Pauschalregelung des § 21a EStG als Werbungskosten zu berücksichtigen waren (hauptsächlich erhöhte Absetzungen gemäß § 7b EStG und Schuldzinsen gemäß § 21a Abs. 4 EStG), in
gleicher Höhe und für die gleiche Dauer wie Sonderausgaben vom Gesamtbetrag der
Einkünfte abzuziehen.

Die kleine Übergangsregelung stand nur Steuerpflichtigen zur Verfügung, bei denen die
Anspruchsvoraussetzungen bereits vor dem 1.1.1987 vorgelegen haben und die begünstigten Aufwendungen auf eine zu eigenen Wohnzwecken genutzte Wohnung entfielen.
Sie endete spätestens im Jahre 1993 für Objekte, die in 1986 angeschafft oder fertiggestellt worden sind. Ab 1994 können danach keine § 7b-Absetzungen mehr geltend ge-

---

[143] Vgl. WohneigFG, S. 278.
[144] Vgl. BMF-Schreiben vom 19.9.1986, Abschnitt III.
[145] Vgl. VOLZ, W. (1990), S. 65.

macht werden; lediglich bei vermieteten Objekten kann die Restwert-AfA in Höhe von 2,5 % jährlich (§ 7b Abs. 1 Satz 2 EStG) bei der Einkünfteermittlung berücksichtigt werden. Dabei sind für die Berechnung des Restwertes dieser Objekte die Anschaffungs- oder Herstellungskosten für die Jahre, in denen erhöhte Absetzungen wie Sonderausgaben abgezogen wurden, um die AfA nach § 7 Abs. 4 EStG zu kürzen.[146]

2.1.4.2 Große Übergangsregelung

Mittlerweile kommt somit nur noch die sogenannte große Übergangsregelung nach § 52 Abs. 21 Satz 2 EStG für Wohnungen, für die im Veranlagungszeitraum 1986 zu irgendeinem Zeitpunkt der Nutzungswert durch Überschußrechnung nach § 21 Abs. 2 Satz 1 EStG zu ermitteln war,[147] in Betracht. Längstens bis einschließlich Veranlagungszeitraum 1998 kann danach noch der Nutzungswert einer eigenen oder unentgeltlich überlassenen Wohnung etwa in solchen Zweifamilienhäusern, von denen am 31.12.1986 eine Wohnung vermietet und die andere eigengenutzt bzw. ganz oder teilweise unentgeltlich überlassen wurde, für den Zeitraum der Selbstnutzung mit dem Überschuß des Mietwerts über die Werbungskosten besteuert werden, wenn die Voraussetzungen dieses Verfahrens weiterhin erfüllt sind und der Steuerpflichtige nicht zwischenzeitlich einen unwiderruflichen Antrag auf Wegfall der Nutzungswertbesteuerung (§ 52 Abs. 21 Satz 3 EStG) gestellt hat.

Zur Ermittlung des Nutzungswertes wird in jedem Veranlagungszeitraum als Mietwert entweder die ortsübliche Miete für Wohnungen vergleichbarer Art, Lage und Ausstattung angesetzt (Marktmiete) oder als Vergleichs- und Schätzungsmaßstab die tatsächlich erzielte Miete aus fremdvermieteten Wohnungen im gleichen Haus herangezogen (Vergleichsmiete).[148] Dieser im Rahmen der Einkünfte aus Vermietung und Verpachtung anzusetzenden fiktiven Einnahme können alle auf die selbstgenutzte Wohnung entfallenden Werbungskosten einschließlich AfA gegenübergestellt werden. Soweit diese Werbungskosten die fiktive Rohmiete übersteigen, kann der entstehende Verlust im Rahmen des innerperiodischen Verlustausgleichs berücksichtigt werden.

---

[146] Vgl. LEU, D. (1994), S. 118.
[147] Vgl. BMF-Schreiben vom 19.9.1986, Abschnitt II.
[148] Vgl. BFH vom 11.10.1977, S. 860; BFH vom 13.12.1983, S. 368.

Ein Festhalten an der Ermittlung des Nutzungswerts durch Überschußrechnung ist demnach einzig für Steuerpflichtige interessant, die weiterhin wegen hoher Werbungskosten
negative Einkünfte aus dem Zweifamilienhaus erklären können.

Entfallen Zuschüsse auf eine Wohnung, für die im Rahmen der zwölfjährigen Übergangsfrist kein Nutzungswert mehr anzusetzen ist, so sind die Grundsätze in R 163
Abs. 4 EStR zu beachten. Wiederkehrende öffentliche, nicht zu den Einkünften aus
nichtselbständiger Arbeit gehörende Zuschüsse zur Deckung laufender Aufwendungen
für eine Wohnung (z. B. Zinszuschüsse aus Landesförderprogrammen), für die kein
Nutzungswert anzusetzen ist, erhält der Steuerpflichtige nach § 3 Nr. 58 EStG steuer-
befreit.

2.2   Die Förderung des Wohneigentums primär über Sonderausgaben

2.2.1   Förderung des selbstgenutzten Wohneigentums nach § 10e EStG

Mit dem grundsätzlichen Wegfall der Nutzungswertbesteuerung nach über 100 Jahren[149] ab 1.1.1987 ist durch das Wohneigentumsförderungsgesetz vom 15.5.1986[150] für die zu eigenen Wohnzwecken genutzte Wohnung im eigenen Haus zugleich als Nachfolgeregelung zu den erhöhten Absetzungen nach § 7b EStG die Steuerbegünstigung nach § 10e EStG eingeführt worden. Diese ist außerhalb der Sphäre der Einkunftserzielung als Sonderausgabenabzug - sogenannte Konsumgut- oder Privatgutlösung, nach der das Wohnen zur einkommensteuerrechtlich irrelevanten persönlichen Lebenssphäre gehört und nur tatsächlich zufließende Einnahmen der Besteuerung unterworfen werden können[151] - ausgestaltet mit der Folge, daß die eigengenutzte Wohnung grundsätzlich steuerlich nicht mehr erfaßt wird und - wegen der Verlagerung in den Bereich der Einkommensverwendung - aus steuersystematischen Gründen Aufwendungen für die Wohnung nicht mehr als Werbungskosten oder Betriebsausgaben berücksichtigt werden können.[152] Der Gesetzgeber hat damit eine Wertentscheidung zugunsten derjenigen Steuerpflichtigen, die ihr angespartes Kapital in eine eigengenutzte Wohnimmobilie investieren, und zu Lasten derjenigen getroffen, die ihr Kapital entweder anderweitig eingesetzt oder gar keines angespart haben.[153]

Die Anschaffung oder Herstellung einer Wohnung, die der Grundstückseigentümer zu eigenen Wohnzwecken nutzt, wurde in der Zeit von 1987 bis einschließlich 1995[154] durch die Gewährung eines Abzugsbetrags, der wie Sonderausgaben vom Gesamtbetrag der Einkünfte abgezogen wird, nach § 10e EStG gefördert. Zu dieser Förderung gehörte auch die Berücksichtigung von Kosten vor Bezug nach § 10e Abs. 6 EStG, eine befri-

---

[149] Vgl. STUHRMANN, G. (1986a), S. 263 f.
[150] BGBl. 1986 I, S. 730.
[151] Vgl. DRENSECK, W. (1997), § 10e EStG, Anm. 1 mit weiteren Nachweisen.
[152] Vgl. VOLZ, W. (1990), S. 59; STEPHAN, R. (1993), S. 21.
[153] Vgl. NIESKENS, H. (1989), S. 27.
[154] Bei Bauantragstellung oder Kaufvertragsabschluß in der Zeit vom 27.10. bis 31.12.1995 besteht ein unwiderrufliches Wahlrecht: Der Steuerpflichtige kann entweder die § 10e-Förderung beantragen oder bereits für 1995 für die Eigenheimzulage optieren, vgl. Abschnitt 2.3.

stete Abzugsmöglichkeit von Schuldzinsen nach Bezug gemäß § 10e Abs. 6a EStG sowie ein auf die Höhe der Einkommensteuer anzurechnendes Baukindergeld bei Haushaltszugehörigkeit von Kindern nach § 34f EStG. Die einzelnen Fördermaßnahmen sind überblicksartig in Abbildung 2 dargestellt.

In den neuen Bundesländern konnte die Förderung nach § 10e EStG erst für ein nach dieser Vorschrift begünstigtes Objekt in Anspruch genommen werden, das nach dem 31.12.1990 angeschafft oder hergestellt wurde (§ 57 Abs. 1 EStG).

Abb. 2:   Übersicht über die Wohneigentumsförderung nach § 10e und § 34f EStG

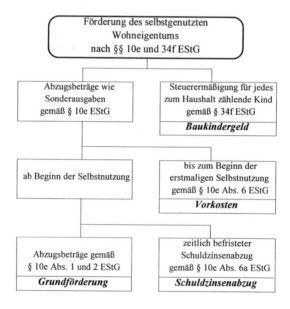

2.2.1.1   Die Grundförderung gemäß § 10e Abs. 1 bis 5a EStG

2.2.1.1.1   Anspruchsberechtigte Personen

Ein Hauptziel der steuerlichen Grundförderung nach § 10e EStG ist es gewesen, verstärkt zur privaten Vermögensbildung durch Wohneigentum beizutragen.[155] Daher ist für die Inanspruchnahme der Förderung nach § 10e EStG bürgerlich-rechtliches Eigen-

---

[155] Vgl. BUNDESTAGSDRUCKSACHE 10/3633 vom 8.7.1985, S. 10.

tum[156], gleichgültig ob Allein-, Bruchteils- oder Gesamthandseigentum, oder wirtschaftliches Eigentum an der Wohnung erforderlich. Fallen bürgerlich-rechtliches und wirtschaftliches Eigentum auseinander, ist nach h. M. auf das wirtschaftliche Eigentum abzustellen.[157]

Prinzipiell kommen für die Förderung nach § 10e EStG - anders als nach EigZulG *(vgl. unten 2.3.1.1)* - sowohl unbeschränkt als auch beschränkt Steuerpflichtige in Betracht, da § 50 Abs. 1 EStG kein Anwendungsverbot für § 10e EStG begründet.[158] Faktisch entfällt jedoch die Begünstigung eines beschränkt Steuerpflichtigen, weil er durch die Erfüllung des weiterhin notwendigen Kriteriums der Eigennutzung *(vgl. unten 2.2.1.1.3)* regelmäßig zum unbeschränkt Steuerpflichtigen wird.[159]

2.2.1.1.1.1 Bauherrn und entgeltliche Erwerber

Entscheidend für die Inanspruchnahme der Förderung ist, daß die Wohnung im Eigentum bzw. Miteigentum des Steuerpflichtigen steht und dieser die Anschaffungs- oder Herstellungskosten getragen hat.[160] Somit ist in praxi jeder Bauherr oder jeder entgeltliche Erwerber, der wirtschaftlicher Eigentümer der Wohnung ist, zum Abzug nach § 10e EStG berechtigt. Ausgenommen bleibt allerdings nach § 10e Abs. 1 Satz 8 EStG der Erwerb der Wohnung vom Ehegatten *(siehe dazu unten 2.2.1.1.6.3)*.

Beim Erwerber kommt eine Förderung demzufolge nur in Betracht, wenn er das Objekt entgeltlich oder zumindest teilentgeltlich[161] erworben hat. Entgeltlichkeit erfordert, daß Aufwendungen zur Erlangung des Eigentums am Objekt erbracht werden und Leistung und Gegenleistung nach kaufmännischen Gesichtspunkten ausgewogen sind.[162] Ein entgeltlicher Erwerb liegt auch vor, wenn der Eigentümer das Geld für die Anschaffung oder Herstellung eines Objekts i. S. des § 10e EStG zuvor ohne Auflage geschenkt er-

---

[156] Vgl. ausführlich zum Begriff des bürgerlich-rechtlichen Eigentums BOEKER, H. (1997), § 10e EStG, Anm. 20; ebenso MÄRKLE, R. W./FRANZ, R. (1994), S. 11 f.
[157] Vgl. BMF-Schreiben vom 25.10.1990, Abs. 5; OBERMEIER, A. (1992), S. 88; MEYER, B. (1997), § 10e EStG, Anm. 30; DRENSECK, W. (1997), § 10e EStG, Anm. 25.
[158] Vgl. STEPHAN, R. (1996a), S. 51; MEYER, B. (1997), § 10e EStG, Anm. 20.
[159] Vgl. HANDZIK, P.(1990), S. 41 f.; MEYER, B. (1997), § 10e EStG, Anm. 20.
[160] Vgl. BMF-Schreiben vom 31.12.1994, Tz. 2.
[161] Vgl. STEPHAN, R. (1986), S. 1148 f.
[162] Vgl. MEYER, B. (1997), § 10e EStG, Anm. 131.

halten hat.[163] Teilentgeltlicher Erwerb ist in Höhe der Anschaffungskosten des Erwerbers gegeben, wenn seine Gegenleistung für die Eigentumserlangung an einem Objekt kleiner ist als dessen Verkehrswert.[164] Teilentgeltlicher Erwerb, für den ein Abzugsbetrag nach § 10e EStG in Betracht kommt, liegt auch vor bei Übertragung einer Wohnung im Wege vorweggenommener Erbfolge unter Übernahme von Verbindlichkeiten.[165] Dabei müssen die übernommenen Schulden nicht mit dem übertragenen Objekt im Zusammenhang stehen.[166]

Für Bauherrn, die auf fremdem Grund und Boden ein Gebäude errichten - etwa Kinder auf dem Grundstück der Eltern -, ist zu beachten, daß sie trotz getragener Herstellungskosten und Nutzung zu eigenen Wohnzwecken von der § 10e-Förderung ausgeschlossen bleiben können, da durch die Verbindung des Gebäudes mit dem Grundstück nach §§ 94 und 964 BGB der Grundstückseigentümer das Eigentum an dem Gebäude erlangt[167]. Zu vermeiden ist das lediglich, wenn der Bauherr bürgerlich-rechtlicher oder wirtschaftlicher Eigentümer des Gebäudes wird. Dazu muß entweder das Gebäude aufgrund eines dinglichen Rechts (Nießbrauch, Erbbaurecht) errichtet oder der Grundstückseigentümer durch vertragliche Vereinbarung für die gewöhnliche Nutzungsdauer von der Einwirkung auf das Gebäude ausgeschlossen werden.[168]

2.2.1.1.1.2 Sachlage bei unentgeltlichem Erwerb

Unentgeltlich ist ein Erwerb insbesondere bei Schenkung, Vermächtnis oder vorweggenommener Erbfolge. In diesen Fällen ist der neue Eigentümer regelmäßig nicht berechtigt, den Sonderausgabenabzug des Rechtsvorgängers bis zum Ende des Abzugszeitraums fortzuführen.[169] Nach eindeutiger Verwaltungsanweisung bleibt der unentgeltliche Erwerb von der § 10e-Förderung grundsätzlich ausgeschlossen, da es hierbei am Tragen der Anschaffungs- oder Herstellungskosten mangelt.[170] Explizit betroffen ist von dieser Vorschrift der unentgeltliche Einzelrechtsnachfolger, und zwar ausdrücklich auch

---

[163] Vgl. BMF-Schreiben vom 31.12.1994, Tz. 2.
[164] Vgl. BMF-Schreiben vom 31.12.1994, Tz. 43.
[165] Vgl. BFH vom 7.8.1991, S. 736.
[166] Vgl. BMF-Schreiben vom 7.8.1992, S. 522.
[167] Vgl. STUHRMANN, G. (1986b), S. 410 f.; BFH vom 21.5.1992, S. 944.
[168] Vgl. STEPHAN, R. (1987), S. 299; BRYCH, F. (1991), S. 971; CZISZ, K. (1994), S. 20 f.
[169] Vgl. BOEKER, H. (1997), § 10e EStG, Anm. 29; a. A.: STEPHAN, R. (1997a), § 10e EStG, Anm. 24.
[170] Vgl. BMF-Schreiben vom 31.12.1994, Tz. 2.

dann, wenn bei ihm eine mittelbare Grundstücksschenkung vorliegt, er also einen Geldbetrag geschenkt erhalten hat mit der Auflage, ein bestimmtes (bebautes) Grundstück davon zu kaufen.[171] Hier kann sich zwecks Nutzung der steuerlichen Vorteile der § 10e-Förderung eine Kombination von Geldschenkung ohne Zweckbindung und zweckgebundener Geldschenkung für ein unbebautes Grundstück empfehlen. In einem solchen Fall liegt bei Herstellung eines Gebäudes mit dem nicht zweckgebundenen Geldgeschenk auf dem mittelbar geschenkten Grundstück in Höhe der Herstellungskosten ein wiederum begünstigter teilentgeltlicher Erwerb vor.[172]

Nicht übertragbar sind diese Grundsätze auf den unentgeltlichen Gesamtrechtsnachfolger.[173] Das beruht auf der Erwägung, daß dieser auch steuerlich in vollem Umfang in die Rechtsposition des Erblassers eintritt.[174] Unbenommen bleibt mithin im Fall des unentgeltlichen Erwerbs infolge Erbfalls die Möglichkeit des Erwerbers, als Gesamtrechtsnachfolger die § 10e-Förderung zu beanspruchen, soweit die dazu erforderlichen Voraussetzungen in seiner Person erfüllt sind und sofern nicht beim Erblasser objektbezogene Ausschlußgründe (z. B. Erwerb vom Ehegatten) vorlagen.[175] Personenbezogene Ausschlußgründe (z. B. Objektverbrauch) des Erblassers führten nach früherer Verwaltungsauffassung gleichermaßen zum Ausschluß der Förderung beim Erben,[176] nach neuerer Rechtsprechung sind sie hingegen unschädlich[177].

Ob Einzel- oder Gesamtrechtsnachfolge vorliegt, ist unerheblich, wenn es zum Erwerb infolge Erbfalls zwischen Ehegatten kommt, für die im Todesjahr die Voraussetzungen der Zusammenveranlagung vorgelegen haben (§ 10e Abs. 5 Satz 3 EStG).

---

[171] Vgl. BMF-Schreiben vom 31.12.1994, Tz. 2.
[172] Vgl. MEYER, B. (1995a), S. 20; JACHMANN, M. (1995), S. 516.
[173] Vgl. STUHRMANN, G. (1997a), § 10e EStG, Anm. 35.
[174] Vgl. MEYER, B. (1997), § 10e EStG, Anm. 36 mit weiteren Nachweisen.
[175] Vgl. BMF-Schreiben vom 31.12.1994, Tz. 59; OBERMEIER, A. (1992), S. 191.
[176] Vgl. BMF-Schreiben vom 25.10.1990, Abs. 4.
[177] Vgl. BFH vom 4.9.1990, S. 69; verarbeitet im BMF-Schreiben vom 31.12.1994, Tz. 59.

2.2.1.1.2   Begünstigte Objekte

2.2.1.1.2.1   Wohnungen im Sinne des § 10e EStG

Der Steuerpflichtige kann für jede zu eigenen Wohnzwecken genutzte Wohnung im eigenen Haus, die im Inland belegen ist, zum Privatvermögen gehört und nicht der Nutzungswertbesteuerung unterliegt[178], die Förderung nach § 10e EStG in Anspruch nehmen, und zwar unabhängig von der Grundstücksart (Einfamilienhaus, Zweifamilienhaus, Mietwohngrundstück, gemischt genutztes Grundstück oder Geschäftsgrundstück [§ 75 BewG]), zu der die Wohnung gehört[179]. Auch die selbstgenutzte Eigentumswohnung, die obige Voraussetzungen erfüllt, ist eine nach dieser Vorschrift begünstigte Wohnung. Die § 10e-Förderung ist demnach nicht mehr wie die § 7b-Regelung gebäudebezogen (Einfamilien- / Zweifamilienhaus, Eigentumswohnung), sondern gefördert wird ein Nutzungs- und Funktionszusammenhang als selbständiger Gebäudeteil.[180]

Während es anfangs für die § 10e-Begünstigung auf die bauliche Gestaltung des Objekts im Zeitpunkt des Beginns der Nutzung zu eigenen Wohnzwecken ankam[181], wurde dieses sogenannte Erstarrungsprinzip[182] nach neuerer Verwaltungsauffassung aufgegeben[183]. Fortan ist für jedes Jahr der § 10e-Förderung gesondert zu prüfen, wie groß der Umfang der steuerbegünstigten Wohnung ist, so daß durch bauliche Umgestaltungen innerhalb des Begünstigungszeitraums eine Änderung der Bemessungsgrundlage und damit auch des Förderbetrags eintreten kann.[184] Gegenüber der alten Rechtslage ist beispielsweise der nachträgliche Umbau eines zunächst zum Teil selbst bewohnten und zum Teil vermieteten Zweifamilienhauses in ein in vollem Umfang selbst bewohntes Einfamilienhaus ab dem Umbauzeitpunkt nach der Gesamtbemessungsgrundlage zu fördern.[185] Andererseits verringert sich dementsprechend die ursprüngliche Bemessungsgrundlage und damit der Abzugsbetrag für die Folgezeit, wenn durch den Umbau eines Einfamilienhauses in ein Zweifamilienhaus nur noch ein Teil des Gebäudes selbst bewohnt wird.

---

[178] Vgl. MEYER, B. (1997), § 10e EStG, Anm. 15.
[179] Vgl. o. V. (1991), S. 1252.
[180] Vgl. STEPHAN, R. (1986), S. 1144; MEYER, B. (1987a), S. 361.
[181] Vgl. BMF-Schreiben vom 15.5.1987, Tz. 8.
[182] Vgl. DRENSECK, W. (1997), § 10e EStG, Anm. 10.
[183] Vgl. BMF-Schreiben vom 31.12.1994, Tz. 36.
[184] Vgl. MEYER, B. (1995b), S. 137 f.
[185] Vgl. MEYER, B. (1997), § 10e EStG, Anm. 58 Beispiel 1; BMF-Schreiben vom 31.12.1994, Tz. 36 mit Beispiel.

2.2.1.1.2.2 Ausbauten und Erweiterungen

Begünstigt sind ebenfalls Ausbauten und Erweiterungen an einer im Inland belegenen eigengenutzten Wohnung, wenn der Ausbau oder die Erweiterung nach dem 31.12.1986 bzw. in den neuen Bundesländern nach dem 31.12.1990 fertiggestellt oder mit den Herstellungsarbeiten vor dem 1.1.1996 begonnen wurde, auch wenn das ausgebaute oder erweiterte Haus vor dem 1.1.1987 angeschafft oder hergestellt worden ist (§ 10e Abs. 2 EStG). Ausbauten und Erweiterungen gelten als eigenständiges Objekt im Sinne des § 10e EStG, mit der Folge, daß auch Objektverbrauch *(siehe unten 2.2.1.1.6.2)* daran eintreten kann (§ 10e Abs. 4 Satz 1 EStG).

Steuerlich begünstigt ist im allgemeinen unter wesentlichem Bauaufwand - die Kosten müssen mindestens ein Drittel der vergleichbaren Aufwendungen für einen Neubau betragen[186] - entstandener neuer, bisher nicht vorhandener Wohnraum[187]. Das ist beim klassischen Dachgeschoßausbau stets der Fall, ansonsten nach neuerer Rechtsprechung nur, wenn vollwertiger, also nach § 44 Abs. 1 Nr. 1 Zweite BV voll auf die Wohnfläche anzurechnender Wohnraum geschaffen wird.[188] Da hierunter Nebenräume wie Keller, Waschküche u. a. nicht fallen, sind diese bestenfalls noch im Zuge eines einheitlichen Erweiterungsbaus zusammen mit vollwertigem Wohnraum förderungsfähig.[189] Unter wesentlichem Bauaufwand durchgeführte Umbaumaßnahmen einer nicht mehr den zeitgemäßen Wohnungsbedürfnissen entsprechenden Wohnung sind begünstigt, wenn die Räume aufgrund veränderter Wohnungsgewohnheiten objektiv nicht mehr zum dauernden Bewohnen geeignet waren; nicht maßgebend sind dabei die individuellen Bedürfnisse des Steuerpflichtigen und die Eignung für seine persönlichen Zwecke.[190]

Im Rahmen der § 10e-Förderung rechnen zu den steuerlich begünstigten Ausbauten und Erweiterungen noch die nachträgliche Erstellung von Garagen[191] sowie der Anbau eines Wintergartens, sofern dieser nach seiner baulichen Gestaltung während des gesamten

---

[186] Vgl. BMF-Schreiben vom 31.12.1994, Tz. 10.
[187] Vgl. BFH vom 27.1.1993, S. 601.
[188] Vgl. BFH vom 8.3.1995, S. 352.
[189] Vgl. STUHRMANN, G. (1997a), § 10e EStG, Anm. 75.
[190] Vgl. BFH vom 15.11.1995, S. 327.
[191] Vgl. o. V. (1986b), S. 2258. Siehe aber dazu Neuregelung ab 1.1.1996 im Anhang I, Stichwort Erweiterungen.

Jahres den dauernden Aufenthalt von Menschen objektiv gestattet[192]. Nicht als Erweiterung begünstigungsfähig ist hingegen ein Schwimmbadanbau[193] oder ein Abstellraum[194], da durch eine solche Baumaßnahme keine zusätzlichen vollwertigen Wohnräume geschaffen werden. Alle geförderten Maßnahmen müssen im übrigen den baurechtlichen Vorschriften entsprechen *(siehe dazu unten 2.2.1.1.6.5)*.

2.2.1.1.2.3 Anteile an begünstigten Objekten

Dasselbe gilt für einen Miteigentumsanteil an einem Begünstigungsobjekt (§ 10e Abs. 5 Satz 1 EStG). Wird eine Wohnung von mehreren Personen gemeinschaftlich angeschafft oder hergestellt und auch gemeinschaftlich bewohnt, so steht dem jeweiligen Miteigentümer entsprechend seinem Miteigentumsanteil an der Wohnung der Sonderausgabenabzug in Form des § 10e-Abzugsbetrags zu (§ 10e Abs. 1 Satz 6 EStG).

Erwirbt ein Miteigentümer zu seinem Anteil einen oder mehrere Miteigentumsanteile hinzu, stellen ursprünglicher und hinzuerworbener Miteigentumsanteil ein einheitliches Objekt dar, wenn der Erwerb bis zum Ende des Veranlagungszeitraums stattgefunden hat, in dem der Abzugszeitraum für den ursprünglichen Anteil beginnt.[195] Findet der Hinzuerwerb eines Miteigentumsanteils hingegen erst im Jahr nach dem Grundstückserwerb bzw. Erwerb des ersten Anteils statt, kann für den hinzuerworbenen Miteigentumsanteil keine Grundförderung mehr in Anspruch genommen werden, es sei denn, der Erwerber des zusätzlichen Anteils war von vornherein wirtschaftlicher Alleineigentümer des Grundstücks.[196] Die auf die einzelnen Miteigentümer entfallenden Teile des § 10e-Abzugsbetrags sind i. d. R. einheitlich und gesondert festzustellen (§ 10e Abs. 7 EStG).

Lediglich bei Eheleuten, die die Voraussetzungen der Zusammenveranlagung erfüllen, kommt es nicht darauf an, wem das Begünstigungsobjekt gehört. Ihre Anteile an einer gemeinsam zu eigenen Wohnzwecken genutzten Wohnung werden, solange die Voraussetzungen für eine Zusammenveranlagung vorliegen, zusammengerechnet und bilden so

---

[192] Vgl. BMF-Schreiben vom 31.12.1994, Tz. 10.
[193] Vgl. BFH vom 8.3.1995, S. 352.
[194] Vgl. BFH vom 7.2.1996, S. 360.
[195] Vgl. BFH vom 28.7.1993, S. 921; BFH vom 9.11.1994, S. 258; BMF-Schreiben vom 31.12.1994, Tz. 32.
[196] Vgl. BFH vom 10.7.1996, S. 18.

ein einheitliches Objekt (§ 10e Abs. 5 Satz 2 EStG). Dazu war nach früherem Gesetzeswortlaut notwendig, daß die Wohnung „ausschließlich" im Eigentum der Eheleute
stand. Durch das StÄndG 1991[197] wurde das Wort „ausschließlich" rückwirkend für alle
nach dem 31.12.1986 hergestellten oder angeschafften Wohnungen bzw. für alle nach
dem 31.12.1986 fertiggestellten Ausbauten und Erweiterungen gestrichen, so daß Ehegattenanteile auch dann als nur ein Objekt angesehen werden, wenn noch weitere Personen Miteigentümer an dem Objekt sind.[198]

Bedingung für die Behandlung der Ehegattenanteile als ein Objekt ist jedoch, daß die
Voraussetzungen des § 26 Abs. 1 EStG im Zeitpunkt der Anschaffung oder Herstellung
der Miteigentumsanteile vorgelegen haben und im Verlauf des Abzugszeitraums nicht
wegfallen.[199] Treten die Voraussetzungen der Zusammenveranlagung erst später ein und
waren die Steuerpflichtigen bereits vor der Eheschließung Miteigentümer an einem Objekt und haben dafür eine § 10e-Förderung erhalten, werden die Ehegattenanteile ab
dem Veranlagungszeitraum der Eheschließung zwar nur noch als ein Objekt behandelt,
aber der Abzugszeitraum wird dadurch nicht verlängert.[200] Fallen die Voraussetzungen
des § 26 Abs. 1 EStG innerhalb des Abzugszeitraums weg, werden die Ehegattenanteile
von da an wieder als selbständige Anteile im Sinne des § 10e Abs. 5 Satz 1 behandelt.

2.2.1.1.2.4 Folgeobjekte

Nicht ausgenutzte Abzugsjahre *(siehe unten 2.2.1.1.5)* für ein Erstobjekt können auf **ein**
Folgeobjekt übertragen werden (§ 10e Abs. 4 Satz 4 EStG). Eine weitere Übertragung
des bei dem Folgeobjekt nicht ausgeschöpften Begünstigungszeitraums auf ein drittes
Objekt, auch wenn es sich dabei wieder um das ursprüngliche Erstobjekt handelt, ist
aber nicht mehr möglich.[201] Der Zweck der Folgeobjektbegünstigung ist darin zu sehen,
die möglicherweise notwendige Mobilität der Wohnungseigentümer nicht durch steuerliche Hemmnisse zu stark einzuschränken.[202]

---

[197] BGBl. 1991 I, S. 1322.
[198] Vgl. BMF-Schreiben vom 31.12.1994, Tz. 29; MEYER, D. (1997), § 10e EStG, Anm. 431.
[199] Vgl. MEYER, B. (1994a), S. 42.
[200] Vgl. PAUS, B. (1991), S. 201.
[201] Vgl. BMF-Schreiben vom 31.12.1994, Tz. 81; STEPHAN, R. (1996a), S. 245.
[202] Vgl. STEPHAN, R. (1996a), S. 243.

Voraussetzung für die Übertragung noch nicht ausgenutzter Jahre des Begünstigungszeitraums für ein Erstobjekt auf ein Folgeobjekt ist, daß es sich bei dem Erstobjekt um
eine anfangs selbstgenutzte Wohnung im eigenen Haus handelt, die vor Ablauf des
achtjährigen Abzugszeitraums nicht mehr zu eigenen Wohnzwecken genutzt werden
kann und auch nicht darf.[203] Erstobjekt kann nach § 10e Abs. 4 Satz 7 auch eine nach
§ 7b EStG bzw. nach § 15 Abs. 1 oder § 15b Abs. 1 BerlinFG begünstigte Wohnung
sein, die dem Steuerpflichtigen nicht mehr zugerechnet wird, wenn das Folgeobjekt
nach dem 31.12.1986 angeschafft oder hergestellt worden ist[204]. Nicht mehr notwendig
für den Wegfall der § 10e-Begünstigung ist im Gegensatz zur früheren § 7b-Regelung
der Eigentumsverlust am Erstobjekt *(vgl. dort 2.1.1.2.4)*. Dieses kann mithin neben dem
Folgeobjekt und ggf. weiteren Objekten im Eigentum des Steuerpflichtigen verbleiben.[205]

Weiterhin muß das Folgeobjekt, auf das die nicht ausgenutzten Abzugsjahre übertragen
werden sollen, innerhalb von zwei Jahren vor oder drei Jahren nach dem Ende des Kalenderjahres, in dem das Erstobjekt letztmalig zu eigenen Wohnzwecken genutzt wurde,
angeschafft oder hergestellt worden sein (§ 10e Abs. 4 Satz 4 EStG). Das Folgeobjekt
ist ein eigenständiges Objekt im Sinne des § 10e Abs. 1 oder 2 EStG, auf das der § 10e
EStG in seiner jeweils gültigen Fassung anzuwenden ist.[206] Folgeobjekt können auch
Ausbauten oder Erweiterungen an einer bereits zu eigenen Wohnzwecken genutzten
Wohnung sein, wobei der Ausbau oder die Erweiterung nach der Fertigstellung eben-
falls eigenen Wohnzwecken dienen muß (§ 10e Abs. 4 Satz 4 letzter Halbsatz i. V. m.
Abs. 1 Satz 1 EStG).

Der Abzugsbetrag beim Folgeobjekt bemißt sich nach den dafür aufgewendeten An-
schaffungs- oder Herstellungskosten, höchstens nach dem jeweils gültigen Höchstbetrag, wobei die Vomhundertsätze der vom Erstobjekt verbliebenen Jahre *(siehe unten
2.2.1.1.7)* maßgebend sind (§ 10 Abs. 4 Satz 6 EStG).[207] Allerdings bedeutet das nicht,
daß exakt die beim Erstobjekt verbliebenen Abzugssätze zur Anwendung kommen. Da

---

[203] Vgl. PAUS, B. (1990), S. 434.
[204] Vgl. MÄRKLE, R. W./WACKER, R./FRANZ, R. (1986), S. 12.
[205] Vgl. STEPHAN, R. (1996a), S. 244.
[206] Vgl. BMF-Schreiben vom 31.12.1994, Tz. 73.
[207] Vgl. BMF-Schreiben vom 31.12.1994, Tz. 77 und 80.

für das Folgeobjekt die dann gültige Fassung des § 10e EStG ausschlaggebend ist, können hier degressive Förderungssätze anzuwenden sein, die beim Erstobjekt aufgrund einer älteren Fassung des Gesetzes noch nicht zum Tragen kamen. Eine konkrete Auswirkung ergibt sich freilich nur dann, wenn der verbleibende Abzugszeitraum mehr als vier Jahre beträgt.[208]

Erstmalig kann der Abzugsbetrag in dem Veranlagungszeitraum angesetzt werden, der auf das Jahr der letztmaligen Nutzung des Erstobjekts folgt, frühestens jedoch in dem Jahr, in dem das Folgeobjekt nach der letztmaligen Nutzung des Erstobjekts angeschafft oder fertiggestellt wurde (§ 10e Abs. 4 Satz 5 zweiter Halbsatz EStG). Der Abzugszeitraum für das Folgeobjekt verkürzt sich um die Jahre, in denen der Steuerpflichtige wegen Selbstnutzung für das Erstobjekt die § 10e-Förderung grundsätzlich erhalten hätte (§ 10e Abs. 4 Satz 5 erster Halbsatz EStG), unabhängig davon, ob er die Förderung tatsächlich beansprucht hat oder etwa wegen Überschreitens der Einkunftsgrenze *(vgl. unten 2.2.1.1.6.1)* nicht erhalten konnte.[209] Solche beim Erstobjekt nicht ausgenutzten Abzugsbeträge können beim Folgeobjekt nicht nachgeholt werden; insofern handelt es sich um einen eigenständigen Abzugszeitraum beim Folgeobjekt, der nur eine Nachholung dort nicht in Anspruch genommener Abzugsbeträge gestattet.[210]

2.2.1.1.3   Begünstigte Nutzungsformen

2.2.1.1.3.1 Nutzung zu eigenen Wohnzwecken

Nach § 10e Abs. 1 Sätze 2 und 3 EStG muß der wirtschaftliche Eigentümer das Objekt im jeweiligen Jahr des Abzugszeitraums zu eigenen Wohnzwecken nutzen. Eine Nutzung zu eigenen Wohnzwecken liegt vor, wenn der Steuerpflichtige die Wohnung allein oder gemeinsam mit seiner Familie bewohnt. Bei Eheleuten, die die Voraussetzungen der Zusammenveranlagung erfüllen, liegt Eigennutzung des überlassenden Ehegatten selbst dann vor, wenn die Wohnung in seinem ausschließlichen Eigentum steht, aber vom anderen Ehegatten allein bewohnt wird.[211] Die Wohnungsüberlassung - selbst wenn

---

[208] Vgl. MÄRKLE, R. W./FRANZ, R. (1992), S. 964.
[209] Vgl. BMF-Schreiben vom 31.12.1994, Tz. 79.
[210] Vgl. BMF-Schreiben vom 31.12.1994, Tz. 73 und 78; STEPHAN, R. (1996a), S. 248.
[211] Vgl. MÄRKLE, R. W./FRANZ, R. (1994), S. 23.

sie unentgeltlich erfolgt - an den dauernd getrennt lebenden Ehegatten schließt hingegen eine Förderung nach § 10e EStG aus, auch wenn dies im Rahmen bestehender Unterhaltsverpflichtungen geschieht.[212] Nicht erforderlich ist, daß die Wohnung den Mittelpunkt des Lebensinteresses bildet,[213] allerdings verlangt der Wortlaut des Gesetzes („genutzt hat", § 10e Abs. 1 Satz 2 EStG) eine tatsächliche Nutzung und nicht bloß die theoretische Nutzungsmöglichkeit[214]. Dazu ist es ausreichend, wenn die Wohnung jederzeit zur Nutzung zur Verfügung steht und nur gelegentlich wirklich genutzt wird; ein zeitweiliges Leerstehen der Wohnung ist unschädlich.[215] Das gilt indes nicht für Ferien- und Wochenendwohnungen und auch nicht für Wohnungen bei doppelter Haushaltsführung, für die ein Werbungskosten- oder Betriebsausgabenabzug stattfindet *(vgl. unten 2.2.1.1.6.4).* Auch das Bereithalten einer leerstehenden oder möblierten Wohnung stellt keine Nutzung zu eigenen Wohnzwecken dar.[216] Ebenso sind vermietete Wohnungen bzw. Wohnungsteile und zu beruflichen oder betrieblichen Zwecken genutzte Teile einer Wohnung *(vgl. hierzu unten 2.2.1.1.4.5)* von der Begünstigung ausgeschlossen.[217]

Die Nutzung zu eigenen Wohnzwecken beginnt mit dem tatsächlichen Einzug in eine im wesentlichen bezugsfertige Wohnung.[218]

2.2.1.1.3.2 Eigennutzung bei Ausbau / Erweiterung

Bei Ausbauten und Erweiterungen muß sowohl die Wohnung, an der der Ausbau oder die Erweiterung vorgenommen wurde, als auch die durch die Baumaßnahme gewonnene Wohnfläche - zumindest teilweise - zu eigenen Wohnzwecken genutzt werden.[219] Für die Inanspruchnahme des Abzugsbetrags reicht es dabei nach Verwaltungsanschauung aus, wenn die Wohnung zusammen mit dem Ausbau bzw. mit der Erweiterung nach Fertigstellung der Baumaßnahme erstmalig zu eigenen Wohnzwecken genutzt wird.[220]

---

[212] Vgl. BFH vom 26.1.1994a, S. 542.

[213] Vgl. BFH vom 14.3.1989, S. 776; a. A.: PUHL, E. (1986), S. 387 und STEPHAN, R. (1986), S. 1144.

[214] Vgl. BMF-Schreiben vom 31.12.1994, Tz. 11; GUMPP, T. (1991), S. 239.

[215] Vgl. BFH vom 31.10.1991, S. 241; EHMCKE, T. (1986), S. 81; OBERMEIER, A. (1988), S. 84; DRENSECK, W. (1997), § 10e EStG, Anm. 15.

[216] Vgl. BMF-Schreiben vom 31.12.1994, Tz. 11 Satz 3.

[217] Vgl. BMF-Schreiben vom 31.12.1994, Tz. 54.

[218] Vgl. MEYER, B. (1990), S.645.

[219] Vgl. BMF-Schreiben vom 15.5.1987, Tz. 15; bestätigt BFH vom 8.3.1995, S. 352.

[220] Vgl. BMF-Schreiben vom 31.12.1994, Tz. 12; gl. A.: MEYER, B./ RICHTER, H. (1991), S. 102; OBERMEIER, A. (1992), S. 137.

Anders STEPHAN, nach dessen Ansicht sich die Voraussetzung der gemeinsamen Eigennutzung von Wohnung und Ausbau/Erweiterung nicht nur auf die Zeit des Abzugszeitraums, sondern bereits auf den Beginn der Baumaßnahme bezieht. Er folgert aus
dem Gesetzeswortlaut, daß Ausbauten und Erweiterungen nur begünstigt sind, wenn sie
an bereits zuvor eigengenutzten Wohnungen vorgenommen werden.[221]

2.2.1.1.3.3 Überlassung von Teilen der Wohnung

Eine Nutzungsüberlassung an Dritte ist keine Eigennutzung, sondern Fremdnutzung.[222]
Die Anwendung des § 10e EStG scheidet aus, wenn eine Wohnung vollends unentgelt-
lich überlassen wird.[223] Eine Wohnung dient hingegen insgesamt noch eigenen Wohn-
zwecken, wenn der Steuerpflichtige nur einen Teil der Wohnung selbst bewohnt und
den Rest der Wohnung unentgeltlich zu Wohnzwecken zur Verfügung stellt (§ 10e
Abs. 1 Satz 3 EStG). Mithin bleibt die unentgeltliche Überlassung unschädlich für eine
Förderung nach § 10e EStG, sofern sie sich lediglich auf Teile einer selbstgenutzten
Wohnung bezieht.[224]

Die unentgeltliche Überlassung ist gesetzlich weder flächenmäßig noch verhältnismäßig
zur übrigen Wohnung begrenzt, lediglich ist erforderlich, daß die dem Steuerpflichtigen
noch zu eigenen Wohnzwecken zur Verfügung stehenden Räume weiterhin eine Wohnung im bewertungsrechtlichen Sinne bilden.[225]

Damit verliert der Wohnungseigentümer nicht seinen Anspruch auf § 10e-Förderung. Es
erfolgt auch keine Kürzung der Bemessungsgrundlage um die auf die unentgeltlich
überlassenen Räume entfallenden Anschaffungs- oder Herstellungskosten.[226]

---

[221] Vgl. STEPHAN, R. (1996a), S. 105.
[222] Vgl. MEYER, B. (1997), § 10e EStG, Anm. 99.
[223] Hierfür kommt allenfalls eine Förderung nach § 10h EStG in Frage, sofern die unentgeltliche Wohnungsüberlassung an nahe Angehörige erfolgt; vgl. Abschnitt 2.2.2.2.
[224] Vgl. GÜNTHER, K.-H. (1994), S. 82.
[225] Vgl. MEYER, B. (1997), § 10e EStG, Anm. 99.
[226] Vgl. BMF-Schreiben vom 25.10.1990, Abs. 23; CZISZ, K. (1994), S. 81 f.

2.2.1.1.3.4 Wohnungsüberlassung an eigene Kinder

Keine Nutzung zu eigenen Wohnzwecken lag nach früherer Ansicht der Finanzverwaltung vor, wenn der Grundstückseigentümer einem in Ausbildung befindlichen Kind die
Wohnung - etwa eine Eigentumswohnung am Studienort des Kindes - unentgeltlich
überließ.[227] Diese Auffassung wurde durch die neuere BFH-Rechtsprechung revidiert,
wonach auch dann die Voraussetzung der Nutzung zu eigenen Wohnzwecken erfüllt ist,
wenn der Steuerpflichtige in Erfüllung seiner unterhaltsrechtlichen Verpflichtung seinem Kind außerhalb des Familienhaushalts eine Wohnung unentgeltlich zur alleinigen
Nutzung zur Verfügung stellt.[228] Nachdem sich die Finanzverwaltung der Anschauung
angeschlossen hat, steht einem solchen Steuerpflichtigen nunmehr nicht nur die § 10e-
Förderung zu, sondern darüber hinaus bei Vorliegen der übrigen Voraussetzungen auch
ein Ausbildungsfreibetrag wegen auswärtiger Unterbringung nach § 33a Abs. 2 EStG
sowie die Nachholung der in der Vergangenheit zu Unrecht versagten Abzugsbeträge
gemäß § 10e Abs. 3 Satz 1 EStG.[229]

Für den Steuerpflichtigen gilt für solche Fälle zu beachten, daß eine Förderung nach
§ 10e EStG nur solange beansprucht werden kann, wie die Voraussetzungen des § 32
Abs. 1 bis 5 EStG für das Kind erfüllt sind. Entfallen diese Voraussetzungen während
des Förderzeitraums, entfällt zum gleichen Zeitpunkt auch die Förderung beim Steuerpflichtigen; gleichwohl tritt bei ihm Objektverbrauch ein und eine Übertragung auf Folgeobjekte ist nicht möglich.[230] Im Hinblick auf die insgesamt achtjährige Förderungszeit
sollte mithin dieser Problematik vorab Aufmerksamkeit geschenkt werden.[231] Wird die
Wohnung am Studienort an das Kind vermietet, führt dies zum Ausschluß von der Förderung nach § 10e EStG.[232]

---

[227] Vgl. BMF-Schreiben vom 25.10.1990, Abs. 10.
[228] Vgl. BFH vom 26.1.1994b, S. 544; bestätigt durch BFH vom 25.1.1995, S. 378; kritisch zum ersten
Urteil MEYER, B. (1994b), S. 320 ff.
[229] Vgl. BMF-Schreiben vom 31.12.1994, Tz. 11 und 118.
[230] Vgl. PAUS, B. (1995), S. 1572; STEPHAN, R. (1996a), S. 159.
[231] Vgl. BOCK, H. (1994), S. 1529.
[232] Vgl. BFH vom 23.2.1994, S. 694.

2.2.1.1.4   Bemessungsgrundlage

2.2.1.1.4.1 Anschaffungs- und Herstellungskosten

Bemessungsgrundlage für den Abzugsbetrag nach § 10e EStG sind die Anschaffungs- oder Herstellungskosten des Gebäudes bzw. der Wohnung sowie die Hälfte der Anschaffungskosten des dazugehörenden Grund und Bodens (§ 10e Abs. 1 Satz 1 EStG), soweit diese Aufwendungen auf die eigengenutzte Wohnung entfallen.

Durch die Berücksichtigung der hälftigen Aufwendungen für den Grund und Boden sollte die Benachteiligung des Erwerbs selbstgenutzten Wohneigentums in städtischen Ballungszentren vermieden werden, da hier der Anteil der Bodenpreise an den Gesamtkosten einer Immobilie besonders hoch ist.[233] Eine solche Einbeziehung von Grundstückskosten in die Bemessungsgrundlage des § 10e EStG stößt auch nicht auf rechtssystematische oder verfassungsrechtliche Bedenken, weil es sich bei der § 10e-Förderung nicht um eine Abschreibungsnorm, sondern um eine reine Subventionsnorm handelt und dem Gesetzgeber dort ein weiter Spielraum zur Verfügung steht.[234] Der Grundstücksgröße kommt dabei keine Bedeutung zu.[235] Begünstigt sind die halben Anschaffungskosten für den Grund und Boden trotz der erstmaligen Anwendbarkeit des § 10e EStG für nach dem 31.12.1986 erworbene oder hergestellte Objekte (§ 52 Abs. 14 EStG) selbst dann, wenn der Grundstückserwerb vor dem 1.1.1987 stattfand und das begünstigte Objekt nach dem 31.12.1986 darauf errichtet wird.[236] Der Erwerbszeitpunkt für den Grund und Boden ist unerheblich, da das Grundstück als unselbständiger Teil der Bemessungsgrundlage frühestens zum Förderungsgegenstand wird, wenn auf ihm ein begünstigtes Objekt errichtet ist.[237]

Während die Hälfte der Grundstückskosten bei der Errichtung eines neuen Gebäudes von dessen Herstellungskosten leicht zu trennen sind, ist in Anschaffungsfällen der Kaufpreis für das Gesamtobjekt erst in die Anschaffungskosten der Wohnung und in die

---

[233] Vgl. MEYER, D. (1997), § 10e EStG, Anm. 66
[234] Vgl. OBERMEIER, A. (1988), S. 19; HANDZIK, P.(1990), S. 97 f.; WEWERS, O. (1992), S. 757.
[235] Vgl. FG Rheinland-Pfalz vom 21.2.1994, S. 701.
[236] Vgl. BMF-Schreiben vom 31.12.1994, Tz. 45.
[237] Vgl. MÄRKLE, R. W./FRANZ, R. (1991), S. 51.

Anschaffungskosten des dazugehörenden Grund und Bodens aufzuteilen. Diese Aufteilung ist - wie bei den Abschreibungen - anhand objektiver Maßstäbe vorzunehmen, i. d.
R. erfolgt sie nach dem Verhältnis der Verkehrswerte.[238]

Bei der Ermittlung der Anschaffungs- oder Herstellungskosten i. S. des § 10e EStG ist
auf die allgemeinen Grundsätze der Richtlinien 32a bis 33a EStR abzustellen.[239]

Keine Anschaffungskosten entstehen durch die Bestellung eines Erbbaurechts, da begrifflich eine Anschaffung des Grund und Bodens nicht stattfindet; Aufwendungen hierfür können allenfalls als Vorkosten i. S. des § 10e Abs. 6 EStG berücksichtigt werden
(siehe unten 2.2.1.2), soweit sie auf die Zeit vor Bezug der Wohnung entfallen.[240]

Nicht zu den begünstigten Herstellungskosten zählen die Eigenleistungen des Eigentümers[241] sowie Aufwendungen für die Wohnungseinrichtung und den Hausrat, auch wenn
es sich um wesentliche Bestandteile des Gebäudes handelt; eine Ausnahme bilden solche Einbaumöbel, die im Vermietungsfalle üblicherweise vom Vermieter gestellt werden (z. B. die Küchenspüle, nicht aber eine komplette Einbauküche[242]).[243] Nach bisheri-
ger Auffassung der Finanzverwaltung waren Aufwendungen für besondere nicht übliche
Anlagen und Einrichtungen, wie z. B. für Schwimmbad, Sauna, Bar und Kegelbahn,
ebenfalls nicht förderungsfähig.[244] Der kritischen Auseinandersetzung in der Literatur
und in der vorinstanzlichen Rechtsprechung zu dieser Ansicht teilweise folgend, wonach einerseits der noch beim § 7b EStG hinter dem Abzugsverbot solcher Aufwendungen stehende Grundgedanke des § 12 Nr. 1 EStG nicht mehr greift, weil aufgrund der
Konsumgutlösung der § 10e-Förderung das Wohnen ohnehin zur privaten Lebensführung gehört, andererseits die Wohnansprüche sich im Zeitablauf derart geändert haben,
daß nicht zweifelsfrei ohne weiteres von unüblichen Einrichtungen ausgegangen werden
kann und schließlich eine unerwünschte Begünstigung als übermäßig anzusehender

---

[238] Vgl. BFH vom 19.12.1972, S. 295; FG Düsseldorf vom 10.9.1993, S. 190; BMF-Schreiben vom
     31.12.1994, Tz. 48.
[239] Vgl. BMF-Schreiben vom 31.12.1994, Tz. 37.
[240] Vgl. BMF-Schreiben vom 25.10.1990, Abs. 52; bestätigt: BFH vom 27.7.1994, S. 111;
     CHRISTOFFEL, H. G. (1987), S. 404; a. A.: STUHRMANN, G. (1987b), S. 612.
[241] Vgl. BFH vom 1.10.1985, S. 142.
[242] Vgl. BFH vom 13.3.1990, S. 514; bestätigt: FG Bremen vom 12.10.1993, S. 206.
[243] Vgl. BMF-Schreiben vom 31.12.1994, Tz. 38.
[244] Vgl. BMF-Schreiben vom 25.10.1990, Abs. 13; ebenso BMF-Schreiben vom 31.12.1994, Tz. 38.

Aufwendungen ohnehin durch den Höchstbetrag beim Sonderausgabenabzug begrenzt wird,[245] sind neuester höchster Rechtsprechung zufolge auch Aufwendungen für ein Schwimmbecken innerhalb und außerhalb des Gebäudes sowie für eine Sauna in die Bemessungsgrundlage einzubeziehen.[246]

Aufwendungen für Außenanlagen gehören nur insoweit zu den begünstigten Herstellungskosten wie sie die Grundstückseinfriedung (Zäune, Hecken) betreffen oder die Nutzung des Gebäudes ermöglichen (Zufahrten, Wege- und Hofbefestigung - auch teure Pflasterung[247] - zum Hauseingang und vor Garagen), nicht dagegen für Grünanlagen und gärtnerische Gestaltungen.[248]

Hat der Steuerpflichtige einen Zuschuß zu den Anschaffungs- oder Herstellungskosten erhalten, so sind die geförderten Baumaßnahmen nur mit der um den Zuschuß geminderten Bemessungsgrundlage anzusetzen (R 163 Abs. 1 EStR). Sind die Zuschüsse aus öffentlichen oder privaten Mitteln im nachhinein für die Anschaffung oder Herstellung eines Objektes gewährt worden, so ist die Bemessungsgrundlage für den Sonderausgabenabzug entsprechend zu kürzen.[249]

2.2.1.1.4.2 Nachträgliche Anschaffungs- und Herstellungskosten

Nachträgliche Anschaffungs- oder Herstellungskosten, die innerhalb des Begünstigungszeitraums entstehen, gehören ebenfalls zur Bemessungsgrundlage und werden so behandelt *(vgl. dazu unten 2.2.1.1.8.1)*, als wären sie bereits im Jahr der Anschaffung oder Fertigstellung entstanden (§ 10e Abs. 3 Satz 2 EStG).

Schwierigkeiten bereitet oftmals die Einordnung der nachträglich entstandenen Aufwendungen zu den Anschaffungs- bzw. Herstellungskosten oder zu den Erhaltungsaufwendungen, welche nur vor Beginn der Nutzung über § 10e Abs. 6 EStG berücksichtigt

---

[245] Vgl. FG Münster vom 18.9.1992, S. 303; gl. A.: OBERMEIER, A. (1992), S. 164 und MEYER, B. (1997), § 10e EStG, Anm. 68 mit weiteren Nachweisen; a. A.: STUHRMANN, G. (1986a), S. 272 und FG Niedersachsen vom 9.3.1994, S. 1091.
[246] Vgl. BFH vom 14.2.1996, S. 362.
[247] Vgl. FG Baden-Würtbg vom 21.9.1995, S. 134.
[248] Vgl. OFD Köln, Vfg. vom 17.10.1988, S. 785; GRUBE, G. (1991), S. 97; MEYER, B./RICHTER, H. (1991), S. 61 f.; MEYER, B. (1997), § 10e EStG, Anm. 68.
[249] Vgl. BMF-Schreiben vom 31.12.1994, Tz. 41.

werden können *(vgl. unten 2.2.1.2)*. Eine Abgrenzung erfolgt i. d. R. gemäß Richtlinie 157 EStR, wonach Herstellungsaufwand nach der Fertigstellung des Gebäudes nur anzunehmen ist, wenn das Gebäude durch die Baumaßnahme so wesentlich über den ursprünglichen Zustand hinaus verbessert, im Wesen verändert oder in der Substanz vermehrt wurde, daß sich eine deutliche Verlängerung der Gesamtlebensdauer ergibt[250]. Notwendige Baumaßnahmen, die das Gebäude lediglich in seiner Verwendungs- und Funktionsfähigkeit erhalten, sind selbst dann den Erhaltungsaufwendungen zuzuordnen, wenn damit eine Modernisierung entsprechend dem technischen Fortschritt verbunden ist.[251] Fallen solche Aufwendungen, die der Art nach eigentlich Erhaltungsaufwand sind, innerhalb der ersten drei Jahre nach Erwerb oder Fertigstellung des Gebäudes an und betragen sie mehr als 15 % (mehr als 20 % bei vor dem 1.1.1994 angeschafften Gebäuden) der Anschaffungs- oder Herstellungskosten des Gebäudes und sollen sie dessen ursprünglichen Zustand wesentlich verbessern oder dienen sie der endgültigen Fertigstellung des Gebäudes, werden sie als anschaffungsnaher Aufwand wie Herstellungskosten nachträglich in die Bemessungsgrundlage einbezogen (R 157 Abs. 4 EStR).

2.2.1.1.4.3 Bemessungsgrundlage bei Ausbauten und Erweiterungen

Bei Ausbauten und Erweiterungen dürfen ausschließlich die für die Durchführung der Baumaßnahme aufgewandten Herstellungskosten als Bemessungsgrundlage angesetzt werden und nicht auch die auf den Ausbau oder die Erweiterung entfallenden Anschaffungskosten für den Grund und Boden.[252] Eine Einbeziehung der Altbausubstanz in die Bemessungsgrundlage ist gleichfalls nicht zulässig, da nur die Herstellungskosten für die neuen Wohnräume begünstigt sind.[253] Zu beachten ist hierbei die Einheitlichkeit der Baumaßnahme, so daß auch im Zuge der Errichtung der neuen Wohnräume angefallene Aufwendungen zu den Herstellungskosten des Ausbaus bzw. der Erweiterung gerechnet werden, die für sich allein betrachtet Erhaltungsaufwand sind (z. B. Deckenanstriche, Tapezierarbeiten).[254]

---

[250] Vgl. BFH vom 9.5.1995, S. 632.
[251] Vgl. BFH vom 9.5.1995, S. 632.
[252] Vgl. BMF-Schreiben vom 25.10.1990, Abs. 12 letzter Satz; BMF-Schreiben vom 31.12.1994, Tz. 44.
[253] Vgl. CZISZ, K. (1994), S. 72.
[254] Vgl. GLANEGGER, P. (1987), S. 2176.

Interessante Gestaltungsmöglichkeiten ergeben sich oftmals für Ausbauten und Erweiterungen, da die Aufwendungen hierfür grundsätzlich auch als nachträgliche Herstellungskosten im Rahmen des § 10e Abs. 3 Satz 2 EStG berücksichtigt werden können. In solchen Fällen tritt beispielsweise kein Objektverbrauch ein und auch die Ausschlußklausel des § 10e Abs. 4 Satz 2, nach der bei Ehegatten nicht gleichzeitig für zwei in räumlichem Zusammenhang belegene Objekte (hier Wohnung und zusätzlich Ausbau/Erweiterung) § 10e-Förderung geltend gemacht werden kann, greift nicht.[255] Für die Behandlung der Ausbauten/Erweiterungen als eigenständiges Objekt spricht, daß dadurch ein neuer achtjähriger Förderungszeitraum begründet wird, der Bedingung für die Gewährung von Steuerermäßigungen (Baukindergeld) nach § 34f EStG ist.[256] Die richtige Entscheidung diesbezüglich hängt vom Einzelfall ab.

2.2.1.1.4.4 Bemessungsgrundlage bei unentgeltlichem und teilentgeltlichem Erwerb

Im Falle des unentgeltlichen Erwerbs des Grund und Bodens bzw. eines Objekts können die halben Anschaffungskosten bzw. die Anschaffungs- und Herstellungskosten des Rechtsvorgängers nur angesetzt werden, wenn ein Erwerb durch Gesamtrechtsnachfolge infolge Erbfalls gegeben ist *(vgl. 2.2.1.1.1.2).* Es liegen danach keine Anschaffungs- oder Herstellungskosten bei Einzelrechtsnachfolge, Erwerb durch Schenkung oder vorweggenommener Erbfolge vor.[257] Demzufolge kann ein Einzelrechtsnachfolger nur eine § 10e-Förderung für von ihm selbst getragene Aufwendungen beantragen, die nach dem unentgeltlichen Eigentumsübergang im Zusammenhang mit der Herstellung eines begünstigten Objekts entstanden sind.[258] Für den unentgeltlich übertragenen Grund und Boden bedeutet das, daß nur die Herstellungskosten für darauf errichtete Gebäude gefördert werden können und bei unentgeltlich übertragenen Gebäuden oder Eigentumswohnungen sind nur Herstellungskosten für einen begünstigten Ausbau oder eine Erweiterung daran als Bemessungsgrundlage für den § 10e-Abzugsbetrag zu erfassen.[259]

---

[255] Vgl. STEPHAN, R. (1996a), S. 212; a. A.; CZISZ, K. (1994), S. 70.

[256] Vgl. STEPHAN, R. (1996a), S. 215.

[257] Vgl. BMF-Schreiben vom 25.10.1990, Abs. 20; MEYER, B. (1997), § 10e EStG, Anm. 145.

[258] Vgl. BFH vom 4.12.1991, S. 295.

[259] Vgl. BMF-Schreiben vom 31.12.1994, Tz. 47.

Bemessungsgrundlage beim teilentgeltlichen Erwerb sind einzig und allein die tatsächlichen Anschaffungskosten des Erwerbers.[260] Der Erwerb ist in diesen Fällen in einen nicht begünstigten unentgeltlichen und einen begünstigten entgeltlichen Vorgang aufzuteilen. In Höhe des entgeltlichen Erwerbsteils (z. B. Ausgleichszahlungen an Miterben, Übernahme von Verbindlichkeiten) liegen Anschaffungskosten vor, die bei der Ermittlung des Abzugsbetrags nach § 10e EStG zugrunde zu legen sind. Obgleich die Bemessungsgrundlage nur auf einen Teil des Objekts - den entgeltlich erworbenen Teil - entfällt, ist der Höchstbetrag der Bemessungsgrundlage nicht dem Verhältnis zum unentgeltlichen Teil entsprechend zu kürzen, da die Anschaffungskosten des Erwerbers das gesamte Objekt betreffen und nicht wie beim Miteigentum nur einen Anteil daran.[261] Für einen Gesamtrechtsnachfolger besteht selbstverständlich auch im Fall eines teilentgeltlichen Erwerbs die Möglichkeit, die auf den unentgeltlichen Erwerbsteil entfallenden Anschaffungs- oder Herstellungskosten des Rechtsvorgängers beim § 10e-Abzugsbetrag anzusetzen.

2.2.1.1.4.5 Bemessungsgrundlage bei nicht vollständiger Nutzung zu eigenen Wohnzwecken

Wird eine Wohnung zu eigenen Wohnzwecken und teilweise zu anderen Zwecken, insbesondere zu gewerblichen oder beruflichen Zwecken mitbenutzt, so sind die Anschaffungs- oder Herstellungskosten, die grundsätzlich als § 10e-Bemessungsgrundlage zu berücksichtigen wären, um den Anteil der Aufwendungen zu kürzen, der auf die nicht eigenen Wohnzwecken dienenden Räume entfällt (§ 10e Abs. 1 Satz 7 EStG). Die Bedeutung dieser Regelung besteht darin, der Absicht des Gesetzgebers nach gezielter Förderung eigengenutzten Wohnraums besonderen Ausdruck zu verleihen.[262] Gleichzeitig wird damit eine kumulative steuerliche Auswirkung der Anschaffungs- oder Herstellungskosten der Wohnung als Betriebsausgaben bzw. Werbungskosten sowie Sonderausgaben vermieden und insoweit die grundsätzliche Trennung zwischen Einkunftserzielung und -verwendung respektiert.[263]

---

[260] Vgl. BMF-Schreiben vom 31.12.1994, Tz. 42.
[261] Vgl. BFH vom 21.3.1989, S. 778; BMF-Schreiben vom 25.10.1990, Abs. 16; BMF-Schreiben vom 31.12.1994, Tz. 43.
[262] Vgl. BUNDESTAGSDRUCKSACHE 10/3633 vom 8.7.1985, S. 15.
[263] Vgl. HANDZIK, P.(1990), S. 72.

§ 10e Abs. 1 Satz 7 EStG gilt sowohl für die gemischt genutzte eigene Wohnung als auch für die selbstgenutzte Wohnung in einem eigenen Zwei- oder Mehrfamilienhaus mit weiteren vermieteten Wohnungen oder in einem gemischt genutzten Gebäude. In diesen Fällen ist festzustellen, in welcher Höhe Anschaffungs- und Herstellungskosten auf den nicht selbstbewohnten Teil des Objektes entfallen und insoweit aus der Bemessungsgrundlage für den Abzugsbetrag der begünstigten eigengenutzten Wohnung auszuscheiden sind. Das kann im übrigen auch für Teile der Anschaffungskosten des Grund und Bodens zutreffen, z. B. wenn die Bewohner anderer Wohnungen des Hauses vom Eigentümer von der Gartenmitbenutzung ausgeschlossen werden, so daß hier 50 % der auf den Garten entfallenden Anschaffungskosten des Grund und Bodens ungekürzt der im Rahmen von § 10e EStG geförderten Eigentümerwohnung zugerechnet werden.[264]

Die Aufwendungen für die nicht zu eigenen Wohnzwecken genutzten Gebäudeteile oder Räume sind diesen entweder, falls möglich, unmittelbar zuzuordnen (z. B. anhand von Rechnungsbelegen) oder im Verhältnis ihrer Grundflächen zur gesamten Nutzfläche des Gebäudes bzw. der Wohnung aufzuteilen.[265] Die Nutzfläche eines Gebäudes umfaßt die Grundfläche aller Wohnzwecken und betrieblichen oder beruflichen Zwecken dienenden Räume sowie der Zubehörräume wie Keller, Dachboden, Abstellräume, Waschküche sowie Garagen und Tiefgaragenstellplätze.[266]

Bei einem häuslichen Arbeitszimmer ist die Aufteilung der Anschaffungs- oder Herstellungskosten im Regelfall im Verhältnis der Grundfläche des Arbeitszimmers zur Wohnfläche des Gebäudes bzw. der Wohnung ins Verhältnis zu setzen.[267] Da hierbei alle nicht zur Wohnfläche zählenden Zubehörräume nicht in die Verhältnisrechnung einbezogen werden, ergibt sich eine stärkere Kürzung als bei der Nutzflächenrechnung[268]. Die Anwendung des Wohnflächenverhältnisses ist deshalb auch keineswegs zwingend; insbesondere im betrieblichen Bereich ist dem Steuerpflichtigen eine Wahl-

---

[264] Vgl. Leu, D. (1991), S. 142.
[265] Vgl. BMF-Schreiben vom 25.10.1990, Abs. 21 und 22; BMF-Schreiben vom 31.12.1994, Tz. 52; Ebenso R 157 Abs. 8 Satz 2 EStR für die Aufteilung von Erhaltungsaufwendungen.
[266] Vgl. BFH vom 21.2.1990, S. 578; vgl. auch R 42a Abs. 3 EStR. Die Berechnung der Nutzflächen erfolgt nach §§ 43 und 44 der Zweiten BV.
[267] Vgl. BMF-Schreiben vom 31.12.1994, Tz. 54 Satz 4; RAMISCH, G. (1995), S. 55 ff. Für die Ermittlung der Wohnfläche gelten die §§ 42 bis 44 der Zweiten BV.
[268] Vgl. MEYER, B. (1997), § 10e EStG, Anm. 180.

möglichkeit zwischen Nutzflächen- und Wohnflächenverhältnis einzuräumen[269], die schon deshalb geboten ist, weil es hier nicht nur um eine Aufwandsabgrenzung geht, sondern um die Frage, in welchem Umfang Grund und Boden und Gebäude zum notwendigen Betriebsvermögen gehören und mithin darin anwachsende stille Reserven steuerverstrickt werden.[270] Entscheidend für die Kürzung der Bemessungsgrundlage ist die tatsächliche Verwendung des Arbeitszimmers zu anderen als Wohnzwecken. Dabei ist es unerheblich, ob für die berufliche oder gewerbliche Nutzung Werbungskosten bzw. Betriebsausgaben steuermindernd geltend gemacht werden können oder nicht. Insbesondere kann nicht wegen des grundsätzlichen Wegfalls der Berücksichtigungsmöglichkeit von Aufwendungen für ein häusliches Arbeitszimmer als Werbungskosten bzw. Betriebsausgaben ab dem Veranlagungszeitraum 1996 (§ 4 Abs. 5 Nr. 6b EStG) die Bemessungsgrundlage für den § 10e-Abzugsbetrag um den auf das Arbeitszimmer entfallenden Teil der Wohnung wieder erhöht werden.[271] Erst wenn der bisher als Arbeitszimmer genutzte Raum neuerlich Wohnzwecken zugeführt wird, ist die Bemessungsgrundlage des § 10e Abs. 1 EStG entsprechend anzuheben.

Befindet sich eine Wohnung im gemeinsamen Eigentum von Eheleuten und nutzt einer der Eheleute einen Raum der gemeinsamen Wohnung als Arbeitszimmer, ist die Bemessungsgrundlage nur bei diesem zu kürzen, da die förderungsschädliche Nutzung des Wohnungsteils auch allein im Rahmen der eigenen Rechtszuständigkeit dieses Ehegatten erfolgt.[272] Demgemäß sind ebenfalls bei anteilig im Eigentum mehrerer Personen stehender Wohnungen Kürzungen der Bemessungsgrundlagen ausschließlich für die Anteilseigentümer vorzunehmen, die einzelne Räume der Wohnung unter Ausschluß der anderen Miteigentümer zu anderen als eigenen Wohnzwecken nutzen.[273]

Werden Teile der selbstbewohnten Wohnung unentgeltlich zu Wohnzwecken überlassen, ist das nach wie vor eine Nutzung zu eigenen Wohnzwecken *(vgl. oben 2.2.1.1.3.3)*,

---

[269] Vgl. BFH vom 5.9.1990, S. 389.
[270] Vgl. GÜNTHER, K.-H. (1988b), S. 2330; RAMISCH, G. (1995), S. 58 f.
[271] Vgl. OFD Koblenz, Vfg. vom 27.5.1997, S. 1085; vgl. kritisch zur Verfassungsmäßigkeit des neuen für die steuerliche Absetzbarkeit notwendigen zeitlichen Mindestumfangs von 50 % OLBERTZ, P. (1997), S. 1183 f.
[272] Vgl. BFH vom 12.2.1988, S. 764; MÄRKLE, R. W./FRANZ, R. (1989), S. 258.
[273] Vgl. MEYER, B./RICHTER, H. (1991), S. 89; STEPHAN, R. (1996a), S. 176.

demzufolge auch eine Kürzung der Bemessungsgrundlage um die auf die überlassenen Räume entfallenden Anschaffungs- oder Herstellungskosten nicht zu erfolgen hat.[274]

Eine Garage, in der ein sowohl betrieblich bzw. beruflich als auch privat genutztes Fahrzeug untergebracht wird, ist aus Vereinfachungsgründen der eigengenutzten Wohnung ohne Kürzung hinzuzurechnen.[275]

Maßgebend für die Kürzung der Bemessungsgrundlage sind die Verhältnisse des jeweiligen Abzugsjahres. Somit kann sich durch Nutzungsänderungen innerhalb des Förderungszeitraums die Bemessungsgrundlage und damit auch der Abzugsbetrag erhöhen oder vermindern.[276] Allerdings rechtfertigt eine nicht ganzjährig andauernde teilweise Nutzung zu anderen als eigenen Wohnzwecken nicht die Kürzung der Bemessungsgrundlage im betreffenden Veranlagungszeitraum, da der Abzugsbetrag als Jahresbetrag gerade nicht die ausschließliche Nutzung zu eigenen Wohnzwecken während des gesamten Jahres verlangt *(vgl. auch 2.2.1.1.3.1).*[277]

2.2.1.1.5 Begünstigungszeitraum

Die § 10e-Abzugsbeträge stehen den Steuerpflichtigen grundsätzlich acht Jahre (Begünstigungszeitraum) lang zu. Der Begünstigungszeitraum beginnt stets mit dem Jahr der Anschaffung oder Fertigstellung des Objekts und endet mit dem siebten auf dieses Jahr folgenden Kalenderjahr (§ 10e Abs. 1 Satz 1 bzw. Satz 4 EStG).

Nach dem Gesetzeswortlaut ist demnach zwingend der Anschaffungszeitpunkt bzw. der Fertigstellungszeitpunkt maßgebend für den Beginn des Abzugszeitraums. Bei Anschaffung einer im Bau befindlichen Wohnung zählt nicht das Datum der Anschaffung, sondern der Zeitpunkt der späteren Fertigstellung der Wohnung als Beginn des Abzugszeitraums.[278] Weicht bei Herstellung eines Objekts der Fertigstellungszeitpunkt der selbstgenutzten Wohnung von dem des Restgebäudes ab, so beginnt der Abzugszeitraum

---

[274] Vgl. MÜLLER, W. (1990), S. 34; CZISZ, K. (1994), S. 81 f.

[275] Vgl. BMF-Schreiben vom 25.10.1990, Abs. 21; BMF-Schreiben vom 31.12.1994, Tz. 54 Satz 3.

[276] Vgl. STEPHAN, R. (1996a), S. 175.

[277] Vgl. STEPHAN, R. (1996a), S. 175; MEYER, B. (1997), § 10e EStG, Anm. 175.

[278] Vgl. HANDZIK, P. (1990), S. 117; MÄRKLE, R. W./FRANZ, R. (1994), S. 32; STEPHAN, R. (1996a), S. 135.

gleichwohl mit der Fertigstellung der begünstigten Wohnung und nicht mit der Fertigstellung des Gebäudes als Ganzes.[279]

Für die Dauer des Begünstigungszeitraums kommt es nicht auf die Nutzung der Wohnung zu eigenen Wohnzwecken an; insbesondere tritt nicht dadurch eine Verlängerung des Achtjahreszeitraums ein, daß das Objekt nicht bereits im Anschaffungs- oder Fertigstellungsjahr, sondern erst in einem späteren Kalenderjahr zu eigenen Wohnzwecken genutzt wird.[280] Will der Steuerpflichtige also den Förderungszeitraum ausschöpfen, muß er die Wohnung noch im Jahr der Anschaffung oder Herstellung beziehen. In diesem Jahr steht aber der jeweilige Abzugsbetrag dem Steuerpflichtigen stets auch dann in voller Höhe zu, wenn das Objekt nur kurze Zeit eigengenutzt wurde, etwa weil das Objekt erst im Spätjahr fertiggestellt und zuvor nicht bezogen werden konnte.

Auch ein zeitweiliges Leerstehen oder Nutzen der Wohnung zu anderen als eigenen Wohnzwecken, insbesondere zu beruflichen oder gewerblichen Zwecken oder zu fremden Wohnzwecken, im späteren Verlauf des Abzugszeitraums führt nicht zu dessen Unterbrechung oder Verlängerung.[281] Der Begünstigungszeitraum läuft demzufolge auch dann weiter, wenn eine konkrete Abzugsberechtigung nicht durchgehend besteht. Die Förderung für Jahre, in denen der Steuerpflichtige nicht wenigstens zeitweise die Wohnung selbstbewohnt hat, geht somit unwiderruflich verloren.[282]

Der Abzugszeitraum endet, vorbehaltlich einer Veräußerung, mit Ablauf des siebten auf die Anschaffung oder Fertigstellung folgenden Jahres. Der Steuerpflichtige kann jedoch den vollen Abzugsbetrag ebenfalls für das Jahr innerhalb des Begünstigungszeitraums geltend machen, in dem das Objekt veräußert wird oder in dem der Steuerpflichtige von der Eigennutzung zur Fremdvermietung wechselt. Im letzteren Fall ist allerdings die Höhe der AfA begrenzt auf den tatsächlichen Vermietungszeitraum zu ermitteln (R 44 Abs. 9 EStR).

---

[279] Vgl. FG Berlin vom 07.11.1994, S. 444.
[280] Vgl. MEYER, B. (1997), § 10e EStG, Anm. 83 und 147.
[281] Vgl. MEYER, B. (1997), § 10e EStG, Anm. 83 und 150.
[282] Vgl. ERHARD, G. (1997), § 10e EStG, Anm. 367.

2.2.1.1.6   Ausschlußkriterien für die Förderung

2.2.1.1.6.1 Überschreiten bestimmter Einkunftsgrenzen

Die Förderung für Neuobjekte entfällt ab 1992 für solche Veranlagungszeiträume, in denen der Gesamtbetrag der Einkünfte bei Ledigen den Betrag von 120.000 DM und bei zusammenveranlagten Ehegatten den Betrag von 240.000 DM überschreitet (§ 10e Abs. 5a Satz 1 EStG). Mit der Einführung dieser Einkunftsgrenzen durch das StÄndG 1992[283] wurde der Kreis der begünstigten Personen weiter eingegrenzt.[284] Daß diese Regelung nicht verfassungswidrig ist und die Abhängigkeit der Grundförderung vom Gesamtbetrag der Einkünfte nicht gegen den Gleichheitsgrundsatz verstößt, wurde durch Ablehnung diesbezüglich anhängiger Verfassungsbeschwerden zuletzt in höchster Instanz entschieden.[285]

Die Einschränkung gilt erstmals für Objekte, für die nach dem 31.12.1991 ein Bauantrag gestellt bzw., sofern kein Bauantrag erforderlich ist, mit deren Herstellung nach diesem Stichtag begonnen worden ist oder für die im Erwerbsfall die Anschaffung aufgrund eines nach dem 31.12.1991 rechtswirksam abgeschlossenen Vertrags oder gleichstehenden Rechtsakts erfolgt ist (§ 52 Abs. 14 Satz 4 EStG).

Maßgebend sind die Verhältnisse des jeweiligen Veranlagungszeitraums, so daß die Einkunftsgrenze für jedes Jahr des Abzugszeitraums erneut zu überprüfen ist.[286] Die Folgen nicht eingehaltener Einkunftsgrenzen sind weitreichend: Da für dieses Förderjahr eine Begünstigung generell ausgeschlossen ist, können die mit der Gewährung einer Grundförderung zwingend zusammenhängenden Vergünstigungen ebenfalls nicht gewährt werden. Dazu zählen[287] zum einen die Möglichkeiten der Nachholung von Abzugsbeträgen *(vgl. unten 2.2.1.1.8.1)* und von nachträglich entstandenen Aufwendungen *(vgl. unten 2.2.1.1.8.2)*. Zum anderen ist die Steuerermäßigung nach § 34f EStG an die Inanspruchnahme der Grundförderung gekoppelt (§ 34f Abs. 3 Satz 1 EStG), so daß das

---

[283] BGBl. 1992 I, S. 297.
[284] Vgl. STEPHAN, R. (1992), S. 1493.
[285] Vgl. BFH (Beschluß) vom 16.1.1996, S. 402.
[286] Vgl. MÄRKLE, R. W./FRANZ, R. (1992), S. 963.
[287] Vgl. BMF-Schreiben vom 31.12.1994, Tz. 70.

Baukindergeld *(vgl. unten 2.2.1.4)* für solche Veranlagungszeiträume, in denen die Einkunftsgrenzen überschritten werden, unwiderruflich verloren geht.

Ändert sich - z. B. aufgrund einer Betriebsprüfung - der Gesamtbetrag der Einkünfte im nachhinein und werden dadurch die Einkunftsgrenzen überschritten, führt dies zum nachträglichen Versagen der Grundförderung und eines ggf. gewährten Baukindergelds. Umgekehrt berechtigt ein hinterher bekannt werdendes Unterschreiten der Einkunftsgrenzen zur nachträglichen Beanspruchung der Begünstigungen.[288] Die betroffenen Einkommensteuerbescheide sind entsprechend zu berichtigen bzw. zu ändern.[289]

Eheleute, die zwar gemeinsam einen Gesamtbetrag der Einkünfte von 240.000 DM überschreiten, von denen indes einer der Ehegatten unterhalb von 120.000 DM mit seinen Einkünften liegt, können durch eine Option für die getrennte Veranlagung nach § 26a EStG die Grundförderung einschließlich ggf. Baukindergeld retten. Obgleich sie damit den Vorteil des Splittingtarifs gem. § 32a Abs. 5 EStG verlieren, haben sie unter Umständen im Einzelfall erhebliche Steuerersparnisse.[290]

Von § 10e Abs. 5a EStG nicht betroffen ist die Regelung zu den Vorkosten *(vgl. dazu unten 2.2.1.2)* gemäß § 10e Abs. 6 EStG sowie der erweiterte Schuldzinsenabzug *(vgl. dazu unten 2.2.1.3)* nach § 10e Abs. 6a EStG.[291] Die Prüfung der Einkunftsgrenze für jeden Veranlagungszeitraum innerhalb des achtjährigen Abzugszeitraums gilt obendrein nicht für ältere Objekte, die vor dem 30.9.1991 oder zwischen dem 1.10.1991 und dem 31.12.1991 angeschafft oder hergestellt worden sind *(vgl. dazu unten 2.2.1.1.7.1)*.

2.2.1.1.6.2 Eintritt des Objektverbrauchs

Jeder Steuerpflichtige kann die § 10e-Förderung grundsätzlich nur für ein Objekt beanspruchen (§ 10e Abs. 4 Satz 1 EStG). Objekte im Sinne dieser Vorschrift sind die zu eigenen Wohnzwecken genutzten Wohnungen, Ausbauten oder Erweiterungen bzw. Miteigentumsanteile daran *(vgl. oben 2.2.1.1.2)*. Stehen mehrere Ausbau- oder Erweite-

---

[288] Vgl. STEPHAN, R. (1996a), S. 253 ff.
[289] Vgl. MÄRKLE, R. W./FRANZ, R. (1992), S. 963 f.
[290] Vgl. FUCHS, R. G./SCHABE, T. (1993), S. 174 f.; vgl. dazu auch grundlegend Kapitel 4.
[291] Vgl. MÄRKLE, R. W./FRANZ, R. (1992), S. 963; STEPHAN, R. (1996a), S. 251.

rungsmaßnahmen in engem räumlichen oder zeitlichen Zusammenhang und werden sie als einheitliche Baumaßnahme durchgeführt, stellen sie nach Verwaltungsanschauung nur ein Objekt dar.[292] Begünstigungsobjekte, für die bereits erhöhte Absetzungen nach § 7b EStG[293] oder nach § 15 Abs. 1 bis 4 BerlinFG[294] geltend gemacht wurden - auch wenn diese im Rahmen der Übergangsregelung nach § 52 Abs. 21 Satz 4 EStG wie Sonderausgaben abgezogen worden sind[295] - oder für die Abzugsbeträge nach § 15b Abs. 1 bis 4 BerlinFG gewährt wurden, sind zu berücksichtigen.[296]

Unter die Objektbeschränkung fallen auch unentgeltlich im Rahmen einer Gesamt-rechtsnachfolge erworbene Miteigentumsanteile, wenn der Erbe die Abzugsbeträge des Rechtsvorgängers fortgeführt hat.[297] Hat ein Steuerpflichtiger bereits für einen Anteil an einem selbstbewohnten Objekt eine Förderung beansprucht, kann er wegen des damit eingetretenen Objektverbrauchs auch dann nicht für einen hinzuerworbenen weiteren Anteil am gleichen Objekt Abzugsbeträge geltend machen, wenn er durch den Hinzuer-werb Alleineigentümer des Objekts wird.[298] Kein selbständiges zweites Objekt ist der hinzuerworbene Anteil nur dann, wenn der Erwerb bis zum Ende des Veranlagungszeit-raums stattgefunden hat, in dem der Abzugszeitraum für den ursprünglichen Anteil be-ginnt *(vgl. oben 2.2.1.1.2.3)*.

Ehegatten, bei denen die Voraussetzungen der Zusammenveranlagung gem. § 26 Abs. 1 EStG vorliegen, können den Sonderausgabenabzug des § 10e EStG unabhängig von der Art der Veranlagung[299] für insgesamt zwei Objekte in Anspruch nehmen (§ 10e Abs. 4 Satz 2 EStG). Es kommt nicht darauf an, ob die Objekte während der Ehe im Eigentum nur eines oder beider Ehegatten stehen.[300] Die Objekte, auch wenn es sich bei dem einen Objekt um eines im Sinne des § 7b EStG handelt, dürfen allerdings nicht gleichzeitig in räumlichem Zusammenhang belegen sein.[301] Davon ist auszugehen, wenn sie durch ge-

---

[292] Vgl. BMF-Schreiben vom 31.12.1994, Tz. 33.
[293] In der jeweiligen Fassung ab Inkrafttreten des Gesetzes vom 16. Juni 1964 (BStBl. 1964 I, S. 384).
[294] In der jeweiligen Fassung ab Inkrafttreten des Gesetzes vom 11. Juli 1977 (BStBl. 1977 I, S. 360).
[295] Vgl. STEPHAN, R. (1996a), S. 223.
[296] Vgl. BMF-Schreiben vom 31.12.1994, Tz. 34.
[297] Vgl. BMF-Schreiben vom 31.12.1994, Tz. 32.
[298] Vgl. BFH vom 20.7.1982a, S. 735; TRAXEL, W. (1991), S. 737.
[299] Vgl. GÜNTHER, K.-H. (1990), S. 669.
[300] Vgl. MEYER, B. (1991a), S. 44.
[301] Vgl. BMF-Schreiben vom 31.12.1994, Tz. 23.

ringfügige Baumaßnahmen zu einer Einheit verbunden werden können, wie das bei ne-
ben- oder übereinanderliegenden Wohnungen eines Zweifamilienhauses oder Eigentumswohnungen oder bei nebeneinanderliegenden Reihenhäusern der Fall ist.[302] Der
Förderungsausschluß eines gleichzeitig in räumlichem Zusammenhang belegenen
zweiten Objekts soll verhindern, daß Eheleute durch bautechnische Gestaltung einer
einheitlichen Baumaßnahme, wie sie sich z. B. für zwei Wohnungen in einem insgesamt
genutzten Zweifamilienhaus eröffnet, doppelt begünstigt werden.[303] Eine Ausnahme
besteht für solche räumlich zusammenhängenden Objekte, die bereits angeschafft oder
fertiggestellt worden sind, bevor bei den Steuerpflichtigen die Voraussetzungen des § 26
Abs. 1 EStG vorgelegen haben.[304] Hier kann nach der Eheschließung von jedem der
Ehepartner die Grundförderung weiter wie bisher beansprucht werden.[305] Darüber hinaus
ist explizit kein räumlicher Zusammenhang gegeben, wenn während der Ehe ein Miteigentumsanteil zu bereits vorhandenen hinzu erworben wird[306], so daß - mit der Folge des
Eintritts doppelten Objektverbrauchs - eine gleichzeitige Förderung möglich ist.[307] Der
Hinzuerwerb eines Miteigentumsanteils unter Eheleuten infolge Erbfalls gestattet dem
überlebenden Ehegatten - neben seinem eigenen - den Abzugsbetrag des verstorbenen
Ehegatten in der bisherigen Höhe bis zum Ende des Abzugszeitraums fortzuführen
(§ 10e Abs. 5 Satz 3 erster Halbsatz EStG), sofern im Zeitpunkt des Todes die Voraussetzungen der Zusammenveranlagung vorgelegen haben und beim hinzuerwerbenden
Ehegatten nicht aufgrund eines anderen Objekts bereits Objektverbrauch eingetreten
war.[308] Analog ist zu verfahren, wenn die Voraussetzungen des § 26 Abs. 1 EStG innerhalb des Förderungszeitraums aus anderen Gründen wegfallen (§ 10e Abs. 5 Satz 3
zweiter Halbsatz EStG). Dabei tritt für den übertragenden Ehegatten Objektverbrauch
immer ein, wenn der Eigentumsübergang nach dem Jahr des Wegfalls der Zusammenveranlagung erfolgt, gleichgültig, ob der Abzugszeitraum schon abgelaufen war oder ob
entgeltlich oder unentgeltlich übertragen wurde.[309]

---

[302] Vgl. BMF-Schreiben vom 31.12.1994, Tz. 28.
[303] Vgl. BRANDENBERG, H. B./KÜSTER, G. (1995b), S. 34.
[304] Vgl. BMF-Schreiben vom 31.12.1994, Tz. 28.
[305] Vgl. DRENSECK, W. (1986), S. 381.
[306] Vgl. BMF-Schreiben vom 31.12.1994, Tz. 28.
[307] Vgl. HAHN, G. (1990b), S. 2443.
[308] Vgl. BMF-Schreiben vom 31.12.1994, Tz. 30; DRENSECK, W. (1997), § 10e EStG, Anm. 66.
[309] Vgl. BMF-Schreiben vom 22.10.1993, Abs. 6.

Entscheidend für das Eintreten des Objektverbrauchs ist in jedem Fall - bei Alleinstehenden und bei Eheleuten -, daß Sonderausgaben nach § 10e Abs. 1 oder 2 EStG tatsächlich abgezogen wurden und sich damit steuerlich ausgewirkt haben, auch wenn sie nicht in vollem Umfang ausgeschöpft oder nicht für alle Jahre des Begünstigungszeitraums in Anspruch genommen werden konnten oder zu Unrecht gewährt worden sind.[310]

Liegen bei Eheleuten die Bedingungen für eine Zusammenveranlagung nicht mehr vor, weil die Eheleute dauernd getrennt leben, geschieden sind oder einer der Ehegatten verstorben oder beschränkt steuerpflichtig ist, gelten hinsichtlich des Objektverbrauchs wieder die Grundsätze für Alleinstehende.[311] Waren bei Eheleuten beide Objekte einem Ehegatten zuzurechnen, ergibt sich für den anderen Ehegatten nach Wegfall der Voraussetzungen des § 26 Abs. 1 EStG kein Objektverbrauch.[312] Das gilt sogar, wenn die Übertragung zuvor gemeinsam bestehenden Eigentums an zwei Objekten auf einen Ehepartner allein noch in einem Jahr erfolgt, daß vor dem Veranlagungszeitraum des Wegfalls der Voraussetzungen des § 26 Abs. 1 EStG - z. B. durch Auflösung der Ehe - liegt. In diesem Fall ist beim geschiedenen Nichteigentümer-Ehegatten noch kein Objektverbrauch eingetreten.[313] Für Eheleute, die bereits vor der Eheschließung als Miteigentümer an einem Objekt beteiligt waren und dafür den Sonderausgabenabzug in Anspruch genommen haben, eröffnet sich durch die Zusammenrechnung ihrer Ehegattenanteile zu einem Objekt ab dem Veranlagungszeitraum der Eheschließung selbst dann der Weg zum einem zweiten Vollobjekt, wenn der Abzugszeitraum zum Zeitpunkt des Eintritts der Voraussetzungen des § 26 Abs. 1 EStG bereits abgelaufen war. Insoweit wird durch § 10e Abs. 5 Satz 2 EStG bei späterer Eheschließung der zunächst für jeden Steuerpflichtigen eingetretene Objektverbrauch wieder aufgehoben.[314] Haben Eheleute bereits während einer früheren Ehe jeweils mit dem damaligen Ehepartner für ein gemeinsames Wohnobjekt eine steuerliche Vergünstigung nach § 7b oder § 10e EStG erhalten, steht ihnen für eine in der neuen Ehe gemeinsam zur Eigennutzung angeschaffte Wohnung wegen beiderseits eingetretenen Objektverbrauchs keine § 10e-För-

---

[310] Vgl. BMF-Schreiben vom 31.12.1994, Tz. 24; STEPHAN, R. (1993), S. 167.
[311] Vgl. MÄRKLE, R. W./FRANZ, R. (1991), S. 83.
[312] Vgl. MEYER, B. (1987b), S. 171; LEU, D. (1992), S. 179; BMF-Schreiben vom 31.12.1994, Tz. 26.
[313] Vgl. OFD Koblenz, Vfg. vom 27.5.1997, S. 1084.
[314] Vgl. PAUS, B. (1991), S. 202; HANDZIK, P. (1995), S. 826; MEYER, B. (1997), § 10e EStG, Anm. 438; a. A.: OBERMEIER, A. (1992), S. 230: Es ist bereits doppelter vorehelicher Objektverbrauch eingetreten.

derung mehr zu.[315] Liegt bei Ehegatten, bei denen die Voraussetzungen der Zusammenveranlagung gegeben sind, Objektverbrauch bisher erst für ein Objekt vor, können sie
hinsichtlich eines weiteren Objektes wählen, ob sie dieses als zweites Objekt oder als
Folgeobjekt, sofern es als solches in Frage kommt *(vgl. oben 2.2.1.1.2.4)*, verstanden
wissen wollen.[316]

Für Steuerpflichtige, die ihren Wohnsitz in der Zeit von 1991 bis Ende 1994 in den
neuen Bundesländern begründet haben und für die bereits Objektverbrauch eingetreten
ist, gilt unter bestimmten Bedingungen ein erweiterter Objektverbrauch (§ 10e Abs. 4
Sätze 7 bis 9 EStG). Mit dieser durch das StÄndG 1991[317] eingeführten Neuregelung
sollte Bürgern aus den alten Bundesländern der Zuzug in die neuen Bundesländer aus
steuerlicher Sicht erleichtert werden.[318] Die Regelung greift nur dann, wenn bei dem
Steuerpflichtigen bereits für ein Objekt, bei Ehegatten für zwei Objekte, Objektverbrauch eingetreten ist. Um die Förderung für ein zusätzliches Begünstigungsobjekt zu
erhalten, muß das Objekt im Beitrittsgebiet[319] liegen sowie nach dem 31.12.1990 und
vor dem 1.1.1995 angeschafft oder fertiggestellt worden sein.[320] Weiterhin ist notwendig, daß der Steuerpflichtige vor dem 1.1.1995 im Beitrittsgebiet zugezogen ist und dort
entweder seinen ausschließlichen Wohnsitz begründet hat oder bei mehrfachem Wohnsitz einen Wohnsitz in den neuen Bundesländern hat und sich dort überwiegend aufhält
(§ 10e Abs. 4 Satz 8). Sind diese Bedingungen erfüllt, kann der Steuerpflichtige die
§ 10e-Förderung noch für ein weiteres Objekt in Anspruch nehmen. Ehegatten, die die
Voraussetzungen der Zusammenveranlagung erfüllen, können die Förderung sogar noch
für zwei weitere Objekte beantragen.[321]

---

[315] Vgl. BFH vom 24.7.1996, S. 603.
[316] Vgl. o. V. (1986a), S. 1547.
[317] BGBl. 1991 I, S. 1322.
[318] Vgl. STEPHAN, R. (1991b), S. 1743.
[319] Das Beitrittsgebiet umfaßt nach Artikel 3 des Einigungsvertrags vom 31.8.1990 (BGBl. 1990 II,
      S. 889) Mecklenburg-Vorpommern, Brandenburg einschließlich Berlin-Ost, Sachsen, Sachsen-Anhalt
      und Thüringen in den Grenzen von 1949.
[320] BMF-Schreiben vom 31.12.1994, Tz. 25.
[321] BMF-Schreiben vom 31.12.1994, Tz. 25.

2.2.1.1.6.3 Erwerb eines Objekts vom Ehegatten

§ 10e Abs. 1 Satz 8 EStG nimmt den Erwerb einer Wohnung oder eines Anteils daran vom Ehegatten ausdrücklich von der Begünstigung aus. Mit dieser Regelung soll verhindert werden, daß dasselbe Objekt zweimal oder sogar mehrmals für Eheleute durch Eigentumswechsel begünstigt wird.[322] Maßgebend für den Ausschluß der Förderung sind die Verhältnisse zum Zeitpunkt der Anschaffung. Liegen an diesem Stichtag die Voraussetzungen der Zusammenveranlagung des § 26 Abs. 1 EStG vor, d. h., sind beide Ehegatten unbeschränkt steuerpflichtig und leben nicht dauernd getrennt, bleibt für den gesamten achtjährigen Abzugszeitraum das vom Ehegatten erworbene Objekt von der Förderung ausgeschlossen. Es kommt nicht darauf an, welche Veranlagungsart die Eheleute im Anschaffungsjahr oder in einem späteren Veranlagungszeitraum gewählt haben.[323] Selbst bei einem späteren Wegfall der Voraussetzungen des § 26 Abs. 1 EStG ist keine Förderung für den verbleibenden Abzugszeitraum möglich. Ebensowenig ist die vom Ehegatten angeschaffte Wohnung als Folgeobjekt nach § 10e Abs. 4 Satz 4 EStG begünstigt.[324]

Da die Anschaffung vom Ehegatten unmittelbaren Eigentumsübergang zwischen den Eheleuten voraussetzt, fällt ein Zwischenerwerb durch andere Personen in der Weise, daß der Ehegatte an einen Dritten und dieser wiederum an den Steuerpflichtigen veräußert, nicht unter den Förderungsausschluß, gegebenenfalls liegt jedoch Gestaltungsmißbrauch nach § 42 AO vor.[325] Die Vorschrift des § 10e Abs. 1 Satz 8 EStG ist nicht - auch nicht analog - auf nichteheliche Lebensgemeinschaften und erst recht nicht auf den Erwerb von anderen Familienangehörigen wie Eltern, Kinder, Großeltern, Geschwister oder Enkel übertragbar.[326]

Der Erwerb eines Miteigentumsanteils vom Ehegatten an einer im gemeinsamen Eigentum der Eheleute stehenden selbstbewohnten Wohnung wird ebenfalls durch § 10e Abs. 1 Satz 8 EStG nicht berührt, sofern bei den Ehegatten die Voraussetzungen der

---

[322] Vgl. BUNDESTAGSDRUCKSACHE 10/3633 vom 8 7 1985, S. 15; STEPHAN, R. (1991a), S. 15.
[323] Vgl. GÜNTHER, K.-H. (1990), S. 669; MEYER, B. (1997), § 10e EStG, Anm. 190.
[324] Vgl. MEYER, B. (1997), § 10e EStG, Anm. 191.
[325] Vgl. HANDZIK, P. (1990), S. 94; STEPHAN, R. (1993), S. 41.
[326] Vgl. MEYER, B. (1997), § 10e EStG, Anm. 188 m. w. N.

Zusammenveranlagung vorliegen. Da in diesem Fall Ehegatten-Miteigentumsanteile nach § 10e Abs. 5 Satz 2 EStG nicht für sich eigenständige Objekte sind, sondern gemeinsam als ein Objekt behandelt werden *(siehe oben 2.2.1.1.2.3)*, liegt lediglich eine Änderung der Vermögensverhältnisse beim Wohnungsvermögen vor.[327]

Keine Anwendung findet § 10e Abs. 1 Satz 8 EStG darüber hinaus bei Erwerb eines unbebauten Grundstücks oder eines im Rohbau befindlichen Objekts vom Ehegatten, wenn der Steuerpflichtige später auf dem Grundstück eine Wohnung errichtet bzw. den Rohbau fertigstellt. In diesen Fällen ist ein Förderungsausschluß nicht geboten, da die Gesetzesvorschrift bei der Anschaffung „einer Wohnung oder eines Anteils daran" deren Fertigstellung voraussetzt.[328]

2.2.1.1.6.4 Ferien-, Wochenend- und Zweitwohnungen

Bei der selbstgenutzten Wohnung darf es sich nicht um eine Ferien- oder Wochenendwohnung handeln (§ 10e Abs. 1 Satz 2 EStG). Eine Förderung nach § 10e EStG kommt nur dann in Betracht, wenn die Baubehörde ausnahmsweise eine ganzjährige Nutzung genehmigt[329] oder der Bebauungsplan unter bestimmten Voraussetzungen sonstiges eingeschränktes Wohnen zuläßt.[330] Die Möglichkeit ganzjährigen Bewohnens ist von der unteren Baubehörde zu bescheinigen[331].

Ausgeschlossen ist die Förderung ebenfalls für eine eigene Wohnung am Beschäftigungsort des Steuerpflichtigen (Zweitwohnung), wenn er hierfür Mehraufwendungen wegen doppelter Haushaltsführung als Werbungskosten oder Betriebsausgaben geltend macht[332]. Setzt der Steuerpflichtige solche Aufwendungen jedoch nicht (mehr) an, etwa weil ab Veranlagungszeitraum 1996 Kosten für eine aus beruflichem oder betrieblichen

---

[327] Vgl. BFH vom 7.10.1986, S. 236; STEPHAN, R. (1991a), S. 15; MEYER, B. (1997), § 10e EStG, Anm. 458.

[328] Vgl. PAUS, B. (1989), S. 114.

[329] Vgl. BFH vom 31.5.1995a, S. 721.

[330] Vgl. OBERMEIER, A. (1989), S. 766; GÜNTHER, K.-H. (1995), S. 240.

[331] Vgl. OFD Ffm, Vfg. vom 22.4.1994, S. 1216.

[332] Als Sonderausgaben nach § 10e Abs. 1 EStG kommen nur Aufwendungen in Frage, die keine Werbungskosten oder Betriebsausgaben sind, vgl. BMF-Schreiben vom 10.5.1989, Tz. 11; BFH vom 14.12.1994, S. 259; LANGE, H.-F. (1995), S. 587; MEYER, B. (1997), § 10e EStG, Anm. 24; DRENSECK, W. (1997), § 10e EStG, Anm. 143.

Anlaß unterhaltene Zweitwohnung am Arbeitsort grundsätzlich nicht mehr als Werbungskosten bzw. Betriebsausgaben berücksichtigt werden, wenn die Wohnung länger als zwei Jahre beibehalten wird (§ 4 Abs. 5 Nr. 6a EStG), kann er - sofern noch kein Objektverbrauch eingetreten ist - für den verbleibenden Förderungszeitraum die § 10e-Begünstigung in Anspruch nehmen.[333]

2.2.1.1.6.5 Bauten ohne Baugenehmigung

Nicht begünstigt sind außerdem sogenannte Schwarzbauten.[334] Das sind baurechtswidrig errichtete Objekte, für die der Steuerpflichtige nicht den Nachweis erbringen kann, daß sie den Vorschriften des materiellen Baurechts, insbesondere hinsichtlich der Eignung der Wohnung nach ihrer baulichen Gestaltung und Erschließung zum dauernden Aufenthalt von Menschen, entsprechen. Dieser Nachweis ist i. d. R. durch Vorlage der Baugenehmigung oder einer Bescheinigung der zuständigen Baubehörde oder - bei genehmigungsfreien Bauten - durch eine sogenannte Negativbescheinigung zu erbringen.[335] Wird ein Objekt zunächst ohne Baugenehmigung errichtet, führt deren nachträgliche Erteilung zur Heilung des Mangels von Beginn an[336], so daß die Förderung in vollem Umfang geltend gemacht werden kann und ggf. auf frühere Veranlagungszeiträume entfallende Abzugsbeträge nachgeholt werden können[337].

2.2.1.1.7   Höhe des Sonderausgabenabzugsbetrags

Bei der Ermittlung der Grundförderung wird zunächst von einem auf die - betragsmäßig begrenzte - Bemessungsgrundlage bezogenen Prozentsatz ausgegangen. Nach dem Gesetzeswortlaut des § 10e Abs. 1 Satz 1 EStG („... bis zu ...") steht es dem Steuerpflichtigen frei, einen Wert innerhalb des gesetzlich zulässigen Rahmens zu wählen, d. h., die volle Inanspruchnahme des Abzugsbetrages ist nicht zwingend erforderlich. Der sich danach ergebende Wert darf zudem bestimmte Höchstbeträge nicht überschreiten, anderenfalls bleibt der übersteigende Betrag steuerlich unberücksichtigt. Somit kommt die

---

[333] Vgl. DRENSECK, W. (1997), § 10e EStG, Anm. 143.
[334] Vgl. CZISZ, K. (1994), S. 71 und DRENSECK, W. (1997), § 10e EStG, Anm. 7, 11 und 13.
[335] Vgl. BFH vom 31.5.1995b, S. 875.
[336] Vgl. DRENSECK, W. (1997), § 10e EStG, Anm. 11.
[337] Vgl. BMF-Schreiben vom 31.12.1994, Tz. 19.

steuerliche Förderung des selbstgenutzten Wohneigentums nur bis zu bestimmten Obergrenzen für die Bemessungsgrundlage in Betracht.

2.2.1.1.7.1 Zeitpunkt der erstmaligen Anwendung

Da die Regelungen des § 10e EStG im Verlauf der Jahre 1987 bis 1995 mehrfach geändert wurden, ist für die Höhe der Abzugsbeträge auf den Zeitpunkt der Anschaffung oder Fertigstellung des Objekts und ab 1991 auch auf den Zeitpunkt der notariellen Beurkundung des Kaufvertrags, der Bauantragstellung und des Baubeginns abzustellen. Als Baubeginn ist jede Handlung zu werten, durch die der Bauherr für sich bindend und unwiderruflich den Bau oder wesentliche Gewerke in Auftrag gibt, etwa bei Abschluß eines Bauvertrags mit einem Generalunternehmer oder mit Erteilung eines spezifizierten Bauauftrags.[338]

1. Zeitpunkt der Anschaffung oder Fertigstellung vor dem 1.1.1991

Bei begünstigten Objekten, die nach dem 31.12.1986 und vor dem 1.1.1991 angeschafft oder fertiggestellt worden sind, können acht Jahre lang jedes Jahr bis zu 5 % der Bemessungsgrundlage, begrenzt jedoch auf höchstens 5 % eines Höchstbetrages von 300.000 DM wie Sonderausgaben vom Gesamtbetrag der Einkünfte abgezogen werden; dies entspricht einem Abzugsbetrag von höchstens 15.000 DM pro Kalenderjahr (§ 10e Abs. 1 EStG 1990 i. d. F. der Bekanntmachung vom 7.9.1990 i. V. m. § 52 Abs. 14 Satz 1 EStG).

Der räumliche Geltungsbereich für die § 10e-Förderung nach dieser Fassung ist auf die alten Bundesländer und Berlin (West) beschränkt.

2. Zeitpunkt der Anschaffung oder Fertigstellung nach dem 31.12.1990 bei Abschluß des Kaufvertrags, Bauantragstellung oder Baubeginn vor dem 1.10.1991

Für Anschaffungs- oder Herstellungsfälle begünstigter Objekte nach dem 31.12.1990, für die in Anschaffungsfällen der Kaufvertrag vor dem 1.10.1991 abgeschlossen oder in

---

[338] Vgl. FG Niedersachsen vom 14.9.1995, S. 141.

Herstellungsfällen der Bauantrag vor dem 1.10.1991 gestellt bzw. mit den Bauarbeiten vor diesem Zeitpunkt begonnen worden ist, können im Begünstigungszeitraum jährlich 5 % der Bemessungsgrundlage, höchstens jedoch 16.500 DM pro Jahr als Abzugsbetrag angesetzt werden; das entspricht begünstigten Anschaffungs- oder Herstellungskosten von höchstens 330.000 DM (§ 10e Abs. 1 EStG 1991 i. d. F. des StÄndG 1991 i. V. m. § 52 Abs. 14 Satz 2 EStG).

Hier wurde durch das StÄndG 1991[339] zwar der prozentuale Abzugsbetrag von bis zu 5 % der Bemessungsgrundlage beibehalten, die zugrunde liegende Bemessungsgrundlage indessen auf maximal 330.000 DM erhöht. Gleichzeitig wurde der räumliche Geltungsbereich auf die neuen Bundesländer ausgedehnt.

3. Zeitpunkt des Abschlusses des Kaufvertrags, der Bauantragstellung oder des Baubeginns nach dem 30.9.1991

Wurde in Anschaffungsfällen der Kaufvertrag für den Erwerb eines begünstigten Objektes nach dem 30.9.1991 abgeschlossen oder - falls der Kaufvertrag bereits vor dem 1.10.1991 abgeschlossen worden ist - wurde mit dem Beginn der Herstellung der im Kaufvertrag genannten Wohnung nach dem 30.9.1991 begonnen[340] oder wurde in Herstellungsfällen der Bauantrag für die Herstellung eines Begünstigungsobjekts nach diesem Datum gestellt oder - falls der Bauantrag vorher gestellt worden bzw. ein solcher nicht erforderlich ist - nach diesem Zeitpunkt mit den Bauarbeiten dafür begonnen, so stehen dem Steuerpflichtigen im Jahr der Anschaffung oder Herstellung und in den drei Folgejahren als Abzugsbeträge jährlich 6 % der Bemessungsgrundlage, höchstens 6 % von 330.000 DM, und in den restlichen vier Jahren des Begünstigungszeitraums jährlich 5 % der Bemessungsgrundlage, höchstens 5 % von 330.000 DM zu; somit ergibt sich für die ersten vier Jahre ein jährlicher Abzugsbetrag von höchstens 19.800 DM und für die daran anschließenden vier Jahre ein jährlicher Abzugsbetrag von höchstens 16.500 DM (§ 10e Abs. 1 EStG 1992 i. d. F. des StÄndG 1992 i. V. m. § 52 Abs. 14 Satz 3 EStG).

---

[339] BGBl. 1991 I, S. 1322.
[340] Vgl. zu Beispielen des Herstellungsbeginns angeschaffter Objekte WEWERS, O. (1992), S. 705 f.

Hier ist durch das StÄndG 1992[341] die Höchstbemessungsgrundlage von 330.000 DM unverändert geblieben, zugleich wurde aber der Abzugsbetrag degressiv ausgestaltet. Die Degression der Abzugsbeträge soll den hohen Anfangsbelastungen der Steuerpflichtigen nach Erwerb oder Herstellung von Wohneigentum besser Rechnung tragen und damit die Eigenheimförderung verbessern.[342]

Zu beachten ist, daß der zeitliche Geltungsbereich für den erhöhten, degressiv ausgestalteten Abzugsbetrag von dem für die Anwendung der mit dem gleichen Gesetz eingeführten Einkunftsgrenzen abweicht. Damit kommt der erhöhte Abzugsbetrag der ersten vier Jahre für begünstigte Objekte, die innerhalb des Zeitraums 1.10.1991 bis 31.12. 1991 angeschafft worden sind oder für die in dieser Zeit ein Bauantrag gestellt bzw. bei denen mit der Herstellung begonnen worden ist, unabhängig von der Höhe des Gesamtbetrags der Einkünfte *(vgl. 2.2.1.1.6.1)* des Steuerpflichtigen zum Tragen.

4. Zeitpunkt des Abschlusses des Kaufvertrags nach dem 31.12.1993

Für alle drei bisherigen Fassungen des § 10e EStG gelten die Abzugsbeträge gleichermaßen bei Herstellung oder Anschaffung von neuen und gebrauchten Förderobjekten. Durch das FKPG[343] wurde die Begünstigung beim Erwerb von gebrauchten Objekten eingeschränkt, womit die steuerliche Wohneigentumsförderung von Neubauten einen Förderungsvorsprung gegenüber gebrauchten Objekten erhalten sollte.[344]

Ist danach die Anschaffung eines begünstigten Objekts, das nicht im Jahr seiner Fertigstellung oder bis zum Ende des zweiten auf das Jahr der Fertigstellung folgenden Jahres erworben wurde - sogenannte Altbauten -, aufgrund eines nach dem 31.12.1993 notariell beurkundeten Kaufvertrags oder gleichstehenden Rechtsakts erfolgt[345], so erhalten Steuerpflichtige im Begünstigungszeitraum Abzugsbeträge in Höhe von bis zu 6 % in den ersten vier Jahren und in Höhe von bis zu 5 % in den darauffolgenden vier Jahren von einer auf 150.000 DM begrenzten Bemessungsgrundlage; der jährliche Sonderausgaben-

---

[341] BGBl. 1992 I, S. 297.
[342] Vgl. MÄRKLE, R. W./FRANZ, R. (1992), S. 963; GREFE, C. (1995), S. 506 m. w. N.
[343] BGBl. 1993 I, S. 944.
[344] Vgl. ZENS, D. (1993), S. 1539 m. w. N.
[345] Vgl. zu Gestaltungsüberlegungen hinsichtlich der Anwendungszeitpunkte BRYCH, F. (1993),
     S. 1390 f.; ANGSTENBERGER, J. (1994), S. 115 f.

abzug der ersten vier Jahre beträgt somit höchstens 9.000 DM, der darauffolgenden vier Jahre höchstens 7.500 DM (§ 10e Abs. 1 Satz 4 zweiter Halbsatz EStG i. d. F. des FKPG i. V. m. § 52 Abs. 14 Satz 5 EStG).

Nach der Änderung durch das FKPG sind demgemäß die Abzugssätze und ihre degressive Ausgestaltung beibehalten worden, dafür wurde die maßgebende Bemessungsgrundlage für Altobjekte auf maximal 150.000 DM reduziert. Für die Anwendung dieser Regelung ist allein der Zeitpunkt des Vertragsabschlusses entscheidend, nicht hingegen der Erwerb des wirtschaftlichen Eigentums am betreffenden Objekt, so daß auch ein beispielsweise mit Notarvertrag vom 27.12.1993 erworbener Altbau noch bis zur Bemessungsgrundlage von 330.000 DM begünstigt ist, selbst wenn Nutzen und Lasten erst mit Wirkung vom 1.2.1994 auf den Erwerber übergehen.[346]

Die im Zeitablauf unterschiedlichen Regelungsinhalte des § 10e EStG sind in nachstehender Tabelle 1 noch einmal zusammengefaßt:

Tab. 1:   Übersicht über die Grundförderung nach § 10e Abs. 1 EStG in den verschiedenen Fassungen des Gesetzes seit 1990

Anschaffung oder Fertigstellung	Anschaffung oder Fertigstellung	Kaufvertragsabschluß/ Bauantragstellung oder Baubeginn	Kaufvertragsabschluß über Altbau
nach dem 31.12.1986	nach dem 31.12.1990	nach dem 30.9.1991**	nach dem 31.12.1993
8 Jahre bis zu 5 % der Bemessungsgrundlage*,	8 Jahre bis zu 5 % der Bemessungsgrundlage*,	4 Jahre bis zu 6 % der Bemessungsgrundlage*, pro Jahr höchstens 19.800 DM	4 Jahre bis zu 6 % der Bemessungsgrundlage*, pro Jahr höchstens 9.000 DM
pro Jahr höchstens 15.000 DM	pro Jahr höchstens 16.500 DM	4 Jahre bis zu 5 % der Bemessungsgrundlage*, pro Jahr höchstens 16.500 DM	4 Jahre bis zu 5 % der Bemessungsgrundlage*, pro Jahr höchstens 7.500 DM
räumlicher Geltungsbereich: alte Bundesländer und Berlin (West)	räumlicher Geltungsbereich: alte und neue Bundesländer	räumlicher Geltungsbereich: alte und neue Bundesländer	räumlicher Geltungsbereich: alte und neue Bundesländer
* begrenzt auf 300.000 DM	* begrenzt auf 330.000 DM	* begrenzt auf 330.000 DM ** nach dem 31.12.1991 zusätzlich Einkunftsgrenzen zu beachten	* begrenzt auf 150.000 DM

---

[346] Vgl. Beispiel bei GREFE, C. (1995), S. 506 f.

Übersteigen die Anschaffungs- oder Herstellungskosten die zum jeweiligen Anwendungszeitpunkt gültige Höchstbemessungsgrundlage, unterliegen sie insoweit keiner steuerlichen Berücksichtigung für eine Förderung nach § 10e EStG.

Wurden Zuschüsse aus öffentlichen oder privaten Mitteln im nachhinein für die Anschaffung oder Herstellung eines Objektes gewährt, so ist die Bemessungsgrundlage für den Sonderausgabenabzug entsprechend zu kürzen *(siehe oben 2.2.1.1.4.1)*.

> Beispiel 1:
> In den Herstellungskosten in Höhe von 250.000 DM für ein nach § 10e EStG gefördertes, selbstgenutztes Einfamilienhaus (Baujahr nach 1992, die Anschaffungskosten für Grund und Boden betrugen 60.000 DM) sind auch Aufwendungen für die Errichtung und Installation einer Regenwassernutzungsanlage in Höhe von 10.000 DM enthalten. Die Wohngemeinde, in der das Haus belegen ist, gewährt einen Zuschuß von 30 % auf die mit der Fertigstellung solcher Anlagen zusammenhängenden Aufwendungen, begrenzt auf höchstens 4.000 DM. Der Zuschuß wird nach der Abnahme der Anlage an den Steuerpflichtigen ausbezahlt.
>
> Ermittlung der Bemessungsgrundlage:
>
> | | |
> |---|---:|
> | Herstellungskosten des Hauses einschließlich Regenwassernutzungsanlage | 250.000 DM |
> | zuzüglich der Hälfte der Anschaffungskosten für Grund und Boden | + 30.000 DM |
> | Kürzung um Gemeindezuschuß für Regenwassernutzungsanlage | - 3.000 DM |
> | Bemessungsgrundlage für § 10e-Abzugsbetrag | 277.000 DM |
> | ist kleiner als der Höchstbetrag | |
>
> Ermittlung des § 10e-Abzugsbetrags:
>
> | | |
> |---|---:|
> | für die ersten vier Jahre jeweils 6 % | 16.620 DM |
> | für die darauffolgenden vier Jahre jeweils 5 % | 13.850 DM |

Der sich in den einzelnen Gesetzesfassungen ergebende Abzugsbetrag kann nur in den Jahren des Abzugszeitraums in Anspruch genommen werden, in denen die Voraussetzungen für die Förderung nach § 10e EStG - insbesondere eine Nutzung zu eigenen Wohnzwecken - erfüllt sind[347]. Allerdings handelt es sich beim Abzugsbetrag um einen Jahresbetrag, der als solcher selbst dann in vollem Umfang zu gewähren ist, wenn das Objekt nur zeitweise im Veranlagungszeitraum zu eigenen Wohnzwecken genutzt wird.[348] Demgemäß erfolgt keine quotale Kürzung um die Zeiträume, in denen die Nutzung zu eigenen Wohnzwecken - beispielsweise wegen Vermietung oder Veräußerung - nicht vorliegt.[349] Folglich können im Jahr der Anschaffung bzw. Veräußerung zugleich Käufer und Verkäufer des Objekts den vollen Abzugsbetrag in Anspruch nehmen.[350]

---

[347] Vgl. BMF-Schreiben vom 31.12.1994, Tz. 58.
[348] Vgl. HORLEMANN, H.-G. (1986), S. 534; BMF-Schreiben vom 31.12.1994, Tz. 58.
[349] Vgl. STUHRMANN, G. (1997a), § 10e EStG, Anm. 17.
[350] Vgl. BMF-Schreiben vom 31.12.1994, Tz. 58.

Geht ein Objekt infolge Erbfalls auf einen Gesamtrechtsnachfolger über *(vgl. oben 2.2.1.1.1.2.)*, so kann dieser wählen, in welchem Umfang der Abzugsbetrag im Jahr des Eigentumsübergangs bei ihm selbst bzw. noch beim Erblasser zu berücksichtigen ist, sofern die Voraussetzungen für die Inanspruchnahme des § 10e EStG bei beiden vorgelegen haben.[351]

2.2.1.1.7.2 Kürzung bei gemischter Nutzung

Werden Teile der Wohnung zu anderen Zwecken - vor allem zu beruflichen oder betrieblichen - als zu eigenen Wohnzwecken genutzt, liegt eine gemischt genutzte Wohnung vor. Eine Kürzung der Anschaffungs- oder Herstellungskosten um die Aufwendungen für nicht zu eigenen Wohnzwecken genutzte Wohnungsteile bezieht sich nach dem ausdrücklichen Gesetzeswortlaut[352] des § 10e Abs. 1 Satz 7 EStG nur auf die Bemessungsgrundlage *(vgl. oben 2.2.1.1.4.5)* für den Abzugsbetrag nach § 10e Abs. 1 EStG, nicht hingegen auf den Abzugsbetrag selbst. Im Rahmen der gekürzten Bemessungsgrundlage sind Abzugsbeträge bis hin zum Abzugshöchstbetrag möglich.[353] Dieser bleibt mithin nur dann nicht in vollem Umfang für den Sonderausgabenabzug erhalten, wenn die maßgebliche Bemessungsgrundlage kleiner als der jeweilige Höchstbetrag ist. Entsprechendes gilt im übrigen beim teilentgeltlichen Erwerb, für den im Rahmen der zu kürzenden Bemessungsgrundlage gleichfalls Abzugshöchstbeträge möglich sind.[354]

Anschaffungs- oder Herstellungskosten der selbstgenutzten Wohnung, die den Höchstbetrag der Bemessungsgrundlage von 300.000 DM, 330.000 DM bzw. bei Altbauten von 150.000 DM übersteigen, können sich im Zeitraum der Eigennutzung also steuerlich auswirken, wenn für betrieblich bzw. beruflich oder zu fremden Wohnzwecken genutzte Teile der Wohnung AfA nach § 7 Abs. 4 oder 5 EStG auf die anteilig entfallenden Anschaffungs- oder Herstellungskosten (R 43 Abs. 1 EStR) geltend gemacht wird. Hierbei bietet die degressive AfA mit festen Staffelsätzen nach § 7 Abs. 5 EStG neben dem im Vergleich zur linearen AfA nach § 7 Abs. 4 EStG erhöhten Anfangs-AfA-Satz den Vorteil, daß sie abweichend von R 44 Abs. 2 Sätze 1 und 2 EStR im Erstjahr nicht

---

[351] Vgl. BMF-Schreiben vom 31.12.1994, Tz. 80.
[352] Vgl. BMF-Schreiben vom 25.10.1990, Abs. 21 Satz 1; BMF-Schreiben vom 31.12.1994, Tz. 54.
[353] Vgl. RICHTER, H./BOVELETH, K.-H. (1986), Rz. 35; MÄRKLE, R. W./FRANZ, R. (1994), S. 24.
[354] Vgl. BMF-Schreiben vom 31.12.1994, Tz. 43.

nur zeitanteilig, sondern mit dem vollen Jahresbetrag vorgenommen werden kann[355].
Nachfolgende Beispiele sollen das veranschaulichen.

Beispiel 2:

Im Jahr 1992 betrugen die Anschaffungskosten eines unbebauten Grundstücks 160.000 DM, die
Herstellungskosten für ein im gleichen Jahr darauf errichtetes, fertiggestelltes und bezogenes Einfamilienhaus mit einer Wohnfläche von insgesamt 150 m² betrugen 320.000 DM. Im Haus befindet sich ein im Rahmen der Einkünfte aus nichtselbständiger Arbeit beruflich genutztes Arbeitszimmer mit einer Nutzfläche von 18 m². Die Wohnung wird während des gesamten Begünstigungszeitraums zu eigenen Wohnzwecken, das Arbeitszimmer zu beruflichen Zwecken genutzt.
Bemessungsgrundlage für die Grundförderung sind

die Herstellungskosten des Einfamilienhauses	320.000 DM
zuzüglich der Hälfte der Grundstückskosten	+ 80.000 DM
Bemessungsgrundlage vor Kürzung	400.000 DM
Kürzung um den nicht zu eigenen Wohnzwecken genutzten	
Teil des Arbeitszimmers von $^{18}/_{150}$ = 12 %	- 48.000 DM
Maßgebliche, gekürzte Bemessungsgrundlage	352.000 DM
Höchstbetrag (nach dem 30.9.1991)	330.000 DM
Abzugsbeträge nach § 10e Abs. 1 EStG:	
für die Jahre 1992, 1993, 1994 und 1995 jeweils 6 %	19.800 DM
für die Jahre 1996, 1997, 1998 und 1999 jeweils 5 %	16.500 DM

Werbungskosten aus nichtselbständiger Arbeit:

degressive AfA nach § 7 Abs. 5 Nr. 2 EStG für anteilige Herstellungskosten von (12 % von 320.000 DM) 38.400 DM in 1992 bis 1999 jeweils 5 %	1.920 DM

Beispiel 3:

Wie Beispiel 2, jedoch betrugen die Anschaffungskosten für das Grundstück nur 60.000 DM.
Bemessungsgrundlage für die Grundförderung sind

die Herstellungskosten des Einfamilienhauses	320.000 DM
zuzüglich der Hälfte der Grundstückskosten	+ 30.000 DM
Bemessungsgrundlage vor Kürzung	350.000 DM
Kürzung um den nicht zu eigenen Wohnzwecken genutzten	
Teil des Arbeitszimmers von $^{18}/_{150}$ = 12 %	- 42.000 DM
Maßgebliche, gekürzte Bemessungsgrundlage	308.000 DM
ist kleiner als der Höchstbetrag (nach dem 30.9.1991)	
Abzugsbeträge nach § 10e Abs. 1 EStG:	
für die Jahre 1992, 1993, 1994 und 1995 jeweils 6 %	18.480 DM
für die Jahre 1996, 1997, 1998 und 1999 jeweils 5 %	15.400 DM

Werbungskosten aus nichtselbständiger Arbeit:

degressive AfA nach § 7 Abs. 5 Nr. 2 EStG für anteilige Herstellungskosten von (12 % von 320.000 DM) 38.400 DM in 1992 bis 1999 jeweils 5 %	1.920 DM

---

[355] Vgl. BFH vom 19.2.1974, S. 704.

Beispiel 4:

Wie Beispiel 2, jedoch wird der 18 m² große Raum nicht als Arbeitszimmer, sondern während des gesamten Begünstigungszeitraums im Rahmen der Einkünfte aus Vermietung und Verpachtung zu fremden Wohnzwecken vermietet.

Bemessungsgrundlage für die Grundförderung sind

die Herstellungskosten des Einfamilienhauses	320.000 DM
zuzüglich der Hälfte der Grundstückskosten	+ 80.000 DM
Bemessungsgrundlage vor Kürzung	400.000 DM
Kürzung um den nicht zu eigenen Wohnzwecken genutzten	
Teil des vermieteten Zimmers von $^{18}/_{150}$ = 12 %	- 48.000 DM
Maßgebliche, gekürzte Bemessungsgrundlage	352.000 DM
Höchstbetrag (nach dem 30.9.1991)	330.000 DM

Abzugsbeträge nach § 10e Abs. 1 EStG:

für die Jahre 1992, 1993, 1994 und 1995 jeweils 6 %	19.800 DM
für die Jahre 1996, 1997, 1998 und 1999 jeweils 5 %	16.500 DM

Werbungskosten aus Vermietungseinkünften:

degressive AfA nach § 7 Abs. 5 Nr. 3a EStG für anteilige Herstellungskosten von (12 % von 320.000 DM) 38.400 DM in 1992 bis 1999 jeweils 7 %   2.688 DM

Beispiel 5:

Wie Beispiel 4, mit einem zusätzlich während des gesamten Begünstigungszeitraums als Arbeitszimmer beruflich genutzten 15 m² großen Raum sowie der Variante, daß zwar Arbeitszimmer und vermietetes Zimmer im Fertigstellungsjahr bereits entsprechend genutzt wurden, der Umzug in die eigene Wohnung aber erst im Jahr darauf stattfand.

Bemessungsgrundlage für die Grundförderung sind

die Herstellungskosten des Einfamilienhauses	320.000 DM
zuzüglich der Hälfte der Grundstückskosten	+ 80.000 DM
Bemessungsgrundlage vor Kürzung	400.000 DM
Kürzung um den nicht zu eigenen Wohnzwecken genutzten	
Teil des vermieteten Zimmers von $^{18}/_{150}$ = 12 %	- 48.000 DM
Kürzung um den nicht zu eigenen Wohnzwecken genutzten	
Teil des Arbeitszimmers von $^{15}/_{150}$ = 10 %	- 40.000 DM
Maßgebliche, gekürzte Bemessungsgrundlage	312.000 DM

ist kleiner als der Höchstbetrag (nach dem 30.9.1991)

Abzugsbeträge nach § 10e Abs. 1 EStG (in 1992 keine Eigennutzung!):

für die Jahre 1993, 1994 und 1995 jeweils 6 %	18.720 DM
für die Jahre 1996, 1997, 1998 und 1999 jeweils 5 %	15.600 DM

Werbungskosten aus Vermietungseinkünften:

degressive AfA nach § 7 Abs. 5 Nr. 3a EStG für anteilige Herstellungskosten von (12 % von 320.000 DM) 38.400 DM in 1992 bis 1999 jeweils 7 %   2.688 DM

Werbungskosten aus nichtselbständiger Arbeit:

degressive AfA nach § 7 Abs. 5 Nr. 2 EStG für anteilige Herstellungskosten von (10 % von 320.000 DM) 32.000 DM in 1992 bis 1999 jeweils 5 %   1.600 DM

Beispiel 6:

Im Jahr 1994 betrugen die Anschaffungskosten eines Altbaus 480.000 DM, davon entfielen auf den Grund und Boden 160.000 DM und auf das im gleichen Jahr bezogene Einfamilienhaus mit einer Wohnfläche von insgesamt 150 m² entfielen 320.000 DM. Im Haus befindet sich ein im Rahmen der Einkünfte aus nichtselbständiger Arbeit beruflich genutztes Arbeitszimmer mit einer Nutzfläche von 18 m². Die Wohnung wird während des gesamten Begünstigungszeitraums zu eigenen Wohnzwecken, das Arbeitszimmer zu beruflichen Zwecken genutzt.

Bemessungsgrundlage für die Grundförderung sind

die Anschaffungskosten des Gebäudes	320.000 DM
zuzüglich der Hälfte der Kosten für Grund und Boden	+ 80.000 DM
Bemessungsgrundlage vor Kürzung	400.000 DM
Kürzung um den nicht zu eigenen Wohnzwecken genutzten	
Teil des Arbeitszimmers von $^{18}/_{150}$ = 12 %	- 48.000 DM
Maßgebliche, gekürzte Bemessungsgrundlage	352.000 DM
Höchstbetrag für Altbau (nach dem 31.12.1993)	150.000 DM
Abzugsbeträge nach § 10e Abs. 1 EStG:	
für die Jahre 1994, 1995, 1996 und 1997 jeweils 6 %	9.000 DM
für die Jahre 1998, 1999, 2000 und 2001 jeweils 5 %	7.500 DM

Werbungskosten aus nichtselbständiger Arbeit:

degressive AfA nach § 7 Abs. 5 Nr. 2 EStG für anteilige Herstellungskosten von (12 % von 320.000 DM) 38.400 DM in 1994 bis 2001 jeweils 5 %   1.920 DM

2.2.1.1.7.3 Kürzung bei Miteigentumsanteilen

Steht ein begünstigtes Objekt im Miteigentum mehrerer Personen, die nicht zusammen zu veranlagende Ehegatten sind - ihre Anteile bilden für die Ermittlung des Abzugsbetrags eine Einheit *(vgl. oben 2.2.1.1.2.3)* -, so kann jeder Miteigentümer nur den Teil der Abzugsbeträge in Anspruch nehmen, der seinem Miteigentumsanteil entspricht (§ 10e Abs. 1 Satz 6 EStG). Die Beschränkung der Abzugsbeträge ist objektbezogen; im Ergebnis kann somit der Abzugshöchstbetrag für ein begünstigtes Objekt nur anteilig ausgenutzt werden. Dessenungeachtet kann der einzelne Miteigentümer, soweit er die sonstigen Voraussetzungen des § 10e EStG erfüllt, Abzugsbeträge dem Grunde (Objektwahl) und der Höhe nach (z. B. Nachholung) unterschiedlich geltend machen; ein für alle Anteilseigner einheitliches Vorgehen ist nicht geboten.[356]

Die Aufteilung der Abzugsbeträge hat in Anbetracht der Zahl der Miteigentumsanteile zu erfolgen, unabhängig davon, ob alle Miteigentümer das Objekt zu eigenen Wohnzwecken nutzen und ob Vereinbarungen über eine anderweitige Aufteilung getroffen

---

[356] Vgl. BMF-Schreiben vom 31.12.1994, Tz. 63.

wurden.[357] Ebenfalls unerheblich ist, ob der Umfang der Objektnutzung bei jedem Miteigentümer dem Wert seines Miteigentumsanteils entspricht.[358] Ohne die Kürzungsvorschrift des § 10e Abs. 1 Satz 6 EStG könnte sonst allein durch die Aufteilung in Miteigentumsanteile der Abzugsbetrag für ein einziges Objekt beliebig vervielfacht werden[359], wie nachstehendes Beispiel darlegen soll.

Beispiel 7:
Im Jahr 1990 erwarben A und B (keine Eheleute) je zur Hälfte eine Penthouse-Wohnung in exponierter Lage für 550.000 DM, die sie seither gemeinsam bewohnen. Der Anteil des Grund und Bodens wurde mit 200.000 DM veranschlagt.

Bemessungsgrundlage für die Grundförderung sind	
die Anschaffungskosten der Penthouse-Wohnung	350.000 DM
zuzüglich der Hälfte der Kosten für Grund und Boden	+ 100.000 DM
Bemessungsgrundlage des gesamten Objekts vor Kürzung	450.000 DM
Kürzung um den hälftig im Eigentum eines anderen stehenden	
Teils der Penthouse-Wohnung = 50 %	- 225.000 DM
Jeweiliger Wert des Miteigentumsanteils für A und B	225.000 DM
Höchstbetrag des gesamten Objekts (vor dem 31.12.1990)	300.000 DM
Anteilig gekürzter Höchstbetrag für A und B	150.000 DM
darauf Abzugsbeträge nach § 10e Abs. 1 EStG bei A und B:	
für die Jahre 1990 bis 1997 jeweils 5 %	7.500 DM

mithin insgesamt für das Objekt jährlich 15.000 DM begünstigte Abzugsbeträge, die 5 % der Höchstbemessungsgrundlage von 300.000 DM entsprechen.

Ohne Kürzungsvorschrift für den Abzugshöchstbetrag hätte jeder Anteilseigner 11.250 DM (5 % aus 225.000 DM), beide zusammen also 22.500 DM pro Jahr in Anspruch nehmen können, so daß die Begrenzung der Gesamtbemessungsgrundlage des Objekts wirkungslos geblieben wäre.

Die dargelegten Grundsätze gelten uneingeschränkt bei Miteigentum an einer Eigentumswohnung oder an einer Wohnung im Einfamilienhaus. Ursprünglich war diese Regelung auch für Wohnungen in einem Zwei- oder Mehrfamilienhaus verbindlich anzuwenden.[360] Infolgedessen war die Grundförderung seinerzeit für alle jeweils „eigene" Wohnungen besitzende Miteigentümer eines Zwei- oder Mehrfamilienhauses zusammen auf 15.000 DM beschränkt.[361] Der massiven Kritik in der Literatur[362] stattgebend, hat die

---

[357] Vgl. BFH vom 1.6.1994, S. 752; BMF-Schreiben vom 31.12.1994, Tz. 60.
[358] Vgl. UNVERICHT, W. (1988), S. 627; DRENSECK, W. (1997), § 10e EStG, Anm. 61.
[359] Vgl. HANDZIK, P. (1995), S. 828.
[360] Vgl. BMF-Schreiben vom 15.5.1987, Tz. 21.
[361] Vgl. MEYER, B. (1991b), S. 677.
[362] Vgl. z. B. RICHTER, H./BOVELETH, K.-H. (1986), Rz. 43; UNVERICHT, W. (1988), S. 627 f.; GRUNDSCHOK, L. (1989), S. 523; PAUS, B. (1989), S. 113 ff.

Finanzverwaltung die Beurteilung für diese Fälle geändert. Danach sind für solche Gebäude Kürzungen gemäß § 10e Abs. 1 Satz 6 EStG nur noch vorzunehmen, wenn vergleichbare Fälle wie bei Eigentumswohnungen oder Einfamilienhäusern gegeben sind, d. h., wenn mehrere Miteigentümer eine Wohnung des Hauses gemeinsam bewohnen.[363] Von der früheren Verwaltungsauffassung betroffene Steuerpflichtige können die zu Unrecht versagten Abzugsbeträge über die Nachholmöglichkeit des § 10e Abs. 3 Satz 1 EStG *(vgl. nachfolgenden Abschnitt 2.2.1.1.8.1)* im nachhinein geltend machen.[364] Die Förderung nach § 10e EStG steht nunmehr einem Miteigentümer eines Zwei- oder Mehrfamilienhauses für die von ihm allein benutzte Wohnung zu[365]. Dabei darf der Wert des Miteigentumsanteils nicht höher sein als der Wert der zu eigenen Wohnzwecken genutzten Wohnung einschließlich des dazugehörenden Grund und Bodens. Diese Voraussetzung ist regelmäßig erfüllt, wenn der Miteigentumsanteil mit dem Nutzflächenanteil der Wohnung am Gesamtgebäude übereinstimmt oder, im Falle abweichender Anteile, wenn auf Ausgleichszahlungen verzichtet wurde.[366] Sofern Ausgleichszahlungen geleistet werden, liegt für den entsprechenden Teil der Wohnung ein Mietverhältnis vor (R 164 Abs. 2 EStR), für den insoweit der § 10e-Abzugsbetrag zu reduzieren ist[367].

2.2.1.1.8   Nachhol- und Rückbeziehungsmöglichkeiten

2.2.1.1.8.1 Nachholung nicht ausgenutzter Abzugsbeträge

§ 10e Abs. 3 Satz 1 EStG räumt die Möglichkeit ein, bislang nicht ausgenutzte Abzugsbeträge - das sind solche, die sich steuerlich nicht ausgewirkt haben[368] - nachzuholen. Im allgemeinen handelt es sich dabei um Abzugsbeträge, die dem Steuerpflichtigen bereits in früheren Jahren des Veranlagungszeitraums zugestanden haben, die er aber bislang nicht geltend gemacht hat. Denkbar sind allerdings auch Abzugsbeträge, die zwar geltend gemacht worden sind, aber zu keiner Ermäßigung der Einkommensteuer geführt haben, etwa wegen Erreichens des steuerlichen Grundfreibetrages.[369]

---

[363] Vgl. BMF-Schreiben vom 31.12.1994, Tz. 61 f. mit Beispielen.
[364] Vgl. BMF-Schreiben vom 31.12.1994, Tz. 63 i. V. m. 118; STEPHAN, R. (1996a), S. 169.
[365] Vgl. BMF-Schreiben vom 31.12.1994, Tz. 62.
[366] Vgl. BMF-Schreiben vom 31.12.1994, Tz. 62.
[367] Vgl. mit Beispielen GREFE, C. (1995), S. 508.
[368] Vgl. BMF-Schreiben vom 31.12.1994, Tz. 69; BOEKER, H. (1997), § 10e EStG, Anm. 88a.
[369] Vgl. STEPHAN, R. (1996a), S. 193; BOEKER, H. (1997), § 10e EStG, Anm. 88a.

Ursprünglich konnten lediglich nicht ausgenutzte Abzugsbeträge der ersten drei Jahre des Förderzeitraums bis zum Ende des vierten Jahres nachgeholt werden.[370] Hatte der Steuerpflichtige die Nachholung bis zu diesem Zeitpunkt versäumt, gingen ihm die in den ersten drei Jahren des Abzugszeitraums nicht ausgenutzten Abzugsbeträge endgültig verloren.[371] Mit der Änderung des § 10e EStG durch das StÄndG 1992[372] wurde diese Regelung erweitert. Danach haben Steuerpflichtige bei begünstigten Objekten, bei denen der Baubeginn, Bauantrag oder Erwerb nach dem 30.9.1991 erfolgt ist, die Möglichkeit, nicht ausgenutzte § 10e-Abzugsbeträge innerhalb des Höchstsatzes (19.800 DM, 16.500 DM, 9.000 DM bzw. 7.500 DM) für bereits abgelaufene, beliebige Kalenderjahre bis zum Ende des achtjährigen Begünstigungszeitraums nachzuholen (§ 10e Abs. 3 Satz 1 i. V. m. § 52 Abs. 14 Satz 3 EStG). Auch für Folgeobjekte, die nach dem 30.9.1991 angeschafft oder hergestellt worden sind, besteht diese Möglichkeit der Nachholung von Abzugsbeträgen.[373]

Damit kann der § 10e-Abzugsbetrag zum Ausgleich der Progressionswirkungen bei unterschiedlichen Einkünften genutzt werden, d. h., die Steuerpflichtigen haben die Gelegenheit, den Sonderausgabenabzug so an die persönlichen Kosten-, Belastungs- und Einkommensverhältnisse anzupassen, daß sich unter Berücksichtigung des progressiven Tarifs eine möglichst hohe Steuerentlastung ergibt.[374] Gerade wegen der zu Beginn des Förderungszeitraums ohnehin bestehenden Chancen, hohe Sonderausgaben mittels der Regelungen zu den Vorkosten gemäß § 10e Abs. 6 EStG *(vgl. unten 2.2.1.2)* und zu den Schuldzinsen gemäß § 10e Abs. 6a EStG *(vgl. unten 2.2.1.3)* ansetzen zu können, wird sich nämlich in vielen Fällen der Grundförderungsabzugbetrag steuerlich nicht oder nur in geringem Umfang auswirken.[375]

Die Nachholmöglichkeit von Abzugsbeträgen ist an die Bedingung geknüpft, daß die Voraussetzungen für die § 10e-Förderung zumindest zeitweise für das jeweilige Nachholjahr vorgelegen haben und daß im Nachholzeitraum auf die Inanspruchnahme insge-

---

[370] Vgl. BMF-Schreiben vom 15.5.1987, Tz. 23.
[371] Vgl. MÄRKLE, R. W./FRANZ, R. (1987), S. 57.
[372] BGBl. 1992 I, S. 297.
[373] Vgl. BMF-Schreiben vom 31.12.1994, Tz. 67 ff.; HORLEMANN, H.-G. (1995), S. 2294.
[374] Vgl. BUNDESTAGSDRUCKSACHE 12/1506 vom 7.11.1991, S. 171.
[375] Vgl. STEPHAN (1996a), S. 191.

samt oder teilweise verzichtet wurde.[376] Wird demgemäß der Abzugsbetrag in einem Kalenderjahr wegen Überschreitens der Einkunftsgrenze versagt, scheidet auch eine spätere Nachholung für diesen Zeitraum aus. Nicht erforderlich für die Nachholung ist hingegen, daß dem Steuerpflichtigen auch im Nachholjahr ein Abzugsbetrag zusteht, mithin kann im Nachholjahr die Einkunftsgrenze durchaus überschritten werden.[377]

Dem Charakter der Gesamtrechtsnachfolge gemäß, kann ein solcher Erbe die noch nicht ausgeschöpften Sonderausgabenabzugsbeträge des Rechtsvorgängers innerhalb des Begünstigungszeitraums nachholen, wenn dem Erblasser diese Nachholung ebenfalls zugestanden hätte.[378]

2.2.1.1.8.2 Rückbeziehung nachträglicher Anschaffungs- oder Herstellungskosten

Entstehen bis zum Ende des achtjährigen Abzugszeitraums nachträgliche Aufwendungen, die als Anschaffungs- oder Herstellungskosten anzusehen sind *(s. oben 2.2.1.1.4.2)*, können diese vom Jahr ihrer Entstehung an für Veranlagungszeiträume, in denen eine Grundförderung zu gewähren war, so behandelt werden, als wären sie bereits zu Beginn des Förderungszeitraums angefallen.[379] Sie erhöhen im nachhinein die ursprüngliche Bemessungsgrundlage für die Grundförderung und demzufolge den jährlichen Abzugsbetrag. Einerseits kann dieser in der neuen Höhe ab dem Jahr der nachträglich entstandenen Aufwendungen bis zum Ende des Abzugszeitraums angesetzt und andererseits kann der erhöhte Differenzbetrag für Vorjahre nachgeholt werden.[380] Ursprünglich galt die Rückbeziehung für in den ersten drei Jahren entstandene nachträgliche Anschaffungs- oder Herstellungskosten nur, wenn sie bis zum Ende des vierten Förderjahres nachgeholt wurden.[381] Nach diesem Zeitpunkt angefallene Kosten waren zwingend im Entstehungsjahr nachzuholen.[382] Korrespondierend mit der Änderung der Nachholmöglichkeiten für Abzugsbeträge gilt seither für Objekte, die von der Regelung ab dem 30.9.1991 betroffen sind, die freie Wahl des Steuerpflichtigen, die durch die nachträglichen Auf-

---

[376] Vgl. BMF-Schreiben vom 31.12.1994, Tz. 67; MÄRKLE, R. W./FRANZ, R. (1994), S. 70.

[377] Vgl. MÄRKLE, R. W./FRANZ, R. (1992), S. 963; DRENSECK, W. (1997), § 10e EStG, Anm. 102.

[378] Vgl. BMF-Schreiben vom 31.12.1994, Tz. 67; MEYER, B. (1997), § 10e EStG, Anm. 258.

[379] Vgl. BMF-Schreiben vom 31.12.1994, Tz. 70; MÄRKLE, R. W./FRANZ, R. (1987), S. 57 f.

[380] Vgl. STEPHAN, R. (1993), S. 63; BOEKER, H. (1997): § 10e EStG, Anm. 89.

[381] Vgl. MÜLLER, W. (1990), S. 43 f.

[382] Vgl. BMF-Schreiben vom 15.5.1987, Tz. 24; MÜLLER, W. (1990), S. 43 f.

wendungen eingetretene Erhöhung des § 10e-Abzugsbetrags beliebig auf die restlichen Jahre ab Entstehung der Aufwendungen bis zum Ablauf des achtjährigen Begünstigungszeitraums zu verteilen.[383]

Die innerhalb des Abzugszeitraums nachträglich angefallenen Anschaffungs- oder Herstellungskosten dürfen zusammen mit der ursprünglichen Bemessungsgrundlage nicht über den Höchstbetrag von 300.000 DM bzw. 330.000 DM hinausgehen *(siehe oben 2.2.1.1.7)*. Eine Nachholmöglichkeit besteht ausschließlich für solche Kalenderjahre, in denen die Voraussetzungen für die Gewährung des § 10e-Abzugsbetrags vorgelegen haben (§ 10e Abs. 3 Satz 2 EStG), auf die tatsächliche Inanspruchnahme kommt es dabei nicht an[384]. Daraus folgt - wie bei der Nachholung der Abzugsbeträge - für Objekte ab dem 1.1.1992 *(s. Tabelle 1)*, daß nachträgliche Aufwendungen zwar unabhängig von der Einhaltung der Einkunftsgrenzen des Nachholjahres angesetzt werden können, jedoch nur, wenn im jeweiligen Entstehungsjahr die Einkunftsgrenze nicht überschritten war.[385] Insbesondere die Notwendigkeit der Nutzung zu eigenen Wohnzwecken muß selbstredend in jedem Jahr erfüllt sein.[386]

Eine Erhöhung der Bemessungsgrundlage durch nachträgliche Umgestaltung eines Zweifamilienhauses zu einem insgesamt selbstgenutzten Einfamilienhaus *(vgl. oben 2.2.1.1.2.1)* führt nicht wie nachträgliche Anschaffungs- oder Herstellungskosten zu einer Nachholmöglichkeit des erhöhten Abzugsbetrages auf die der Umgestaltung vorhergehenden Zeiträume, lediglich für den Rest des Förderzeitraums ergibt sich eine höhere Förderung.[387]

---

[383] Vgl. BMF-Schreiben vom 31.12.1994, Tz. 70.
[384] Vgl. STUHRMANN, G. (1986a), S. 274.
[385] Vgl. BMF-Schreiben vom 31.12.1994, Tz. 70; CZISZ, K. (1994), S. 102.
[386] Vgl. BMF-Schreiben vom 31.12.1994, Tz. 70.
[387] Vgl. MEYER, B. (1995b), S. 138.

2.2.1.2   Der Vorkostenabzug gemäß § 10e Abs. 6 EStG

Aufwendungen, die bis zum Beginn der erstmaligen Nutzung einer Wohnung zu eigenen Wohnzwecken entstehen, können vom Steuerpflichtigen wie Sonderausgaben abgezogen werden, wenn sie in unmittelbarem Zusammenhang mit der Herstellung oder Anschaffung des Gebäudes bzw. der Eigentumswohnung oder mit der Anschaffung des
dazugehörenden Grund und Bodens zusammenhängen und zugleich nicht zu den Her-
stellungs- oder Anschaffungskosten der Wohnung bzw. zu den Anschaffungskosten des
Grund und Bodens gehören sowie im Fall der Vermietung oder Verpachtung der Wohnung als Werbungskosten abgezogen werden könnten (§ 10e Abs. 6 Satz 1 EStG). Mit
dieser Vorschrift sollte ein Pendant geschaffen werden zur vorher im Rahmen der Nutzungswertbesteuerung bestehenden Möglichkeit, bestimmte Aufwendungen in der Bau-
und Anschaffungsphase eines Objekts als vorweg entstandene Werbungskosten steuerlich zu erfassen.[388]

2.2.1.2.1   Anspruchsberechtigte Personen

§ 10e Abs. 6 EStG begünstigt nur den Eigentümer als denjenigen, der die Anschaffungs-
oder Herstellungskosten getragen hat. Prinzipiell ist auch der Erbe, der als Gesamtrechtsnachfolger in die Rechtsposition des Erblassers eintritt, zum Vorkostenabzug in
dem Umfang berechtigt, in dem er beim Erblasser möglich gewesen wäre.[389] Ein Vorkostenabzug durch den Erben scheidet hingegen aus, wenn der Erblasser die Wohnung zuvor selbst bewohnt hat. Der Rechtsnachfolger muß in diesem Fall den bereits erfolgten
Bezug der Wohnung gegen sich gelten lassen.[390] Für den unentgeltlichen Einzelrechtsnachfolger gelten diese Ausführungen ohnehin nicht. Er bleibt von einem Abzug nach
§ 10e Abs. 6 EStG, genauso wie von der Grundförderung nach § 10e Abs. 1 EStG
ausgeschlossen.[391] Teilentgeltliche Erwerber einer Wohnung können Vorkosten insoweit
abziehen, als sie auf den entgeltlich erworbenen Teil entfallen.[392]

---

[388] Vgl. BUNDESTAGSDRUCKSACHE 10/3633 vom 8.7.1985, S. 16; STUHRMANN, G. (1988),
    S. 308; ANDERS, J. (1991), S. 2422.
[389] Vgl. BMF-Schreiben vom 31.12.1994, Tz. 83; BRANDENBERG, H. B./KÜSTER, G. (1995a), S. 358;
    STEPHAN, R. (1996a), S. 266.
[390] Vgl. MÄRKLE, R. W./FRANZ, R. (1994), S. 91; STEPHAN, R. (1996a), S. 267.
[391] Vgl. BFH vom 13.1.1993, S. 346; BMF-Schreiben vom 31.12.1994, Tz. 83.
[392] Vgl. BMF-Schreiben vom 31.12.1994, Tz. 84; BRANDENBERG, H. B./KÜSTER, G. (1995a), S. 358.

Um Vorkosten nach § 10e Abs. 6 EStG abziehen zu können, ist es nicht erforderlich, daß Abzugsbeträge nach § 10e Abs. 1 EStG in Anspruch genommen werden.[393] Aufwendungen vor Bezug der Wohnung können selbst von Objekteigentümern steuerlich geltend gemacht werden, bei denen eine Grundförderung nach § 10e Abs. 1 EStG wegen bereits eingetretenen Objektverbrauchs oder wegen räumlichen Zusammenhangs mit einem im gleichen Zeitraum nach § 10e EStG geförderten Objekt oder wegen Überschreitens der Einkunftsgrenzen ausscheidet.[394] Der Vorkostenabzug des § 10e Abs. 6 EStG stellt insoweit einen - von der Grundförderung unabhängigen - eigenständigen Begünstigungstatbestand dar.[395] Obendrein unterliegt der Vorkostenabzug keiner Objektbeschränkung, so daß er von einem Steuerpflichtigen grundsätzlich unbegrenzt häufig beansprucht werden kann,[396] und selbst innerhalb eines § 10e-Begünstigungszeitraums ist der Abzug von Vorkosten mehrmals - etwa bei Folgeobjekten - möglich.[397]

2.2.1.2.2 Begünstigte Aufwendungen

Vom Vorkostenabzug betroffen sind nur Aufwendungen, die bis zum Beginn der erstmaligen Nutzung zu eigenen Wohnzwecken entstanden sind.[398] Darunter ist hier - unabhängig vom Fertigstellungszeitpunkt des Objekts, der davor oder danach liegen kann - der tatsächliche Zeitpunkt des Bezugs der Wohnung durch den Steuerpflichtigen zu verstehen.[399] Weiterhin sind nach § 10e Abs. 6 Satz 1 EStG nur Aufwendungen zu berücksichtigen, die in einem „unmittelbaren" Zusammenhang mit der Herstellung oder Anschaffung der Wohnung bzw. mit der Anschaffung des Grund und Bodens stehen. Die Finanzverwaltung hat sich von diesem Wortlaut des Gesetzes entfernt und fordert einen „engen wirtschaftlichen Zusammenhang" der Aufwendungen.[400] Demzufolge ist ein enger zeitlicher Zusammenhang mit dem Erwerb bzw. der Errichtung der Wohnung nicht zwingend notwendig, mithin ein Abzug von Aufwendungen selbst dann zulässig, wenn diese zeitlich nach der Herstellung oder Anschaffung anfielen, nach wie vor aber ein

---

[393] Vgl. BMF-Schreiben vom 31.12.1994, Tz. 85; STUHRMANN, G. (1986a), S. 270.
[394] Vgl. BAUMDICKER, G. (1994), S. 164; BMF-Schreiben vom 31.12.1994, Tz. 85; kritisch: BOORBERG, W. (1992), S. 1614 ff.
[395] Vgl. BAUMDICKER, G. (1994), S. 164.
[396] Vgl. STEPHAN, R. (1996a), S. 263.
[397] Vgl. MÄRKLE, R. W./FRANZ, R. (1994), S. 93; STEPHAN, R. (1996a), S. 261.
[398] Vgl. BMF-Schreiben vom 31.12.1994, Tz. 90; STUHRMANN, G. (1986a), S. 270.
[399] Vgl. BMF-Schreiben vom 31.12.1994, Tz. 90.
[400] Vgl. BMF-Schreiben vom 31.12.1994, Tz. 86; STEPHAN, R. (1996a), S. 275.

enger wirtschaftlicher Zusammenhang damit besteht.[401] Schließlich fallen nur solche Aufwendungen unter die Vorkostenregelung, die im Falle der Vermietung oder Verpachtung wie Werbungskosten behandelt würden.

Explizit vom Vorkostenabzug ausgeschlossen sind Aufwendungen, die im Zusammenhang mit der Herstellung oder Anschaffung eines vom Ehegatten *(vgl. 2.2.1.1.6.3)* oder unentgeltlich erworbenen Objekts, einer Ferien- oder Wochenendwohnung *(vgl. 2.2.1.1.6.4)* oder von Schwarzbauten *(vgl. 2.2.1.1.6.5)* stehen.[402]

Entfallen Aufwendungen im Sinne des § 10e Abs. 6 EStG auf mehrere Wohnungen oder auf ein Gebäude, das mehrere Wohnungen enthält, von denen nur eine zu eigenen Wohnzwecken genutzt wird, oder auf eine gemischt genutzte Wohnung, sind sie nur insoweit steuerlich zu berücksichtigen, als sie auf die zu eigenen Wohnzwecken genutzten Teile entfallen und diesen deshalb entsprechend zuzuordnen.[403] Ist eine eindeutige Zuordnung der Aufwendungen auf die betreffenden Grundstücks-, Gebäude- oder Wohnungsteile nicht möglich, sind sie anhand der jeweils maßgebenden Nutzungsflächenverhältnisse aufzuteilen *(vgl. oben 2.2.1.1.4.5)*.[404] Entsprechend ist in Fällen des Miteigentums der Vorkostenabzug nach Maßgabe des Miteigentumsanteils zu kürzen.[405]

Aufwendungen, die im Zusammenhang mit einem geplanten Ausbau oder einer Erweiterung anfallen, sind ebenfalls als Vorkosten begünstigt (§ 10e Abs. 6 Satz 4 EStG), wenn sie sich allein auf den Ausbau bzw. die Erweiterung beziehen und nicht auf andere Teile des Gebäudes oder des Grundstücks.[406] Darüber hinaus muß die Baumaßnahme an einer Wohnung vorgenommen werden, die spätestens nach Abschluß der Arbeiten einschließlich des neu geschaffenen Wohnraums zu eigenen Wohnzwecken genutzt wird.[407] Ein Vorkostenabzug bei Ausbauten und Erweiterung ist aber unabhängig davon möglich, ob der Ausbau bzw. die Erweiterung letztendlich nach § 10e Abs. 2 EStG auch gefördert wird oder nicht (z. B. wegen Objektverbrauchs) oder ob die Kosten für die

---

[401] Vgl. MÄRKLE, R. W./FRANZ, R. (1994), S. 89.
[402] Vgl. BMF-Schreiben vom 31.12.1994, Tz. 85.
[403] Vgl. BMF-Schreiben vom 31.12.1994, Tz. 100.
[404] Vgl. BMF-Schreiben vom 31.12.1994, Tz. 100.
[405] Vgl. BMF-Schreiben vom 31.12.1994, Tz. 97 i. V. m. Tz. 60 bis 62.
[406] Vgl. STEPHAN, R. (1996a), S. 294.
[407] Vgl. BMF-Schreiben vom 31.12.1994, Tz. 103; kritisch: STEPHAN, R. (1996a), S. 296.

Baumaßnahme als nachträgliche Herstellungskosten im Rahmen des § 10e Abs. 3 EStG berücksichtigt werden.[408]

Innerhalb der Vorkosten ist zu unterscheiden in Aufwendungen, die überwiegend in der Planungsphase und im Zusammenhang mit einer Fremdkapitalfinanzierung des Objekts entstehen (Vorbezugskosten), und solche Aufwendungen, die zur eigentlichen Bewohnbarkeit eines Objektes getätigt werden (Erhaltungsaufwendungen).

2.2.1.2.2.1 Vorbezugskosten

Der Abzugsbetrag für Aufwendungen, die vor der erstmaligen Selbstnutzung eines Objekts im Zusammenhang mit der Planung und Finanzierung entstehen, ist in seiner Höhe nicht begrenzt.[409] Hierbei ist - abgesehen vom Disagio - der Zeitpunkt, zu dem die Aufwendungen vom Steuerpflichtigen bezahlt werden, für dessen Abzugsberechtigung nicht ausschlaggebend.[410] Entscheidend ist vielmehr nach wie vor, daß die Zahlungen wirtschaftlich durch Vorgänge verursacht werden, die auf den Zeitraum vor Bezug der Wohnung entfallen. Solche Aufwendungen sind infolgedessen auch dann in voller Höhe als Vorbezugskosten abziehbar, wenn die Zahlung erst nach dem Einzug in die Wohnung erfolgt.[411]

Als Vorbezugskosten kommen überwiegend folgende Aufwendungen in Betracht:

- Schuldzinsen für ein zur Finanzierung des Objekts aufgenommenes (Bauspar-) Darlehen können im Veranlagungszeitraum der Zahlung abgezogen werden, allerdings nur, soweit sie auf die Phase vor der erstmaligen Nutzung zu eigenen Wohnzwecken entfallen.[412] Zinsen, die anteilig dem Zeitabschnitt ab Beginn des Selbstbewohnens der Wohnung zuzuordnen sind, kann der Steuerpflichtige auch dann nicht mehr im

---

[408] Vgl. GÜNTHER, K. H. (1988a), S. 1089.

[409] Vgl. WACKER, R. (1994), S. 979; MEYER, B. (1997), § 10e EStG, Anm. 533.

[410] Vgl. MÄRKLE, R. W./FRANZ, R. (1994), S. 94.

[411] Vgl. MÄRKLE, R. W./FRANZ, R. (1994), S. 94.

[412] Vgl. BMF-Schreiben vom 31.12.1994, Tz. 91.

Wege der Vorkosten geltend machen, wenn sie vor dem Einzug in die Wohnung bezahlt wurden.[413]

- Anders verhält sich dies beim Disagio: Ein vor Beginn der erstmaligen Nutzung zu eigenen Wohnzwecken geleistetes Disagio ist im Veranlagungszeitraum der Zahlung in voller Höhe abziehbar.[414] Wird das Damnum hingegen erst nach dem Einzug in die Wohnung bezahlt, kann - wie bei den laufenden Zinsen - nur der Teilbetrag, der auf die Zeit vor erstmaliger Nutzung entfällt, im Veranlagungszeitraum der Zahlung abgezogen werden.[415] Im Hinblick auf möglichst hohe Sonderausgabenabzugsbeträge zur Einsparung von Steuern sollte ein Disagio folglich stets noch vor Beginn der erstmaligen Nutzung der Wohnung zu eigenen Wohnzwecken geleistet werden.[416]

- Aufwendungen für ein Erbbaurecht können, da sie nicht zu den Anschaffungskosten des Grund und Bodens zählen *(vgl. 2.2.1.1.4.1)*, als Vorkosten abgezogen werden, soweit sie auf die Zeit vor Bezug der Wohnung entfallen.[417]

- Laufende Grundstückskosten, wie z.B. Grundsteuer, Gebäudeversicherungsprämien, Straßenreinigungs- und Müllabfuhrgebühren, sind als Vorkosten abziehbar, wenn der Steuerpflichtige die Wohnung im Zeitraum zwischen Herstellung oder Anschaffung und Nutzung zu eigenen Wohnzwecken weder vermietet, noch unentgeltlich überlassen hat.[418]

2.2.1.2.2.2 Erhaltungsaufwendungen

Aufwendungen, die im Zusammenhang mit der Anschaffung eines Gebäudes oder einer Eigentumswohnung stehen und vor der erstmaligen Nutzung zu eigenen Wohnzwecken getätigt werden, um die Bewohnbarkeit des Objekts sicherzustellen, sind Erhaltungsaufwendungen. Es handelt sich dabei in der Regel um Reparatur- oder Renovierungskosten, die im Jahr der Zahlung als Vorkosten abgezogen werden können,[419] vorausgesetzt, es handelt sich nicht um anschaffungsnahe Aufwendungen, die als Herstellungskosten in

---

[413] Vgl. BFH vom 8.6.1994, S. 893; BMF-Schreiben vom 31.12.1994, Tz. 91; BRANDENBERG, H. B./ KÜSTER, G. (1995a), S. 358.

[414] Vgl. BFH vom 8.6.1994, S. 893; BMF-Schreiben vom 31.12.1994, Tz. 92; EGGESIECKER, F. (1986), S. 612.

[415] Vgl. BMF-Schreiben vom 31.12.1994, Tz. 92; MÄRKLE, R. W./FRANZ, R. (1994), S. 96.

[416] Vgl. EGGESIECKER, F. (1986), S. 612.

[417] Vgl. BMF-Schreiben vom 31.12.1994, Tz. 93.

[418] Vgl. BFH vom 24.3.1993, S. 704; BMF-Schreiben vom 31.12.1994, Tz. 95.

[419] Vgl. BMF-Schreiben vom 31.12.1994, Tz. 96.

die Bemessungsgrundlage der Grundförderung einbezogen werden und für den Vorkostenabzug somit ausgeschlossen bleiben *(vgl. 2.2.1.1.4.2)*.[420] Ebenso ist Erhaltungsaufwand, der zeitlich mit einem Ausbau oder einer Erweiterung zusammenfällt, nicht als Vorkostenabzug geltend zu machen, sondern erhöht die Bemessungsgrundlage der Ausbau- bzw. Erweiterungsmaßnahme.[421]

Erhaltungsaufwendungen sind der Höhe nach im Abzug begrenzt, wenn der Steuerpflichtige das Objekt aufgrund eines nach dem 31.12.1993 abgeschlossenen Kaufvertrags oder gleichstehenden Rechtsakts angeschafft hat.[422] Der Abzugshöchstbetrag ist in diesen Fällen auf 15 % der Anschaffungskosten des Gebäudes oder der Eigentumswohnung limitiert und darf maximal 22.500 DM betragen (§ 10e Abs. 6 Satz 3 EStG).[423] Während vor dem 1.1.1994 der Vorkostenabzug von Erhaltungsaufwendungen auch der Höhe nach unbeschränkt war, ist er durch das StMBG[424] erheblich eingeschränkt worden mit Auswirkungen auf die Verkehrswerte insbesondere älterer, stärker renovierungsbedürftiger Gebrauchtobjekte.[425]

Werden Teile der Wohnung zu anderen Zwecken als zu eigenen Wohnzwecken genutzt, sind die auf diese Wohnungteile entfallenden Erhaltungsaufwendungen vom Vorkostenabzug ausgenommen. Ungeachtet dessen bleibt der Abzugshöchstbetrag von 22.500 DM ungekürzt für den selbstbewohnten Teil erhalten.[426] Das gilt nicht in Fällen des Miteigentums. Hier ist der Abzugshöchstbetrag von 22.500 DM entsprechend dem Miteigentumsanteil zu kürzen.[427] Allerdings kann ein Miteigentümer, der eine Wohnung in einem Zwei- oder Mehrfamilienhaus ausschließlich kraft eigenen Rechts nutzt, Erhaltungsaufwendungen bis hin zum ungekürzten Höchstbetrag abziehen, da entsprechend der Vorgehensweise bei der Ermittlung des Abzugsbetrags von Miteigentümern nach § 10e Abs. 1 EStG *(vgl. oben 2.2.1.1.7.3)* eine Kürzung des Höchstbetrags nur

[420] Vgl. WACKER, R. (1994), S. 978; BRANDENBERG, H. B./KÜSTER, G. (1995a), S. 360.
[421] Vgl. DRENSECK, W. (1997), § 10e EStG, Anm. 132.
[422] Vgl. BMF-Schreiben vom 31.12.1994, Tz. 97; WACKER, R. (1994), S. 978.
[423] Vgl. BMF-Schreiben vom 31.12.1994, Tz. 97.
[424] BGBl. 1993 I, S. 2310.
[425] Vgl. WACKER, R. (1994), S. 978.
[426] Vgl. BMF-Schreiben vom 31.12.1994, Tz. 97; STEPHAN, R. (1996a), S. 284; BRANDENBERG, H. B./KÜSTER, G. (1995a), S. 360 f.
[427] Vgl. BMF-Schreiben vom 31.12.1994, Tz. 97; a. A.: BRANDENBERG, H. B./KÜSTER, G. (1995a), S. 360 f.

vorzunehmen ist, wenn der Wert der Wohnung den des Miteigentumsanteils übersteigt.[428]

Steht bei Erhaltungsaufwendungen, die grundsätzlich als Vorkosten nach § 10e Abs. 6
EStG in Betracht kommen, fest, daß sie dem Steuerpflichtigen erstattet werden, ist nur
der um die Erstattungsleistung gekürzte Betrag als Vorkosten abziehbar, auch wenn die
Erstattung erst in einem späteren Veranlagungszeitraum stattfindet.[429]

2.2.1.3   Der erweiterte Schuldzinsenabzug gemäß § 10e Abs. 6a EStG

Mit der Einführung der degressiv gestaffelten Abzugssätze *(vgl. oben 2.2.1.1.7.1)* und
der Einkunftsgrenzen *(vgl. oben 2.2.1.1.6.1)* wurde in 1992 zugleich der Absatz 6a in
den § 10e EStG eingefügt. Dieser gestattet einem begünstigten Steuerpflichtigen, die
Schuldzinsen, die in wirtschaftlichem Zusammenhang mit dem selbstgenutzten Objekt
stehen, auch nach Beginn der Nutzung zu eigenen Wohnzwecken für einen vorübergehenden Zeitraum bis zu einer begrenzten Höhe als Sonderausgaben abzuziehen. Hintergrund der zu jenem Zeitpunkt neu eingeführten Regelung war die Intention des Gesetzgebers, die Bautätigkeit speziell im Bereich der Neubauten fördern.[430]

Die Vorschrift hat nur für Objekte Gültigkeit, für die im Herstellungsfall der Bauantrag
nach dem 30.9.1991 gestellt oder mit deren Herstellung nach diesem Datum begonnen
oder bei denen im Erwerbsfall der Kaufvertrag nach dem 30.9.1991 rechtswirksam abgeschlossen wurde.[431] Zugleich muß das danach begünstigte Objekt bis zum 31.12.1994
zwingend fertiggestellt sein (§ 10e Abs. 6a Satz 1 EStG), so daß Erwerbsfälle nur begünstigt sind, wenn ein bereits vor dem 1.1.1995 fertiggestelltes Objekt vor diesem Datum angeschafft wurde.[432]

---

[428] Vgl. BMF-Schreiben vom 31.12.1994, Tz. 97 i.V.m. Tz. 62.
[429] Vgl. BFH vom 28.2.1996, S. 566.
[430] Vgl. BUNDESTAGSDRUCKSACHE 12/1506 vom 7.11.1991, S. 367.
[431] Vgl. BMF-Schreiben vom 31.12.1994, Tz. 104.
[432] Vgl. BMF-Schreiben vom 31.12.1994, Tz. 104; WEWERS, O. (1992), S. 705.

2.2.1.3.1 Anspruchsberechtigte Personen

Für eine Inanspruchnahme des § 10e Abs. 6a EStG ist Voraussetzung, daß in dem jeweiligen Jahr die Grundförderung nach § 10e Abs. 1 oder Abs. 2 EStG gewährt wird oder lediglich wegen Überschreitens der Einkunftsgrenzen des § 10e Abs. 5a EStG nicht zu gewähren ist.[433] Verzichtet der Steuerpflichtige aufgrund der Nachholmöglichkeit für Abzugsbeträge gemäß § 10e Abs. 3 Satz 1 EStG in einem Veranlagungszeitraum auf die Grundförderung, so kann er in diesem Jahr gleichwohl den erweiterten Schuldzinsenabzug in Anspruch nehmen.[434] Dabei ist zu beachten, daß sich in diesem Fall für den Steuerpflichtigen bereits mit dem Abzug der Schuldzinsen Objektverbrauch nach § 10e Abs. 4 EStG einstellt, selbst dann, wenn die beabsichtigte Nachholung der Grundförderung in späteren Jahren nicht realisierbar ist oder der Steuerpflichtige davon keinen Gebrauch macht.[435]

Im Gegensatz dazu führt die Inanspruchnahme des erweiterten Schuldzinsenabzugs nicht zum Objektverbrauch, wenn ein Abzugsbetrag nach § 10e Abs. 1 oder 2 EStG nur wegen Überschreitens der Einkunftsgrenzen gemäß § 10e Abs. 5a EStG nicht geltend gemacht werden kann.[436] Demzufolge können Steuerpflichtige, bei denen noch kein Objektverbrauch eingetreten ist, bei fortwährendem Überschreiten der Einkunftsgrenzen den erweiterten Schuldzinsenabzug für mehrere Objekte hintereinander beanspruchen.[437]

Miteigentümer haben nur entsprechend ihrem Miteigentumsanteil Anspruch auf Abzug von Schuldzinsen, es sei denn, es handelt sich um Miteigentum in einem Zwei- oder Mehrfamilienhaus, in dem eine vollständige Wohnung kraft eigenen Rechts genutzt wird *(vgl. 2.2.1.1.7.3)*.

---

[433] Vgl. BMF-Schreiben vom 31.12.1994, Tz. 104; WEWERS, O. (1992), S. 707.
[434] Vgl. BMF-Schreiben vom 31.12.1994, Tz. 105.
[435] Vgl. MEYER, B. (1992a), S. 280.
[436] Vgl. BMF-Schreiben vom 31.12.1994, Tz. 106; WACKER, R. (1994), S. 985.
[437] Vgl. KOLLER, A. (1992a), S. 775.

2.2.1.3.2   Begünstigter Tatbestand

Zu den nach dieser Vorschrift zu berücksichtigenden Zinsen gehören neben den laufenden Schuldzinsen auch die Erbbauzinsen, das Damnum und die Geldbeschaffungskosten, wie z. B. Bereitstellungszinsen für Bankkredite und Notariatsgebühren, soweit sie
nicht bereits im Rahmen der Vorkosten abgezogen werden können.[438]

Die Schuldzinsen müssen in wirtschaftlichem Zusammenhang mit einem Objekt i. S.
des § 10e Abs. 1 oder 2 EStG stehen.[439] Das ist der Fall, wenn sie zur Finanzierung der
Herstellungs- oder Anschaffungskosten dieses Objekts verwendet werden[440], bei Ausbauten und Erweiterungen jedoch nur, soweit sie ausschließlich auf die Kosten der Baumaßnahme entfallen.[441] Ebenfalls berücksichtigt werden können Schuldzinsen für nachträgliche Anschaffungs- oder Herstellungskosten oder für Erhaltungsaufwendungen,
wenn diese während des Begünstigungszeitraums des § 10e Abs. 6a EStG angefallen
sind.[442] Schuldzinsen für die Finanzierung der Anschaffungskosten eines unbebauten
Grundstücks, auf dem ein i. S. des § 10e Abs. 1 EStG begünstigtes Objekt entstehen
soll, können auch dann abgezogen werden, wenn das Grundstück vor dem 1.10.1991
angeschafft wurde.[443] Gibt allerdings der Steuerpflichtige seine ursprüngliche Absicht
zur Eigennutzung des Grundstücks in der Vorbereitungsphase bis zur Fertigstellung des
Gebäudes wieder auf (z. B. wegen Wohnortwechsels), werden die hinsichtlich bereits
geltend gemachter Vorkostenabzüge vorläufig ergangenen Steuerbescheide zum Nachteil des Steuerpflichtigen korrigiert.[444]

Werden Teile des Objekts nicht zu eigenen Wohnzwecken genutzt, sind die darauf
entfallenden Schuldzinsen entsprechend der Aufteilung nach dem Nutzflächen- bzw.
Wohnflächenverhältnis vom Abzug gemäß § 10e Abs. 6a EStG ausgenommen.[445] Das
gilt nicht für Teile der Wohnung, die unentgeltlich zu Wohnzwecken überlassen werden. Die damit in wirtschaftlichem Zusammenhang stehenden Schuldzinsen können

---

[438] Vgl. BMF-Schreiben vom 31.12.1994, Tz. 109.
[439] Vgl. BMF-Schreiben vom 31.12.1994, Tz. 107.
[440] Vgl. BRANDENBERG, H. B./KÜSTER, G. (1995b), S. 104.
[441] Vgl. BMF-Schreiben vom 31.12.1994, Tz. 108.
[442] Vgl. BRANDENBERG, H. B./KÜSTER, G. (1995b), S. 104.
[443] Vgl. BMF-Schreiben vom 31.12.1994, Tz. 107; MEYER, B. (1994a), S. 49.
[444] Vgl. PFALZGRAF, H./MEYER, B. (1995), S. 197.
[445] Vgl. BMF-Schreiben vom 31.12.1994, Tz. 113 i. V. m. Tz. 52 und 54; WACKER, R. (1994), S. 986.

gleichwohl beim Wohnungseigentümer nach dieser Vorschrift steuerlich berücksichtigt werden.[446]

Neben der Voraussetzung des wirtschaftlichen Zusammenhangs zu Aufwendungen für ein begünstigtes Objekt müssen die Schuldzinsen wirtschaftlich auf den Zeitraum der Nutzung zu eigenen Wohnzwecken entfallen.[447] Zinsen, die auf die Zeit vor der erstmaligen Selbstnutzung der Wohnung entfallen, sind - gleichgültig, wann die Zahlungen geleistet werden - im Rahmen der Vorkostenregelung geltend zu machen.[448] Ein Disagio fällt mit dem Teilbetrag, der wirtschaftlich dem Zeitraum ab dem Bezug der Wohnung zuzuordnen ist, unter die Vorschrift des Schuldzinsenabzugs, wenn es insgesamt erst nach diesem Zeitpunkt entrichtet wurde.[449] Wurde das Damnum noch vor dem Einzug in die Wohnung bezahlt, gehört es in vollem Umfang zu den Vorbezugskosten *(vgl. oben 2.2.1.2.2.1).*

Schuldzinsen können gleichfalls bei einem Folgeobjekt abgezogen werden, jedoch nur für die vom Erstobjekt verbliebenen Jahre des Abzugszeitraums nach § 10e Abs. 1 EStG.[450] Der Abzug von Schuldzinsen ist folglich uneingeschränkt möglich, wenn der für das Folgeobjekt verbleibende Abzugszeitraum noch mindestens drei Jahre beträgt und die Voraussetzungen des § 10e Abs. 6a Satz 1 EStG für das Folgeobjekt erfüllt sind.[451] Für die Veranlagungszeiträume, in denen das Folgeobjekt zwar erworben oder fertiggestellt ist, aber noch nicht zu eigenen Wohnzwecken genutzt wird, geht der erweiterte Schuldzinsenabzug verloren, da der Begünstigungszeitraum nach § 10e Abs. 6a Satz 1 EStG in jedem Fall im Jahr der Herstellung oder Anschaffung beginnt.[452]

2.2.1.3.3   Höhe und Zeitraum des Schuldzinsenabzugs

Der sogenannte erweiterte Schuldzinsenabzug[453] ist auf 12.000 DM im Jahr begrenzt und kann im Jahr der Herstellung oder Anschaffung des Objekts und in den beiden fol-

---

[446] Vgl. BMF-Schreiben vom 31.12.1994, Tz. 113.
[447] Vgl. KOLLER, A. (1992a), S. 777.
[448] Vgl. STEPHAN, R. (1996a), S. 313.
[449] Vgl. KOLLER, A. (1992a), S. 777.
[450] Vgl. BMF-Schreiben vom 31.12.1994, Tz. 110; a. A.: ERHARD, G. (1997), § 10e EStG, Anm. 665.
[451] Vgl. MEYER, B. (1992a), S. 280.
[452] Vgl. STEPHAN, R. (1996a), S. 308.
[453] Vgl. KOLLER, A. (1992a), S. 773.

genden Kalenderjahren vorgenommen werden (§ 10e Abs. 6a Satz 1 EStG). Sind die Voraussetzungen für einen Abzug der Schuldzinsen dem Grunde nach erfüllt, hat er im Veranlagungszeitraum zu erfolgen, in dem die Zinsen gezahlt wurden.[454]

Der Abzugshöchstbetrag wird bei gemischter Nutzung einer Wohnung nicht gekürzt, so daß bei ausreichend hohem Schuldzinsenpotential für die allein zu eigenen Wohnzwecken genutzten Teile bis zu 12.000 DM wie Sonderausgaben abgezogen werden können.[455] In Fällen des Miteigentums - mit Ausnahme der eigenen Wohnung im Zwei- oder Mehrfamilienhaus - ist indessen auch der Abzugshöchstbetrag anteilig zu kürzen.[456]

Ist im Jahr der Anschaffung oder Herstellung die vollständige Inanspruchnahme des Höchstbetrags von 12.000 DM nicht möglich, z. B. weil der Zeitpunkt der Fertigstellung bzw. des Beginns der Selbstnutzung des Objekts auf das Jahresende fällt und somit der größte Teil der Schuldzinsen im Rahmen der Aufwendungen vor Bezug abgesetzt wird, so kann die verbleibende Differenz bis zu 12.000 DM im dritten auf das Jahr der Anschaffung oder Herstellung folgenden Kalenderjahr abgezogen werden (§ 10e Abs. 6a Satz 2 EStG). Zu beachten ist, daß es sich hier nicht um Schuldzinsen des Erstjahres handelt, sondern daß ein nicht ausgeschöpftes Abzugspotential vorgetragen wird.[457] Ein Abzug von Schuldzinsen im vierten Jahr ist nämlich nur zulässig, wenn beim Steuerpflichtigen in diesem Veranlagungszeitraum die Voraussetzungen des § 10e Abs. 6a Satz 1 EStG vorliegen und tatsächlich auch Schuldzinsen in entsprechender Höhe anfallen.[458] Bei geschickter Planung des Fertigstellungs- bzw. Einzugstermins und Vorausplanung der Kreditabwicklung können mithin einschließlich der Vorbezugskosten Schuldzinsen des ersten Jahres in vollem Umfang und aus weiteren drei Jahren in Höhe von 12.000 DM abgezogen werden.[459]

Für die Nachholung der Schuldzinsen im vierten Jahr des Begünstigungszeitraums ist nach h. M. unumgänglich, daß der Steuerpflichtige bereits im ersten Jahr, dem Jahr des Erwerbs bzw. der Fertigstellung des Objekts, dieses zumindest zeitweise zu eigenen

---

[454] Vgl. KOLLER, A. (1992a), S. 777; WEWERS, O. (1992), S. 707.
[455] Vgl. BMF-Schreiben vom 31.12.1994, Tz. 113; WACKER, R. (1994), S. 986.
[456] Vgl. BMF-Schreiben vom 31.12.1994, Tz. 115 i. V. m. Tz. 60 bis 62.
[457] Vgl. KOLLER, A. (1992a), S. 778.
[458] Vgl. MEYER, B. (1992a), S. 283.
[459] Vgl. KOLLER, A. (1992a), S. 779.

Wohnzwecken nutzt.[460] Nach dem Wortlaut des Gesetzes handelt es sich um eine ins Ermessen des Steuerpflichtigen gestellte Entscheidung, ob und in welcher Höhe er vom Schuldzinsenabzug Gebrauch macht. Verzichtet der Steuerpflichtige allerdings in einem Jahr auf die Inanspruchnahme des erweiterten Schuldzinsenabzugs, ist der Betrag für eine steuerliche Begünstigung verloren; auch eine Nachholmöglichkeit ist nicht gegeben.[461] Das gleiche gilt, wenn ein Schuldzinsenabzug zwar vorgenommen, dieser sich aber beispielsweise aufgrund eines zu niedrigen zu versteuernden Einkommens nicht auswirkt.[462]

2.2.1.4 Zusatzförderung durch Baukindergeld gemäß § 34f EStG

Steuerpflichtige mit Kindern erhalten zusätzlich zum § 10e-Abzugsbetrag und zum Vorkostenabzug ein sogenanntes Baukindergeld, das unmittelbar von der Einkommensteuer abgezogen wird. Die Höhe des Baukindergeldes ist vom Anschaffungs- oder Herstellungszeitpunkt abhängig. Für Objekte, bei denen die Bauantragstellung oder der Kaufvertrag nach dem 31.12.1995 erfolgt sind, wird das Baukindergeld als Kinderzulage im Rahmen der Eigenheimzulage *(vgl. 2.3.3)* mit berücksichtigt.

2.2.1.4.1 Anspruchsberechtigte Personen

Demjenigen, dem der § 10e-Abzugsbetrag zusteht, wird zusätzlich für jedes in seinem Haushalt lebende Kind Baukindergeld gewährt. Bei dem Baukindergeld handelt es sich im Gegensatz zur Grundförderung des § 10e EStG um einen progressionsunabhängigen Betrag, der unmittelbar von der Einkommensteuer abgezogen wird (§ 34f EStG). Damit soll eine von der Höhe des Einkommens unabhängige, gleichmäßige Förderung erreicht werden, die sich nach der Kinderzahl des Steuerpflichtigen bemißt.[463] Insbesondere ist diese Steuerermäßigung dazu gedacht, Familien mit Kindern, die einen erhöhten Wohnraumbedarf haben, den Erwerb von Wohneigentum zu erleichtern.[464]

---

[460] Vgl. BMF-Schreiben vom 31.12.1994, Tz. 111; KOLLER, A. (1992a), S. 778; MEYER, B. (1992a), S. 283; WACKER, R. (1994), S. 986; BRANDENBERG, H. B./KÜSTER, G. (1995b), S. 106; STEPHAN, R. (1996a), S. 317.
[461] Vgl. BMF-Schreiben vom 31.12.1994, Tz. 111; MEYER, B. (1994a), S. 50.
[462] Vgl. BRANDENBERG, H. B./KÜSTER, G. (1995b), S. 108 f.
[463] Vgl. BUNDESTAGSDRUCKSACHE 9/843 vom 28.9.1981, S. 10.
[464] Vgl. BFH vom 21.11.1989, S. 216.

Das Baukindergeld wird bis einschließlich 1995 nur für eheliche, für ehelich erklärte, nichteheliche sowie angenommene Kinder und Pflegekinder gewährt, für die die Voraussetzungen des Kinderfreibetrags nach § 32 Abs. 1 bis 5 EStG vorliegen (§ 34f Abs. 2 Satz 1 und Abs. 3 Satz 1 EStG). Auf die Inanspruchnahme des Kinderfreibetrags kommt es dabei nicht an.[465] Neu ab Veranlagungszeitraum 1996 ist, daß auch ein Stiefelternteil oder Großeltern ein Baukindergeld für das in ihrem Haushalt aufgenommene Kind erhalten können (§ 32 Abs. 6 Satz 6 i. V. m. § 34f Abs. 2 Satz 1 und Abs. 3 Satz 1 EStG), selbst wenn sie weder Kindergeld erhalten noch ihnen der Kinderfreibetrag übertragen wurde. Der Kreis der anspruchsbegründenden Kinder ist damit um Stief- und Enkelkinder erweitert. Infolgedessen kann bei gemeinsamer Haushaltsführung von Eltern und Großeltern, die beide auch wegen Miteigentums am Objekt eine § 10e-Förderung erhalten, die doppelte Gewährung eines Baukindergelds nicht versagt werden, weil es an einer entsprechenden Aufteilungsregelung bei § 34f EStG fehlt.[466]

Die Kinder müssen innerhalb des achtjährigen Begünstigungszeitraums für den § 10e-Abzugsbetrag zum Haushalt des Steuerpflichtigen gehört haben, wobei die Haushaltszugehörigkeit auf Dauer angelegt (gewesen) sein muß (§ 34f Abs. 1 Satz 2 Nr. 2 EStG). Ein Kind gehört zum Haushalt des Steuerpflichtigen, wenn es bei einheitlicher Wirtschaftsführung unter seiner Leitung die Wohnung mit ihm teilt oder sich mit seiner Einwilligung vorübergehend außerhalb der Wohnung aufhält (R 213a Abs. 3 Satz 1 EStR).[467] Bei nachträglichem Wegfall einer ursprünglich auf Dauer angelegten Haushaltszugehörigkeit, kann der Steuerpflichtige dennoch das Baukindergeld bis zum Ende des Begünstigungszeitraums beanspruchen (R 213a Abs. 3 Satz 2 EStR), sofern das Kind weiterhin die Voraussetzungen des § 32 EStG erfüllt.[468] War die auf Dauer angelegte Haushaltszugehörigkeit eines Kindes nur beim Erstobjekt, nicht aber auch beim Folgeobjekt gegeben, so kann der Steuerpflichtige hier das Baukindergeld für dieses Kind nicht geltend machen.[469]

---

[465] Vgl. BMF-Schreiben vom 15.5.1987, Tz. 40.

[466] Vgl. OFD Koblenz, Vfg. vom 27.5.1997, S. 1085.

[467] Vgl. DRENSECK, W. (1997), § 34f EStG, Anm. 15.

[468] Vgl. LEU, D. (1992), S. 177 f.; DRENSECK, W. (1997), § 34f EStG, Anm. 14.

[469] Vgl. CLAUSEN, U. (1997), § 34f EStG, Anm. 44; DRENSECK, W. (1997), § 34f EStG, Anm. 5; STUHRMANN, G. (1997a), § 34f EStG, Anm. 17.

2.2.1.4.2   Begünstigter Tatbestand

Das Baukindergeld wird nur für die Kalenderjahre gewährt, in denen der Steuerpflichtige eine Wohnung zu eigenen Wohnzwecken nutzt und ihm dafür eine Förderung nach
§ 10e Abs. 1 bis 5 EStG (oder nach § 15b BerlinFG) zusteht (§ 34f Abs. 2 Satz 1 EStG).
Hierbei kommt es nicht darauf an, daß der § 10e-Abzugsbetrag in vollem zulässigen
Umfang oder überhaupt beansprucht wird. Um das Baukindergeld in voller Höhe zu
erhalten, genügt es, wenn ein kleiner Betrag als Sonderausgabe nach § 10e EStG abgezogen wird oder wenn der Abzugsbetrag zwecks Nachholung in späteren Veranlagungszeiträumen gar nicht beansprucht wird (R 213a Abs. 2 EStR).

Das Baukindergeld steht dem Steuerpflichtigen auch dann in voller Höhe zu, wenn er
die Wohnung nur zeitweise im Kalenderjahr zu eigenen Wohnzwecken genutzt hat, z. B.
im Anschaffungs- oder Fertigstellungsjahr. Desgleichen wird Baukindergeld in voller
Höhe für ein Kind gewährt, das erst im Laufe des Veranlagungszeitraums geboren
wurde.[470]

Die Steuerermäßigung nach § 34f EStG ist auf ein Objekt im Kalenderjahr begrenzt
(§ 34f Abs. 4 Satz 2 EStG). Erhalten Eheleute ausnahmsweise für zwei Objekte gleichzeitig die Grundförderung nach § 10e EStG, können sie trotz allem pro Kalenderjahr für
jedes Kind nur einmal Baukindergeld beanspruchen.[471] Von der Steuerbegünstigung
ausgeschlossen ist eine im Rahmen der doppelten Haushaltsführung genutzte Zweitwohnung am Arbeitsort, wenn diese nur vom Steuerpflichtigen und nicht auch von einem seiner Kinder zu Wohnzwecken genutzt wird[472], da in diesem Fall die Wohnung
nicht zur Deckung des erhöhten Wohnraumbedarfs der Familie dient.[473] Im übrigen gelten für solche Wohnungen die gleichen Maßstäbe wie für die Grundförderung *(vgl. dazu
oben 2.2.1.1.6.4)*.

Für eine unentgeltlich überlassene Wohnung (§ 10h EStG, *vgl. 2.2.2*) steht dem Steuerpflichtigen kein Baukindergeld zu.

---

[470] Vgl. STEPHAN, R. (1996a), S. 369.
[471] Vgl. CLAUSEN, U. (1997), § 34f EStG, Anm. 92.
[472] Vgl. BFH vom 14.3.1989, S. 776; PAUS, B./ECKMANN, G. (1991), S. 201.
[473] Vgl. BFH vom 14.3.1989, S. 776.

2.2.1.4.3   Höhe des Baukindergelds

Die Vorschrift des § 34f EStG wurde im letzten Jahrzehnt mehrfach geändert. So ist für die Höhe des Baukindergeldes auf den Zeitpunkt der Anschaffung oder Fertigstellung des Objektes abzustellen.

Bei allen Objekten, die vor dem 1.1.1990 angeschafft oder fertiggestellt wurden, wird ein Baukindergeld von 600 DM ab dem zweiten Kind (§ 34f Abs. 1 EStG), nach dem 31.12.1986 auch bereits für das erste Kind (§ 34f Abs. 2 i. V. m. § 52 Abs. 26 Satz 3 zweiter Halbsatz EStG) gewährt.

Erfolgte die Anschaffung oder Herstellung vom 1.1.1990 bis zum 31.12.1990, beträgt das Baukindergeld für jedes Kind 750 DM (§ 34f Abs. 2 i. V. m. § 52 Abs. 26 Satz 3 erster Halbsatz EStG).

Für Objekte, die nach dem 31.12.1990 gebaut oder gekauft wurden, wurde das Baukindergeld auf 1.000 DM pro Kind erhöht (§ 34f Abs. 2 i. V. m. § 52 Abs. 26 Satz 2 EStG).

Bis September 1991 ging der Betrag, um den das Baukindergeld die tarifliche Einkommensteuer überstieg, verloren.[474] Bei eigengenutzten Wohnungen, für die im Fall der Anschaffung der Kaufvertrag nach dem 30.9.1991 abgeschlossen oder im Fall der Herstellung der Bauantrag nach diesem Datum gestellt oder bei denen mit dem Bau nach diesem Stichtag begonnen wurde, kann das Baukindergeld jetzt, soweit es sich bei der Ermittlung der festzusetzenden Einkommensteuer nicht in voller Höhe steuerentlastend ausgewirkt hat, zurück- und vorgetragen werden (§ 34f Abs. 3 Sätze 3 und 4 EStG). Damit soll vor allem bei Steuerpflichtigen mit niedrigen Einkünften die volle Ausnutzung der Steuerermäßigung sichergestellt werden.[475] Vorrangig ist der nicht verrechnete Teil des Baukindergeldes auf die zwei vorangegangenen Veranlagungszeiträume zurückzutragen (§ 34f Abs. 3 Satz 3 EStG). Erst wenn der zweijährige Rücktrag nicht ausreicht, kann der verbleibende Betrag bis zum Ablauf des § 10e-Begünstigungszeitraums und zwei Folgejahre darüber hinaus abgezogen werden (§ 34f Abs. 3 Satz 4

---

[474] Vgl. MÄRKLE, R. W./FRANZ, R. (1992), S. 965.
[475] Vgl. GÜNTHER, K.-H. (1997), S. 54.

EStG). Bezüglich der Wahl des Vortragsjahres ist der Steuerpflichtige an keine gesetzlichen Vorgaben gebunden.[476] Für den Abzug in Rück- und Vortragsjahren ist es nicht erforderlich, daß auch diesen Jahren die Voraussetzungen des § 34f EStG vorliegen.[477]

Durch Rück- und Vortrag des Baukindergelds sowie durch Nachholung nicht ausgenutzter Abzugsbeträge nach § 10e EStG ergeben sich für die Steuerpflichtigen interessante Gestaltungsmöglichkeiten. So ist etwa die Beanspruchung des Baukindergelds in voller Höhe bei Ansatz nur eines Teils des möglichen § 10e-Abzugshöchstbetrags dann von Vorteil, wenn der nicht geltend gemachte Abzugsbetrag in späteren Jahren mit höherer Progression, in denen er sich steuerlich besser auswirkt, nachgeholt werden soll. Gleichermaßen kann diese Gestaltungsmöglichkeit sinnvoll sein, wenn der Ansatz des vollen Abzugsbetrags das zu versteuernde Einkommen so weit vermindern würde, daß keine Einkommensteuer mehr zu zahlen oder die dann noch zu zahlende Einkommensteuer geringer als das zu beanspruchende Baukindergeld wäre. Unter diesem Gesichtspunkt gilt im Eingangsbereich der Besteuerung und in der unteren Progressionszone zu beachten, daß der Abzugsbetrag bzw. Teile des Abzugsbetrages nur zu ungefähr 20 % Steuerersparnis führen, das Baukindergeld hingegen zu 100 %. Die nachfolgenden Beispiele sollen den Sachverhalt veranschaulichen:

Beispiel 8:
Das Einkommen eines ledigen Steuerpflichtigen, der zur § 10e-Förderung nach 1992 berechtigt ist, beträgt im Jahr 1996 vor Ansatz des möglichen § 10e-Abzugshöchstbetrags (19.800 DM) für das dritte Förderungsjahr 50.000 DM. Einzig zum Haushalt des Steuerpflichtigen gehörten während des gesamten Jahres zwei Kinder.
Berechnung der Einkommensteuer für 1996 bei vollem Ansatz des Abzugsbetrags:

Einkommen 1996 vor § 10e-Abzug	50.000 DM
Abzugsbetrag 3. Jahr (§ 10e Abs. 1 EStG)	- 19.800 DM
Einkommen 1996 (§ 2 Abs. 4 EStG)	30.200 DM
Kinderfreibetrag für 1996 (§ 32 Abs. 6 Satz 3 EStG): 2 x 6.264 DM	- 12.528 DM
Haushaltsfreibetrag (§ 32 Abs. 7 EStG)	- 5.616 DM
zu versteuerndes Einkommen 1996 (§ 2 Abs. 5 EStG)	12.056 DM
tarifliche Einkommensteuer darauf (§ 32a Abs. 1 Nr. 1 EStG)	0 DM

Das Baukindergeld für 1996 (§ 34f Abs. 3 EStG) in Höhe von (2 x 1.000 DM =) 2.000 DM kann der Steuerpflichtige im Veranlagungszeitraum 1996 nicht nutzen. Ein Rücktrag nach 1994 und 1995 soll mangels zu zahlender Einkommensteuer in diesen Jahren ausscheiden, so daß nur eine Vortragsmöglichkeit ins Jahr 1997 oder weiter besteht:

---

[476] Vgl. MEYER, B. (1992a), S. 285.
[477] Vgl. CZISZ, K. (1994), S. 197.

In 1997 gelten die gleichen Bedingungen, bis auf das Einkommen des Steuerpflichtigen, das vor Ansatz des möglichen § 10e-Abzugshöchstbetrags (19.800 DM) für das vierte Förderungsjahr wegen beruflichen Aufstiegs oder Wegfall von Werbungskosten 80.000 DM beträgt.
Berechnung der Einkommensteuer für 1997 bei vollem Ansatz des Abzugsbetrags:

Einkommen 1997 vor § 10e-Abzug	80.000 DM
Abzugsbetrag 4. Jahr (§ 10e Abs. 1 EStG)	- 19.800 DM
Einkommen 1997 (§ 2 Abs. 4 EStG)	60.200 DM
Kinderfreibetrag für 1997 (§ 32 Abs. 6 Satz 3 EStG): 2 x 6.912 DM	- 13.824 DM
Haushaltsfreibetrag (§ 32 Abs. 7 EStG)	- 5.616 DM
zu versteuerndes Einkommen 1997 (§ 2 Abs. 5 EStG)	40.760 DM
tarifliche Einkommensteuer darauf (§ 32a Abs. 1 Nr. 2 EStG)	8.138 DM
Baukindergeld für 1997 (§ 34f Abs. 3 EStG): 2 x 1.000 DM	- 2.000 DM
Baukindergeld-„Nachholung" für 1996 durch Vortrag in 1997	- 2.000 DM
festzusetzende Einkommensteuer 1997 (§ 2 Abs. 6 EStG)	4.138 DM
gesamte in 1996 und 1997 gezahlte Steuer:	4.138 DM

Beispiel 9:
wie vor, jedoch Berechnung der Einkommensteuer bei geringerem Ansatz des Abzugsbetrags:

Einkommen 1996 vor § 10e-Abzug	50.000 DM
Abzugsbetrag 3. Jahr (§ 10e Abs. 1 EStG), nur teilweiser Ansatz!	- 12.254 DM
übrig für Nachholung zu späterem Zeitpunkt 7.546 DM	
Einkommen 1996 (§ 2 Abs. 4 EStG)	37.746 DM
Kinderfreibetrag für 1996 (§ 32 Abs. 6 Satz 3 EStG): 2 x 6.264 DM	- 12.528 DM
Haushaltsfreibetrag (§ 32 Abs. 7 EStG)	- 5.616 DM
zu versteuerndes Einkommen 1996 (§ 2 Abs. 5 EStG)	19.602 DM
tarifliche Einkommensteuer darauf (§ 32a Abs. 1 Nr. 2 EStG)	2.007 DM
Baukindergeld für 1996 (§ 34f Abs. 3 EStG): 2 x 1.000 DM	- 2.000 DM
festzusetzende Einkommensteuer (§ 2 Abs. 6 EStG)	7 DM

Einkommen 1997 vor § 10e-Abzug	80.000 DM
Abzugsbetrag 4. Jahr (§ 10e Abs. 1 EStG) + Nachholung 3. Jahr	- 27.346 DM
Einkommen 1997 (§ 2 Abs. 4 EStG)	52.654 DM
Kinderfreibetrag für 1997 (§ 32 Abs. 6 Satz 3 EStG): 2 x 6.912 DM	- 13.824 DM
Haushaltsfreibetrag (§ 32 Abs. 7 EStG)	- 5.616 DM
zu versteuerndes Einkommen 1997 (§ 2 Abs. 5 EStG)	33.214 DM
tarifliche Einkommensteuer darauf (§ 32a Abs. 1 Nr. 2 EStG)	5.870 DM
Baukindergeld für 1997 (§ 34f Abs. 3 EStG): 2 x 1.000 DM	- 2.000 DM
festzusetzende Einkommensteuer 1997 (§ 2 Abs. 6 EStG)	3.870 DM
gesamte in 1996 und 1997 gezahlte Steuer:	3.877 DM

Ersparnis durch diese Gestaltung gegenüber Variante in Beispiel 8:	261 DM

Zwei Einschränkungen gelten für Anschaffungs- oder Herstellungsfälle nach dem 30.9.1991 bzw. 31.12.1991: Hier kann das Baukindergeld nur für solche Veranlagungszeiträume, in denen der Gesamtbetrag der Einkünfte 120.000 DM bzw. bei Zusammenveranlagung 240.000 DM nicht übersteigt (§ 34f Abs. 3 Satz 1 i. V. m. § 52 Abs. 26 Satz 5 EStG), und außerdem nur bis zur Höhe der Bemessungsgrundlage für den § 10e-Abzugsbetrag in Anspruch genommen werden (§ 34f Abs. 4 Satz 1 i. V. m. § 52 Abs. 26 Satz 5 EStG).

Ein Überschreiten der Einkunftsgrenzen des § 10e Abs. 5a EStG führt seither nicht nur zum endgültigen Verlust des § 10e-Abzugsbetrags, sondern auch zum Verlust der Steuerermäßigung nach § 34f EStG (R 213a Abs. 2 Satz 5 EStR). Wurde ein möglicher Abzugsbetrag nicht geltend gemacht mit der Absicht, diesen zu einem späteren Zeitpunkt gemäß § 10e Abs. 3 EStG nachzuholen, kann für den Veranlagungszeitraum dennoch das Baukindergeld beansprucht werden (R 213a Abs. 2 Sätze 3 und 4 EStR).

Durch die zweite Beschränkung soll eine mögliche Übersubventionierung abgebaut werden.[478] Die § 10e-Abzugsbeträge selber können aber, solange die Voraussetzungen dafür vorliegen, uneingeschränkt beansprucht werden. Nachteilig wirkt sich diese Beschränkung insbesondere bei nachträglichen kleineren Ausbauten, Errichtungen von Garagen oder beim Anbau von Wintergärten aus, wie anhand des nachstehenden Beispiels dargelegt wird.

Beispiel 10:
Ein Steuerpflichtiger mit fünf im Begünstigungszeitraum berücksichtigungsfähigen Kindern baut in 1993 das Dachgeschoß mit einem zusätzlichen Kinderzimmer aus, dessen Herstellungskosten 12.000 DM betragen. Er nimmt den Sonderausgabenabzug nach § 10e Abs. 2 EStG in Anspruch.
§ 10e-Abzugsbeträge (ungekürzt!)

In den Jahren 1993 bis 1996 jeweils 6 %	720 DM
in den Jahren 1997 bis 2000 jeweils 5 %	600 DM
Steuerermäßigung durch Baukindergeld:	
In den Jahren 1993 und 1994 jeweils 5 mal 1.000 DM, zusammen	10.000 DM
In 1995 (Bemessungsgrundlage wird mit Baukindergeld erreicht)	2.000 DM

Ab 1996 erhält er keine Steuerermäßigung mehr nach § 34 f EStG. Der Entgang allein an Baukindergeld (einmal 3.000 DM für 1995 und jeweils 5.000 DM für die restlichen fünf Jahre) beträgt 28.000 DM. Unterstellt man für den Steuerpflichtigen nur einen persönlichen Steuersatz von 20 %, hätten sich die „optimalen Herstellungskosten" für eine insgesamt größere oder zusätzliche (z. B. Dachgaube) Baumaßnahme bei dann auch höheren § 10e-Abzugsbeträgen auf ungefähr 44.000 DM belaufen müssen:

20 % von (viermal 6 % + viermal 5 % der Bemessungsgrundlage)	3.872 DM
zuzüglich Baukindergeld nach § 34f EStG (acht mal je 5.000 DM)	40.000 DM
Förderung der Baumaßnahme insgesamt	43.872 DM

Bei höherer Steuerprogression wären die „optimalen Herstellungskosten" entsprechend höher.

Einen Überblick über die zu den verschiedenen Stichtagen erfolgten Änderungen der Vorschrift zur Steuerermäßigung nach § 34f EStG seit 1981 bietet Tabelle 2 auf der nächsten Seite:

---

[478] Vgl. BUNDESTAGSDRUCKSACHE 12/1368 vom 25.10.1991, S. 17.

Tab. 2:   Übersicht über die Baukindergeldbeträge nach § 34f EStG in den Fassungen
des Gesetzes seit 1981 (in Anlehnung an Anlage 9 zu R 213a EStR)

Kaufvertrags-abschluß/ Bauantrag-stellung oder Baubeginn	Anschaffung oder Herstellung (auch Ausbau / Erweiterung)	Anschaffung oder Herstellung (auch Ausbau / Erweiterung)	Anschaffung oder Herstellung (auch Ausbau / Erweiterung)	Kaufvertrags-abschluß/ Bauantrag-stellung oder Baubeginn	Kaufvertrags-abschluß/ Bauantrag-stellung oder Baubeginn
nach dem 29.7.1981	nach dem 31.12.1986	nach dem 31.12.1989	nach dem 31.12.1990	nach dem 30.9.1991	nach dem 31.12.1991
600 DM ab dem 2. Kind	600 DM für jedes Kind	750 DM für jedes Kind	1.000 DM für jedes Kind	wie vor,	wie vor,
			zusätzlich mit der Möglich-keit, nicht aus-geschöpfte Beträge zwei Jahre zurück- und innerhalb des § 10e-Ab-zugszeitraums sowie zwei Jahre darüber hinaus vorzutragen	jedoch kein Baukindergeld für die Veran-lagungszeiträu-me, in denen der Gesamt-betrag der Einkünfte 120.000 DM bzw. bei Eheleuten 240.000 DM übersteigt, außerdem Beschränkung der Summe der Baukindergeld-beträge auf die Bemessungs-grundlage nach § 10e EStG	

Infolge der ab 1996 geänderten Regelung zum Kinderleistungsausgleich kann es bei Steuerpflichtigen, die bislang Baukindergeld für zum Haushalt gehörende Kinder erhalten haben, ab 1996 vorkommen, daß sie die Anspruchsvoraussetzungen für die Steuerermäßigung nach § 34f EStG nicht mehr erfüllen. Nachdem § 34f EStG auch weiterhin an § 32 Abs. 1 bis 5 EStG anknüpft, entfällt ab 1996 das Baukindergeld z. B. für ein in Ausbildung befindliches Kind, das über eigene Einkünfte oder Bezüge von mindestens 12.000 DM im Jahr verfügt.[479]

Die Steuervergünstigung nach § 34f EStG kann ebenfalls nicht in Anspruch genommen werden z. B. für ein studierendes Kind, dem eine im Eigentum des Steuerpflichtigen stehende Wohnung am Studienort zur Nutzung unentgeltlich überlassen wird. Zwar

---

[479] Vgl. GÜNTHER, K.-H. (1997), S. 54.

wird hierfür die Grundförderung nach § 10e EStG und auch ein erhöhter Ausbildungsfreibetrag wegen auswärtiger Unterbringung gewährt *(vgl. oben 2.2.1.1.3.4)*, nicht jedoch das Baukindergeld, wenn die dem Kind überlassene Wohnung nicht zugleich von
einem Elternteil oder beiden Elternteilen mitbenutzt wird.[480] Ist eine Mitbenutzung wenigstens eines Elternteils gegeben, kann wiederum kein erhöhter Ausbildungsfreibetrag
beansprucht werden, zumal in diesem Fall begrifflich keine auswärtige Unterbringung
im Sinne des § 33a Abs. 2 EStG vorliegt.[481]

---

[480] Vgl. GÜNTHER, K.-H. (1997), S. 54.
[481] Vgl. BFH vom 25.1.1995, S. 378; GÜNTHER, K.-H. (1997), S. 54.

2.2.2   Förderung der unentgeltlich überlassenen Wohnung nach § 10h EStG

Die nach dem Wegfall der Nutzungswertbesteuerung und des § 7b EStG entstandene Förderungslücke im Bereich der unentgeltlichen Überlassung einer Wohnung an nahe Angehörige wurde mit der Einführung des § 10h EStG durch das StÄndG 1992[482] teilweise wieder geschlossen.[483] Danach besteht die Möglichkeit, für Wohnungen, die in einem bestehenden Gebäude erstmals nach dem 30.9.1991 neu geschaffen wurden, einen dem § 10e EStG vergleichbaren Abzugsbetrag anzusetzen, wenn diese Wohnungen von den Steuerpflichtigen unentgeltlich an einen nahen Angehörigen zu Wohnzwecken überlassen werden. Die Steuerbegünstigung des § 10h EStG wurde in Anlehnung an § 10e EStG geschaffen[484] und sollte sowohl Reserven im Eigenheimbau mobilisieren und damit den Wohnungsmarkt entlasten als auch das Zusammenleben mehrerer Generationen unterstützen.[485] Letztmals ist § 10h für Veranlagungszeiträume nach 1995 anzuwenden, wenn der Steuerpflichtige den Bauantrag vor dem 1.1.1996[486] gestellt oder mit der Herstellung der Wohnung vor diesem Datum begonnen hat (§ 52 Abs. 14b EStG). Für Wohnungen, bei denen der Bauantrag nach dem 31.12.1995 gestellt wurde, steht dem Steuerpflichtigen bei einer unentgeltlichen Nutzungsüberlassung an nahe Angehörige die neue Eigenheimzulage *(vgl. 2.3.1.3)* zu (§ 4 Abs. 2 EigZulG).

2.2.2.1   Anspruchsberechtigte Personen und begünstigte Aufwendungen

Da mit dieser Vorschrift neuer Wohnraum geschaffen werden soll, ist über § 10h EStG nur der Bauherr zum Abzug des Sonderausgabenbetrags berechtigt.[487]

Begünstigt sind Aufwendungen für Baumaßnahmen, durch die eine Wohnung an einem vorhandenen, im Inland belegenen Gebäude neu entstanden ist (§ 10h Satz 1 EStG). Da insoweit durch § 10h EStG die gleichen Baumaßnahmen begünstigt werden wie durch

---

[482] BGBl. 1992 I, S. 297.
[483] Vgl. MEYER, B. (1997), § 10h EStG, Anm. 4.
[484] Vgl. WEWERS, O. (1992), S. 753.
[485] Vgl. BUNDESTAGSDRUCKSACHE 12/1506 vom 7.11.1991, S. 171.
[486] Bei Bauantragstellung in der Zeit vom 27.10. bis 31.12.1995 besteht ein Wahlrecht: Der Steuerpflichtige kann entweder die § 10h-Förderung beantragen oder auch hier die Eigenheimzulage.
[487] Vgl. ERHARD, G. (1997), § 10h EStG, Anm. 11.

§ 7c EStG, dürften die dazu ergangenen Verwaltungsanweisungen[488] entsprechend Anwendung finden.[489]

Gefördert werden demnach der Anbau, die Aufstockung oder der Ausbau des Dachgeschosses bei einem bestehenden Gebäude. Auch der Umbau eines vorhandenen Gebäudes kann ausnahmsweise zu einer neu geschaffenen Wohnung führen, wenn der im zeitlichen und wirtschaftlichen Zusammenhang mit der Entstehung der Wohnung angefallene Bauaufwand zuzüglich des Werts der Eigenleistung nach überschlägiger Berechnung den Wert der Altbausubstanz übersteigt.[490] Anteile an begünstigten Wohnungen sind diesen gleichgestellt (§ 10h Satz 3 i. V. m. § 10e Abs. 1 Satz 6 EStG). Gleichermaßen hier wie beim § 10e-Abzugsbetrag werden die auf die einzelnen Miteigentümer entfallenden Teile des § 10h-Abzugsbetrags i. d. R. einheitlich und gesondert festgestellt und ggf. gekürzt (§ 10h Satz 3 i. V. m. § 10e Abs. 7 EStG).

Als neu geschaffene Wohnung nicht anerkannt wird die Umwidmung einer bisher vermieteten oder als Praxis genutzten Wohnung in eine selbstgenutzte Wohnung, die Verkleinerung oder Vergrößerung einer Wohnung, die Instandsetzung einer leerstehenden Wohnung oder die Verbindung von Wohnungen.[491] Wird dagegen eine große Wohnung in zwei oder mehrere kleine Wohnungen - meist Appartements - aufgeteilt, entsteht damit eine zusätzliche Wohnung, für die eine § 10h-Förderung in Frage kommen kann.[492]

Jede Form der Anschaffung bleibt von der § 10h-Begünstigung genauso ausgenommen wie Aufwendungen, die im Zusammenhang mit einem neu errichteten Gebäude anfallen.[493] Die Baumaßnahmen müssen an einem Gebäude durchgeführt werden, das zu Beginn und nach Abschluß der Arbeiten vorhanden sein muß.[494] So fällt eine unentgeltlich überlassene Wohnung eines in einem Zuge errichteten Zweifamilienhauses[495] ebenso wenig unter die Steuerbegünstigung des § 10h EStG wie eine Baumaßnahme, die so

---

[488] BMF-Schreiben vom 17.2.1992.
[489] Vgl. PAUS, B. (1992b), S. 196; WEWERS, O. (1992), S. 753.
[490] Vgl. ERHARD, G. (1997), § 10h EStG, Anm. 16.
[491] Vgl. KOLLER, A. (1992b), S. 846; CZISZ, K. (1994), S. 163.
[492] Vgl. BMF-Schreiben vom 17.2.1992, Abs. 3.
[493] Vgl. MEYER, B. (1997), § 10h EStG, Anm. 22; STEPHAN, R. (1997a), § 10h EStG, Anm. 3.
[494] Vgl. KOLLER, A. (1992b), S. 844.
[495] Vgl. FG Hessen vom 11.12.1995, S. 473.

gravierend ist, daß dadurch ein neues Gebäude entsteht.[496] Wie bei der § 10e-Förderung darf es sich außerdem bei der unentgeltlich überlassenen Wohnung nicht um eine Ferien- oder Wochenendwohnung handeln (§ 10h Satz 2 Nr. 3 EStG).

2.2.2.2   Begünstigte Nutzungsform

Die neu geschaffene Wohnung muß in unmittelbarem räumlichen Zusammenhang zu dem vorhandenen Gebäude stehen[497] und sich als eine abgeschlossene Wohneinheit erweisen, die aufgrund eines nach dem 30.9.1991 und vor dem 1.1.1996 gestellten Bauantrags hergestellt oder, falls die Bauantragstellung vor dem 30.9.1991 erfolgt ist, für die mit den Bauarbeiten nach dem 1.10.1991 begonnen wurde (§ 10h Satz 2 Nr. 1 EStG). Darüber hinaus muß sich in dem Gebäude, in dem die neu geschaffene Wohnung zur unentgeltlichen Nutzung überlassen wird, eine weitere Wohnung befinden, die von dem Steuerpflichtigen, der die § 10h-Förderung beansprucht, zu eigenen Wohnzwecken genutzt wird. Die Mitbenutzung des Gebäudes zu eigenen Wohnzwecken ist Voraussetzung für jeden Veranlagungszeitraum, in dem ein § 10h-Abzugsbetrag in Anspruch genommen wird.[498] Dabei ist es unerheblich, ob der Steuerpflichtige für die von ihm selbstgenutzte Wohnung eine § 10e-Förderung erhält. Ebenso kommt es nicht darauf an, daß die eigene Wohnung bereits vor der Fertigstellung der neuen § 10h-Wohnung bewohnt wird.[499]

Die Überlassung der neu geschaffenen Wohnung hat zwingend an einen nahen Angehörigen, auf Dauer im vollen Umfang unentgeltlich, insgesamt zu Wohnzwecken zu erfolgen. Nahe Angehörige im Sinne des Gesetzes sind Verwandte und Verschwägerte in gerader Linie, also die Großeltern, Eltern, Schwiegereltern, Kinder, Schwiegerkinder, Enkel und jeweils deren Ehegatten, und die Geschwister (§ 10h Satz 2 Nr. 4 EStG i. V. m. § 15 Abs. 1 Nr. 3 und 4 AO), nicht aber Ehegatten oder Verlobte der Steuerpflichtigen[500]. Die zum Kreis dieser Angehörigen zählenden berechtigten Personen müssen die neu geschaffene Wohnung in jedem Jahr des Begünstigungszeitraums, in dem ein Ab-

---

[496] Vgl. BMF-Schreiben vom 17.2.1992, Abs. 2; WEWERS, O. (1992), S. 753.
[497] Vgl. STEPHAN, R. (1996a), S. 346.
[498] Vgl. MEYER, B. (1992b), S. 391 f.
[499] Vgl. CZISZ, K. (1994), S. 164.
[500] Vgl. PAUS, B. (1992b), S. 199; KOLLER, A. (1992b), S. 846.

zug nach § 10h EStG erfolgen soll, in vollem Umfang unentgeltlich nutzen (§ 10h Satz 2 Nr. 4 EStG). Eine auf Dauer angelegte Überlassung ist anzunehmen, wenn die vertraglich vereinbarte Nutzungsdauer mindestens ein Jahr beträgt.[501] Für das Merkmal Unentgeltlichkeit unzulässig sind danach Mietzahlungen jeder Art, gleichgültig, ob die Miete sich an der ortsüblichen Marktmiete orientiert oder weit darunter liegt.[502] Eine Beteiligung des nahen Angehörigen an den Betriebskosten, insbesondere an den Heizungs- und Wasserkosten, an der Grundsteuer, an den Müllabfuhr- und Straßenreinigungsgebühren sowie an den Prämien für die Gebäudesach- und Haftpflichtversicherung ist für die Annahme einer unentgeltlichen Nutzungsüberlassung unschädlich, solange die Betriebskosten jährlich abgerechnet werden.[503]

Die Nutzung durch nahe Angehörige hat sich auf die Wohnung insgesamt zu erstrecken, also nicht nur auf einzelne Räume. Dabei soll die Wohnung den Angehörigen zu Wohnzwecken dienen. Dies ist analog zur Regelung nach § 10e EStG auch dann noch der Fall, wenn in der Wohnung ein häusliches Arbeitszimmer eingerichtet ist oder wenn eine Mitbewohnung von weiteren Angehörigen oder Dritten vorliegt.[504] Die Überlassung muß auch nicht während des gesamten Abzugszeitraums immer an denselben Angehörigen erfolgen.[505] Werden jedoch Teile der Wohnung vom Angehörigen zu gewerblichen Zwecken genutzt, scheidet eine Begünstigung nach § 10h EStG aus.[506]

Das Kriterium „unentgeltliche Überlassung an einen nahen Angehörigen zu Wohnzwecken" ist für jeden Veranlagungszeitraum, in dem die § 10h-Förderung beansprucht wird, zu prüfen.[507] Eine zeitweilig entgeltliche Überlassung in einem Veranlagungszeitraum bedeutet den vollständigen Verlust des § 10h-Abzugsbetrags.[508] Gleichwohl kann im Jahr der Fertigstellung der Wohnung der ungekürzte Jahresbetrag nach § 10h EStG geltend gemacht werden, sofern die Wohnung noch im gleichen Jahr durch einen nahen Angehörigen bezogen wird.[509] Dasselbe gilt im Jahr des Übergangs zur Nutzung zu

---

[501] Vgl. BMF-Schreiben vom 15.11.1984, Tz. 53.

[502] Vgl. KOLLER, A. (1992b), S. 847.

[503] Vgl. MEYER, B. (1997), § 10h EStG, Anm. 50; STEPHAN, R. (1997a), § 10h EStG, Anm. 9.

[504] Vgl. PAUS, B. (1992b), S. 199.

[505] Vgl. ERHARD, G. (1997), § 10h EStG, Anm. 20.

[506] Vgl. KOLLER, A. (1992b), S. 847.

[507] Vgl. STEPHAN, R. (1996a), S. 349.

[508] Vgl. MEYER, B. (1992b), S. 390 ff.; STEPHAN, R. (1996a), S. 349.

[509] Vgl. MEYER, B. (1992b), S. 393 f.

eigenen Wohnzwecken oder im Jahr der Veräußerung, wenn die Wohnungsüberlassung während des gesamten Jahres bis zum Zeitpunkt der Veräußerung stattgefunden hat.[510]

2.2.2.3   Bemessungsgrundlage und Abzugsbetrag

Bemessungsgrundlage für den § 10h-Abzugsbetrag sind die Aufwendungen für die Baumaßnahmen zur Herstellung der unentgeltlich überlassenen Wohnung, soweit sie bei deren Errichtung angefallen sind (§ 10h Satz 1 EStG). Anschaffungskosten des zur Wohnung gehörenden Grund und Bodens sowie Herstellungs- oder Anschaffungskosten der anteiligen Altbausubstanz dürfen dabei nicht mit in die Bemessungsgrundlage einbezogen werden.[511] Herstellungskosten, die für ein eigengenutztes Baudenkmal oder für ein eigengenutztes Gebäude in einem Sanierungsgebiet oder städtebaulichen Entwicklungsbereich (§ 10f Abs. 1 EStG), für Kulturgüter (§ 10g EStG), für Schutzbauten oder Energiesparmaßnahmen (§ 52 Abs. 21 Satz 6 EStG), für ein Objekt in den neuen Bundesländern (§ 7 FördG) oder im Zusammenhang mit einem Abzugsbetrag nach § 10e EStG bzw. einer Zulage nach EigZulG angefallen sind, sind zur Vermeidung der Doppelbegünstigung aus der Bemessungsgrundlage für die § 10h-Steuerbegünstigung auszuscheiden (§ 10h Satz 2 Nr. 5 EStG). Allerdings werden auch solche Aufwendungen in die Bemessungsgrundlage einbezogen, die für sich allein betrachtet Erhaltungsaufwand sind, wenn sie in einem unmittelbaren räumlichen, zeitlichen oder sachlichen Zusammenhang zur Baumaßnahme stehen.[512] Außerdem können nachträgliche Herstellungskosten wie bei der § 10e-Förderung die Bemessungsgrundlage erhöhen (§ 10h Satz 3 i. V. m. § 10e Abs. 3 Satz 2 EStG). Sind Zuschüsse aus öffentlichen Mitteln für die Herstellung einer unentgeltlich überlassenen Wohnung gezahlt worden, mindern diese die Bemessungsgrundlage für den § 10h-Abzugsbetrag (R 163 Abs. 1 EStR).

Wie bei der § 10e-Regelung ab dem 30.9.1991 sind von den begünstigten Herstellungskosten in den ersten vier Jahren jeweils bis zu 6 %, höchstens 19.800 DM und in den darauffolgenden vier Jahren jeweils bis zu 5%, höchstens 16.500 DM als Sonderausgaben abzugsfähig (§ 10h Satz 1 EStG). Die Aufwendungen sind somit gleichfalls bis zu

---

[510] Vgl. MEYER, B. (1992b), S. 394.
[511] Vgl. PAUS, B. (1992b), S. 200.
[512] Vgl. MEYER, B. (1997), § 10h EStG, Anm. 24.

einem Höchstbetrag von 330.000 DM begünstigt. Ebenso besteht auch hier die Möglichkeit, nicht ausgenutzte Abzugsbeträge innerhalb des achtjährigen Begünstigungszeitraums beliebig nachholen zu können (§ 10h Satz 3 i. V. m. § 10e Abs. 3 Satz 1 EStG). Bei Veräußerung des Grundstücks oder Beendigung der begünstigten unentgeltlichen Überlassung endet der achtjährige Abzugszeitraum vorzeitig.[513]

2.2.2.4   Sonstige Anwendungstatbestände

1. Einkunftsgrenze

Nach der Einführung des § 10h EStG gab es für die Förderung von Baumaßnahmen des Zeitraums 1.10.1991 bis 31.12.1991 zunächst noch keine Einkunftsgrenzen zu beachten. Analog zur § 10e-Regelung in der Fassung durch das StÄndG 1992 gilt jedoch für unentgeltlich überlassene Wohnungen, für die der Bauantrag nach dem 31.12.1991 gestellt oder bei denen mit der Herstellung nach diesem Stichtag begonnen wurde, daß der Abzugsbetrag nur in den Veranlagungszeiträumen gewährt wird, in denen der Gesamtbetrag der Einkünfte bei Ledigen nicht mehr als 120.000 DM und bei Verheirateten nicht mehr als 240.000 DM beträgt (§ 10h Satz 3 i. V. m. § 10e Abs. 5a EStG).

2. Objektverbrauch

Im Gegensatz zu § 10e EStG ist für den § 10h- Abzugsbetrag keine Objektverbrauchsregelung getroffen worden.[514] Das bedeutet, daß der Bauherr die Förderung theoretisch unbeschränkt häufig und ggf. auch gleichzeitig in Anspruch nehmen kann.[515] Hierbei kommt es auch nicht darauf an, ob zur gleichen Zeit ein weiteres Objekt nach § 10e EStG gefördert wird oder ob beim Steuerpflichtigen bereits ein Objektverbrauch nach § 10e Abs. 4 oder § 7b EStG eingetreten ist.[516] Da die mehrmalige Förderung einer Wohnung möglich ist, kann unter Umständen je Gebäude ein Mehrfaches des Höchstbetrages von 330.000 DM begünstigt sein.[517]

---

[513] Vgl. STEPHAN, R. (1996a), S. 355.
[514] Vgl. KOLLER, A. (1992b), S. 850.
[515] Vgl. WEWERS, O. (1992), S. 753.
[516] Vgl. CZISZ, K. (1994), S. 166 f.
[517] Vgl. ERHARD, G. (1997), § 10h EStG, Anm. 26.

3. Vorkostenabzug

Sind beim Steuerpflichtigen sofort abzugsfähige Aufwendungen, insbesondere Zinsen und Geldbeschaffungskosten, für die neu geschaffene Wohnung vor deren Bezug durch den nahen Angehörigen angefallen, können diese als Sonderausgaben geltend gemacht werden (§ 10h Satz 3 i. V. m. § 10e Abs. 6 EStG). Finanzierungskosten und andere im Vermietungsfalle ansetzbare Werbungskosten, die auf den Zeitraum nach Bezug entfallen, sind analog zur § 10e-Regelung nicht abzugsfähig.

4. Schuldzinsenabzug und Baukindergeld

Eine dem § 10e Abs. 6a EStG analoge Regelung zum erweiterten Schuldzinsenabzug gibt es bei unentgeltlich überlassenen Wohnungen nicht. Ebenso kann die Steuerbegünstigung nach § 34f EStG im Rahmen des § 10h EStG wegen fehlender Erwähnung in Satz 3 der Vorschrift nicht beansprucht werden.[518]

---

[518] Vgl. WEWERS, O. (1992), S. 754; STEPHAN, R. (1996a), S. 354.

2.2.3   Förderung selbstgenutzter begünstigter Objekte nach § 10f EStG

2.2.3.1   Entstehung und Bedeutung des § 10f EStG

Mit dem Wegfall der Nutzungswertbesteuerung ab Veranlagungszeitraum 1987 *(vgl. Abschnitt 2.1)* können die durch die §§ 82a, 82g, 82i EStDV gewährten erhöhten Abschreibungsvergünstigungen sowie die in den §§ 82h, 82k EStDV verankerten Möglichkeiten der Verteilung von Erhaltungsaufwendungen für bestimme Modernisierungs- und Renovierungsmaßnahmen nicht mehr bei zu eigenen Wohnzwecken genutzten Wohnungen berücksichtigt werden.[519] Allenfalls im Rahmen der Übergangsregelungen des § 52 Abs. 21 Sätze 2 und 6 EStG kann zeitlich befristet ein Sonderausgabenabzug für Maßnahmen an einer zu eigenen Wohnzwecken genutzten Wohnung vorgenommen werden, wenn die Maßnahmen i. S. des § 82a EStDV nach dem 31.12.1986 und vor dem 1.1.1992 oder solche i. S. der §§ 82g und 82i EStDV nach dem 31.12.1986 und vor dem 1.1.1991 durchgeführt wurden.

Mit dem Wohnungsbauförderungsgesetz vom 22.12.1989[520] wurden die Vorschriften der §§ 82g, 82a EStDV als §§ 7h, 7i EStG sowie der §§ 82h, 82k EStDV als §§ 11a, 11b EStG weitgehend unverändert in das Einkommensteuergesetz übernommen.[521] Scheidet nach diesen Vorschriften ein Abzug als Werbungskosten bzw. Betriebsausgaben jedoch aus, weil der Steuerpflichtige das Gebäude zu eigenen Wohnzwecken nutzt, so kann er die entsprechenden Aufwendungen unter bestimmten Voraussetzungen nunmehr im Rahmen des ebenfalls durch das Wohnungsbauförderungsgesetz neu eingeführten § 10f EStG als Sonderausgaben zum Abzug bringen.[522] Damit eröffnet § 10f EStG - gleichsam als Weiterentwicklung des § 52 Abs. 21 Satz 6 EStG - die Möglichkeit, Abschreibungen i. S. der §§ 82g, 82i EStDV (nunmehr §§ 7h, 7i EStG) auch dann als Sonderausgaben geltend zu machen, wenn die jeweiligen Maßnahmen nach dem 30.12.1990 durchgeführt wurden.[523] Daneben werden durch § 10f EStG auch Erhaltungsaufwendungen gemäß der §§ 82h, 82k EStDV (nunmehr §§ 11a, 11b EStG) sowie bestimmte Anschaf-

---

[519] Vgl. STUHRMANN, G. (1990), S. 107.
[520] BStBl. I 1989, S. 505.
[521] Vgl. KOLLER, A. (1990), S. 128.
[522] Vgl. KOLLER, A. (1990), S. 128.
[523] Vgl. STEPHAN, R. (1996a), S. 326; KOLLER, A. (1990), S. 128.

fungskosten nach §§ 82g, 82i EStDV (nunmehr 7h, 7i EStG) über die Übergangsregelung des § 52 Abs. 21 Satz 6 EStG hinausgehend begünstigt.[524]

2.2.3.2   Anspruchsberechtigte Personen und begünstigte Objekte

Der Kreis der anspruchsberechtigten Personen entspricht dem des § 10e EStG, regelmäßig sind hauptsächlich Bauherrn betroffen.[525] Insoweit kann auf die entsprechenden
Ausführungen verwiesen werden *(vgl. oben 2.2.1.1.1)*.

Begünstigtes Objekt ist das im Inland belegene (eigene) Gebäude, das Baudenkmal ist
oder im Sanierungsgebiet oder städtebaulichen Entwicklungsgebiet liegt und zu eigenen
Wohnzwecken genutzt oder unentgeltlich überlassen wird. Zu den begünstigten Gebäuden zählen auch Gebäudeteile, die selbständige unbewegliche Wirtschaftsgüter sind,
sowie Eigentumswohnungen (§ 10f Abs. 1, 2 und 5 EStG). Ob das Gebäude eine Wohnung im bewertungsrechtlichen Sinne bildet, ist nicht von Bedeutung.[526]

Das Objekt muß den Voraussetzungen der §§ 7h, 7i EStG genügen, mithin in einem
förmlich festgelegten Sanierungsgebiet oder städtebaulichen Entwicklungsbereich des
Inlands liegen (§ 7h EStG) oder als im Inland belegenes Baudenkmal eingestuft worden
oder einzustufen sein (§ 7i EStG). Erfüllt in den Fällen des § 7i EStG das Objekt für
sich allein nicht die Voraussetzungen eines Baudenkmals, reicht es aus, wenn es Teil
einer Gebäudegruppe oder Gesamtanlage ist, die nach den jeweiligen landesrechtlichen
Vorschriften als Einheit geschützt ist (sogenannter „Ensembleschutz"[527], § 7h Abs. 1
Satz 4 EStG).

Darüber hinaus muß für die Steuerbegünstigung nach § 10f EStG das Objekt vom Steuerpflichtigen im jeweiligen Kalenderjahr zu eigenen Wohnzwecken genutzt werden
(§ 10f Abs. 1 Satz 2, Abs. 2 Satz 2 EStG).[528] Unschädlich ist im übrigen auch nach § 10f
EStG das unentgeltliche Überlassen von Teilen der Wohnung zu Wohnzwecken, da

---

[524] Vgl. STEPHAN, R. (1996a), S. 326; KOLLER, A. (1990), S. 128.
[525] Vgl. STUHRMANN, G. (1997a), § 10f EStG, Anm. 2.
[526] Vgl. STUHRMANN, G. (1990), S. 111.
[527] Vgl. DRENSECK, W. (1997), § 7i EStG, Anm. 2.
[528] Zum Begriff der Nutzung zu eigenen Wohnzwecken kann ebenfalls auf § 10e EStG verwiesen werden,
vgl. dazu oben 2.2.1.1.3.

auch dies eine Form der Nutzung zu eigenen Wohnzwecken ist (§ 10f Abs. 1 Satz 4, Abs. 2 Satz 4 EStG).

2.2.3.3   Bemessungsgrundlage und Abzugsbetrag

Begünstigt sind bestimmte Aufwendungen für Baumaßnahmen, soweit diese nicht bereits nach §§ 7h, 7i oder 10e EStG sowie EigZulG abgezogen werden.

2.2.3.3.1   Begünstigte Anschaffungs- und Herstellungskosten

§ 10f Abs. 1 EStG begünstigt Anschaffungs- und Herstellungskosten, die im Zuge der Baumaßnahmen i. S. der §§ 7h oder 7i EStG angefallen sind. Darunter fallen die Herstellungskosten für Modernisierungs- und Instandsetzungsmaßnahmen gemäß § 177 BauGB an in Sanierungsgebieten und städtebaulichen Entwicklungsbereichen belegenen Gebäuden (§ 7h Abs. 1 Satz 1 EStG). Außerdem sind Herstellungskosten für Maßnahmen begünstigt, die der Erhaltung, Erneuerung und funktionsgerechten Verwendung eines Gebäudes dienen, das wegen seiner geschichtlichen, künstlerischen oder städtebaulichen Bedeutung erhalten bleiben soll (§ 7h Abs. 1 Satz 2 EStG). In diesen Fällen muß sich der Eigentümer zur Durchführung der Maßnahmen gegenüber der Gemeinde vertraglich verpflichtet haben, freiwillig vorgenommene Baumaßnahmen werden steuerlich nicht gefördert.[529] Anschaffungskosten, die auf Maßnahmen i. S. des § 7h Abs. 1 Sätze 1 und 2 EStG entfallen, werden gefördert, soweit die Maßnahmen nach dem rechtswirksamen Abschluß des obligatorischen Kaufvertrags durchgeführt worden sind (§ 7h Abs. 1 Satz 3 EStG). Nicht zu berücksichtigen ist der Kaufpreis für die Altsubstanz.[530] Die von steuerlichen Begünstigungen betroffenen Aufwendungen sind insoweit zu kürzen, wie sie durch Zuschüsse aus Sanierungs- oder Entwicklungsförderungsmitteln bereits gedeckt sind (§ 7h Abs. 1 Satz 4 EStG).

Herstellungskosten für Baumaßnahmen an Baudenkmalen fallen unter die Förderung des § 10f EStG, wenn die Maßnahmen nach Art und Umfang zur Erhaltung des Gebäudes als Baudenkmal oder zu seiner sinnvollen Nutzung erforderlich sind (§ 7i Abs. 1

---

[529] Vgl. FinMin (Bayern) - Erlaß vom 13.12.1993, S. 206.
[530] Vgl. STEPHAN, R. (1996a), S. 329.

Satz 2 EStG). Eine sinnvolle Nutzung ist nach dieser Vorschrift anzunehmen, wenn das Gebäude in der Weise genutzt wird, daß die Erhaltung der Substanz auf Dauer gewährleistet wird (§ 7i Abs. 1 Satz 2 EStG). In diesem Zusammenhang kann sogar ein neuer Wintergarten zum steuerlich begünstigten Denkmal werden, wenn er im Zuge einheitlicher Baumaßnahmen an einem denkmalgeschützten Gebäude angebaut wird und die Denkmalbehörde bescheinigt, daß die Herstellungskosten für die gesamten Baumaßnahmen am Gebäude erforderlich waren, um dieses nach Art und Umfang als Baudenkmal zu erhalten und sinnvoll zu nutzen.[531]

Ebenfalls gefördert nach § 10f EStG werden Baumaßnahmen an Gebäuden, die dem Ensembleschutz dienen, soweit die Aufwendungen nach Art und Umfang zur Erhaltung des äußeren Erscheinungsbildes des Gesamtkomplexes erforderlich sind (§ 7i Abs. 1 Satz 1 EStG). Wiederum ist zu beachten, daß etwaige Zuschüsse aus öffentlichen Kassen die begünstigten Herstellungs- oder Anschaffungskosten mindern (§ 7i Abs. 1 Satz 7 EStG).

Der zeitliche Anwendungsbereich des § 10f Abs. 1 EStG unterscheidet nach Anschaffungs- und Herstellungskosten. Die Steuerbegünstigung des § 10f Abs. 1 EStG ist auf Herstellungskosten anzuwenden, wenn die entsprechende Baumaßnahme nach dem 31.12.1990 abgeschlossen worden ist. Anschaffungskosten sind nach § 10f Abs. 1 EStG auch begünstigt, wenn die Baumaßnahme vor dem 1.1.1991 abgeschlossen wurde und nach dem 31.12.1986 vorgenommen worden ist.[532]

Der Steuerpflichtige kann die begünstigten Aufwendungen im Jahr der Beendigung der Baumaßnahme und in den 9 darauffolgenden Jahren jeweils bis zu 10 % wie Sonderausgaben abziehen (§ 10f Abs. 1 Satz 1 EStG). Es findet somit eine Vollförderung der Baumaßnahme statt, da im Gegensatz zu § 10e EStG nach § 10f EStG auch keine betragsmäßige Begrenzung der Abzugsbeträge vorgeschrieben ist.[533] In einem Jahr des zehnjährigen Abzugszeitraums nicht oder nicht in voller Höhe geltend gemachte Abzugsbeträge gehen dem Steuerpflichtigen allerdings verloren, da § 10f EStG - abweichend

---

[531] Vgl. BFH vom 5.11.1996, S. 244.
[532] Vgl. STEPHAN, R. (1996a), S. 340.
[533] Vgl. KOLLER, A. (1990), S. 128; HAHN, G. (1990a), S. 68.

von § 10e EStG - eine Nachholmöglichkeit nicht vorsieht.[534] Auch im Jahr der Veräußerung des Baudenkmals kann der Steuerpflichtige den vollen Jahresbetrag bis zu 10 % der begünstigten Aufwendungen in Anspruch nehmen.[535]

Wird für eine eigengenutzte Wohnung, die sich in einem Gebäude befindet, das unter Denkmalschutz steht oder das in einem Sanierungsgebiet bzw. städtebaulichen Entwicklungsbereich gelegen ist, eine Förderung nach § 10e EStG oder nach EigZulG gewährt, können bei der Bemessungsgrundlage für den Sonderausgabenabzug durch Verteilung auf zehn Jahre nur die Anschaffungs- oder Herstellungskosten berücksichtigt werden, die nicht bereits bei der Bemessung für die § 10e-Förderung oder für die Eigenheimzulage angesetzt wurden (§ 10f Abs. 1 Satz 2 EStG). Ziel dieser Vorschrift ist es Doppelbegünstigungen zu vermeiden.[536] Da es dem Eigentümer eines begünstigten Objekts bei gleichzeitiger Erfüllung der Voraussetzungen zu § 10e EStG und zu § 10f EStG grundsätzlich frei steht, ob er die Aufwendungen im Rahmen des § 10f EStG oder des § 10e EStG (hier als nachträgliche Anschaffungs- oder Herstellungskosten i. S. des § 10e Abs. 3 EStG) berücksichtigt wissen möchte, kann diesbezüglich von einem Konkurrenzverhältnis der Vorschriften gesprochen werden.[537] Die richtige Entscheidung diesbezüglich hängt vom konkreten Einzelfall ab. Insbesondere kann dem Vorteil der höheren Fördersätze des § 10f EStG entgegenstehen, daß dann auch im Rahmen dieser Vorschrift Objektverbrauch eintritt.[538]

Wird das Objekt teilweise nicht zu eigenen Wohnzwecken, sondern zu beruflichen oder betrieblichen Zwecken oder zur Einkunftserzielung genutzt, so sind die auf diese Teile entfallenden Aufwendungen nicht begünstigt. Aufteilungsmaßstab ist dabei das Verhältnis der Nutzflächen.[539] Im Gegensatz zur Regelung des § 10e EStG handelt es sich bei den Abzugsbeträgen nach § 10f EStG nicht um Jahresbeträge. Demnach ist in Kalenderjahren, in denen das Objekt zeitweise zur Einkunftserzielung genutzt oder zeitweise vollständig unentgeltlich überlassen wird, der Abzugsbetrag zeitanteilig zu kürzen.[540]

---

[534] Vgl. ERHARD, G. (1997), § 10f EStG, Anm. 27.
[535] Vgl. BFH vom 18.6.1996, S. 645.
[536] Vgl. FUCHS, R. G./SCHABE, T. (1992), S. 771.
[537] Vgl. BIERGANS, E. (1990), S. 135; MEYER, B./RICHTER, H. (1991), S. 296; FUCHS, R. G./ SCHADE, T. (1992), S. 771.
[538] Vgl. FUCHS, R. G./SCHABE, T. (1992), S. 771 f.
[539] Vgl. STUHRMANN, G. (1990), S. 111.
[540] Vgl. KOLLER, A. (1990), S. 128 f.; MEYER, B. (1997), § 10f EStG, Anm. 35.

2.2.3.3.2   Begünstigte Erhaltungsaufwendungen

§ 10f Abs. 2 EStG begünstigt nach dem 31.12.1989 entstandene Erhaltungsaufwendungen, die bei Baumaßnahmen i. S. der §§ 11a oder 11b EStG angefallen sind.[541] Die nach diesen Vorschriften begünstigten Maßnahmen sind gleichbedeutend mit denen nach §§ 7h oder 7i EStG, lediglich sind sie nach § 10f Abs. 2 EStG nicht als Herstellungs- bzw. Anschaffungskosten, sondern als Erhaltungsaufwand zu qualifizieren.

Der Erhaltungsaufwand kann 10 Jahre lang zu 10 % als Sonderausgabe abgezogen werden, falls das Objekt zu eigenen Wohnzwecken genutzt wird und die Aufwendungen nicht bereits nach § 10e Abs. 6 oder § 10i EStG abgezogen worden sind (§ 10f Abs. 2 Satz 1 EStG). Abzugs- und Verteilungszeitraum sowie Fördersatz entsprechen damit denen des § 10f Abs. 1 EStG. Die Gleichbehandlung von Anschaffungs- / Herstellungskosten und Erhaltungsaufwand soll diesbezüglich Abgrenzungsstreitigkeiten zwischen Finanzamt und Steuerpflichtigem vermeiden.[542] Ebenfalls analog der Begünstigung von Herstellungsaufwand ist der Abzugsbetrag für Erhaltungsaufwendungen in der Höhe nicht begrenzt und eine Nachholung nicht geltend gemachter Abzugsbeträge scheidet aus.[543]

Die Aufwendungen sind nur begünstigt, soweit sie nicht schon als Vorkosten nach § 10e Abs. 6 oder § 10i EStG berücksichtigt worden sind (§ 10f Abs. 2 Satz 2 EStG). Insofern besteht wieder ein Konkurrenzverhältnis zwischen § 10f EStG und §§ 10e bzw. 10i EStG. Bei Überlegungen des Steuerpflichtigen für oder gegen den Ansatz der Aufwendungen nach § 10f Abs. 2 EStG oder nach §§ 10e Abs. 6 bzw. 10i EStG ist zu berücksichtigen, daß ein Ansatz innerhalb § 10f Abs. 2 EStG Objektverbrauch auslöst, während dies bei den Vorkosten gemäß §§ 10e Abs. 6 bzw. 10i EStG nicht der Fall ist.[544]

Wird das Objekt teilweise zu anderen als eigenen Wohnzwecken genutzt, sind die auf diese Teile des Gebäudes entfallenden Aufwendungen nicht begünstigt.[545] Geht der Steuerpflichtige während des Verteilungszeitraums zur Einkunftserzielung über, so ist

---

[541] Vgl. STEPHAN, R. (1996a), S. 341.
[542] Vgl. HAHN, G. (1990a), S. 67.
[543] Vgl. KOLLER, A. (1990), S. 129; STEPHAN, R. (1996a), S. 337.
[544] Vgl. FUCHS, R. G./SCHABE, T. (1992), S. 771; STEPHAN, R. (1996a), S. 336.
[545] Vgl. ERHARD, G. (1997), § 10f EStG, Anm. 44; MEYER, B. (1997), § 10f EStG, Anm. 51.

der noch nicht berücksichtigte Teil des Erhaltungsaufwands im Jahr des Übergangs wie Sonderausgaben abzuziehen (§ 10f Abs. 2 Satz 3 EStG). Der Wortlaut des Gesetzes („noch nicht berücksichtigter Teil des Erhaltungsaufwands") läßt Zweifel entstehen, ob damit der ab dem Übergangszeitpunkt insgesamt verbleibende Rest oder nur der zeitanteilige Betrag des Übergangsjahres noch zu berücksichtigen wäre oder ob auch in früheren Jahren nicht ausgenutzte Abzugsbeträge geltend gemacht werden können.[546]

2.2.3.4 Objektbeschränkung

Jeder Steuerpflichtige kann die Steuerbegünstigung nach § 10f Abs. 1 oder 2 EStG nur für ein Objekt in Anspruch nehmen (§ 10f Abs. 3 Satz 1 EStG). Der Miteigentumsanteil an einem Objekt steht dem Objekt gleich (§ 10f Abs. 4 Satz 1 EStG). Im Unterschied zu § 10e EStG, nach dem der hinzuerworbene Miteigentumsanteil als selbständiges zweites Objekt gilt *(vgl. oben 2.2.1.1.6.2)*, kann nach § 10f EStG die Steuerbegünstigung auch für den hinzuerworbenen Anteil beansprucht werden, wenn bereits der erste Anteil gefördert wurde, vorausgesetzt, nach Erwerb des zweiten Anteils wird am Objekt eine weitere begünstigte Baumaßnahme durchführt (§ 10f Abs. 4 Satz 2 EStG).[547]

Ehegatten, die die Voraussetzungen des § 26 Abs. 1 EStG erfüllen, können die Steuerbegünstigung für insgesamt zwei Objekte in Anspruch nehmen (§ 10f Abs. 3 Satz 2 EStG). Eine gleichzeitige Förderung zweier Objekte ist im Gegensatz zu § 10e EStG auch möglich, wenn die Objekte in räumlichem Zusammenhang belegen sind.[548]

Die Objektbeschränkung i. S. des § 10f EStG ist nicht so zu verstehen, daß nur eine Baumaßnahme begünstigt ist. Vielmehr ist sie im Unterschied zur personenbezogenen Regelung des § 10e EStG objektbezogen, d. h., sie bezieht sich auf das Gebäude selbst, womit die Steuerbegünstigung nach § 10f EStG mehrmalig und ggf. gleichzeitig für verschiedene Baumaßnahmen gewährt werden kann, sofern die Baumaßnahmen am selben Objekt durchgeführt werden.[549] Eine Folgeobjektregelung analog zu § 10e EStG ist nach § 10f EStG nicht vorgesehen.[550]

[546] Vgl. KOLLER, A. (1990), S. 130; MEYER, B./RICHTER, H. (1991), S. 300.
[547] Vgl. STEPHAN, R. (1997a), § 10f EStG, Anm. 18.
[548] Vgl. KOLLER, A. (1990), S. 131.
[549] Vgl. STUHRMANN, G. (1990), S. 111; STEPHAN, R. (1997a), § 10f EStG, Anm. 15.
[550] Vgl. STUHRMANN, G. (1990), S. 112; STEPHAN, R. (1996a), S. 339.

2.2.4   Förderung schutzwürdiger Kulturgüter nach § 10g EStG

2.2.4.1   Entstehung und Bedeutung des § 10g EStG

Der dem § 10f EStG nachgebildete § 10g EStG wurde durch das StÄndG 1992[551] in das Einkommensteuergesetz eingefügt.[552] Die Vorschrift ermöglicht die steuerliche Berücksichtigung von Aufwendungen für Herstellungs- und Erhaltungsmaßnahmen an schutzwürdigen Kulturgütern, indem solche Aufwendungen wie Sonderausgaben abgezogen werden können (§ 10g Abs. 1 Satz 1 EStG). Erstmals nach § 10g EStG berücksichtigt werden Herstellungskosten und Erhaltungsaufwendungen für Baumaßnahmen, die nach dem 31.12.1991 abgeschlossen worden sind (§ 52 Abs. 14a Satz 1 EStG). Bis zu diesem Zeitpunkt konnten Aufwendungen zur Erhaltung schutzwürdiger Kulturgüter allenfalls als außergewöhnliche Belastungen nach § 33 EStG abgezogen werden.[553] § 10g EStG ergänzt insofern abschließend die anderweitige steuerliche Förderung von Baudenkmalen nach den §§ 7i, 11b und 10f EStG.[554]

2.2.4.2   Anspruchsberechtigte Personen und begünstigte Objekte

Nach dem Wortlaut des Gesetzes („... an eigenen ...") müssen die Kulturgüter im rechtlichen oder wirtschaftlichen Eigentum des Steuerpflichtigen stehen, der die Aufwendungen getragen hat; somit zählen nur Eigentümer zum begünstigten Personenkreis.[555] Bei Miteigentum an einem schutzwürdigen Kulturgut gilt § 10e Abs. 7 EStG sinngemäß.[556]

Schutzwürdige Kulturgüter im Sinne der Vorschrift sind im Inland belegene Gebäude oder Gebäudeteile, die nach den jeweiligen landesrechtlichen Vorschriften als Baudenkmal einzustufen sind oder dem sogenannten Ensembleschutz *(vgl. oben 2.2.3.2)* unterliegen (§ 10g Abs. 1 Satz 2 Nr. 1 und 2 EStG), gärtnerische, bauliche und sonstige Anlagen, die keine Gebäude oder Gebäudeteile und nach den jeweiligen landesrechtlichen Vorschriften unter Schutz gestellt sind (§ 10g Abs. 1 Satz 2 Nr. 3 EStG) sowie Mobiliar,

---

[551] BGBl. 1992 I, S. 297.
[552] Vgl. WEWERS, O. (1992), S. 753.
[553] Vgl. STEPHAN, R. (1996a), S. 342.
[554] Vgl. STEPHAN, R. (1996a), S. 342.
[555] Vgl. ERHARD, G. (1997), § 10g EStG, Anm. 12.
[556] Vgl. STEPHAN, R. (1996a), S. 342.

Kunstgegenstände, Kunstsammlungen, wissenschaftliche Sammlungen, Bibliotheken oder Archive, die seit mindestens zwanzig Jahren im Besitz der Familie des Steuerpflichtigen oder als national wertvoll eingetragen sind und deren Erhaltung im öffentlichen Interesse liegt (§ 10g Abs. 1 Satz 2 Nr. 4 EStG). Voraussetzung für die Begünstigung der schutzwürdigen Kulturgüter nach § 10g EStG ist, daß diese in einem bestimmten Umfang der wissenschaftlichen Forschung oder der Öffentlichkeit zugänglich gemacht werden, sofern nicht zwingende Gründe des Denkmal- oder Archivschutzes dem entgegenstehen (§ 10e Abs. 1 Satz 2 EStG). Für Gebäudeteile, die selbständige unbewegliche Wirtschaftsgüter sind, sowie für Eigentumswohnungen und in Teileigentum stehende Räume gilt die Steuerbegünstigung nach § 10g EStG gleichermaßen (§ 10g Abs. 4 Satz 1 EStG).

Hier wird die insgesamt sehr viel weiter auszulegende Interpretation des Objektbegriffs deutlich, der nach § 10g EStG erheblich mehr umfaßt als nur Gebäude im weitesten Sinne wie bei den bisher behandelten Vorschriften. Hinzu kommt, daß Steuerpflichtige, die eine Förderung nach § 10g EStG beanspruchen, das Objekt weder zur Einkunftserzielung noch zu eigenen Wohnzwecken nutzen dürfen (§ 10g Abs. 2 Satz 1 EStG). Gerade letzteres war bislang stets Voraussetzung für die Gewährung einer Förderung. Demzufolge ist der § 10g EStG, systematisch zwischen den §§ 10f und 10h EStG stehend, auch eher als Ergänzungsvorschrift zu § 10f EStG zu sehen, denn als weitere Vorschrift zur Begünstigung selbstgenutzten Wohneigentums. So ist bei der Förderung von Gebäuden über § 10g EStG tatsächlich mehr an Burgen und Schlösser zu denken, die nicht selbstbewohnt werden, sondern zur Besichtigung der Allgemeinheit zur Verfügung stehen, jedoch ohne daß die dabei erzielten Einnahmen den insgesamt entstehenden Aufwand decken könnten.[557]

2.2.4.3   Bemessungsgrundlage und Abzugsbetrag

Als Bemessungsgrundlage im Rahmen des § 10g EStG werden Aufwendungen für Herstellungs- und Erhaltungsmaßnahmen grundsätzlich gleich behandelt, so daß sich eine Abgrenzung im Unterschied zu § 10f EStG hier erübrigt.[558] Begünstigt nach § 10g EStG

---

[557] Vgl. STEPHAN, R. (1996a), S. 342.
[558] Vgl. STEPHAN, R. (1997a), § 10g EStG, Anm. 4.

sind Aufwendungen für Herstellungs- und Erhaltungsmaßnahmen an eigenen, im Inland belegenen Kulturgütern, soweit sie öffentliche oder private Zuwendungen oder etwaige aus den Kulturgütern erzielte Einnahmen übersteigen (§ 10g Abs. 1 Satz 1 EStG). Zu den Zuwendungen zählen nicht nur die von einer Denkmalschutzbehörde zweckgerichtet für die Baumaßnahmen gewährten, sondern auch alle anderen - ggf. in Geld umzurechnenden - Zuschüsse, wie z. B. Spenden, da Sinn und Zweck der gesetzlichen Regelung nach h. M. die Begünstigung der Nettoaufwendungen des Steuerpflichtigen ist.[559] Von den Einnahmen können jedoch zunächst die mit dem Kulturgut in wirtschaftlichem Zusammenhang stehenden Ausgaben abgezogen werden, so daß die Aufwendungen für Herstellungs- und Erhaltungsmaßnahmen erst zu kürzen sind, wenn die Einnahmen die nicht begünstigten Aufwendungen übersteigen.[560] Laufende Aufwendungen für den Unterhalt des Objekts, wie Kosten für Beleuchtung, Heizung, Reinigung oder Versicherung fallen nicht unter § 10g EStG, da sie keine Aufwendungen für Maßnahmen zur Herstellung oder Erhaltung des Kulturguts sind.[561]

Nach § 10g Abs. 1 Satz 3 EStG sind nur solche Maßnahmen begünstigt, die nach Maßgabe der Denkmal- und Archivpflege erforderlich sind und mit der nach Landesrecht zuständigen Stelle im einzelnen abgestimmt werden. Sowohl die Eigenschaft als Kulturgut sowie die Notwendigkeit der Aufwendungen (§ 10g Abs. 1 EStG) als auch die Höhe der gewährten Zuschüsse sind durch eine Bescheinigung der zuständige Landesbehörde nachzuweisen (§ 10g Abs. 3 Satz 1 und Satz 2 EStG). Bei nachträglichem Erhalt von Zuschüssen ist die Bescheinigung entsprechend zu ändern (§ 10g Abs. 3 Satz 2 EStG). Die im nachhinein erhaltenen Zuschüsse oder auch nachträgliche Einnahmen mindern die Bemessungsgrundlage für den Sonderausgabenabzug, allerdings nicht rückwirkend.[562]

Nach Abzug von Zuwendungen und Einnahmen kann der Steuerpflichtige die verbleibenden Aufwendungen der begünstigten Herstellungs- oder Erhaltungsmaßnahme über einen Zeitraum von zehn Jahren mit jährlich 10 % wie Sonderausgaben abziehen, wobei

---

[559] Vgl. STUHRMANN, G. (1992), S. 534; WEWERS, O. (1992), S. 755; CLAUSEN, U. (1997), § 10g EStG, Anm. 20; DRENSECK, W. (1997), § 10g EStG, Anm. 4.
[560] Vgl. STUHRMANN, G. (1992), S. 535; DRENSECK, W. (1997), § 10g EStG, Anm. 4.
[561] Vgl. WEWERS, O. (1992), S. 754; DRENSECK, W. (1997), § 10g EStG, Anm. 3.
[562] Vgl. WEWERS, O. (1992), S. 755; STEPHAN, R. (1997a), § 10g EStG, Anm. 5.

der Abzugszeitraum im Kalenderjahr des Abschlusses der einzelnen Maßnahme beginnt (§ 10g Abs. 1 Satz 1 EStG). Die Herstellungs- oder Erhaltungsaufwendungen sind in der Höhe nicht begrenzt, so daß wie bei § 10f EStG eine unter Berücksichtigung gewährter Zuschüsse vollständige steuerliche Berücksichtigung der Baumaßnahmekosten gewährleistet ist. Sonderausgabenabzugsbeträge im Sinne des § 10g Abs. 1 EStG, die der Steuerpflichtige in einem Jahr des Abzugszeitraums nicht in Anspruch nimmt, gehen wie bei § 10f EStG verloren, da eine Nachholung in § 10g EStG ausgeschlossen ist.[563]

Für Aufwendungen, die der Steuerpflichtige nach § 10e Abs. 6 EStG, § 10h Satz 3 EStG oder § 10i EStG abgezogen hat, kommt ein Abzug nach § 10g EStG nicht in Betracht (§ 10g Abs. 2 Satz 1 EStG). Zeiträume, in denen der Steuerpflichtige für die entsprechenden Aufwendungen Absetzungen, erhöhte Absetzungen, Sonderabschreibungen, Abzugsbeträge nach § 10e Abs. 1 bis 5 EStG, § 10f EStG, § 10h EStG, § 15b BerlinFG, § 7 FördG oder eine Zulage nach dem EigZulG in Anspruch genommen hat, fallen unter das Kumulierungsverbot (§ 10g Abs. 2 Satz 3 EStG). Werden die Kulturgüter teilweise oder zeitweise vom Steuerpflichtigen zur Einkunftserzielung oder zu eigenen Wohnzwecken genutzt, so ist der Sonderausgabenabzug in entsprechendem Umfang zu kürzen.[564] Findet während des 10jährigen Begünstigungszeitraums ein Übergang zur Einkunftserzielung statt, ist der noch nicht berücksichtigte Teil der Erhaltungsaufwendungen im Jahr des Übergangs wie Sonderausgaben abzuziehen (§ 10g Abs. 2 Satz 3 EStG).

2.2.4.4   Objektbeschränkung

Eine Objektbeschränkung, wie sie von den bisherigen Vorschriften bekannt ist, enthält § 10g EStG nicht. Weder objekt- noch personenbezogen bestehen irgendwelche Einschränkungen, so daß die zehnjährigen Abzugszeiträume nach § 10g EStG für entsprechende begünstigte Maßnahmen unbegrenzt neu zur Verfügung stehen. Damit sind auch parallel laufende Förderungen denkbar. Solche zeitlich versetzten Maßnahmen führen dazu, daß der Steuerpflichtige die Maßnahmen gegebenenfalls nacheinander und nebeneinander steuerlich gelten macht.[565]

---

[563] Vgl. STUHRMANN, G. (1992), S. 535; ERHARD, G. (1997), § 10g EStG, Anm. 33.
[564] Vgl. STEPHAN, R. (1996a), S. 344.
[565] Vgl. STEPHAN, R. (1996a), S. 344; DRENSECK, W. (1997), § 10g EStG, Anm. 6.

2.2.5   Förderung selbstgenutzter Immobilien nach § 7 FördG

Das FördG[566] sieht - hier nicht interessierende - befristete Sonderabschreibungen für Investitionen in bewegliche Wirtschaftsgüter des Anlagevermögens (§ 2 FördG) und in Baumaßnahmen (§ 3 FördG) sowie - hier interessierende - befristet wie Sonderausgaben abzuziehende Beträge für Herstellungs- und Erhaltungsaufwendungen an zu eigenen Wohnzwecken genutzten Gebäuden (§ 7 FördG) im Fördergebiet vor, um dort den Wirtschaftsaufschwung anzukurbeln[567]. Das Fördergebiet umfaßt nach § 1 Abs. 2 FördG die Länder Berlin (einschließlich West-Berlin), Brandenburg, Mecklenburg-Vorpommern, Sachsen, Sachsen-Anhalt und Thüringen.

2.2.5.1   Anspruchsberechtigte Personen

Das Objekt muß nach dem Wortlaut des Gesetzes ("... an einem eigenen Gebäude ...", § 7 Abs. 1 Satz 1 FördG) im Eigentum des Steuerpflichtigen stehen. Somit sind nur Eigentümer anspruchsberechtigte Personen i. S. des FördG. Zur Bedeutung des Eigentums gelten die zu § 10e EStG gemachten Ausführungen analog. Während es für die Inanspruchnahme der Sonderabschreibungen nach §§ 2 und 3 FördG nicht auf den Wohnsitz des Steuerpflichtigen ankommt, sondern nur darauf, daß die Immobilie in einem der neuen Länder belegen ist[568], ist nach § 7 FördG zugleich die Nutzung zu eigenen Wohnzwecken im jeweiligen Jahr der Förderungsinanspruchnahme Voraussetzung (§ 7 Abs. 1 Satz 2 Nr. 3 FördG). Unschädlich hierbei ist die unentgeltliche Überlassung von Teilen der zu eigenen Wohnzwecken genutzten Wohnung zu Wohnzwecken (§ 7 Abs. 1 Satz 3 FördG). Auch hier kann auf die korrespondierenden Regelungen und Kommentierungen zu § 10e EStG zurückgegriffen werden, wonach es für eine Nutzung zu eigenen Wohnzwecken ausreichend ist, wenn die Wohnung lediglich zeitweise im Jahr entsprechend genutzt wird, so daß tatsächlich ein gemeldeter Wohnsitz i. S. von § 8 AO nicht am Ort der geförderten Wohnung zu liegen braucht und weiter, daß bei unentgeltlicher Überlassung von Teilen der Wohnung zu Wohnzwecken noch ausreichend Raum für eigene Wohnzwecke verbleiben muß *(vgl. oben 2.2.1.1.3.1)*. Desgleichen ist

---

[566] BGBl. 1993 I, S. 1654.
[567] Vgl. WEWERS, O. (1991), S. 1539.
[568] Vgl. WAGNER, K.-R./LORITZ, K.-G. (1993), S. 212.

die Förderung einer Wohnung nach § 7 FördG analog zu § 10e EStG[569] bejaht worden, wenn sie in vollem Umfang an ein einkommensteuerlich zu berücksichtigendes Kind i. S. des § 32 Abs. 1 bis 5 EStG unentgeltlich überlassen wird.[570] Überhaupt hat der Gesetzgeber die Begünstigungen nach § 7 FördG systematisch entsprechend den Regelungen des § 10e EStG ausgestaltet[571], weshalb an dieser Stelle eine Darstellung nur der wesentlichen Inhalte ausreichen soll.

2.2.5.2   Begünstigte Objekte

Objekte i. S. dieser Vorschrift sind Gebäude, Gebäudeteile, Wohnungen und Eigentumswohnungen sowie die jeweiligen Anteile daran (§ 7 Abs. 1 Satz 1 und Satz 2 Nr. 3 und Abs. 3 FördG). Im Gegensatz zum räumlichen Anwendungsbereich der Sonderabschreibungen nach dem FördG, ist die Reichweite des § 7 dieser Vorschrift insofern eingeschränkt, als explizit nur Objekte begünstigt sind, die in dem Teil des Fördergebiets liegen, in dem das Grundgesetz vor der Wiedervereinigung nicht gegolten hat (§ 7 Abs. 1 Satz 2 FördG). Mithin kann der Abzugsbetrag für Objekte im ehemaligen West-Berlin nicht in Anspruch genommen werden[572].

Nach § 7 Abs. 1 Satz 1 FördG sind Aufwendungen begünstigt, die „**an** einem eigenen Gebäude" vorgenommen worden sind. Diese Formulierung bedingt, daß ein Gebäude vorhanden ist, das zum Zeitpunkt der baulichen Maßnahmen bereits fertiggestellt war. Über den Zeitpunkt der Fertigstellung entscheidet der vorgesehene Verwendungszweck, zu dem die Bauunterlagen Anhaltspunkte geben. Infolgedessen ist § 7 FördG in keinem der Fälle anwendbar, in denen mit den baulichen Maßnahmen nach dem Bezug des Gebäudes lediglich die - gemessen an der ursprünglichen Planung - bis zur Fertigstellung noch ausstehenden Arbeiten (z. B. Anbringen des Außenputzes, Pflastern der Terrasse oder der Garagenzufahrt) durchgeführt werden, die zu den ohnehin notwendigen Errichtungskosten eines Neubaus rechnen.[573]

---

[569] Vgl. BMF-Schreiben vom 31.12.1994, Tz. 11.
[570] Vgl. FinMin (Sachsen) - Erlaß vom 10.5.1996, S. 1047.
[571] Vgl. WAGNER, K.-R./LORITZ, K.-G. (1993), S. 228.
[572] Vgl. zu Einzelheiten und Berechnungsbeispielen WEWERS, O. (1991), S. 1544 f.
[573] Vgl. FinMin (Brandenburg) - Erlaß vom 19.3.1996, S. 1087; kritisch dazu: DIEMEL-METZ, D. (1996), S. 1641 f.

2.2.5.3   Bemessungsgrundlage und Abzugsbetrag

Vorrangiges Ziel des § 7 FördG ist es, die Renovierung und Modernisierung des selbstgenutzten Wohnungsbestandes in den neuen Bundesländern zu fördern, weshalb es weder auf die Art der Baumaßnahme ankommt noch darauf, ob es sich um Herstellungs-
oder Erhaltungsaufwendungen handelt.[574]

Begünstigt sind daher alle Aufwendungen für Herstellungs- oder Erhaltungsarbeiten, die
nach dem 31.12. 1990 und vor dem 1.1.1999 vorgenommen werden (§ 8 Abs. 3 FördG),
soweit sie im gesamten Anwendungszeitraum 40.000 DM nicht übersteigen (§ 7 Abs. 1
Satz 2 Nr. 4 FördG). Dieser Höchstbetrag kann nur einmal je Gebäude bis spätestens
31.12.1998 ausgeschöpft werden, allerdings zusätzlich zu einem ggf. schon eingetretenen Objektverbrauch nach § 10e EStG.[575] Da der Abzugsbetrag objektbezogen limitiert
ist, kommt ein zweiter oder weiterer Abzug bis zu 40.000 DM in Betracht, wenn der
Steuerpflichtige innerhalb der vorgenannten Zeitspanne in ein anderes nach § 7 FördG
begünstigtes Gebäude umzieht und an diesem entsprechende Aufwendungen tätigt.[576]

Die Aufwendungen dürfen nicht gleichzeitig als Betriebsausgaben oder als Werbungskosten abgezogen werden (§ 7 Abs. 1 Satz 2 Nr. 1 FördG). Obendrein ist die Förderung
ausgeschlossen, wenn die Aufwendungen im Rahmen der Übergangsregelung zur Nutzungswertbesteuerung nach § 52 Abs. 21 EStG angesetzt oder als Vorkosten wie Sonderausgaben nach den §§ 10e Abs. 6 oder 10i EStG abgezogen werden, oder wenn dafür
ein Abzugsbetrag nach den §§ 10e oder 10f EStG geltend gemacht oder eine Zulage
nach dem Eigenheimzulagengesetz gewährt wird (§ 7 Abs. 1 Satz 2 Nr. 3 FördG).
Nachträglich entstandene Kosten können während des Abzugszeitraums - innerhalb des
Höchstbetrags von 40.000 DM - geltend gemacht werden.[577]

Sind Zuschüsse aus öffentlichen oder privaten Mitteln für die Aufwendungen an einem
nach § 7 FördG begünstigten Objekt gewährt worden, so ist die Bemessungsgrundlage
für den Sonderausgabenabzug entsprechend zu kürzen (R 163 Abs. 1 EStR).

---

[574] Vgl. DIEMEL-METZ, D. (1996), S. 1641.
[575] Vgl. DIEMEL-METZ, D. (1996), S. 1642.
[576] Vgl. STUHRMANN, G. (1997b), § 7 FördG, Anm. 21a.
[577] Vgl. STUHRMANN, G. (1997b), § 7 FördG, Anm. 25.

Von den Herstellungs- und Erhaltungsaufwendungen an einem selbstbewohnten Gebäude bzw. an einer Wohnung können im Jahr der Zahlung und in den neun folgenden Jahren jeweils bis zu 10 % wie Sonderausgaben abgezogen werden (§ 7 Abs. 1 Satz 1 FördG), maximal bis zu 10 % von 40.000 DM (§ 7 Abs. 1 Satz 2 Nr. 4 FördG). Damit sind pro Jahr des Abzugszeitraums bis zu 4.000 DM wie Sonderausgaben abziehbar. Der Wortlaut („... bis zu ...") gestattet auch den Abzug von Teilen des möglichen Betrages, es besteht keine Verpflichtung zum Ansatz des vollen Betrages. Wird der Abzugsbetrag in einem Jahr nicht bis zur vollen Höhe von 10 % ausgenutzt, kann er allerdings auch in einem späteren Kalenderjahr nicht mehr nachgeholt werden.[578]

2.2.5.4   Begünstigungszeitraum

Der Begünstigungszeitraum beginnt grundsätzlich im Jahr der Zahlung und endet mit dem Ende des neunten darauffolgenden Jahres (§ 7 Abs. 1 Satz 1 FördG). In jedem Jahr des Abzugszeitraums müssen die Voraussetzungen der Nutzung zu eigenen Wohnzwecken zumindest zeitweise vorgelegen haben (§ 7 Abs. 1 Satz 2 Nr. 3 FördG).

Wurde ein Objekt erst anderweitig genutzt und wurden vor der Nutzung zu eigenen Wohnzwecken zunächst für Herstellungskosten Abschreibungen, erhöhte Absetzungen oder Sonderabschreibungen geltend gemacht, kann für diese Zeiträume keine Förderung nach § 7 FördG beansprucht werden (§ 7 Abs. 2 Satz 1 FördG).

Wird die Eigennutzung eines Objekt im Laufe des zehnjährigen Begünstigungszeitraums zugunsten einer Nutzung zur Einkunftserzielung aufgegeben, kann im Jahr des Übergangs ausschließlich von den Aufwendungen, die Erhaltungsaufwendungen sind, der noch nicht berücksichtigte Teil wie Sonderausgaben abgezogen werden (§ 7 Abs. 2 Satz 2 FördG).

Tabelle 3 auf der nächsten Seite faßt noch einmal die Regelungen zum Sonderausgabenabzug bei eigengenutzten Wohnungen aus den entsprechenden Vorschriften § 10e mit § 34f, § 10h, § 10f EStG sowie § 7 FordG zusammen:

---

[578] Vgl. STUHRMANN, G. (1997b), § 7 FördG, Anm. 14.

Tab. 3: Vergleichende Kurzübersicht der Regelungen für eigengenutzte Wohnungen nach §§ 10e (mit 34f), 10h, 10f EStG sowie § 7 FördG

Kriterium der Förderung	§ 10e EStG	§ 10h EStG	§ 10f EStG	§ 7 FördG
Berechtigte Personen	Bauherr, Erwerber	Bauherr	Bauherr, Erwerber (nur für bestimmte Anschaffungskosten)	Eigentümer
Begünstigtes Objekt	Wohnung im eigenen Haus bzw. eigengenutzte Eigentumswohnung bzw. Ausbau / Erweiterung im Inland	Unentgeltlich an nahe Angehörige überlassene Wohnung im eigenen Haus im Inland	Zu eigenen Wohnzwecken genutzte Baudenkmale und Gebäude in Sanierungsgebieten	Zu eigenen Wohnzwecken genutzte Gebäude und Gebäudeteile im Beitrittsgebiet
Bemessungsgrundlage	Anschaffungs- bzw. Herstellungskosten der eigengenutzten Wohnung zuzüglich 50 % der Anschaffungskosten für Grund und Boden*)	Herstellungskosten der Wohnung bzw. des Wohnungsausbaus	Herstellungskosten; Anschaffungskosten, nach Abschluß des Kaufvertrages Erhaltungsaufwendungen	Erhaltungsaufwendungen, nachträgliche Herstellungskosten
Höchstbetrag der Bemessungsgrundlage	Neubauten: 330.000 DM; bei Erwerb/Herstellung vor dem 1.1.1991: 300.000 DM; Altbauten: 150.000 DM; bei Erwerb vor dem 1.1.1994: 330.000 DM; bei Erwerb vor dem 1.1.1991: 300.000 DM	Neubauten: 330.000 DM; Altbauten: 150.000 DM; bei Erwerb vor dem 1.1.1994: 330.000 DM	Keine Begrenzung	Insgesamt 40.000 DM im Anwendungszeitraum vom 1.1.1991 bis 31.12.1998
Förderzeitraum	Jahr der Anschaffung oder Fertigstellung und die sieben darauffolgenden Jahre bei Eigennutzung	Jahr der Fertigstellung und die sieben darauffolgenden Jahre bei unentgeltlicher Überlassung	Jahr der Fertigstellung bzw. Abschluß der Baumaßnahmen und die neun darauffolgenden Jahre	Jahr der Aufwandsentstehung und die neun darauffolgenden Jahre
Objektbeschränkung	Jeder Steuerpflichtige erhält die Förderung nur für ein Objekt, Ehegatten für zwei Objekte Vorobjekte nach § 7b, § 10e EStG werden angerechnet	Keine Objektbeschränkung Keine Anrechnung auf Objektverbrauch nach § 10e EStG	Jeder Steuerpflichtige erhält die Förderung nur bei einem Gebäude, Ehegatten bei zwei Gebäuden Keine Anrechnung auf § 10e EStG	Keine Objektbeschränkung Keine Anrechnung auf Objektverbrauch nach § 10e EStG
Sonstige Voraussetzungen	Bei Bauantrag oder Kauf nach dem 31.12.1991 darf der Gesamtbetrag der Einkünfte bei Ledigen 120.000 DM bzw. bei Ehegatten 240.000 DM in jedem Jahr des Förderzeitraums nicht übersteigen	wie bei § 10e EStG	Voraussetzungen des § 7h oder § 7i EStG müssen vorliegen	

*) nicht bei Ausbauten oder Erweiterungen

Kriterium der Förderung	§ 10e EStG	§ 10h EStG	§ 10f EStG	§ 7 FördG
Komponenten der Förderung	Grundförderung + Baukindergeld + Vorkostenabzug + Schuldzinsenabzug bei Anschaffung/ Fertigstellung nach dem 30.9.1991 und vor dem 1.1.1995	Grundförderung + Vorkostenabzug	Grundförderung	Grundförderung
Höhe der Förderung (abzugsfähig wie Sonderausgaben)	<u>Grundförderung</u> 4 Jahre je bis zu 6 %, 4 Jahre je bis zu 5 % der jeweiligen ggf. begrenzten Bemessungsgrundlage bei Bauantrag/Baubeginn oder Erwerb nach dem 30.9.1991 (davor 8 Jahre je bis zu 5 %) <u>Baukindergeld</u> pro Kind und Jahr bei Erwerb / Herstellung nach dem 31.12.1986: 600 DM nach dem 31.12.1989: 750 DM nach dem 31.12.1990: 1.000 DM <u>Vorkostenabzug</u> Aufwendungen (wie Werbungskosten bei Vermietung) vor Bezug des Objekts in unbegrenzter Höhe; Erhaltungsaufwendungen vor Bezug bis zu 22.500 DM[*]) <u>Schuldzinsenabzug</u> für Neuobjekte nach Bezug in den ersten drei Jahren bis zu 12.000 DM pro Jahr	<u>Grundförderung</u> 4 Jahre je bis zu 6 %, 4 Jahre je bis zu 5 % der jeweiligen ggf. begrenzten Bemessungsgrundlage <u>Vorkostenabzug</u> wie bei § 10e EStG ggf. Erhaltungsaufwand	<u>Grundförderung</u> 10 Jahre jeweils bis zu 10 % der Bemessungsgrundlage	<u>Grundförderung</u> 10 Jahre jeweils bis zu 10 % der Bemessungsgrundlage
Anwendungsbereich	Bauantrag/Baubeginn oder notarieller Kaufvertrag nach dem 31.12.1986 und Bauantrag oder notarieller Kaufvertrag vor dem 31.12.1995	Ausführung der Baumaßnahmen an bestehenden eigengenutzten Gebäuden nach dem 30.9.1991 und vor dem 31.12.1995	Anschaffungskosten nach dem 31.12.1986 und vor dem 1.1.1991 Herstellung nach dem 31.12. 1990, Erhaltungsaufwand nach 31.12.1989	Ausführung der Arbeiten nach dem 31.12.1990 und vor dem 1.1.1999
Anwendung in den neuen Bundesländern	Bei Anschaffung oder Fertigstellung nach dem 31.12.1990 Falls bereits Objektverbrauch eingetreten ist, ist zusätzliches Objekt begünstigt	Während des gesamten Anwendungsbereichs	Bei Fertigstellung oder bei Abschluß der Baumaßnahme nach dem 31.12.1990	Gilt ausschließlich in den neuen Bundesländern

[*]) nicht bei Ausbauten oder Erweiterungen

2.3   Die Förderung des Wohneigentums primär über Zulagen

Mit dem „Gesetz zur Neuregelung der steuerrechtlichen Wohneigentumsförderung" vom 15. Dezember 1995[579] hat der Gesetzgeber einen erneuten Versuch unternommen, dieses Rechtsgebiet nach 1987 durch eine weitere Systemumstellung zu vereinfachen. Danach wurde ab 1996 die bisherige Förderung der eigengenutzten Wohnung durch Gewährung des progressionsabhängigen Sonderausgabenabzugs für den Abzugsbetrag nach § 10e EStG einschließlich Berücksichtigung der Kosten vor Bezug der Wohnung und durch die Kinderkomponente in Form einer progressionsunabhängigen Steuerermäßigung nach § 34f EStG abgelöst, und zwar durch die neue mit dem Vorkostenabzug nach § 10i EStG kombinierte Eigenheimzulage nach dem EigZulG einschließlich einer kindbedingten Zusatzförderung sowie ggf. einschließlich einer Zusatzförderung für ökologiebewußtes Bauen. In Abbildung 3 sind die einzelnen Fördermaßnahmen nachfolgend im Überblick dargestellt.

Abb. 3:   Übersicht über die Wohneigentumsförderung nach EigZulG und § 10i EStG

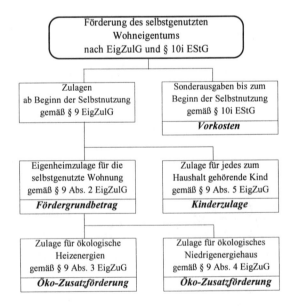

---

[579] BGBl. 1995 I, S. 1783.

Ebenfalls abgelöst durch die Eigenheimzulage wurde die Förderung der unentgeltlich an nahe Angehörige überlassenen Wohnung nach § 10h EStG. Neu ist überdies die Förderung der Anschaffung von Geschäftsanteilen an Genossenschaften nach dem Eigenheimzulagengesetz.

Die Eigenheimzulage wird unabhängig von der Einkommensteuerveranlagung in einem gesonderten Festsetzungsverfahren ermittelt und auf gesonderten Antrag hin gewährt. Anders als bei der § 10e-Regelung ist die neue staatliche Förderung der selbstgenutzten Wohnung, mit Ausnahme des Vorkostenabzugs, der weiterhin progressionsabhängig ist, nun nicht mehr von der Höhe des zu versteuernden Einkommens und damit vom persönlichen Steuersatz abhängig. Vielmehr führt die Zulage bei allen Steuerpflichtigen zu ein und derselben Entlastung. Infolgedessen profitieren insbesondere Bezieher kleinerer Einkommen von der Neuregelung, aber systembedingt zugleich solche Wohnungseigentümer (z. B. Rentner), die keine Einkommensteuer zu zahlen haben[580]. Das war auch im Gesetzentwurf der Bundesregierung ausdrücklich erklärtes Ziel der Neuregelung, den sogenannten Schwellenhaushalten[581], vor allem Familien mit Kindern und unterem bis mittlerem Einkommen die Bildung von selbstgenutztem Wohneigentum zu ermöglichen.[582]

Grundsätzlich ist die Zulagenförderung erstmals anzuwenden, wenn der Anspruchsberechtigte in Herstellungsfällen nach dem 31.12.1995 mit der Herstellung des Objekts begonnen oder in Anschaffungsfällen die Wohnung oder die Genossenschaftsanteile nach dem 31.12.1995 aufgrund eines nach diesem Stichtag rechtswirksam abgeschlossenen obligatorischen Vertrags oder gleichstehenden Rechtsakts erworben hat (§ 19 Abs. 1 EigZulG). Für Wohnungen, bei denen in einer Übergangszeit vom 27.10.1995 bis zum 31.12.1995 mit der Herstellung begonnen wurde oder die in diesem Zeitraum erworben wurden, hat der Anspruchsberechtigte ein unwiderrufliches Wahlrecht zwischen der grundsätzlich bis Ende 1995 gültigen Förderung nach § 10e EStG oder der neuen Eigenheimzulage (§ 19 Abs. 2 Satz 1 Nr. 2 und Sätze 2 und 3 EigZulG). Das Wahlrecht ist ausgeschlossen, wenn für das zu fördernde Objekt schon Abzugsbeträge

---

[580] Vgl. HANDZIK, P./MEYER, B. (1996), S. 29.
[581] Zielgruppe der verstärkten Förderung sind Familien mit Kindern, 30- bis 39-jährige, jährliches Einkommen zwischen 40.000 DM und 60.000 DM; vgl. HANDZIK, P./MEYER, B. (1996), S. 22.
[582] Vgl. BUNDESTAGSDRUCKSACHE 13/2235 vom 4.9.1995, S. 14.

nach § 10e Abs. 1 bis 5 oder § 10h EStG, die Steuerermäßigung nach § 34f EStG oder
für Veranlagungszeiträume nach 1994 ein Vorkostenabzug nach § 10e Abs. 6 bzw.
§ 10h Satz 3 EStG geltend gemacht wurden (§ 19 Abs. 2 Satz 4 EigZulG).

Für die zeitliche Anwendung des Eigenheimzulagengesetzes ist im Fall der Herstellung
der Zeitpunkt maßgebend, in dem der Anspruchsberechtigte mit der Herstellung des
begünstigten Objekts begonnen hat. Als Beginn der Herstellung gilt nach § 19 Abs. 3
EigZulG bei Objekten, für die eine Baugenehmigung erforderlich ist, der Zeitpunkt der
Bauantragstellung und bei baugenehmigungsfreien Objekten der Zeitpunkt, in dem die
Bauunterlagen eingereicht werden. Ist für ein Objekt weder eine Baugenehmigung noch
die Einreichung von Bauunterlagen erforderlich, gilt als Beginn der Herstellung der
Zeitpunkt, in dem mit den Ausschachtungsarbeiten begonnen, einem Bauunternehmen
ein Bauauftrag erteilt oder eine nicht unbedeutende Menge Baumaterials beschafft
wird.[583] Wird ein bereits gestellter Bauantrag zurückgenommen, ist der Zeitpunkt eines
neuen, im wesentlichen inhaltsgleichen Bauantrags nur ausschlaggebend, wenn die wie-
derholte Antragstellung auf wirtschaftlich sinnvollen Erwägungen beruht.[584] Bei einer
kurzen Zeitspanne zwischen Rücknahme und neuer Antragstellung im Zeitraum um den
27.10.1995 ist dagegen zu vermuten, daß hierfür ausschließlich steuerliche Gründe
entscheidend waren, nämlich um die im Gesetz festgeschriebenen Termine (nach dem
26.10.1995 gem. § 19 Abs. 2 Satz 1 Nr. 2 EigZulG und nach dem 31.12.1995 gem. § 19
Abs. 1 EigZulG) einzuhalten; in diesen Fällen ist vom Zeitpunkt des zuerst gestellten
Bauantrags auszugehen.[585] Bei Anschaffung eines unbebauten oder mit einem teilferti-
gen Gebäude versehenen Grundstücks ist als Herstellungsbeginn nicht ein vom Rechtsvorgänger gestellter Bauantrag zugrunde zu legen, sondern der Beginn der Bauarbeiten
des Erwerbers, da § 19 Abs. 1 EigZulG auf diesen als Anspruchsberechtigten abstellt.[586]

Mieter, die ihre vorher gemietete Wohnung aufgrund einer Veräußerungspflicht des
Wohnungsunternehmens nach § 5 des Altschuldenhilfegesetzes erwerben, können auf
unwiderruflichen Antrag hin mit Eigenheimzulage gefördert werden, wenn der Anschaf-

---

[583] Vgl. OFD Erfurt, Vfg. vom 29.4.1996, S. 1203.
[584] Vgl. OFD Berlin, Vfg. vom 14.11.1996, S. 242.
[585] Vgl. OFD Erfurt, Vfg. vom 29.4.1996, S. 1203.
[586] Vgl. OFD Münster, Vfg. vom 15.3.1996, S. 470; OFD Erfurt, Vfg. vom 29.4.1996, S. 1203; OFD
Koblenz, Vfg. vom 24.7.1996, S. 2025; OFD Berlin, Vfg. vom 14.11.1996, S. 242.

fungszeitpunkt für die Wohnung nach dem 28.6.1995 liegt (§ 19 Abs. 2 Satz 1 Nr. 1 und Sätze 2 und 3 EigZulG). Ein Mieter, der die Mietwohnung nicht von einem nach § 5 Altschuldenhilfe-Gesetz privatisierungspflichtigen Wohnungsunternehmen, sondern von einem sogenannten Zwischenerwerber anschafft, kann trotzdem die Eigenheimzulage in Anspruch nehmen und hat ein Wahlrecht zwischen § 10e-Förderung und Eigenheimzulage, wenn der Wohnungserwerb aufgrund eines nach dem 28.6.1995 abgeschlossenen Kaufvertrags erfolgt.[587]

2.3.1 Der Fördergrundbetrag gemäß § 9 Abs. 2 EigZulG

2.3.1.1 Anspruchsberechtigte Personen

Nach § 1 EigZulG haben nur natürliche Personen Anspruch auf die Eigenheimzulage, die unbeschränkt steuerpflichtig im Sinne des Einkommensteuergesetzes sind. Somit steht die Eigenheimzulage beschränkt Steuerpflichtigen, Personengesellschaften und Körperschaften nicht zu. Unerheblich ist es, ob tatsächlich eine Einkommensteuerveranlagung durchgeführt wird[588] oder überhaupt eine Steuerzahllast entsteht[589]. Die sogenannten Auslandsbeamten[590] im Sinne des § 1 Abs. 2 EStG und Personen, die nach § 1 Abs. 3 EStG auf Antrag als unbeschränkt einkommensteuerpflichtig behandelt werden, sind ebenfalls anspruchsberechtigt. Letztere allerdings nur, soweit die Eigenheimzulage für eine an Angehörige unentgeltlich überlassene Wohnung im Inland beantragt wird.[591]

Wie bei der § 10e-Regelung können sowohl Bauherren als auch entgeltliche Erwerber, die bürgerlich-rechtliches oder wirtschaftliches Eigentum besitzen, nach dem EigZulG gefördert werden, wenn sie die Anschaffungs- oder Herstellungskosten des Objekts getragen haben.[592]

---

[587] Vgl. FinMin (Sachsen-Anhalt) - Erlaß vom 29.7.1996 (Lexinform 131759); OFD Koblenz, Vfg. vom 27.5.1997, S. 1085.

[588] Da § 46 Abs. 1 EStG durch das JStG 1996 weggefallen ist, wird eine Pflichtveranlagung nicht mehr wegen Überschreitens der Einkommensgrenzen von 27.000 DM bzw. 54.000 DM durchgeführt; vgl. auch JECHNERER, M. (1997a), S. 913.

[589] Vgl. OFD Koblenz, Vfg. vom 9.7.1996, S. 1528.

[590] Vgl. JECHNERER, M. (1997a), S. 913.

[591] Vgl. OFD Koblenz, Vfg. vom 27.5.1997, S. 1084.

[592] Vgl. MÄRKLE, R. W./FRANZ, R. (1996), S. 24; STEPHAN, R. (1996a), S. 574; WACKER, R. (1996), § 2 EigZulG, Anm. 100.

Von der Eigenheimzulage ausgeschlossen sind Erwerbe einer Wohnung oder eines Anteils daran von einem Ehegatten, wenn im Zeitpunkt des Erwerbs die Voraussetzungen für eine Zusammenveranlagung i. S. des § 26 Abs. 1 EStG erfüllt sind (§ 2 Abs. 1 Satz 3 EigZulG). Eine nachträgliche Trennung der Ehegatten führt nicht zur Gewährung der Zulage für den verbleibenden Förderzeitraum, da maßgebend für die Ausschlußvorschrift der Zeitpunkt der Anschaffung ist. Lebten die Ehegatten im Anschaffungsjahr des Begünstigungsobjekts dauernd getrennt, ist der Erwerb des Objekts vom anderen getrennt lebenden Ehegatten dagegen förderungsfähig. Das gilt ebenso für Erwerbe, die zwischen Partnern einer eheähnlichen Gemeinschaft stattfinden. Hier kann die Eigenheimzulage sogar gewährt werden, wenn begünstigte Objekte wechselseitig veräußert werden *(vgl. dazu als Ausschlußtatbestand bei § 7b EStG oben Abschnitt 2.1.1.6.3).*[593]

Erwirbt ein Steuerpflichtiger eine Wohnung im Rahmen der vorweggenommenen Erbfolge und übernimmt er dabei die auf dem Grundstück lastenden Hypotheken und Grundschulden, handelt es sich in Höhe der übernommenen Schulden um einen partiell entgeltlichen Erwerb, der in dieser Höhe zur Inanspruchnahme der Eigenheimzulage berechtigt. Ebenfalls um einen entgeltlichen Vorgang handelt es sich bei Ausgleichszahlungen im Rahmen einer Erbauseinandersetzung. In Höhe ihrer Zahlung sind die Miterben bei Übernahme einer Wohnung aus dem Nachlaß zulageberechtigt.[594]

Nicht zur Inanspruchnahme der Eigenheimzulage berechtigt ist - analog zu § 10e EStG - der unentgeltliche Einzelrechtsnachfolger, da es ihm an getragenen Aufwendungen fehlt.[595] Unbenommen bleibt im Fall des unentgeltlichen Erwerbs infolge Erbfalls die Möglichkeit des Erwerbers, als Gesamtrechtsnachfolger des Erblassers die Eigenheimzulage für die Jahre, die dem Todesjahr folgen, bis zum Ablauf des Förderzeitraums in Anspruch zu nehmen, soweit die dazu erforderlichen Voraussetzungen in seiner Person erfüllt sind, d. h., er muß die Wohnung zu eigenen Wohnzwecken nutzen und es darf noch kein Objektverbrauch eingetreten sein.[596] Es kommt nicht darauf an, ob der Erblasser die Eigenheimzulage erhalten hat oder ob ihm diese z. B. wegen Objektverbrauchs

---

[593] Vgl. HANDZIK, P./MEYER, B. (1996), S. 54 f. und 87 ff.
[594] Vgl. HANDZIK, P./MEYER, B. (1996), S. 37 f. und 49 ff.
[595] Vgl. HANDZIK, P./MEYER, B. (1996), S. 37; STEPHAN, R. (1996a), S. 574.
[596] Vgl. MEYER, B./HANDZIK, P. (1996), S. 11; WACKER, R. (1996), § 2 EigZulG, Anm. 171.

versagt war.[597] Zu beachten ist dabei jedoch, daß durch die Fortführung der Eigenheimzulage beim Erben der Objektverbrauch *(vgl. unten 2.3.1.6.2)* eintritt, unabhängig davon, wie lange er die Zulage in Anspruch nimmt. Zudem gilt, daß der vom Rechtsvorgänger beanspruchte Teil des Förderzeitraums für den Erben nicht mehr zur Verfügung
steht. Auch im Todesjahr steht die Eigenheimzulage noch dem Erblasser zu, und zwar
im vollen Umfang. Ein Förderwahlrecht zwischen Erbe und Erblasser, wie es bei § 10e
EStG gegeben war, ist hier nicht möglich.[598]

Geht eine Wohnung im Erbfall auf mehrere Erben über, so steht der Erbengemeinschaft
die Eigenheimzulage des Erblassers für den restlichen Förderzeitraum zu, wenn sie die
Voraussetzungen für deren Inanspruchnahme erfüllen. Erhält einer der Erben aufgrund
der Erbauseinandersetzung mit den Miterben die Wohnung zu seiner alleinigen Nutzung, ohne daß er eine Ausgleichszahlung an die Miterben leisten muß, kann er die
volle Eigenheimzulage, die der Erblasser beanspruchen konnte, geltend machen, ansonsten steht ihm die Eigenheimzulage nur in Höhe seiner Erbquote zu.[599]

2.3.1.2 Begünstigte Objekte

2.3.1.2.1 Wohnungen im Sinne des EigZulG

Nach § 2 EigZulG kann für jede entweder zu eigenen Wohnzwecken selbstgenutzte oder
unentgeltlich an Angehörige überlassene Wohnung im eigenen Haus, die im Inland
belegen ist, zum Privatvermögen gehört und den Merkmalen des Wohnungsbegriffs
genügt, die Förderung nach dem Eigenheimzulagengesetz in Anspruch genommen werden. Dabei ist nicht von Bedeutung, ob sich die Wohnung in einem Ein- oder Zweifamilienhaus, in einem Mietwohngebäude oder in einem gewerblichen oder sonstigen Zwek-
ken dienenden Gebäude befindet (§ 2 Abs. 1 Satz 1 EigZulG).[600] Der Rahmen der begünstigten Förderobjekte entspricht damit dem der Vörgangervorschrift § 10e EStG.[601]

---

[597] Vgl. HANDZIK, P./MEYER, B. (1996), S. 37.
[598] Vgl. HANDZIK, P./MEYER, B. (1996), S. 38.
[599] Vgl. HANDZIK, P./MEYER, B. (1996), S. 49 ff.
[600] Vgl. MÄRKLE, R. W./FRANZ, R. (1996), S. 21.
[601] Vgl. MEYER, B./HANDZIK, P. (1996), S. 6.

Die Förderung erfolgt für Wohnungen im bewertungsrechtlichen Sinn.[602] Für die Frage, ob die Voraussetzungen für die Annahme einer Wohnung vorliegen, kommt es grundsätzlich auf den Zeitpunkt des Beginns der Nutzung zu eigenen Wohnzwecken an.[603] In jedem Kalenderjahr des Förderzeitraums muß der Wohnungsbegriff zumindest teilweise erfüllt sein. Fallen die Merkmale für die Annahme einer Wohnung im nachhinein weg (z. B. Umnutzung der Wohnung zu Büroräumen oder zur Anwalts- oder Steuerberaterpraxis), wird die Gewährung der Eigenheimzulage mit Wirkung vom Beginn des folgenden Kalenderjahres, in dem erstmals keine Wohnung mehr vorliegt, verwehrt (§ 11 Abs. 3 Satz 1 EigZulG).

Unter der Voraussetzung, daß eine neue Wohnung geschaffen wird, ist auch der Umbau eines vorhandenen Gebäudes begünstigt.[604]

2.3.1.2.2   Ausbauten und Erweiterungen

Begünstigt sind ebenfalls Eigentumswohnungen sowie Ausbauten und Erweiterungen an einer Wohnung in einem im Inland belegenen eigenen Haus oder einer im Inland belegenen eigenen Eigentumswohnung, wenn Eigennutzung oder eine unentgeltliche Überlassung an Angehörige hinzukommt (§ 2 Abs. 2 EigZulG). Gegenüber der bisherigen Regelung zum § 10e-Abzugsbetrag hat sich für Ausbauten und Erweiterungen durch die Rechtsprechung[605] eine Einschränkung ergeben. Danach werden für die Eigenheimzulage nicht als Ausbau oder Erweiterung begünstigt neu geschaffene Räume und Raumteile mit einer lichten Höhe von weniger als zwei Metern, Balkone, Loggien, Schwimmbäder und ähnliche, nach allen Seiten geschlossene Räume, Zubehörräume zur Wohnung (z. B. Keller, Waschküchen, Abstellräume außerhalb der Wohnung, Schuppen, Dachböden, Trockenräume) sowie Wirtschaftsräume zur Wohnnutzung (z. B. Vorratsräume, Ställe, Scheunen und ähnliche Räume). Abweichend von der bisherigen § 10e-Förderung wird hiernach auch der Anbau einer Garage nicht mehr als begünstigte Erweiterung angesehen und demzufolge keine Eigenheimzulage für eine solche Bau-

---

[602] Vgl. STEPHAN, R. (1996a), S. 576.
[603] Vgl. mit Beispielen MEYER, B./HANDZIK, P. (1996), S. 7 f.
[604] Vgl. HANDZIK, P./MEYER, B. (1996), S. 44 ff.
[605] Vgl. BFH vom 8.3.1995, S. 352.

maßnahme gewährt.[606] Während aus Vertrauensschutzgründen bei Ausbauten und Erweiterungen im Sinne des § 10e Abs. 2 EStG, mit deren Herstellung vor dem 1.1.1996
begonnen wurde, die Grundsätze dieses BFH-Urteils über den entschiedenen Einzelfall
hinaus keine Anwendung finden, sind sie auf Ausbauten und Erweiterungen im Sinne
des § 2 Abs. 2 EigZulG anzuwenden, mit deren Herstellung nach dem 26.10.1995 begonnen wurde, sofern sie nicht nach § 10e EStG gefördert werden.[607] Wintergärten, die
sich nach ihrer baulichen Gestaltung (insbesondere hinsichtlich Raumhöhe, Belüftung,
Beheizen und Beleuchtung) zum dauernden Aufenthalt von Menschen auch in den Wintermonaten eignen, sind jedoch nach wie vor begünstigt.[608]

Zweifel entstanden durch die Formulierung des § 2 Abs. 2 EigZulG, ob es für die Begünstigung von Ausbauten und Erweiterungen erforderlich ist, daß diese an zu eigenen
Wohnzwecken genutzten Wohnungen vorgenommen werden, und ob die Wohnung, an
der die Baumaßnahme durchgeführt wird, vor Beginn und nach Fertigstellung der Baumaßnahme vom Eigentümer bewohnt werden muß oder ob die Eigenheimzulage für zu
eigenen Wohnzwecken genutzte Ausbauten und Erweiterungen auch dann in Betracht
kommen kann, wenn nur der Ausbau bzw. die Erweiterung anschließend selbst bewohnt
und die bisherige Wohnung vermietet wird.[609] Die Finanzverwaltung hat zuletzt für
Klarheit gesorgt und verfügt, daß Ausbauten und Erweiterungen nur dann begünstigt
sind, wenn sie an einer Wohnung vorgenommen werden, die spätestens nach Fertigstellung des Ausbaus oder der Erweiterung zu eigenen Wohnzwecken im Sinne des § 4
EigZulG genutzt wird.[610]

Wird ein Ausbau oder eine Erweiterung im Sinne des § 2 Abs. 2 EigZulG an einer Wohnung vorgenommen, für die der Steuerpflichtige noch die Förderung nach § 10e EStG in
Anspruch nimmt, so ist zu beachten, daß die gleichzeitige Förderung von Ausbau oder
Erweiterung nach § 2 Abs. 2 EigZulG und Wohnung nach § 10e Abs. 1 EStG aufgrund
schädlichen räumlichen Zusammenhangs (§ 6 Abs. 1 und 3 EigZulG) ausscheidet. Da
die Aufwendungen für den Ausbau oder die Erweiterung grundsätzlich aber auch als

---

[606] Vgl. ANGSTENBERGER, J. (1997), S. 367.
[607] Vgl. BMF-Schreiben vom 15.7.1996, S. 692.
[608] Vgl. BMF-Schreiben vom 15.7.1996, S. 692; STUHRMANN, G. (1996), S. 9614.
[609] Vgl. STEPHAN, R. (1996a), S. 577f.
[610] Vgl. OFD Koblenz, Vfg. vom 24.7.1996, S. 2024.

nachträgliche Herstellungskosten im Sinne des § 10e-Objekts berücksichtigungsfähig sind, ergeben sich mehrere Gestaltungsvarianten.[611] Werden die Aufwendungen im Rahmen der § 10e-Förderung als nachträgliche Herstellungskosten berücksichtigt, erhöht das die Bemessungsgrundlage und ggf. auch den noch nicht ausgeschöpften Abzugsbetrag, führt aber auch zum Verlust der Eigenheimzulage für diese Aufwendungen. Soll für den Ausbau oder die Erweiterung die Eigenheimzulage beansprucht werden, muß auf die Fortführung der § 10e-Förderung verzichtet werden. Schließlich könnte noch die § 10e EStG-Förderung in der bisherigen Höhe - ohne Aufwendungen für die Ausbaumaßnahme - bis zum Ende des Abzugszeitraums fortgeführt und im Anschluß daran für den verbleibenden Förderzeitraum des Ausbaus oder der Erweiterung die Eigenheimzulage in Anspruch genommen werden. Eine unter steuerlichen Gestaltungsmerkmalen zu treffende Entscheidung wird insbesondere durch den Grenzsteuersatz des Steuerpflichtigen, die Anzahl seiner Kinder und die Höhe der bisherigen Bemessungsgrundlage des § 10e-Objekts beeinflußt.[612]

Ausbauten und Erweiterungen gelten als eigenständiges Objekt im Sinne des EigZulG, mit der Folge, daß auch Objektverbrauch daran eintreten kann. Werden mehrere Baumaßnahmen im Rahmen eines Ausbaus oder einer Erweiterung durchgeführt, können sie wie ein Begünstigungsobjekt gezählt werden, wenn sie in enger zeitlicher Folge vorgenommen werden.[613]

2.3.1.2.3   Anteile an begünstigten Objekten

Mit Eigenheimzulage gefördert werden auch Anteile an einem begünstigten Objekt. Jeder Miteigentumsanteil an einer nach EigZulG förderungsfähigen Wohnung bildet ein selbständig begünstigtes Förderobjekt im Sinne des § 2 Abs. 1 EigZulG. Dies folgt mittelbar aus § 9 Abs. 2 Satz 3 EigZulG, wonach bei einem im Eigentum mehrerer Steuerpflichtiger stehenden Objekt jeder entsprechend seinem Miteigentumsanteil die Förderung beantragen kann.[614] Folgerichtig ist ein später hinzuerworbener weiterer Anteil ein

---

[611] Vgl. MEYER, B. (1996a), S. 50.
[612] Vgl. MEYER, B. (1996a), S. 50.
[613] Vgl. HANDZIK, P./MEYER, B. (1996), S. 56.
[614] Vgl. HANDZIK, P./MEYER, B. (1996), S. 49.

neues Förderobjekt; eine Addition beider zum Vollobjekt ist ausgeschlossen.[615] Der Vorteil der Gleichstellung von Anteilen mit Wohnungen oder Gebäuden liegt darin, daß der Steuerpflichtige zur Inanspruchnahme des Fördergrundbetrags und der Kinderzulage (§ 9 Abs. 2 und 4 EigZulG) nicht eigens ein (teureres) Vollobjekt erwerben muß.[616]

Nachteile entstehen zweifelsohne dadurch, daß mit der Förderung eines Miteigentums-anteils Objektverbrauch eintritt *(vgl. unten 2.3.1.6.2)*, der dem alleinstehenden Steuer-pflichtigen verwehrt, für einen hinzuerworbenen Anteil die ggf. zuvor nicht ausge-schöpfte Zulage zu beantragen.[617]

2.3.1.2.4   Folgeobjekte

Nach § 7 Satz 1 EigZulG ist die Übertragung nicht ausgenutzter Jahre des Förderzeit-raums auf ein Folgeobjekt möglich, wenn der Steuerpflichtige die Eigenheimzulage für ein begünstigtes Objekt (Erstobjekt) nicht bis zum Ende des achtjährigen Förderzeit-raums in Anspruch genommen hat. Erstobjekt kann aber auch ein Begünstigungsobjekt sein, das beim Steuerpflichtigen durch einen Abzugsbetrag nach § 10e EStG oder durch eine vergleichbare Vergünstigung nach § 7b EStG oder nach § 15 bzw. § 15b BerlinFG gefördert wurde (§ 7 Satz 4 EigZulG).

Die Anschaffung oder Herstellung des Folgeobjekts, auf das die Jahre, für die der Steuerpflichtige beim Erstobjekt keine Eigenheimzulage mehr erhält, übertragen werden sollen, muß nach dem EigZulG nicht innerhalb einer bestimmten Frist erfolgt sein. Im Vergleich zur § 10e-Regelung, nach der das Folgeobjekt innerhalb von zwei Jahren vor oder drei Jahren nach dem Ende des Kalenderjahres, in dem das Erstobjekt letztmalig zu eigenen Wohnzwecken genutzt wurde, angeschafft oder hergestellt worden sein mußte, resultiert daraus eine deutliche Besserstellung des Steuerpflichtigen, der jetzt eine Zula-ge für ein Folgeobjekt beantragen kann, das mehr als drei Jahre nach dem Ende des letz-ten Förderjahres für ein § 10e-Erstobjekt angeschafft oder hergestellt wurde und für das nach § 10e-Regelung keine Folgeförderung möglich gewesen wäre.[618] Der Anspruch auf

---

[615] Vgl. HANDZIK, P./MEYER, B. (1996), S. 49.
[616] Vgl. HANDZIK, P./MEYER, B. (1996), S. 80.
[617] Vgl. HANDZIK, P./MEYER, B. (1996), S. 80.
[618] Vgl. KÜPER, H./WERSCHMÖLLER, K. (1995), S. 739; STEPHAN, R. (1996a), S. 586.

eine Folgeobjektbegünstigung bleibt bei ehemals abgebrochener Förderung eines Erstobjekts somit ein Leben lang bestehen.[619]

Folgeobjekte können auch Ausbauten oder Erweiterungen an einer bereits zu eigenen Wohnzwecken genutzten Wohnung sein. Nach § 7 Satz 2 EigZulG handelt es sich beim Folgeobjekt um ein selbständiges Begünstigungsobjekt. Diese Qualifikation bewirkt, daß die Förderung des Folgeobjekts grundsätzlich losgelöst von der des Erstobjekts erfolgt.[620] Dementsprechend bemißt sich die Höhe der Eigenheimzulage nach den dafür aufgewendeten Anschaffungs- oder Herstellungskosten und ein Vorkostenabzug nach § 10i EStG ist erneut möglich,[621] allerdings müssen die Einkunftsgrenzen nach § 5 EigZulG auch erneut überprüft werden[622].

Der Förderzeitraum des Folgeobjekts beginnt grundsätzlich in dem Jahr, in dem das Folgeobjekt angeschafft oder hergestellt wurde und bemißt sich nach den Kalenderjahren, in denen die Eigenheimzulage oder vergleichbare Vergünstigungen für das Erstobjekt noch nicht in Anspruch genommen wurden (§ 7 Satz 3 erster Halbsatz EigZulG). Dabei kommt es nicht auf die tatsächliche, sondern auf die mögliche Inanspruchnahme einer Förderung an, weshalb der Förderzeitraum ggf. auch um Kalenderjahre zu kürzen ist, in denen die Einkunftsgrenze überschritten wurde oder das Erstobjekt nicht zu eigenen Wohnzwecken genutzt wurde.[623] Soll die Übertragung nicht ausgenutzter Jahre des Förderzeitraums auf ein Folgeobjekt erfolgen, das zu dem Zeitpunkt bereits angeschafft oder hergestellt war, verschiebt sich der Beginn des Förderzeitraums für das Folgeobjekt auf das Jahr, das auf das Jahr der letztmaligen Nutzung des Erstobjekts zu eigenen Wohnzwecken folgt (§ 7 Satz 3 zweiter Halbsatz EigZulG). Erstobjekt und Folgeobjekt können somit nicht gleichzeitig gefördert werden.[624] Ein Abweichen von diesem Grundsatz kommt auch dann nicht in Betracht, wenn das Erstobjekt noch zu eigenen Wohnzwecken genutzt wird, ein vollständiges Ausschöpfen des Förderzeitraums aber aufgrund der Förderbegrenzung des § 9 Abs. 6 EigZulG *(vgl. 2.3.3.3)* nicht möglich ist.

---

[619] Vgl. GREFE, C. (1996), S. 158.
[620] Vgl. MÄRKLE, R. W./FRANZ, R. (1996), S. 52.
[621] Vgl. HANDZIK, P./MEYER, B. (1996), S. 108; SIEGLE, W. (1997), S. 72.
[622] Vgl. STEPHAN, R. (1996a), S. 586.
[623] Vgl. STEPHAN, R. (1996a), S. 586.
[624] Vgl. WACKER, R. (1996), § 7 EigZulG, Anm. 60.

Der Förderzeitraum für das Folgeobjekt beginnt auch in diesen Fällen erst nach letztmaliger Nutzung des Erstobjekt zu eigenen Wohnzwecken.[625]

Wurde auch beim Folgeobjekt die Eigenheimzulage nicht für alle verbleibenden Jahre des Erstobjekt-Förderzeitraums in Anspruch genommen, kann die Zulage für ein drittes Objekt nicht mehr beantragt werden. Das gilt sogar dann, wenn nach dem Folgeobjekt als drittes Objekt wieder das Erstobjekt innerhalb des ursprünglichen Förderzeitraums genutzt wird.[626]

2.3.1.3   Begünstigte Nutzungsformen

Das begünstigte Objekt muß im jeweiligen Jahr des Förderzeitraums zu Wohnzwecken genutzt werden (§ 4 EigZulG). Die Nutzung zu eigenen Wohnzwecken durch den zulageberechtigten Steuerpflichtigen wird dabei nach dem Eigenheimzulagengesetz genauso gefördert wie die unentgeltliche Überlassung der Wohnung durch den zulageberechtigten Steuerpflichtigen an einen Angehörigen.

2.3.1.3.1   Nutzung zu eigenen Wohnzwecken

Bei Eigennutzung hat die Nutzung zu Wohnzwecken durch den Eigentümer selbst zu erfolgen. Für jedes Kalenderjahr, für das er eine Eigenheimzulage beansprucht, muß er die Wohnung insgesamt oder zumindest teilweise zu eigenen Wohnzwecken nutzen (§ 4 Satz 1 EigZulG). Analog zu § 10e EStG liegt eine Nutzung zu einen Wohnzwecken vor, wenn der Anspruchsberechtigte (allein oder gemeinsam mit seiner Familie) die Wohnung zumindest zeitweise bewohnt. Ob die Wohnung dem Steuerpflichtigen nur als Zweitwohnung dient, oder ob sie den Mittelpunkt seiner Lebensinteressen bildet, ist nicht mehr ausschlaggebend, allerdings darf sie nicht im Rahmen der doppelten Haushaltsführung steuerlich angesetzt werden, da der Werbungskosten- oder Betriebsausgabenabzug Vorrang vor der Eigenheimzulage hat *(vgl. 2.3.1.6.4)*, und der Anspruchsberechtigte muß die Wohnung tatsächlich nutzen, d. h., eine lediglich theoretische Möglichkeit zur Eigennutzung ist nicht ausreichend.[627]

---

[625] Vgl. OFD Koblenz, Vfg. vom 24.7.1996, S. 2025.
[626] Vgl. MÄRKLE, R. W./FRANZ, R. (1996), S. 53.
[627] Vgl. HANDZIK, P./MEYER, B. (1996), S. 67 f.; MÄRKLE, R. W./FRANZ, R. (1996), S. 36.

2.3.1.3.2   Unentgeltliche Überlassung zu Wohnzwecken

Die unentgeltliche Überlassung der Wohnung an einen Angehörigen zu Wohnzwecken ist gemäß § 4 Satz 2 EigZulG der Nutzung zu eigenen Wohnzwecken gleichgestellt. Damit wird die bislang eigenständig in § 10h EStG geregelte Steuerbegünstigung von unentgeltlich zu Wohnzwecken überlassenen Wohnungen *(vgl. 2.2.2)* in das Eigenheimzulagengesetz integriert[628] und § 10h EStG mit Inkrafttreten des Eigenheimzulagengesetzes aufgehoben.[629] Dennoch ist die Neuregelung nicht mit § 10h EStG identisch, sondern es kommt gegenüber dem bisherigen Recht nach §§ 10e und 10h EStG zu einigen Änderungen:

- Bei der § 10e-Förderung war die unentgeltliche Überlassung von Teilen der Wohnung an Dritte für die Inanspruchnahme des Abzugsbetrags unschädlich, wenn der Rest der Wohnung selbstgenutzt wurde *(vgl. 2.2.1.1.3.3)*. Hier mußte es sich bei den Dritten nicht um Angehörige oder nahe Angehörige handeln, begünstigt war somit auch die Überlassung an Nichtverwandte. Nach dem EigZulG ist nur noch eine unentgeltliche Überlassung von Wohnungsteilen an Angehörige zulässig.[630]

- Im Vergleich zur § 10e-Regelung *(vgl. 2.2.1.1.3.4)* hat der Steuerpflichtige nach § 4 Satz 2 EigZulG jetzt aber auch Anspruch auf eine Förderung mit Eigenheimzulage (nicht jedoch die Kinderzulage, *vgl. 2.3.3.2*), wenn er eine Eigentumswohnung unentgeltlich einem studierenden Kind überläßt.

- Abweichend von der Rechtslage bei der § 10h-Förderung *(vgl. 2.2.2.4)* werden nach dem EigZulG unentgeltliche überlassene Wohnungen beim Objektverbrauch mitgerechnet.[631]

- Das bislang nach § 10h Satz 3 Nr. 2 EStG ausdrücklich erwünschte Zusammenleben mehrerer Generationen unter einem Dach und die damit einhergehende gleichzeitige Förderung von Eigentümer- und Angehörigenwohnung ist wegen des in § 6 Abs. 1

---

[628] Vgl. MÄRKLE, R. W./FRANZ, R. (1996), S. 38.

[629] Vgl. GREFE, C. (1996), S. 157.

[630] A. A.: HANDZIK, P./MEYER, B. (1996), S. 67: Die Förderung kann nicht davon abhängig sein, wen der Steuerpflichtige in seinen Haushalt aufnimmt; zudem stellt sich die Frage, ob die Finanzbehörde hier nicht allzu tief in die Intimssphäre eindringt.

[631] Vgl. MEYER, B. (1996a), S. 50.

Satz 2 EigZulG formulierten schädlichen räumlichen Zusammenhangs nunmehr ausgeschlossen.[632]

- Zugleich ergibt sich damit aber auch eine Besserstellung gegenüber dem bisherigen Recht nach § 10h EStG insoweit, als die unentgeltlich überlassene Wohnung sich nicht mehr in einem Gebäude befinden muß, das vom Steuerpflichtigen teilweise zu eigenen Wohnzwecken mitbenutzt wird[633] und weiterhin ist nicht mehr Voraussetzung *(vgl. 2.2.2.1)*, daß die unentgeltlich überlassene Wohnung durch eine Baumaßnahme an einem vorhandenen Gebäude oder im Rahmen eines Neubaus neu geschaffen wurde (§ 6 Abs. 1 Satz 2 EigZulG). Somit sind auch Altbauten und von der Wohnung des Steuerpflichtigen entfernt liegende Objekte begünstigt.[634]

- Darüber hinaus ist der Kreis der Angehörigen gegenüber der vergleichbaren § 10h-Regelung, die nur nahe Angehörige in die Begünstigung einbezog, erheblich erweitert. Nach dem Eigenheimzulagengesetz rechnen zum Kreis der Angehörigen die in § 15 AO benannten Personen. Das sind außer den zu den nahen Angehörigen zählenden Großeltern, Eltern, Schwiegereltern, Kindern, Schwiegerkindern, Enkeln und Geschwistern auch die Verlobten, Ehegatten, Ehegatten der Enkel, Neffen und Nichten, Schwager und Schwägerinnen, Onkel und Tanten, Halbgeschwister, Pflegeeltern und Pflegekinder, geschiedene Ehegatten, oben genannte Personen, wenn die Verwandtschaft oder Schwägerschaft durch Adoption erloschen ist sowie Pflegekinder, zu denen die häusliche Gemeinschaft nicht mehr besteht. Nicht dazu zählen Vettern und Cousinen, Stiefgeschwister und Geschwister der Ehegatten sowie Ehegatten mehrerer Geschwister im Verhältnis zueinander (sogenannte Schwippschwägerschaft).[635]

Das Merkmal der Unentgeltlichkeit ist wie bei § 10h EStG daran geknüpft, daß der Wohnungseigentümer auf jegliche Miete, auch weit unter der ortsüblichen Marktmiete liegend, verzichtet.[636] Die Beteiligung des die Wohnung nutzenden Angehörigen an den Betriebskosten, insbesondere an den Heizungs- und Wasserkosten, an der Grundsteuer, an den Müllabfuhr- und Straßenreinigungsgebühren sowie an den Prämien für die Ge-

---

[632] Vgl. HANDZIK, P./MEYER, B. (1996), S. 68.
[633] Vgl STEPHAN, R. (1996a), S. 579.
[634] Vgl. MEYER, B. (1996a), S. 50.
[635] Vgl. KÜPER, H./WERSCHMÖLLER, K. (1995), S. 737.
[636] Vgl. KOLLER, A. (1992b), S. 847; MEYER, B. (1997), § 10h EStG, Anm. 50.

bäudesach- und Haftpflichtversicherung, führt nicht zur Entgeltlichkeit der Nutzungsüberlassung, wenn diese Kosten nach Ablauf jedes Jahres abgerechnet werden.[637]

2.3.1.4   Bemessungsgrundlage

2.3.1.4.1   Anschaffungs- und Herstellungskosten

Bemessungsgrundlage für den Fördergrundbetrag nach § 9 Abs. 2 EigZulG sind die An-
schaffungs- oder Herstellungskosten des Gebäudes bzw. der Wohnung sowie die vollen
Anschaffungskosten des dazugehörenden Grund und Bodens (§ 8 Satz 1 EigZulG), soweit diese Aufwendungen auf die eigengenutzte Wohnung entfallen. Die Zulage nach
EigZulG ist einkommensteuerfrei und mindert nicht die steuerlichen Anschaffungs-
oder Herstellungskosten (§ 16 EigZulG).[638]

Gegenüber der § 10e-Regelung sind die auf den Grund und Boden entfallenden Anschaffungskosten nach dem EigZulG in voller Höhe begünstigt. Damit entfällt für den
Anschaffungsfall eines mit der Eigenheimzulage geförderten Objekts die Notwendigkeit
der Aufteilung des Gesamtkaufpreises in einen Grundstückswert und einen Gebäudewert.[639] Wurde der Grund und Boden bereits vor dem 1.1.1996 angeschafft, das begünstigte Objekt aber erst nach dem 31.12.1995 darauf errichtet, so sind die Anschaffungskosten des Grund und Bodens trotzdem in voller Höhe in die Bemessungsgrundlage
einzubeziehen, da der Grund und Boden als unselbständiger Teil der Bemessungsgrundlage erst dann zum Förderungsgegenstand wird, wenn auf ihm ein begünstigtes Objekt
errichtet wird.[640]

Wird eine neue Wohnung aufgrund einer Baumaßnahme an einem bereits vorhandenen
Gebäude errichtet, sind neben den dafür angefallenen Herstellungskosten - abweichend
von der vergleichbaren § 10h-Regelung *(vgl. 2.2.2.3)* - auch die anteiligen Grundstückskosten sowie die auf die neu geschaffene Wohnung entfallende Altbausubstanz in die
Bemessungsgrundlage einzubeziehen.[641]

---

[637] Vgl. HANDZIK, P./MEYER, B. (1996), S. 69; gl. A. zu § 10h EStG: KOLLER, A. (1992b), S. 847.
[638] Vgl. HANDZIK, P./MEYER, B. (1996), S. 167.
[639] Vgl. HANDZIK, P./MEYER, B. (1996), S. 112.
[640] Vgl. MÄRKLE, R. W./FRANZ, R. (1996), S. 88 f.
[641] Vgl. HANDZIK, P./MEYER, B. (1996), S. 110 f.

Bei Ausbauten und Erweiterungen dürfen nur die für die Durchführung der Baumaßnahme aufgewandten Herstellungskosten als Bemessungsgrundlage angesetzt werden und nicht auch die auf den Ausbau oder die Erweiterung entfallenden Anschaffungskosten für den Grund und Boden (§ 8 Satz 2 EigZulG). Insoweit gleicht die Bemessungsgrundlage für Ausbauten und Erweiterungen nach dem EigZulG der entsprechenden Vorschrift nach § 10e EStG.[642]

Erhält der Steuerpflichtige Zuschüsse aus öffentlichen oder privaten Mitteln für die Herstellung oder die Anschaffung einer nach dem EigZulG geförderten Wohnung, so mindert sich entsprechend die Bemessungsgrundlage für die Eigenheimzulage. Wird der Zuschuß zurückgezahlt, erhöht sich die Bemessungsgrundlage um den Rückzahlungsbetrag.[643]

2.3.1.4.2 Nachträgliche Anschaffungs- und Herstellungskosten

Im Unterschied zu § 10e Abs. 3 Satz 3 EStG, der nachträgliche Anschaffungs- und Herstellungskosten ausdrücklich erwähnt und sie vom Jahr ihrer Entstehung an so behandelt, als wären sie zu Beginn des Abzugszeitraums entstanden (rückwirkende Erhöhung der Bemessungsgrundlage), bleiben derartige Aufwendungen im Eigenheimzulagengesetz unerwähnt. Dementsprechend umstritten ist in der Literatur, ob und wie nachträgliche Anschaffungs- und Herstellungskosten im Rahmen der Zulagengewährung zu behandeln sind. STEPHAN folgert aus der Formulierung des § 2 Abs. 1 Satz 1 EigZulG („Begünstigt ist die Herstellung oder Anschaffung einer Wohnung ..."), daß nachträgliche Herstellungskosten, die auf einem von der Herstellung oder Anschaffung des Objekts zeitlich oder sachlich abgrenzbaren neuen Herstellungsvorgang beruhen, durch die Eigenheimzulage nicht begünstigt sind.[644] HANDZIK/MEYER, die ihre Argumentation auf § 8 EigZulG stützen, wonach es nicht allein auf die Verhältnisse im Erwerbszeitpunkt ankommt, vertreten die Ansicht, nachträgliche Anschaffungs- und Herstellungskosten würden ab dem Jahr ihres Entstehens die Bemessungsgrundlage im Sinne des § 8 EigZulG erhöhen. Demzufolge käme es zu einer Neufestsetzung der Eigenheimzulage

---

[642] Vgl. HANDZIK, P./MEYER, B. (1996), S. 111.
[643] Vgl. OFD Erfurt, Vfg. vom 11.7.1996, S. 1732.
[644] Vgl. STEPHAN, R. (1996a), S. 576.

nach § 11 Abs. 2 EigZulG, wenn sich die Verhältnisse für die Höhe des Fördergrundbetrags dadurch geändert haben. Eine Nachholung komme allerdings systembedingt
nicht in Betracht.[645] Letzterer Ansicht entspricht auch eine zwischenzeitlich von der
OFD Koblenz erlassene Verfügung, wonach Aufwendungen, die erst nach Eintritt der
Fördervoraussetzungen entstanden sind, ab ihrem Entstehungsjahr die Bemessungsgrundlage erhöhen und es somit zu einer Neufestsetzung der Eigenheimzulage nach § 11
Abs. 2 EigZulG kommen kann. Eine Rückbeziehungsmöglichkeit nachträglicher Aufwendungen wird infolge des Zulagecharakters auch hier verneint.[646] Eine Nachholung
nachträglicher Anschaffungs- oder Herstellungskosten analog der § 10e-Regelung entfällt damit.

Fallen innerhalb der ersten drei Jahre nach Erwerb eines gebrauchten Objekts Aufwendungen für die Modernisierung oder Sanierung an, die über 15 % der Anschaffungskosten für das Objekt hinausgehen, erhöhen diese wie nachträgliche Herstellungskosten
die Bemessungsgrundlage für den Fördergrundbetrag.[647]

Werden zwei Wohnungen gleichzeitig angeschafft oder hergestellt und wird eine Wohnung zu eigenen Wohnzwecken genutzt, die andere vermietet, ist bei einer späteren Verbindung der beiden Wohnungen zu einer Wohnung eine Erhöhung der Bemessungsgrundlage für die Eigenheimzulage vorzunehmen. Dazu werden die Anschaffungs- oder
Herstellungskosten der zweiten, bisher vermieteten Wohnung ggf. zuzüglich der durch
die Umnutzung entstandenen Umbaukosten als nachträgliche Herstellungskosten ab Beginn der Eigennutzung der bisherigen Bemessungsgrundlage hinzugerechnet.[648]

2.3.1.4.3   Bemessungsgrundlage bei unentgeltlichem und teilentgeltlichem
Erwerb

In Übereinstimmung mit der bisherigen Rechtslage des § 10e EStG ist bei unentgeltlichem Erwerb durch Erbfall (Gesamtrechtsnachfolge) die Inanspruchnahme der Eigenheimzulage möglich. Wie bisher bilden dabei die Herstellungs- oder Anschaffungsko-

---

[645] Vgl. HANDZIK, P./MEYER, B. (1996), S. 115; im Ergebnis gleich: MÄRKLE, R. W./FRANZ, R.
(1996), S. 89 f.
[646] Vgl. OFD Koblenz, Vfg. vom 24.7.1996, S. 2025.
[647] Vgl. STEPHAN, R. (1996a), S. 588.
[648] Vgl. MÄRKLE, R. W./FRANZ, R. (1996), S. 90.

sten des Erblassers die Bemessungsgrundlage für den Fördergrundbetrag des Erben, der die Eigenheimzulage für den verbleibenden Förderzeitraum in Anspruch nimmt.[649] Als Anschaffungskosten des Grund und Bodens in voller Höhe berücksichtigungsfähig sind auch die Erwerbskosten des Rechtsvorgängers, wenn das Grundstück infolge eines Erbfalls unentgeltlich auf den Gesamtrechtsnachfolger übertragen worden ist.

Unentgeltlich durch Schenkung übertragene Grundstücke können hingegen nicht beim Beschenkten mit den ursprünglichen Anschaffungskosten in die Bemessungsgrundlage einbezogen werden, es sei denn, der Steuerpflichtige hat für die Schenkung des Grundstücks eine, dem Grundstückswert indessen nicht entsprechende, Gegenleistung zu erbringen. Hier liegt eine gemischte Schenkung vor, bei der in einen unentgeltlichen Teil und in einen entgeltlichen Teil (z. B. Übernahme bestehender Hypotheken- oder Grundschuldverbindlichkeiten) unterschieden wird. In Höhe des entgeltlichen Teils entstehen dem Steuerpflichtigen Anschaffungskosten, die er einzig für die Bemessungsgrundlage der Eigenheimzulage ansetzen kann, die Inanspruchnahme der Eigenheimzulage für die vom Rechtsvorgänger getragenen Herstellungs- oder Anschaffungskosten ist nicht möglich.[650] Generell ist der teilentgeltliche Erwerb in einen begünstigten entgeltlichen und einen nicht begünstigten unentgeltlichen Erwerbsteil zu unterscheiden, wobei allenfalls im Rahmen eines Erwerbs als Gesamtrechtsnachfolger eine Eigenheimzulage auch für den unentgeltlich erworbenen Erwerbsteil in Betracht kommt. Hinsichtlich des begünstigten entgeltlichen Erwerbsteils sind Fördergrundbeträge bis hin zum Höchstbetrag möglich, dieser ist mithin nicht entsprechend dem Verhältnis des entgeltlichen zum unentgeltlichen Erwerbsteils zu kürzen.[651]

2.3.1.4.4   Bemessungsgrundlage bei nicht vollständiger Nutzung zu eigenen Wohnzwecken

In den Fällen, in denen die Wohnung nicht nur zu eigenen Wohnzwecken, sondern teilweise auch zu anderen Zwecken, insbesondere zu gewerblichen oder beruflichen Zwecken mitbenutzt wird, sind die Anschaffungs- oder Herstellungskosten, die grund-

---

[649] Vgl. MÄRKLE, R. W./FRANZ, R. (1996), S. 75; WACKER, R. (1996), § 2 EigZulG, Anm. 170 f.
[650] Vgl. WACKER, R. (1996), § 2 EigZulG, Anm. 155 f.; HANDZIK, P./MEYER, B. (1996) vertreten die Ansicht, die gemischte Schenkung stehe einem vollentgeltlichen Erwerb gleich, weshalb eine Kürzung der Zulage erst bei Unterschreitung der Höchstbemessungsgrundlage eintritt, vgl. S. 49.
[651] Vgl. WACKER, R. (1996), § 2 EigZulG, Anm. 161.

sätzlich als Bemessungsgrundlage für den Fördergrundbetrag zu berücksichtigen wären, um den Anteil der Aufwendungen zu kürzen, der auf die nicht eigenen Wohnzwecken dienenden Räume entfällt; das gilt gleichermaßen für die Anschaffungskosten des Grund und Bodens (§ 8 Abs. 3 EigZulG). Die Aufteilung der gesamten Anschaffungs- oder Herstellungskosten auf die Bemessungsgrundlage für den bei der Eigenheimzulage begünstigten Teil des Objekts und den nicht begünstigten Objektteil geschieht bei eindeutig zurechenbaren Aufwendungen direkt, ansonsten im Verhältnis der Grundflächen der zu gewerblichen oder beruflichen Zwecken genutzten Räume zur gesamten Nutzfläche der Wohnung[652]. Bei einem häuslichen Arbeitszimmer ist die Nutzfläche des Arbeitszimmers im Regelfall zur Wohnfläche des Gebäudes bzw. der Wohnung ins Verhältnis zu setzen.[653]

Werden Teile einer vom Steuerpflichtigen zu eigenen Wohnzwecken genutzten Wohnung unentgeltlich an Angehörige überlassen, ist das mit einer Eigennutzung gleichzusetzen und führt nicht zu einer Kürzung der Bemessungsgrundlage. Hingegen liegt eine schädliche Fremdnutzung im Gegensatz zu § 10e EStG vor, wenn Teile der Wohnung unentgeltlich zu Wohnzwecken an andere als Angehörige überlassen werden.[654] Eine Kürzung hat daher auch in diesen Fällen zu erfolgen.[655]

2.3.1.5   Begünstigungszeitraum

Die Eigenheimzulage wird für einen achtjährigen Förderzeitraum gewährt (§ 3 EigZulG). Der Zeitraum beginnt frühestens mit dem Kalenderjahr, in dem die Wohnung angeschafft oder fertiggestellt ist. Die Zulage wird für eine eigengenutzte Wohnung auch dann schon gewährt, wenn nicht das ganze Gebäude, sondern nur die eigengenutzte Wohnung zum Ende des Veranlagungszeitraums bezugsfertig ist.[656] Bei Ausbauten oder Erweiterungen beginnt der achtjährige Förderzeitraum frühestens mit Abschluß der Bauarbeiten, bei Bauten auf fremdem Grund und Boden - soweit wirtschaftliches Eigentum vorliegt - mit dem Jahr der Fertigstellung des Objekts.[657]

---

[652] Ebenso R 157 Abs. 8 Satz 2 EStR für die Aufteilung von Erhaltungsaufwendungen.
[653] Vgl. RAMISCH, G. (1995), S. 55 ff.
[654] Vgl. MEYER, B. (1996a), S. 54.
[655] Vgl. HANDZIK, P./MEYER, B. (1996), S. 112 f.
[656] Vgl. HANDZIK, P./MEYER, B. (1996), S. 46.
[657] Vgl. WACKER, R. (1996), § 3 EigZulG, Anm. 11; STEPHAN, R. (1997c), S. 1051.

Der Förderzeitraum ist ein feststehender, unverrückbarer Zeitraum, für den eine Verlängerung nicht in Betracht kommt,[658] so daß für Kalenderjahre, in denen die Wohnung nicht zu eigenen Wohnzwecken genutzt wird (etwa wegen Leerstehens), die Eigenheimzulage ohne Nachholungsmöglichkeit verlorengeht.[659] Gleichwohl ist die Eigenheimzulage - wie auch der Abzugsbetrag nach § 10e Abs. 1 EStG - eine Jahresförderung. Das bedeutet, daß sie auch in den Jahren, in denen eine Nutzung zu eigenen Wohnzwecken nur zeitweise vorliegt, in vollem Umfang gewährt wird.[660] Eine zeitanteilige Kürzung ist nicht vorzunehmen.

Das Erwerbs- oder Fertigstellungsjahr eines Gebäudes ist maßgebend für den Beginn des Förderzeitraums, wenn dieses Gebäude aus dem Betriebsvermögen ins Privatvermögen überführt und anschließend eine im Gebäude befindliche Wohnung zu eigenen Wohnzwecken genutzt wird. Sind im Zeitpunkt der Überführung ins Privatvermögen die acht Jahre des Förderzeitraums noch nicht verbraucht, kann für die verbleibenden Jahre noch eine Eigenheimzulage gewährt werden. Die Bemessungsgrundlage für die Höhe der Zulage richtet sich in diesem Fall nach den ursprünglichen Anschaffungs- oder Herstellungskosten des Gebäudes, nicht nach dem Teilwert der Entnahme aus dem Betriebsvermögen.[661]

Hat im Falle der Grundstücksübertragung durch vorweggenommene Erbfolge der neue Eigentümer im Zusammenhang mit der Zuwendung des Begünstigungsobjekts Zahlungen leisten müssen oder Verbindlichkeiten übernommen und liegt insoweit ein teilentgeltlicher Erwerb vor, beginnt für ihn ab dem Jahr des Eigentumsübergangs ein neuer achtjähriger Förderzeitraum.[662]

Der Förderzeitraum endet mit dem siebten auf das Jahr der Anschaffung oder Fertigstellung der Wohnung bzw. des Ausbaus oder der Erweiterung folgenden Jahres. Wird das begünstigte Objekt im Laufe des Förderzeitraums veräußert oder unentgeltlich übertragen, so fällt die Eigenheimzulage für den bisherigen Grundstückseigentümer ab dem Kalenderjahr weg, das auf das Jahr der Eigentumsübertragung folgt.

---

[658] Vgl. WACKER, R. (1996), § 3 EigZulG, Anm. 1.
[659] Vgl. MEYER, B./HANDZIK, P. (1996), S. 7.
[660] Vgl. STEPHAN, R. (1996a), S. 578.
[661] Vgl. WACKER, R. (1996), § 3 EigZulG, Anm. 13.
[662] Vgl. HANDZIK, P./MEYER, B. (1996), S. 51.

Wird eine bisher zu eigenen Wohnzwecken genutzte Wohnung fortan einem Angehörigen zur unentgeltlichen Nutzung überlassen, führt dies nicht zur Beendigung des Förderzeitraums, da bei der Eigenheimzulage die unentgeltliche Überlassung an Angehörige der Nutzung zu eigenen Wohnzwecken gleichgestellt ist (§ 4 Satz 2 EigZulG).[663]

Die Eigenheimzulage kann bereits mit Beginn der Eigennutzung - unabhängig von der Steuererklärung auf speziellen Vordrucken das ganze Jahr über - beantragt werden und wird daraufhin i. d. R. zu Beginn des Förderzeitraums für den gesamten Zeitraum festgesetzt. Ihre Auszahlung erfolgt für das erste Förderjahr innerhalb eines Monats nach Bekanntgabe des Zulagenbescheids und ab dem zweiten Förderjahr jährlich jeweils zum 15. März; dies erhöht für den Wohnungseigentümer die Planungssicherheit, gerade auch im Hinblick auf ein künftig unbeachtliches Überschreiten der Einkunftsgrenzen.[664]

2.3.1.6   Ausschlußkriterien für die Förderung

2.3.1.6.1   Überschreitung bestimmter Einkunftsgrenzen

Ähnlich der nach 1992 gültigen § 10e-Förderung sind auch bei der Eigenheimzulage Einkunftsgrenzen zu beachten. Gemäß § 5 Sätze 1 und 2 EigZulG können Steuerpflichtige die Zulage nur erhalten, wenn ihr Gesamtbetrag der Einkünfte im Jahr der Anschaffung oder Herstellung zusammen mit dem Gesamtbetrag der Einkünfte des Vorjahres weniger als 240.000 DM beträgt, für zusammenveranlagte Ehegatten verdoppelt sich dieser Betrag auf 480.000 DM.

Anders als beim § 10e EStG wird diese Einkunftsgrenze nur ein einziges Mal im Antragsjahr für die beiden bezeichneten Jahre geprüft (§ 5 Satz 1 EigZulG). Nachher veränderte Einkommensverhältnisse wirken sich auf die Gewährung der einmal durch Bescheid festgesetzten Zulage nicht mehr aus; die Zulage bleibt den im Antragsjahr Anspruchsberechtigten bis zum Ende des Förderzeitraums erhalten.[665] Das gilt selbst dann, wenn in der Folgezeit der Gesamtbetrag der Einkünfte in jedem Jahr über der maßgeblichen Höchstgrenze liegt.[666]

---

[663] Vgl. STEPHAN, R. (1996a), S. 578.
[664] Vgl. HANDZIK, P./MEYER, B. (1996), S. 29.
[665] Vgl. STEPHAN, R. (1996a), S. 581; STUHRMANN, G. (1996), S. 9616.
[666] Vgl. GREFE, C. (1996), S. 157.

Wird im nachhinein bekannt (z. B. im Rahmen einer Betriebsprüfung), daß ein für den Zweijahreszeitraum unzutreffend ermittelter Gesamtbetrag der Einkünfte nach Richtigstellung zur Über- oder Unterschreitung der Höchstgrenze von 240.000 DM bzw. 480.000 DM führt, ist der Bescheid über die Festsetzung der Eigenheimzulage vom Finanzamt zu berichtigen, ggf. - bei Überschreitung der Höchstgrenze - aufzuheben und bereits ausbezahlte Zulagenbeträge zurückzufordern (§ 11 Abs. 4 EigZulG). Ist die Eigenheimzulage zunächst versagt worden, weil der Gesamtbetrag der Einkünfte im Jahr der Erstnutzung und im Vorjahr über der maßgeblichen Höchstgrenze lag, kann die Zulage doch noch gewährt werden, wenn der Steuerpflichtige in einem der restlichen sieben Folgejahre zusammen mit dem jeweils vorangegangenen Jahr in der Summe seiner Gesamtbeträge der Einkünfte die entsprechende Höchstgrenze nicht überschreitet.[667] Die Zulage wird in diesem Fall ab dem Jahr, in dem die Höchstgrenze erstmalig unterschritten wird, bis zum Ende des noch verbleibenden Förderzeitraums ohne nochmalige Prüfung der Einkunftsgrenze ausgezahlt (§ 5 Satz 1 EigZulG). Diese Neuregelung kommt insbesondere Steuerpflichten, die mit stark wachsendem Einkommen rechnen müssen,[668] bzw. solchen, deren Einkommen starken Schwankungen unterliegt, entgegen.[669]

Gemäß § 5 Satz 2 EigZulG gilt die im Erstjahr maßgebende Einkunftsgrenze von 480.000 DM für Eheleute nur, wenn die Ehegatten nach § 26b EStG zusammen bzw. gar nicht zur Einkommensteuer veranlagt werden, wobei im letzteren Fall aber die Voraussetzungen des § 26 Abs. 1 EStG vorliegen müssen. Damit haben Ehegatten - aufgrund der Wahlmöglichkeit gem. § 26 Abs. 1 Satz 1 EStG zwischen der getrennten Veranlagung nach § 26a EStG und der Zusammenveranlagung nach § 26b EStG sowie der besonderen Veranlagung nach § 26c EStG für das Jahr der Eheschließung - eine Gestaltungsmöglichkeit hinsichtlich der für sie maßgebenden Einkunftsgrenze (240.000 DM gemäß § 5 Satz 1 EigZulG oder 480.000 DM gemäß § 5 Satz 2 EigZulG).[670] Hier kann durch die richtige Wahl der Veranlagungsform in den zu prüfenden Jahren die Eigen-

---

[667] Vgl. MÄRKLE, R. W./FRANZ, R. (1996), S. 48 f.
[668] Vgl. PAUS, B. (1996), S. 64.
[669] Vgl. MEYER, B. (1996a), S. 55.
[670] Vgl. MÄRKLE, R. W./FRANZ, R. (1996), S. 48; WACKER, R. (1996), § 5 EigZulG, Anm. 25.

heimzulage für den gesamten Förderzeitraum gerettet werden. Dies sei anhand eines Beispiels kurz erläutert.[671]

Beispiel 11:

F erwirbt im Jahre 1997 eine Eigentumswohnung und heiratet am Ende des selben Jahres M. Alle Tatbestandsvoraussetzungen für die Inanspruchnahme der Eigenheimzulage - insbesondere Nutzung zu eigenen Wohnzwecken - seien für den gesamten Förderzeitraum erfüllt. Für den Gesamtbetrag der Einkünfte gilt in den einzelnen Jahren des Förderzeitraums:

	F	M
1996:	90.000 DM	180.000 DM
1997:	130.000 DM	140.000 DM
1998 - 2004:	140.000 DM	160.000 DM

Wie zu erkennen ist, würde die Eigenheimzulage für den gesamten Förderzeitraum scheitern, falls F und M im Jahr der Eheschließung die Zusammenveranlagung nach § 26b EStG wählen (Höhe des maßgebenden Gesamtbetrags der Einkünfte für den Zweijahreszeitraum in 1997: 540.000 DM, in 1998: 570.000 DM, ab 1999: 600.000 DM). Lassen sich F und M in 1997 gemäß § 26c EStG einzeln veranlagen, wird die Eigenheimzulage für den gesamten Förderzeitraum gerettet (Höhe des maßgebenden Gesamtbetrags der Einkünfte für den Zweijahreszeitraum in 1997 bei F: 210.000 DM < 240.000 DM). Dessenungeachtet können F und M in den Folgejahren die Zusammenveranlagung gem. § 26b EStG oder auch die getrennte Veranlagung gem. § 26a EStG wählen, da für die Folgejahre eine Überprüfung der Einkunftsgrenzen nicht mehr stattfindet.

Im übrigen ist hier der Vorteil dieser Regelung gegenüber der Vorgängervorschrift § 10e EStG klar erkennbar. Für ein Objekt, für das der Bauantrag noch in 1995 gestellt wurde mit der Absicht, dafür eine § 10e-Förderung zu beanspruchen, das aber erst in 1997 fertiggestellt und bezogen wird, könnte die Grundförderung des § 10e EStG infolge permanenten Überschreitens der Einkunftsgrenzen des § 10e Abs. 5a EStG in keinem Jahr des Abzugszeitraums in Anspruch genommen werden.

2.3.1.6.2   Eintritt des Objektverbrauchs

Steuerpflichtige können die Eigenheimzulage oder eine vergleichbare Förderung eines eigengenutztes Objekts nur einmal im Leben in Anspruch nehmen. Die Regelungen zum Objektverbrauch des § 10e EStG sind nahezu unverändert in das Eigenheimzulagengesetz übernommen worden.[672] Nach § 6 Abs. 1 Satz 1 EigZulG sind bei der Objektzählung alle begünstigten Objekte zu berücksichtigen, für die eine Eigenheimzulage gewährt wurde. Demzufolge sind die eigengenutzte Wohnung genauso wie eine unentgeltlich an Angehörige überlassene Wohnung sowie ein Ausbau oder eine Erweiterung bei der Objektzählung mitzurechnen. Nimmt der Steuerpflichtige für ein Objekt die Eigen-

---

[671] In Anlehnung an MEYER, B. (1996a), S. 56.
[672] Vgl. KÜPER, H./WERSCHMÖLLER, K. (1995), S. 739; MÄRKLE, R. W./FRANZ, R. (1996), S. 49; WACKER, R. (1996), § 6 EigZulG, Anm. 2.

heimzulage in Anspruch, tritt unabhängig davon, in welcher Höhe oder für welchen Zeitraum dies geschieht, Objektverbrauch ein.[673] Außerdem kommt es selbst dann zum Objektverbrauch, wenn die Zulage zu Unrecht ausgezahlt wurde.

Sind in der Vergangenheit bereits § 7b-Absetzungen oder ein § 10e-Abzugsbetrag oder eine vergleichbare Vergünstigung nach dem BerlinFG geltend gemacht worden, ist dies beim Objektverbrauch für die Eigenheimzulage zu berücksichtigen (§ 6 Abs. 3 EigZulG). Davon ausgenommen bleiben § 7b-Absetzungen für Objekte, für die der Bauantrag vor dem 1.1.1965 gestellt wurde, sowie Vergünstigungen nach dem BerlinFG für Gebäude in Berlin (West), die vor dem 11.7.1977 beantragt wurden.

Verheiratete, die nicht dauernd getrennt leben, können für zwei begünstigte Objekte eine Eigenheimzulage beantragen (§ 6 Abs. 1 Satz 2 EigZulG). Wie bei der § 10e-Regelung dürfen die beiden geförderten Objekte nicht gleichzeitig in einem räumlichen Zusammenhang belegen sein. Es kommt jedoch nicht darauf an, ob die beiden Objekte einem Ehegatten allein, beiden Ehegatten gemeinsam oder einem Ehegatten teils allein und teils anteilig gehören.[674]

War vor der Ehe nur bei einem Ehegatten Objektverbrauch eingetreten, ist die Förderung mit Eigenheimzulage für ein weiteres Begünstigungsobjekt möglich, gleichgültig, welchem von beiden Ehegatten es gehört.[675] Haben beide Ehegatten vor ihrer Eheschließung schon einmal eine Wohneigentumsförderung erhalten, können sie für ein weiteres Objekt auch als zusammenveranlagte Eheleute keine Eigenheimzulage mehr erhalten, es sei denn, sie waren vor der Heirat gemeinsam am gleichen Objekt beteiligt. In diesem Fall werden ihre grundsätzlich als eigenständige Begünstigungsobjekte anzusehenden Miteigentumsanteile durch die Eheschließung zu einem Objekt zusammengerechnet, so daß die Eigenheimzulage für ein weiteres Objekt beantragt werden kann.[676] Sind beide Ehegatten an einem begünstigten Objekt beteiligt, werden ihre Miteigentumsanteile nur als ein Objekt behandelt (§ 6 Abs. 2 Satz 2 EigZulG). Das gilt auch für den Todesfall, wenn die Eheleute im Todesjahr eines der beiden Ehegatten zusammenzuveranlagen

---

[673] Vgl. MEYER, B./HANDZIK, P. (1996), S. 11; WACKER, R. (1996), § 6 EigZulG, Anm. 10.
[674] Vgl. WACKER, R. (1996), § 6 EigZulG, Anm. 22.
[675] Vgl. WACKER, R. (1996), § 6 EigZulG, Anm. 65.
[676] Vgl. WACKER, R. (1996), § 6 EigZulG, Anm. 67.

waren. Dann ist der hinzuerworbene Anteil des verstorbenen Ehegatten mit dem Anteil des überlebenden Ehegatten zu einem Objekt zusammenzurechnen (§ 6 Abs. 2 Satz 2 EigZulG). Eine Zusammenrechnung von zwei Miteigentumsanteilen zu einem Objekt ist ebenfalls möglich bei Übertragung des Anteils eines Ehegatten auf den anderen Ehegatten in einem Kalenderjahr, in dem die Voraussetzungen für die Zusammenveranlagung vorliegen. Für den übertragenden Ehegatten ist damit für den Fall einer Trennung von seinem Partner noch kein Objektverbrauch eingetreten, so daß er später für ein weiteres Begünstigungsobjekt die Eigenheimzulage beanspruchen könnte.[677] Kommt es zu einer Trennung der Eheleute, bevor das Eigentum an einem gemeinsamen Objekt auf einen Ehegatten allein übertragen wurde, ist ab dem darauffolgenden Jahr jeder Anteil an dem Objekt bei den getrennt lebenden Ehegatten als ein selbständiges Objekt zu behandeln.[678] Tritt dadurch bei einem der beiden getrennt lebenden Ehegatten Objektverbrauch ein und ist somit der Anspruch auf Zulagenförderung nachträglich weggefallen, ist die bisherige Festsetzung der Eigenheimzulage für dieses Objekt aufzuheben (§ 11 Abs. 2 Satz 1 EigZulG).

Sind mehrere Anspruchsberechtigte, die nicht die Voraussetzungen der Zusammenveranlagung erfüllen, Eigentümer eines Objekts, zählt jeder Miteigentumsanteil als selbständiges Begünstigungsobjekt beim Objektverbrauch (§ 6 Abs. 2 Satz 1 EigZulG). Das gilt gleichermaßen für Miteigentumsanteile an Ausbauten oder Erweiterungen.[679] Erwirbt ein Miteigentümer einen weiteren Anteil am begünstigten Objekt hinzu, handelt es sich dabei um ein zusätzliches selbständiges Objekt, für das die Eigenheimzulage - aufgrund des bereits zuvor eingetretenen Objektverbrauchs - nicht in Betracht kommt.[680] Entsprechend der bisherigen Verfahrensweise bei § 10e EStG dürften jedoch bei Hinzuerwerb des zweiten Anteils im selben Veranlagungszeitraum, in dem der Förderzeitraum für den ursprünglichen Anteil beginnt, beide als ein Objekt zu behandeln sein, so daß die Eigenheimzulage für beide Anteile gewährt werden kann.[681]

---

[677] Vgl. MÄRKLE, R. W./FRANZ, R. (1996), S. 60 f.; TRAXEL, W. (1996), S. 511; WACKER, R. (1996), § 6 EigZulG, Anm. 76 ff.
[678] Vgl. HANDZIK, P./MEYER, B. (1996), S. 86; WACKER, R. (1996), § 6 EigZulG, Anm. 69 f.
[679] Vgl. HANDZIK, P./MEYER, B. (1996), S. 80.
[680] Vgl. HANDZIK, P./MEYER, B. (1996), S. 80.
[681] Vgl. JECHNERER, M. (1997a), S. 919.

2.3.1.6.3   Erwerb eines Objekts vom Ehegatten

Analog zur Regelung des § 10e Abs. 1 Satz 8 EStG ist auch nach dem Eigenheimzulagengesetz die Anschaffung einer Wohnung oder eines Anteils daran vom Ehegatten
nicht begünstigt, wenn zum Anschaffungszeitpunkt bei den Ehegatten die Voraussetzungen der Zusammenveranlagung gegeben sind (§ 2 Abs. 1 Satz 3 EigZulG). Mit dieser
Vorschrift soll eine nochmalige Förderung desselben Objekts durch einfachen Eigentumswechsel unter den Eheleuten verhindert werden *(vgl. 2.2.1.1.6.3)*. Entscheidend für
den Förderausschluß sind wiederum allein die Verhältnisse zum Zeitpunkt des Erwerbs,
so daß eine Anschaffung vom Partner vor der Eheschließung unschädlich ist.[682] Andererseits bleibt der Förderausschluß für das vom Ehegatten angeschaffte Objekt aber auch
dann bestehen, wenn die Voraussetzungen des § 26 Abs. 1 EStG zu einem späteren
Zeitpunkt wegfallen.[683] Die Art der Veranlagungsform der Eheleute oder die Frage, ob
sie überhaupt zur Einkommensteuer veranlagt werden, ist unerheblich.[684]

Der Erwerb eines Miteigentumsanteils vom Ehegatten an einem Objekt, an dem beide
Ehegatten, für die Voraussetzungen des § 26 Abs. 1 EStG vorliegen, beteiligt sind, wird
als Vereinigung der Anteile betrachtet *(vgl. 2.2.1.1.6.3)*.[685] Demzufolge greift der Förderungsausschluß nach § 2 Abs. 1 Satz 3 EigZulG in solchen Fällen nicht, vielmehr
führt der Alleineigentümer-Ehegatte entsprechend der Regelung des § 6 Abs. 2 Satz 3
EigZulG die Eigenheimzulage in der bisher für beide Anteile maßgebenden Höhe fort.[686]

2.3.1.6.4   Ferien-, Wochenend- und Zweitwohnungen

Von der Förderung mit Eigenheimzulage ausgeschlossen bleiben auch nach EigZulG die
Ferien- und Wochenendwohnungen, Wohnungen, für die im Rahmen der doppelten
Haushaltsführung AfA als Betriebsausgaben oder Werbungskosten angesetzt werden,
sowie Wohnungen, für die im Rahmen der Übergangsregelung zur Nutzungswertbe-
steuerung ein Überschuß der Einnahmen über die Werbungskosten ermittelt wird (§ 2
Abs. 1 Satz 2 EigZulG).

---

[682] Vgl. HANDZIK, P./MEYER, B. (1996), S. 55.
[683] Vgl. WACKER, R. (1996), § 2 EigZulG, Anm. 150; kritisch· HANDZIK, P. (1996), S. 205.
[684] Vgl. HANDZIK, P./MEYER, B. (1996), S. 55.
[685] Vgl. BFH vom 7.10.1986, S. 236.
[686] Vgl. HANDZIK, P./MEYER, B. (1996), S. 55; MÄRKLE, R. W./FRANZ, R. (1996), S. 70.

Eine Begünstigung von Ferien- oder Wochenendwohnungen kommt lediglich in Betracht, wenn die Baubehörde ausnahmsweise eine ganzjährige Nutzung genehmigt.[687]

Für beruflich bedingte Zweitwohnungen soll in erster Linie eine Kumulation von Werbungskosten bzw. Betriebsausgaben und Eigenheimzulage verhindert werden.[688] Der Förderausschluß greift aber nur, soweit der Steuerpflichtige tatsächlich Aufwendungen für die Wohnung geltend macht. Es steht ihm andererseits frei, auf Werbungskosten bzw. Betriebsausgaben im Rahmen der doppelten Haushaltsführung zu verzichten und statt dessen die Eigenheimzulage in Anspruch zu nehmen.[689] Fallen die Voraussetzungen für die doppelte Haushaltsführung während des Förderzeitraums nachträglich weg, steht dem Steuerpflichtigen die Zulage ab dem Kalenderjahr, ab dem die Wohnung nicht mehr ganzjährig bei der Ermittlung der Werbungskosten oder Betriebsausgaben berücksichtigt wird, für den Rest des Förderzeitraums zu. Das gilt gleichermaßen für die Fälle, in denen nach 1998 die Nutzungswertbesteuerung wegfällt (§ 52 Abs. 21 Satz 2 EStG) oder der Steuerpflichtige sich vorzeitig für den Wegfall entschieden hat (§ 52 Abs. 21 Satz 3 EStG).[690]

2.3.1.6.5   Bauten ohne Baugenehmigung

Für baurechtswidrig errichtete Objekte - sogenannte Schwarzbauten - gilt hier im übrigen genauso wie bei § 10e EStG der Grundsatz, daß dafür keine Förderung gewährt wird *(vgl. oben 2.2.1.1.6.5)*. Beantragt der Steuerpflichtige aufgrund der Versagung der Zulage im nachhinein die Baugenehmigung, so kann die Eigenheimzulage erst ab dem Zeitpunkt gewährt werden, ab dem die Baugenehmigung vorliegt (§ 11 Abs. 1 Satz 3 EigZulG). Die auf frühere Jahre des zugrunde liegenden Begünstigungszeitraums entfallenden Förderbeträge können allerdings nicht nachgeholt werden, da die Eigenheimzulage - im Gegensatz zu § 10e EStG - keine Nachholmöglichkeit vorsieht.[691]

---

[687] Vgl. BFH vom 31.5.1995a, S. 720; WACKER, R. (1996), § 2 EigZulG, Anm. 36.
[688] Vgl. HANDZIK, P./MEYER, B. (1996), S. 53.
[689] Vgl. HANDZIK, P./MEYER, B. (1996), S. 53; MÄRKLE, R. W./FRANZ, R. (1996), S. 23; PAUS, B. (1996), S. 62; SIEGLE, W. (1996), S. 323.
[690] Vgl. PAUS, B. (1996), S. 62; SIEGLE, W. (1996), S. 323.
[691] Vgl. MÄRKLE, R. W./FRANZ, R. (1996), S. 22.

2.3.1.7   Höhe des Fördergrundbetrags

Die Eigenheimzulage wird im Jahr der Anschaffung oder Fertigstellung stets in voller Höhe gewährt, wenn die Wohnung in diesem Jahr, und sei es nur für einen kurzen Zeitraum, zu eigenen Wohnzwecken genutzt wird. Das gilt selbst dann, wenn der Steuerpflichtige die Wohnung im Anschaffungs- oder Herstellungsjahr anfänglich vermietet und erst am Ende des Jahres selbst bezogen hat. Hier können allerdings die AfA und die sonstigen Werbungskosten nur anteilig für den Vermietungszeitraum in Anspruch genommen werden. Wird eine zunächst selbstgenutzte Wohnung im Laufe eines Kalenderjahres veräußert, steht für dieses Jahr dem Veräußerer und dem Erwerber die ungekürzte Eigenheimzulage gleichermaßen zu, wenn auch der Erwerber die Wohnung noch im gleichen Jahr zu eigenen Wohnzwecken nutzt.[692]

Maßgebend für die Höhe des Fördergrundbetrags ist zum einen die Bemessungsgrundlage und zum anderen der Zulagensatz. Die Bemessungsgrundlage ist relevant für die Begrenzung der Summe aus Fördergrundbeträgen und Kinderzulagen gemäß § 9 Abs. 6 Sätze 1 und 2 EigZulG *(vgl. unten 2.3.3.3)*. Hinsichtlich des Zulagensatzes ist auf den Objekttyp abzustellen.

2.3.1.7.1   Relevanz des Objekttyps

1. Neubau als Begünstigungsobjekt

Um Neubauten handelt es sich, wenn das wirtschaftliche Eigentum an dem Objekt im Jahr der Fertigstellung oder spätestens bis zum Ende des zweiten auf das Jahr der Fertigstellung folgenden Jahres auf den Anspruchsberechtigten übergegangen ist.[693] Dies ist regelmäßig der Fall, wenn der Zulagenberechtigte auch zugleich der Bauherr ist und ein Gebäude selbst errichtet oder einen Ausbau oder eine Erweiterung an einem vorhandenen Gebäude selbst fertigstellt. Läßt der Anspruchsberechtigte ein Objekt von einem fremden Bauherrn - sogenannte Bauträgerschaft - errichten oder fertigstellen, muß er das Objekt bis zum Ende des zweiten auf die Fertigstellung folgenden Jahres vom

---

[692] Vgl. HANDZIK, P./MEYER, B. (1996), S. 127.
[693] Vgl. STEPHAN, R. (1996a), S. 588.

Bauträger erwerben. Bei Anschaffung eines gebrauchten Objekts gilt ebenfalls, daß das Objekt nicht länger als drei Jahre fertiggestellt sein darf, um als Neubau gefördert zu werden.[694]

Sind die Voraussetzungen für einen Neubau erfüllt, beträgt der Zulagensatz 5 % der Anschaffungs- oder Herstellungskosten. Der Fördergrundbetrag ist allerdings auf höchstens 5.000 DM für jedes Jahr des Förderzeitraums begrenzt (§ 9 Abs. 2 Satz 1 EigZulG). Das entspricht begünstigten Anschaffungs- oder Herstellungskosten von höchstens 100.000 DM.

Im Hinblick auf die Möglichkeit, die vollen Anschaffungskosten für den Grund und Boden in die Bemessungsgrundlage einbeziehen zu können, ist der maximale Fördergrundbetrag nach EigZulG bei Neubauten sehr viel schneller und einfacher zu erlangen (z. B. durch die Anschaffung einer neuen Appartement-Eigentumswohnung für 100.000 DM oder wenig mehr) als der maximale Abzugsbetrag nach § 10e EStG.[695]

2. Altbau als Begünstigungsobjekt

Erfolgte der Erwerb eines Gebäudes oder einer Wohnung nicht im Jahr der Fertigstellung oder in den beiden Folgejahren, so handelt es sich um einen Altbau. Altbauten werden lediglich mit einem Zulagensatz von 2,5 % der aufgewandten Anschaffungskosten gefördert, höchstens 2,5 % des Höchstbetrags der Bemessungsgrundlage von 100.000 DM. Damit beträgt der Fördergrundbetrag für Altbauten maximal 2.500 DM pro Kalenderjahr des Förderzeitraums (§ 9 Abs. 2 Satz 2 EigZulG).

Nach einer Verfügung der Oberfinanzdirektion Chemnitz[696] können aber auch Käufer einer selbstgenutzten Altbauwohnung unter Umständen die doppelt so hohe Eigenheimzulage für Neubauten erhalten. Das ist dann möglich, wenn umfangreiche Sanierungsmaßnahmen durchgeführt wurden, wobei der anteilig auf die Wohnung entfallende Wert der Sanierung den Wert der anteiligen Altbausubstanz übersteigen muß. Diese Bedin-

---

[694] Vgl. HANDZIK, P./MEYER, B. (1996), S. 119.
[695] Vgl. MÄRKLE, R. W./FRANZ, R. (1996), S. 78; STEPHAN, R. (1996a), S. 588.
[696] Vgl. OFD Chemnitz, Vfg. vom 8.4.1997 (Lexinform: 138367).

gung dürfte gerade in den neuen Bundesländern oft erfüllt sein. Entgegen allgemeiner Auffassung, wonach Eigenleistungen nicht zu den Anschaffungs- oder Herstellungskosten zählen und damit auch nicht die Bemessungsgrundlage für die Eigenheimzulage erhöhen können, hat die Oberfinanzdirektion Chemnitz in diesen Fällen für die Ermittlung des Sanierungswerts sogar auch den Ansatz eigener Arbeitskraft des Erwerbers zugelassen, dessen geleistete Stundenzahl lediglich mit einem angemessenen Arbeitslohn zu multiplizieren ist.

3. Ausbauten und Erweiterungen als Begünstigungsobjekt

Für Ausbauten und Erweiterungen, mit deren Herstellung vor dem 1.1.1997 begonnen wurde, beträgt der Fördergrundbetrag 5 % der Bemessungsgrundlage, höchstens jedoch 5.000 DM (§ 9 Abs. 2 Satz 1 EigZulG). Zur Vermeidung einer Überförderung[697] wurde der Fördergrundbetrag für Ausbauten und Erweiterungen durch das JStG 1997[698] erheblich eingeschränkt. Seither werden all diejenigen Ausbauten und Erweiterungen, bei denen mit den Bauarbeiten nach dem 31.12.1996 begonnen wurde, wie die Anschaffung von Altbauten nur noch mit 2,5 % der Bemessungsgrundlage, höchstens mit 2.500 DM jährlich gefördert (§ 9 Abs. 2 Satz 2 i. V. m. § 19 Abs. 3 EigZulG). Gleichzeitig wurde die Obergrenze der Förderung (sogenannte Deckelung) für solche Objekte auf insgesamt 50 % der Bemessungsgrundlage herabgesetzt. Damit sind vorteilhafte Gestaltungen, wie etwa der Erwerb eines Altobjekts, an dem zunächst ein Ausbau oder eine Erweiterung vorgenommen wird, um dann nicht für den Altbau, sondern für den Ausbau oder die Erweiterung die Eigenheimzulage mit entsprechend höherem Fördergrundbetrag zu beanspruchen (5 % statt 2,5 %), seit dem 1997 nicht mehr möglich.[699]

In beiden Fällen ist der maximale Fördergrundbetrag wiederum bei einer Bemessungsgrundlage von 100.000 DM (Höchst-/Grenzbemessungsgrundlage) erreicht.

Tabelle 4 faßt die verschiedenen Fördergrundbeträge und Zulagensätze in Abhängigkeit vom Objekttyp und vom Baubeginn übersichtlich auf der nächsten Seite zusammen:

---

[697] Vgl. STEPHAN, R. (1997b), S. 296.
[698] BGBl. 1996 I, S. 2049.
[699] Vgl. MÄRKLE, R. W./FRANZ, R. (1996), S. 78.

Tab. 4:   Übersicht über die Fördergrundbeträge nach § 9 Abs. 2 EigZulG in den
             Fassungen des Gesetzes seit 1996

Anschaffung oder Herstellungsbeginn einer Wohnung	Kaufvertragsabschluß über Altbau	Baubeginn eines Ausbaus oder einer Erweiterung	Baubeginn eines Ausbaus oder einer Erweiterung
nach dem 31.12.1995*	nach dem 31.12.1995*	nach dem 31.12.1995*	nach dem 31.12.1996
8 Jahre bis zu 5 % der Bemessungsgrundlage, pro Jahr höchstens 5.000 DM	8 Jahre bis zu 2,5 % der Bemessungsgrundlage, pro Jahr höchstens 2.500 DM	8 Jahre bis zu 5 % der Bemessungsgrundlage, pro Jahr höchstens 5.000 DM	8 Jahre bis zu 2,5 % der Bemessungsgrundlage, pro Jahr höchstens 2.500 DM
in der Summe (ggf. mit Kinderzulage) begrenzt auf die Bemessungsgrundlage	in der Summe (ggf. mit Kinderzulage) begrenzt auf die Bemessungsgrundlage	in der Summe (ggf. mit Kinderzulage) begrenzt auf die Bemessungsgrundlage	in der Summe (ggf. mit Kinderzulage) begrenzt auf 50 % der Bemessungsgrundlage

* bei Bauantragstellung oder Kaufvertragsabschluß nach dem 26.10.1995 und vor dem 31.12.1995 kann zwischen der Förderung nach § 10e EStG und nach EigZulG gewählt werden (§ 19 Abs. 2 und 4 EigZulG).

In Fällen, in denen der Anspruchsberechtigte bereits den Fördergrundbetrag für die Anschaffung von Genossenschaftsanteilen nach § 17 EigZulG in Anspruch genommen hat *(vgl. unten 2.3.5)* und später eine eigengenutzte Wohnung erwirbt oder errichtet, wird bei der Bemessung des Fördergrundbetrags hierfür der Betrag angerechnet, den der Anspruchsberechtigte im jeweiligen Kalenderjahr des Förderzeitraums für die Anschaffung von Genossenschaftsanteilen nach § 17 EigZulG bereits erhalten hat (§ 9 Abs. 2 Satz 4 EigZulG).[700] Mit dieser Anrechnung soll eine Doppelförderung ausgeschlossen werden.[701]

2.3.1.7.2   Kürzung bei gemischter Nutzung

Jede Nutzung der Wohnung, die keine Nutzung zu eigenen Wohnzwecken im Sinne des § 4 EigZulG darstellt, zwingt gemäß § 8 Satz 3 EigZulG zur anteiligen Kürzung der Bemessungsgrundlage. Wegen des faktisch auf 100.000 DM limitierten Fördervolumens ist eine schädliche Nutzung zu beruflichen oder gewerblichen Zwecken oder zu fremden Wohnzwecken nur bedeutsam, wenn die Bemessungsgrundlage unter 100.000 DM gekürzt wird.[702]

---

[700] Vgl. MÄRKLE, R. W./FRANZ, R. (1996), S. 98.
[701] Vgl. BUNDESTAGSDRUCKSACHE 13/2784 vom 26.10.1995, S. 78.
[702] Vgl. HANDZIK, P./MEYER, B. (1996), S. 112 f.

Die über den Höchstbetrag von 100.000 DM hinausgehenden Anschaffungs- oder Herstellungskosten sind aber zweifelsohne als anteilige Abschreibungsgrundlage für betrieblich bzw. beruflich oder zu fremden Wohnzwecken genutzte Teile des Objekts relevant. Hier gilt allerdings zu beachten, daß Gebäudeteile des Privatvermögens, die nicht Wohnzwecken dienen, ab Bauantrag oder Kaufvertrag nach dem 31.12.1994 nur noch linear nach § 7 Abs. 4 Nr. 2 EStG abgeschrieben werden können, wobei dann im Jahr der erstmaligen Nutzung die AfA ggf. zeitanteilig gemäß R 44 Abs. 2 EStR zu berechnen ist. Für Gebäudeteile des Privatvermögens, soweit sie Wohnzwecken dienen, sind die Staffelsätze der degressiven AfA ab Bauantrag oder Kaufvertrag nach dem 31.12.1995 vermindert worden (§ 7 Abs. 5 Nr. 3b EStG).

Beispiel 12:

Im Jahr 1996 betrugen die Anschaffungskosten eines unbebauten Grundstücks 100.000 DM, die Herstellungskosten für ein im gleichen Jahr darauf errichtetes, fertiggestelltes und bezogenes Zweifamilienhaus mit zwei gleich großen Wohnungen à 150 m² betrugen 400.000 DM. Eine der beiden Wohnungen wird ab 1997 ganzjährig vermietet. In der zweiten, selbstgenutzten Wohnung befindet sich ein im Rahmen der Einkünfte aus nichtselbständiger Arbeit beruflich genutztes Arbeitszimmer mit einer Nutzfläche von 15 m². Diese Wohnung wird im Oktober 1996 bezogen und ab diesem Zeitpunkt während des gesamten Förderzeitraums zu eigenen Wohnzwecken, das Arbeitszimmer zu beruflichen Zwecken genutzt.

Bemessungsgrundlage für die Grundförderung sind
die Herstellungskosten des Zweifamilienhauses   400.000 DM
zuzüglich der Grundstückskosten in voller Höhe   + 100.000 DM
Bemessungsgrundlage für das gesamte Objekt vor Kürzung   500.000 DM
Kürzung um den hälftig zu fremden Wohnzwecken genutzten
Teil des Gebäudes = 50 %   - 250.000 DM
Bemessungsgrundlage für das begünstigte Objekt vor Kürzung   250.000 DM
Kürzung um den nicht zu eigenen Wohnzwecken genutzten
Teil des Arbeitszimmers von $^{15}/_{150}$ = 10 %   - 25.000 DM
Maßgebliche, gekürzte Bemessungsgrundlage für Eigenheimzulage   225.000 DM
Höchstbetrag   100.000 DM
Fördergrundbetrag nach § 9 Abs. 2 Satz 1 EigZulG:
für die Jahre 1996 bis 2003 jeweils 5 %   5.000 DM

Werbungskosten aus nichtselbständiger Arbeit:
lineare AfA nach § 7 Abs. 4 Nr. 2a EStG für anteilige Herstellungskosten von (10 % von 50 % von 400.000 DM) 20.000 DM jährlich 2 %
in 1996 aber nur zeitanteilig für 3 Monate (R 44 Abs. 2 EStR)   100 DM
in 1997 bis 2003 jeweils 2 %   400 DM

Werbungskosten aus Vermietungseinkünften:
degressive AfA nach § 7 Abs. 5 Nr. 3b EStG für anteilige Herstellungskosten von (50 % von 400.000 DM) 200.000 DM in 1997 bis 2003 jeweils 5 %   10.000 DM

2.3.1.7.3   Kürzung bei Miteigentumsanteilen

Anteilseigentümer an einem begünstigten Objekt sind in Höhe ihrer Miteigentumsquote an den Anschaffungs- oder Herstellungskosten und nach Maßgabe des Objekttyps zulageberechtigt (§ 9 Abs. 2 Satz 3 EigZulG). Dies gilt stets bei Einfamilienhäusern und Eigentumswohnungen, unbeschadet abweichender Vereinbarungen der Miteigentümer oder dem Umfang der Wohnungsnutzung durch die einzelnen Miteigentümer.[703] Eine Vervielfältigung des Fördergrundbetrags (nicht aber der Kinderzulage) für eine Wohnung durch bloße Bildung von Miteigentum unterbleibt.[704]

Nutzt dagegen der Miteigentümer eines Zwei- oder Mehrfamilienhauses oder eines gemischt genutzten Gebäudes eine Wohnung ausschließlich kraft eigenen Rechts, so wird der Höchstbetrag nicht gekürzt mit der Folge, daß im Rahmen der vom Miteigentümer getragenen Aufwendungen Fördergrundbeträge bis hin zum Höchstbetrag möglich sind.[705] Eine Kürzung ist in solchen Fällen entsprechend der bisherigen Rechtslage des § 10e EStG nur insoweit vorzunehmen, als der Wert der Wohnung den des Miteigentumsanteils übersteigt, also eine Nutzung aufgrund fremden Rechts vorliegt *(vgl. oben 2.2.1.1.7.3)*. Entsprechendes gilt bei Hinzuerwerb von Miteigentumsanteilen eines Miterben durch Abfindungszahlungen an die anderen Erben.[706]

Sind unbeschränkt Steuerpflichtige in Form einer Gemeinschaft an einer eigengenutzten Wohnung beteiligt, so ist nicht die Gemeinschaft zulageberechtigt, sondern der jeweilige Miteigentümer; die Bemessungsgrundlage für die Eigenheimzulage wird dann einheitlich und gesondert festgestellt (§ 11 Abs. 6 Satz 1 EigZulG).[707]

Beispiel 13:
Im Jahr 1996 teilten sich A und B, die nicht die Voraussetzungen der Zusammenveranlagung erfüllen, zu 50 % die Anschaffungskosten in Höhe von 500.000 DM für ein im Jahr 1993 fertiggestelltes Zweifamilienhaus (anteilige Anschaffungskosten des Grund und Bodens 100.000 DM). A nutzt die eine Wohnung mit einer Wohnfläche von 100 m² während des gesamten Förderzeitraums zu eigenen Wohnzwecken. B bezieht ab März die andere Wohnung mit einer Wohnfläche von 150 m² und bewohnt sie ab diesem Zeitpunkt im gesamten Förderzeitraum selbst, nutzt im

---

[703] Vgl. MÄRKLE, R. W./FRANZ, R. (1996), S. 26; STEPHAN, R. (1996c), S. 2460.
[704] Vgl. HANDZIK, P./MEYER, B. (1996), S. 120.
[705] Vgl. STEPHAN, R. (1996c), S. 2460.
[706] Vgl. FinMin (Brandenburg) - Erlaß vom 22.8.1996, S. 1530.
[707] Vgl. OFD Koblenz, Vfg. vom 9.7.1996, S. 1528 f.

gleichen Zeitraum jedoch einen Raum mit einer Nutzfläche von 18 m² im Rahmen der Einkünfte aus nichtselbständiger Arbeit beruflich als Arbeitszimmer.

Bemessungsgrundlage für die Grundförderung sind	
die Anschaffungskosten des Zweifamilienhauses	500.000 DM
davon entfallen auf A $^{100}/_{250}$ = 40 %	200.000 DM
auf B entfallen $^{150}/_{250}$ = 60 %	300.000 DM

Da sich A und B die Anschaffungskosten aber hälftig geteilt haben, ist folgendermaßen zu rechnen:

Bemessungsgrundlage für das gesamte Objekt vor Kürzung	500.000 DM
Kürzung um den hälftig im Miteigentum eines anderen stehenden	
Teil des Gebäudes = 50 %	- 250.000 DM
Bemessungsgrundlage für das begünstigte Objekt bei A und B	250.000 DM

Rechnung für A:	
Bemessungsgrundlage für das begünstigte Objekt vor Kürzung	250.000 DM
Kürzung um den Wert, um den die Wohnung den Wert des	
Miteigentumsanteils übersteigt von $^{10}/_{50}$ = 20 %	- 50.000 DM
Maßgebliche, gekürzte Bemessungsgrundlage für Eigenheimzulage	200.000 DM
Höchstbetrag	100.000 DM
Fördergrundbetrag nach § 9 Abs. 2 Satz 2 EigZulG:	
für die Jahre 1996 bis 2003 jeweils 2,5 % (Altbau!)	2.500 DM

Rechnung für B:	
Bemessungsgrundlage für das begünstigte Objekt vor Kürzung	250.000 DM
Kürzung um den nicht zu eigenen Wohnzwecken genutzten	
Teil des Arbeitszimmers von $^{18}/_{150}$ = 12 %	- 30.000 DM
Maßgebliche, gekürzte Bemessungsgrundlage für Eigenheimzulage	220.000 DM
Höchstbetrag	100.000 DM
Fördergrundbetrag nach § 9 Abs. 2 Satz 2 EigZulG:	
für die Jahre 1996 bis 2003 jeweils 2,5 % (Altbau!)	2.500 DM
Werbungskosten aus nichtselbständiger Arbeit:	
lineare AfA nach § 7 Abs. 4 Nr. 2a EStG für anteilige Herstellungskosten von (10 % von 50 % von 400.000 DM) 20.000 DM jährlich 2 %	
in 1996 aber nur zeitanteilig für 9 Monate (R 44 Abs. 2 EStR)	300 DM
in 1997 bis 2003 jeweils 2 %	400 DM

2.3.2 Die Zusatzförderungen für ökologische Baumaßnahmen

Die ökologischen Komponenten waren im ursprünglichen Gesetzentwurf noch nicht enthalten, sondern wurden erst auf Empfehlung des beteiligten Finanzausschusses[708] dem Eigenheimzulagengesetz hinzugefügt. Danach kann sich der Fördergrundbetrag unter bestimmten Voraussetzungen - ggf. auch kumulativ - um die sogenannten Ökozulagen erhöhen.[709] Beide Zusatzförderung knüpfen zwingend an die Gewährung der Eigenheimzulage an, so daß eine isolierte Förderung mit den Ökokomponenten nicht

---

[708] Vgl. BUNDESTAGSDRUCKSACHE 13/2784 vom 26.10.1995, S. 2 und S. 11.
[709] Vgl. GREFE, C. (1996), S. 159; MÄRKLE, R. W./FRANZ, R. (1996), S. 94.

möglich ist.[710] Für Ausbauten und Erweiterungen sind die ökologischen Zusatzförderungen ausdrücklich ausgeschlossen (§ 9 Abs. 3 Satz 2 und Abs. 4 Satz 2 EigZulG).

Wenngleich die kongruente Regelung in § 9 Abs. 3 und 4 EigZulG fehlt, können Miteigentümer die Ökozulagen grundsätzlich ebenfalls nur entsprechend ihrem Miteigentumsanteil erhalten. Eine Kürzung unterbleibt aber - wie schon beim Fördergrundbetrag nach § 9 Abs. 2 EigZulG -, wenn ein Miteigentümer eine Wohnung in einem Zwei- oder Mehrfamilienhaus oder einem gemischt genutzten Gebäude ausschließlich kraft eigenen Rechts nutzt.[711]

2.3.2.1   Förderung energiesparender Anlagen (§ 9 Abs. 3 EigZulG)

Die Zulage für ökologische Wärmegewinnung wird für den Einbau bestimmter Wärmepumpen, Wärmerückgewinnungsanlagen und Solaranlagen einschließlich deren Anbindung an das Heizsystem zur Einsparung von Heizenergie ausschließlich gewährt, wenn der Einbau durch den Eigentümer vor der erstmaligen Selbstnutzung und vor dem 1.1.1999 erfolgt (§ 9 Abs. 3 Satz 1 EigZulG). Beim Kauf einer Immobilie, in der eine solche begünstigte Anlage bereits installiert ist, wird die Zusatzförderung nur gewährt, wenn die Immobilie bis zum zweiten auf das Jahr der Fertigstellung folgenden Jahres angeschafft wurde, faktisch mithin nur bei Neubauten.[712] Ein nachträglicher Einbau etwa einer Solaranlage wird somit über das Eigenheimzulagengesetz nicht gefördert.[713]

Die Zusatzförderung beträgt jährlich 2 % der für die Einbaumaßnahme getätigten Aufwendungen, höchstens aber 500 DM pro Jahr. Daraus ergibt sich ein maximal begünstigungsfähiger Aufwand von 25.000 DM.[714]

---

[710] Vgl. MÄRKLE, R. W./FRANZ, R. (1996), S. 94.

[711] Vgl. BMF-Schreiben vom 15.5.1997, S. 1059.

[712] Vgl. MÄRKLE, R. W./FRANZ, R. (1996), S. 95; a. A.: SIEGLE, W. (1997), S. 69.

[713] Es besteht aber ggf. die Möglichkeit, eine Förderung in Form von Zuschüssen oder zinsverbilligten Darlehen nach den Richtlinien der Förderprogramme für solare Energien des Bundes, der meisten Länder und vieler Gemeinden z. B. beim Bundeswirtschaftsministerium, den zuständigen Länderministerien oder der Deutschen Ausgleichsbank (über die Hausbank) zu beantragen.

[714] Vgl. STEPHAN, R. (1996b), S. 247.

Werden Zuschüsse aus öffentlichen oder privaten Mitteln für Fördermaßnahmen im Energiebereich - z. B. für den Einbau einer Solaranlage - gezahlt, mindern diese Zuschüsse nicht nur die Bemessungsgrundlage für die ökologische Zusatzförderung nach § 9 Abs. 3 EigZulG, sondern auch die Bemessungsgrundlage für den Fördergrundbetrag nach § 8 EigZulG, da in die hier begünstigten Anschaffungs- bzw. Herstellungskosten die Aufwendungen für den Einbau von energiesparenden Anlagen regelmäßig einbezogen werden; insoweit ergibt sich - unterhalb der Höchstbemessungsgrundlage der Grundförderung - ohnedies eine Doppelförderung hinsichtlich energiesparender Aufwendungen.[715]

2.3.2.2   Förderung von Niedrigenergiehäusern (§ 9 Abs. 4 EigZulG)

Diese Zusatzförderung wird ausschließlich für Neubauten gewährt, deren Jahres-Heizwärmebedarf um wenigstens 25 % unter dem nach der Wärmeschutzverordnung für diesen Gebäudetyp geforderten Wert liegen muß und die vor dem 1.1.1999 angeschafft oder fertiggestellt sein müssen (§ 9 Abs. 4 Satz 1 Nr. 1 und 2 EigZulG). Der Neubaubegriff ist hier enger definiert als sonst, da für Anschaffungsfälle der Erwerb noch im Jahr der Fertigstellung des Objekts zu erfolgen hat (§ 9 Abs. 4 Satz 1 Nr. 2 zweiter Halbsatz EigZulG).

Sind die Voraussetzungen nach der Wärmeschutzverordnung erfüllt, was durch einen Wärmepaß nachgewiesen werden muß (§ 9 Abs. 4 Satz 3 EigZulG), zu dessen Ausstellung der jeweilige Planer (Architekt, Bauingenieur, ggf. auch Heizungsbauer) berechtigt ist[716], wird der Neubau unabhängig von der Höhe der zur Erfüllung dieser Bedingungen tatsächlich entstandenen Aufwendungen pauschal mit 400 DM jährlich gefördert (§ 9 Abs. 4 Satz 1 erster Halbsatz EigZulG). Der Anspruchsberechtigte muß infolgedessen nicht nachweisen, welche Aufwendungen ihm entstanden sind.[717]

Beide Ökozulagen werden im übrigen nicht auf die Förderbegrenzung durch die Bemessungsgrundlage angerechnet. *(siehe dazu Tabelle 5, S. 172)*

---

[715] Vgl. OFD Erfurt, Vfg. vom 11.7.1996, S. 1732 f.; WACKER, R. (1996), § 9 EigZulG, Anm. 95.
[716] Vgl. OFD Ffm, Vfg. vom 24.6.1996, S. 1652.
[717] Vgl. KÜPER, H./WERSCHMÖLLER, K. (1995), S. 738.

2.3.3   Die Kinderzulage gemäß § 9 Abs. 5 EigZulG

2.3.3.1   Anspruchsberechtigte Personen

Im Rahmen der ab 1996 geltenden Eigenheimzulage kommt im Vergleich zur § 10e-Regelung Kindern eine erhöhte Bedeutung zu.[718] Die Vergünstigung für Kinder - hier in Form einer Kinderzulage für jedes Kind, für das der anspruchsberechtigte Steuerpflichtige oder sein Ehegatte im jeweiligen Kalenderjahr des Förderzeitraums einen Kinderfreibetrag oder Kindergeld erhält (§ 9 Abs. 5 Satz 1 EigZulG) - ist auf 1.500 DM pro Kind und Jahr angehoben worden. Sind mehrere Anspruchsberechtigte Eigentümer einer nach EigZulG begünstigten Wohnung und haben sie zugleich für ein Kind oder mehrere Kinder Anspruch auf die Eigenheimzulage, so ist die Kinderzulage nach § 9 Abs. 5 Satz 3 EigZulG aufzuteilen. Diese neue Aufteilungsregelung hat bislang bei § 34f EStG gefehlt.

Im Gegensatz zum bisherigen Recht nach § 34f EStG setzt der eindeutige Gesetzeswortlaut „erhält" allerdings voraus, daß der Anspruchsberechtigte im jeweiligen Kalenderjahr einen Kinderfreibetrag oder Kindergeld auch tatsächlich erhält, der bloße Anspruch hierauf genügt also nicht mehr.[719] Indes ist nach der Formulierung des § 9 Abs. 5 Satz 1 EigZulG („... einen Kinderfreibetrag oder Kindergeld ...") nicht erforderlich, daß Anspruchsberechtigte sowohl Kindergeld als auch den Kinderfreibetrag erhalten. Übertragen beispielsweise Eltern, die weiterhin Kindergeld erhalten, den Kinderfreibetrag auf die Großeltern bzw. verzichten sie unter Anspruch auf den Kinderfreibetrag zugunsten der Großeltern auf das Kindergeld und leisten sowohl Eltern als auch Großeltern einen wesentlichen Beitrag zu gemeinsamen Haushaltskosten in einem gemeinsam errichteten, im gemeinsamen Eigentum stehenden und jetzt gemeinsam bewohntes Einfamilienhaus, können Mutter, Vater, Großmutter und Großvater jeweils die halbe Kinderzulage erhalten.[720]

---

[718] Vgl. GÜNTHER, K.-H. (1997), S. 54.
[719] Vgl. HANDZIK, P./MEYER, B. (1996), S. 123.
[720] Vgl. OFD Koblenz, Vfg. vom 27.5.1997, S. 1084 f.

Die Kinderzulage kommt nur für solche Kinder in Betracht, die im Förderzeitraum zum inländischen Haushalt des Anspruchsberechtigten gehören oder gehört haben (§ 9 Abs. 5 Satz 2 EigZulG). Dabei ist es nicht notwendig, daß die Haushaltszugehörigkeit auf Dauer angelegt sein muß oder angelegt war.[721] Ferner braucht nach dem insoweit eindeutigen Gesetzeswortlaut des § 9 Abs. 5 Satz 2 EigZulG der Haushalt des Anspruchsberechtigten nicht zwingend von ihm selbst im geförderten Objekt geführt zu werden.[722] Die Kinderzulage ist danach auch für eine unentgeltlich an einen Angehörigen i. S. des § 15 AO überlassene Wohnung zu erhalten, obgleich dadurch der Wohnraumbedarf des Kindes nicht abgedeckt wird.[723]

2.3.3.2   Ausschluß von Doppelförderungen

Nicht generell im Gegensatz zu § 10e EStG auch im Rahmen der Kinderzulage nach EigZulG begünstigt ist eine dem Kind unentgeltlich zur alleinigen Nutzung überlassene Wohnung am Studienort, nur weil nach § 4 Satz 2 EigZulG eine Nutzung zu eigenen Wohnzwecken in gleicher Weise bei unentgeltlicher Überlassung einer Wohnung an Angehörige im Sinne des § 15 AO vorliegt.[724] Hier wurde bislang das Baukindergeld nach § 34f EStG versagt, wenn nicht wenigstens ein Elternteil die Wohnung mitbenutzt hat *(vgl. 2.2.1.4.3)*. In analoger Anwendung ist zu verfahren und die Kinderzulage mit der Begründung zu verwehren, daß mit Beginn der alleinigen Nutzung der Wohnung am Studienort das Kind nicht mehr zum elterlichen Haushalt gehört.[725]

Befindet sich ein Objekt im Miteigentum mehrerer Personen, so steht den Miteigentümern grundsätzlich die ungekürzte Kinderzulage von 1.500 DM pro anzurechnendem Kind zu.[726] Haben jedoch mehrere Miteigentümer zugleich für ein und dasselbe Kind Anspruch auf die Kinderzulage, so ist sie bei jedem zur Hälfte anzusetzen (§ 9 Abs. 5 Satz 3 EigZulG). Dadurch ist eine Verdoppelung der Kinderzulage für gemeinsame Kinder durch Miteigentumsbildung ausgeschlossen.[727]

---

[721] Vgl. STEPHAN, R. (1996a), S. 392; WACKER, R. (1996), § 9 EigZulG, Anm. 150; a. A.: MÄRKLE, R. W./FRANZ, R. (1996), S. 92.

[722] Vgl. WACKER, R. (1996), § 9 EigZulG, Anm. 151.

[723] Vgl. HANDZIK, P./MEYER, B. (1996), S. 124; kritisch: SIEGLE, W. (1997), S. 71.

[724] Vgl. OFD Koblenz, Vfg. vom 27.5.1997, S. 1084; a. A.: GÜNTHER, K.-H. (1997), S. 54.

[725] Vgl. BFH vom 25.1.1995, S. 378; OFD Koblenz, Vfg. vom 27.5.1997, S. 1084.

[726] Vgl. HANDZIK, P./MEYER, B. (1996), S. 123.

[727] Vgl. WACKER, R. (1996), § 9 EigZulG, Anm. 170.

Erhält ein Anspruchsberechtigter gleichzeitig für zwei Objekte den Fördergrundbetrag, kann er dessenungeachtet die Kinderzulage im Kalenderjahr nur für ein Objekt beanspruchen (§ 9 Abs. 5 Satz 4 EigZulG).[728] Diese - ohnehin nur bei Ehegatten, die die Voraussetzungen des § 26 Abs. 1 EStG erfüllen, relevante - Beschränkung gilt auch im Verhältnis zum Baukindergeld nach § 34f EStG (§ 9 Abs. 5 Satz 5 EigZulG). Demgemäß ist eine Kumulation von Baukindergeld und Kinderzulage bei gleichzeitiger Förderung eines Objekts nach § 10e EStG und des anderen Objekts nach dem Eigenheimzulagengesetz ausgeschlossen. Hingegen dürfte in derartigen Fällen ein Wahlrecht zwischen Baukindergeld und Kinderzulage bestehen, das infolge des höheren Betrages wohl stets zugunsten der Kinderzulage ausfällt.[729]

Eine im Zusammenhang mit der Anschaffung von Genossenschaftsanteilen im jeweiligen Jahr in Anspruch genommene Kinderzulage nach § 17 Abs. 5 EigZulG mindert die Kinderzulage für eine selbstgenutzte Wohnung im Sinne des § 9 Abs. 5 EigZulG (§ 9 Abs. 5 Satz 6 i.V.m. Abs. 2 Satz 4 EigZulG). Eine Doppelförderung ist somit auch bei der Kinderzulage wie schon beim Fördergrundbetrag *(vgl. 2.3.1.7.1)* ausgeschlossen.

2.3.3.3   Gemeinsame Obergrenze mit dem Fördergrundbetrag

Anschaffungs- oder Herstellungskosten der selbstgenutzten Wohnung, die den Höchstbetrag der Bemessungsgrundlage von 100.000 DM übersteigen, wirken sich auf die Höhe der Eigenheimzulage i. d. R. nicht aus. In Ausnahmefällen können sie jedoch Bedeutung für die Fördergrundbeträge und die Kinderzulagen haben, wenn die gemeinsame Summe dieser beiden Beträge innerhalb des achtjährigen Förderzeitraums über die Anschaffungs- oder Herstellungskosten hinausgeht (§ 9 Abs. 6 Sätze 1 und 2 EigZulG). Mit dieser Regelung soll eine nicht gerechtfertigte Überförderung ausgeschlossen werden, wobei sich selbst im Fall der Familien mit vier Kindern und Baukosten von 100.000 DM die Zulagen noch voll auswirken.[730] Im ursprünglichen Entwurf war eine Begrenzung der Eigenheimzulage auf jährlich 7 % der Bemessungsgrundlage, mithin höchstens 2.100 DM pro Jahr vorgesehen,[731] was wiederum dem Gedanken der Förde-

---

[728] Vgl. WACKER, R. (1996), § 9 EigZulG, Anm. 180.
[729] Vgl. MEYER, B./HANDZIK, P. (1996), S. 7; WACKER, R. (1996), § 9 EigZulG, Anm. 180.
[730] Vgl. BUNDESTAGSDRUCKSACHE 13/2784 vom 26.10.1995, S. 80.
[731] Vgl. BUNDESTAGSDRUCKSACHE 13/2235 vom 4.9.1995, S. 5.

rung von Familien mit Kindern gerade entgegenstand. In der Praxis ist vor allem bei Ausbauten und Erweiterungen zu beobachten, daß es zu einer Deckelung der Zulagen auf die Bemessungsgrundlage kommt[732], insbesondere nach der zusätzlichen Begrenzung auf 50 % der Anschaffungs- oder Herstellungskosten seit 1997 (§ 9 Abs. 6 Satz 3 i. V. m. § 19 Abs. 3 EigZulG).

Beispiel 14:
Ein Anspruchsberechtigter mit 4 Kindern wendet für den Ausbau des Dachgeschosses in 1996 50.000 DM auf. Er erhält darauf folgende Eigenheimzulage:

Fördergrundbetrag (§ 9 Abs. 2 Satz 1 EigZulG) 5 % von 50.000 DM =	2.500 DM	
Kinderzulage (§ 9 Abs. 5 EigZulG) 4 mal 1.500 DM =	6.000 DM	
Gesamtzulage pro Jahr	8.500 DM	
Gesamtzulage in acht Jahren (Deckelung!) maximal =		50.000 DM

Beispiel 15:
wie vor, jedoch wird das Dachgeschoß erst in 1997 ausgebaut. Der Anspruchsberechtigte erhält darauf nun folgende Eigenheimzulage:

Fördergrundbetrag (§ 9 Abs. 2 Satz 2 EigZulG) 2,5 % von 50.000 DM =	1.250 DM	
Kinderzulage (§ 9 Abs. 5 EigZulG) 4 mal 1.500 DM =	6.000 DM	
Gesamtzulage pro Jahr	7.250 DM	
Gesamtzulage in acht Jahren (Deckelung auf 50 %!) maximal =		25.000 DM

Zugunsten der Anspruchsberechtigten ist in solchen Fällen der Fördergrundbetrag und die Kinderzulage (hier 8.500 DM bzw. 7.250 DM) solange ungekürzt zu gewähren, bis die Kappungsgrenze erreicht wird (hier 50.000 DM nach fünf Jahren Vollförderung und 7.500 DM Restzulage im sechsten Jahr bzw. 25.000 DM nach drei Jahren Vollförderung und 3.250 DM Restzulage im vierten Jahr), so daß ggf. nachträgliche Herstellungskosten noch helfen können die Förderbegrenzung zu vermeiden oder zu verschieben.[733]

Beispiel 16:
wie Beispiel 15, jedoch wurden beim Dachgeschoßausbau in 1997 nur Schlaf- und Kinderzimmer errichtet. In 2000 wird ein bis dahin unfertiger Raum großzügig zum Badezimmer für 30.000 DM umgebaut. Der Anspruchsberechtigte erhält folgende Eigenheimzulage:
für die Jahre 1997 bis 1999 (Bemessungsgrundlage = 50.000 DM)

Fördergrundbetrag (§ 9 Abs. 2 Satz 2 EigZulG) 2,5 % von 50.000 DM =	1.250 DM	
Kinderzulage (§ 9 Abs. 5 EigZulG) 4 mal 1.500 DM =	6.000 DM	
Gesamtzulage pro Jahr	7.250 DM	
Gesamtzulage in drei Jahren		21.750 DM
für die Jahre 2000 bis 2004 (Bemessungsgrundlage ist jetzt 80.000 DM)		
Fördergrundbetrag (§ 9 Abs. 2 Satz 2 EigZulG) 2,5 % von 80.000 DM =	2.000 DM	
Kinderzulage (§ 9 Abs. 5 EigZulG) 4 mal 1.500 DM =	6.000 DM	
Gesamtzulage pro Jahr	8.000 DM	
Gesamtzulage im Restzeitraum (2 mal 8.000 DM + 1 mal 2.250 DM)		18.250 DM
Gesamtzulage in acht Jahren (Deckelung auf 50 % der Ausbaukosten ab 1997!) =		40.000 DM

---

[732] Vgl. MEYER, B. (1996d), S. 616.
[733] Vgl. OFD Koblenz, Vfg. vom 24.7.1996, S. 2025; MEYER, B. (1996d), S. 617.

Tab. 5:   Maximale Eigenheimzulage bei Alt- und Neubauten in Abhängigkeit von
            der Kinderzahl

Kinderzahl Zulage für ... ... Altbauten	0	1	2	3	4	5	6
Grundförderung	2.500	2.500	2.500	2.500	2.500	2.500	2.500
Kinderzulage	0	1.500	3.000	4.500	6.000	7.500	9.000
Gesamt pro Jahr	2.500	4.000	5.500	7.000	8.500	10.000	11.500
Gesamt in acht Jahren	20.000	32.000	44.000	56.000	68.000	80.000	92.000
... Neubauten							
Grundförderung	5.000	5.000	5.000	5.000	5.000	5.000	5.000
Kinderzulage	0	1.500	3.000	4.500	6.000	7.500	9.000
Öko-Zulage (2-fach!)	900	900	900	900	900	900	900
Gesamt pro Jahr	5.900	7.400	8.900	10.400	11.900	13.400	14.900[*]
Gesamt in acht Jahren	47.200	59.200	71.200	83.200	95.200	107.200	107.200[*]

[*] Im achten Jahr wird nur noch eine Zulage in Höhe von 2.900 DM gewährt, bestehend aus 2.000 DM Grundförderung einschließlich Kinderzulage sowie 900 DM Ökozulage, da die Grenzbemessungsgrundlage von 100.000 DM erreicht wird, die auf die Ökozulage aber nicht anzurechnen ist.

2.3.4   Der Vorkostenabzug gemäß § 10i EStG

Diese Neuregelung für eine nach dem Eigenheimzulagengesetz begünstigte eigengenutzte Wohnung im eigenen Haus ersetzt den im Rahmen der § 10e-Förderung gültigen
§ 10e Abs. 6 EStG. Die Abzugsmöglichkeiten sind gegenüber der früheren Rechtslage
stark eingeschränkt worden. Dies und die Tatsache, daß die Progressionsabhängigkeit
der Eigenheimförderung nicht völlig beseitigt wurde, hat von Anfang an zu Kritik Anlaß
gegeben.[734]

Der Begriff der Vorkosten wird in § 10i EStG nicht definiert[735], es findet sich lediglich
eine Unterteilung in einen Pauschalbetrag (§ 10i Abs. 1 Satz 1 Nr. 1 EStG) und die Erhaltungsaufwendungen (§ 10i Abs. 1 Satz 1 Nr. 2 EStG). Die Vorkostenpauschale von
3.500 DM muß nach wie vor auf der Anlage FW (Förderung des Wohneigentums) zur
Steuererklärung beantragt werden (Seite 2, Zeile 56). Das gleiche gilt für den Abzug

---

[734] Vgl. BUNDESTAGSDRUCKSACHE 13/2476 vom 28.9.1995, S. 3; KÜPER, H./WERSCHMÖLLER, K. (1995), S. 741; HANDZIK, P. (1996), S. 203; MEYER, B. (1996c), S. 197 f.; DRENSECK, W. (1997), § 10i EStG, Anm. 1; ERHARD, G. (1997), § 10i EStG, Anm. 1.
[735] Vgl. ERHARD, G. (1997), § 10i EStG, Anm. 2.

einzeln nachgewiesener Instandsetzungs- und Renovierungsaufwendungen vor Bezug der Wohnung bis zur Höhe von 22.500 DM (Anlage FW, Seite 2, Zeile 57). Grundsätzlich kommt ein Vorkostenabzug auch bei Ausbauten und Erweiterungen an einer zu eigenen Wohnzwecken genutzten Wohnung (§ 10i Abs. 1 Satz 5 EStG) in Betracht. Da nach § 4 Satz 2 EigZulG die unentgeltliche Überlassung einer Wohnung an einen Angehörigen im Sinne des § 15 AO eine Form der Nutzung zu eigenen Wohnzwecken darstellt, ist ein Vorkostenabzug nach § 10i EStG ebenfalls bei solchen Objekten möglich.[736]

2.3.4.1   Die Vorkostenpauschale

Nach § 10i Abs. 1 Satz 1 Nr. 1 EStG ist der Ansatz eines Pauschalbetrages für Aufwendungen gestattet, die üblicherweise vor Beginn der erstmaligen Nutzung der Wohnung zu eigenen Wohnzwecken anfallen. Insoweit ist es unerheblich, ob und in welcher Höhe und in welchem Veranlagungszeitraum als Vorkosten zu qualifizierende Aufwendungen tatsächlich entstanden sind.[737] Vorkosten, die 3.500 DM übersteigen, sind steuerlich unbeachtlich.[738] Mit der einmaligen Pauschale sind - mit Ausnahme der Erhaltungsaufwendungen - alle Vorkosten, wie z. B. Schuldzinsen, Damnum, laufende Grundstückskosten etc., abgegolten.[739]

Die Vorkostenpauschale steht dem Bauherrn oder Erwerber eines begünstigten Objekts nur zu, wenn er für dieses Objekt - oder einen Anteil daran - eine Eigenheimzulage in Anspruch nimmt (§ 10i Abs. 1 Satz 1 Nr. 1 zweiter Halbsatz EStG). Demzufolge reicht es nicht aus, wenn der Steuerpflichtige lediglich die Voraussetzungen für die Inanspruchnahme der Eigenheimzulage erfüllt, vielmehr muß er sie auch beantragen.[740] Durch dieses Anknüpfen an die Eigenheimzulage scheidet die Vorkostenpauschale insbesondere dann aus, wenn der Anspruchsberechtigte die Eigenheimzulage wegen be-

---

[736] Vgl. STEPHAN, R. (1996a), S. 602; STUHRMANN, G. (1996), S. 9622; a. A.: MEYER, B. (1996c), S. 203 f.: ein Vorkostenabzug für Erhaltungsaufwendungen nach § 10i Abs. 1 Satz 1 Nr. 2 EStG kommt für unentgeltlich an Angehörige überlassene Wohnungen nicht in Betracht, da § 10i Abs. 1 Satz 1 Nr. 2 EStG eine „Nutzung zu eigenen Wohnzwecken" voraussetzt und die Gleichstellung von Eigennutzung und Nutzungsüberlassung durch § 4 EigZulG nicht auf § 10i EStG durchschlägt.
[737] Vgl. ERHARD, G. (1997), § 10i EStG, Anm. 3.
[738] Vgl. STUHRMANN, G. (1996), S. 9621.
[739] Vgl. STEPHAN, R. (1996a), S. 602.
[740] Vgl. STUHRMANN, G. (1996), S. 9621.

reits eingetretenem Objektverbrauchs, Überschreitens der Einkunftsgrenzen, schädlichen räumlichen Zusammenhangs oder mangels Nutzung zu eigenen Wohnzwecken nicht in Anspruch nehmen kann.[741] Weiterhin kommt die Vorkostenpauschale grundsätzlich bei Ferien- und Wochenendhäusern sowie Schwarzbauten nicht in Betracht, da hierfür eine Eigenheimzulage nicht gewährt wird *(vgl. oben 2.3.1.6.4 und 2.3.1.6.5).*[742] Gleiches gilt für den unentgeltlichen Erwerb des Einzelrechtsnachfolgers, nicht jedoch des Gesamtrechtsnachfolgers, dem die Eigenheimzulage zusteht *(vgl. oben 2.3.1.1)* und somit auch die Vorkostenpauschale.[743] Im Falle des teilentgeltlichen Erwerbs kann ebenfalls die Pauschale von 3.500 DM angesetzt werden, eine Kürzung - etwa im Verhältnis des Teilentgelts zum Verkehrswert des Objekts - erfolgt dabei nicht.[744] Auch wenn Teile der Wohnung zu anderen als eigenen Wohnzwecken genutzt werden und deswegen die Bemessungsgrundlage für die Eigenheimzulage entsprechend zu kürzen ist (§ 8 Satz 3 EigZulG), wird die Vorkostenpauschale trotzdem ungekürzt gewährt.[745] Eine Kürzung der Vorkostenpauschale erfolgt jedoch in Miteigentumsfällen, da gemäß § 10i Abs. 1 Satz 4 EStG jeder Miteigentümer den Vorkostenabzug nur entsprechend seinem Miteigentumsanteil vornehmen kann. Die Kürzung unterbleibt, wenn Miteigentümer eines Zwei- oder Mehrfamilienhauses eine Wohnung ausschließlich kraft eigenen Rechts nutzen.[746]

Der Steuerpflichtige kann die Vorkostenpauschale von 3.500 DM im Jahr der Fertigstellung oder Anschaffung der Wohnung wie Sonderausgaben abziehen, wenn er für die Wohnung im Jahr der Herstellung oder Anschaffung oder in einem der zwei darauffolgenden Jahre eine Eigenheimzulage nach dem Eigenheimzulagengesetz in Anspruch nimmt (§ 10i Abs. 1 Satz 1 Nr. 1 EStG). Somit kann die Vorkostenpauschale für das Anschaffungsjahr angesetzt werden, obwohl die Nutzung der Wohnung zu eigenen Wohnzwecken vielleicht erst im zweiten oder dritten Jahr beginnt oder die Einkunftsgrenze erst in den beiden folgenden Jahren unterschritten wird.[747]

---

[741] Vgl. KÜPER, H./WERSCHMÖLLER, K. (1995), S. 741; MEYER, B. (1996c), S. 200; JECHNERER, M. (1997a), S. 970.
[742] Vgl. STEPHAN, R. (1996a), S. 603.
[743] Vgl. STEPHAN, R. (1996a), S. 604.
[744] Vgl. MEYER, B. (1996c), S. 201; STEPHAN, R. (1996a), S. 604; JECHNERER, M. (1997a), S. 970.
[745] Vgl. MEYER, B. (1996c), S. 199; WACKER, R. (1996), § 10i EStG, Anm. 40.
[746] Vgl. STEPHAN, R. (1996a), S.605; MEYER, B. (1997), § 10i EStG, Anm. 65; a. A.: WACKER, R. (1996), § 10i EStG, Anm. 42.
[747] Vgl. SIEGLE, W. (1996), S. 324; STEPHAN, R. (1996a), S. 603.

Ein Nebeneinander von alter und neuer Förderung ist im Normalfall ausgeschlossen. So können Bauherrn, die den Bauantrag für ihr Eigenheim entweder nach dem 31.12.1995 stellen (§ 52 Abs. 14 Satz 6 EStG) oder in der Zeit vom 27.10.1995 bis 31.12.1995 gestellt haben und von ihrem Wahlrecht zugunsten der Eigenheimzulage Gebrauch machen (§ 52 Abs. 14c EStG) auch für 1995 Vorkosten nicht nach § 10e Abs. 6 EStG abziehen.[748] Die einzige Ausnahme besteht im zulässigen Vorkostenabzug nach § 10e Abs. 6 EStG für Jahre vor 1995 - z. B. für in 1994 gezahlte, mit der Anschaffung des Bauplatzes in Zusammenhang stehende Schuldzinsen - bei Inanspruchnahme der Eigenheimzulage.[749] Eine Vorkostenpauschale kommt beim Folgeobjekt jedoch selbst dann in Betracht, wenn beim Erstobjekt bereits Vorkosten nach § 10e Abs. 6 EStG bzw. nach § 10i EStG abgezogen worden sind. Dies ergibt sich aus der Eigenständigkeit des Folgeobjekts gemäß § 7 Satz 2 EigZulG, nach dem die Förderung für das Folgeobjekt losgelöst von der des Erstobjekts erfolgt.[750]

2.3.4.2   Abzug für Erhaltungsaufwendungen

Die mit der Eigenheimzulage korrespondierenden Erhaltungsaufwendungen nach § 10i Abs. 1 Satz 1 Nr. 2 und Satz 2 EStG entsprechen weitgehend den früheren Regelungen für den Abzug nach § 10e Abs. 6 EStG. Es handelt sich wie bei den dortigen Vorkosten um vor erstmaliger Nutzung der Wohnung zu eigenen Wohnzwecken angefallene Aufwendungen, die im Vermietungsfalle wie Werbungskosten zu behandeln wären. Sie müssen zwingend mit der Herstellung oder Anschaffung des Objekts zusammenhängen, dürfen nicht selbst zu den Anschaffungs- oder Herstellungskosten oder zu den anschaffungsnahen Aufwendungen gehören und dürfen nicht selbst Betriebsausgaben oder Werbungskosten sein[751] (§ 10i Abs. 1 Satz 1 Nr. 2 und Sätze 2 und 3 EStG). Sind diese Voraussetzungen erfüllt, liegen Erhaltungsaufwendungen vor, die wie Sonderausgaben vom Gesamtbetrag der Einkünfte abgezogen werden können. Allerdings ist die Höhe des Abzugs absolut auf 22.500 DM begrenzt. Eine relative Kürzung der Erhaltungsaufwendungen auf 15 % der Gebäudeaufwendungen wie bei § 10e Abs. 6 EStG ist nach § 10i EStG nicht mehr vorgesehen.

---

[748] Vgl. MEYER, B. (1996b), S. 99.
[749] Vgl. FinMin (Niedersachsen) - Erlaß vom 1.12.1995, S. 23; BMF-Schreiben vom 17.5.1996, S. 622 ff.
[750] Vgl. WACKER, R. (1996), § 10i EStG, Anm. 24; MEYER, B. (1997), § 10i EStG, Anm. 28.
[751] Vgl. JECHNERER, M. (1996), S. 405.

Erhaltungsaufwendungen sind auch in den Sonderfällen gegeben, in denen ein Mieter eine bisher gemietete Wohnung anschafft und ihm dabei Reparaturkosten und Renovierungsaufwendungen entstehen. Diese Aufwendungen können ebenfalls bis zum Betrag von 22.500 DM abgezogen werden, wenn sie der Steuerpflichtige bis zum Ablauf des auf das Jahr der Anschaffung folgenden Kalenderjahrs geltend macht (§ 10i Abs. 1 Satz 1 Nr. 2b EStG). Insofern wird hier die zeitliche Begrenzung („... bis zum Beginn der erstmaligen Nutzung ...") für ehemalige Mieter, im Gegensatz zur Vorgängervorschrift § 10e Abs. 6 EStG, die nur Aufwendungen zum Abzug zuließ, die bis zum im Kaufvertrag vereinbarten Zeitpunkt des Übergangs von Nutzen und Lasten entstanden[752], großzügig erweitert. Damit trägt die Regelung der Tatsache Rechnung, daß ein Mieter in der bisherigen Mietwohnung wohnen bleibt und die Renovierungsarbeiten zeitaufwendiger sind als bei einer unbewohnten Wohnung.[753] Entscheidend für den Abzug der Erhaltungsaufwendungen ist, unabhängig vom Zeitpunkt, zu dem die Rechnungen bezahlt werden, womit gleichwohl gem. § 11 Abs. 2 EStG (Abflußprinzip) das Kalenderjahr des Sonderausgabenabzugs bestimmt wird, der Abschluß der Erhaltungsarbeiten.[754]

Wird ein begünstigtes Objekt bis zum Beginn der erstmaligen Nutzung zu eigenen Wohnzwecken vermietet bzw. zu eigenen beruflichen oder betrieblichen Zwecken genutzt und sind in dem Zusammenhang Erhaltungsaufwendungen angefallen, handelt es sich um Werbungskosten bzw. Betriebsausgaben, so daß ein Abzug als Sonderausgaben ausgeschlossen ist (§ 10i Abs. 1 Satz 3 EStG). Mit dieser Regelung, die aufgrund des grundsätzlichen Vorrangs von Werbungskosten bzw. Betriebsausgaben vor Sonderausgaben[755] lediglich klarstellende Bedeutung hat, soll eine doppelte steuerliche Berücksichtigung solcher Aufwendungen vermieden werden.[756]

Im Gegensatz zur Vorkostenpauschale fehlt jeglicher Bezug zur Eigenheimzulage. Damit kann ein Abzug für Erhaltungsaufwendungen angesetzt werden, obgleich die Eigenheimzulage nicht in Anspruch genommen wird oder genommen werden kann.[757] Ein Abzug von Erhaltungsaufwendungen kommt demnach ohne Objektbeschränkung für belie-

---

[752] Vgl. BMF-Schreiben vom 31.12.1994, Tz. 86 und 90.
[753] Vgl. STUHRMANN, G. (1996), S. 9622.
[754] Vgl. STUHRMANN, G. (1996), S. 9622.
[755] Vgl. dazu § 10 Abs. 1 EStG.
[756] Vgl. WACKER, R. (1996), § 10i EStG, Anm. 71; MEYER, B. (1997), §10i EStG, Anm. 63.
[757] Vgl. KÜPER, H./WERSCHMÖLLER, K. (1995), S. 741; STUHRMANN, G. (1996), S. 9622.

big viele Objekte in Betracht.[758] Als Grund für diese Ausgestaltung wird die Erwägung angesehen, daß der Erhaltung und Modernisierung bestehender Bausubstanz ein hoher Stellenwert einzuräumen ist, der die steuerliche Förderung unabhängig von einer Eigenheimzulage rechtfertigt.[759]

Wie bei der Vorkostenpauschale ist gleichfalls bei den Erhaltungsaufwendungen gemäß § 10i Abs. 1 Satz 4 EStG in Fällen des Miteigentums - mit Ausnahme des vollständigen Miteigentums an einer Wohnung im Zwei- oder Mehrfamilienhaus - eine dem Anteil entsprechende Kürzung des Höchstbetrags des abziehbaren Erhaltungsaufwands von 22.500 DM vorzunehmen.[760]

Der Wortlaut des § 10i Abs. 1 Satz 1 Nr. 2a EStG, der einen Abzug von Erhaltungsaufwendungen zuläßt, die vor der Nutzung „einer Wohnung zu eigenen Wohnzwecken" entstanden sind, hat zur Vermutung Anlaß gegeben, ein Abzug von Erhaltungsaufwendungen könne auch bei Ferien- und Wochenendwohnungen, Schwarzbauten oder vom Ehegatten erworbenen Objekten vorgenommen werden.[761] Diese Interpretation des Gesetzeswortlauts ist indes mittlerweile für solche Objekte ausdrücklich ausgeschlossen.[762]

2.3.5   Die Genossenschaftsanteilsförderung gemäß § 17 EigZulG

Durch das Eigenheimzulagengesetz wird auch der Erwerb von Anteilen an bestimmten Wohnungsbaugenossenschaften gefördert. Diese Regelung war ursprünglich nicht vorgesehen und wurde erst nach Stellungnahme des Bundesrates in den Gesetzesvorschlag mit der Begründung aufgenommen, daß Anteilseigentum an Wohnungsgenossenschaften vollwertiges Eigentum im Sinne des Grundgesetzes sei.[763] Damit eröffnet sich vor allem Familien mit geringem Einkommen eine Alternative zum Erwerb von Wohneigentum, wobei gleichzeitig die Voraussetzungen für einen möglichen späteren Kauf

---

[758] Vgl. MEYER, B. (1996c), S. 201; STEPHAN, R. (1996a), S. 606.
[759] Vgl. STUHRMANN, G. (1996), S. 9622.
[760] Vgl. STUHRMANN, G. (1996), S. 9622; ERHARD, G. (1997), § 10i EStG, Anm. 15.
[761] Vgl. MEYER, B. (1996c), S. 201.
[762] Vgl. OFD Koblenz, Vfg. vom 24.7.1996, S. 2025.
[763] Vgl. BUNDESTAGSDRUCKSACHE 13/2476 vom 28.9.1995, S. 5.

geschaffen werden.[764] Abbildung 4 zeigt die möglichen Bestandteile dieser Förderung im Überblick:

Abb. 4:   Übersicht über die Genossenschaftsanteilsförderung nach § 17 EigZulG

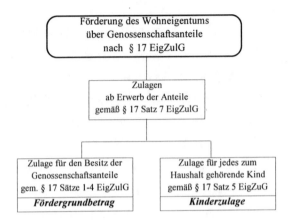

2.3.5.1   Anspruchsberechtigte Personen und begünstigter Tatbestand

Anspruchsberechtigt sind unbeschränkt Steuerpflichtige, deren Gesamtbetrag der Einkünfte die Grenzen des § 5 EigZulG nicht übersteigt (§ 17 Satz 8 i. V. m. § 1 EigZulG).[765]

Die Förderung kann einmal für den Erwerb von Genossenschaftsanteilen in Höhe von mindestens 10.000 DM beansprucht werden (§ 17 Satz 1 EigZulG). Erwirbt ein Anspruchsberechtigter mehrfach Geschäftsanteile innerhalb des Förderzeitraums, wird jedesmal erneut der Tatbestand des § 17 EigZulG verwirklicht. Begünstigt ist nach § 17 Satz 1 EigZulG indes nur ein Erwerbsvorgang, so daß die Anteile nicht zusammengefaßt werden können, wenn sie zu verschiedenen Zeitpunkten erworben wurden.[766] Das gilt nicht bei Ratenzahlung auf einen begünstigten Geschäftsanteil innerhalb des Förderzeitraums, da sich in diesem Fall die Bemessungsgrundlage mit jeder Zahlung erhöht und ggf. eine Neufestsetzung der Zulage nach § 11 Abs. 2 EigZulG durchzuführen ist.[767]

---

[764] Vgl. BUNDESTAGSDRUCKSACHE 13/2784 vom 26.10.1995, S. 69 und 78.
[765] Vgl. STEPHAN, R. (1996a), S. 599.
[766] Vgl. OFD Chemnitz, Vfg. vom 9.7.1997 (Lexinform 138637).
[767] Vgl. OFD Chemnitz, Vfg. vom 9.7.1997 (Lexinform 138637).

Der für den Erwerb von Genossenschaftsanteilen in Anspruch genommene Fördergrundbetrag wird bei einer späteren Anschaffung oder Herstellung von selbstgenutztem
Wohneigentum angerechnet und mindert dort entsprechend den maximalen Förderungsbetrag (§ 9 Abs. 2 Satz 4 EigZulG). In gleicher Weise erfolgt eine Anrechnung der
Kinderzulage (§ 9 Abs. 5 Satz 6 EigZulG).

Begünstigt ist der Erwerb von Anteilen an „jungen" Genossenschaften, die nach dem
1.1.1995 gegründet worden sind (§ 17 Satz 1 EigZulG). Zugleich müssen die Satzungen
dieser Wohnungsbaugenossenschaften das unwiderrufliche und vererbliche Recht auf
Erwerb des Eigentums an der zu eigenen Wohnzwecken genutzten Wohnung für diejenigen Mitglieder einräumen, die die Förderung mit Eigenheimzulage erhalten, wenn die
Mehrheit der in einem Objekt wohnenden Mitglieder dem Verkauf der Wohnungen an
die Mieter zur Begründung von Wohneigentum zustimmt (§ 17 Satz 2 EigZulG).

Abweichend von der Eigenheimzulage nach § 8 EigZulG ist für die Förderung von
Genossenschaftsanteilen nach § 17 EigZulG die Nutzung der Genossenschaftswohnung
zu eigenen Wohnzwecken durch das Genossenschaftsmitglied nicht Voraussetzung.[768]
Damit kann der Erwerb von Anteilen an begünstigten Genossenschaften ausschließlich
zum Zwecke der Kapitalanlage erfolgen[769] *(vgl. dazu unten 4.8.2)*.

2.3.5.2 Höhe der Förderung

Die Genossenschaftsanteilsförderung beinhaltet einen Fördergrundbetrag von jährlich
3 % der geleisteten Einlage, jedoch maximal 2.400 DM für jedes Jahr, in dem der
Anspruchsberechtigte die Genossenschaftsanteile besitzt (§ 17 Satz 4 EigZulG). Damit
errechnet sich eine maximale Bemessungsgrundlage von 80.000 DM. Darüber hinaus
wird eine Kinderzulage von jährlich 500 DM pro Kind gewährt (§ 17 Satz 5 EigZulG),
sofern der Anspruchsberechtigte für das jeweilige Jahr des Förderzeitraums einen Kinderfreibetrag oder Kindergeld erhält und das Kind in dieser Zeit zu seinem inländischen
Haushalt gehört oder gehört hat (§ 9 Abs. 5 Satz 1 EigZulG).

---

[768] Vgl. FinMin (Sachsen) - Erlaß vom 11.10.1996, S. 1733; OFD Erfurt, Vfg. vom 14.10.1996 (Lexinform 138043).
[769] Vgl. OFD Ffm, Vfg. vom 28.10.1996 (Lexinform 138080).

Wie bei der Förderung des selbstgenutzten Wohneigentums ist auch bei der Anteilsför-
derung die Summe aus den gewährten Fördergrundbeträgen und der Kinderzulage in der
Höhe auf die erworbenen Anteilswerte bzw. auf die maximale Bemessungsgrundlage
begrenzt (§ 17 Satz 6 EigZulG). Der Förderungszeitraum beginnt mit dem Jahr der
Anschaffung der Genossenschaftsanteile und endet wie bei der Eigenheimzulagenförderung mit dem siebten auf das Jahr der Anschaffung folgenden Jahres (§ 17 Sätze 7 und 8
EigZulG).

Werden für den Erwerb von Genossenschaftsanteilen Zuschüsse gewährt, ist die Bemessungsgrundlage für die Eigenheimzulage (§ 17 Abs. 3 EigZulG) um die gewährten Zuschüsse zu kürzen.[770]

Zum Abschluß dieses Kapitels erfolgt hinsichtlich der Untersuchungen im vierten Teil
der vorliegenden Arbeit mit Tabelle 6 auf den nächsten Seiten nochmals eine zusammenfassende Gegenüberstellung[771] der Regelungsinhalte des § 10e EStG in der ab 1994
gültigen Fassung und der grundsätzlich ab 1996 geltenden Eigenheimzulage jeweils mit
den korrespondierenden §§ 34f bzw. 10i EStG.

---

[770] Vgl. OFD Erfurt, Vfg. vom 20.12.1996 (Lexinform 138050); OFD Chemnitz, Vfg. vom 7.1.1997,
    S. 372; OFD Chemnitz, Vfg. vom 9.7.1997 (Lexinform 138637).
[771] In Teilen angelehnt an LAMM, M. (1995), S. 3748 ff. und JECHNERER, M. (1996), S. 406 ff.

Tab. 6:   Synopse der Inhalte aus § 10e mit § 34f EStG und EigZulG mit § 10i EStG

Kriterium der Eigenheimförderung	§§ 10e und 34f EStG Rechtslage ab 1.1.1994	EigZulG und § 10i EStG Rechtslage ab 1.1.1996
Berechtigte Personen	**Bauherrn und Erwerber**	analog
Begünstigtes Objekt	**Wohnung im eigenen Haus bzw. Eigentumswohnung im Inland** (keine Wohnung oder Erweiterung bei Nutzungswertbesteuerung, auch keine Wohnung am Beschäftigungsort mit Werbungskosten- bzw. Betriebsausgabenabzug sowie keine Ferien- oder Wochenendwohnungen)	analog
	Neubauten	analog
	– selbst hergestelltes Objekt – angeschafftes Objekt, wenn Erwerb bis zum Ende des zweiten auf das Jahr der Fertigstellung folgenden Jahres erfolgt – Ausbauten und Erweiterungen	–(nicht begünstigt sind Ausbauten und Erweiterungen, soweit dabei nicht vollwertige Wohnräume nach § 44 Zweite BV geschaffen werden, also z. B. keine Kellerräume unter 2 m lichte Höhe und keine Garagen)
	Altbauten	analog
	–Erwerb eines Objekts nach dem Ende des zweiten auf das Jahr der Fertigstellung folgenden Jahres	
	Nur für das Kalenderjahr, in dem das Objekt wenigstens zeitweise zu eigenen Wohnzwecken genutzt wird	analog
	Unentgeltliche Überlassung von Teilen der Wohnung zu Wohnzwecken ist unschädlich	analog
		Eigennutzung auch bei unentgeltlicher Überlassung an Angehörige im Sinne von § 15 AO, d. h. Wegfall von § 10h EStG: – Wohnung muß nicht im gleichen Gebäude sein – beim Eigentümer darf noch nicht Objektverbrauch eingetreten sein –Überlassung führt zum Objektverbrauch
Folgeobjekt	Bauherrn/Erwerber können die nicht ausgenutzten Jahre des Förderzeitraums vom Erstobjekt auf ein Folgeobjekt übertragen	analog
	Zeitliche Beschränkung: Das Folgeobjekt muß innerhalb von zwei Jahren vor und drei Jahren nach der letztmaligen Nutzung des Erstobjekts angeschafft/hergestellt worden sein	Keine zeitliche Beschränkung

Kriterium der Eigenheimförderung	§§ 10e und 34f EStG Rechtslage ab 1.1.1994	EigZulG und § 10i EStG Rechtslage ab 1.1.1996
Bemessungs-grundlage	Anschaffungs-/ Herstellungskosten zuzüglich 50 % Grund und Boden	Anschaffungs-/ Herstellungskosten zuzüglich 100 % Grund und Boden
	Ausbauten/Erweiterungen nur Herstellungskosten (ohne Grund)	analog
	Für nicht Wohnzwecken dienende Teile der Wohnung ist die Bemessungsgrundlage zu kürzen	analog
Nachträgliche Anschaffungs- oder Herstellungskosten	Nachträgliche Anschaffungs- oder Herstellungskosten, die bis zum Ende des Abzugszeitraums entstehen, können so behandelt werden, als wären sie bereits im Jahr der Anschaffung oder Fertigstellung entstanden	Nachträgliche Anschaffungs- oder Herstellungskosten erhöhen die Bemessungsgrundlage ab dem Jahr der Entstehung (keine Rückbeziehung)
Förderzeitraum	Im Jahr der Anschaffung (Übergang von Nutzen und Lasten) oder Fertigstellung und in den sieben darauffolgenden Jahren	analog
Nachholung von Abzugsbeträgen	Abzugsbeträge, die in einem Jahr nicht ausgenutzt wurden, können bis zum Ende des achtjährigen Abzugszeitraums nachgeholt werden	keine analoge Anwendung, da hier Zulagecharakter
Einkunftsgrenze	Bei Einzel- oder getrennter Veranlagung darf der Gesamtbetrag der Einkünfte in jedem Förderungsjahr 120.000 DM nicht übersteigen	Bei Einzel- oder getrennter Veranlagung darf der Gesamtbetrag der Einkünfte im Antrags- und Vorjahr zusammengerechnet 240.000 DM nicht übersteigen
	Bei Zusammenveranlagung darf der Gesamtbetrag der Einkünfte in jedem Förderungsjahr 240.000 DM nicht übersteigen	Bei Zusammenveranlagung darf der Gesamtbetrag der Einkünfte im Antrags- und Vorjahr zusammengerechnet 480.000 DM nicht übersteigen
	Die Förderung wird nur in den Jahren des Förderungszeitraums gewährt, in denen die Einkunftsgrenze nicht überschritten wird	Die Förderung wird von dem Jahr an für den Rest des Förderungszeitraums gewährt, in dem die Einkunftsgrenze erstmalig nicht überschritten wird
	Prüfung erfolgt jedes Jahr	Einmalige Prüfung im Antragsjahr
Objekt-beschränkung	– Beschränkung auf ein Objekt	analog
	– Bei Ehegatten auf zwei Objekte, die nicht gleichzeitig in räumlichem Zusammenhang liegen dürfen	
	Vorobjekt nach § 7b, § 10e EStG, § 15b BerlinFG wird angerechnet	
	erweiterter Objektverbrauch für Objekte in den neuen Bundesländern bis 31.12.1994	keine analoge Anwendung, da vor Gültigkeitsdatum

Kriterium der Eigenheimförderung	§§ 10e und 34f EStG Rechtslage ab 1.1.1994	EigZulG und § 10i EStG Rechtslage ab 1.1.1996
Komponenten der Eigenheim-Förderung	Grundförderung (§ 10e Abs. 1 und 2 EStG) + Baukindergeld (§ 34f EStG) + Vorkostenabzug (§ 10e Abs. 6 EStG) + Schuldzinsenabzug bei Anschaffung/Fertigstellung bis spätestens 31.12.1994 (§ 10e Abs. 6a EStG)	Fördergrundbetrag (§ 9 Abs. 2 EigZulG) + Kinderzulage (§ 9 Abs. 5 EigZulG) + Vorkostenabzug (§ 10i EStG) + Fördergrundbetrag für ökologische Baumaßnahmen (§ 9 Abs. 3 und 4 EigZulG)
Höhe der Förderung	*progressionsabhängig* **Grundförderung** Abzug wie Sonderausgaben **Neubauten** 1. bis 4. Jahr 6 % der Bemessungsgrundlage (max. von 330.000 DM) maximal 19.800 DM pro Jahr 5. bis 8. Jahr 5 % der Bemessungsgrundlage (max. von 330.000 DM) maximal 16.500 DM pro Jahr **Altbauten** 1. bis 4. Jahr 6 % der Bemessungsgrundlage (max. von 150.000 DM) maximal 9.000 DM pro Jahr 5. bis 8. Jahr 5 % der Bemessungsgrundlage (max. von 150.000 DM) maximal 7.500 DM pro Jahr **Ausbauten und Erweiterungen** 1. bis 4. Jahr 6 % der Bemessungsgrundlage (max. von 330.000 DM) maximal 19.800 DM pro Jahr 5. bis 8. Jahr 5 % der Bemessungsgrundlage (max. von 330.000 DM) maximal 16.500 DM pro Jahr	*progressionsunabhängig* **Fördergrundbetrag** Zulage (Auszahlung zum 15.3.) **Neubauten** 1. bis 8. Jahr 5 % der Bemessungsgrundlage (max. von 100.000 DM) maximal 5.000 DM pro Jahr Die Summe der Fördergrundbeträge (ohne ökologische Maßnahmen) + die Summe der Kinderzulagen darf die Bemessungsgrundlage nicht übersteigen **Altbauten** 1. bis 8. Jahr 2,5 % der Bemessungsgrundlage (max. von 100.000 DM) maximal 2.500 DM pro Jahr Die Summe der Fördergrundbeträge (ohne ökologische Maßnahmen) + die Summe der Kinderzulagen darf die Bemessungsgrundlage nicht übersteigen **Ausbauten und Erweiterungen** 1. bis 8. Jahr 2,5 % der Bemessungsgrundlage (max. von 100.000 DM) maximal 2.500 DM pro Jahr Die Summe der Fördergrundbeträge + die Summe der Kinderzulagen darf ab 1.1.1997 nur noch 50 % der Bemessungsgrundlage erreichen
Kinderkomponente	*progressionsunabhängig* **Baukindergeld** (für Neu- und Altobjekte) Steuerermäßigung (kein Freibetrag) pro Kind/Jahr: 1.000 DM Begrenzung: – Nur für ein Objekt im Kalenderjahr – Maximal insgesamt bis zur Höhe der Bemessungsgrundlage	*progressionsunabhängig* **Kinderzulage** (für Neu- und Altobjekte) Zulage (Auszahlung zum 15.3.) pro Kind/Jahr: 1.500 DM Begrenzung: – Nur für ein Objekt im Kalenderjahr – Die Summe der Fördergrundbeträge (ohne ökologische Maßnahmen) + die Summe der Kinderzulagen darf die Bemessungsgrundlage nicht übersteigen

Kriterium der Eigenheimförderung	§§ 10e und 34f EStG Rechtslage ab 1.1.1994	EigZulG und § 10i EStG Rechtslage ab 1.1.1996
Vorkostenabzug	*progressionsabhängig* Unbegrenzter Abzug wie Sonderausgaben von solchen Aufwendungen vor Bezug, die im Vermietungsfalle wie Werbungskosten zu behandeln wären Abzug wie Sonderausgaben von Erhaltungsaufwendungen vor Bezug bis zu 22.500 DM Unabhängig von Grundförderung, Einkunftsgrenze, Objektverbrauch	*progressionsabhängig* Bei Gewährung der Eigenheimzulage in einem der ersten drei Jahre Abzug wie Sonderausgaben in Form einer einmaligen Pauschale von 3.500 DM analog (auch bei Objektverbrauch oder wenn die Zulage nicht beansprucht wird) Nur Erhaltungsaufwendungen von Gewährung der Zulage unabhängig
Schuldzinsenabzug	*progressionsabhängig* Abzug wie Sonderausgaben von Schuldzinsen nach Bezug im 1. - 3. Jahr bis zu maximal je 12.000 DM Nachholung nicht ausgeschöpfter Beträge für das 1. Jahr im 4. Jahr möglich Nur bei Erwerb/Fertigstellung eines Neuobjekts vor dem 1.1.1995	nicht vorgesehen
Ökologische Baumaßnahmen	nicht vorgesehen	*progressionsunabhängig* Zulage (Auszahlung zum 15.3.) Zusatzförderung für: **Einbau von Solaranlagen, Wärmerückgewinnungsanlagen, Wärmepumpen** (in Neuobjekte, auch Kauf, vor Bezug) – 2 % der Bemessungsgrundlage (Aufwendungen/anteilige Anschaffungskosten, höchstens 25.000 DM) maximal 500 DM jährlich für acht Jahre **Niedrigenergiehaus** (-Neubau oder -Anschaffung im Fertigstellungsjahr) – Zulage pauschal 400 DM jährlich für acht Jahre Restriktionen/Besonderheiten: – Abschluß der Maßnahmen bis zum 31.12.1998 – nicht anwendbar bei Ausbauten und Erweiterungen – abhängig von Gewährung der Eigenheimzulage – keine Begrenzungsregelung wie bei Fördergrundbetrag – beide Zusatzförderungen auch kumulativ möglich

Kriterium der Eigenheimförderung	§§ 10e und 34f EStG Rechtslage ab 1.1.1994	EigZulG und § 10i EStG Rechtslage ab 1.1.1996
Anwendungs-bereich	**Herstellung**: Bauantrag bis 31.12.1995 **Anschaffung**: Notarieller Kaufvertrag bis 31.12.1995	**Herstellung**: Bauantrag nach dem 31.12.1995 **Anschaffung**: Notarieller Kaufvertrag nach dem 31.12.1995 **Auf Antrag bereits in 1995**: – bei Bauantrag/Kaufvertrag in der Zeit vom 27.10. bis 31.12.1995 – bei Kaufvertrag in der Zeit vom 29.6. bis 31.12.1995 in den neuen Bundesländern für Wohnungserwerb durch den Mieter nach § 5 Alt-schuldenhilfegesetz

Kriterium der Genossenschafts-anteilsförderung	§§ 10e und 34f EStG Rechtslage ab 1.1.1994	EigZulG und § 10i EStG Rechtslage ab 1.1.1996
Begünstigte Personen		**Erwerber**
Zulage für Genos-senschaftsanteile (§ 17 EigZulG)	nicht vorgesehen	*progressionsunabhängig* Zulage (Auszahlung zum 15.3.) **Erwerb von Anteilen an „jungen" Genossenschaften in Höhe von mindestens 10.000 DM und maximal 80.000 DM** – Einmalige Förderung für acht Jahre – 3 % der geleisteten Einlage pro Jahr, maximal 2.400 DM jährlich – Kinderzulage 500 DM pro Kind und Jahr Restriktionen/Besonderheiten: – nur bei ihrer Satzung nach eigen-tumsorientierten und nach dem 1.1.1995 neu ins Register eingetra-genen Genossenschaften – Die Summe der Anteilszulagen + die Summe der Kinderzulagen darf die Höhe der Genossenschafts-einlage nicht übersteigen – Keine Doppelförderung – Bei Erwerb von Wohneigentum er-folgt eine Anrechnung der Genos-senschaftsanteilsförderung auf die Eigenheimförderung
Anwendungs-bereich		Anteilszeichnung bei Genossen-schaft nach dem 31.12.1995

3   Das Programm FIWoComp© als Analysewerkzeug

In diesem Kapitel wird das Computerprogramm vorgestellt, das für die Analyse der verschiedenen staatlichen Wohneigentumsförderungen seit 1994 entwickelt wurde. Nach Informationen zu den Voraussetzungen für die Lauffähigkeit des Programms folgen Hinweise zur Bedienungsanleitung und eine Darstellung der im Programm verarbeiteten Modellannahmen und Prämissen. Anschließend wird der Programmablauf beschrieben.

3.1   Hardware- und Softwarevoraussetzungen

Das Programm wurde in der Anfangsphase auf einem IBM-kompatiblen PC mit einem Prozessor vom Typ Intel 486 DX 33 MHz und 8 Megabyte Arbeitsspeicher generiert. Mit dieser Ausstattung wurden die ersten Berechnungen innerhalb des Programms hinlänglich flüssig durchgeführt. Später wurde das Programm dann auf einem IBM-kompatiblen PC mit einem Prozessor vom Typ Intel Pentium 133 MHz und 32 MB Arbeitsspeicher erweitert und vervollständigt. Diese Ausstattung erlaubt eine sehr viel schnellere und deutlich komfortablere Handhabung des Programms. Da der Trend der heutigen Computersysteme bereits zur noch schnelleren MMX-Technologie geht, und vielerorts besser ausgestattete Pentium-Rechner zum Standard gehören, werden die Hardwarevoraussetzungen keine Probleme bereiten. Grundsätzlich reicht eine Ausstattung aus, die den Ansprüchen der benötigten Software genügt. Um einigermaßen komfortabel arbeiten zu können, wird allerdings eine Arbeitsspeichergröße von wenigstens 16 Megabyte empfohlen. Etwa 2 MB freie Festplattenkapazität, eine VGA-kompatible Grafikkarte und ein Diskettenlaufwerk 3½ Zoll sind ohnehin obligatorisch. Für den bequemeren Zugriff ist bei Microsoft Windows Applikationen stets die Verwendung einer Maus vorteilhaft. Außerdem ist für den Ausdruck der Ergebnisse ein Drucker erforderlich, der im Querformat Größe DIN A 4 ausdrucken kann. Der besseren Übersicht wegen wird ein Bildschirm von wenigstens 15 Zoll - noch besser überschaubar sind die Arbeitsblätter und Graphiken auf einem 17 Zoll Monitor - und eine Mindestauflösung von 800 mal 600 Bildpunkten empfohlen.

Das Programm wurde zwar unter Windows 95© in der EXCEL 7.0©-Version fertiggestellt, eine Verwendung unter Windows 3.1©-Versionen mit EXCEL 5.0© ist aber pro-
blemlos möglich, da die Dateien beider Versionen abwärts und aufwärts kompatibel
sind. Als Mindestausstattung zur Programmverwendung muß infolgedessen auf dem PC
folgende Software installiert sein:

    1. Betriebssystem: MS DOS 3.1© oder höher,

    2. Benutzeroberfläche: Windows 3.1© oder höher,

    3. Anwendersoftware: MS EXCEL 5.0© oder höher.

Das Programm befindet sich auf der beiliegenden Diskette und kann von dort aus installiert werden.

3.2   Bedienungsanleitung

3.2.1   Programmstart und allgemeine Hinweise

FIWoComp© hat einschließlich zahlreicher Illustrationen sowie der dazugehörenden
Zahlenwerte aus der Analyse einen Speicherbedarf von etwa 1,5 MB. Um es dennoch
auf einer Diskette unterbringen zu können, wurde es mit einer speziellen Software
„zusammengepackt". Vor der erstmaligen Benutzung muß das Programm infolgedessen
auf ein beliebiges Verzeichnis der Festplatte kopiert werden. Dies empfiehlt sich
ohnehin, da die Diskette durch häufigeres Laden und Speichern schneller abgenutzt
wird. Zudem ist der Speicherumfang des Programms relativ hoch, so daß ein Aufruf von
der Festplatte deutlich schneller ist.

Das Kopieren auf die Festplatte kann unter laufendem Windows mühelos mit dem
Dateimanager© (bei Windows 3.11©) bzw. mit dem Explorer© (unter Windows 95©)
erfolgen. Damit ist nun auch direkt aus dem gewählten Verzeichnis der Festplatte heraus
die Aktivierung von „FIWoComp.exe" möglich, das sich dadurch selbst entpackt.
Dieser Vorgang ist in einem sich öffnenden DOS©-Fenster durch Eingabe des Buch-
stabens „Y / Ⓨ" und Auslösen der Eingabetaste „⏎ / Enter⏎" zu bestätigen. Im Anschluß
an den Prozeß des „selfextracting" befindet sich im gleichen Verzeichnis die Datei

„FIWoComp.xls", die zusammen mit „FIWoComp.exe" etwa 2 MB Speicherplatz benötigt. Da es sich bei „FIWoComp.xls" um eine spezifische EXCEL-Datei handelt, kann
der Aufruf des Programms unter laufendem Windows und bereits geöffnetem EXCEL
5.0© bzw. EXCEL 7.0© erfolgen. Es genügt indes wiederum die Aktivierung der Datei
aus dem Dateimanager© bzw. aus dem Explorer© heraus, um die EXCEL-Anwendung
automatisch zu öffnen und selbst aus dem Startmenü „Dokumente" unter Windows 95©
läßt sich das Programm öffnen, sofern es bereits einmal unter dem gleichen Verzeichnis
aufgerufen und gespeichert worden ist.

Nach dem Aufruf des Programms erscheint zunächst ein Dialog mit dem Programm-
namen[1] FIWoComp© und der Versionsnummer, mit einem Informationstext über das
Programm sowie mit dem Namen des Verfassers, zu dem optional durch Drücken des
Namen-Buttons (per Mausklick bzw. durch Anwahl mit der Tabulatortaste „↔ / Tab↲ "
und Auslösen durch die Eingabetaste „↵ / Enter↲ "; anschließend muß in diesem Dialog
der „OK"-Button ausgelöst werden) weitere Informationen abgerufen werden können
(siehe Anhang II/2 S. 298 und Anhang II/3, S. 299). Nach dem Schließen des Dialogs
durch Drücken der Eingabetaste „↵ / Enter↲ " bzw. bei Mausverwendung durch Anklicken
der Schaltfläche „OK" ist das Tabellenblatt „Basisdaten" zu sehen (siehe Anhang III/1,
S. 302). Links davon befindet sich das Arbeitsblatt „HILFE", das Hinweise für die Dateneingabe zur Durchführung eigener Berechnungsanalysen des Anwenders enthält (siehe Anhang II/5, S. 301). Die Basisdaten entsprechen stets den zuletzt vom Anwender
eingegebenen - bzw. beim Verlassen des Programms gespeicherten - Werten und liegen
den Berechnungen in sämtlichen Förderungsvarianten zugrunde. Im Auslieferungszu-
stand der Diskette stellen diese Werte die Vorbelegung für die Ergebnisse in den rechts
vom Arbeitsblatt „Basisdaten" folgenden ersten 21 Arbeitsblättern dar.

Die Blätter sind chronologisch sortiert, angefangen mit Berechnungen für im Jahr 1994
beginnende Förderungen und endend nach Berechnungen für ab 1997 startende Förderungen mit einem zusammenfassenden Arbeitsblatt (s. Anhang III, S. 302 ff.). Das Register jedes Blattes ist dabei mit einem treffend abgekürzten Namen bezeichnet worden,
der eine bestimmte Berechnungsalternative eindeutig zuordnet. So bezeichnet das Ta-

---

[1]   Aus technischen Gründen (Erhaltung der Kompatibilität zu früheren Versionen) kann der Programm-
    name nur aus acht Buchstaben (ohne Umlaute) bestehen.

bellenblatt mit dem Namen „§ 10e(94), ledig" die Variante für die Wohneigentumsförderung nach § 10e EStG in der Fassung von 1994 für einzeln zu veranlagende (der Ein-
fachheit halber immer als Ledige klassifiziert) Steuerpflichtige und das Arbeitsblatt mit
dem Namen „EigZulG(95), verh., Reform" die Berechnung der Eigenheimförderung für
zusammenveranlagte Eheleute (im folgenden als Verheiratete klassifiziert), die bereits
in 1995 für die neue Eigenheimzulage votiert haben, unter Berücksichtigung des geplanten Steuerreformtarifs für 1999 *(vgl. dazu unten 4.1.1).*

Durch die Aufteilung der Arbeitsblätter nach den Kriterien Version der Förderung, Veranlagungsart des Steuerpflichtigen und Stand der Steuergesetzgebung werden stets
zwanzig Ergebnisse berechnet. Eine Übersicht über die einzelnen Berechnungskombina-
tionen liefert Tabelle 7:

Tab. 7: Übersicht über alle vom Programm durchgeführten Rechenoperationen[2]

Tarif / Förderungsart	aktuell gültige Steuertarife		Reformtarif ab 1999	
	Ledige	Verheiratete	Ledige	Verheiratete
§ 10e EStG (1994)	(1)	(2)	(3)	(4)
§ 10e EStG (1995)	(5)	(6)	(7)	(8)
EigZulG (1995)	(9)	(10)	(11)	(12)
EigZulG (1996)	(13)	(14)	(15)	(16)
EigZulG (1997)	(17)	(18)	(19)	(20)

Die einzelnen Arbeitsblätter können durch Anklicken des Registers mit der Maus oder
gleichzeitiges Drücken der Steuerungstaste „(Strg) / Ctrl" und der Bildlauftaste „Bild ↓ /
⊞" bzw. „Bild ↑ / ⊞" betrachtet werden. Rechts von der zwanzigsten Berechnungsta-
belle („EigZulG(97), verh., Reform") befindet sich das Arbeitsblatt „Zusammenfassung", auf dem alle Resultate aus der Analyse der aktuellen Basisdaten noch einmal
übersichtlich in tabellarischer und graphischer Form dargestellt sind.

---

[2] Variante (1) bezeichnet z. B. die Berechnung für einen Ledigen (Einzelveranlagung!), der eine Förderung nach § 10e EStG in der Fassung von 1994 erhält, unter Berücksichtigung des für die Jahre
1994 bis 2001 jeweils gültigen Steuertarifs nach aktuellem Stand. Variante (20) ist die Berechnung für
Verheiratete (Splittingtarif), die ab 1997 Eigenheimzulage erhalten, unter Berücksichtigung des für die
Jahre 1997 und 1998 aktuell gültigen Steuertarifs und ab 1999 bis 2004 unter Anwendung des geplanten Reformtarifs.

Darüber hinaus enthält das Programm noch weitere Tabellenblätter, die jeweils mit „Abb." im Registernamen beginnen. Dabei handelt es sich um die Illustrationen der Auswertungen und Graphiken aus den Sensitivitätsanalysen, die im Kapitel 4 näher erläutert werden. Diese Arbeitsblätter sind beständig, d. h., die individuell vom Anwender eingegebenen Basisdaten bewirken keine Veränderungen in den dort enthaltenen Zellen und Graphiken.

3.2.2   Erläuterungen zum Eingabedialog und zur Programmanwendung

Um eigene Analysen mit individuellen Eingaben durchführen zu können, muß der im Programm installierte Eingabedialog aufgerufen werden. Dies geschieht durch Anwählen des Menüs „Wohneigentumsförderung" (per Mausklick bzw. durch gleichzeitiges Drücken der Tasten „Alt" und „W"), das beim Aufruf des Programms automatisch als vorletzter Menüpunkt vor dem Fragezeichen in der Menüleiste hinzugefügt wird. Danach erfolgt der Aufruf des einzigen Menüelements „neue Analyse" entweder per Mausklick oder durch Drücken der Taste „A". Diese Gestaltung erlaubt es dem Anwender, zu jedem beliebigen Zeitpunkt und von jedem beliebigen Tabellenblatt aus neue Berechnungen zu starten.

Jetzt erscheint auf dem Monitor ein großes Eingabedialogfeld mit dem Namen „Eingabe der Basisdaten für die Analyse" (s. Anhang II/1, S. 297). Das Dialogfeld ist stets noch mit den Werten aus der letzten Analyse vorbelegt. Hier können entweder nur einzelne Felder geändert oder alle Felder mit neuen Werten belegt oder der Eingabedialog kann ohne Veränderungen durch Auslösen entweder des „Abbrechen"-Buttons oder des „OK"-Buttons verlassen werden. Die Schaltfläche „Abbrechen" bewirkt ein einfaches Schließen des Eingabedialogs (gleiche Wirkung wie beim Mausklick auf den „X"-Button, der sich bei Windows 95©-Programmen in der rechten oberen Ecke findet), durch den „OK"-Button wird nach der Schließung - vorbehaltlich korrekter Eingabewerte (s. dazu unten) - eine komplett neue Berechnung über alle zwanzig Arbeitsblätter zuzüglich der Zusammenfassung ausgelöst, unabhängig davon, ob kein Feld, nur ein Feld, wenige oder alle Felder geändert wurden. Sowohl die einzelnen Eingabefelder als auch die Buttons sind entweder durch direkten Mausklick oder nacheinander mit der Tabulatortaste „↔ / Tab" zu erreichen. Bei Auslösen des „Hilfe"-Buttons erscheint auf dem

Bildschirm eine Meldungsbox mit der Mitteilung „Informationen zu den einzelnen Eingabefeldern finden Sie auf dem Arbeitsblatt HILFE".

Für das Ausfüllen der einzelnen Felder sind die folgenden Kriterien, die weitestgehend so auch im Programm auf dem Arbeitsblatt „HILFE" nachgelesen werden können, zu beachten:

– *Gesamtbetrag der Einkünfte im 1. Förderjahr:* In diesem Bearbeitungsfeld ist ein nicht-negativer Betrag gem. § 2 Abs. 3 EStG einzugeben, der unabhängig von der Wohneigentumsförderungs-Variante im ersten Jahr der Förderungsinanspruchnahme bei dem bzw. den Steuerpflichtigen anfällt/anfallen soll.

Die Angabe des Gesamtbetrags der Einkünfte (nach individuellen Werbungskosten, Betriebsausgaben oder Verlustausgleichen) als Ausgangsgröße für die Berechnungen erleichtert die Handhabung des Programms im Sinne einer unkomplizierteren Anwendung bei Eingabe und Auswertung.

– *Jährlicher erwarteter, durchschnittlicher Einkunftszuwachs (in %):* Hier kann die durchschnittlich erwartete, prozentuale jährliche Steigerung des Gesamtbetrags der Einkünfte im Verlauf des achtjährigen Förderungszeitraums innerhalb eines Intervalls von 0 % bis 20 % eingegeben werden. Die Eingabe von durchschnittlichen Zuwachsraten über 20 % ist nicht möglich.

– *Kinderfreibetrag gem. § 32 Abs. 6 EStG (Faktor 0,5):* Hierdurch wird die Anzahl der steuerlich mit dem betreffenden Freibetrag zu berücksichtigenden Kinder erfaßt. Dabei wird für die Berechnung der „Kinderkomponente" in den jeweiligen Fördervarianten selbsttätig unterstellt, daß die angegebene Kinderzahl zum Haushalt des/der Steuerpflichtigen zählt. Das führt bei Ledigen außerdem zur automatischen Berücksichtigung eines Haushaltsfreibetrags gem. § 32 Abs. 7 EStG. Mit dem direkt rechts neben dem Eingabefeld liegenden Drehfeld (bei Tastaturbedienung müssen in diesem Feld die Pfeil(Cursor)tasten „↓↑" benutzt werden) läßt sich der Wert in steuerlichen 0,5-Schritten zwischen 0 und 20 Kindern variieren.

– *Objekttyp:* An dieser Stelle ist die zu fördernde Objektart aus den vorgegebenen Optionen „Neubau", „Altbau" oder „Ausbau / Erweiterung" zu wählen. Bei Tastaturbedienung müssen in diesem Feld die Pfeil(Cursor)tasten „⊟⬇⬆⊟" benutzt werden.

– *AK/HK des Gebaude(teil)s bzw. IIK des Ausbaus:* Hier sind die (steuerlich anerkannten) insgesamt anfallenden Kosten bei Anschaffung/Kauf bzw. Herstellung/Errichtung des reinen Gebäude(teil)s einschließlich aller eventuellen Zusatz-, Neben- und nachträglichen Kosten[3], aber ohne eventuelle Anschaffungskosten für Grund und Boden anzugeben.

– *AK Grund und Boden (mit Nebenkosten):* Die auf den Grund und Boden entfallenden Anschaffungskosten einschließlich der hier zurechenbaren Anschaffungsnebenkosten (z. B. Grunderwerbsteuer, Gebühr Grundbuchamt) sind hier einzutragen.

– *Vorbezugskosten (ohne Erhaltungsaufwendungen):* Hier können die Aufwendungen berücksichtigt werden, die vor Beginn der erstmaligen Nutzung einer Wohnung zu eigenen Wohnzwecken entstanden sind, aber nicht zu den AK/HK des Objektes zählen, sondern wie Werbungskosten (z. B. Bereitstellungszinsen) im Vermietungsfalle zu behandeln wären (§ 10e Abs. 6 Satz 1 EStG). Bei Förderung nach dem EigZulG wird generell eine Pauschale von 3.500 DM gewährt (§ 10i Abs. 1 Satz 1 Nr. 1 EStG)!

– *Erhaltungsaufwendungen:* Aufwendungen, die wie Vorbezugskosten vor Bezug anfallen, aber die eigentliche Nutzung zu Wohnzwecken überhaupt erst ermöglichen (z. B. Reparaturkosten) sind in diesem Feld einzutragen. Sie werden nicht bei Ausbauten anerkannt und gegebenenfalls auf 15 % der Gebäude-HK (bei § 10e-Förderung), aber maximal auf 22.500 DM (bei allen Fördervarianten) begrenzt (§ 10e Abs. 6 Satz 3 und § 10i Abs. 1 Satz 1 Nr. 2 EStG).

– *Kalkulationszinssatz für Anlage des Förderungsvorteils (in %):* Hier ist der durchschnittlich erwartete Habenzinssatz (z. B. 5,23 %) anzugeben, zu dem während des

---

[3] Dies gilt insbesondere für anschaffungsnahen Aufwand gem. R 157 Abs. 5 EStR.

achtjährigen Förderzeitraums der durch die Fördermaßnahme entstehende geldliche Vorteil auf dem Kapitalmarkt angelegt werden könnte. Dabei ist ein Intervall von 0 % bis 25 % vorgesehen.

Die bisherigen Daten, die für Berechnungen in allen Fördervarianten gleichermaßen benötigt werden, sind in dem Gruppenfeld „Allgemeine Angaben" zusammengefaßt. Speziell für die Berücksichtigung des erweiterten Schuldzinsenabzugs in der für 1994 geltenden Fassung des § 10e EStG werden die beiden folgenden Daten im Gruppenfeld „Angaben für § 10e EStG 1994" abgefragt:

– *Darlehenszinsen in 1994:* Hier sind die begünstigten, in Zusammenhang mit einer Neubau-Maßnahme im Jahr 1994 nach Bezug des selbstgenutzten Gebäude(teil)s aufgewendeten Schuldzinsen gem. § 10e Abs. 6a EStG einzusetzen. Die Höhe wird für die Berechnungen ggf. automatisch auf 12.000 DM begrenzt.

– *Darlehenszinsen ab 1995:* Die hier eingegebenen Schuldzinsen sollen für 1995 bis 1997 konstant sein. Sie werden nötigenfalls wiederum auf 12.000 DM begrenzt. Sollte der maximale Betrag von 12.000 DM für 1994 nicht in vollem Umfang ausgeschöpft worden sein, so wird die entstandene Differenz gem. § 10e Abs. 6a Satz 2 EStG als Abzugsnachholmöglichkeit ins Jahr 1997 übertragen.

Bei den Berechnungen auf Basis des Eigenheimzulagengesetzes sind zusätzlich die folgenden Angaben im Gruppenfeld „Angaben für Eigenheimzulage" erforderlich:

– *Gesamtbetrag der Einkünfte im Vorjahr:* Hier ist der Betrag gem. § 2 Abs. 3 EStG einzusetzen, der sich für den bzw. die Steuerpflichtigen im Jahr unmittelbar vor Beginn der Förderung ergibt. Damit wird die Einkunftsgrenze notwendig geprüft (§ 5 EigZulG).

– *Geleisteter Aufwand für „Öko-Wärme"-Zulage nach § 9 Abs. 3 EigZulG:* Die unter den im Gesetz genannten Voraussetzungen begünstigten Gesamt-Aufwendungen für heizenergiesparende Maßnahmen, z. B. für den Einbau bestimmter Wärmepumpen, Solaranlagen oder Anlagen zur Wärmerückgewinnung, die tatsächlich erbracht wur-

den, sind hier einzutragen. Das Programm begrenzt ggf. - wegen höchstens zulage-
fähiger Aufwendungen von 25.000 DM - die zu gewährende „Öko-Wärme"-Zulage
selbsttätig auf maximal 500 DM jährlich.

— *„Niedrigenergiehaus"-Zulage nach § 9 Abs. 4 EigZulG wird gewährt:* Falls die gesetzlichen Voraussetzungen dieser Zusatzförderung für Niedrigenergiehäuser erfüllt
sind, muß das Kontrollkästchen aktiviert sein (bei Tastaturbedienung muß in diesem
Feld der unterstrichene Buchstabe Z „Z" eingegeben werden). Es wird dann automatisch der pauschale Förderungsbetrag von jährlich 400 DM berücksichtigt.

Um die Berechnungen zu starten, muß nur die Schaltfläche „OK" ausgelöst werden.
Eine unkorrekte oder unvollständige Eingabe des Anwenders wird durch das Programm
kontrolliert und jetzt ggf. durch einen entsprechenden Hinweis (z. B. „Bitte keinen
negativen Betrag eingeben!" oder „Bitte Zinssatz von 0-25 % eingeben!") beanstandet.
Dieser muß zunächst durch Auslösen des „OK"-Buttons als gelesen zur Kenntnis genommen werden, bevor wieder der Eingabedialog auf dem Bildschirm erscheint und der
Cursor auf das Feld mit dem fehlerhaften Eingabewert (jetzt invers markiert) springt.
Diese Prozedur wird nötigenfalls so oft wiederholt, bis kein fehlerhafter Wert mehr vorhanden ist. Da stets alle Fördervarianten gleichzeitig berechnet werden, ist es erforderlich, daß immer alle Eingabefelder - mit Ausnahme des letzten Feldes für die Niedrig-
energiehaus-Zulage - mit Werten gefüllt sind. Auch wenn bestimmte Angaben nicht
benötigt werden, ist zumindest in die entsprechenden Felder der Wert 0 einzutragen.
Grundsätzlich werden in keinem Feld negative Zahlenwerte akzeptiert. Allerdings können nicht alle möglichen sinnlosen Wertekombinationen, wie z. B. die keineswegs reali-
tätsnahe gleichzeitige Eingabe von 1 DM als Anschaffungs- und Herstellungskosten für
das Objekt einschließlich Grundstück und 10.000 DM für Schuldzinsen, verhindert werden.

Das Programm überprüft und berücksichtigt für die Berechnungen selbsttätig verschiedene aufgrund gesetzlicher Vorschriften bestehende Beschränkungen. So wird innerhalb
der § 10e-Förderung für jedes Jahr erneut die Einkunftsgrenze von 120.000 DM bzw.
240.000 DM gem. § 10e Abs. 5a EStG anhand der Kombination aus erstem (Gesamtbetrag der Einkünfte im 1. Förderjahr) und zweitem (Jährlicher erwarteter, durchschnitt-

licher Einkunftszuwachs in %) Eingabefeld überprüft und bei Überschreiten die Förderung für das betreffende Jahr versagt. Bei Inanspruchnahme der Eigenheimzulage wird der Wert aus erstem und drittletztem (Gesamtbetrag der Einkünfte im Vorjahr) Eingabefeld für die Grenze von 240.000 DM bzw. 480.000 DM für beide Jahre zusammen gem. § 5 EigZulG überprüft. Erhaltungsaufwendungen, Darlehenszinsen und die Ökozulage für heizenergiesparende Maßnahmen werden nötigenfalls automatisch begrenzt, Vorbezugskosten und die Ökozulage für Niedrigenergiehäuser werden ggf. selbsttätig pauschalisiert. Außerdem wird vom Programm überprüft und ggf. nicht zugelassen, ob unzulässig eine der beiden Ökozulagen für den Objekttyp Altbau oder Ausbau bzw. Erweiterung „beantragt" wurde (§ 9 Abs. 3 Satz 2 und Abs. 4 Satz 2 EigZulG). Bei letzterem Objekttyp unterscheidet das Programm auch innerhalb der Eigenheimzulagenförderung, ob der Ausbau bzw. die Erweiterung in 1996 oder erst in 1997 erstmalig zu fördern ist (§ 9 Abs. 2 Satz 2 EigZulG). Schließlich wird auch stets die Summe der Förderungsbeträge einschließlich ggf. zu gewährender Kinderförderungen überprüft und nötigenfalls begrenzt auf die Höhe der insgesamt aufgewendeten, für den entsprechenden Objekttyp maximal zulässigen Anschaffungs- und Herstellungskosten (§ 34f Abs. 4 EStG und § 9 Abs. 6 EigZulG).

Nach Beendigung der Rechenoperationen „schaltet" das Programm immer auf das Tabellenblatt „Basisdaten", gleichgültig, von welcher Stelle aus der Eingabedialog aufgerufen wurde. Hierhin sind die zuletzt eingegebenen Daten übersichtlich zusammengestellt übernommen worden, so daß noch einmal eine Prüfung auf ihre Richtigkeit hin möglich ist. Die Ergebnisse der individuellen Berechnungen können auf den einzelnen Arbeitsblättern begutachtet und in der Tabelle „Zusammenfassung" im Gesamtüberblick betrachtet werden.

Sämtliche Tabellenblätter sind vor Veränderungen und versehentlichem Löschen durch den Anwender geschützt. Einige Funktionen von EXCEL, die keinen Einfluß auf den Inhalt der Tabellen haben, stehen gleichwohl zur Verfügung. So können die Auswertungen mit der Menüfunktion „Datei Seitenansicht" in der Größe entsprechend des jeweils geladenen Druckertreibers angepaßt und anschließend mit „Datei Drucken" ausgedruckt werden.

Darüber hinaus sind einige Hilfsfunktionen eingefügt worden, die die menügesteuerte Anwendung des Programms unterstützen. So findet sich unter dem Originalhilfsmenü von Windows-Programmen, dem „?", ein an letzter Stelle eingefügtes Menüelement „Hilfe zu FIWoComp". Nach Aufruf dieser Funktion (bei Tastaturbedienung müssen zunächst gleichzeitig die Tasten „⌗Alt⌗" und „⌗?⌗" gedrückt werden und anschließend die Taste „⌗C⌗") erscheint ein erklärender Text zur Programmanwendung, quasi eine Kurz-Bedienungsanleitung (s. Anhang II/4, S. 300). Weiterhin ist ein Menü „Info" vor dem Fragezeichen in der Menüleiste hinzugefügt worden, unter dem zwei Menüelemente („... über dieses Programm" und „... über den Autor") Informationen, die auch beim Starten des Programms verfügbar sind, jederzeit aus dem laufenden Programm heraus zugänglich machen (siehe Anhang II/2, S. 298 und Anhang II/3, S. 299).

Soll das Programm verlassen werden, muß wie sonst auch in EXCEL ganz normal das Menü „Datei Schließen" aufgerufen werden. Dem Anwender wird nun optional die Beendigung des Programms mit oder ohne Speicherung seiner letzten Änderungen vorgeschlagen. Durch das Schließen der Programmdatei werden die beim Start automatisch hinzugefügten Menüs und Menüelemente („Wohneigentumsförderung" mit „neue Analyse", „Info" mit „... über dieses Programm" und „... über den Autor" sowie im Menü „?" das Element „Hilfe zu FIWoComp") wieder entfernt.

Fragen zu den Grundfunktionen von Windows und EXCEL werden nicht weiter behandelt. Insoweit kann auf diverse Benutzerhandbücher oder auf die umfangreiche Online-Hilfe (Fragezeichen „?" als letzter Punkt in der Menüleiste) zurückgegriffen werden.

3.3   Darstellung der Programmstruktur

3.3.1   Das Modell des Programms

Die Berechnungen, die vom Programm in den einzelnen Tabellen durchgeführt werden, basieren auf dem Prinzip des vollständigen Finanzplans[4]. Dabei wird von einem bestimmten Zahlungsmittelanfangsbestand zu Beginn einer Investition ausgegangen und aus diesem dann unter Berücksichtigung der investitionsbedingten Zahlungen ein End-

---

[4]   Siehe ausführlich dazu GROB, H. L. (1989).

wert für den gewünschten Investitionszeitraum ermittelt.[5] Im Modell des Programms wird als Investition der Erwerb von selbstgenutztem Wohneigentum angesehen. Die relevanten Zahlungen sind dabei nur diejenigen, die durch die staatliche Eigenheimförderung verursacht werden. Als Planungshorizont werden in den Berechnungen grundsätzlich acht Jahre betrachtet. Das entspricht bei allen berücksichtigten Varianten der Wohneigentumsförderung dem maximalen Begünstigungszeitraum. Die Zahlungen und die jährlich errechneten Zwischenergebnisse werden über den Planungszeitraum hinweg fortgeschrieben, wobei auch die Zinswirkung ausdrücklich einbezogen wird[6]. Dazu wird der vorher festgelegte Kalkulationszinssatz *(vgl. oben 3.2.2)* verwendet. Auf diese Weise kann der Endwert jedes einzelnen Jahres ermittelt und der Vermögensendwert am Ende des achten Jahres für einen Vorteilhaftigkeitsvergleich oder für weitere Analysen herangezogen werden.

Um den Berechnungsaufwand zu reduzieren und eine gewisse Übersichtlichkeit zu bewahren, wurde darauf verzichtet, die komplette Vermögenslage des Immobilienerwerbers, die von vorhandenem Eigenkapital, Finanzierungsart, Höhe des Schuldenstands, Wert und (geschätzter) Wertentwicklung der Immobilie und vielem mehr abhängig ist, zu erfragen und mit einzubeziehen. So ist der vorliegende vollständige Finanzplan als Partialmodell konzipiert, in den ausschließlich Größen eingehen, die direkt durch die Investitionsentscheidung verursacht werden.[7] Daraus ergibt sich für das hier entwickelte Modell die Berücksichtigung nur solcher Zahlungen, die durch die Existenz von steuerlichen Rechtsnormen zur Förderung selbstgenutzten Wohneigentums entstehen. Der sich ergebende Endwertvorteil in den Analyseberechnungen stellt mithin für den Immobilieninvestor wertmäßig den Betrag dar, den er deswegen mehr zur Verfügung hat, weil er für diese spezielle Immobilieninvestition die entsprechende staatliche Wohneigentumsförderung in Anspruch nehmen kann.

Zur praktikablen Gestaltung des Modells wurden demzufolge alle Faktoren eliminiert, die unabhängig von einer Förderung des Wohneigentumerwerbs vorliegen. So werden z. B. die Liquiditätszuflüsse durch die Zahlung von Kindergeld nach § 6 BKGG nicht berücksichtigt, da diese Zahlung autonom von der Anschaffung oder Herstellung einer

---

[5]   Vgl. HEINHOLD, M. (1996), S. 20.
[6]   Vgl. HEINHOLD, M. (1996), S. 86.
[7]   Vgl. HEINHOLD, M. (1996), S. 87.

eigengenutzten Wohnimmobilie erfolgt. Ebenso werden bezahlte Darlehenszinsen im Rahmen fremdfinanzierter Erwerbsaufwendungen nur bei der Förderung nach § 10e EStG in der für den Veranlagungszeitraum 1994 noch gültigen Fassung berücksichtigt, da sie dort wie Sonderausgaben abgezogen werden können *(vgl. dazu oben 2.2.1.3)*. Sie sind jedoch nicht als Liquiditätsabfluß aufgenommen worden, weil sie von einem mit Fremdkapital finanzierenden Immobilienerwerber ohnehin bezahlt werden müssen, gleichgültig, ob die Immobilie gefördert wird oder nicht. Das Computermodell eignet sich so gesehen nicht für eine exakte Kalkulation im Sinne einer Baufinanzierungsberatung.[8]

## 3.3.2	Der Tabellenaufbau

Vollständige Finanzpläne sind für eine Verarbeitung in Tabellenkalkulationsprogrammen sehr gut geeignet, weil diese eine Darstellung auf Arbeitsblättern mit exakt ansteuerbaren Koordinaten ermöglichen.[9] Die Bewertung einzelner Investitionsobjekte läßt sich so rechnerisch relativ einfach durchführen und der Endwert als Entscheidungskriterium in einem Vorteilhaftigkeitsvergleich bietet den Vorteil hoher Anschaulichkeit.[10]

### 3.3.2.1	Grundsätzliche Einteilung der Analysetabellen

Jede Tabelle ist mit einer Überschrift versehen, die zusätzlich zur Registerbezeichnung noch einmal den genauen Typ der zugrunde liegenden Fördervariante angibt (vgl. Anhang III, S. 302 ff.). Im Tabellenkopf sind die Basisdaten übernommen worden, die zuletzt im Eingabedialog verarbeitet wurden. Dabei sind alle Daten, die für die Berechnungen innerhalb des betreffenden Arbeitsblatts relevant sind, farbig hinterlegt (hier im Ausdruck eines Schwarz-Weiß-Druckers mit einem grauen Hintergrund versehen), während die für diese Förderungsart überflüssigen Felder weiß und mit dem Vermerk „irrelevant" gekennzeichnet sind. Direkt darunter befindet sich die Zeile, in der die Jahre des in Frage kommenden Begünstigungszeitraums explizit benannt sind.

---

[8]	Dazu sei der Anwender auf die zahlreiche - mehr oder weniger geeignete -, im Handel erhältliche, einschlägige Software oder auf den persönlichen Finanzierungsberater des Kreditgewerbes verwiesen.
[9]	Vgl. GROB, H. L. (1989), S. 56.
[10]	Vgl. GOETZE, U./BLOECH, J. (1995), S. 115 und 120.

Anschließend folgt der eigentliche Finanzplan, der folgende Dreiteilung aufweist:

- Darstellung des Vermögensanfangsbestands, aller Liquiditätszuflüsse und des End-wertvorteils am Ende eines jeden Jahres im ersten Zeilenblock.
- Durchführung einer normierten Steuerveranlagung ohne Berücksichtigung steuerli-cher Begünstigungen für eigengenutzte Wohnungen im zweiten Zeilenkomplex.
- Durchführung einer gleichartigen Steuerveranlagung unter Einbeziehung der staatli-chen Wohneigentumsförderung im dritten Zeilenblock.

Ausgehend vom Anfangsbestand, der definitionsgemäß im ersten Jahr des achtjährigen Förderzeitraums stets Null ist, werden im ersten Zeilenkomplex die einzelnen Liquidi-tätszuflüsse aufgeführt bis hin zum Endwertvorteil. Dieser ist wegen seiner Bedeutung als Gesamtergebnis und Vergleichskriterium von einem Rahmen umgeben und im letz-ten Förderjahr zusätzlich durch Fett-Formatierung hervorgehoben.

Die zwei ermittelten Steuerzahlungsbeträge des zweiten und dritten Zeilenblocks sind zur Verdeutlichung ebenfalls umrahmt dargestellt.

In der Regel sind in diesem Finanzplanmodell keine Liquiditätsabflüsse vorgesehen. Ausnahmen ergeben sich lediglich dann, wenn bei der Steuerveranlagung mit Berück-sichtigung eines Förderungsinstruments die Zinseinkünfte aus dem Liquiditätssaldo des Vorjahres dem Gesamtbetrag der Einkünfte des jeweiligen Jahres zugeschlagen werden müssen, weil der Sparerfreibetrag überschritten wird. In diesem Fall ergibt sich eine Steuermehrzahlung anstatt einer Steuerminderzahlung, die in den Tabellen durch einen negativen Wert dargestellt wird. Der Gesamtzufluß innerhalb eines Jahres ist dennoch immer positiv, da die Steuer auf den Zinsertrag nie größer sein kann als der Zinszufluß selbst.

Für die Gestaltung aller Finanzpläne gilt einheitlich, daß sämtliche Betragsfelder der Übersichtlichkeit wegen auf ganze DM-Beträge gerundet dargestellt sind. Tatsächlich wird aber stets mit fünfzehn Nachkommastellen gerechnet. Darüber hinaus werden - mit Ausnahme einer eventuellen Steuermehrzahlung - nur positive Werte angezeigt. Wenn ein Betrag von einem anderen subtrahiert werden soll, so wird dies in der Vorspalte kenntlich gemacht.

Die Reihenfolge der Abzugsbeträge innerhalb der Steuerveranlagungsblöcke entspricht nicht immer dem in den Einkommensteuerrichtlinien vorgegebenen Schema (vgl. R 3 EStR). Dies ist zum einen für eine unkompliziertere Formelentwicklung innerhalb der Tabellenblätter erforderlich. Zum anderen sollen Steuergestaltungsmöglichkeiten durch die Förderung insbesondere nach § 10e EStG ersichtlich gemacht werden, der z. B. Ermessensspielräume bezüglich der Höhe des in Anspruch zu nehmenden Abzugsbetrags eröffnet *(vgl. oben 2.2.1.1.7)*. Die eigentlichen Berechnungen stimmen - bis auf die Ausnahme des Rücktrags von Baukindergeld *(vgl. unten 3.4.2.5)* - voll inhaltlich mit den gesetzlichen Vorgaben überein.

3.3.2.2   Der Tabellenaufbau bei Förderung nach § 10e EStG

Als Beispiel für den Tabellenaufbau bei einer § 10e-Förderung dient die Berechnung für Eheleute, die ab 1994 die Begünstigung nach § 10e EStG in Anspruch nehmen (Anhang IV/1, S. 324). Als Liquiditätszufluß fallen hier - anders als bei der Eigenheimzulage mit direkter Förderungsauszahlung - im ersten Zeilenkomplex nur die Zinsen auf den Vorjahressaldo und die Steuerersparnis an.

Die Steuerersparnis ergibt sich zum einen aus dem Ansatz der § 10e-Förderbeträge als Sonderausgaben und der damit verbundenen Minderung des zu versteuernden Einkommens als Bemessungsgrundlage für die Einkommensteuer und ggf. zum anderen aus der direkten Steuerermäßigung in Form des Baukindergelds nach § 34 f EStG (ersichtlich im dritten Zeilenkomplex).

Aus diesem Grunde enthalten die ersten acht Tabellen mit § 10e-Berechnungen innerhalb des ersten Zeilenblocks weniger und innerhalb des dritten Zeilenblocks mehr Positionen als die rechts daran anschließenden nächsten zwölf Tabellen für die Berechnungen mit Eigenheimzulage. Der Bereich der Steuerveranlagung ohne Berücksichtigung von Wohneigentumsförderungen (zweiter Zeilenkomplex) ist für alle Tabellen identisch.

3.3.2.3   Der Tabellenaufbau bei Förderung nach dem EigZulG

Als Beispiel soll die Berechnung für Verheiratete erläutert werden, die eine Förderung nach dem Eigenheimzulagengesetz, beginnend in 1996, erhalten (Anhang IV/2, S. 325).

Bei Varianten mit Eigenheimzulagenförderung ist der Tabellenaufbau geringfügig anders als bei den § 10e-Tabellen. Hier bestehen die Zuflüsse innerhalb des ersten, jetzt größeren Zeilenblocks aus den einzelnen ausgezahlten Zulagen *(vgl. oben 2.3)*, den Zinsen auf den Vorjahressaldo und der Steuerminderzahlung, die sich aus der Differenz der beiden Steuerveranlagungen des zweiten und dritten Zeilenkomplexes bei dieser Förderart nur dann ergibt, wenn Vorkosten oder Erhaltungsaufwendungen nach § 10i EStG (im dritten, hier im Vergleich zu § 10e-Tabellen kleineren Zeilenblock ersichtlich) geltend gemacht werden.

Durch die Steuerminderzahlung ergibt sich zwar nicht direkt ein Zufluß, aber die effektiv niedrigere Steuerlast führt zu einem Liquiditätsvorteil für den Steuerpflichtigen, der sich unter Umständen bereits im gleichen Veranlagungszeitraum bemerkbar machen kann.[11]

3.3.3   Die Prämissen des Computermodells

Da die „Wohneigentumsförderung so kompliziert geworden ist, daß sie nur noch von wenigen Spezialisten voll verstanden wird"[12], ist es auch in einem Computerprogramm wie diesem zu aufwendig, sämtliche Möglichkeiten und Ausnahmen zu berücksichtigen, die bei den unterschiedlichen Fördersystemen und -arten allein seit 1994 enthalten sind. Zwischen der Komplexität der deutschen Steuergesetze und einer praktischen Handhabung des Programms mußte ein Kompromiß gefunden werden. Daher sind für die Rechenoperationen innerhalb des Computermodells die folgenden Prämissen zugrunde gelegt worden:

---

[11] Gemäß § 39a Abs. 1 Nr. 5a EStG können Sonderausgaben nach §§ 10e und 10i EStG bereits als steuerlicher Freibetrag des laufenden Kalenderjahres auf der Steuerkarte eingetragen werden.

[12] MÄRKLE, R. W./FRANZ, R. (1995), S. 444.

1. Es wird grundsätzlich der achtjährige Förderzeitraum betrachtet. Zeitliche Verzöge-
   rungen werden nicht mit einbezogen. Somit gilt für alle Fördervarianten, daß in Herstellungsfällen Bauantrag, Baubeginn und Fertigstellung bzw. in Anschaffungsfällen
   Kaufvertrag und Nutzenübergang sowie in allen Fällen die erstmalige Eigennutzung
   des Objekts immer innerhalb des ersten Jahres stattfinden und darüber hinaus die
   Eigennutzung durchgehend vorliegt und nicht unterbrochen wird.

2. Die Ausgangsdaten bleiben während des achtjährigen Betrachtungszeitraums unverändert. Zur Berücksichtigung der Unsicherheit ist indes die Eingabe einer prozentua-
   len Steigerung des Gesamtbetrags der Einkünfte sowie eines individuellen Kalkula-
   tionszinssatzes möglich.
   Die seit 1994 im Verlauf der Jahre unterschiedlichen Steuertarife und diversen Freibeträge sind bereits - auch für künftige Jahre, soweit sie heute schon bekannt sind -
   eingearbeitet.

3. Es werden keine Sonderfälle aufgenommen. Für die Steuerveranlagung werden nur
   die Alternativen der Einzelveranlagung und der Zusammenveranlagung im Sinne des
   § 26b EStG berücksichtigt. Bezüglich der Bemessungsgrundlagen nach § 10e Abs. 1
   EStG und § 8 EigZulG werden keine Besonderheiten durch Nachfolgeobjektregelun-
   gen, Miteigentumsanteile oder nachträgliche Anschaffungs- / Herstellungskosten *(s.
   dazu oben 3.2.2)* einbezogen. Steuerliche Sonderregelungen (wie z. B. § 7 FördG)
   werden vernachlässigt.

4. Unterjährige Zinsen werden nicht einkalkuliert. Alle Zahlungen fallen definitionsgemäß am Jahresende an.[13]

5. Es werden keine Substanzsteuern berücksichtigt.

6. Aus Vereinfachungsgründen unterbleibt die ab Veranlagungszeitraum 1996 durchgeführte Prüfung der Einkommensgrenzen für die Gewährung des Kinderfreibetrages
   anstelle des Kindergeldes. Es wird grundsätzlich der Kinderfreibetrag nach § 32

---

[13] Die Steuerminderzahlung ergibt sich i. d. R. erst nach Einreichung der Steuererklärung und Bekannt-
      gabe des Steuerbescheids im nächsten Jahr, und die Eigenheimzulage wird nach § 13 Abs. 1 EigZulG
      ab dem 2. Jahr immer am 15. März ausbezahlt.

Abs. 6 EStG angesetzt. Um weitere Verkomplizierungen bei der Dateneingabe zu vermeiden, wird auch der Ausbildungsfreibetrag nach § 33a Abs. 2 EStG außer Acht gelassen.

7. Es wird während des Förderzeitraums keine Kirchensteuer bezahlt.[14]

8. Eventuell zu berücksichtigende Kinder sollen generell im Sinne der Gewährung einer Zusatzförderung nach § 34f EStG bzw. § 9 Abs. 5 EigZulG dem Haushalt des bzw. der Steuerpflichtigen angehören.

9. Im Bereich der Sonderausgaben und Vorsorgeaufwendungen werden grundsätzlich die Pauschalbeträge nach § 10c Abs. 1 und Abs. 2 EStG für Rentenversicherungspflichtige herangezogen. Dabei wird auch nicht die komplizierte Berechnung anhand des Bruttolohns durchgeführt, sondern es werden die ab bestimmten Einkunftsgrenzen gültigen Pauschalen in Höhe von 3.888 DM[15] für Ledige und 7.830 DM für Verheiratete angenommen.[16] Weitere Sonderausgaben oder außergewöhnliche Belastungen werden nicht in die Berechnungen aufgenommen.

10. Der sich am Jahresende durch Steuerersparnis und ggf. Zulagengewährung ergebende Überschußbetrag wird zum Kalkulationszinssatz angelegt. Der Zinsertrag wird dann im Folgejahr beim Liquiditätszufluß und bei der Einkünfteermittlung berücksichtigt, soweit er den Sparerfreibetrag nach § 20 Abs. 4 EStG und den Werbungskostenpauschbetrag nach § 9a Nr. 1b EStG übersteigt. Das zusätzliche Vermögen wird nicht zur Tilgung eines eventuellen Darlehns verwendet.

Unbedingte Voraussetzung für eine sinnvolle Durchführung von Analysen ist selbstredend, daß nicht von vornherein ein Förderungsausschluß vorliegt *(vgl. oben 2.2.1.1.6 und 2.3.1.6)*. Es soll insbesondere sichergestellt sein, daß es sich tatsächlich um ein begünstigtes Objekt handelt, bei den Steuerpflichtigen noch kein Objektverbrauch einge

---

[14] Die Berücksichtigungsmöglichkeit gezahlter Kirchensteuern nach Abzug eventueller Kirchensteuererstattungen als Sonderausgabe im jeweils folgenden Veranlagungszeitraum (§ 10 Abs. 1 Nr. 4 EStG) führt zu einem Zirkelschluß, der programmiertechnisch in EXCEL nicht zu lösen ist.

[15] Abgerundet auf einen durch 54 ohne Rest teilbaren Betrag gemäß § 10c Abs. 2 Satz 3 EStG.

[16] Ausführliche Erläuterungen und Berechnungen dazu finden sich bei LAUX, H. (1996), S. 7 ff.

treten ist und die Immobilie zu eigenen Wohnzwecken genutzt wird. Die maßgeblichen Einkunftsgrenzen werden allerdings innerhalb des Programms geprüft *(vgl. oben 3.2.2 und unten 3.4.2)*.

3.4   Beschreibung des Programmablaufs

3.4.1   Generelle Programmprozeduren

Die zuletzt über den Eingabedialog erfaßten Werte sind zunächst in das Arbeitsblatt „Basisdaten" übertragen worden. Die Daten im oberen Teil der sich rechts daran anschließenden einundzwanzig Berechnungstabellen einschließlich der Zusammenfassung sind durch Bezüge mit dem Basisdatenblatt verbunden, so daß sie bei einer Neueingabe automatisch alle angepaßt werden. Auf jedem Arbeitsblatt werden dabei nur die Basisdaten berücksichtigt, die innerhalb der Berechnungen für die jeweilige Fördervariante benötigt werden. So sind z. B. bei allen Alternativen, die auf dem Eigenheimzulagengesetz basieren, Informationen über gezahlte Darlehenszinsen im Jahr 1994 und ab 1995 nicht erforderlich.

Ausgangspunkt jeder Kalkulation ist der Anfangsbestand, der dem Endbestand des Vorjahres entspricht, im ersten Jahr also Null ist. Diesem werden die Zinsen hinzugefügt, die sich als Produkt aus dem Vorjahresendbestand und dem individuell eingegebenen Kalkulationszinssatz errechnen. Bei den Varianten der Eigenheimzulagenförderung werden an dieser Stelle noch die diesbezüglich gewährten Zulagen addiert. Bei allen Modifikationen kommt außerdem die Steuerminderzahlung aus der Differenz der beiden Steuerveranlagungen mit und ohne Berücksichtigung der Förderung hinzu. Die Summe aus diesen Positionen ergibt in der Konsequenz im letzten Jahr den Endwertvorteil.

Die Steuerberechnungen ohne Eigenheimförderung werden immer auf dieselbe Art und Weise durchgeführt. Ausgehend vom Gesamtbetrag der Einkünfte, der jährlich um den vorher eingegebenen Prozentsatz wächst, wird der Sonderausgabenpauschbetrag nach § 10c Abs. 1 EStG, die Vorsorgepauschale nach § 10c Abs. 2 EStG und ggf. der Kinderfreibetrag nach § 32 Abs. 6 EStG abgezogen. Bei Ledigen wird zusätzlich ein Haushaltsfreibetrag gemäß § 32 Abs. 7 EStG berücksichtigt, sofern der Kinderfreibetrag im

Eingabedialog mit größer als Null angegeben wurde. Für die Abzugsbeträge werden die im entsprechenden Veranlagungsjahr geltenden gesetzlichen Vorgabewerte beachtet. Eine Zusammenfassung der generell abgezogenen Sonderausgaben und Freibeträge ist aus Tabelle 8 zu entnehmen:

Tab. 8:   Übersicht über die berücksichtigten Sonderausgaben und Freibeträge

Jahr Position	1994	1995	1996	ab 1997
Sonderausgabenpauschbetrag (Ledige)	108 DM	108 DM	108 DM	108 DM
Sonderausgabenpauschbetrag (Eheleute)	216 DM	216 DM	216 DM	216 DM
Vorsorgepauschale (Ledige)	3.888 DM	3.888 DM	3.888 DM	3.888 DM
Vorsorgepauschale (Eheleute)	7.830 DM	7.830 DM	7.830 DM	7.830 DM
Kinderfreibetrag je Kind	4.104 DM	4.104 DM	6.264 DM	6.912 DM[17]
Haushaltsfreibetrag für Ledige ab 0,5 Kinderfreibeträgen	5.616 DM	5.616 DM	5.616 DM	5.616 DM

Quelle: § 10c Abs. 1, 2 und 4 und § 32 Abs. 6 und 7 EStG

Aus diesen Werten wird das zu versteuernde Einkommen ohne Förderung ermittelt, wobei ein minimaler Betrag von 0 DM ausgewiesen wird. Aus dem zu versteuernden Einkommen werden die Einkommensteuer und schließlich der Solidaritätszuschlag nach den für das jeweilige Jahr geltenden steuerlichen Vorschriften berechnet. Dabei ist ab 1999 in den zehn Tabellenblättern, die den Zusatz „Reform" im Register haben, der geplante Steuerreformtarif der Bundesregierung *(vgl. unten 4.1.1)* eingearbeitet, während sonst der Steuertarif in den bisherigen und zur Zeit gültigen Fassungen[18] verarbeitet wird. Die Verschiebung der Erhöhung des Grundfreibetrags durch das JStG 1997[19] ist in allen Fällen berücksichtigt. Der Solidaritätszuschlag wird mit exakten Werten (die Entlastungen nach § 3 Abs. 3 und § 4 SolZG sind eingearbeitet) und dem neuesten bekannten Stand der Gesetzgebung übernommen, d. h., die mit Wirkung ab 1998 beschlossene Senkung auf 5,5 % ist grundsätzlich in allen Varianten enthalten. Einen Überblick über die verwendeten Steuergrundtarife und Solidaritätszuschlagsätze liefert Tabelle 9:

---

[17]   Vgl. § 52 Abs. 22a EStG
[18]   Vgl. § 32a EStG i. V. m. § 52 Abs. 22b EStG und JStG 1997, Artikel 8, Nr. 36p.
[19]   BGBl. 1996 I, S. 2049; vgl. PRESSE- UND INFORMATIONSAMT DER BUNDESREGIERUNG (Hrsg.) (1996), S. 16; KRUHL, A. (1997), S. 179.

Tab. 9:　　Verwendete Steuergrundtarife und Solidaritätszuschlagsätze

Jahr	Tabellen mit Steuertarif bisheriger und aktueller Fassungen	Tabellen mit Reformtarif	alle Tabellen: SolZ-Satz
1994	§ 32a EStG (Fassung bis VZ 1995 mit Grundfreibetrag 5.616 DM)	§ 32a EStG (Fassung bis VZ 1995 mit Grundfreibetrag 5.616 DM)	---
1995	§ 32a EStG (Fassung bis VZ 1995 mit Grundfreibetrag 5.616 DM)	§ 32a EStG (Fassung bis VZ 1995 mit Grundfreibetrag 5.616 DM)	7,5 %
1996	§ 32a EStG (Fassung ab VZ 1996 mit Grundfreibetrag 12.095 DM)	§ 32a EStG (Fassung ab VZ 1996 mit Grundfreibetrag 12.095 DM)	7,5 %
1997	§ 32a EStG (Fassung ab VZ 1996 mit Grundfreibetrag 12.095 DM)	§ 32a EStG (Fassung ab VZ 1996 mit Grundfreibetrag 12.095 DM)	7,5 %
1998	Tarif lt. § 52 Abs. 22b Nr. 1 EStG (mit Grundfreibetrag 12.365 DM)	Tarif lt. § 52 Abs. 22b Nr. 1 EStG (mit Grundfreibetrag 12.365 DM)	5,5 %
ab 1999	Tarif lt. § 52 Abs. 22b Nr. 2 EStG (mit Grundfreibetrag 13.067 DM)	Reformtarif mit Spitzensteuersatz 39 %, Grundfreibetrag 13.067 DM	5,5 %

Quelle:　　§§ 32a und 52 Abs. 22b EStG, § 4 SolZG, STEUERREFORM-KOMMIS-SION (Hrsg.) (1997), Anlage 2.

Bei Zusammenveranlagung wird die Ermittlung der Einkommensteuer unter Anwendung des Splittingtarifs gemäß § 32a Abs. 5 EStG durchgeführt. Die gesamte Steuerlast ergibt sich immer als Summe von Einkommensteuer und Solidaritätszuschlag.

Die Vorgehensweise bei der Steuerberechnung unter Berücksichtigung von Förderungen nach § 10e EStG oder EigZulG ist prinzipiell identisch. Zusätzlich werden dort aber die bei Liquiditätsverbesserung ermittelten Zinsen auf den Vorjahresendwert zum Gesamtbetrag der Einkünfte insoweit hinzugerechnet, als die maßgeblichen Freistellungsbeträge für Einkünfte aus Kapitalvermögen gemäß § 9a Nr. 1b und § 20 Abs. 4 EStG überschritten sind. Es wird also bei Ledigen ein Betrag von 6.100 DM und bei Verheirateten von 12.200 DM in Abzug gebracht. Bei Kalkulationen nach dem geplanten Steuerreformtarif wird die avisierte Halbierung des Sparerfreibetrages[20] berücksichtigt und ab dem Jahr 1999 nur 3.100 DM bei Ledigen bzw. 6.200 DM bei Verheirateten als steuerfreie Zinseinnahme abgezogen.

Alle übrigen Abzugsbeträge und Zahlungen, die sich durch die gesetzlichen Vorschriften der verschiedenen Wohneigentumsförderungen ergeben, werden in den folgenden Abschnitten 3.4.2 und 3.4.3 behandelt.

---

[20]　Vgl. STEUERREFORM-KOMMISSION (Hrsg.) (1997), S. 18.

3.4.2 Merkmale bei Berechnungen nach § 10e EStG

Die steuerlichen Begünstigungen nach § 10e EStG sollen hier in der Reihenfolge ihrer Verarbeitung im Programm, nicht nach steigender Paragraphenziffer, dargestellt werden. Die Erläuterungen beschränken sich dabei in diesem Abschnitt auf die im Zusammenhang mit dem Verständnis zum Programmablauf wesentlichen Inhalte. Insofern wird für ausführlichere Informationen auf die Abhandlung in Abschnitt 2.2 hingewiesen. Zur besseren Nachvollziehbarkeit der folgenden Ausführungen sei auf ein Tabellenblatt mit einer § 10e-Förderung ab 1994 verwiesen (Anhang III, S. 303 - 306), da dort alle nachstehenden Merkmale enthalten sind.

3.4.2.1 Die Vorbezugskosten nach § 10e Abs. 6 Satz 1 EStG

Hierbei handelt es sich Aufwendungen des Steuerpflichtigen, die wie Sonderausgaben abgezogen werden können, wenn sie

– vor der erstmaligen Nutzung zu eigenen Wohnzwecken entstanden sind,

– mit der Herstellung oder Anschaffung des Objekts in engem Zusammenhang stehen,

– nicht selbst zu den Anschaffungs- oder Herstellungskosten gehören und

– im Fall einer Vermietung oder Verpachtung der Wohnung als Werbungskosten abgezogen werden könnten (vgl. § 10e Abs. 6 Satz 1 EStG).

Die Vorbezugskosten beinhalten insbesondere Finanzierungskosten, Damnum, Bausparvertragsgebühren, laufende Grundstückskosten und vergebliche Herstellungsaufwendungen, nicht aber die gesondert zu berücksichtigenden Erhaltungsaufwendungen *(vgl. Tabelle 23 im Anhang I, S. 294)*. Ob der Abzug von Aufwendungen vor der erstmaligen Nutzung zu eigenen Wohnzwecken von der Grundförderung des § 10e EStG abhängt, ist strittig.[21] Insbesondere ist auch die Möglichkeit des Vorkostenabzugs bei unentgeltlichem Erwerb unterschiedlich beurteilt worden.[22] Da aber innerhalb der Berechnungen Sonderfälle und Förderausschlüsse ausgeklammert bleiben, werden die angefallenen Vorbezugskosten ohne Prüfung vom Tabellenkopf in die korrespondierende Zeile unterhalb des Kinder- oder Haushaltsfreibetrages übertragen. Eine Überschreitung der Ein-

---

[21] Vgl. BFH vom 11.3.1992, S. 887; a. A.: DRENSECK, W. (1997), § 10e EStG, Anm. 126 f. m. w. N.

[22] Vgl. BRANDENBERG, H. B./KÜSTER, G. (1995a), S. 358; DRENSECK, W. (1997), § 10e EStG, Anm. 135 m. w. N.

kunftsgrenzen nach § 10e Abs. 5a EStG ist für den Abzug der Vorkosten nicht schäd-
lich[23], so daß eine Überprüfung durch das Programm unterbleiben kann.

3.4.2.2   Die Erhaltungsaufwendungen nach § 10e Abs. 6 Satz 3 EStG

Erhaltungsaufwendungen (z. B. Renovierungskosten, Reparaturaufwendungen) gehören
grundsätzlich zu den Vorkosten. Für sie gelten aber Einschränkungen hinsichtlich des
abzugsfähigen Höchstbetrages und der Art des geförderten Objekts. Die Erhaltungsaufwendungen können nur bis zu 15 % der Anschaffungskosten der Wohnung oder des Gebäudes, höchstens aber bis zu 15 % von 150.000 DM abgezogen werden (§ 10e Abs. 6
Satz 3 EStG). Dies entspricht einem maximalen Abzugsbetrag von 22.500 DM. Im Berechnungsbeispiel im Anhang IV/1 (S. 324) sind im Tabellenkopf 25.000 DM als Erhaltungsaufwand von der Eingabe her übernommen worden, bei der Steuerveranlagung
werden aber folgerichtig nur 22.500 DM verrechnet.

Außerdem ist ein zeitliches Zusammenfallen von Erhaltungsaufwendungen und Ausbauten bzw. Erweiterungen ausgeschlossen.[24] In diesem Fall werden innerhalb der Finanzpläne keine Erhaltungsaufwendungen abgezogen. Unwahrscheinlich, aber nicht völlig
ausgeschlossen ist ein gleichzeitiges Vorliegen von Neubauobjekt und Erhaltungsaufwendungen. Gesetzliche Vorschriften scheinen diesem Sachverhalt jedenfalls nicht ent-
gegenzustehen und auch Rechtsprechung ist dazu bisher nicht ergangen.

Generell werden alle Vorbezugskosten einschließlich der Erhaltungsaufwendungen
innerhalb der vollständigen Finanzpläne nur jeweils im ersten Förderjahr berücksichtigt,
da eine der Prämissen des Programms ist, daß Anschaffung und Bezug in diesem Jahr
zusammenfallend erfolgen sollen.

---

[23] Vgl. BMF-Schreiben vom 31.12.1994, Tz. 85.
[24] Vgl. DRENSECK, W. (1997), § 10e EStG, Anm. 132.

3.4.2.3 Der Schuldzinsenabzug nach § 10e Abs. 6a EStG

Der in der Gesetzesvorschrift zu § 10e EStG enthaltene Schuldzinsenabzug gilt nach Satz 1 des dortigen Absatzes 6a nur für Objekte, die der Steuerpflichtige in Herstellungsfällen vor dem 1.1.1995 fertiggestellt oder in Anschaffungsfällen vor diesem Stichtag bis zum Ende des Jahres ihrer Fertigstellung erworben hat.[25] Aus diesem Grunde ist er auch nur in den vier Tabellen eingearbeitet, in denen die Fördervariante des § 10e EStG in der für 1994 gültigen Fassung berechnet wird.

Der Schuldzinsenabzug kann vorgenommen werden, wenn die Grundförderung nach den Absätzen 1 bzw. 2 des § 10e EStG in Anspruch genommen wird. Er entfällt zwangsläufig für solche Jahre, in denen keine Nutzung zu eigenen Wohnzwecken vorliegt. Wegen der ersten Prämisse (s. S. 202) wird dieser Fall im Programm ausgeschlossen. Schuldzinsen können aber auch dann abgezogen werden, wenn die Grundförderung nur wegen Überschreitens der Einkunftsgrenzen versagt wird.[26] Im Programm erfolgt also an dieser Stelle keine Prüfung der Einkunftsgrenzen. Allerdings wird der Schuldzinsenabzug automatisch gestrichen, falls zugleich als Objekttyp ein nicht von dieser Vorschrift begünstigter Altbau angekreuzt wurde.

Der Schuldzinsenabzug kann im allgemeinen ab dem Zeitpunkt der Eigennutzung des Objekts in Höhe von bis zu 12.000 DM jährlich für die ersten drei Jahre in Anspruch genommen werden. Eine Besonderheit ist, daß nicht ausgenutzte Beträge des ersten Jahres im Rahmen der Begrenzung auf 12.000 DM im vierten Förderjahr nachgeholt werden können.[27] Die Tabelle im Anhang IV/1 (S. 324) zeigt, wie im Jahr 1994 nicht ausgeschöpfte Schuldzinsen in Höhe von 6.000 DM im Jahr 1997 abgezogen werden.

3.4.2.4 Die Grundförderung des § 10e EStG

Bei der Berechnung des Abzugsbetrags nach § 10e Abs. 1 und Abs. 2 EStG wird grundsätzlich in jedem Jahr des achtjährigen Förderzeitraums zunächst eine Prüfung des

---

[25] Der Neubau-Begriff ist nach diesem Wortlaut enger definiert als bei der Grundförderung, vgl. 2.2.1.3.

[26] Vgl. BMF-Schreiben vom 31.12.1994, Tz. 104.

[27] Beispiele und Erläuterungen zur Berechnung des Nachholbetrages finden sich im BMF-Schreiben vom 31.12.1994, Tz. 111 und bei MEYER, B. (1992), S. 283 f.; vgl. auch Abschnitt 2.2.1.1.8.1.

Gesamtbetrags der Einkünfte gemäß Abs. 5a der Vorschrift vorgenommen. Danach gewährt das Programm die Grundförderung nur in den Jahren, in denen die Grenze von 120.000 DM bei Ledigen und 240.000 DM bei Verheirateten nicht überschritten ist. Der Grundförderbetrag wird dann abhängig von den Eingabewerten für die Anschaffungs- und Herstellungskosten des Objekts sowie der Anschaffungskosten für Grund und Boden und der vom angekreuzten Objekttyp abhängigen Höchstbemessungsgrundlage als maximaler Abzugsbetrag ermittelt. Nachstehende Tabelle 10 faßt noch einmal die relevanten Daten kurz zusammen:

Tab. 10:   § 10e EStG: Bemessungsgrundlagen und Grundförderung ab 1994

	Neubau	Altbau	Ausbau/Erweiterung
Bemessungsgrundlage	AK / HK Neubau + ½ AK Grund	AK / HK Altbau + ½ AK Grund	HK Ausbau / Erweiterung (ohne Grund)
Höchstbemessungsgrundlage	330.000 DM	150.000 DM	330.000 DM
Abzugssatz Jahr 1 bis 4	6 %	6 %	6 %
Abzugshöchstbetrag Jahr 1 bis 4	19.800 DM	9.000 DM	19.800 DM
Abzugssatz Jahr 5 bis 8	5 %	5 %	5 %
Abzugshöchstbetrag Jahr 5 bis 8	16.500 DM	7.500 DM	16.500 DM

In den Arbeitsblättern erscheint der errechnete Wert im dritten Zeilenkomplex in der Zeile „mögliche Grundförderung nach § 10e Abs. 1 EStG". Der Finanzplan im Anhang IV/1 (S. 324) weist für das Jahr 1994 aufgrund der maximalen Bemessungsgrundlage einen Wert von 19.800 DM aus.

Anschließend wird in der Zeile „./. § 10e Abs. 1 EStG Grundförderung"[28] der tatsächlich abzuziehende Grundförderbetrag ermittelt. Dessen Höhe richtet sich unter anderem auch nach dem - an dieser Stelle vorweg schon einmal ermittelten - voraussichtlichen zu ver-steuernden Einkommen. Hierbei wird die Tatsache berücksichtigt, daß es sich bei den Abzugsbeträgen nach § 10e Abs. 1 und 2 EStG um ein Wahlrecht handelt und nicht aus-genutzte Abzugsbeträge - z. B. wegen zu geringer Steuerbemessungsgrundlage - gemäß § 10e Abs. 3 Satz 1 EStG bis zum Ende des Förderzeitraums nachgeholt werden kön-nen. Im Programm werden solche nicht ausgeschöpften Beträge automatisch in Folge-

---

[28] Diese und die vorhergehende Zeile beinhalten selbstverständlich auch die Grundförderung für Auf-wendungen an Ausbauten und Erweiterungen nach Abs. 2 der Vorschrift.

jahre vorgetragen. Die Zellen dieser Zeile enthalten Berechnungsformeln, die vor Abzug des möglichen Grundförderbetrags zunächst sämtliche anderen Abzüge, den für das jeweilige Jahr gültigen Grundfreibetrag des Einkommensteuertarifs und außerdem aus Steuergestaltungserwägungen vorrangig die Steuerreduzierung durch das Baukindergeld *(vgl. dazu den nächsten Abschnitt 3.4.2.5)* berücksichtigen. Im vorliegenden Finanzplan (Anhang IV/1, S. 324) führt das Programm beispielsweise die nachfolgende Rechenoperation durch. Es wird der Minimalbetrag ermittelt aus:

1. Mögliche Grundförderung = 19.800 DM,

2. Gesamtbetrag der Einkünfte (80.000 DM) + Zinsen (0 DM)
   ./. Vorsorgepauschale (7.830 DM) ./. Sonderausgabenpauschbetrag (216 DM)
   ./. Kinderfreibetrag (8.208 DM) ./. Vorbezugskosten (10.000 DM) ./. Erhaltungsaufwendungen (22.500 DM) ./. Schuldzinsenabzug (6.000 DM)
   ./. Grundfreibetrag (11.339 DM) = 13.907 DM,

3. Gesamtbetrag der Einkünfte (80.000 DM) + Zinsen (0 DM)
   ./. Vorsorgepauschale (7.830 DM) ./. Sonderausgabenpauschbetrag (216 DM)
   ./. Kinderfreibetrag (8.208 DM) ./. Vorbezugskosten (10.000 DM) ./. Erhaltungsaufwendungen (22.500 DM) ./. Schuldzinsenabzug (6.000 DM) ./. Baukindergeldeinkommensgrenze (21.815 DM) + 108 DM[29] = 3.539 DM.

In diesem Beispiel errechnet das Programm also im Hinblick auf eine maximale Steuerersparnis einen abzuziehenden Grundförderbetrag von 3.539 DM.

In der Zeile „verbleibender § 10e - Vortrag" wird nun die Differenz zwischen möglicher und tatsächlich in Anspruch genommener Grundförderung ermittelt. Dieser Wert wird im Folgejahr dem möglichen Grundförderbetrag hinzugefügt. Im Beispiel ergibt sich daher im Jahr 1995 ein Betrag von 19.800 DM + (19.800 DM - 3.539 DM) = 36.061 DM. Der Nachteil bei der vorrangigen Baukindergeldberücksichtigung besteht darin, daß

---

[29] An dieser Stelle werden beim Grundtarif 54 DM und beim Splittingtarif 108 DM addiert, um in den Einkommensteuertabellen den nächstniedrigeren Wert zu erreichen, andernfalls bliebe bei der festzusetzenden Einkommensteuer ein Restbetrag übrig.

nicht ausgeschöpfte Abzugsbeträge am Ende des achten Jahres endgültig verfallen können, weil diese nur innerhalb des Förderzeitraums abziehbar sind.

3.4.2.5   Das Baukindergeld nach § 34f EStG

Dem Gesetzeswortlaut zufolge kann die tarifliche Einkommensteuer nur dann um
1.000 DM pro Kind reduziert werden, wenn der Steuerpflichtige die Begünstigung des
§ 10e EStG in Anspruch nehmen kann (§ 34f Abs. 3 Satz 1 EStG). Deshalb erfolgt in
den Berechnungen für den Baukindergeldanspruch für jedes Jahr eine Prüfung der Einkunftsgrenze. Liegt der Gesamtbetrag der Einkünfte maximal bei 120.000 DM bzw.
240.000 DM, wird die Anzahl der Kinderfreibeträge mit 1.000 DM multipliziert. Dabei
werden im Eingabedialog angegebene halbe Kinderfreibeträge für den Anspruch auf die
Steuerermäßigung nach § 34f EStG auf ganze Zahlen aufgerundet, da die vorhandenen
Kinder nach Maßgabe der Prämisse 8 (s. S. 203) dem Haushalt des Steuerpflichtigen
angehören sollen. Darüber hinaus wird an dieser Stelle vom Programm geprüft, ob nicht
eine Überförderung durch die Gewährung des Baukindergelds gem. § 34f Abs. 4 Satz 1
EStG eintritt. Dazu wird für jedes Jahr die Summe der bisher gewährten Baukindergeld-
ermäßigungen mit der Bemessungsgrundlage für den Abzugsbetrag verglichen und der
Baukindergeldanspruch ggf. reduziert.

In der Zeile „z.v.E.-Grenze für maximalen Baukindergeldabzug" wird ein fiktives zu
versteuerndes Einkommen errechnet, das nötig wäre, um eine tarifliche Einkommensteuer zu erhalten, die möglichst genau dem ermittelten Baukindergeldanspruch entspricht. Dieses zu versteuernde Einkommen wurde bei der Berechnung des Grundförde-
rungsabzugs berücksichtigt, weil unter Steuergestaltungsgesichtspunkten vorrangig die
Reduzierung der Steuerlast durch das Baukindergeld erfolgen soll. In den Formeln wurde das Problem dadurch gelöst, daß zu den jeweiligen Steuertarifen die Umkehrfunktio-
nen gebildet wurden. Mit diesen kann zu einem bestimmten Baukindergeldanspruch, der
der tariflichen Einkommensteuer entsprechen soll, das zugehörige zu versteuernde Einkommen festgestellt werden. In der folgenden Tabelle 11 auf Seite 212 ist beispielhaft
die Formel für die Umkehrung des Einkommensteuergrundtarifs in der bis Veranlagungszeitraum 1995 einschließlich gültigen Fassung dargestellt.

Tab. 11:   Umkehrfunktion für den Einkommensteuergrundtarif 1995

Baukindergeldanspruch = ESt	Formel für zugehöriges zu versteuerndes Einkommen
0 < X < 482	Aufrunden ((X + 1.067) ÷ 0,19 ÷ 54) × 54 + 53
482 ≤ X ≤ 40.751	Aufrunden (((- 1.900 + √ 1.900^2 - 4 × 151,94 × (472 - X) $^)$) ÷ 2 ÷ 151,94 × 10.000 + 8.100) ÷ 54) × 54 + 53
X > 40.751	Aufrunden ((X + 22.842) ÷ 0,53 ÷ 54) × 54 + 53
X = Baukindergeldanspruch	Aufrunden = Klammer auf nächste ganze Zahl aufrunden

In der Zeile „./. Baukindergeld § 34f EStG" wird der tatsächliche Baukindergeldabzug als Minimum aus Baukindergeldanspruch und tariflicher Einkommensteuer errechnet. Der Betrag in der Zeile „verbleibender Baukindergeldvortrag" ergibt sich anschließend als Differenz aus Baukindergeldanspruch und tatsächlich abgezogenem Baukindergeld. Im vorliegenden Berechnungsbeispiel (Anhang IV/1) bleiben 8 DM im Jahr 1994 übrig, die dem Anspruch des Folgejahres zugeschlagen werden. Der geringfügige Restvortrag erklärt sich dadurch, daß die tarifliche Einkommensteuer durch Aufteilung in Tarifintervalle von 54 DM beim Grundtarif bzw. 108 DM beim Splittingtarif nicht immer genau dem Baukindergeld entspricht. Im Beispiel übersteigt die tarifliche Einkommensteuer erstmals den kumulierten Baukindergeldanspruch in 1997, so daß in dem Jahr ein vollständiger Abzug von Grundförderung und Baukindergeld möglich ist.

Wegen der an dieser Stelle auftretenden programmtechnischen Schwierigkeiten werden die gesetzlichen Vorschriften nicht ganz strikt eingehalten. Primär ist das Baukindergeld nach § 34f Abs. 3 Satz 3 EStG nämlich auf die beiden vorangegangenen Veranlagungszeiträume zurückzutragen. Soweit dabei nicht die volle Steuerentlastung eingetreten ist, kann erst danach ein Vortrag auf die folgenden Jahre des Abzugszeitraums und die zwei daran anschließenden Jahre vorgenommen werden (§ 34f Abs. 3 Satz 4 EStG). Dieser Sachverhalt kann im Programm aus zwei Gründen nicht berücksichtigt werden: Definitionsgemäß (Prämisse 1, S. 202) beginnt jede Untersuchung im ersten Jahr des Förderzeitraums, so daß ein Rücktrag in die beiden davor liegenden Jahre bei den Berechnungen wirkungslos bliebe. Der andere Grund liegt in der Systematik der EXCEL-Arbeitsblätter, in denen Berechnungen - ungeachtet gleichwohl möglicher Prüffunktionen - immer von oben nach unten und von links nach rechts erfolgen. Ein Rücktrag in frühere Jahre auch zu einem späteren Zeitpunkt hätte somit automatisch einen mit EXCEL programmiertechnisch nicht zu lösenden Zirkelschluß zur Folge. Die betraglichen Differenzen aus dieser unpräzisen Vorgehensweise fallen aber nicht allzu sehr ins Gewicht, weil von einem zumeist steigenden Gesamtbetrag der Einkünfte ausgegangen wird. Infolgedessen entstehen im allgemeinen keine sehr hohen Rückträge und ein wirksamer Abzug des Baukindergelds zu späteren Zeitpunkten wird immer wahrscheinlicher.

3.4.3   Merkmale bei Berechnungen nach Eigenheimzulagengesetz

Ebenso wie im vorigen Abschnitt erfolgt auch hier eine auf die wichtigsten Inhalte beschränkte Darstellung der einzelnen Komponenten der Eigenheimzulagenförderung in der Reihenfolge, wie sie in den Arbeitsblättern des Programms abgearbeitet werden. Für ausführlichere Informationen wird auf die Abhandlung in Abschnitt 2.3 hingewiesen. Zur besseren Nachvollziehbarkeit der folgenden Ausführungen sollte ein Tabellenblatt mit einer Förderung nach Eigenheimzulagengesetz herangezogen werden (Anhang III, S. 311 - 322), bzw. Anhang IV/2 von S. 325, bei dem Eheleute mit zwei Kindern ab 1996 die maximale Eigenheimförderung erhalten.

3.4.3.1   Der Fördergrundbetrag des EigZulG

Grundsätzlich besteht für Anspruchsberechtigte seit dem 1.1.1996 keine Möglichkeit mehr, eine Förderung für selbstgenutztes Wohneigentum nach § 10e EStG zu beantragen. Begünstigte Objekte, für die der Bauantrag nach dem 31.12.1996 gestellt oder bei denen mit der Herstellung nach diesem Termin begonnen wurde oder die nach dem 31.12.1995 erworben wurden, werden generell nur noch mit Eigenheimzulage gefördert. Dem Wahlrecht des Steuerpflichtigen nach § 19 Abs. 2 EigZulG, wonach in bestimmten Fällen die Eigenheimzulage auf Antrag auch schon in 1995 und den folgenden Jahren gewährt wird, trägt das Programm aber Rechnung, indem alle Varianten der Eigenheimzulage bereits für 1995 aufgenommen wurden. Die gesetzgeberischen Motive für die Ablösung der § 10e-Förderung durch das Eigenheimzulagengesetz, nämlich Progressionsunabhängigkeit und verstärkte Förderung von Schwellenhaushalten[30], wurden beim Fördergrundbetrag umgesetzt. Es wird nun eine einkommensunabhängige Zulage gewährt, die bei Neubauten 5 % der Bemessungsgrundlage, maximal 5.000 DM und bei

---

[30]   Vgl. BUNDESTAGSDRUCKSACHE 13/2235 vom 4.9.1995, S. 14; siehe dazu auch Abschnitt 2.3.

Altbauten 2,5 % der Bemessungsgrundlage, maximal 2.500 DM beträgt (§ 9 Abs. 2 Satz 1 EigZulG und § 9 Abs. 2 Satz 2 EigZulG i. d. F. bis 31.12.1996).

Im Programm wird zuerst die Einkunftsgrenze geprüft, die der Gesetzgeber im Laufe der Neueinführung des Eigenheimzulagengesetzes gegenüber der § 10e-Regelung und der ursprünglichen Version abweichend formuliert hat.[31] Zwar sind die absoluten Grenzwerte auf 240.000 DM bei Ledigen und 480.000 DM bei Verheirateten verdoppelt worden, doch gelten sie nun für die Summe des Gesamtbetrags der Einkünfte aus dem Antragsjahr und dem des Vorjahres. Die Eigenheimzulage wird ab dem erstmaligen Unterschreiten der Einkunftsgrenzen automatisch ohne weitere Prüfung bis zum Ende des Förderzeitraums gezahlt (§ 5 EigZulG).[32] Da im Programm keine fallenden Einkünfte vorgesehen sind, erfolgt die notwendige Prüfung der Einkunftsgrenze nur im ersten Förderjahr anhand der Summe aus den im Eingabedialog eingegebenen Werten für die Felder „Gesamtbetrag der Einkünfte im 1. Förderjahr" und „Gesamtbetrag der Einkünfte im Vorjahr".

In der Zeile „Grundförderung nach § 9 Abs. 2 EigZulG" wird der Fördergrundbetrag nach Maßgabe des angekreuzten Objekttyps und der dazugehörenden Bemessungsgrundlage ermittelt. Diese setzt sich bei Neu- und Altbauten aus den Anschaffungs- und Herstellungskosten zuzüglich der vollen Anschaffungskosten für den Grund und Boden zusammen, wohingegen bei Ausbauten und Erweiterungen lediglich die Herstellungskosten der Baumaßnahme begünstigt sind (§ 8 EigZulG). Die ab 1997 geltende Einschränkung des Fördergrundbetrags auf nur noch 2,5 % der Bemessungsgrundlage, höchstens 2.500 DM für solche Ausbauten und Erweiterungen, für die nach dem 31.12.1996 der Bauantrag gestellt oder bei denen nach diesem Stichtag mit den Baumaßnahmen begonnen worden ist (§ 9 Abs. 2 Satz 2 i. V. m. § 19 Abs. 3 EigZulG)[33], ist im Programm bei allen Arbeitsblättern mit Eigenheimzulagenförderung ab 1997 eingearbeitet.

Nachstehende Tabelle 12 auf Seite 216 gibt noch einmal einen kurzen Überblick über die relevanten Daten:

---

[31] Vgl. BUNDESTAGSDRUCKSACHE 13/2784 vom 26.10.1995, S. 8.
[32] Zu Beispielen und Erläuterungen vgl. MEYER, B. (1996a), S. 55 f. und STEPHAN, R. (1996b), S. 243 f.; vgl. auch Abschnitt 2.3.1.6.1.
[33] Ausführlich dazu STEPHAN, R. (1997b), S. 296.

Tab. 12:   EigZulG: Bemessungsgrundlagen und Fördergrundbeträge ab 1996

	Neubau	Altbau	Ausbau/Erweiterung
Bemessungsgrundlage	AK / HK Neubau + AK Grund	AK / HK Altbau + AK Grund	HK Ausbau / Erweiterung (ohne Grund)
Höchstbemessungsgrundlage	100.000 DM	100.000 DM	100.000 DM
Fördersatz Jahr 1 bis 8	5 %	2,5 %	5 %, ab 1997: 2,5 %
Förderhöchstbetrag Jahr 1 bis 8	5.000 DM	2.500 DM	5.000 DM ab 1997: 2.500 DM

Ab dem zweiten Jahr des Förderzeitraums wird ebenfalls durch das Programm kontrolliert, ob die kumulierten Fördergrundbeträge und Kinderzulagen *(vgl. anschließend 3.4.3.2)* nicht die Bemessungsgrundlage überschreiten (§ 9 Abs. 6 EigZulG).

3.4.3.2   Die Kinderzulage nach § 9 Abs. 5 EigZulG

Um die familienbezogene Zusatzförderung zu verbessern[34], wurde die Kinderzulage gegenüber dem früheren Baukindergeld auf 1.500 DM je Kind, das im Förderzeitraum zum Haushalt des Anspruchsberechtigten gehört (§ 9 Abs. 5 EigZulG), angehoben. Da die Kinderzulage unter den gleichen Voraussetzungen gewährt wird wie der Fördergrundbetrag, beschränkt sich die Programmprüfung in der Zeile „Kinderzulage nach § 9 Abs. 5 EigZulG" auf die Kontrolle, ob die im gleichen Jahr berechnete Grundförderung größer als 0 DM ist. Weist die diesbezügliche Zelle dagegen 0 DM aus, wird folgerichtig die Kinderzulage gestrichen. Analog zur Berechnung des Baukindergelds bei § 10e-Förderungen wird der auf eine ganze Zahl aufgerundete Kinderfreibetrag mit 1.500 DM multipliziert.

Auch bei den Formeln für die Kinderzulage sind Kontrollroutinen eingebaut, die verhindern, daß die Summe der Fördergrundbeträge und Kinderzulagen die Bemessungsgrundlage des § 8 EigZulG überschreitet. Die Zulagen werden grundsätzlich so früh wie möglich ausgezahlt und nicht gleichmäßig über die Laufzeit verteilt.[35] Die Beschränkung der Förderungsbeträge einschließlich Kinderzulagen auf die Höchstbemessungsgrundlage hat letztlich nur für Steuerpflichtige Bedeutung, die mehr als fünf Kinder haben, wie in Tabelle 13 gezeigt werden soll. Hier sind in Abhängigkeit von der Kinderzahl die Gren-

---

[34] Vgl. BUNDESTAGSDRUCKSACHE 13/2235 vom 4.9.1995, S. 1.
[35] Die Vorgehensweise wird empfohlen bei MEYER, B. (1996b), S. 616 f.; vgl. auch Abschnitt 2.3.3.3.

zen der - ggf. auf die maximale Bemessungsgrundlage beschränkten - Anschaffungs-
und Herstellungskosten einer Baumaßnahme aufgeführt, die durch die Auszahlung von
Förderbeträgen gerade voll abgedeckt sind.[36]

Tab. 13:   Grenzwerte für zulagengedeckte Bemessungsgrundlagen

Kinderzahl	1	2	3	4	5	6
AK / HK in DM	20.000	40.000	60.000	80.000	100.000	**120.000**
max. Bemessungsgrundlage in DM	20.000	40.000	60.000	80.000	100.000	**100.000**
Grundförderung in DM	8.000	16.000	32.000	32.000	40.000	**40.000**
Kinderzulage in DM	12.000	24.000	36.000	48.000	60.000	**60.000**

Diese Werte gelten aber nicht für Ausbauten und Erweiterungen ab 1997, da hier während des achtjährigen Förderzeitraums insgesamt nur noch die Hälfte der begünstigungs-
fähigen Herstellungskosten ausgezahlt wird (§ 9 Abs. 6 Satz 3 i. V. m. § 19 Abs. 3
EigZulG).[37]

3.4.3.3   Die Zulage für energiesparende Anlagen (§ 9 Abs. 3 EigZulG)

Die Zulage nach § 9 Abs. 3 EigZulG wird für den Einbau ökologischer Wärmeerzeu-
gungssysteme, wie bestimmte Wärmepumpen, Wärmerückgewinnungsanlagen und
Solaranlagen, zur Einsparung von konventioneller fossiler Heizenergie ausschließlich
gewährt, wenn der Einbau durch den Eigentümer vor der erstmaligen Selbstnutzung und
vor dem 1.1.1999 erfolgt (§ 9 Abs. 3 Satz 3 Nr. 1 EigZulG). Beim Erwerb eines Objekts, in dem solche Anlagen bereits eingebaut sind, können die in den Anschaffungskosten enthaltenen anteiligen Aufwendungen nur gefördert werden, wenn das Objekt bis
zum Ende des zweiten auf das Jahr der Fertigstellung folgenden Jahres erworben wurde
(§ 9 Abs. 3 Satz 3 Nr. 2 EigZulG). Somit scheidet faktisch eine Förderung von Altbauten aus und wird bei entsprechender Anwahl dieses Objekttyps vom Programm automatisch gesperrt. Obendrein wird eine Begünstigung ausgeschlossen, wenn als Objekttyp
Ausbau / Erweiterung angekreuzt wurde (§ 9 Abs. 3 Satz 2 EigZulG). Da auch diese
Zusatzförderung an die Gewährung der Grundförderung nach Absatz 2 der Vorschrift

---

[36] Vgl. dazu die ausführliche Analyse in Abschnitt 4.5.
[37] Zur Begründung vgl. JStG 1997, Artikel 29; zu Beispielen vgl. GRUNE, J. (1997), S. 61;
JECHNERER, M. (1997a), S. 924.

gebunden ist, prüft das Programm ferner, ob im ersten Jahr der Fördergrundbetrag gewährt wird.

Die Zulage errechnet sich aus dem Betrag, der im Tabellenkopf bei „Zulage § 9 Abs. 3 EigZulG" als Bemessungsgrundlage im Eingabedialog angegeben wurde. Sie beträgt jährlich 2 % dieses Wertes, höchstens aber 500 DM pro Jahr. Daraus ergibt sich ein maximal begünstigungsfähiger Aufwand von 25.000 DM. Das Beispiel des Finanzplans auf S. 325 im Anhang IV/2 zeigt, daß zwar der Betrag von 30.000 DM als Aufwand angegeben wurde, die Ökozulage aber nur mit 500 DM ausgewiesen wird. Das Programm begrenzt also hier die Bemessungsgrundlage selbsttätig auf 25.000 DM.

3.4.3.4   Die Zulage für Niedrigenergiehäuser (§ 9 Abs. 4 EigZulG)

Diese Zusatzförderung wird ausschließlich für Neubauten gewährt, deren Jahres-Heizwärmebedarf um wenigstens 25 % unter dem nach der Wärmeschutzverordnung für diesen Gebäudetyp geforderten Wert liegen muß und die vor dem 1.1.1999 angeschafft oder fertiggestellt sein müssen. Werden diese Voraussetzungen durch einen Wärmepaß nachgewiesen (§ 9 Abs. 4 Satz 2 EigZulG), wird der Neubau unabhängig von der Höhe der zur Erfüllung dieser Bedingungen tatsächlich entstandenen Aufwendungen pauschal mit 400 DM jährlich gefördert. Im Programm gelten diese Vorbedingungen als erfüllt, wenn im Eingabedialog das Kontrollkästchen aktiviert wurde. Eine Prüfung erfolgt jedoch dahingehend, ob der Fördergrundbetrag gewährt wird, da auch diese Zulage an die Grundförderung gekoppelt ist. Außerdem wird automatisch die Niedrigenergiehauszulage versagt, wenn als Objekttyp Altbau oder Ausbau /Erweiterung angekreuzt wurde.

Beide Ökozulagen werden im übrigen nicht auf die Förderbegrenzung durch die Bemessungsgrundlage angerechnet.

3.4.3.5   Die Vorkostenpauschale nach § 10i Abs. 1 Nr. 1 EStG

Für sämtliche Finanzierungsvorkosten und andere Aufwendungen vor Bezug kann im Gegensatz zur § 10e-Regelung nur noch eine Pauschale in Höhe von 3.500 DM einmalig im Jahr der Anschaffung oder Fertigstellung des Objekts in Anspruch genommen

werden, wenn in diesem oder einem der beiden folgenden Jahre tatsächlich eine Eigenheimzulage gewährt wird (§ 10i Abs. 1 Satz 1 Nr. 1 EStG). Insoweit ist die Vorkostenpauschale mit der Eigenheimzulage verknüpft und unterliegt den gleichen Förderungs-
ausschlüssen wie der Fördergrundbetrag.[38] Folgerichtig überprüft das Programm auch
hier, ob im ersten Jahr eine Grundförderung anfällt. Ist der diesbezügliche Wert größer
als 0 DM, wird unabhängig von den im Eingabedialog angegebenen tatsächlichen Vorbezugskosten in der Steuerveranlagung der Finanzpläne mit Eigenheimzulagenförderung immer die Vorkostenpauschale von 3.500 DM abgezogen. Eine Prüfung der Eigenheimzulage im zweiten und dritten Förderjahr erübrigt sich wegen des generell nicht
fallenden Gesamtbetrags der Einkünfte.

Ein Nebeneinander von Vorkostenabzug nach § 10e Abs. 6 und § 10i EStG ist für das
Programm nicht relevant, da keine zeitlichen Verschiebungen zwischen Anschaffungs- /
Herstellungsjahr und Jahr des Bezugs der Wohnung vorgesehen sind.

Die Vorkostenpauschale wird bei allen Objekttypen gewährt, diesmal also insbesondere
auch bei Ausbauten und Erweiterungen (§ 10i Abs. 1 Satz 5 EStG). Im vorliegenden
Finanzplanbeispiel (Anhang IV/2, S. 325) wurden Vorbezugskosten von 10.000 DM
eingegeben, aber in der Steuerveranlagung wurde nur die Vorkostenpauschale von
3.500 DM berücksichtigt.

3.4.3.6   Die Erhaltungsaufwendungen nach § 10i Abs. 1 Nr. 2 EStG

Die Erhaltungsaufwendungen sind wie die Vorkosten vor Bezug der Wohnung angefallene Aufwendungen, die im Vermietungsfalle wie Werbungskosten zu behandeln wären.
Sie müssen zwingend mit der Herstellung oder Anschaffung des Objekts zusammenhängen, dürfen nicht selbst zu den Anschaffungs- oder Herstellungskosten oder zu den anschaffungsnahen Aufwendungen gehören und dürfen nicht selbst Betriebsausgaben oder
Werbungskosten sein (§ 10i Abs. 1 Satz 1 Nr. 2 und Sätze 2 und 3 EStG). Liegen solche
Aufwendungen vor, können bis zu 22.500 DM wie Sonderausgaben bei der Steuerveranlagung abgezogen werden. Im Programm wird diese Grenze automatisch beachtet,
wie im Berechnungsbeispiel im Anhang IV/2 (S. 325) zu sehen ist. Dort sind als Erhal-

---

[38] Vgl. MEYER, B. (1996c), S. 199 f.; STEPHAN, R. (1996b), S. 301.

tungsaufwendungen 25.000 DM eingetragen, für die Berechnungen aber nur 22.500 DM akzeptiert worden.

Im Gegensatz zur Vorkostenpauschale fehlt jeglicher Bezug zur Eigenheimzulage. Förderausschlußkriterien, wie z. B. die Überschreitung der Einkunftsgrenzen oder Objektverbrauch, sind daher ohne Belang und müssen nicht geprüft werden. Grundsätzlich werden die Erhaltungsaufwendungen in den Finanzplänen nur im ersten Förderjahr abgezogen. Damit wird der Sonderfall des Erwerbs einer bisher gemieteten Wohnung, der den Steuerpflichtigen berechtigt, Renovierungs- oder Reparaturkosten als Erhaltungsaufwendungen bis zum Ende des der Anschaffung folgenden Jahres zum Abzug zu bringen, vernachlässigt.

Ein besonderes Problem wirft die Möglichkeit des Zusammenfallens von Erhaltungsaufwendungen mit den verschiedenen Objekttypen auf. Unstreitig ist ein gleichzeitiges Vorliegen von Altbauten und Erhaltungsaufwendungen. Dagegen wird hier immerhin schon - bei § 10e EStG scheint diese Frage nie erörtert worden zu sein *(vgl. 3.4.2.2)* - eine Kombination von Erhaltungsaufwendungen mit Neubauten als fraglich[39] angesehen. Während bei § 10e EStG Erhaltungsaufwendungen für Ausbauten und Erweiterungen ausgeschlossen waren (§ 10e Abs. 6 Satz 3 EStG), wird dies nach Gesetz und Verwaltungsanweisung in Zusammenhang mit der Eigenheimzulage gestattet[40]. Dies stößt in der Literatur teilweise bereits auf völlige Ablehnung[41], weshalb in analoger Vorgehensweise zu den § 10e-Begünstigungen innerhalb des Programms - eventuell im Vorgriff auf demnächst dazu ergehende Rechtsprechung - Ausbauten und Erweiterungen nicht im Zusammenhang mit Erhaltungsaufwendungen gefördert werden. Es bleibt hier, parallel zu den § 10e-Förderungen, ausschließlich bei der Begünstigung von (fraglichen) Neubauten und Altbauten. Eine Eintragung im Feld Erhaltungsaufwendungen beim Objekttyp Ausbau / Erweiterung entfällt jedoch nicht, sondern wird zu den Herstellungsaufwendungen addiert.

---

[39] Vgl. DRENSECK, W. (1997), § 10i EStG, Anm. 9.
[40] Vgl. § 10i Abs. 1 Satz 5 EStG; BMF-Schreiben vom 16.12.1996, S. 1442 ff.
[41] Vgl. MEYER, B. (1996c), S. 204.

4 Analyse der Förderungsinstrumente für selbstgenutztes Wohneigentum

Die in diesem Kapitel dargestellten Auswertungsgraphiken sind zum größten Teil im Anhang V ab Seite 326 mit vollständigen Zahlenangaben nachzuvollziehen. Sie sind überwiegend auch im beiliegenden Programm FIWoComp© enthalten und können dort in den Tabellenblättern, deren Registername mit „Abb." beginnt, betrachtet werden.

4.1 Kriterien und Verfahren der Sensitivitätsanalysen

In diesem Abschnitt erfolgt zunächst eine Interpretation und Kommentierung des geplanten Reformtarifs für die Einkommensteuer ab 1999, der einen wesentlichen Raum innerhalb der Untersuchungen einnimmt. Darüber hinaus werden die grundsätzlichen Ausgangsdaten der Analysen, die untersuchten Variablen und die verwendeten Instrumente erläutert.

4.1.1 Die geplante große Steuerreform 1999

Mit der Verwirklichung der geplanten großen Steuerreform 1999 werden sich zahlreiche Änderungen bei der Immobilienbesteuerung ergeben.

Wenngleich die Pläne zur Steuerreform im parlamentarischen Vermittlungsausschuß Ende Juli zunächst gescheitert sind, soll in einem zweiten Vermittlungsverfahren im September 1997 erneut zwischen Koalition und Opposition verhandelt werden und für den Fall eines Scheiterns auch dieser Gespräche will die Regierung das Gesetz neu in den Bundestag einbringen, da der Reformdruck objektiv gesehen hoch und weitgehend unumstritten ist, daß das Steuersystem dringend einer radikalen Vereinfachung bedarf.[1] Ob es noch vor den nächsten Bundestagswahlen tatsächlich zu einer Reform kommt, wird bezweifelt[2], gleichwohl soll die avisierte Senkung des Solidaritätszuschlages um

---

[1] Vgl. o. V. (1997c), S. 1; vgl. zur Reformnotwendigkeit auch BUNDESMINISTERIUM FÜR WIRT-SCHAFT (Hrsg.) (1996a), S. 1 f.
[2] Vgl. o. V. (1997d), S. 14.

zwei Prozentpunkte[3] unabhängig vom Ausgang der großen Steuerreform auf jeden Fall zum 1.1.1998 kommen[4].

So wie es die Vorschläge der Steuerreformkommission - sogenannte „Petersberger Steuervorschläge"[5] - und der Gesetzentwurf[6] vorsehen, werden sich durch das geplante Steuerreformgesetz 1999 im Bereich der Vermietungseinkünfte, innerhalb der Spekulationseinkünfte und insbesondere auch bei der Förderung des eigengenutzten Wohnraums zahlreiche Änderungen ergeben.

1. Einkünfte aus Vermietung und Verpachtung

Im Vordergrund steht hier eine Vereinheitlichung und teilweise Zurückführung der Abschreibungsmöglichkeiten für Gebäude. Die Neuregelung soll für Gebäude gelten, bei denen der Bauantrag oder der Kaufvertrag nach dem 31.12.1998 erfolgt. Hiernach sollen auch für Wohngebäude die degressiven Abschreibungen (derzeit noch acht Jahre je 5 %, sechs Jahre je 2,5 % und 36 Jahre je 1,25 % gemäß § 7 Abs. 5 Nr. 2 [Bauantrag/Erwerb vor dem 1.1.1995] bzw. Nr. 3b [Bauantrag/Erwerb nach dem 31.12.1995] EStG) ab 1999 entfallen.[7] Statt dessen sollen, neben weiterhin zulässigen Absetzungen für außergewöhnliche technische und wirtschaftliche Abnutzung, nur noch lineare Abschreibungen zulässig sein:[8]

– Bei Gebäuden, soweit sie Wohnzwecken dienen, ist eine jährliche AfA von 2 % der Anschaffungs- oder Herstellungskosten vorgesehen. Das soll auch für Anschaffungen eines vor 1925 hergestellten Wohngebäudes gelten, bedeutet hier mithin eine Verschlechterung des bisherigen linearen AfA-Satzes (§ 7 Abs. 4 Nr. 2b EStG) um einen halben Prozentpunkt. Beträgt die tatsächliche Nutzungsdauer des Wohngebäudes

---

[3]   Vgl. BUNDESTAGSDRUCKSACHE 13/7242 vom 18.3.1997, Artikel 3 Nr. 2.
[4]   Vgl. o. V. (1997e), S. 1.
[5]   Vgl. STEUERREFORM-KOMMISSION (Hrsg.) (1997).
[6]   Vgl. BUNDESTAGSDRUCKSACHE 13/7242 vom 18.3.1997.
[7]   Vgl. STEUERREFORM-KOMMISSION (Hrsg.) (1997), S. 13.
[8]   Vgl. STEUERREFORM-KOMMISSION (Hrsg.) (1997), S. 13.

weniger als 50 Jahre, kann - wie bislang - auch eine der tatsächlichen Nutzungsdauer[9] entsprechende Abschreibung vorgenommen werden.

– Bei Gebäuden, soweit sie nicht Wohnzwecken dienen, sollen jährlich 3 % der An-schaffungs- oder Herstellungskosten als AfA berücksichtigt werden. Die Zugehörig-keit zum Betriebsvermögen (AfA bisher 4 %, 2 % oder 2,5 % [§ 7 Abs. 4 Nr. 1 und 2 EStG]) oder zum Privatvermögen (AfA bisher 2 % oder 2,5 % [§ 7 Abs. 4 Nr. 2 EStG]) spielt keine Rolle mehr. Beträgt die tatsächliche Nutzungsdauer eines sol-chen, nicht Wohnzwecken dienenden Gebäudes weniger als 33 Jahre, kann - wie bis-her - auch hier eine der tatsächlichen Nutzungsdauer[10] entsprechende AfA vorge-nommen werden.

Ersatzlos entfallen sollen ab 1999 die erhöhten Absetzungen für Herstellungskosten an Gebäuden in Sanierungsgebieten und städtebaulichen Entwicklungsbereichen (bisher zehn Jahre lang je 10 % [§ 7h EStG]) sowie die Vorschriften über die gleichmäßige Verteilung von größerem Erhaltungsaufwand an solchen Gebäuden und an Baudenk-malen (§§ 11a und 11b EStG, § 82b EStDV).[11] Für nach dem 31.12.1998 begonnene Baumaßnahmen an Baudenkmalen, die vor 1914 fertiggestellt worden sind, sollen die erhöhten Absetzungen auf 5 % (bisher 10 % [§ 7i EStG]) pro Kalenderjahr in einem Zehnjahreszeitraum herabgesetzt werden, für jüngere Baudenkmale ersatzlos wegfal-len.[12]

2. Einkünfte aus Spekulationsgeschäften

Der Begriff „Spekulationsgeschäft" wird im Gesetzestext nicht mehr verwendet, da es für das Entstehen der Steuerpflicht nicht auf eine Spekulationsabsicht ankommen soll. Steuerpflichtig ab 1999 sollen Veräußerungsgewinne - wie bisher [13] als Unterschiedsbe-trag zwischen Veräußerungserlös und den um AfA, erhöhte Absetzungen oder Sonder-

---

[9] Die kürzere Nutzungsdauer (z. B. bei feststehendem Zeitpunkt für den Abbruch des Gebäudes) ist nachzuweisen, vgl. DRENSECK, W. (1997), § 7 EStG, Anm. 80.

[10] Vgl. DRENSECK, W. (1997), § 7 EStG, Anm. 80.

[11] Vgl. STEUERREFORM-KOMMISSION (Hrsg.) (1997), S. 17.

[12] Vgl. STEUERREFORM-KOMMISSION (Hrsg.) (1997), S. 13.

[13] Wurde der Kaufvertrag über den Erwerb des Grundstücks vor dem 1.8.1995 abgeschlossen, werden bei der Ermittlung des Spekulationsgewinns auch bei einer Veräußerung nach dem 31.7.1995 die An-schaffungs- oder Herstellungskosten nicht um Abschreibungen gekürzt (§ 52 Abs. 22 EStG).

abschreibungen gekürzten Anschaffungs- oder Herstellungskosten sowie Werbungs-/ Veräußerungskosten ermittelt - sein, wenn der Erwerbs- und Veräußerungsvorgang von Grundstücken und grundstücksgleichen Rechten innerhalb einer Frist von fünf Jahren[14] (bisher zwei Jahre [§ 23 Abs. 1 Nr. 1a EStG]) stattfindet. Wie bisher bleiben solche Gewinne allerdings steuerfrei, wenn der erzielte Gesamtgewinn aus allen steuerpflichtigen Veräußerungsgeschäften im Kalenderjahr weniger als 1.000 DM beträgt. Eventuelle Verluste aus solchen Geschäften können nur mit Veräußerungsgewinnen desselben Kalenderjahres verrechnet werden, ein horizontaler oder vertikaler Verlustausgleich kommt nach wie vor nicht in Betracht.

Insbesondere bei Inanspruchnahme von erhöhten Absetzungen und Sonderabschreibungen wird es hier künftig in vielen Fällen zu einer Nachversteuerung kommen, da auch Anschaffungsvorgänge einbezogen werden sollen, die vor dem 1.1.1999 stattgefunden haben. Beispielsweise bei Objekten in den neuen Bundesländern, für die in der Investitionsphase Sonderabschreibungen bis zu 50 % der Anschaffungs- oder Herstellungskosten[15] neben der linearen AfA geltend gemacht wurden, sind bei Veräußerung innerhalb der Fünfjahresfrist nicht nur die eingetretenen Wertsteigerungen zu versteuern, sondern auch die in der Investitionsphase erhaltenen Sonderabschreibungen.

3. Zu eigenen Wohnzwecken genutzte Gebäude

Im Bereich des selbstgenutzten Wohneigentums ist vorgesehen, den Vorkostenabzug bei nach dem Eigenheimzulagengesetz begünstigten Wohnungen ab 1999 nicht mehr zu gewähren. Die bisherige Vorkostenpauschale von 3.500 DM (§ 10i Abs. 1 Nr. 1 EStG) sowie der Abzugsbetrag für Erhaltungsaufwendungen von bis zu 22.500 DM (§ 10i Abs. 1 Nr. 2 EStG) entfallen damit.[16]

---

[14] Im ursprünglichen Entwurf war noch eine Verlängerung der Spekulationsfrist auf zehn Jahre vorgesehen, vgl. STEUERREFORM-KOMMISSION (Hrsg.) (1997), S. 18.

[15] Das galt bei Herstellung oder Erwerb eines neuen Gebäudes nach dem 31.12.1990 und vor dem 1.1.1997 (§ 4 Abs. 2 Satz 1 Nr. 1 FördG). Dagegen betragen die Sonderabschreibungen nur noch höchstens 25 % für solche Gebäude, die nach dem 31.12.1996 bis Ende 1998 errichtet werden und mindestens fünf Jahre Wohnzwecken dienen (§ 3 Satz 1 und Satz 2 Nr. 1 i. V. m. § 4 Abs. 2 Satz 2 Nr. 1 FördG); Gebäude, die nicht Wohnzwecken dienen, erhalten nur noch maximal 20 % Sonderabschreibung (§ 3 Satz 1 und Satz 2 Nr. 1 i. V. m. § 4 Abs. 2 Satz 2 Nr. 2 FördG).

[16] Vgl. STEUERREFORM-KOMMISSION (Hrsg.) (1997), S. 18.

Für zu eigenen Wohnzwecken genutzte Gebäude in Sanierungsgebieten und städtebaulichen Entwicklungsbereichen entfällt ab 1999 der für einen Zehnjahreszeitraum bisher gewährte jährliche Sonderausgabenabzug von 10 % der Herstellungskosten oder Erhaltungsaufwendungen (§ 10f EStG) insgesamt. Das gleiche gilt für Baudenkmale, mit Ausnahme solcher Baudenkmale, die vor 1914 errichtet worden sind: Hier soll der Sonderausgabenabzug auf 20 Jahre gestreckt werden, so daß die Förderung auf 5 % gekürzt wird.[17] Der bisherige Sonderausgabenabzug für Herstellungs- und Erhaltungsarbeiten am selbstgenutzten Wohneigentum in den neuen Bundesländern nach § 7 FördG soll - bei unveränderter Höchstbemessungsgrundlage von 40.000 DM - auf eine Investitionszulage umgestellt werden, wonach solche Arbeiten, die zwischen 1999 und 2001 vorgenommen werden, mit 15 % der Aufwendungen und in den Jahren 2002 bis 2004 ausgeführte Arbeiten mit 10 % gefördert werden.[18]

Für die Ermittlung der Einkommensteuer nach dem geplanten Steuerreformtarif 1999 wurden die Vorschläge der Steuerreform-Kommission vom 22. Januar 1997[19] aufgegriffen. Da noch keine Tarifformel im Stil des § 32a EStG bekanntgegeben wurde, wurde aus den Eckdaten mittels der Integralrechnung eine Formel konstruiert. Die damit erzielten Ergebnisse für die tarifliche Einkommensteuer bieten im Vergleich zu veröffentlichten Beispielen des Bundesfinanzministeriums[20] sehr gute Näherungslösungen. Die Formel ist in der auf der nächsten Seite folgenden Tabelle 14 dargestellt:

---

[17] Vgl. STEUERREFORM-KOMMISSION (Hrsg.) (1997), S. 13.
[18] Vgl. SPANKE, E. (1997), S. 1246.
[19] Vgl. STEUERREFORM-KOMMISSION (Hrsg.) (1997), Anlage 2.
[20] Vgl. BUNDESMINISTERIUM DER FINANZEN (Hrsg.) (1997), S. 27 f.

Tab. 14:   Einkommensteuergrundtarif nach geplanter Steuerreform für 1999

Tarifbereich	zu versteuerndes Einkommen von ..... DM bis ..... DM	Formel für tarifliche Einkommensteuer (Grundtarif)
Grundfreibetrag	0 bis 13.067	0
Untere Proportionalzone	13.068 bis 18.035[21]	$0,15 \times X - 1.952$
Progressionszone	18.036 bis 90.017	$(0,165 \div 143.964 \times X + 0,18366) \times X - 2.932,10$
Obere Proportionalzone	ab 90.018	$0,39 \times X - 12.220$
X ist das auf einen durch 54 ohne Rest teilbaren Betrag abgerundete zu versteuernde Einkommen		

Quelle: STEUERREFORM-KOMMISSION (Hrsg.) (1997), Anlage 2 und eigene
Berechnungen

Einen Vergleich der Steuertarife seit 1994 mit dem geplanten Reformtarif hinsichtlich
der Grenzbelastungen und der Steuerlast bieten die beiden folgenden Abbildungen 5
und 6:

Abb. 5:   Verlauf der Grenzsteuersätze im Vergleich der Steuertarife seit 1994

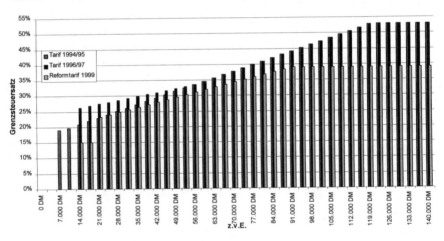

Quelle: § 32a EStG, STEUERREFORM-KOMMISSION (Hrsg.) (1997), Anlage 2
und eigene Berechnungen

Hieraus wird ersichtlich, wie zum einen der zur Zeit gültige Tarif 1996/97 zwar aufgrund des mit 12.095 DM gegenüber zuvor 5.616 DM höheren Grundfreibetrags später,
dafür aber mit einem auf 25,9 % erhöhten Eingangssteuersatz die Besteuerung des zu

---

[21] In den „Petersberger Steuervorschlägen" wird fälschlicherweise der Randwert 18.037 DM genannt,
vgl. aber STEUERREFORM-KOMMISSION (Hrsg.) (1997), Anlage 5, S. 8.

versteuernden Einkommens einleitet und hinsichtlich des Grenzsteuersatzes ab einer Bemessungsgrundlage von 56.000 DM mit dem alten Tarif gleichzieht. Beide steigen danach kontinuierlich an und erreichen ab einem zu versteuernden Einkommen von 120.042 DM den Spitzensteuersatz[22] in Höhe von 53 %. Zum anderen ist zu erkennen, daß der geplante Reformtarif 1999 noch eine Idee später (bei einem Grundfreibetrag von 13.067 DM) und mit einem auf 15 % abgesenkten Eingangssteuersatz die Besteuerung startet, auf diesem Niveau bis zu einer Bemessungsgrundlage von 18.035 DM verharrt, um bei der nächsten Mark zu versteuernden Einkommens auf 22,5 % Steuersatz zu springen und gleichmäßig, aber stets unterhalb der bisherigen Tarife, bis auf 39 % Spitzensteuersatz[23] ab einer Bemessungsgrundlage von 90.018 DM anzusteigen. Daraus ergeben sich die nachfolgend dargestellten Steuerbelastungen für die verschiedenen zu versteuernden Einkommen.

Abb. 6:   Steuerbelastungen im Vergleich der Tarife seit 1994

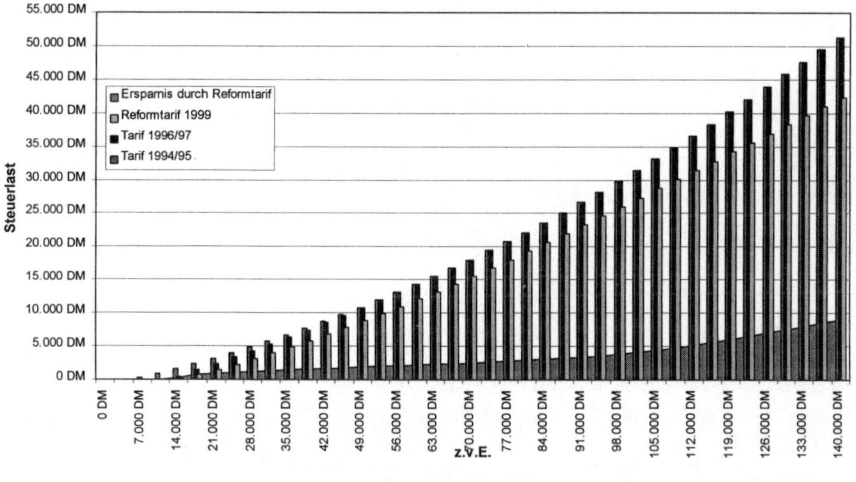

Quelle: § 32a EStG, STEUERREFORM-KOMMISSION (Hrsg.) (1997), Anlage 2
und eigene Berechnungen

Die erst bei höheren Bemessungsgrundlagen beginnende Besteuerung des Steuertarifs 1996/97 erreicht bei 42.000 DM zu versteuernden Einkommens das Belastungsniveau

---

[22] Der Spitzensteuersatz für gewerbliche Einkünfte liegt bei 47 % ab 100.278 DM (Grundtabelle) bzw. ab 200.556 DM (Splittingtabelle), vgl. § 32c EStG.

[23] Der Höchststeuersatz für gewerbliche Einkünfte soll bei 35 % ab 72.576 DM (Grundtabelle) bzw. ab 145.152 DM (Splittingtabelle) liegen, vgl. STEUERREFORM-KOMMISSION (Hrsg.) (1997), Anlage 2.

des Tarifs 1994/95. Von da an besteht zwischen diesen beiden Tarifen kein Unterschied mehr. Die später beginnende und auf einem niedrigeren Niveau verlaufende Steuerlast des Reformtarifs 1999 hebt sich davon deutlich ab. Daß die Reformtarif-Kurve insgesamt außerdem einen flacheren Verlauf nimmt, ist an der untersten Kurve erkennbar, die die Steuerbelastungs-Differenz zwischen dem derzeit gültigen Steuertarif 1996/97 und dem geplanten Steuerreformtarif 1999 in Form der ausgefüllten Fläche abbildet. Deren Anstieg nach einem zu versteuernden Einkommen von 90.018 DM und insbesondere noch einmal ab 120.042 DM macht das höhere Steuerersparnispotential dieser Einkommensbereiche offensichtlich (die zugrunde liegenden Zahlenwerte zu Abbildung 5 und 6 sind Anhang V/30 auf S. 355 zu entnehmen).

4.1.2   Die standardisierten Basisdaten als Ausgangspunkt der Untersuchungen

Für die nachfolgenden Untersuchungen war es zweckmäßig, die notwendigen Eingabewerte zu standardisieren, so daß bei den meisten Analysen die Ausgangswerte mit Ausnahme der jeweils zu untersuchenden Einflußvariablen konstant bleiben. Hierzu wurde gewissermaßen ein „Durchschnittssteuerpflichtiger" bzw. eine „Durchschnittsfamilie" für die Untersuchungen zugrunde gelegt, um die Auswertungen auf dieser Ebene vergleichbar zu machen. Die zugehörigen standardisierten Untersuchungswerte sind in der nachstehenden Tabelle 15 zusammengestellt.

Tab. 15:   Standardisierte Basisdaten für die Sensitivitätsanalysen

Aktuelle Basisdaten zur Analyse aller Varianten der Wohneigentumsförderung für Ledige (Einzelveranlagung) und Verheiratete (Zusammenveranlagung)	
Gesamtbetrag der Einkünfte im Vorjahr (vor erstmaliger Förderung)	100.000 DM
Gesamtbetrag der Einkünfte im 1. Förderjahr	100.000 DM
Jährlicher erwarteter Zuwachs des Gesamtbetrags der Einkünfte (in %)	2,00%
Abziehbarer Kinderfreibetrag gem. § 32 Abs. 6 EStG (Faktor 0,5)	1
Objekttyp (Neubau, Altbau, Ausbau / Erweiterung)	Neubau
Anschaffungs-/ Herstellungskosten (HK) des Gebäude(teil)s bzw. HK Ausbau	300.000 DM
Anschaffungskosten des Grundstücks (mit Nebenkosten)	60.000 DM
Vorbezugskosten (ohne Erhaltungsaufwendungen)	3.500 DM
Erhaltungsaufwendungen	0 DM
Darlehenszinsen in 1994	12.000 DM
Darlehenszinsen ab 1995	12.000 DM
Kalkulationszins für die Wiederanlage des Förderungsvorteils (in %)	5,00%
Geleisteter Aufwand (in DM) für "Öko-Wärme"-Zulage (§ 9 Abs. 3 EigZulG)	0 DM
Kriterien für "Niedrigenergiehaus"-Zulage (§ 9 Abs. 4 EigZulG) erfüllt? (ja/nein)	nein

Die Tabelle stimmt mit dem oberen Teil des Arbeitsblatts „Basisdaten" aus dem Computerprogramm (s. Anhang III/1, S. 302) überein. Sofern einer der Werte bei einer Analyse nicht übernommen wird oder selbst als Variable dient, wird an der jeweiligen Stelle darauf hingewiesen.

4.1.3   Die Untersuchungsvariablen

Beide Angaben zum Gesamtbetrag der Einkünfte des ersten Förderjahres und des Vorjahres erfolgen in der Regel immer mit identischen Beträgen, da der Vorjahreswert nur für die Prüfung der Einkunftsgrenze nach Eigenheimzulagengesetz benötigt wird. Zwar entspricht ein Gesamtbetrag der Einkünfte von 100.000 DM vielleicht nicht gerade den Einkommensverhältnissen[24] eines die Wohneigentumsförderung beanspruchenden durchschnittlichen Steuerpflichtigen, er entspricht ganz sicherlich nicht den Einkommensverhältnissen der sogenannten Schwellenhaushalte, gleichwohl ist er als Standardwert für die Untersuchungen zweckmäßig, um in bestimmten Bereichen eine gewisse Aussagekraft zu erhalten. Auf die Einkommenssituationen anderer Steuerpflichtiger, insbesondere der sogenannten Schwellenhaushalte, wird dann speziell bei der Analyse der hier ausschlaggebenden Variablen „Gesamtbetrag der Einkünfte" in Abschnitt 4.2 sowie aus gegebenem Anlaß noch an anderen Stellen eingegangen.

Als Vorbelegung für die Zahl der Kinderfreibeträge ist in Tabelle 15 die 1 angegeben, gleichsam auch als Mittelwert für die in den Untersuchungen häufig verwendeten Daten 0 bei Ledigen und 2 bei Verheirateten, die sich in etwa mit den statistisch ermittelten Durchschnittszahlen[25] decken. Abweichend von diesen Standardwerten erfolgt die Untersuchung der Veränderung von Förderungsvorteilen anhand der Variablen „Kinderzahl" im Abschnitt 4.5.

Die Anschaffungs- bzw. Herstellungskosten für das Objekt wurden zusammen mit den Anschaffungskosten für den Grund und Boden bewußt so gewählt, daß die Höchstbe-

---

[24] Das durchschnittliche Monatsbruttoeinkommen aus unselbständiger Arbeit betrug in 1996 je Beschäftigtem 5.140 DM, Angestellte im Handel verdienten monatlich durchschnittlich 4.614 DM und der durchschnittliche Jahresbruttolohn im Produktionsgütergewerbe belief sich auf 68.655 DM, vgl. IDW (Hrsg.) (1997), Tabellen 36, 53 und 60.

[25] Vgl. IDW (Hrsg.) (1997), Tabelle 11.

messungsgrundlage des § 10e Abs. 1 und 2 EStG in Höhe von 330.000 DM erreicht wird. Dadurch soll verhindert werden, daß sich die wesentlich niedrigere Fördergrenze beim Eigenheimzulagengesetz in Höhe von 100.000 DM in den Sensitivitätsanalysen signifikant zuungunsten der § 10e-Förderung auswirkt *(vgl. z. B. in 4.2.1 und 4.2.2)*. Im übrigen entspricht die Summe von 330.000 DM einer empirischen Erhebung zufolge ziemlich genau (exakt sind es 330.520 DM) den bundesdurchschnittlichen Objektgesamtkosten von Einfamilienhäusern im Jahr 1987[26], während in 1991 die durchschnittlichen Aufwendungen beim Erwerb von Wohnungseigentum selbst dann eher darüber liegen, wenn speziell auf kostensparendes Bauen geachtet wird[27]; für 1993 wurden durchschnittliche Gesamtkosten für Einfamilienhäuser von 356.000 DM ermittelt[28]. Die gewählten Grundstückskosten von 60.000 DM stimmen in etwa mit dem statistischen Mittelwert (55.000 DM) für käuflich erworbene Grundstücke zum Bau von Einfamilienhäusern überein, wobei gerade hier die Streuung regional gesehen sehr breit ist und von 9 % der Objektgesamtkosten in Mecklenburg-Vorpommern bis über 60 % in Großstädten und Ballungsräumen reicht.[29]

Wie sich eine Variation der Anschaffungs- und Herstellungskosten auf die Höhe des Förderungsvorteils auswirkt, soll mit der Analyse der „Bau- bzw. Erwerbskosten" in Abschnitt 4.4 gezeigt werden.

Die Vorbezugskosten sollen als standardisierter Wert für die meisten Untersuchungen genau in der Höhe von 3.500 DM anfallen, damit nicht tatsächlich höhere Aufwendungen dieser Art die Varianten nach § 10e EStG begünstigen bzw. gänzlich fehlende Aufwendungen vor Bezug zu einem Vorteil für die Pauschalregelung des Eigenheimzulagengesetzes führen. Welchen Einfluß sie selbst möglicherweise auf die Höhe der Förderung ausüben, wird in Abschnitt 4.6 untersucht.

Für die Darlehenszinsen in 1994 und ab 1995 werden in den Analysen die möglichen Höchstbeträge von 12.000 DM für die ersten drei Jahre herangezogen, um den Vorteil

---

[26] Vgl. RITZMANN, P. (1987), S. 38.
[27] Vgl. BUNDESMINISTER FÜR RAUMORDNUNG, BAUWESEN UND STÄDTEBAU (Hrsg.) (1991), S. 233 ff.
[28] Vgl. INFRATEST (Hrsg.) (1994), S. 21.
[29] Vgl. BUNDESFORSCHUNGSANSTALT FÜR LANDESKUNDE UND RAUMORDNUNG (Hrsg.) (1995), S. 21.

des Schuldzinsenabzugs nach § 10e EStG in der Fassung von 1994 gegenüber den anderen Förderungsvarianten maximal zur Geltung zu bringen. Eine Variation der Schuldzinsen als möglicher Einflußfaktor im Bereich der Wohneigentumsförderung wird in Abschnitt 4.7 geprüft.

Nachfolgende Basisdaten bleiben für die meisten Analysen in der Regel unverändert: Der Einkunftszuwachs von 2 % entspricht ungefähr der durchschnittlichen Zunahme der Arbeitseinkommen in den letzten fünf Jahren[30]. Die Kombination des für den Erwerb eigengenutzten Wohneigentums am häufigsten vorkommenden Objekttyps Neubau ohne Erhaltungsaufwendungen erscheint am sinnvollsten. Ein Kalkulationssatz von 5 % kommt der derzeitigen Durchschnittsverzinsung der Bundesschatzbriefe in Höhe von 5,23 % sehr nahe und eine Berücksichtigung der ökologische Komponenten der Eigenheimzulage in den Standarduntersuchungen würde das Bild zuungunsten der § 10e-Förderungen verzerren.

Gleichwohl wird der Objekttyp in Abschnitt 4.3 einer eigenen Analyse unterzogen und der Bedeutung der ökologischen Komponenten sowie weiterer Besonderheiten des Eigenheimzulagengesetzes wird in Abschnitt 4.8 mit isolierten Untersuchungen besondere Beachtung geschenkt.

Eine Übersicht über die durchgeführten Analysen gibt die folgende Tabelle 16:

Tab. 16:   Die im einzelnen analysierten Einflußvariablen

zu analysierende Variable	behandelt in
Gesamtbetrag der Einkünfte	Abschnitt 4.2
Objekttyp: Neubau / Altbau / Ausbau	Abschnitt 4.3
Bau- bzw. Erwerbskosten für das Objekt	Abschnitt 4.4
Zahl der Kinderfreibeträge	Abschnitt 4.5
Vorbezugskosten	Abschnitt 4.6
Schuldzinsenabzug	Abschnitt 4.7
Ökozulagen / Besonderheiten des EigZulG	Abschnitt 4.8

---

[30] Vgl. IDW (Hrsg.) (1997), Tabelle 32.

4.1.4   Die Zusammenfassung des Analyseergebnisses

Im Programm befindet sich unmittelbar rechts der zwanzig Berechnungstabellen das Arbeitsblatt „Zusammenfassung". Im Anhang III/22 (S. 323) ist dieses Arbeitsblatt mit den gerade vorgestellten standardisierten Basisdaten abgebildet. Die Tabelle „Zusammenfassung" besteht aus drei Teilen. Im Tabellenkopf sind zur Information nochmals die zuletzt eingegebenen Basisdaten vollständig aufgeführt. Darunter befindet sich eine Aufstellung aller zwanzig berechneten Einzelergebnisse, geordnet nach Fördervariante und Steuertarif jeweils für Einzel- und Zusammenveranlagung. Dabei handelt es sich um Bezüge und nicht um absolute Werte, d. h., dieses Arbeitsblatt ermöglicht jederzeit einen sofortigen Überblick über individuell durchgeführte Analysen, da die Resultate automatisch nach jeder Neuberechnung aus den einzelnen Arbeitsblättern hierhin übertragen werden.

Den meisten Raum beanspruchen die zwei Säulendiagramme unter der Tabelle. Sie werden direkt unter Zuhilfenahme der einzelnen Endwertvorteile aufgebaut. In der oberen Graphik werden die Ergebnisse für die Einzelveranlagung, darunter für die Zusammenveranlagung dargestellt. Durch die aneinandergrenzenden Säulen sind jeweils die Resultate für den bisherigen Steuertarif und für den geplanten Reformtarif direkt vergleichbar.

Bereits die Zusammenfassung bringt eine erste Analyse der Förderungsinstrumente des selbstgenutzten Wohneigentums. Mit den zugrunde liegenden standardisierten Basisdaten wird beispielsweise erkennbar (s. Anhang III/22, S. 323), daß die Varianten der Förderung nach § 10e EStG besser abschneiden als die Eigenheimzulage.

Die Säulen in den beiden Diagrammen haben infolge unterschiedlicher Ergebnisse bei jeder neuen Berechnung eine andere Höhe. Deshalb wird auch die Skalierung adäquat zu hohen oder niedrigen bzw. zu eng zusammen- oder weit auseinanderliegenden Werten selbsttätig angepaßt. Dies wird in Abbildung 7 deutlich, die auf einer Analyse (nicht im Anhang dargestellt) beruht, bei der zur Demonstration neben den sonst gültigen Standardbasisdaten einmal für Ledige mit 5 Kinderfreibeträgen und der Ausschöpfung beider ökologischer Zusatzförderungen gerechnet wurde.

Abb. 7:   Zusammenfassung der Ergebnisse für Ledige mit Standardbasisdaten, 5
Kinderfreibeträgen und maximaler ökologischer Zusatzförderung

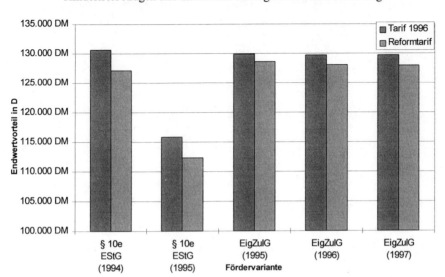

Hier wird die Skala wegen der allgemein hohen und nicht allzu unterschiedlichen Endwertvorteile vom Programm mit der Untergrenze 100.000 DM, der angepaßten Obergrenze 135.000 DM und Intervallen von 5.000 DM versehen.

4.1.5   Der MS EXCEL[©] Szenario-Manager für zusätzliche Analysen

Einige Analysen können recht schnell erstellt werden, indem man mehrere Berechnungen durchführt und die Ergebnisse aus der Zusammenfassung jeweils in das neue Arbeitsblatt kopiert. Falls aber größere Datenmengen verarbeitet werden sollen, empfiehlt
sich die Verwendung des Szenario-Managers. Dieser ist ein von MS EXCEL 7.0[©] zur
Verfügung gestelltes Werkzeug, das über das Menü „Extras" aufgerufen werden kann.
Die Vorgehensweise dabei beinhaltet folgende Schritte:

1. Es wird ein bestimmter Zielbereich für das Szenario festgelegt. Im Programm entspricht dies der Auswahl einer der Tabellen mit vollständigem Finanzplan.

2. Über das Menü „Extras" wird der Szenario-Manager geöffnet.

3. Nach Betätigen der Schaltfläche 'Hinzufügen ...' müssen ein Szenarioname und die veränderbaren Zellen eingegeben werden. Das zusätzlich vorhandene Kommentarfeld ist optional.

4. Im Anschluß an die Bestätigung der Eingabe erscheint ein neues Dialogfeld, in dem Werte für die vorher bezeichneten veränderbaren Zellen erfaßt werden müssen. Wurde z. B. das Feld B3 einer Finanzplantabelle als Variable definiert, muß nun der gewünschte Gesamtbetrag der Einkünfte im 1. Förderjahr eingesetzt werden.

5. Die Schritte 3 und 4 sind so oft zu wiederholen, bis alle für die Analyse gewünschten Werte berücksichtigt sind. Zwecks einer Untersuchung nach dem Gesamtbetrag der Einkünfte könnte beispielsweise der Wert in Zelle B3 von 0 DM bis 130.000 DM in Schritten von 10.000 DM variiert werden. Dafür wären dann 14 Einzelszenarien erforderlich.

Um alle Szenarioergebnisse im Überblick zu erhalten, muß die Schaltfläche 'Bericht ...' ausgelöst werden. In dem daraufolgend erscheinenden Dialogfeld wird die Option Übersichtsbericht gewählt und im Eingabefeld für die Ergebniszellen der jeweilige Endwertvorteil im achten Förderjahr. Nach der Bestätigung wird automatisch ein neues Arbeitsblatt mit der Bezeichnung „Übersichtsbericht" eingefügt, auf dem sämtliche Szenarien mit den variablen Zellen und den zugehörigen Ergebnissen dargestellt sind. Diese können für Analysen verwendet und zur besseren Veranschaulichung graphisch aufbereitet werden.

Wird nun in der Ausgangstabelle ein bestimmter Wert verändert, z. B. Altbau statt Neubau, erhält man über den Bericht des Szenario-Managers eine komplett neue Ergebnisreihe, da dieser immer mit den aktuellen Einstellungen rechnet. Das verringert den Aufwand im Verlauf mehrfacher Analysen mit geringfügig veränderten Ausgangsdaten.

Innerhalb des mitgelieferten Programms FIWoComp© ist die Verwendung des Szenario-Managers allerdings nicht mehr möglich, da der gesamte Tabellenaufbau vor Veränderungen geschützt ist und deshalb kein Übersichtsbericht erstellt werden kann.

4.2 Analyse für die Variable „Gesamtbetrag der Einkünfte"

Der Gesamtbetrag der Einkünfte ist eines der wichtigsten Kriterien im Bereich der Eigenheimförderung. Zum einen ist die Einhaltung der Einkunftsgrenzen Voraussetzung für die Gewährung der Förderung, zum anderen wird die Höhe der Förderung bei allen steuerabhängigen Abzugsbeträgen durch die Steuerersparnis bestimmt, die infolge der progressiven Ausgestaltung des Steuertarifs je nach Einkommenshöhe und zugehöriger Steuerzahlung variiert.

Als Maß für die Ersparnis kann der Differenzsteuersatz herangezogen werden. Dieser wird mit Hilfe folgender Formel[31] errechnet:

$$\text{Differenzsteuersatz} = \frac{\text{ESt ohne Förderung ./. ESt mit Förderung}}{\text{Veränderung des z.v.E. durch die Förderung}}$$

Das nachfolgende Beispiel soll die Durchführung der Berechnung klarmachen.

Beispiel 17:
Ein Lediger hätte im Jahr 1996 ohne Wohneigentumsförderung ein zu versteuerndes Einkommen von 80.000 DM. Er kann den maximalen Sonderausgabenabzug gemäß § 10e Abs. 1 Satz 1 EStG in Höhe von 19.800 DM geltend machen.
Die Einkommensteuer auf ein z.v.E. von 80.000 DM nach Grundtabelle 1996 beträgt: 21.976 DM
Die Einkommensteuer auf ein z.v.E. von 60.200 DM nach Grundtabelle 1996 beträgt: 14.479 DM
Der zugehörige, auf zwei Nachkommastellen gerundete Differenzsteuersatz ergibt sich mithin in Höhe von (21.976 DM - 14.479 DM) / (80.000 DM - 60.200 DM) = 37,86 %.
Für den ledigen Steuerpflichtigen bedeutet das, daß der insgesamt getätigte Sonderausgabenabzug in Höhe von 37,86 % zu einer effektiven Steuerminderzahlung führt.

Die Wirkung der Variation des Gesamtbetrags der Einkünfte soll getrennt nach Grund- und Splittingtarif untersucht werden.

---

[31] Vgl. HEINHOLD, M. (1996), S. 35 f.

4.2.1   Untersuchung für den Grundtarif

Die folgenden Erläuterungen lassen sich anhand der Daten im Tabellenkopf der zugehörigen Arbeitsblätter (Anhang V/1 bis V/3, S. 326 bis 328) nachvollziehen. Für diese
Analyse wurde ein Lediger ohne Kind gewählt, wobei der besseren Übersicht wegen nur
die Varianten § 10e EStG (94), § 10e EStG (95) und EigZulG (96) berücksichtigt wurden. Diese Untersuchung erfolgte mit Unterstützung durch den Szenario-Manager *(vgl.*
oben 4.1.5).

Der Gesamtbetrag der Einkünfte wurde, ausgehend vom Minimalwert 0 DM, in Schritten von 10.000 DM bis zum Höchstwert 130.000 DM verändert. Zusätzlich wurden die
beiden Werte 104.467 DM und 120.001 DM aufgenommen. Erstgenannter Betrag errechnet sich aus der Formel $120.000 \times 1,02^{-7}$ und stellt den Grenzwert dar, bei dem unter
Annahme des jährlichen zweiprozentigen Einkunftszuwachses die Förderung nach § 10e
EStG gerade noch bis zum achten Förderjahr gewährt wird. Der andere Betrag von
120.001 DM bildet den ersten Wert ab, ab dem keine Förderung mehr möglich ist.

Die einzelnen Punkte wurden in der Graphik durch verschieden gestaltete Linien verbunden, um die Ergebnisse anschaulicher zu gestalten. Dabei darf nicht übersehen werden, daß es sich nicht um exakte mathematische Funktionen handelt, sondern um Trend-
linien, die nicht für exakt jeden Zwischenwert Endwertvorteil und Gesamtbetrag der
Einkünfte hundertprozentig genau einander zuordnen.

Abbildung 8 auf der nächsten Seite zeigt die Ergebnisse für die Variation des Gesamtbetrags der Einkünfte unter Verwendung der Standardbasisdaten für einen Ledigen ohne
Kinder.

Abb. 8: Variation des Gesamtbetrags der Einkünfte für Ledige ohne Kind bei Neubaumaßnahme zu mindestens 330.000 DM

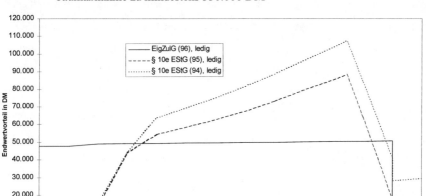

Im Bereich der Eigenheimzulagenförderung fällt der selbst bei Nulleinkünften sofort beginnende und bis zu einem Gesamtbetrag der Einkünfte von 120.000 DM nahezu konstante Verlauf des Endwertvorteils sowie dessen danach unverzügliches Absinken auf den Nullwert auf. Das fast unmerkliche Ansteigen der Kurve ist eine Folge der Vorkostenpauschale, die aufgrund ihres Sonderausgabencharakters naturgemäß mit steigenden Einkünften zu höheren Steuervorteilen führt. Klammert man die Vorkostenpauschale in der Analyse aus, erhält man in der Tat als Kurve der Eigenheimzulage eine Parallele zur Abszisse bis zum Wert 120.000 DM.

Inmitten der Varianten des § 10e EStG steigt der Endwertvorteil nach anfänglich bis zum Grundfreibetrag verharrendem Nullstand steil an, schneidet die Kurve der Eigenheimzulage im Bereich eines Gesamtbetrags der Einkünfte zwischen 31.000 DM und 32.000 DM und erreicht als Spitzenwert bei Einkünften von knapp 105.000 DM[32] mehr als Doppelte der neuen Förderung. Danach fällt der Endwertvorteil aufgrund der Überschreitung der Einkunftsgrenzen im Laufe des achtjährigen Förderzeitraums wieder rapide ab. Der zweite Schnittpunkt mit der Eigenheimzulagenkurve liegt dann zwischen 113.000 DM und 118.000 DM. Jenseits der Förderungsgrenze von 120.000 DM ist die

---

[32] Die Werte wurden mit dem Programm errechnet und nicht aus der Graphik abgelesen.

§ 10e-Förderung wieder im Vorteil, da der Vorkostenabzug nicht wie beim Eigenheimzulagengesetz an die Gewährung der Grundförderung gebunden ist. Das trifft gleichermaßen für den Schuldzinsenabzug zu, der allein dazu führt, daß die 94er § 10e-Förderung sich bei Einkünften von etwas über 30.000 DM vom § 10e EStG in der 95er Fassung abkoppelt und von da an erheblich besser abschneidet.

Diese Ergebnisse bestätigen die immer wieder am bisherigen System des Sonderausgabenabzugs geübte Kritik der Benachteiligung niedriger Einkommen und sind ein Plädoyer für die Eigenheimzulage als ein für alle Einkommensgruppen gleichermaßen gerechtes Förderungsinstrument des eigengenutzten Wohneigentums.

In Abänderung der Standarddaten soll als nächstes untersucht werden, wie sich die Endwertvorteile entwickeln, wenn c. p. die Bemessungsgrundlage für die Anschaffungs- und Herstellungskosten auf den nach dem Eigenheimzulagengesetz geltenden Höchstwert von 100.000 DM begrenzt werden.

Abb. 9:   Variation des Gesamtbetrags der Einkünfte für Ledige ohne Kind bei Neubaumaßnahme zu 100.000 DM

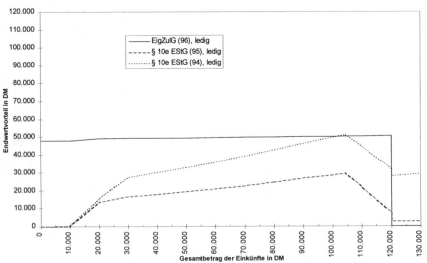

Der Vorteil der nach wie vor unveränderten Eigenheimzulage ist offensichtlich. Einzig der § 10e EStG in seiner 94er Fassung erreicht und übertrifft um gut 1.000 DM den

Endwertvorteil der Eigenheimzulage kurzzeitig bei einem Gesamtbetrag der Einkünfte
von knapp 105.000 DM. Besonders gravierend setzt er sich außerdem in diesem Fall
von der Nachfolgevorschrift ohne Möglichkeit des Schuldzinsenabzugs ab, die als Spitzenwert der Förderung - ebenfalls erst bei Einkünften von fast 105.000 DM - nicht ganz
60 % des mit der Eigenheimzulage fast durchgängig zu erzielenden Endwertvorteils von
rund 50.000 DM erreicht.

Im nachstehenden Beispiel wurden die Objektaufwendungen wieder aus den Standardbasisdaten übernommen, jetzt jedoch beim Objekttyp als Alternative die Altbauförderung untersucht.

Abb. 10: Variation des Gesamtbetrags der Einkünfte für Ledige ohne Kind bei Altbaumaßnahme zu mindestens 330.000 DM

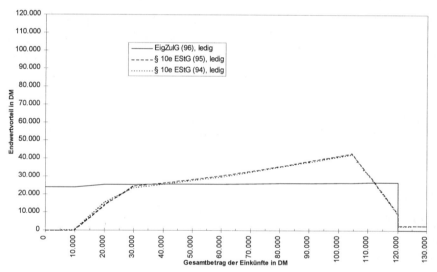

Es zeigt sich, daß die Endwerte sämtlicher Förderungsvarianten deutlich niedriger ausfallen als bei der Neubaumaßnahme mit gleicher Bemessungsgrundlage. Allerdings hat
die 95er Variante des § 10e EStG im Vergleich zur Neubaumaßnahme mit 100.000 DM
Boden gut gemacht und augenscheinlich mit dem § 10e EStG (94) gleichgezogen, was
auch erklärlich ist, da für Altbaumaßnahmen der Schuldzinsenabzug nicht gewährt wurde. Die genauen Zahlenwerte (s. Anhang V/3, S. 328) belegen jedoch, daß die Förderung nach § 10e EStG (95) ab Einkünften von 30.000 DM sogar um 500 DM bis

1.000 DM höhere Endwerte erreicht als die Förderung des Jahres 1994. Dies rührt zum einen daher, daß § 10e EStG (1995) ein Jahr länger im Einflußbereich des Tarifs 1996 mit höherem steuerlichen Grundfreibetrag steht und ist zum anderen mit der zusätzlichen Steuerersparnis aus dem Solidaritätszuschlag für volle acht Jahre zu erklären. Da dieser Steuerzuschlag in 1994 noch nicht erhoben wurde, kann ein Abzugsbetrag nach § 10e EStG (94) auch nicht zu einer solchen Ersparnis in jenem Jahr führen.

4.2.2   Untersuchung für den Splittingtarif

Die Analyse für den Splittingtarif wurde analog der beim Grundtarif beschriebenen Vorgehensweise durchgeführt. Abweichend davon wurde nur die Zahl der Kinderfreibeträge auf 2 gesetzt. Für die Untersuchung wurden die Werte des variierenden Gesamtbetrags der Einkünfte den doppelten Einkunftsgrenzen angepaßt. Sie reichen hier von 0 DM bis 260.000 DM in Intervallen zu 20.000 DM, erweitert um die beiden Sonderwerte 208.934 DM und 240.001 DM. Die kompletten Zahlenangaben können aus den Arbeitsblättern im Anhang V/4 bis V/6 (S. 329 bis 331) entnommen werden.

Zunächst werden die Ergebnisse der drei durchgeführten Analysen Neubaumaßnahme für 330.000 DM und für 100.000 DM sowie Altbaumaßnahme für 330.000 DM bei Verheirateten mit zwei Kindern erst einmal in der graphischen Auswertung vorgestellt und im Anschluß daran kommentiert. Die Abbildungen 11, 12 und 13 auf den beiden folgenden Seiten veranschaulichen die Resultate.

Abb. 11: Variation des Gesamtbetrags der Einkünfte für Verheiratete mit zwei Kindern bei Neubaumaßnahme zu mindestens 330.000 DM

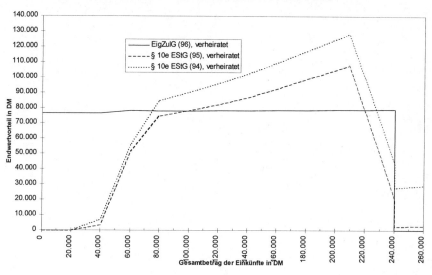

Abb. 12: Variation des Gesamtbetrags der Einkünfte für Verheiratete mit zwei Kindern bei Neubaumaßnahme zu 100.000 DM

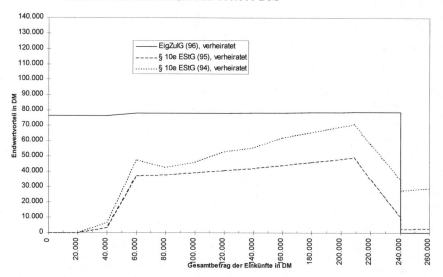

Abb. 13: Variation des Gesamtbetrags der Einkünfte für Verheiratete mit zwei Kindern bei Altbaumaßnahme zu mindestens 330.000 DM

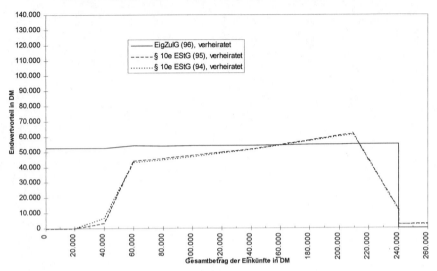

Die Ergebnisse weisen, wenn man die Verdopplung des Gesamtbetrags der Einkünfte berücksichtigt, eine ähnliche Struktur auf wie für Ledige. Bei gleicher Einkunftshöhe hingegen fällt der Endwertvorteil der § 10e-Förderungen für Verheiratete trotz zwei zusätzlich zu berücksichtigender Kinder fast überwiegend deutlich niedriger aus als für Ledige ohne Kind, lediglich mit Altbauten ist ab Einkünften von 60.000 DM ein Vorteil gegenüber den Ledigen zu verzeichnen. Hier schlägt der ansonsten im Steuersystem zum Vorteil gereichende Splittingtarif und der Kinderfreibetrag bei dieser Art der Förderung über zusätzliche Abzugsbeträge geradewegs in einen Nachteil um. Die Minderung der Bemessungsgrundlage ist für Verheiratete mit Kindern durch Splittingtarif und Kinderfreibeträge bereits so weit fortgeschritten, daß sich die Sonderausgabenabzüge nach § 10e EStG nicht mehr in dem Maße wie bei Ledigen auswirken können und selbst das Baukindergeld gemäß § 34f EStG den Nachteil nicht mehr aufholen kann. Dieser Sachverhalt soll nochmals anhand des relativen Endwertvorteils des § 10e EStG gegenüber der Eigenheimzulage für Neubaumaßnahmen zu 330.000 DM im dort jeweils entstehenden Maximum bei einem Gesamtbetrag der Einkünfte von 208.934 DM (Splittingtarif) bzw. von 104.467 DM (Grundtarif) in Tabelle 17 auf der folgenden Seite demonstriert werden.

Tab. 17: Relative Endwertvorteile der Maximalwerte des § 10e EStG gegenüber der
Eigenheimzulagenförderung bei Analyse des Gesamtbetrags der Einkünfte

Förderungsvariante	EigZulG (96)	§ 10e EStG (95)	§ 10e EStG (94)
Endwertvorteil Ledige (GdE 104.467 DM)	50.216 DM	88.170 DM	107.363 DM
als prozentualer Anteil am EigZulG (96)	100 %	175,58 %	213,80 %
Endwertvorteil Verheiratete (GdE 208.934 DM)	78.813 DM	107.715 DM	128.233 DM
als prozentualer Anteil am EigZulG (96)	100 %	136,67 %	162,71 %

Es ist eindeutig zu erkennen, wie der relative Endwertvorteil des § 10e EStG im Maximum für Verheiratete im Vergleich zu den Werten der Ledigen drastisch abgefallen ist
und selbst in der 94er § 10e-Version nicht mehr den relativen Vorteil gegenüber der
Eigenheimzulage erreicht, der bei Ledigen noch mit der weniger günstigen Variante des
§ 10e EStG von 1995 zu realisieren ist.

Der in allen drei Analysen gleichmäßig über den gesamten Einkunftsbereich auszuma-
chende Differenzbetrag im Bereich der Eigenheimzulagenförderung resultiert aus der
mit dem Kalkulationssatz verzinsten zweifachen Kinderzulage in Höhe von insgesamt
24.000 DM, die von der Besteuerung unabhängig voll durchschlagen kann, womit diese
Förderungsart ihre Stärken als neutrales System unter Beweis stellt. Namentlich die
Gleichmäßigkeit der Begünstigung über alle Einkommensbereiche verdient eine besondere Aufmerksamkeit unter dem Aspekt, daß Familien mit Kindern - und hier vorwie-
gend die einkommensschwachen Familien - aufgrund der Wohnsituation doch häufiger
und eher einer Förderung bedürfen als Ledige. Diesem Postulat wird allein die neue
Eigenheimzulage in vollster Weise gerecht.

4.3   Analyse für die Variable „Objekttyp"

Ein anderes wesentliches Kriterium für die Höhe der jeweiligen Eigenheimförderung ist der Objekttyp. Hierbei ist zu unterscheiden nach Neubauten, Altbauten und Ausbau- bzw. Erweiterungsmaßnahmen. Einen Überblick über die Ergebnisse für Ledige ohne Kind unter Beibehaltung aller sonstigen Standardbasisdaten bietet Abbildung 14:

Abb. 14:   Variation des Objekttyps für Ledige ohne Kind

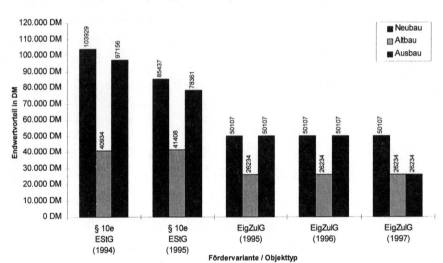

Die Ergebnisse des Säulendiagramms bestätigen die aus den gesetzlichen Vorschriften heraus erwarteten Zusammenhänge. Die Neubauförderung fällt stets besser aus als die Altbauförderung. Die Ausbauten bzw. Erweiterungen werden zwar in gleichem Maße gefördert wie Neubauobjekte, aber innerhalb der Varianten nach § 10e EStG schneiden die Ergebnisse der Altbauten etwas schlechter ab, weil hier die Anschaffungskosten des Grund und Bodens nicht in die Bemessungsgrundlage einbezogen werden. Bei der Eigenheimzulage werden Neubauten und Ausbauten bis Ende 1996 mit gleich hohen Grund- und Kinderzulagen gefördert. Dagegen fällt der Endwert für Ausbauten bei Förderungen mit Eigenheimzulage ab 1997 auf Altbauniveau zurück. Abgesehen von dieser Ausnahme sind die Ergebnisse der drei Eigenheimzulagevarianten über die Jahre hinweg identisch.

Abbildung 15 zeigt zum Vergleich die Ergebnisse für Ledige mit einem zu berücksichtigenden Kind unter sonst gleichen Ausgangsbedingungen:

Abb. 15: Variation des Objekttyps für Ledige mit einem Kind

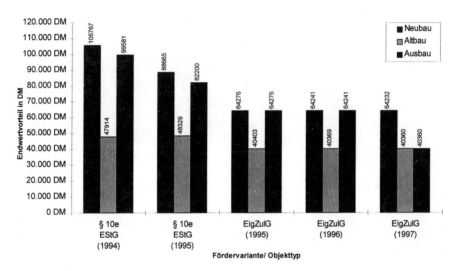

Im Vergleich wird deutlich, daß die Förderungen zwar insgesamt über alle Varianten höher ausfallen, bei differenzierter Betrachtung jedoch festzustellen ist, daß die ohnehin schon hohen Förderungen nach § 10e EStG bei Neu- und Ausbauten keine allzu großen Verbesserungen mehr zu verzeichnen haben. Die schlechter geförderten Altbauten schneiden jetzt relativ gesehen besser ab, da wegen der geringeren Grundförderung für diesen Objekttyp der Haushalts- und der Kinderfreibetrag sowie die Steuerermäßigung nach § 34f EStG stärker durchschlagen. Unschlagbar, was die absolute Verbesserung gegenüber der Förderung ohne Kind betrifft, ist allerdings die Eigenheimzulage, die durchgehend als Mehrförderung die zum Kalkulationszinssatz wieder angelegte Kinderzulage von acht mal 1.500 DM verbuchen kann, ohne jedoch insgesamt an die § 10e-Förderungen heranzureichen.

In Abbildung 16 auf Seite 246 wird nun die Situation für Verheiratete ohne Kind mit ansonsten zugrunde liegenden Standarddaten veranschaulicht:

Abb. 16:   Variation des Objekttyps für Verheiratete ohne Kind

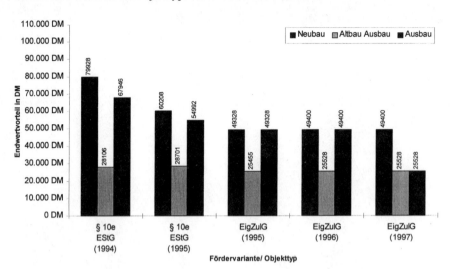

Analog zu den Ergebnissen bei Ledigen ohne Kind ist festzustellen, daß die § 10e-För-
derungen besser ausfallen als die Zulagenförderung. Es fällt aber auf, daß der Unterschied zwischen den Fördersystemen bei weitem nicht mehr so groß ist. Außerdem ist
der Förderungsvorteil insgesamt in allen Varianten niedriger als bei Ledigen. Ursächlich
hierfür ist wiederum der Splittingtarif für Verheiratete, der bereits einen Steuervorteil
darstellt, wodurch weitere Steuerabzugsbeträge relativ weniger Wirkung zeigen.

Als weitere Alternative werden nun bei sonst unveränderten Bedingungen die Ergebnisse für eine Familie mit zwei Kindern betrachtet:

Abb. 17: Variation des Objekttyps für Verheiratete mit zwei Kindern

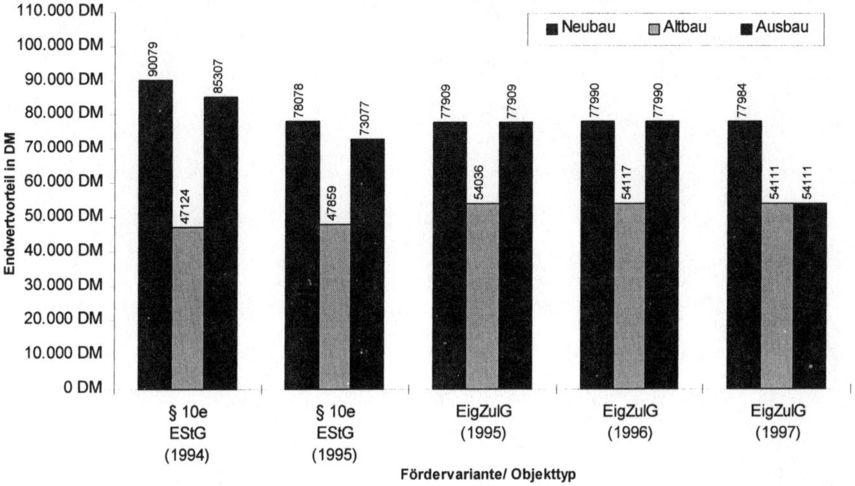

Das Ergebnis spricht eigentlich für sich. Zunächst fällt sofort ins Auge, daß die Zielsetzungen des Eigenheimzulagengesetzes, eine familienfreundlichere Regelung zu finden[33], erfolgreich umgesetzt worden sind. Der durch zwei Kinder zusätzlich entstandene Förderungsvorteil ist absolut für die Eigenheimzulage am höchsten und über alle Objekttypen gleich, d. h., kein Objekttyp wird hierbei benachteiligt. Das führt dazu, daß die Eigenheimzulage bei Altbauten nun ausnahmslos bessere Ergebnisse liefert und die vorher günstigeren § 10e-Förderungen in diesem Bereich überholt hat.

Läßt man die § 10e-Begünstigung von 1994 mal einen Augenblick außen vor, weist die Eigenheimzulage - abgesehen von der 97er Regelung für Ausbauten - außerdem im Bereich der Neu- und Ausbauten höhere bzw. gleichwertige Endwertvorteile auf. Den marginalen Vorteil, den die § 10e-Förderung bei Neuobjekten noch vorzuweisen hat, kann man vernachlässigen, insbesondere schrumpft er immer weiter zusammen, je geringer der Kalkulationszinssatz angesetzt wird.

Die im Vergleich zu 1995 geringfügig höheren Beträge der 96er und 97er Endwertvorteile bei der Eigenheimzulage sind auf die Steuertarifänderung ab 1996 mit höherem Grundfreibetrag zurückzuführen *(vgl. oben 4.1.1)*. Die wirkt sich zwar nicht auf die Ei-

---

[33] Vgl. BUNDESTAGSDRUCKSACHE 13/2235 vom 4.9.1995, S. 14.

genheimzulage per se aus, aber auf die mitberücksichtigte Vorkostenpauschale, was in der Kumulation der Zinseszinswirkung über acht Jahre einen Betrag dieser Größenordnung ausmacht.

Anscheinend nicht zu übertreffen ist der § 10e EStG in der 94er Fassung. Der zusätzliche Vorteil des Schuldzinsenabzugs - obgleich nur für drei Jahre - kann bei Neu- und Ausbauten auch von der Eigenheimzulage nicht eingeholt werden, jedenfalls nicht bei Objektkosten von 330.000 DM. Dennoch bleibt zu konstatieren, daß innerhalb der Varianten nach § 10e EStG die Ergebnisse durchweg hinter denen von Ledigen mit einem Kind und im Neu- und Ausbaubereich sogar hinter den Ergebnissen von Ledigen ohne Kind zurückgeblieben sind. Dies erklärt sich wiederum durch den Splittingtarif, demzufolge selbst der Mehrertrag aus dem Baukindergeld für das zweite Kind die geringere Steuerersparnis des Splittingtarifs gegenüber dem Grundtarif nicht wettmachen kann. Insofern wird das Ergebnis aus der Analyse des Gesamtbetrags der Einkünfte bei Verheirateten in Abschnitt 4.2.2 hier bestätigt. Unter Steuergestaltungsgesichtspunkten muß infolgedessen DRENSECK recht gegeben[34] und Heiratswilligen der Rat erteilt werden, erst nach Ablauf und voller Inanspruchnahme einer Objektförderung nach § 10e EStG die Ehe zu schließen.

Zum Abschluß der Objektanalyse soll noch an den Beispielen des Ledigen mit einem Kind und der Familie mit zwei Kindern die Wirkung des geplanten Steuerreformtarifs auf die Objektförderung untersucht werden. Die Abbildungen 18 und 19 auf der Seite 249 verdeutlichen die Abweichungen, die sich durch den Reformtarif ergeben.

---

[34] DRENSECK, W. (1986), S. 381: „Erst bauen, dann heiraten!"; ähnlich bei HANDZIK, P./MEYER, B. (1996), S. 55: „Erst kaufen, dann heiraten".

Abb. 18: Tarifvergleich für die Objektvariation bei Ledigen mit einem Kind

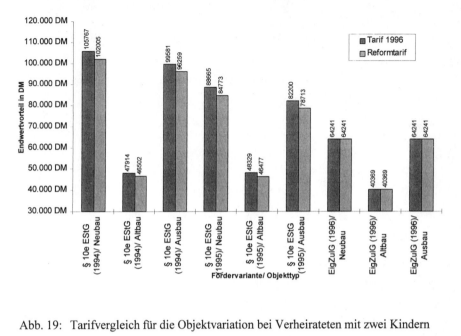

Abb. 19: Tarifvergleich für die Objektvariation bei Verheirateten mit zwei Kindern

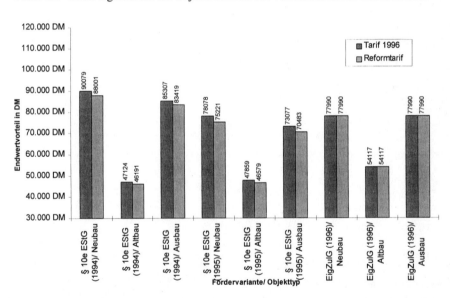

Man kann deutlich sehen, wie für die Varianten nach § 10e EStG die Anwendung des Reformtarifs einen merklichen Rückgang des Endwertvorteils zur Folge hat, beim Ledigen aus den vorgenannten Gründen noch stärker als bei den Verheirateten. Überhaupt

nicht betroffen von einer Änderung des Steuertarifs wird die Eigenheimzulage. Dies erklärt sich aus der Progressionsabhängigkeit des § 10e EStG, dessen Wirkungsweise der Minderung des zu versteuernden Einkommens durch einen Sonderausgabenabzug bei künftig geplant niedrigeren Grenzsteuersätzen eine geringere Steuerentlastung nach sich zieht. Auf die progressionsunabhängig ausgestaltete Eigenheimzulagenförderung wirkt sich der Steuerreformtarif in diesem Fall nicht aus, da die Vorkostenpauschale als einziger progressionsabhängiger Bestandteil vor dem geplanten Inkrafttreten 1999 anfällt.

4.4   Analyse für die Variable „Bau- bzw. Erwerbskosten"

Für die Untersuchungen der in die Bemessungsgrundlage eines jeden Förderungssystems eingehenden Anschaffungs- und Herstellungskosten beim Bau bzw. Erwerb eines Objekts dienen grundsätzlich die standardisierten Basisdaten. Die dort gewählten Anschaffungskosten für den Grund und Boden in Höhe von 60.000 DM bleiben in allen Analysen unverändert, nur die Anschaffungs- bzw. Herstellungskosten des Gebäudes werden variiert. Hierbei ist es zweckmäßig, nach Neu und Altbauten wegen der unterschiedlichen Bemessungsgrundlagengrenzen zu differenzieren. Betrachtet werden die abweichenden Förderwirkungen diesmal im direkten Vergleich zwischen Ledigen mit einem Kind und Verheirateten mit einem Kind, wobei innerhalb der Neubauanalyse die Endwertvorteile - neben dem Standardwert von 100.000 DM - auch für einen Gesamtbetrag der Einkünfte von 50.000 DM und bei Verheirateten zusätzlich von 150.000 DM ermittelt werden.

4.4.1   Analyse der Neubaukosten

Der konstante Wert der Anschaffungskosten für den Grund und Boden in Höhe von 60.000 DM bedeutet bei Neuobjekten, die nach § 10e EStG gefördert werden, daß die Bemessungsgrundlagengrenze mit Gebäudeaufwendungen von 300.000 DM genau erreicht wird, da hier die Anschaffungskosten nur zu 50 % in die Bemessungsgrundlage einfließen. Für die Eigenheimzulage werden sie zwar in vollem Umfang zu den Gebäudekosten addiert, jedoch wirkt sich das wegen der auf 100.000 DM begrenzten Bemessungsgrundlage nicht mehr aus. Die genauen Zahlen zu den folgenden Analysen sind wieder im Anhang V (S. 336 bis 340) einzusehen.

Abb. 20: Variation der Neubaukosten für Ledige mit einem Kind bei einem Anfangs-GdE von 100.000 DM

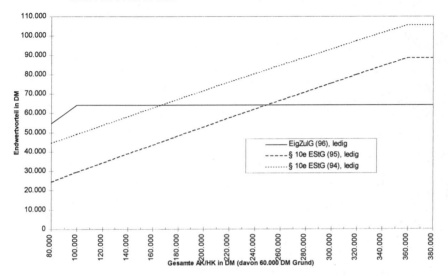

Abb. 21: Variation der Neubaukosten für Verheiratete mit einem Kind bei einem Anfangs-GdE von 100.000 DM

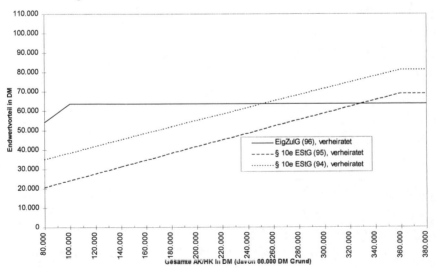

Durch die identisch gewählte Skaleneinteilung ist im direkten Vergleich zwischen Ledigen und Verheirateten der Förderungsunterschied plastisch zu erkennen. Wiederum wird der Vorteil der steuerunabhängigen Eigenheimzulage deutlich, die in beiden Fällen nach Erreichen der Höchstbemessungsgrundlage von 100.000 DM zu einem konstanten Endwertvorteil von rund 64.000 DM führt.

Die beiden anderen Förderarten führen zu gleichförmig steigenden Endwertvorteilen bis hin zur Grenzbemessungsgrundlage von 330.000 DM. Das entspricht in der graphischen Abbildung Gesamtkosten von 360.000 DM. Während der Schnittpunkt einer § 10e-Förderung aus 1994 mit der Zulagenförderung für den Ledigen mit Kind bei Neubaukosten von etwa 170.000 DM liegt, muß dieser Steuerpflichtige bei einer Objektförderung nach § 10e EStG (1995) zusätzliche 80.000 DM investieren, um exakt auf den Endwertvorteil zu kommen, den er mit der Eigenheimzulage bereits mit einem preisgünstigen Neubau von 100.000 DM erlangen könnte.

Für die Verheirateten sieht die Rechnung noch schlechter aus. Sie müssen bei Inanspruchnahme der 94er § 10e-Förderung etwa 250.000 DM und bei der § 10e-Variante ohne den Vorteil des Schuldzinsenabzugs sogar ungefähr 325.000 DM aufwenden, um die gleichen Endwerte wie mit der Eigenheimzulage zu erreichen. Die Benachteiligung innerhalb dieser Förderungsart durch das steuerabhängige Abzugsverfahren ist offensichtlich. Selbst mit einem für steuerliche Abzugsbeträge grundsätzlich vorteilhafteren, auf 150.000 DM erhöhten Gesamtbetrag der Einkünfte schneiden die Verheirateten im § 10e-Bereich noch schlechter ab als die Ledigen, wie aus Abbildung 22 auf der folgenden Seite zu ersehen ist:

Abb. 22:   Variation der Neubaukosten für Verheiratete mit einem Kind bei einem Anfangs-GdE von 150.000 DM

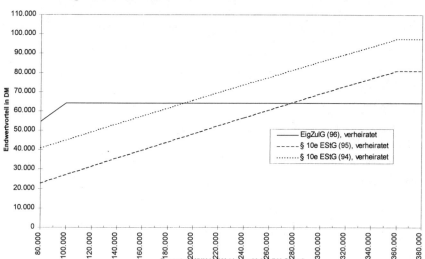

Die Berührungspunkte mit der Eigenheimzulage liegen hier bei Neubaukosten von etwa
190.000 DM bzw. 280.000 DM, mithin noch um 20.000 DM bzw. 30.000 DM über den
Aufwendungen, bei denen Ledige mit der § 10e-Begünstigung einen Förderungsvorsprung gegenüber der Eigenheimzulage zu erzielen beginnen. Zudem reicht der Endwertvorteil beider § 10e-Förderungen für die Verheirateten auch beim erhöhten Gesamtbetrag der Einkünfte zu keinem Zeitpunkt an den der Ledigen mit 100.000 DM Einkünften heran. Graphisch gesehen haben sich die § 10e-Kurven parallel nach oben verscho-
ben, ohne jedoch die Kurven der Analyse für Ledige zu berühren.

Der im übrigen lineare Anstieg aller bisherigen § 10e-Verläufe erklärt sich durch den
jeweils zugrunde liegenden Gesamtbetrag der Einkünfte, welcher sich nach allen Abzü-
gen auf ein zu versteuerndes Einkommen reduziert, das im linearen Bereich des Steuertarifs liegt. Je höher der Gesamtbetrag der Einkünfte gewählt wird, desto weiter nach
links wandern die Schnittpunkte mit der Eigenheimzulagenkurve. Bei niedrigeren Einkünften liegen die Berührungspunkte tendenziell weiter rechts, allerdings soll die nachfolgende Analyse zeigen, daß auch eine Annäherung der Endwertvorteile beider Fördersysteme ausbleiben kann. Dazu wurde der Gesamtbetrag der Einkünfte auf 50.000 DM
gesenkt.

Abb. 23: Variation der Neubaukosten für Ledige mit einem Kind bei einem Anfangs-
GdE von 50.000 DM

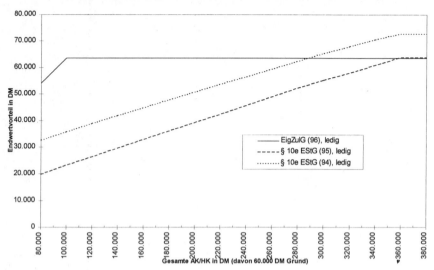

Abb. 24: Variation der Neubaukosten für Verheiratete mit einem Kind bei einem Anfangs-GdE von 50.000 DM

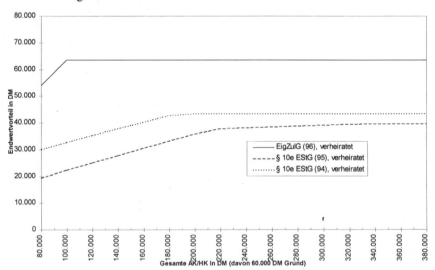

Zunächst ist in der oberen Abbildung 23 klar ersichtlich, wie sich durch sinkende Einkünfte die Vorteilhaftigkeit der Eigenheimzulage relativ erhöht hat, weil die Berührungspunkte mit den § 10e-Kurven weiter nach rechts gewandert sind. Während ein lediger Steuerpflichtiger es mit der Schuldzinsenabzugsregelung noch schafft, die Eigen-

heimzulage ab Neubaukosten von etwa 290.000 DM zu überflügeln, ist der Endwertvorteil von knapp 300 DM ab Neubaukosten von 360.000 DM im Falle der 95er § 10e-Regelung vernachlässigbar, zumal er sich bei einem niedrigeren Kalkulationssatz weiter reduziert. Weiterhin ist an der neu gewählten Skaleneinteilung der Ordinate zu erkennen, daß der maximale Förderungsvorteil aus den § 10e-Begünstigungen erheblich abgerutscht ist, nicht aber aus der Eigenheimzulage, die nach wie vor mit konstant etwa 64.000 DM hilft, die Neubaukosten zu reduzieren. Beide § 10e-Kurven erreichen ihren Spitzenwert wieder bei der Grenzbemessungsgrundlage von 330.000 DM, mithin bei Gesamt-Neubaukosten von 360.000 DM.

Nicht so im Falle der Verheirateten mit einem Kind, die, sofern sie nicht mit Eigenheimzulage gefördert wurden, zu den Verlierern des § 10e-Systems zählen. Beim vorliegenden Gesamtbetrag der Einkünfte von 50.000 DM wird im Prinzip der optimale Endwertvorteil mit einer Neubauinvestition von 180.000 DM bis 200.000 DM (§ 10e EStG aus 1994) bzw. bei 220.000 DM (§ 10e EStG aus 1995) erreicht. Danach flacht die Kurve fast zu einer Parallelen zur Abszisse ab, d. h., der überdies noch zu erzielende Förderungsvorteil ist nur minimal und steht in keinem Verhältnis zur zusätzlich zu tätigenden Investition. Insgesamt liegt der mit § 10e EStG maximal zu erreichende Endwertvorteil um mehr als 20.000 DM unter dem nach Eigenheimzulagengesetz.

4.4.2   Analyse der Altbaukosten

Bezüglich der Altbauten bedeuten die zugrunde gelegten Grundstückskosten in Höhe von 60.000 DM, daß die Bemessungsgrundlagengrenze der § 10e-Förderungen mit Gebäudeaufwendungen von 120.000 DM genau erreicht wird. Im Bereich der Eigenheimzulage würden sie sich wegen der Höchstbemessungsgrundlage von 100.000 DM erst bei theoretischen Gebäudekosten von 40.000 DM in vollem Umfang auswirken. Die einzelnen Werte zu den folgenden Analysen mit Standardbasisdaten sind den Tabellen im Anhang V (S. 341 bis 342) zu entnehmen.

Abb. 25: Variation der Altbaukosten für Ledige mit einem Kind bei einem Anfangs-
GdE von 100.000 DM

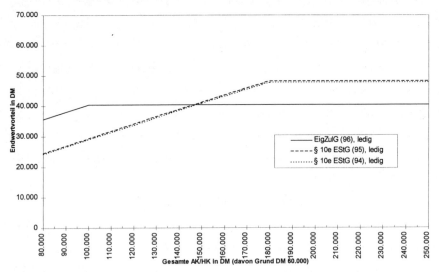

Abb. 26: Variation der Altbaukosten für Verheiratete mit einem Kind bei einem Anfangs-GdE von 100.000 DM

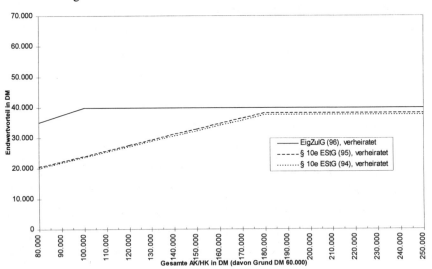

Im Gegensatz zu den Neubauanalysen ist hier der untersuchte Bereich wegen der niedrigeren Grenzbemessungsgrundlage eingeschränkt worden. Um nicht den falschen An-
schein eines steileren Kurvenverlaufs bei den § 10e-Förderungen zu erwecken, wurde

außerdem die Skalierung der Ordinate dem letzten Beispiel des vorigen Abschnitts angelehnt.

Die für Ledige wie Verheiratete wieder gleich hohe und ab 100.000 DM Altbaukosten konstante Eigenheimzulage liegt jetzt infolge der geringeren Förderung dieses Objekttyps bei nur noch rund 40.000 DM. Demgegenüber steigen die wegen des für Altbauten nicht gewährten Schuldzinsenabzugs nahezu identischen § 10e-Versionen - der geringfügige Unterschied zugunsten der 95er § 10e-Variante erklärt sich wieder aus dem in 1994 fehlenden Solidaritätszuschlag und dem ab 1996 höheren Grundfreibetrag *(vgl. oben 4.2.1)* - gleichmäßig bis zur Grenzbemessungsgrundlage von 150.000 DM an, denen in der Graphik Gesamtkosten von 180.000 DM entsprechen. Während die Endwertvorteile für Ledige ab etwa 145.000 DM Altbaukosten mit einer Objektförderung nach § 10e EStG vorteilhafter werden, ist für Verheiratete die Eigenheimzulage mit einer § 10e- Förderung nicht mehr zu übertreffen. Hier bleiben die Werte auch in der Spitze um gut 1.500 DM unter denen der Eigenheimzulage.

4.5   Analyse für die Variable „Kinderzahl"

Ausgangspunkt für die Untersuchung des Endwertvorteils in Abhängigkeit von der Zahl zu berücksichtigender Kinderfreibeträge sind zusammenzuveranlagende Eheleute. Die vollständige Analyse ist in Anhang V/18 (S. 343) dargestellt. Auch hier wurde der besseren Übersicht wegen nur eine Version der Eigenheimzulagenförderung in die graphische Auswertung übernommen, zumal die Ergebnisse der drei Eigenheimzulagevarianten nur minimal voneinander abweichen. Einen Überblick über die mit den einzelnen Förderungssystemen zu erreichenden Endwertvorteile bei einer zwischen Null und neun variierenden Zahl von Kinderfreibeträgen vermittelt Abbildung 27 auf Seite 258:

Abb. 27: Förderungsvolumen bei Variation der Kinderfreibeträge von Eheleuten mit
100.000 DM Anfangs-GdE

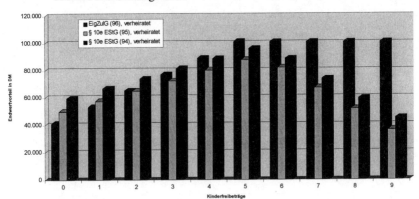

Aus der Abbildung geht hervor, daß die Eigenheimzulage beim zweiten Kind mit der § 10e-Förderung aus 1995 gleichzieht, aber erst beim vierten Kind einen Gleichstand mit der § 10e-Förderung aus 1994 erreicht hat. Ab dem fünften Kind ist die Eigenheimzulage eindeutig gegenüber dem Sonderausgabenabzug nach § 10e EStG vorteilhafter.

Um deutlich zu zeigen, daß die Förderungsgrenze der Eigenheimzulage bei der Höchstbemessungsgrundlage von 100.000 DM liegt, wurde der Kalkulationszinssatz auf 0 % gesetzt. Legt man einen Kalkulationszinssatz von 5 % zugrunde, ergibt sich durch den Zins- und Zinseszinseffekt der acht Jahre lang zu diesem Prozentsatz thesaurierend angelegten Fördergrundbeträge und Kinderzulagen ein Endwertvorteil ab dem fünften Kind von nahezu 130.000 DM, wobei allein im letzten Förderjahr die Zinsen etwas über 6.000 DM betragen. Der grundsätzliche Verlauf der Kurven wird davon nicht beeinträchtigt.

Auffallend ist der Kurvenverlauf innerhalb der beiden § 10e-Förderungen. Es zeigt sich, daß bei den gegebenen Einkommensverhältnissen der geldwerte Vorteil einer Wohneigentumsförderung nach §§ 10e und 34f EStG für Steuerpflichtige mit mehr als fünf Kindern zunehmend schneller wieder hinter den Betrag zurückfällt, der sich bei weniger Kindern ergibt. Hier ist erneut der Nachteil dieses Förderungssystems über den Sonderausgabenabzug erkennbar. Aufgrund der im Schema zur Ermittlung des zu versteuernden Einkommens ohnedies enthaltenen Kinderfreibeträge, die den Steuerpflichtigen auch ohne Inanspruchnahme einer Eigenheimförderung zustehen, wird bei mehr als fünf Kindern die steuerliche Bemessungsgrundlage bereits soweit verringert, daß sich die § 10e-Förderung zunächst nicht mehr vollständig und später sogar überhaupt nicht mehr auswirken kann. Ein wenig wird dies selbst für die Eigenheimzulagenförderung deutlich, bei der dieser Effekt aufgrund der wie Sonderausgaben abzuziehenden Vorkostenpauschale auftritt und ab dem fünften Kind zu einer leichten Verringerung des Förderungsvorteils in Höhe von rund 20 DM pro zusätzlichem Kind führt. Die genauen Beträge der jeweiligen Endwertvorteile aus Abbildung 27 können auf S. 343 (Anhang V/18) eingesehen werden.

Nach dem Steuerreformtarif fällt dieser nachteilige Effekt noch viel stärker ins Gewicht, da der steuerliche Grundfreibetrag höher ist und demzufolge bei der Verminderung der Bemessungsgrundlage „zu versteuerndes Einkommen", das überdies mit geringeren Steuersätzen belastet ist, durch Abzugsbeträge c. p. früher erreicht wird. Die folgende Graphik macht das deutlich.

Abb. 28:   Förderungsvolumen bei Variation der Kinderfreibeträge von Eheleuten mit 100.000 DM Anfangs-GdE unter Berücksichtigung des geplanten Steuerreformtarifs 1999

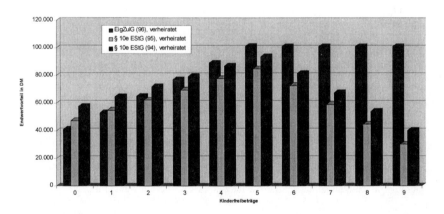

Auch hier können die zugehörigen genauen Werte im Anhang V/19 (S. 344) nachvollzogen werden.

Im direkten Vergleich der beiden Analysen mit und ohne Reformtarif erhält man für die Förderungen nach § 10e EStG folgende auf ganze DM gerundete Differenzbeträge der Endwertvorteile:

Tab. 18:   Endwertdifferenzen bei Analyse der Kinderfreibeträge im Tarifvergleich

Zahl der Kinderfreibeträge	0	1	2	3	4	5	6	7	8	9
Endwertdifferenz (in DM) bei § 10e EStG (1994)	1.880	1.935	1.977	2.027	1.895	2.425	7.246	6.349	5.431	4.764
Endwertdifferenz (in DM) bei § 10e EStG (1995)	2.519	2.594	2.650	2.717	2.476	3.136	9.469	8.269	7.064	6.089

Die komplette Untersuchung ist zusätzlich im Anhang V/20 (S. 345) abgebildet. Auf die Einbeziehung der Eigenheimzulage wurde wegen der unbedeutenden Abweichungen verzichtet. Die insgesamt höheren Differenzwerte der Fördervariante § 10e EStG (1995) sind damit zu erklären, daß diese ein Jahr länger im Einflußbereich des Reformtarifs liegt. Selbst wenn man eine infolge der Prämissen und Vereinfachungen des Programms verursachte Ungenauigkeit unterstellt, ist klar ersichtlich, daß der geplante Reformtarif wegen niedrigerer Grenz- und Durchschnittssteuersätze eine Verringerung des Vorteils bestehender Wohneigentumsförderungen nach § 10e EStG mit sich bringen wird. Diese Sekundärwirkung der geplanten Steuerreform ist ohne Analyse nicht sofort offenkundig.

Obschon ein Durchschnittshaushalt heutzutage aus 2,22 Personen besteht[35], sind andererseits die Haushalte, die Förderungsmittel für den Bau von selbstgenutztem Wohneigentum in 1994 in den neuen Bundesländern erhalten haben, zu zwei Dritteln Vier- und Mehrpersonenhaushalte, im Bundesland Brandenburg sind es nahezu drei Viertel; der Anteil allein der Sechs- und Mehrpersonenhaushalte beträgt 17,1 %[36]. Unter diesem Aspekt sollte nun noch einmal der Frage nachgegangen werden, ob und wie sich ein höheres Einkommen bei kinderreichen Familien auf den oben festgestellten abknickenden Kurvenverlauf auswirkt. Dazu wurde der Gesamtbetrag der Einkünfte für weitere Analysen schrittweise erhöht, mit dem Ergebnis einer tendenziellen Verlagerung des „Break-even-points" der Förderungen nach § 10e EStG auf zusätzliche Kinder. Abbildung 29 zeigt, wie sich das „Umkippen" des § 10e-Förderungsvorteils c. p. bei einem

---

[35]   Vgl. IDW (Hrsg.) (1997), Tabelle 11.
[36]   Vgl. BUNDESFORSCHUNGSANSTALT FÜR LANDESKUNDE UND RAUMORDNUNG (Hrsg.) (1995), S. 8.

Gesamtbetrag der Einkünfte von 200.000 DM auf das 17. Kind verschiebt. Steuerpflichtige mit Eigenheimzulagenförderung hingegen erreichen infolge der zugrunde liegenden
Höchstbemessungsgrundlage von 100.000 DM den maximalen betraglichen Vorteil
nach wie vor beim fünften Kind (vgl. dazu auch Tabelle 5, S. 172).

Abb. 29: Förderungsvolumen bei Variation der Kinderfreibeträge von Eheleuten mit
200.000 DM Anfangs-GdE

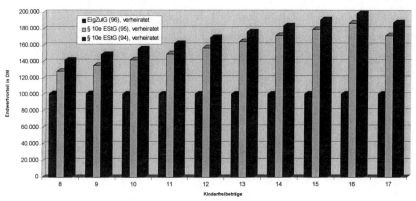

Die genauen Zahlen, auf die sich die Abbildung 29 bezieht, sind der Tabelle 19 zu entnehmen (Graphik und Zahlenwerte befinden sich nicht im Anhang oder im Programm):

Tab. 19: Endwertvorteile bei Variation der Kinderfreibeträge von Eheleuten mit
200.000 DM Anfangs-GdE

Zahl der Kinderfreibeträge / Endwertvorteil in DM für:	8	9	10	11	12	13	14	15	16	17
EigZulG (96), verheiratet	101449	101413	101376	101339	101303	101273	101253	101232	101210	101191
§ 10e EStG (95), verheiratet	128995	135920	142916	150038	157326	164761	172416	179961	187663	172487
§ 10e EStG (94), verheiratet	142476	149206	155955	163784	169754	176879	184234	191370	198978	188319

4.6   Analyse für die Variable „Vorbezugskosten"

Ein interessanter Faktor, der die Eigenheimförderung nicht unwesentlich beeinflußt, sind die Kosten vor Bezug der eigenen Wohnung, die noch mal in die sogenannten Vorbezugskosten (überwiegend Finanzierungsvorkosten) und in die Erhaltungsaufwendungen (hauptsächlich Reparatur- und Renovierungskosten) getrennt werden. Da die Erhaltungsaufwendungen in der Regel nur bei Altbauten von Bedeutung sind und in allen Fördervarianten in etwa demselben Maße zu berücksichtigen wären - maximal könnten 22.500 DM wie Sonderausgaben abgezogen werden, bei § 10e EStG ggf. vorher auf 15 % der Objektkosten begrenzt -, sind sie für die Analysen nicht einbezogen worden. Die Ergebnisse sind aber insoweit auf diese Aufwendungen übertragbar.

Die folgenden Untersuchungen gründen sich wieder auf die Standarddaten, wobei in Abänderung dieser Werte der Gesamtbetrag der Einkünfte auf 80.000 DM gesetzt wurde. Betrachtet werden die Ergebnisse diesmal bei Ledigen und Verheirateten ohne Kinder bzw. jeweils mit zwei Kindern. Die vollständigen Analysewerte finden sich im Anhang V/21 bis V/24 (S. 346 - 349).

Abb. 30: Variation der Vorbezugskosten für Ledige ohne Kind bei einem Anfangs-GdE von 80.000 DM

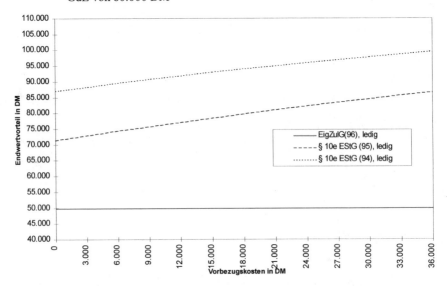

Abb. 31: Variation der Vorbezugskosten für Verheiratete ohne Kind bei einem Anfangs-GdE von 80.000 DM

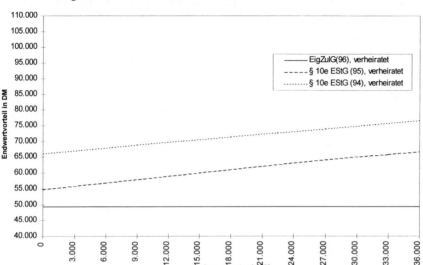

Infolge der absichtlich gleich gewählten Skalierung der beiden Abbildungen fallen die eklatanten Abweichungen in der Höhe der § 10e-Förderungen zwischen Ledigen und Verheirateten wieder sofort auf. Andererseits ist erneut deutlich zu sehen, daß die Eigenheimzulage diesbezüglich keine Unterschiede macht. Hier fällt zudem die Erhöhung des Fördergrundbetrags konstant aus, bedingt durch die Pauschalregelung, nach der Vorkosten unabhängig von ihrer tatsächlichen Höhe stets mit maximal 3.500 DM berücksichtigt werden.

Eine solche Pauschalisierung gibt es nach § 10e EStG nicht. Obendrein entfällt eine Limitierung der Vorkosten, so daß theoretisch noch höhere Aufwendungen als die in der Analyse berücksichtigten 36.000 DM zu zusätzlicher Steuerersparnis im Jahr ihres Anfallens führen könnten. Je geringer dabei der Ausgangsbetrag der Einkünfte ist, desto eher stößt zwangsläufig ein noch höherer Abzugsbetrag auf die Grenze, ab der er sich nicht mehr auswirken kann, etwa weil das zu versteuernde Einkommen unter den Grundfreibetrag gesunken ist. Der in der Untersuchung zugrunde gelegte Gesamtbetrag der Einkünfte zeigt jedoch, daß selbst bei Verheirateten mit der tendenziell früher abkippenden Vorteilhaftigkeitskurve *(vgl. z. B. 4.4.1)* und einer Förderung nach § 10e

EStG (94) mit dem um 12.000 DM für Schuldzinsen höheren Abzugspotential noch Vorkosten von 36.000 DM zu einer Verbesserung des Endwertvorteils führen.

Abb. 32: Variation der Vorbezugskosten für Ledige mit zwei Kindern bei einem Anfangs-GdE von 80.000 DM

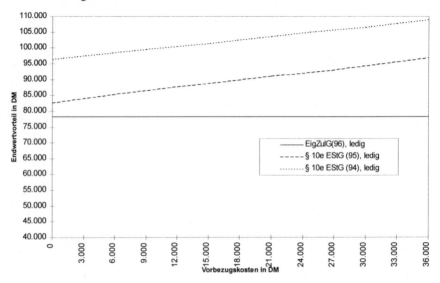

Abb. 33: Variation der Vorbezugskosten für Verheiratete mit zwei Kindern bei einem
Anfangs-GdE von 80.000 DM

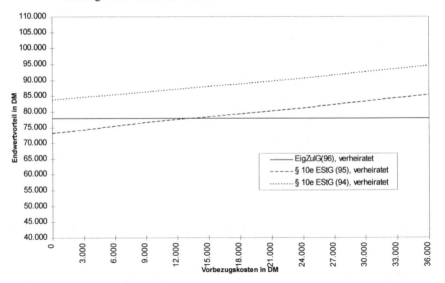

Ein ähnliches, bei differenzierter Betrachtung aber doch anderes Bild ergibt sich, wenn die Werte unter Berücksichtigung zweier Kinder ermittelt werden. Während für Ledige ohne Kind vorher ein großer Abstand zwischen Eigenheimzulage und § 10e-Förderungen zu verzeichnen war, sind die Endwerte der beiden Förderungssysteme jetzt näher zusammengerückt, ähnlich der Darstellung bei Verheirateten ohne Kind, allerdings auf einem höheren Niveau. Nach wie vor liegen aber beide § 10e-Regelungen in der Förderungswirkung vor der Eigenheimzulage.

Für Verheiratete mit zwei Kindern stellt sich die Situation jetzt ein wenig anders dar. Die Vorteilhaftigkeit der Objektförderung nach § 10e EStG (95) bleibt bis zu Vorkosten von etwa 13.000 DM hinter der Eigenheimzulage zurück, bevor sie dann zunehmend Abstand gewinnt, so wie die § 10e-Version (94) von Beginn an.

Im Ergebnis bleibt festzuhalten, daß der Abzug von Vorkosten i. d. R. nach § 10e EStG vorteilhafter ist, weil die neue Eigenheimzulage durch die Begrenzung auf den Pauschalbetrag von 3.500 DM insgesamt schlechter abschneidet. Durch die starke Einschränkung der Abzugsfähigkeit von Finanzierungsvorkosten werden diejenigen Schwellenhaushalte benachteiligt, die nicht über einen hohen Eigenkapitalanteil verfügen können.[37] Besondere Finanzierungsformen, wie z. B. das Disagio, dürften damit künftig im Bereich der Finanzierung des eigengenutzten Wohneigentums keine Bedeutung mehr haben. Überdies ist bereits geplant, den Vorkostenabzug des § 10i EStG ab 1999 ganz zu streichen *(vgl. oben 4.1.1)*.

---

[37] Vgl. TROMPETER, F. /LEHMANN, F. (1996), S. 1787.

4.7   Analyse für die spezifische § 10e-Variable „Schuldzinsenabzug"

Für die Analyse des Einflußfaktors Schuldzinsen werden Ledige ohne Kind und Verheiratete mit zwei Kindern betrachtet. Abweichend von den Standardwerten wurde der Gesamtbetrag der Einkünfte - wie auch bei der vorigen Untersuchung der Vorbezugskosten
- mit 80.000 DM angenommen und zudem die Auswirkung des Schuldzinsenabzugs
noch bei Objektkosten von 100.000 DM untersucht. In den Berechnungen wurden dann
die Schuldzinsen zwischen 0 DM und 18.000 DM variiert, wobei der jeweils für eine
Datenreihe angesetzte Schuldzinsenbetrag innerhalb der ersten vier Jahre konstant be-
lassen wurde. Die Abbildungen 34 und 35 geben die Resultate getrennt für Ledige und
Verheiratete wieder:

Abb. 34: Variation der Schuldzinsen für Ledige ohne Kind bei einem Anfangs-GdE
von 80.000 DM

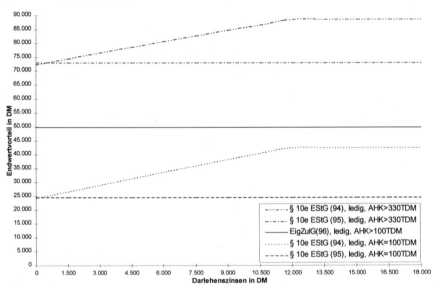

Abb. 35: Variation der Schuldzinsen für Verheiratete mit zwei Kindern bei einem Anfangs-GdE von 80.000 DM

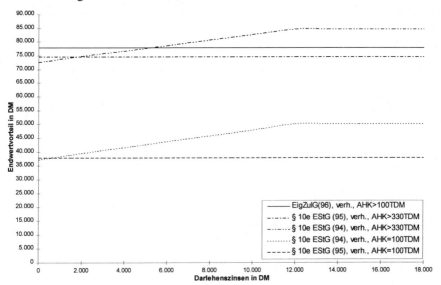

Wie zu erwarten war, wirken sich die Schuldzinsen im Verlauf der Förderungen nach § 10e EStG (1995) und nach EigZulG ungeachtet daneben geltender Konditionen schlechthin nicht aus. Innerhalb der Begünstigungen nach § 10e EStG (1994) fällt der parallele Verlauf zwischen den Kurven mit unterschiedlich zugrunde liegenden Objekt-kosten auf, demzufolge sich der Schuldzinsenabzug weder auf höhere noch auf gerin-gere Bemessungsgrundlagen verstärkend auswirkt. Gut zu erkennen ist der mit zuneh-mendem Schuldzinsenabzug gleichförmig verlaufende Anstieg bis zum maximalen Ab-zugsbetrag von 12.000 DM. Mit dem Ausschöpfen dieser Grenze können im vorliegen-den Fall Ledige eine Erhöhung des Endwertvorteils um reichlich 18.000 DM bei Ob-jektkosten von 100.000 DM und um gut 16.000 DM bei Erwerbskosten für ein Objekt in Höhe von 330.000 DM erwirken. Verheiratete mit zwei Kindern realisieren unter den genannten Bedingungen mit dem maximalen Schuldzinsenabzug einen Zuwachs des Förderungsvorteils in Höhe von etwa 13.000 DM bzw. 12.000 DM.

4.8   Untersuchung von spezifischen Variablen der Eigenheimzulage

In diesem Abschnitt werden noch drei Vorteile des neuen Eigenheimzulagengesetzes erläutert, die nicht in die allgemeinen Analysen aufgenommen wurden, weil sie dort, was die beiden Ökokomponenten betrifft, in einem direkten Vergleich mit § 10e EStG aufgrund der Neuregelung immer voll zur Geltung kommen und somit das Bild verzerren würden bzw., was die anderen Elemente betrifft, weil sie in einen Vergleich mit § 10e EStG überhaupt nicht hineinpassen.

4.8.1   Analyse für die Variable „Ökologische Zusatzförderungen"

Falls die entsprechenden Voraussetzungen erfüllt sind, kann durch die Inanspruchnahme beider Ökokomponenten des Eigenheimzulagengesetzes jährlich eine Zulagenerhöhung bis zu 900 DM erreicht werden. Wie sich dieser Sachverhalt zahlenmäßig in den Berechnungsmodellen niederschlägt, zeigt die folgende Tabelle 20:

Tab. 20:   Endwertvorteile bei unterschiedlicher Gewährung der ökologischen Zusatzförderung für Anspruchsberechtigte mit zwei Kindern

Endwerte nach EigZulG(1997) für **Ledige** mit zwei Kindern			
Ohne ökologische Zusatzförderungen	78.446 DM	78.446 DM	78.446 DM
nur mit Zulage nach § 9 Abs. 4 EigZulG	82.265 DM		
nur mit Zulage nach § 9 Abs. 3 EigZulG		83.220 DM	
mit beiden Komponenten			87.040 DM
Endwertvorteil durch Ökozulage	**3.819 DM**	**4.774 DM**	**8.594 DM**
Endwerte nach EigZulG(1997) für **Verheiratete** mit zwei Kindern			
Ohne ökologische Zusatzförderungen	77.984 DM	77.984 DM	77.984 DM
nur mit Zulage nach § 9 Abs. 4 EigZulG	81.804 DM		
nur mit Zulage nach § 9 Abs. 3 EigZulG		82.759 DM	
mit beiden Komponenten			86.578 DM
Endwertvorteil durch Ökozulage	**3.820 DM**	**4.775 DM**	**8.594 DM**

Diese Werte wurden mit den Standardbasisdaten für Ledige bzw. Verheiratete jeweils mit zwei Kindern ermittelt, wobei die Ökozulagen erst einzeln und dann beide zusammen berücksichtigt wurden. Da die Abweichungen innerhalb den einzelnen Versionen der Eigenheimzulage minimal ausfallen, wurden die Berechnungen nur mit 1997 als erstem Förderjahr durchgeführt. Daß die Endwerte für Ledige absolut um etwa 500 DM über denen der Verheirateten liegen, ist wieder auf die kumulierten Erträge des im Grundtarif deutlicher als im Splittingtarif ausfallenden Steuervorteils der Vorkostenpauschale zurückzuführen. Die relativen Vorteile der ökologischen Zusatzförderungen sind gleichwohl für alle Anspruchsberechtigten - auch ohne Kinder - identisch. Wegen der geringfügigen Unterschiede in den absoluten Förderbeträgen zwischen Ledigen und Verheirateten wird an dieser Stelle nur die graphische Aufbereitung der Daten für Eheleute dargestellt. Die Abbildung für Ledige kann im Anhang V/27 (S. 352) zum Vergleich betrachtet werden.

Abb. 36: Darstellung der Vorteilhaftigkeit der ökologischen Zusatzförderungen nach dem Eigenheimzulagengesetz für Verheiratete mit zwei Kindern

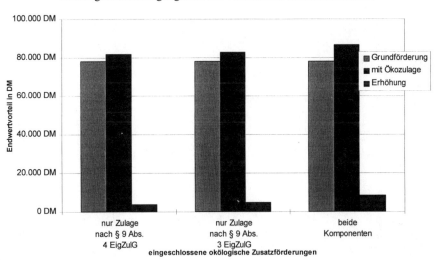

Bei maximaler Ausnutzung kann in diesen Standardfällen also der Endwertvorteil um mehr als 10 % erhöht werden. Allerdings ist die Gewährung der beiden Zulagen nur noch bis Ende 1998 möglich.

4.8.2   Analyse der neuen Genossenschaftsförderung

Durch das Eigenheimzulagengesetz wird auch der Erwerb von Anteilen an bestimmten „jungen" Wohnungsbaugenossenschaften gefördert *(vgl. 2.3.5)*. Die Zulage besteht aus einem Fördergrundbetrag von jährlich 3 % der Bemessungsgrundlage und einer Kinderzulage von 500 DM pro Jahr für jedes zum Haushalt des Anspruchsberechtigten gehörende Kind. Bemessungsgrundlage ist die Einlage bei der Wohnungsbaugenossenschaft (§ 17 Satz 3 EigZulG), die mindestens in Höhe von 10.000 DM geleistet werden muß, aber höchstens mit 80.000 DM gefördert wird. Somit errechnet sich der Fördergrundbetrag mit mindestens 300 DM und maximal 2.400 DM für jedes Jahr des Förderzeitraums.

Abbildung 37 stellt die absolute Förderungssumme innerhalb des achtjährigen Begünstigungszeitraums in Abhängigkeit vom Anlagebetrag sowie unter Berücksichtigung einer Kinderzulage für ein Kind dar:

Abb. 37:   Förderung des Erwerbs von Genossenschaftsanteilen nach § 17 EigZulG mit Kinderzulage für ein Kind

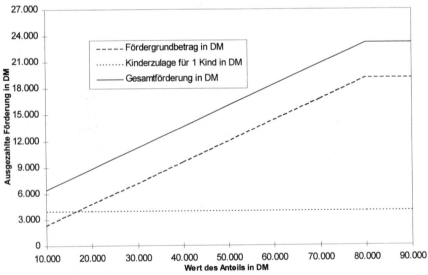

Gut erkennbar steigt der Förderungsvorteil mit zunehmenden Anteilswerten an, bis bei der Höchstbemessungsgrundlage von 80.000 DM die Grenze der Begünstigung erreicht

ist. Die ausgezahlte Gesamtzulage beträgt in diesem Fall je nach Anteilswert zwischen 6.400 DM und 23.200 DM.

Da hier bereits mit relativ geringem Kapitalaufwand eine hohe Förderung erzielt werden kann, ist der Erwerb von Anteilen an Wohnungsbaugenossenschaften insbesondere für Kapitalanleger interessant[38], die nicht unbedingt zugleich Wohnungseigentum erwerben wollen. Sind außerdem noch Kinder zu berücksichtigen, kann die geleistete Einlage in Abhängigkeit von der Kinderzahl so gewählt werden, daß sie durch die Zulagen im Laufe des Förderungszeitraums voll abgedeckt ist. Lediglich die Begrenzung der Summe aus gezahlten Fördergrundbeträgen und Kinderzulagen auf die Höhe der Bemessungsgrundlage ist dabei zu beachten (§ 17 Satz 6 EigZulG). Tabelle 21 stellt diese durch Zulagen gerade noch abgedeckten Anlagebeträge in Abhängigkeit von der Kinderzahl dar:

Tab. 21: Deckungsgrenzen der Genossenschaftszulage in Abhängigkeit von der Kinderzahl

Kinderzahl	1	2	3	4	5	6
theoretische Einlagegrenze in DM (gerundet)	keine[*]	10.526	15.789	21.053	26.316	31.579
darauf Fördergrundbetrag in DM		2.526	3.789	5.053	6.316	7.579
sowie Kinderzulage in DM	4.000	8.000	12.000	16.000	20.000	24.000

[*] Da der Mindestbetrag für den Anteilserwerb bei 10.000 DM liegt, errechnet sich die theoretische Deckungsgrenze für Kapitalanleger mit einem Kind zu 6.400 DM.

In der Praxis ist die Anschaffung von Genossenschaftsanteilen in Höhe der oben genannten Beträge in der Regel nicht möglich. Genossenschaften, die eine Beteiligung nach § 17 EigZulG ermöglichen, bieten diese nur in der Stückelung von 5.000 DM oder 10.000 DM pro Anteil an[39]. Daß sich damit durchaus ansehnliche Renditen erzielen lassen, wird in Tabelle 22 auf Seite 272 veranschaulicht:

---

[38] Diese Idee wird aufgegriffen bei HAUSEN, B./KOHLRUST-SCHULZ, M. (1996), S. 411 f. und bei JECHNERER, M. (1997b), S. 1508 f.
[39] Vgl. z. B. NEUE WEGE e. G. (Hrsg.) (1996), S. 10; „ST. MARTIN" e. G. (Hrsg.) (1997), § 36 der Genossenschaftssatzung.

Tab. 22:   Rendite[*] auf Genossenschaftseinlage in Abhängigkeit von der Kinderzahl

Kinderzahl / Beträge in DM	1	2	2	3	3	4	4
Genossenschaftseinlage	10.000	10.000	15.000	15.000	20.000	20.000	25.000
Fördergrundbetrag pro Jahr	300	300	450	450	600	600	750
Kinderzulage pro Jahr	500	1.000	1.000	1.500	1.500	2.000	2.000
Gesamtförderung pro Jahr	800	1.300	1.450	1.950	2.100	2.600	2.750
Gesamtförderung in acht Jahren	6.400	10.000	11.600	15.000	16.800	20.000	22.000
Gesamtvermögen nach acht Jahren[*]	17.639	22.013	28.846	33.020	40.053	44.027	51.260
Rendite [*]	9,5 %	15,0 %	11,5 %	15,0 %	12,5 %	15,0 %	13,1 %

[*] Bei Anlage der - erstmals im zweiten Jahr ausbezahlten - jährlichen Zulage zum Kalkulationszins von 5 %.

Diese Renditen erhöhen sich noch, wenn die Genossenschaft auf die Geschäftsanteile eine Dividende[40] ausschüttet.

4.8.3   Gestaltungsspielraum bei überschrittenen Einkunftsgrenzen

Die Neuregelung der Überprüfung der Einkunftsgrenzen nach § 5 EigZulG, die nach erstmaligem Unterschreiten der maßgeblichen Größe die volle Eigenheimzulage bis zum Ende des Förderungszeitraums zuläßt, eröffnet vor allem Selbständigen und Unternehmern Chancen, durch steuerbilanzpolitische Maßnahmen eher in den Genuß der Eigenheimzulage zu kommen. Als Beispiel hierfür soll die Ansparabschreibung nach § 7g Abs. 3 EStG behandelt werden[41].

Im Anhang V/29 (S. 354) ist eine modifizierte Programmberechnung für Verheiratete mit einer Förderung durch Eigenheimzulage ab 1997 dargestellt. Es wird unterstellt, daß im Gesamtbetrag der Einkünfte gewerbliche Einkünfte oder Einkünfte aus selbständiger Tätigkeit enthalten sind. Außerdem wird innerhalb der Steuerberechnungen die Tarifkappung des § 32c EStG vernachlässigt. Im Beispiel haben verheiratete Steuerpflichtige mit zwei Kindern im ersten Förderjahr und im Jahr davor jeweils einen Gesamtbetrag

---

[40] Die Augsburger Baugenossenschaft Neue Wege e. G. sieht eine grundsätzliche Dividende von 4 % pro Jahr vor, vgl. NEUE WEGE e. G. (Hrsg.) (1996), S. 8.
[41] Vgl. GERL, C./STURM, H. (1996), S. 455 ff.

der Einkünfte von 250.000 DM und liegen somit 20.000 DM über der Einkunftsgrenze für die Gewährung der Eigenheimzulage. Bei einer selbständigen oder unternehmerischen Tätigkeit und unter den in § 7g Abs. 1 bis 3 EStG genannten Bedingungen können die Steuerpflichtigen bis zu 50 % der künftigen Anschaffungskosten eines geplanten Investitionsguts gewinnmindernd ansetzen.

Im Berechnungsbeispiel wurde im Jahr 1997 bei der zweiten Steuerveranlagungssimulation der Gesamtbetrag der Einkünfte um die Ansparabschreibung in Höhe von 20.000 DM gekürzt, so daß die Einkunftsgrenzen nunmehr eingehalten sind und die Eigenheimförderung für den gesamten Förderzeitraum in Anspruch genommen werden kann. Die Rücklagenbildung ist unabhängig von der späteren tatsächlichen Anschaffung des Wirtschaftguts möglich, es muß lediglich die Investitionsabsicht glaubhaft dargelegt werden.[42] Allerdings ist die durch die Ansparabschreibung gebildete Rücklage spätestens im zweiten des auf die Bildung folgenden Jahres wieder gewinnerhöhend aufzulösen (§ 7g Abs. 4 Satz 2 EStG). Falls das geplante Investitionsvorhaben nicht durchgeführt wird, empfiehlt sich die Auflösung der Rücklage so früh wie möglich, da in diesem Fall ein Gewinnzuschlag von 6 % des Rücklagenbetrags pro Jahr verrechnet wird (§ 7g Abs. 5 EStG). Im vorliegenden Fall wurde deshalb eine Erhöhung des Gesamtbetrags der Einkünfte gleich im nächsten Jahr um 21.200 DM (20.000 DM Ansparrücklage zuzüglich 6 % daraus) vorgenommen. Zweifellos wird dadurch eine Steuermehrzahlung bewirkt, die sich im Jahr 1998 auf 11.799 DM beläuft, doch ergibt sich unter Einrechnung beider ökologischer Zusatzförderungen in voller Höhe und unter Berücksichtigung des Kalkulationszinses von 5 % durch die Gewährung der Wohneigentumsförderung ein stattlicher Endwertvorteil von 86.770 DM, der ohne die Ansparabschreibung nach § 7g EStG nicht zustandegekommen wäre.

---

[42] Vgl. BMF-Schreiben vom 12.12.1996, Tz. 3.

5   Resümee

Die Untersuchungen der steuerlichen Förderungen des selbstgenutzten Wohneigentums nach § 10e EStG in der bis Ende 1994 anzuwendenden Fassung und in der ab 1995 gültigen Version sowie nach dem prinzipiell seit 1996 geltenden Eigenheimzulagengesetz haben gezeigt, daß nicht generell ein Förderungsinstrument beim Vergleich der Vorteilhaftigkeit herausragt. Je nach analysiertem Einflußfaktor kann jede Variante der drei einbezogenen Eigenheimförderungen vergleichsweise besser oder schlechter abschneiden.

So hat die neue Eigenheimzulage infolge ihrer progressionsunabhängigen Ausgestaltung unbestreitbare grundsätzliche Vorteile bei Förderungsberechtigten mit niedrigen oder von vornherein nicht steuerpflichtigen Einkommen sowie bei zusammenveranlagten Steuerpflichtigen, die nach den Begünstigungen gemäß § 10e EStG durch den Splittingtarif im direkten Vergleich mit sonst gleichgestellten einzeln zu veranlagenden Steuerpflichtigen entschiedene Förderungsnachteile erleben. Darüber hinaus ist die Eigenheimzulagenförderung um so eindeutiger überlegen, je geringer die Anschaffungs- oder Herstellungskosten eines Objekts ausfallen, d. h., insbesondere beim Erwerb einer - je nach Region - kleinen bis mittleren Eigentumswohnung oder eines Appartements. Nicht zu übertreffen ist obendrein das zusätzlich zu erzielende Plus an Förderungsvorteil, sobald Kinder zu berücksichtigen sind. Das ist zum einen auf die gegenüber der Vorgängervorschrift § 34f EStG ohnehin um 50 % erhöhte Begünstigung für jedes Kind zurückzuführen, zum anderen wiederum systembedingt zu erklären, da die Kinderzulage nicht mehr von einer auf jeden Fall zu zahlenden Einkommensteuer abhängt.

Im Bereich der Begünstigungen des eigengenutzten Wohneigentums nach § 10e EStG ist deutlich geworden, daß die bis Ende 1994 geltende Variante infolge des dort legitimen zusätzlichen Schuldzinsenabzugs für die ersten drei Förderjahre durchweg um einiges besser abschneidet als die ab 1995 gültige Fassung und damit vielfach auch in solchen Bereichen der neuen Eigenheimzulage noch ebenbürtig ist, in denen die Förderung mit der 95er-Version des § 10e EStG weit zurückfällt. Ausnahmen ergeben sich lediglich durch die Altbauförderungen, da dort der Schuldzinsenabzug gerade nicht möglich ist. Ansonsten haben die § 10e-Förderungen zweifelsohne große Vorzüge im Bereich der Neu- und Ausbauten, bei Objektkosten jenseits der Höchstbemessungsgrundlage von 330.000 DM, bei Steuerpflichtigen mit höheren Einkünften sowie generell bei einzeln zu veranlagenden Steuerpflichtigen im direkten Vergleich mit den Verheirateten.

Die mit dem Programm durchgeführten Berechnungen und die so gewonnenen Ergebnisse können eine korrekte und vollständige individuelle Steuerveranlagung nicht ersetzen. Es können aber brauchbare Näherungslösungen und gute Trendaussagen erarbeitet werden. Insbesondere die Wirkung einzelner Einflußgrößen auf die Höhe der Wohneigentumsförderung kann, wie in Kapitel 4 ausführlich dargestellt, erläutert werden. Die einfache Variation von vierzehn verschiedenen Ausgangsbasisdaten eröffnet einen relativ breiten Anwendungsbereich und ist mit dem Programm schnell und unkompliziert durchzuführen.

Um die Übersichtlichkeit innerhalb des Programms nicht zu verlieren, wurden die diversen Sonderfälle und vor allem zeitliche Verlagerungen nicht eingearbeitet. So wäre etwa eine § 10e-Förderung für ein Objekt denkbar, dessen Baubeginn in 1995, die Fertigstellung sowie der Bezug jedoch in 1997 liegen. Die im Programm vorhandenen Berechnungsschemata bieten aber eine gute Ausgangsbasis für Erweiterungen bzw. Modifizierungen, wie anhand des Beispiels in Abschnitt 4.8.3 gezeigt wurde.

Das Programm berücksichtigt zwar die aktuelle Rechtslage (Stand August 1997) und bereits den geplanten Steuerreformtarif ab 1999, aber exakte Prognosen sind wegen der noch anhaltenden politischen Diskussion um die einzelnen Neuregelungen und zu erwartender weiterer Gesetzesänderungen nicht möglich. Dessenungeachtet kann festgehalten werden, daß die Förderung des selbstgenutzten Wohneigentums nach dem Eigenheimzulagengesetz durch den weitestgehend einkommensneutralen Charakter unabhängig von bevorstehenden Veränderungen im Bereich der Steuergesetzgebung eine weitaus bessere Kalkulierbarkeit für die Zukunft bringt als die progressions- und steuerabhängigen Regelungen des § 10e EStG und des Baukindergeldes.

Anhang

Anhangsverzeichnis

Seite

Anhang   I: Glossar der Schlüsselbegriffe 279

Anhang   II: Darstellung der Menüdialoge und des Tabellenblatts >HILFE< ... 297

Anhang II/1: Darstellung des Dateneingabedialogs 297

Anhang II/2: Darstellung des Dialogs >Informationen zum Programm< 298

Anhang II/3: Darstellung des Dialogs >Informationen zum Autor< 299

Anhang II/4: Darstellung des Dialogs >Hilfe zu FIWoComp< 300

Anhang II/5: Darstellung des Tabellenblatts >HILFE< 301

Anhang   III: Darstellung der Programmrechentabellen mit Standardbasisdaten . 302

Anhang III/1: Darstellung des Tabellenblatts >Basisdaten< 302

Anhang III/2: Rechentabelle für Ledige mit § 10e EStG - Förderung (1994) 303

Anhang III/3: Rechentabelle für Ledige mit § 10e EStG - Förderung (1994)
              unter Berücksichtigung des Reformtarifs 1999 304

Anhang III/4: Rechentabelle für Verheiratete mit § 10e EStG - Förderung (1994) 305

Anhang III/5: Rechentabelle für Verheiratete mit § 10e EStG - Förderung (1994)
              unter Berücksichtigung des Reformtarifs 1999 306

Anhang III/6: Rechentabelle für Ledige mit § 10e EStG - Förderung (1995) 307

Anhang III/7: Rechentabelle für Ledige mit § 10e EStG - Förderung (1995)
              unter Berücksichtigung des Reformtarifs 1999 308

Anhang III/8: Rechentabelle für Verheiratete mit § 10e EStG - Förderung (1995) 309

Anhang III/9: Rechentabelle für Verheiratete mit § 10e EStG - Förderung (1995)
              unter Berücksichtigung des Reformtarifs 1999 310

Anhang III/10: Rechentabelle für Ledige mit EigZulG - Förderung (1995) 311

Anhang III/11: Rechentabelle für Ledige mit EigZulG - Förderung (1995)
              unter Berücksichtigung des Reformtarifs 1999 312

Anhang III/12: Rechentabelle für Verheiratete mit EigZulG - Förderung (1995) ... 313

Anhang III/13: Rechentabelle für Verheiratete mit EigZulG - Förderung (1995)
              unter Berücksichtigung des Reformtarifs 1999 314

Anhang III/14: Rechentabelle für Ledige mit EigZulG - Förderung (1996) 315

Anhang III/15: Rechentabelle für Ledige mit EigZulG - Förderung (1996)
              unter Berücksichtigung des Reformtarifs 1999 316

Anhang III/16: Rechentabelle für Verheiratete mit EigZulG - Förderung (1996) ... 317

Seite

Anhang III/17: Rechentabelle für Verheiratete mit EigZulG - Förderung (1996)
unter Berücksichtigung des Reformtarifs 1999 318

Anhang III/18: Rechentabelle für Ledige mit EigZulG - Förderung (1997) 319

Anhang III/19: Rechentabelle für Ledige mit EigZulG - Förderung (1997)
unter Berücksichtigung des Reformtarifs 1999 320

Anhang III/20: Rechentabelle für Verheiratete mit EigZulG - Förderung (1997) ... 321

Anhang III/21: Rechentabelle für Verheiratete mit EigZulG - Förderung (1997)
unter Berücksichtigung des Reformtarifs 1999 322

Anhang III/22: Darstellung des Tabellenblatts >Zusammenfassung< 323

Anhang   IV: Darstellung zweier Berechnungsbeispiele mit Vollförderung 324

Anhang IV/1: Rechentabelle für Verheiratete mit § 10e EStG - Förderung (1994)
unter Berücksichtigung aller Fördermöglichkeiten 324

Anhang IV/2: Rechentabelle für Verheiratete mit EigZulG - Förderung (1996)
unter Berücksichtigung aller Fördermöglichkeiten 325

Anhang   V: Darstellung von Analyseauswertungen 326

Anhang   V/1: Analyse des Gesamtbetrags der Einkünfte im Grundtarif
bei Neubaumaßnahme zu mindestens 330.000 DM 326

Anhang   V/2: Analyse des Gesamtbetrags der Einkünfte im Grundtarif
bei Neubaumaßnahme zu 100.000 DM 327

Anhang   V/3: Analyse des Gesamtbetrags der Einkünfte im Grundtarif
bei Altbaumaßnahme zu mindestens 330.000 DM 328

Anhang   V/4: Analyse des Gesamtbetrags der Einkünfte im Splittingtarif
bei Neubaumaßnahme zu mindestens 330.000 DM 329

Anhang   V/5: Analyse des Gesamtbetrags der Einkünfte im Splittingtarif
bei Neubaumaßnahme zu 100.000 DM 330

Anhang   V/6: Analyse des Gesamtbetrags der Einkünfte im Splittingtarif
bei Altbaumaßnahme zu mindestens 330.000 DM 331

Anhang   V/7: Analyse des Objekttyps für Ledige ohne Kind / mit einem Kind ... 332

Anhang   V/8: Analyse des Objekttyps für Verheiratete ohne Kind /
mit zwei Kindern 333

Anhang   V/9: Analyse des Objekttyps für Ledige mit einem Kind im Vergleich
des geltenden Steuertarifs zum geplanten Reformtarif 334

Anhang V/10: Analyse des Objekttyps für Verheiratete mit zwei Kindern im
Vergleich des geltenden Steuertarifs zum geplanten Reformtarif .. 335

Seite

Anhang V/11: Analyse der Neubaukosten für Ledige mit einem Kind
bei einem anfänglichen GdE von 100.000 DM 336

Anhang V/12: Analyse der Neubaukosten für Verheiratete mit einem Kind
bei einem anfänglichen GdE von 100.000 DM 337

Anhang V/13: Analyse der Neubaukosten für Verheiratete mit einem Kind
bei einem anfänglichen GdE von 150.000 DM 338

Anhang V/14: Analyse der Neubaukosten für Ledige mit einem Kind
bei einem anfänglichen GdE von 50.000 DM 339

Anhang V/15: Analyse der Neubaukosten für Verheiratete mit einem Kind
bei einem anfänglichen GdE von 50.000 DM 340

Anhang V/16: Analyse der Altbaukosten für Ledige mit einem Kind
bei einem anfänglichen GdE von 100.000 DM 341

Anhang V/17: Analyse der Altbaukosten für Verheiratete mit einem Kind
bei einem anfänglichen GdE von 100.000 DM 342

Anhang V/18: Analyse des Fördervolumens im Splittingtarif bei Veränderung
der Zahl der Kinderfreibeträge 343

Anhang V/19: Analyse des Fördervolumens im Splittingtarif bei Veränderung
der Zahl der Kinderfreibeträge unter Berücksichtigung
des Reformtarifs 1999 344

Anhang V/20: Ermittlung der Endwertdifferenzen zwischen gültigem Tarif und
Steuerreformtarif bei Analyse der Kinderfreibeträge 345

Anhang V/21: Analyse der Vorbezugskosten für Ledige ohne Kind
bei einem anfänglichen GdE von 80.000 DM 346

Anhang V/22: Analyse der Vorbezugskosten für Verheiratete ohne Kind
bei einem anfänglichen GdE von 80.000 DM 347

Anhang V/23: Analyse der Vorbezugskosten für Ledige mit zwei Kindern
bei einem anfänglichen GdE von 80.000 DM 348

Anhang V/24: Analyse der Vorbezugskosten für Verheiratete mit zwei Kindern
bei einem anfänglichen GdE von 80.000 DM 349

Anhang V/25: Analyse des Schuldzinsenabzugs für Ledige ohne Kind
bei einem anfänglichen GdE von 80.000 DM 350

Anhang V/26: Analyse des Schuldzinsenabzugs für Verheiratete mit zwei Kindern
bei einem anfänglichen GdE von 80.000 DM 351

Anhang V/27: Analyse der ökologischen Zusatzförderungen 352

Anhang V/28: Analyse der Genossenschaftsanteilsförderung mit einem Kind 353

Anhang V/29: Modifizierte Berechnung für Verheiratete mit EigZulG (1997)
unter Einbezug der Ansparabschreibung gem. § 7g Abs. 3 EStG .. 354

Anhang V/30: Grenzsteuersätze und Steuerlasten im Vergleich
der Steuertarife 1994 bis geplanter Reformtarif 1999 355

Anhang I: Glossar der Schlüsselbegriffe

Anschaffung: Anschaffung eines →*Objekt*es ist der entgeltliche oder zumindest teilentgeltliche →*Erwerb* eines bereits vorhandenen Objektes von einem Dritten. Ein
Objekt ist angeschafft, wenn der →*Erwerber* das →*wirtschaftliche Eigentum* an
dem Objekt erlangt; das ist regelmäßig der Zeitpunkt, zu dem Besitz, Nutzen, Lasten und Gefahr auf den Erwerber übergehen[1], bzw. wenn das Objekt von einer
fremden in die eigene Verfügungsmacht überführt ist.[2]

Anschaffungskosten: Nach § 255 Abs. 1 HGB und R 32a Abs. 1 EStR gehören zu den
Anschaffungskosten die Aufwendungen, die geleistet werden, um ein Wirtschaftsgut zu erwerben und es in einen dem angestrebten Zweck entsprechenden (be-
triebsbereiten) Zustand zu versetzen. Dazu zählen außer dem um etwaige Rabatte,
Skonti oder Preisnachlässe geminderten Anschaffungspreis (Kaufpreis) alle Aufwendungen, die in unmittelbarem Zusammenhang mit dem →*Erwerb* (Anschaffungsnebenkosten) oder der Versetzung des Wirtschaftsguts in einen betriebsbe-
reiten Zustand (nachträgliche Anschaffungskosten) stehen, soweit sie einzeln zugeordnet werden können. Im einzelnen sind dies bei →*Grundstück*en und →*Gebäude*n alle Aufwendungen des →*Erwerber*s, die er erbringen muß, um die Ver-
fügungsgewalt darüber zu erhalten,[3] beispielsweise Anliegerbeiträge, Gebühren
für →*notarielle Beurkundung* und Eintragung ins →*Grundbuch*, Grunderwerbsteuer, Vermessungskosten und Vermittlungsprovisionen (z. B. die Maklerge-
bühr).[4] Beim Erwerb im Tauschwege sind Anschaffungskosten der gemeine Wert
des hingegebenen Wirtschaftsguts.[5] Unabhängig davon, ob ein Grundstück entgeltlich oder unentgeltlich erworben wurde, entstehen dem Grundstückseigentümer durch Abfindungszahlungen zur Ablösung →*dinglicher Rechte* an dem
Grundstück nachträgliche Anschaffungskosten.[6] *(vgl. auch Tabelle 23, S. 294)*

anschaffungsnaher Aufwand: Nach R 157 Abs. 5 EStR liegt anschaffungsnaher Aufwand, der wie →*Anschaffungsnebenkosten* oder wie →*Herstellungskosten* zu be-

---

[1]   Vgl. BMF-Schreiben vom 25.10.1990, Abs. 2; BMF-Schreiben vom 31.12.1994, Tz. 18; JANSEN, R.
      (1996), § 2 EStG, Anm. 212.; MEYER, B. (1997), § 10e EStG, Anm. 131.
[2]   Vgl. WICHMANN, G. (1991), S. 590.
[3]   Vgl. BFH vom 16.2.1995, S. 895.
[4]   Vgl. ABC der Anschaffungskosten bei GLANEGGER, P. (1997), § 6 EStG, Anm. 140.
[5]   Vgl. BFH vom 25.1.1984, S. 422.
[6]   Vgl. WINKELJOHANN, N. (1997), § 6 EStG, Anm. 401.

handeln ist, vor bei Aufwendungen, die im Zusammenhang mit der Anschaffung eines →*Gebäude*s, d. h., bis zu drei Jahre nach dem Erwerb, gemacht werden, um das Gebäude in den zweckentsprechenden Zustand zu versetzen, oder wenn sie im Verhältnis zum Kaufpreis hoch sind (höher als 15 % [bis 31.12.1993 20 %], vgl. R 157 Abs. 5 Satz 5 und 6 EStR) und durch die Aufwendungen im Vergleich zu dem Zustand des Gebäudes im Erwerbszeitpunkt das Wesen des Gebäudes verändert, der Nutzungswert erheblich erhöht oder die Nutzungsdauer erheblich verlängert wird. Diese Voraussetzungen werden regelmäßig nur vorliegen, wenn zurückge-stellte Instandhaltungsarbeiten nachgeholt werden.[7] In diesen Fällen werden die anschaffungsnahen Aufwendungen den Anschaffungs-/Herstellungskosten des Gebäudes zugeordnet und erhöhen somit die ggf. auf einen Höchstbetrag begrenz-te Bemessungsgrundlage für eine Abschreibung über die Nutzungsdauer (bei § 7b-Absetzung, Vermietung oder beruflicher/gewerblicher Nutzung) bzw. für den För-derungsbetrag (bei § 10e-Förderung oder Eigenheimzulage). Aufwendungen für Schönheitsreparaturen innerhalb der ersten drei Jahre nach Erwerb des Gebäudes, auch wenn diese üblicherweise nicht jährlich vorgenommen werden, sind kein an-schaffungsnaher Aufwand, sondern werden dem →*Erhaltungsaufwand* zugerech-net.[8] Bei der Ermittlung des anschaffungsnahen Aufwands bleiben die Kosten für typische Herstellungsarbeiten, wie z. B. →*Ausbauten* und →*Erweiterungen*, außer Betracht.

Ausbauten: Ausbauten im Sinne des § 17 Abs. 1 des II. WoBauG sind Baumaßnahmen, die in einem von der Errichtung des →*Gebäude*s getrennten und hinsichtlich ihres Beginns wie ihrer →*Fertigstellung* abgrenzbaren Bauabschnitt vorgenommen werden. Begünstigt sind Ausbauten und →*Erweiterungen* nur, wenn durch die Baumaßnahmen neuer Wohnraum geschaffen wird, der nach den materiellen Vor-schriften des Baurechts zu einer dauerhaften Wohnnutzung geeignet ist, so daß die zuständige Baubehörde nicht deren Beseitigung fordern kann (Nachweis ist i. d. R. durch Baugenehmigung erbracht). Ein begünstigter Ausbau ist stets gegeben bei Ausbau des Dachgeschosses[9], setzt anderenfalls aber (etwa bei Ausbau von Nebenräumen, wie z. B. des Kellers) wesentlichen Bauaufwand (mindestens ein

---

[7]   Vgl. BFH vom 8.7.1980, S. 744; siehe auch Aufzählung in H 157 EStH.
[8]   Vgl. PRINZ, U. (1990), S. 633; HORLEMANN, H.-G. (1991), S. 136.
[9]   Vgl. FG Niedersachsen vom 21.6.1991, S. 189.

Drittel des Aufwands für einen dem geschaffenen Wohnraum vergleichbaren Neubau) voraus, wenn Räume umgewandelt werden, die nach ihrer baulichen Anlage und Ausstattung bisher anderen als →*Wohnzwecken* dienten, oder Wohnräume, die infolge Änderung der Wohngewohnheiten nicht mehr für Wohnzwecke geeignet sind, durch Umbau an die veränderten Wohngewohnheiten angepaßt werden.[10]

Bauantrag: Gegenstand des vom →*Bauherr*n und dessen Architekten zu unterschreibenden Bauantrags ist der Auftrag an die Gemeinde, in deren Gebiet das zu bebauende →*Grundstück* liegt, das beschriebene →*Objekt* auf die Vereinbarkeit mit dem öffentlichen Recht zu überprüfen und die Erlaubnis zur Durchführung zu erteilen. Mit der Stellung des Bauantrags wird das Baugenehmigungsverfahren eingeleitet.[11]

Bauherr: Laut § 15 Abs. 1 EStDV ist der Bauherr derjenige, der ein →*Gebäude* auf eigene Rechnung und Gefahr baut oder bauen läßt. Charakteristisch für den Bauherrn ist, daß er das Bau-, Baukosten-, Finanzierungs- und Zahlungsrisiko trägt und das Baugeschehen beherrscht[12]; er ist damit der Hersteller (s. →*Herstellung*) eines Gebäudes.[13]

Dingliche Rechte: Das Wesen dinglicher Rechte liegt in der Befugnis des Berechtigten, unmittelbar auf die Sache einzuwirken.[14] Zum Kreis der dinglichen Rechte an einem →*Grundstück* zählen z. B. als Pfandrechte Grundschulden und Hypotheken (§§ 1113 bis 1198 BGB), die den Gläubiger zur Befriedigung seines Anspruchs aus dem belasteten Grundbesitz ermächtigen, das →*Erbbaurecht*, ein dinglicher →*Nießbrauch* sowie das dingliche Wohnrecht (§ 1093 BGB), das häufig in Form eines Altenteils als Recht bestellt wird, ein →*Gebäude* oder Gebäudeteil unter Ausschluß des Eigentümers als →*Wohnung* zu benutzen.

Eigenheim: Nach § 9 des II. WoBauG ist das Eigenheim ein im →*Eigentum* einer natürlichen Person stehendes →*Grundstück* mit einem Wohngebäude, das nicht mehr als zwei →*Wohnung*en enthält, von denen eine zum Bewohnen durch den Eigentümer oder seine Angehörigen bestimmt ist.

Eigentum: →*Miteigentum*, →*wirtschaftliches Eigentum*

---

[10] Vgl. BMF-Schreiben vom 31.12.1994, Tz. 10; DRENSECK, W. (1997), § 10e EStG, Anm. 13.
[11] Vgl. GERHARDS, H./KELLER, H. (1996), S. 80.
[12] Vgl. BFH vom 14.11.1989, S. 299.
[13] Vgl. WICHMANN, G. (1991), S. 591.
[14] Vgl. GERHARDS, H./KELLER, H. (1996), S. 181.

Eigentumswohnung: Eine Eigentumswohnung ist nach § 12 des Zweiten WoBauG eine →*Wohnung*, an der Wohneigentum nach den Vorschriften des 1. Teils des WEG begründet worden ist. Das ist der Fall, wenn neben der Teilungserklärung nach § 8 Abs. 1 WEG die Eintragung im →*Grundbuch* vorliegt (§ 8 Abs. 2 WEG). Die Eigentumswohnung erhält ein eigenes Grundbuchblatt. Sie steht in steuer- und gebührenrechtlicher Hinsicht einer Wohnung im eigenen →*Einfamilienhaus* gleich (§ 62 WEG), als Wirtschaftsgut ist die Eigentumswohnung stets ein selbständiges →*Gebäude*[15].

Einfamilienhäuser: Einfamilienhäuser sind Wohngrundstücke, die nur eine →*Wohnung* enthalten. Eine zweite Wohnung, auch wenn sie nur von untergeordneter Bedeutung ist - mit Ausnahme von Wohnungen des Hauspersonals (Pförtner, Gärtner, Heizer, Wächter usw.)[16] - steht dem Begriff „Einfamilienhaus" entgegen (vgl. § 75 Abs. 5 BewG).

Erbauseinandersetzung: Werden mehrere - juristische oder natürliche - Personen kraft Gesetz oder Testament oder Erbvertrag (§§ 1937 BGB) nebeneinander Erben, so bilden sie eine Gemeinschaft (Erbengemeinschaft), die nur als Gesamtheit auftreten und bis zur Erbauseinandersetzung nur gemeinschaftlich über ein im Nachlaß befindliches →*Grundstück*, also nicht etwa jeder einzelne über den seinem Erbteil entsprechenden Anteil, verfügen kann (§§ 2032 ff i. V. m. §§ 1952 ff BGB).

Erbbaurecht: Das Erbbaurecht ist ein selbständiges, grundstücksgleiches, →*dingliches Recht*, kraft dessen der Begünstigte berechtigt ist, auf oder unter fremdem Grund und Boden ein Bauwerk zu errichten oder zu haben. Es kann nicht auf einen Teil, wie z. B. eine Etage, beschränkt werden. Das Erbbaurecht erfordert bei Bestellung →*notarielle Beurkundung* und Eintragung (ausschließlich an erster Rangstelle) ins →*Grundbuch*, gilt für eine vorher bestimmte Zeit, kann selbst belastet werden (z. B. mit Grundschulden) und ist sowohl vererblich als auch veräußerbar (§§ 1012 bis 1017 BGB).

Erhaltungsaufwand: Aufwendungen zur laufenden Instandhaltung und zur Instandsetzung, die im allgemeinen durch die gewöhnliche Nutzung des →*Grundstück*s veranlaßt werden, sind sogenannter Erhaltungsaufwand, sofern nicht →*Herstellungsaufwand* anzunehmen ist. Typische Erhaltungsaufwendungen sind regelmäßig die

---

[15] Vgl. DRENSECK, W. (1997), § 7 EStG, Anm. 18.
[16] Vgl. BFH vom 15.11.1985, S. 247.

Erneuerung von bereits vorhandenen Teilen, Einrichtungen oder Anlagen (z. B. Austausch von Fenstern, Türen, Heizungsanlagen usw., [siehe auch H 157 EStH]), ungeachtet des Zustands oder der Brauchbarkeit der erneuerten Teile, Einrichtungen oder Anlagen (R 157 Abs. 1 EStR). Aber auch bei Aufwendungen für neue Gebäudebestandteile handelt es sich um Erhaltungsaufwendungen, wenn lediglich dem technischen Fortschritt entsprechend modernisiert worden und keine Substanzvermehrung des Gebäudes eingetreten ist, wie z. B. beim Anbringen einer zusätzlichen Fassadenverkleidung zu Wärme- oder Schallschutzzwecken[17] oder bei Ersatz eines Flachdachs durch ein Satteldach zur Vergrößerung der Raumhöhe, ohne daß dabei zusätzliche Nutzfläche geschaffen wird.[18]

Erhaltungsaufwendungen sind regelmäßig im Jahr des Entstehens sofort in voller Höhe als Werbungskosten abzugsfähig,[19] größerer Erhaltungsaufwand ist ggf. gemäß § 82b EStDV oder §§ 11a, 11b EStG auf zwei bis fünf Jahre zu verteilen.

Errichtung: →*Herstellung*

Erweiterungen: Erweiterungen im Sinne des § 17 Abs. 2 des II. WoBauG sind Baumaßnahmen, die in einem von der →*Errichtung* des →*Gebäude*s getrennten und hinsichtlich ihres Beginns wie ihrer →*Fertigstellung* abgrenzbaren Bauabschnitt vorgenommen werden. Zu der Erweiterung eines Gebäudes gehören die Gewinnung neugeschaffenen Wohnraums durch Aufstockung (vertikales Anfügen) eines Gebäudes oder durch Anbau (horizontales Anfügen)[20] an ein Gebäude, der Anbau jedoch nur, wenn die Alt- und Neubauteile des Gebäudes miteinander verschachtelt sind. Es ist ausreichend, wenn die Baumaßnahme zu einer - und sei es auch nur geringfügigen - Vergrößerung der Nutzfläche, wie z. B. durch eine vorher nicht vorhandene Dachgaube oder durch Anbau eines Balkons, führt oder die Substanz des Gebäudes ohne gleichzeitige Nutzflächenvergrößerung, wie z. B. durch Einsetzen zusätzlicher Trennwände oder durch die Errichtung einer Außentreppe, vermehrt.[21] Der Anbau eines Abstellraumes ist nicht als Erweiterung der zu eigenen Wohnzwecken genutzten Wohnung zu sehen und daher insoweit nicht steuerlich begünstigt,[22] ebenso nicht die nachträgliche Erstellung von Carports, da diesen

---

[17] Vgl. BFH vom 13.3.1979, S. 435.
[18] Vgl. BFH vom 19.6.1991, S. 73; BFH vom 16.7.1996; S. 649; o. V. (1997a), S. 4014
[19] Vgl. HORLEMANN, H.-G. (1991), S. 134.
[20] Vgl. DRENSECK, W. (1997), § 10e EStG, Anm. 13; MEYER, B. (1997), § 10e EStG, Anm. 208.
[21] Vgl. HOFFMANN, W.-D. (1996), S. 1799; o. V. (1997a), S. 4013.
[22] Vgl. BFH vom 7.2.1996, S. 360; OFD Kiel, Vfg. vom 9.8.1996, S. 1651.

bereits eine räumliche Umschließung als Schutz gegen äußere Einflüsse fehlt[23].

Als →*Ausbau* oder Erweiterung kann entgegen früherer Meinung[24] nach neuerer Verwaltungsauffassung [25] nicht mehr die nachträgliche Erstellung von Garagen angesehen werden, wenn mit deren Herstellung nach dem 31.12.1995 begonnen wurde[26]. Der Anbau eines Wintergartens kann als Erweiterung begünstigt sein, wenn der Wintergarten nach seiner baulichen Gestaltung (insbesondere Raumhöhe, Belüftung, Beheizung und Beleuchtung) zum dauernden Aufenthalt von Menschen - auch in den Wintermonaten - objektiv geeignet ist.[27]

Erwerb: →*Erwerber*

Erwerber: Der Erwerber ist die Person, die ein →*Objekt* anschafft (→*Anschaffung*). Ein entgeltlicher Erwerb sowie ein Erwerb durch Tausch liegt vor, wenn Leistung und Gegenleistung nach wirtschaftlichen Gesichtspunkten ausgewogen gegenüberstehen[28] und der Erwerber wirtschaftlicher Eigentümer (→*wirtschaftliches Eigentum*) des Objektes wird. Das geschieht bei →*Immobilien* bereits durch notariell beurkundeten →*Kaufvertrag*, der den Übergang von Nutzen und Lasten dokumentiert, so daß ab diesem Zeitpunkt der Erwerber den Veräußerer von der Einwirkung auf das →*Grundstück* wirtschaftlich ausschließen und somit die tatsächliche Herrschaft darüber ausüben kann.[29] Auf die nachfolgende Eintragung des neuen Eigentümers im →*Grundbuch* kommt es nicht mehr an.[30]

Unentgeltlich ist ein Erwerb, wenn er ohne Gegenleistung erfolgt, d. h., wenn die Zuwendung eines Grundstücks, auf das kein Rechtsanspruch besteht, nicht rechtlich abhängig von einer die Zuwendung ausgleichenden Gegenleistung des Erwerbers ist.[31]

Teilentgeltlicher Erwerb ist gegeben, wenn ein Erwerber anläßlich des Erwerbs eine Gegenleistung erbringt, die jedoch nach kaufmännischen Gesichtspunkten nicht dem objektiven Wert des Grundstücks entspricht. In solchen Fällen ist der

---

[23] Vgl. BMF-Schreiben vom 25.10.1990, Abs. 11; bestätigt durch BFH vom 7.2.1996, S. 360.
[24] Vgl. BMF-Schreiben vom 25.10.1990, Abs. 11.
[25] Vgl. BMF-Schreiben vom 15.7.1996, S. 692.
[26] Vgl. BFH vom 8.3.1995, S. 352; DRENSECK, W. (1997), § 10e EStG, Anm. 13.
[27] Vgl. BMF-Schreiben vom 31.12.1994, Tz. 10; DRENSECK, W. (1997), § 10e EStG, Anm. 13.
[28] Vgl. BFH vom 26.1.1978, S. 301 f.; STEPHAN, R. (1993), S. 43; MEYER, B. (1997), § 10e EStG, Anm. 131.
[29] Vgl. BMF-Schreiben vom 25.10.1990, Abs. 2.
[30] Vgl. DRENSECK, W. (1997), § 10e EStG, Anm. 25.
[31] Vgl. WINKELJOHANN, N. (1997), § 6 EStG, Anm. 414.

Erwerbsvorgang in einen entgeltlichen und einen unentgeltlichen Teil nach dem Verhältnis des Entgelts zum →*Verkehrswert* des Grundstücks aufzuspalten.[32]

Ferienwohnung: Ferien- und Wochenendwohnungen sind →*Wohnung*en ohne baurechtliche Genehmigung der ganzjährigen Dauernutzung, weil sie in einem ausgewiesenen Sondernutzungsgebiet für Ferien- oder Wochenendhäuser im Sinne von § 10 BauNVO liegen oder sich aufgrund ihrer Bauweise nicht zum dauernden Bewohnen eignen[33], auch wenn es sich dabei um die einzige Wohnung des Steuerpflichtigen handelt[34]. Gemäß R 42a Abs. 2 Satz 3 EStR ist eine Ferienwohnung überwiegend zur vorübergehenden Beherbergung von Personen oder zur kurzfristigen Vermietung an einen häufig wechselnden Personenkreis bestimmt und dient deshalb nicht →*Wohnzwecken*, auch nicht fremden Wohnzwecken, da sie nicht auf Dauer anderen Personen Aufenthalt und Unterkunft ermöglicht.

Fertigstellung: Ein →*Gebäude* ist fertiggestellt, sobald es seiner Zweckbestimmung entsprechend benutzt werden kann.[35] Ein Wohngebäude ist daher fertiggestellt, wenn es nach Abschluß der wesentlichen Bauarbeiten bewohnbar ist.[36] Dazu muß dem Steuerpflichtigen der Bezug der →*Wohnung* zugemutet werden können und die Führung eines selbständigen Haushalts darin möglich sein.[37] Im allgemeinen ist dies der Fall, wenn die Türen und Fenster eingebaut, die Anschlüsse für Strom- und Wasserversorgung, Heizung und sanitäre Einrichtungen vorhanden sind und die Möglichkeit zur Einrichtung einer Küche besteht; geringfügig ausstehende Restarbeiten sind unerheblich.[38] Auf die tatsächliche Nutzung des Gebäudes kommt es nicht an, gleichwohl kann daraus auf die Bezugsfertigkeit geschlossen werden. Bei einem unterschiedlich genutzten Gebäude (teils eigenbetrieblich, teils fremdbetrieblich, teils zu eigenen →*Wohnzwecken*, teils zu fremden Wohnzwecken) genügt es, daß der jeweils selbständige Gebäudeteil nutzbar ist.[39]

---

[32] Vgl. WINKELJOHANN, N. (1997), § 6 EStG, Anm. 414 m. w. N.
[33] Vgl. BFH vom 28.3.1990, S. 815; ebenso zu rein baurechtlichen Kriterien JASER, G./WACKER, R. (1992), S. 34; dagegen kommt es laut BMF-Schreiben vom 15.5.1987, Tz. 4 auf den Erholungs- und Freizeitwert der Wohnung an.
[34] Vgl. BFH vom 31.5.1995a, S. 720.
[35] Vgl. H 44 EStH (Fertigstellung).
[36] Vgl. BFH vom 8.4.1954, S. 175; BFH vom 11.3.1975, S. 659; BFH vom 23.1.1980, S. 365.
[37] Vgl. DRENSECK, W. (1987), S. 354.
[38] Vgl. BFH vom 25.7.1980, S. 152.
[39] Vgl. BFH vom 9.8.1989, S. 132.

Gebäude: Gemäß R 42 Abs. 5 EStR ist ein Gebäude ein Bauwerk auf eigenem oder fremdem Grund und Boden, das Menschen oder Sachen durch räumliche Umschließung Schutz gegen äußere Einflüsse gewährt, den Aufenthalt von Menschen gestattet, fest mit dem Grund und Boden verbunden, von einiger Beständigkeit und standfest ist[40]. Wie ein Gebäude ist auch ein Nutzungsrecht an einem Gebäude zu behandeln, das durch Baumaßnahmen des Nutzungsberechtigten entstanden und ist und →*Herstellungskosten* verursacht hat; hierzu gehört auch ein durch Bauten auf fremdem Grund und Boden geschaffenes Nutzungsrecht[41]. Dem wiederum gleichgestellt ist das →*Erbbaurecht* sowie das sogenannte verliehene Nutzungsrecht im Beitrittsgebiet.[42] Das Gebäude wird nach §§ 93 und 94 BGB regelmäßig zu einem wesentlichen Bestandteil des →*Grundstück*s, es sei denn, es ist nur zu einem vorübergehenden Zweck auf dem Grundstück errichtet worden (§ 95 BGB).

Grundbuch: Unter Grundbuch versteht man nach §§ 894 bis 899, 1144, 1155, 1157 und 1167 BGB ein öffentliches Register, welches beim zuständigen Amtsgericht über alle →*Grundstück*e des betreffenden Bezirks geführt wird und in dem die Rechtsverhältnisse für das einzelne Grundstück auf einem besonderen Grundbuchblatt aufgeführt sind.

Grundstück: Eine Legaldefinition für den Begriff Grundstück bietet das BGB nicht, jedoch wird unter einem Grundstück im Sinne des bürgerlichen Rechts (§ 905 i. V. m. §§ 873 ff. BGB) ein räumlich abgetrennter Teil der Erdoberfläche mit seinen Bestandteilen verstanden, der im →*Grundbuch* mit einer eigenen Grundbuchblattnummer eingetragen ist. Jedes Grundstück ist außerdem im Kataster verzeichnet, welches ein bei der Katasterbehörde geführtes öffentliches Nachweisregister für sämtliche Grundstücke und grundstücksgleichen Rechte mit Angaben über Wirtschaftsart, Größe und genaue Lage ist.[43] § 2 GrEStG bezieht sich auf das bürgerliche Recht und setzt u. a. →*Erbbaurecht*e und →*Gebäude* auf fremdem Boden den Grundstücken gleich. Ebenso zählt nach § 70 BewG ein Gebäude auf

---

[40] Vgl. BFH vom 13.6.1969, S. 517.
[41] Vgl. BFH vom 13.7.1977, S. 6; BFH vom 31.10.1978, S. 399; BFH vom 20.11.1980, S. 68; DRENSECK, W. (1997), § 7 EStG, Anm. 18.
[42] Vgl. JANKE, G. (1993), S. 46 f.; da in der ehemaligen DDR i. d. R. Eigentum an Grund und Boden (Volkseigentum) und an Gebäuden (Privateigentum) auseinanderfielen, war das Bauen auf fremdem Grund und Boden und damit die Gewährung von Nutzungsrechten häufige Praxis, vgl. GRÄF, D. (1988), S. 41 und 43.
[43] Vgl. GERHARDS, H./KELLER, H. (1996), S. 397.

fremdem Grund und Boden zu einem Grundstück, unter dem jede wirtschaftliche Einheit des Grundvermögens zu verstehen ist. Der Begriff Grundvermögen seinerseits umfaßt nach § 68 Abs. 1 BewG u. a. den Grund und Boden, die Gebäude und Erbbaurechte, soweit sie nicht anderen Arten des Grundbesitzes zuzurechnen sind. Grundbesitz wiederum ist nach § 19 Abs. 1 Nr. 1 BewG der Oberbegriff für land- und forstwirtschaftliche Betriebe, für Grundstücke und für Betriebsgrundstücke. Innerhalb der Grundstücke unterscheidet das Bewertungsrecht folgende Arten: Auf unbebauten Grundstücken nach § 72 BewG befinden sich keine benutzbaren Gebäude, baureife Grundstücke nach § 73 BewG sind als Bauland ausgewiesene unbebaute Grundstücke, auf bebauten Grundstücken nach § 74 BewG befinden sich benutzbare Gebäude, die nach § 75 BewG in sechs Kategorien unterschieden werden in, u. a. in →*Einfamilienhäuser* und →*Zweifamilienhäuser*.

Herstellung: Herstellung oder Errichtung eines →*Objekt*es ist die erstmalige Schaffung eines Objektes durch Neubau oder Umgestaltung eines schon vorhandenen Objektes. Ein Objekt ist hergestellt oder der →*Ausbau* oder die →*Erweiterung* ist fertiggestellt (s. auch →*Fertigstellung)*, sobald das Objekt oder der Ausbau oder die Erweiterung nach Abschluß der wesentlichen Bauarbeiten bewohnbar ist.[44]

Herstellungsaufwand: Gemäß R 157 Abs. 3 EStR ist Herstellungsaufwand nach der →*Fertigstellung* des →*Gebäude*s anzunehmen, wenn etwas Neues, bisher nicht Vorhandenes geschaffen wird (z. B. Anbau, Aufstockung, Ausbau des Dachgeschosses, erstmaliger Einbau eines Fahrstuhls usw. [siehe auch H 157 EStH]). Aufwendungen für die Erneuerung von bereits in den →*Herstellungskosten* des Gebäudes enthaltenen Teilen, Einrichtungen oder Anlagen sind nur dann als Herstellungsaufwand zu behandeln, wenn sie so artverschieden sind, daß die Baumaßnahme nicht mehr in erster Linie dazu dient, das Gebäude in seiner bestimmungsgemäßen Nutzungsmöglichkeit zu erhalten, sondern durch etwas Neues, bisher nicht Vorhandenes eine wesentliche Substanzmehrung, erhebliche Wesensänderung oder über den bisherigen Zustand hinausgehende deutliche Verbesserung des Gebäudes zu erreichen. Dadurch tritt entweder eine spürbare Gebrauchswerterhöhung des Gebäudes und maßgebliche Steigerung des Wohnstandards ein, meßbar etwa an einem deutlichen Anstieg der erzielbaren Miete im Vergleich zu einer un-

---

[44] Vgl. BFH vom 11.3.1975, S. 659 und BFH vom 23.1.1980, S. 365.

mittelbar vor der Baumaßnahme zu erzielenden Miete, oder die tatsächliche Gesamtnutzungsdauer des Gebäudes wird deutlich verlängert, wie etwa bei verändernden Arbeiten an tragenden Wänden, Decken oder Fundament, mithin an der die Lebensdauer des Gebäudes bestimmenden Substanz.[45]

Die Grenze zum →*Erhaltungsaufwand* ist fließend, deshalb wird im allgemeinen nur bei verhältnismäßig großen Aufwendungen das Vorliegen von Herstellungsaufwand, der auf die Nutzungsdauer des Gebäudes zu verteilen ist, geprüft; bei Rechnungsbeträgen bis zu 4.000 DM (ohne Umsatzsteuer) für die einzelne Baumaßnahme je Gebäude wird dieser Aufwand auf Antrag stets als sofort abziehbarer Erhaltungsaufwand behandelt. Diese Vereinfachungsregelung gilt jedoch nicht für Aufwendungen, die eindeutig der endgültigen Fertigstellung eines neu errichteten Gebäudes dienen. (Vgl. R 157 Abs. 4 EStR)

Instandsetzungs- und Modernisierungsaufwendungen bilden unabhängig von ihrer Höhe immer dann Herstellungsaufwand (nicht Erhaltungsaufwand), wenn sie für eine →*Erweiterung* entstehen,[46] oder wenn das Gebäude unbrauchbar geworden ist und durch die Instandsetzungsarbeiten unter Verwendung der übrigen noch nutzbaren Teile ein neues Gebäude hergestellt wird[47].

Aufwendungen, die an sich Erhaltungsaufwand wären (z. B. für Tapezieren, für Anstrich von Fenstern und Türen), aber mit Herstellungsaufwand (z. B. Umbau oder →*Ausbau*) zusammenfallen, bilden regelmäßig eine Einheit mit dem Herstellungsaufwand.[48] Dasselbe gilt für einzelne Baumaßnahmen, die in engem räumlichen, zeitlichen und sachlichen Zusammenhang zu Herstellungsarbeiten stehen.[49]

Herstellungskosten: Unter dem Begriff Herstellungskosten sind im allgemeinen alle Aufwendungen zu verstehen, die durch den Verbrauch von Gütern und die Inanspruchnahme von Dienstleistungen für die Herstellung eines Wirtschaftsguts, seine Erweiterung oder für eine über den ursprünglichen Zustand hinausgehende wesentliche Verbesserung entstehen (vgl. § 255 Abs. 2 HGB und R 33 Abs. 1 EStR). Im besonderen zu den Herstellungskosten eines →*Gebäude*s gehören nach R 33a EStR alle bei der Errichtung des Gebäudes oder unselbständiger Gebäudeteile

---

[45] Vgl. BFH vom 12.2.1985, S. 690; BFH vom 13.8.1985, S. 9; STUHRMANN, G. (1997c), S. 659.
[46] Vgl. o. V. (1997a), S. 4013.
[47] Vgl. STUHRMANN, G. (1997c), S. 658.
[48] Vgl. BFH vom 9.3.1962, S. 195; bestätigt BFH vom 9.5.1995, S. 632.
[49] Vgl. BMF-Schreiben vom 16.12.1996, Abschnitt II.

vom Beginn der Bauarbeiten bis zu deren Fertigstellung angefallenen Kosten zuzüglich der Planungskosten, also die reinen Baukosten (z. B. Baumaterial, sämtliche Bauleistungen, Heizungsanlage, sanitäre Einrichtungen, Fahrstuhl, Hofbefestigung, Zäune), die Kosten für den Anschluß an Versorgungs- oder Entsorgungsnetze (z. B. Strom, Gas, Wärme, Wasser, Kanal), die Baunebenkosten (z. B. Architektenhonorar, Gebühr für Baugenehmigung und -abnahme) und eventuelle Abstandszahlungen.[50] Es kommt nicht darauf an, ob die Aufwendungen dem Grunde oder der nach Höhe nach notwendig sind.[51] Weder Herstellungskosten des Gebäudes noch →*Erhaltungsaufwand*, sondern →*Anschaffungskosten* des Grund und Bodens sind die auf das →*Grundstück*eigentum bezogenen, kommunalen Beiträge (z. B. Erschließungskosten, Anliegerbeiträge). *(s. auch Tab. 23, S. 294)*

Immobilien: Der Begriff stammt etymologisch vom lateinischen Adjektiv „immobilis" ab, gleichbedeutend „unbeweglich". Der Terminus ist die allgemeine Bezeichnung für unbewegliches Vermögen, →*Gebäude*, →*Grundstücke* (ggf. einschließlich fest verbundener Sachen) und Liegenschaften (unbewegliche Sachen).[52]

Kauf: →*Anschaffung*, →*Erwerber*, → *Kaufvertrag*

Kaufvertrag: Gemäß § 433 BGB werden durch den Kaufvertrag die Grundpflichten des Verkäufers und des Käufers geregelt, wonach der Verkäufer verpflichtet ist, dem Käufer das durch Kaufvertrag beschriebene Recht zu verschaffen oder die im Vertrag genannte Sache zu übergeben und das →*Eigentum* daran zu verschaffen und der Käufer die Verpflichtung hat, dem Verkäufer den vereinbarten Kaufpreis zu zahlen und die gekaufte Sache abzunehmen. Kaufverträge und andere Verträge, die eine Verpflichtung zur Übertragung bzw. zum →*Erwerb* des Eigentums an einem →*Grundstück* enthalten, bedürfen der →*notariellen Beurkundung* (§ 313 BGB). Ein ohne Notar geschlossener Vertrag wird durch Auflassung (§ 925 BGB) und Eintragung ins →*Grundbuch* (§ 873 BGB) seinem ganzen Inhalt nach gültig (§ 313 BGB).

Miteigentum: Gemäß §§ 1008 ff. BGB liegt Miteigentum nach Bruchteilen vor, wenn mehrere Personen (Miteigentümer), die eine Gemeinschaft nach den §§ 741 ff. BGB an einem ideellen Teil bilden, Eigentum an einer Sache, also z. B. an einem

---

[50] Vgl. ABC der Herstellungskosten bei GLANEGGER, P. (1997), § 6 EStG, Anm. 210.
[51] Vgl. MÄRKLE, R. W./FRANZ, R. (1994), S. 38.
[52] Vgl. WISSENSCHAFTLICHER RAT DER DUDENREDAKTION (Hrsg.) (1990), Stichwort Immobilien.

→*Grundstück*, haben. Damit bleibt das Grundstück an sich ungeteilt. Miteigentum ist dem Alleineigentum und allen darauf bezogenen Vorschriften des BGB rechtlich gleichgestellt, so daß jeder Miteigentümer frei über seinen →*Miteigentumsanteil* verfügen und ihn auf andere Personen übertragen kann, die dann an seine Stelle innerhalb der Miteigentümergemeinschaft treten.

Miteigentumsanteil: Die Größe eines Miteigentumsanteils an einem Objekt wird in einer Teilungserklärung nach freiem Ermessen festgelegt (§§ 3, 8 WEG) und dementsprechend auch im →*Grundbuch* eingetragen. Es kommt nicht darauf an, daß zwischen dem Wert des einzelnen →*Objekt*es und dem Miteigentumsanteil am gemeinschaftlichen →*Eigentum* eine Übereinstimmung besteht.

Nießbrauch: (§§ 1030 bis 1089 BGB) Ein →*Grundstück* kann in der Weise belastet werden, daß derjenige, zu dessen Gunsten die Belastung erfolgt, berechtigt ist, entsprechende - ggf. auch eingeschränkte - Nutzungen aus dem Grundstück zu ziehen (Nießbrauch) (§ 1030 BGB). Der Nießbraucher erlangt damit an den Zubehörteilen des Grundstücks das →*Eigentum* gem. § 926 BGB (§ 1031 BGB). Die auf dem Grundstück ruhenden öffentlichen und privatrechtlichen Lasten, wie z. B. Steuern, Versicherungen, Reparaturen etc., aber auch Zinsen für Hypotheken- und Grundschulden sowie aufgrund einer Rentenschuld zu entrichtende Leistungen, hat der Nießbraucher für die gesamte Dauer des Nießbrauchs zu tragen (§ 1047 BGB). Nießbrauch kann auch am Anteil eines Miteigentümers (s. auch →*Miteigentumsanteil*) bestellt werden (§ 1066 BGB). Das Recht kann veräußert werden. In diesem Fall tritt der →*Erwerber* an die Stelle des bisherigen Berechtigten mit allen mit dem Nießbrauch verbundenen Rechten und Pflichten (§ 1059c BGB). Das Nießbrauchsrecht ist nicht vererblich, mit dem Tod des Nießbrauchers erlischt der Nießbrauch (§ 1061 BGB).[53]

Notarielle Beurkundung: Ein Vertrag über die Übertragung oder den →*Erwerb* von →*Eigentum* oder von einem →*Miteigentumsanteil* an einem →*Grundstück* oder an einem →*Erbbaurecht* sowie die Belastung eines Grundstücks bzw. Erbbaurechts (z. B. mit Hypotheken oder Grundschulden) bedarf der notariellen Beurkundung (§ 313 Satz 1 BGB), anderenfalls kann die Vereinbarung nichtig (§ 125 BGB) oder in Teilen unwirksam (§ 139 BGB) sein (s. auch →*Kaufvertrag*). Die

---

[53] Vgl. ausführlich zur einkommensteuerlichen Behandlung des Nießbrauchs den sogenannten Nießbrauch-Erlaß, BMF-Schreiben vom 15.11.1984, S. 609 ff.

notarielle Beurkundung beinhaltet eine Niederschrift mit der Willenserklärung der Beteiligten, deren Belehrung durch den Notar sowie Ort und Tag der Verhandlung (§§ 8 ff. BeurkG).

Objekt: →*Ausbau*, →*Eigenheim*, →*Eigentumswohnung*, →*Einfamilienhäuser*, →*Erweiterung*, →*Gebäude*, →*Grundstück*, →*Immobilien*, →*Miteigentumsanteil*, →*Wohnung*, →*Zweifamilienhäuser*

Verkehrswert: Der Verkehrswert einer →*Immobilie* wird nach § 194 BauGB durch den Preis bestimmt, der zum Zeitpunkt der Wertermittlung im gewöhnlichen Geschäftsverkehr nach den Eigenschaften, der sonstigen Beschaffenheit und der Lage des →*Grundstück*s ohne Rücksicht auf ungewöhnliche oder persönliche Verhältnisse zu verwirklichen wäre. Er entspricht damit theoretisch dem Marktwert des →*Objekt*s, d. h., dem unter normalen Umständen bei dessen Veräußerung zu erzielenden Verkaufspreis, jedoch handelt es sich im Gegensatz dazu um eine nicht realisierte reine Bewertung[54].

Vorweggenommene Erbfolge: Unter vorweggenommener Erbfolge sind Vermögensübertragungen unter Lebenden mit Rücksicht auf die künftige Erbfolge zu verstehen, wobei der Übernehmende nach dem Willen der Beteiligten eine zumindest teilweise unentgeltliche Zuwendung erhält[55] Der Vermögensübergang tritt nicht kraft Gesetzes, sondern aufgrund einzelvertraglicher Regelungen ein.[56]

Vorkosten: Aufwendungen, die bei selbstgenutztem Wohneigentum nach § 10e Abs. 6 bzw. nach § 10i EStG ggf. begrenzt wie Sonderausgaben abzugsfähig sind, wenn sie vor Beginn der Selbstnutzung angefallen sind und im Vermietungsfalle wie →*Werbungskosten* zu behandeln wären. Sie werden deswegen oftmals auch als Vorbezugskosten oder als Vorweg-Werbungskosten[57] bezeichnet. *(vgl. auch Tab. 23, S. 294)*

Werbungskosten: Nach § 9 Abs. 1 Sätze 1 und 2 EStG sind Werbungskosten Aufwendungen, die zur Erwerbung, Sicherung und Erhaltung von Einnahmen dienen und bei der Einkunftsart abzuziehen, bei der sie erwachsen sind. Für den Bereich der →*Anschaffung* oder →*Herstellung* von →*Wohnungen* und →*Gebäuden* sind vor

---

[54] Vgl. SCHÜTZ, B. (1991), S. 92.
[55] Vgl. BFH vom 5.7.1990, S. 847.
[56] BMF-Schreiben vom 13.1.1993, Tz. 1; vgl. vorgenanntes BMF-Schreiben zugleich ausführlich zur ertragsteuerlichen Behandlung der vorweggenommenen Erbfolge.
[57] Vgl. GERHARDS, H./KELLER, H. (1996), S. 756.

allem die Werbungskosten von Bedeutung, die bei den Vermietungseinkünften abgesetzt werden können. Sie sind zugleich auch beim selbstgenutzten Wohneigentum im Rahmen der entsprechenden Regelung zu den →*Vorkosten* absetzbar.
Hierunter fallen z. B. Abschlußgebühren für Bausparverträge, Beiträge an Hausbe-
sitzervereine, →*Erhaltungsaufwendungen*, Fachliteratur, Geldbeschaffungskosten,
Grundsteuern, Hausversicherungen, Maklerprovisionen, Müllabfuhrgebühren,
Schornstein- und Straßenreinigungsgebühren, Schuldzinsen und vieles mehr.[58]
(vgl. auch Tabelle 23, S. 294)

wirtschaftliches Eigentum: Eigentum (s. auch →*Miteigentum*) an →*Grundstücke*n wird
regelmäßig durch Übertragung des zivilrechtlichen Eigentums erlangt, welches
durch Einigung des Übertragenden und des →*Erwerber*s über den Eigentumsübergang und die Eintragung dieser Rechtsänderung ins →*Grundbuch* begründet wird
(vgl. §§ 873 und 925 ff. BGB). Eigentum an einem →*Gebäude* kann auch gemäß
§ 95 Abs. 1 BGB bei Herstellung eines Gebäudes in Ausübung eines →*dinglichen*
*Recht*s (beispielsweise →*Nießbrauch* oder →*Erbbaurecht*) an einem unbebauten
Grundstück erlangt werden.[59]

Wirtschaftliches Eigentum hat derjenige, der die tatsächliche Sachherrschaft über
ein Wirtschaftsgut (hier: →*Gebäude*/→*Wohnung* [R 42 EStR]) in der Weise ausübt, daß er sogar den zivilrechtlichen Eigentümer im Regelfall für die gewöhnliche Nutzungsdauer von der Einwirkung auf das Wirtschaftsgut wirtschaftlich ausschließen kann (vgl. § 39 Abs. 2 Nr. 1 AO). Für →*Immobilien* speziell setzt die
Annahme von wirtschaftlichem Eigentum voraus, daß der Steuerpflichtige den
nach bürgerlichem Recht Grundstücksberechtigten (d. h., der im Grundbuch ein-
getragene Eigentümer, s. o.) - etwa auch durch vertragliche Vereinbarung - für die
gewöhnliche Nutzungsdauer von der Einwirkung auf das Grundstück ausschließen
kann und somit die tatsächliche Herrschaft über das Grundstück ausübt.[60]

Zur Abschreibung, zur Inanspruchnahme von erhöhten Absetzungen, von Sonderabschreibungen oder von Abzugsbeträgen bei Selbstnutzung berechtigt ist der

---

[58] Vgl. ABC der Werbungskosten bei DRENSECK, W. (1997), § 21 EStG, Anm. 100; vgl. auch R 161
EStR und H 161 EStH zu Sonderfällen und nicht anerkannten Werbungskosten.
[59] Ein solchermaßen erworbenes Eigentum berechtigt ebenfalls zur Inanspruchnahme der § 10e-Förde-
rung, vgl. STUHRMANN, G. (1987a), S. 547 f.; auch BMF-Schreiben vom 31.12.1994, Tz. 3.
[60] Vgl. BFH vom 8.3.1977, S. 629; gestaltend: MÄRKLE, R. W./FRANZ, R. (1994), S. 12 f.

wirtschaftliche Eigentümer der Immobilie, sofern er den Tatbestand der Einkunftserzielung bzw. Selbstnutzung erfüllt.[61]

Wochenendwohnung: →*Ferienwohnung,* →*Wohnung,* →*Wohnzwecke*

Wohnung: Nach bewertungsrechtlichen Abgrenzungsmerkmalen ist unter einer Wohnung eine zu →*Wohnzwecke*n dienende oder zu dienen bestimmte, von anderen Räumen baulich getrennte, abgeschlossene Einheit von Räumen mit eigenem Zugang, der nicht durch einen fremden Wohnbereich führt, zu verstehen, in der die Führung eines selbständigen Haushaltes möglich ist.[62] Dieser Wohnungsbegriff setzt voraus, daß eine Wohnung eine Mindestfläche von 23 m² hat[63], baurechtlich zum dauernden Aufenthalt von Menschen geeignet (s. auch →*Ferienwohnung*) ist[64] und daß in der Wohnung die zur Haushaltsführung notwendige Ausstattung mit Küche oder Kochgelegenheit, Dusche oder Bad und einer Toilette vorhanden ist[65]. Einzelräume bilden daher keine Wohnung; verfügt eine Wohnung allerdings über weitere Nebenräume wie z. B. Kellerräume, Waschküche, Speicher, so gehören diese ebenfalls zur Wohnung.[66] Auch ein →*Gebäude* in der Form des →*Einfamilienhauses* ist danach eine Wohnung.

Wohnzwecke: Nach R 42 a Abs. 2 und 3 EStR dient ein →*Gebäude* Wohnzwecken, wenn es dazu bestimmt und geeignet ist, Menschen auf Dauer Aufenthalt und Unterkunft zu ermöglichen. Gebäude, die überwiegend der vorübergehenden Beherbergung von Personen dienen oder kurzfristig an einen häufig wechselnden Personenkreis vermietet werden, z. B. →*Ferienwohnung*en, dienen deshalb nicht Wohnzwecken. Eine →*Wohnung* dient fremden Wohnzwecken, wenn sie auf Dauer anderen Personen Aufenthalt und Unterkunft ermöglicht und weder zu eigenen Wohnzwecken oder zu betrieblichen Zwecken verwendet wird oder verwendet werden soll.[67]

Zu den Wohnzwecken dienenden Räumen gehören die Wohn- und Schlafräume, Küchen und Nebenräume einer Wohnung, die zur räumlichen Ausstattung einer

---

[61] Vgl. DRENSECK, W. (1997), § 7 EStG, Anm. 25.
[62] Vgl. BFH vom 5.10.1984, S. 151 f.; FinMin (NW) - Erlaß vom 15.5.1985, S. 201; MEYER, B. (1997), § 10e EStG, Anm. 53.
[63] Vgl. BFH vom 4.7.1990, S. 131; laut FinMin (NW) - Erlaß vom 22.1.1991, S. 177 ist bei Appartements in Studenten- und Altenwohnheimen bereits eine Mindestfläche von 20 m² ausreichend
[64] Vgl. BFH vom 24.4.1991, S. 683; gleichlautend FG Hamburg vom 1.2.1994, S. 777.
[65] Vgl. BFH vom 5.10.1984, S. 151; BFH vom 22.10.1984, S. 318; BFH vom 8.2.1985, S. 319.
[66] Vgl. BMF-Schreiben vom 25.10.1990, Tz. 8; sowie BMF-Schreiben vom 31.12.1994, Tz. 9.
[67] Vgl. LEBERFINGER, S. (1990), S. 171 und SPANKE, E. (1990), S. 145.

Wohnung zählenden Räume, wie Boden-, Keller-, Trocken-, Fahrrad- und Kinderwagenräume, Waschküchen, Vorplätze usw., gleichgültig ob sie von einzelnen oder allen Hausbewohnern gemeinsam genutzt werden können, und die zu einem Wohngebäude gehörenden Garagen (R 42a Abs. 3 EStR), ggf. auch Garagen auf einem anderen →*Grundstück* des Steuerpflichtigen in geringer Entfernung vom Gebäude[68].

Ein Gebäude dient gemäß § 82b Abs. 1 Satz 2 EStDV überwiegend Wohnzwecken, wenn die Grundfläche der Räume des Gebäudes, die Wohnzwecken dienen, zusammengenommen mehr als die Hälfte der gesamten Nutzfläche des Gebäudes beträgt.

Zweifamilienhäuser: Zweifamilienhäuser sind Wohngrundstücke, die nur zwei →*Wohnung*en enthalten. Eine weitere Wohnung, auch wenn sie nur von untergeordneter Bedeutung ist - mit Ausnahme von Wohnungen des Hauspersonals (Pförtner, Gärtner, Heizer, Wächter usw.) - steht dem Begriff „Zweifamilienhaus" entgegen (vgl. § 75 Abs. 6 BewG).

Tab. 23: Zuordnung der Aufwendungen bei Erwerb/Herstellung des selbstgenutzten Wohneigentums (Quellen: H 32a, 33a und 161 EStH; DRENSECK, W. (1997), § 21 EStG, Anm. 100; GLANEGGER, P. (1997), § 6 EStG, Anm. 140 und 210.)

Spalte (1): Anschaffungs- bzw. Herstellungskosten des Gebäudes
Spalte (2): Anschaffungskosten des Grund und Bodens
Spalte (3): sofort absetzbare Werbungskosten bzw. Vorbezugskosten
Spalte (4): nicht abzugsfähige Kosten der privaten Lebensführung gem. § 12 EStG

Art der Aufwendungen	(1)	(2)	(3)	(4)
Abbruchkosten - in direktem Zusammenhang mit dem Neubau	x			
- ohne unmittelbaren Zusammenhang		x		
Abstandszahlungen zur Ablösung von Rechten Dritter	x			
Abwasserableitung (Hausanschluß)	x			
Alarmanlage	x			
Anliegerbeiträge		x		
Anschaffungsnaher Herstellungsaufwand	x			
Anschluß für Wasser, Strom, Gas, Fernwärme etc. (Hausanschluß)	x			
Ansiedlungsbeiträge		x		
Architektenhonorar	x			
Auflassungskosten (Grundbuchamt) - für das Gebäude	x			
- für das Grundstück		x		

---

[68] Vgl. BFH vom 9.10.1964, S. 13.

Art der Aufwendungen	(1)	(2)	(3)	(4)
Badezimmerofen	x			
Bar				x
Bauberufsgenossenschaftsbeitrag (bei Errichtung in Eigenleistung)	x			
Baumaterial (auch aus Privatvermögen)	x			
Bauplanung (Original und alle Änderungen)	x			
Bauwesen- / Bauhaftpflichtversicherung			x	
Bereitstellungsgebühren für Darlehen			x	
Bereitstellungszinsen			x	
Breitbandkabel	x			
Damnum / Disagio			x	
Deckenvertäfelung (früher nicht absetzbar!)	x			
Diebstahl von Baumaterialien	x			
Eigenleistungen				x
Einbaumöbel - Küchenspüle, Herd, ggf. Dunstabzug	x			
- sonstige				x
Einfriedung des Grundstücks mit Büschen oder Hecke	x			
Einstellplätze für Fahrzeuge	x			
Enttrümmerung	x			
Erdaushub	x			
Erschließungsbeiträge		x		
Fahrstuhl	x			
Fahrtkosten zur Baustelle (0,52 DM pro gefahrenen Kilometer)	x			
Fahr- und Gehwege (zu Architekt, Bank, Behörde etc.)	x			
Fernsehantenne (auch Sammelantenne)	x			
Fundamentverstärkung	x			
Gebühr für Bauerlaubnis und Bauabnahme	x			
Geldbeschaffungskosten (Kreditgebühren, Provisionen, Notar etc.)			x	
Grundbucheintragung - nur Gebäude oder komplette Immobilie	x			
- nur Grundstück		x		
Grunderwerbsteuer (anteilig)	x	x		
Gutachterkosten - für Gebäude	x			
- für Kredit			x	
Heizungsanlage einschließlich Heizkörper	x			
Herde und Öfen	x			
Hofbefestigungen (teilweise früher zu den Grundstückskosten)	x			
Kanalanschlußkosten (Gemeindegebühr)		x		
Kaufpreis - für Gebäude	x			
- für Grundstück		x		
Kinderspielplatz, eigener				x
Klimagerät				x
Küchenspüle	x			
Küchenentlüftung	x			

Art der Aufwendungen	(1)	(2)	(3)	(4)
Maklerprovision - für Gebäude	x			
- für Grundstück		x		
- für Kreditvermittlung			x	
Notarkosten - für Gebäude	x			
- für Grundstück		x		
- für Grundschuldbestellung			x	
Reisekosten zur Besichtigung in Frage kommender Kaufobjekte			x	
Rentenbarwert als Gebäudepreis	x			
Richtfestkosten	x			
Sanitäre Anlagen	x			
Sauna				x
Schranktrennwände				x
Schwimmbad im Haus (früher nicht absetzbar!)	x			
Schwimm- und Planschbecken im Garten				x
Statikergebühren	x			
Steuerberaterkosten - für Gebäudeanschaffung	x			
- für reinen Grundstückskauf		x		
Straßenanliegerbeiträge		x		
Straßenzufahrt	x			
Teppichböden (fest verlegt oder auf Estrich)	x			
Umzäunungen	x			
Unentgeltliche Fremdarbeit (Nachbarschaftshilfe)				x
Verbindlichkeiten (übernommene und auf Kaufpreis angerechnet)	x			
Verpflegungsmehraufwand (Bauarbeiter, eigener auf Baustelle)	x			
Waschmaschine				x
Wasserenthärtungsanlage	x			
Wohnzimmermarkise	x			
Zinsen für Darlehen			x	
Zwangsversteigerungsgerichtskosten - für Gebäudeerwerb	x			
- für Grundstückserwerb		x		

Anhang II: Darstellung der Menüdialoge und des Tabellenblatts >HILFE<

Anhang   II/1: Darstellung des Dateneingabedialogs

Eingabe der Basisdaten für die Analyse		☒
Allgemeine Angaben		
Gesamtbetrag der Einkünfte im 1. Förderjahr	100000	DM
Jährlich erwarteter, durchschnittlicher Einkunftszuwachs (in %)	2	%
Kinderfreibetrag gem. § 32 Abs. 6 EStG (Faktor 0,5)	1	
Objekttyp: ⦿ Neubau ○ Altbau ○ Ausbau / Erweiterung		
AK/HK des Gebäude(teil)s bzw. HK des Ausbaus	300000	DM
AK Grund und Boden (mit Nebenkosten)	60000	DM
Vorbezugskosten (ohne Erhaltungsaufwendungen)	3500	DM
Erhaltungsaufwendungen	0	DM
Kalkulationszinssatz für Anlage des Förderungsvorteils (in %)	5	%
Angaben für § 10e EStG (1994)		
Darlehenszinsen in 1994	12000	DM
Darlehenszinsen ab 1995	12000	DM
Angaben für Eigenheimzulage		
Gesamtbetrag der Einkünfte im Vorjahr	100000	DM
Geleisteter Aufwand für "Öko-Wärme"-Zulage nach § 9 Abs. 3 EigZulG	0	DM
☐ "Niedrigenergiehaus"-Zulage nach § 9 Abs. 4 EigZulG wird gewährt		

Buttons: Hilfe, Abbrechen, OK

Anhang   II/2:   Darstellung des Dialogs >Informationen zum Programm<

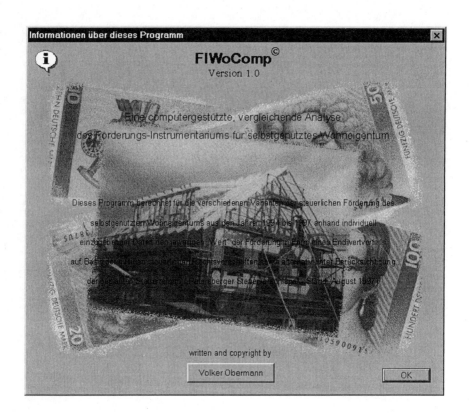

Anhang   II/3: Darstellung des Dialogs >Informationen zum Autor<

Anhang   II/4: Darstellung des Dialogs > Hilfe zu FIWoComp <

Hilfe zu FIWoComp

 Wählen Sie aus dem Menü „Wohneigentumsförderung" das Menüelement „neue Analyse". Dieser Aufruf ist jederzeit aus allen Tabellenblättern heraus möglich.

Im daraufhin erscheinenden Dialogfenster müssen die individuellen Daten (bei Zahlen mindestens ein Wert 0, keine negativen Werte) für eigene Vorteilhaftigkeitsberechnungen der verschiedenen Eigenheimförderungen eingegeben werden. Erklärungen zu den im einzelnen verlangten Angaben bietet das Arbeitsblatt „HILFE".

Die Ergebnisse der Berechnungen sind durch Anwählen des passenden Registers („§10e(94),ledig" bis „EigZulG(97),verh.,Reform") für die jeweilige Fördervariante im Detail nachzuvollziehen oder auf dem Arbeitsblatt „Zusammenfassung" in einer Übersicht zu betrachten.

Tabellen, deren Registername mit „Abb." beginnt, stellen diverse Analysen dar. Sie werden durch die individuellen Berechnungen nicht verändert.

Für Ausdrucke können die bekannten EXCEL-Funktionen genutzt werden.

| OK |

Anhang   II/5: Darstellung des Tabellenblatts >HILFE<

Erläuterungen zu den einzelnen Datenfeldern des Eingabedialogs:

Die einzelnen Eingabefelder können entweder direkt per Maus angeklickt oder nacheinander durch die Tabulatortaste erreicht und durch Eingeben von Werten oder mittels Pfeiltasten bearbeitet werden. **Negative Zahlenwerte können grundsätzlich nicht eingegeben werden!**

Die folgenden Daten, die für sämtliche Fördervarianten gelten, sind in dem Gruppenfeld "Allgemeine Angaben" des Dateneingabedialogs zusammengefaßt:

Gesamtbetrag der Einkünfte im 1. Förderjahr:
In diesem Bearbeitungsfeld ist ein nicht-negativer Betrag gem. § 2 Abs. 3 EStG einzugeben, der unabhängig von der Wohneigentumsförderungs-Variante im ersten Jahr der Förderungsinanspruch-nahme bei dem bzw. den Steuerpflichtigen anfällt/anfallen soll.

Jährlich erwarteter, durchschnittlicher Einkunftszuwachs (in %):
Hier kann die durchschnittlich erwartete, prozentuale jährliche Steigerung des Gesamtbetrags der Einkünfte im Verlauf des achtjährigen Förderzeitraums innerhalb eines Intervalls von 0 % bis 20 % eingegeben werden. Die Eingabe von durchschnittlichen Zuwachsraten über 20 % ist nicht möglich.

Kinderfreibetrag gem. § 32 Abs. 6 EStG (Faktor 0,5):
Hierdurch wird die Anzahl der steuerlich mit dem betreffenden Freibetrag zu berücksichtigenden Kinder erfaßt. Dabei wird für die Berechnung der "Kinderkomponente" in den jeweiligen Fördervarianten hier selbsttätig unterstellt, daß die angegebene Kinderzahl zum Haushalt des/der Steuerpflichtigen zählt. Da führt bei Ledigen außerdem zur automatischen Berücksichtigung eines Haushaltsfreibetrages gem. § 32 Abs. 7 EStG. Mit dem direkt rechts neben dem Eingabefeld liegenden Drehfeld läßt sich der Wert (bei Tastaturbedienung mittels Pfeiltasten) in steuerlichen 0,5-Schritten zwischen 0 und 20 Kindern variieren.

Objekttyp:
An dieser Stelle ist die zu fördernde Objektart aus den vorgegebenen Optionen "Neubau", "Altbau" oder "Ausbau / Erweiterung" zu wählen (bei Tastaturbedienung mittels Pfeiltasten).

AK/HK des Gebäude(teil)s bzw. HK des Ausbaus:
Hier sind die (steuerlich anerkannten) insgesamt anfallenden Kosten für die Anschaffung/Kauf bzw. Herstellung/Errichtung des reinen Gebäude(teil)s einschließlich aller evtl. Zusatz-, Neben- und nach-träglichen Kosten, aber ohne evtl. Anschaffungskosten für Grund und Boden anzugeben.

AK Grund und Boden (mit Nebenkosten):
Die auf den Grund und Boden entfallenden Anschaffungskosten einschließlich der hier zurechenbaren Anschaffungsnebenkosten (z. B. Grunderwerbsteuer, Gebühr Grundbuchamt) sind hier einzutragen.

Vorbezugskosten (ohne Erhaltungsaufwendungen):
Hier können die Aufwendungen berücksichtigt werden, die vor Beginn der erstmaligen Nutzung einer Wohnung zu eigenen Wohnzwecken entstanden sind, aber nicht zu den AK/HK des Objektes zählen, sondern wie Werbungskosten (z. B. Bereitstellungszinsen) im Vermietungsfalle behandelt würden. Bei Förderung nach dem EigZulG werden Vorkosten generell mit einer Pauschale von 3.500 DM abgegolten

Erhaltungsaufwendungen:
Aufwendungen, die wie Vorbezugskosten vor Bezug anfallen, aber die eigentliche Nutzung zu Wohn-zwecken überhaupt erst ermöglichen (z. B. Reparaturkosten) sind in diesem Feld einzutragen. Sie werden nicht bei Ausbauten anerkannt und gegebenenfalls auf 15 % der Gebäude-HK (bei § 10e-Förderung), aber maximal auf 22.500 DM (bei allen Fördervarianten) begrenzt.

Kalkulationszinssatz für Anlage des Förderungsvorteils (in %):
Hier ist der durchschnittlich erwartete Habenzinssatz (z. B. 5,23 %) anzugeben, zu dem während des achtjährigen Förderzeitraums der durch die Fördermaßnahme entstehende geldliche Vorteil auf dem Kapitalmarkt angelegt werden könnte. Dabei ist ein Intervall von 0 % bis 25 % vorgesehen.

Für die Berechnung der Vorteilhaftigkeit nach § 10e EStG in der Fassung von 1994 benötigt das Programm noch die folgenden "Angaben für § 10e EStG (1994)":

Darlehenszinsen in 1994:
Hier sind die begünstigten, in Zusammenhang mit einer Neubau-Maßnahme im Jahr 1994 nach Bezug des selbstgenutzten Gebäude(teil)s aufgewendeten Schuldzinsen gem. § 10e Abs. 6a EStG einzu-setzen. Die Höhe wird für die Berechnungen gegebenenfalls automatisch auf 12.000 DM begrenzt.

Darlehenszinsen ab 1995:
Die hier eingegebenen Schuldzinsbeträge sollen für 1995 bis 1997 konstant sein. Sie werden nötigen-falls wiederum auf 12.000 DM begrenzt. Sollte der maximale Betrag von 12.000 DM für 1994 nicht in vollem Umfang ausgeschöpft worden sein, so wird die entstandene Differenz als Abzugsnachhol-möglichkeit ins Jahr 1997 übertragen.

Bei den Berechnungen auf Basis des Eigenheimzulagengesetzes sind zusätzlich folgende "Angaben für Eigenheimzulage" erforderlich:

Gesamtbetrag der Einkünfte im Vorjahr:
Hier ist der Betrag gem. § 2 Abs. 3 EStG einzusetzen, der sich für den bzw. die Steuerpflichtigen im Jahr unmittelbar vor Beginn der Förderung ergibt. Damit wird die Einkunftsgrenze notwendig geprüft.

Geleisteter Aufwand für "Öko-Wärme"-Zulage nach § 9 Abs. 3 EigZulG:
Die unter den im Gesetz genannten Voraussetzungen begünstigten Gesamt-Aufwendungen für heiz-energiesparende Maßnahmen, z. B. den Einbau bestimmter Wärmepumpen, Solaranlagen oder Anlagen zur Wärmerückgewinnung, die tatsächlich erbracht wurden, sind hier einzutragen. Das Programm begrenzt ggf. die zu gewährende "Öko-Wärme"-Zulage auf maximal 500 DM jährlich.

"Niedrigenergiehaus" Zulage nach § 9 Abs. 4 EigZulG wird gewährt:
Falls die gesetzlichen Voraussetzungen dieser Zusatzförderung für Niedrigenergiehäuser erfüllt sind, muß das Kontrollkästchen aktiviert sein (bei Tastaturbedienung durch Eingabe von "z"). Es wird dann automatisch der pauschale Förderungsbetrag von jährlich 400 DM berücksichtigt.

Anhang III: Darstellung der Programmrechentabellen mit Standardbasisdaten

Anhang   III/1: Darstellung des Tabellenblatts >Basisdaten<

Aktuelle Basisdaten zur Analyse aller Varianten der Wohneigentumsförderung für Ledige (Einzelveranlagung) und Verheiratete (Zusammenveranlagung)	
Gesamtbetrag der Einkünfte im Vorjahr (vor erstmaliger Förderung)	100.000 DM
Gesamtbetrag der Einkünfte im 1. Förderjahr	100.000 DM
Jährlicher erwarteter Zuwachs des Gesamtbetrags der Einkünfte (in %)	2,00%
Abziehbarer Kinderfreibetrag gem. § 32 Abs. 6 EStG (Faktor 0,5)	1
Objekttyp (Neubau, Altbau, Ausbau / Erweiterung)	Neubau
Anschaffungs-/ Herstellungskosten (HK) des Gebäude(teil)s bzw. HK Ausbau	300.000 DM
Anschaffungskosten des Grundstücks (mit Nebenkosten)	60.000 DM
Vorbezugskosten (ohne Erhaltungsaufwendungen)	3.500 DM
Erhaltungsaufwendungen	0 DM
Darlehenszinsen in 1994	12.000 DM
Darlehenszinsen ab 1995	12.000 DM
Kalkulationszins für die Wiederanlage des Förderungsvorteils (in %)	5,00%
Geleisteter Aufwand (in DM) für "Öko-Wärme"-Zulage (§ 9 Abs. 3 EigZulG)	0 DM
Kriterien für "Niedrigenergiehaus"-Zulage (§ 9 Abs. 4 EigZulG) erfüllt? (ja/nein)	nein
Hier sind noch einmal die Angaben zusammengestellt, die für die aktuelle Analyse sämtlicher Förderinstrumente in allen Berechnungsvarianten herangezogen wurden. Das Ergebnis ist in den jeweiligen Arbeitsblättern (von "*§10e(94),ledig*" bis "*Zusammenfassung*") nachzulesen. Für weitere Analysen wählen Sie bitte das Menü **"Wohneigentumsförderung"** in der Menüleiste und aktivieren dann das Element **"neue Analyse"**. Erklärungen zu den Eingabedaten bietet das Arbeitsblatt **"HILFE"**.	

Anhang III/2: Rechentabelle für Ledige mit § 10e EStG - Förderung (1994)

Basisdaten bei Einzelveranlagung, Analyse der Förderung nach § 10e EStG 1994

Parameter	Wert	Parameter	Wert
Gesamtbetrag der Einkünfte im Vorjahr	irrelevant	Vorbezugskosten	3.500 DM
Gesamtbetrag der Einkünfte im 1. Förderjahr	100.000 DM	Erhaltungsaufwendungen	0 DM
Jährlicher erwarteter Einkunftszuwachs (in %)	2,00%	Darlehenszinsen in 1994	12.000 DM
Kinderfreibetrag (Faktor 0,5)	1	Darlehenszinsen ab 1995	12.000 DM
Objekttyp (Neubau, Altbau, Ausbau/Erweiterung)	Neubau	Kalkulationszins (in %)	5,00%
AK/HK Gebäude(teil) bzw. HK Ausbau (mit ANK)	300.000 DM	Zulage § 9 Abs. 3 EigZulG	irrelevant
Anschaffungskosten Grundstück (mit ANK)	60.000 DM	Zulage § 9 Abs. 4 EigZulG	irrelevant

Jahr	1994	1995	1996	1997	1998	1999	2000	2001
Anfangsbestand	0 DM							
Liquiditätsverbesserung:								
Zinsen auf Vorjahressaldo	0 DM	709 DM	1.456 DM	2.240 DM	2.840 DM	3.400 DM	3.993 DM	4.622 DM
Steuerminderzahlung	14.183 DM	14.227 DM	14.235 DM	9.757 DM	8.358 DM	8.449 DM	8.589 DM	8.709 DM
Endwertvorteil:	14.183 DM	29.119 DM	44.810 DM	56.807 DM	68.005 DM	79.855 DM	92.436 DM	105.767 DM
Steuerberechnung ohne Förderung								
Gesamtbetrag der Einkünfte	100.000 DM	102.000 DM	104.040 DM	106.121 DM	108.243 DM	110.408 DM	112.616 DM	114.869 DM
./. Vorsorgepauschale § 10c Abs. 2 EStG	3.888 DM	3.888 DM	3.888 DM	3.888 DM	3.888 DM	3.888 DM	3.888 DM	3.888 DM
./. Pauschbetrag § 10c Abs. 1 EStG	108 DM	108 DM	108 DM	108 DM	108 DM	108 DM	108 DM	108 DM
./. Kinderfreibetrag § 32 Abs. 6 EStG	4.104 DM	4.104 DM	6.264 DM	6.912 DM	6.912 DM	6.912 DM	6.912 DM	6.912 DM
./. Haushaltsfreibetrag § 32 Abs. 7 EStG	5.616 DM	5.616 DM	5.616 DM	5.616 DM	5.616 DM	5.616 DM	5.616 DM	5.616 DM
z.v.E. ohne Förderung	86.284 DM	88.284 DM	88.164 DM	89.597 DM	91.719 DM	93.884 DM	96.092 DM	98.345 DM
ESt ohne Förderung	24.594 DM	25.455 DM	25.408 DM	26.042 DM	26.970 DM	27.935 DM	28.940 DM	29.985 DM
SolZ ohne Förderung		1.909 DM	1.906 DM	1.953 DM	1.483 DM	1.536 DM	1.592 DM	1.649 DM
Steuerzahlung ohne Förderung	*24.594 DM*	*27.364 DM*	*27.374 DM*	*27.995 DM*	*28.453 DM*	*29.471 DM*	*30.532 DM*	*31.634 DM*
Steuerberechnung mit Förderung								
Gesamtbetrag der Einkünfte	100.000 DM	102.000 DM	104.040 DM	106.121 DM	108.243 DM	110.408 DM	112.616 DM	114.869 DM
+ Zinsen auf Vorjahressaldo ./. FB	0 DM	0 DM	0 DM	0 DM	0 DM	0 DM	0 DM	0 DM
./. Vorsorgepauschale § 10c Abs. 2 EStG	3.888 DM	3.888 DM	3.888 DM	3.888 DM	3.888 DM	3.888 DM	3.888 DM	3.888 DM
./. Pauschbetrag § 10c Abs. 1 EStG	108 DM	108 DM	108 DM	108 DM	108 DM	108 DM	108 DM	108 DM
./. Kinderfreibetrag § 32 Abs. 6 EStG	4.104 DM	4.104 DM	6.264 DM	6.912 DM	6.912 DM	6.912 DM	6.912 DM	6.912 DM
./. Haushaltsfreibetrag § 32 Abs. 7 EStG	5.616 DM	5.616 DM	5.616 DM	5.616 DM	5.616 DM	5.616 DM	5.616 DM	5.616 DM
./. Vorbezugskosten § 10e Abs. 6 EStG	3.500 DM	0 DM	0 DM	0 DM	0 DM	0 DM	0 DM	0 DM
./. Erhaltungsaufwendungen nach § 10e Abs. 6 Satz 3 EStG	0 DM	0 DM	0 DM	0 DM	0 DM	0 DM	0 DM	0 DM
./. Schuldzinsenabzug nach § 10e Abs. 6a EStG	12.000 DM	12.000 DM	12.000 DM	0 DM	0 DM	0 DM	0 DM	0 DM
mögliche Grundförderung nach § 10e Abs. 1 EStG	19.800 DM	19.800 DM	19.800 DM	19.800 DM	16.500 DM	16.500 DM	16.500 DM	16.500 DM
./. § 10e Abs. 1 EStG Grundförderung	19.800 DM	19.800 DM	19.800 DM	19.800 DM	16.500 DM	16.500 DM	16.500 DM	16.500 DM
verbleibender § 10e - Vortrag	0 DM	0 DM	0 DM	0 DM	0 DM	0 DM	0 DM	0 DM
z.v.E. mit Förderung	50.984 DM	56.484 DM	56.364 DM	69.797 DM	75.219 DM	77.384 DM	79.592 DM	81.845 DM
tarifliche ESt mit Förderung	11.411 DM	13.221 DM	13.166 DM	17.996 DM	20.048 DM	20.926 DM	21.799 DM	22.730 DM
Baukindergeldanspruch	1.000 DM	1.000 DM	1.000 DM	1.000 DM	1.000 DM	1.000 DM	1.000 DM	1.000 DM
z.v.E.-Grenze für maximalen Baukindergeldabzug	10.907 DM	10.907 DM	15.929 DM	15.929 DM	16.199 DM	16.901 DM	16.901 DM	16.901 DM
./. Baukindergeld § 34f EStG	1.000 DM	1.000 DM	1.000 DM	1.000 DM	1.000 DM	1.000 DM	1.000 DM	1.000 DM
verbleibender Baukindergeldvortrag	0 DM	0 DM	0 DM	0 DM	0 DM	0 DM	0 DM	0 DM
festzusetzende ESt	10.411 DM	12.221 DM	12.166 DM	16.966 DM	19.048 DM	19.926 DM	20.799 DM	21.730 DM
SolZ mit Förderung		917 DM	912 DM	1.272 DM	1.048 DM	1.096 DM	1.144 DM	1.195 DM
Steuerzahlung mit Förderung	*10.411 DM*	*13.138 DM*	*13.078 DM*	*18.238 DM*	*20.096 DM*	*21.022 DM*	*21.943 DM*	*22.925 DM*

Anhang   III/3:   Rechentabelle für Ledige mit § 10e EStG - Förderung (1994)
unter Berücksichtigung des Reformtarifs 1999

Basisdaten bei Einzelveranlagung, Analyse der Förderung nach § 10e EStG 1994 mit Steuerreformtarif 1999

Gesamtbetrag der Einkünfte im Vorjahr	irrelevant	Vorbezugskosten	3.500 DM
Gesamtbetrag der Einkünfte im 1. Förderjahr	100.000 DM	Erhaltungsaufwendungen	0 DM
Jährlicher erwarteter Einkunftszuwachs (in %)	2,00%	Darlehenszinsen in 1994	12.000 DM
Kinderfreibetrag (Faktor 0,5)	1	Darlehenszinsen ab 1995	12.000 DM
Objekttyp (Neubau, Altbau, Ausbau/Erweiterung)	Neubau	Kalkulationszins (in %)	5,00%
AK/HK Gebäude(teil) bzw. HK Ausbau (mit ANK)	300.000 DM	Zulage § 9 Abs. 3 EigZulG	irrelevant
Anschaffungskosten Grundstück (mit ANK)	60.000 DM	Zulage § 9 Abs. 4 EigZulG	irrelevant

Jahr	1994	1995	1996	1997	1998	1999	2000	2001
Anfangsbestand	0 DM	14.183 DM	29.119 DM	44.810 DM	56.807 DM	68.005 DM	78.940 DM	90.272 DM
Liquiditätsverbesserung:								
Zinsen auf Vorjahressaldo		709 DM	1.456 DM	2.240 DM	2.840 DM	3.400 DM	3.947 DM	4.514 DM
Steuerminderzahlung	14.183 DM	14.227 DM	14.235 DM	9.757 DM	8.358 DM	7.535 DM	7.385 DM	7.219 DM
Endwertvorteil	14.183 DM	29.119 DM	44.810 DM	56.807 DM	68.005 DM	78.940 DM	90.272 DM	**102.005 DM**
Steuerberechnung ohne Förderung								
Gesamtbetrag der Einkünfte	100.000 DM	102.000 DM	104.040 DM	106.121 DM	108.243 DM	110.408 DM	112.616 DM	114.869 DM
./. Vorsorgepauschale § 10c Abs. 2 EStG	3.888 DM	3.888 DM	3.888 DM	3.888 DM	3.888 DM	3.888 DM	3.888 DM	3.888 DM
./. Pauschbetrag § 10c Abs. 1 EStG	108 DM	108 DM	108 DM	108 DM	108 DM	108 DM	108 DM	108 DM
./. Kinderfreibetrag § 32 Abs. 6 EStG	4.104 DM	4.104 DM	6.264 DM	6.912 DM	6.912 DM	6.912 DM	6.912 DM	6.912 DM
./. Haushaltsfreibetrag § 32 Abs. 7 EStG	5.616 DM	5.616 DM	5.616 DM	5.616 DM	5.616 DM	5.616 DM	5.616 DM	5.616 DM
z.v.E. ohne Förderung	86.284 DM	88.284 DM	88.164 DM	89.597 DM	91.719 DM	93.884 DM	96.092 DM	98.345 DM
ESt ohne Förderung	24.594 DM	25.455 DM	25.408 DM	26.042 DM	26.970 DM	24.382 DM	25.245 DM	26.130 DM
SolZ ohne Förderung		1.909 DM	1.906 DM	1.953 DM	1.483 DM	1.341 DM	1.388 DM	1.437 DM
Steuerzahlung ohne Förderung	24.594 DM	27.364 DM	27.314 DM	27.995 DM	28.453 DM	25.723 DM	26.633 DM	27.567 DM
Steuerberechnung mit Förderung								
Gesamtbetrag der Einkünfte	100.000 DM	102.000 DM	104.040 DM	106.121 DM	108.243 DM	110.408 DM	112.616 DM	114.869 DM
+ Zinsen auf Vorjahressaldo ./. FB	0 DM	0 DM	0 DM	0 DM	0 DM	300 DM	847 DM	1.414 DM
./. Vorsorgepauschale § 10c Abs. 2 EStG	3.888 DM	3.888 DM	3.888 DM	3.888 DM	3.888 DM	3.888 DM	3.888 DM	3.888 DM
./. Pauschbetrag § 10c Abs. 1 EStG	108 DM	108 DM	108 DM	108 DM	108 DM	108 DM	108 DM	108 DM
./. Kinderfreibetrag § 32 Abs. 6 EStG	4.104 DM	4.104 DM	6.264 DM	6.912 DM	6.912 DM	6.912 DM	6.912 DM	6.912 DM
./. Haushaltsfreibetrag § 32 Abs. 7 EStG	5.616 DM	5.616 DM	5.616 DM	5.616 DM	5.616 DM	5.616 DM	5.616 DM	5.616 DM
./. Vorbezugskosten § 10e Abs. 6 EStG	3.500 DM							
./. Erhaltungsaufwendungen § 10e Abs. 6 Satz 3 EStG	0 DM							
./. Schuldzinsenabzug nach § 10e Abs. 6a EStG	12.000 DM	12.000 DM	12.000 DM	0 DM	0 DM	0 DM	0 DM	0 DM
mögliche Grundförderung nach § 10e Abs. 1 EStG	19.800 DM	19.800 DM	19.800 DM	19.800 DM	16.500 DM	16.500 DM	16.500 DM	16.500 DM
./. § 10e Abs. 1 EStG Grundförderung	19.800 DM	19.800 DM	19.800 DM	19.800 DM	16.500 DM	16.500 DM	16.500 DM	16.500 DM
verbleibender § 10e - Vortrag	0 DM	0 DM	0 DM	0 DM	0 DM	0 DM	0 DM	0 DM
z.v.E. mit Förderung	50.984 DM	56.484 DM	56.364 DM	69.797 DM	75.219 DM	77.684 DM	80.439 DM	83.258 DM
tarifliche ESt mit Förderung	11.411 DM	13.221 DM	13.166 DM	17.966 DM	20.048 DM	18.240 DM	19.245 DM	20.287 DM
Baukindergeldanspruch	1.000 DM	1.000 DM	1.000 DM	1.000 DM	1.000 DM	1.000 DM	1.000 DM	1.000 DM
z.v.E.-Grenze für maximalen Baukindergeldabzug	10.907 DM	10.907 DM	15.929 DM	15.929 DM	16.199 DM	19.223 DM	19.223 DM	19.223 DM
./. Baukindergeld § 34f EStG	1.000 DM	1.000 DM	1.000 DM	1.000 DM	1.000 DM	1.000 DM	1.000 DM	1.000 DM
verbleibender Baukindergeldvortrag	0 DM	0 DM	0 DM	0 DM	0 DM	0 DM	0 DM	0 DM
festzusetzende ESt	10.411 DM	12.221 DM	12.166 DM	16.966 DM	19.048 DM	17.240 DM	18.245 DM	19.287 DM
SolZ mit Förderung		917 DM	912 DM	1.272 DM	1.048 DM	948 DM	1.003 DM	1.061 DM
Steuerzahlung mit Förderung	10.411 DM	13.138 DM	13.078 DM	18.238 DM	20.096 DM	18.188 DM	19.248 DM	20.348 DM

Anhang   III/4: Rechentabelle für Verheiratete mit § 10e EStG - Förderung (1994)

Basisdaten bei Zusammenveranlagung, Analyse der Förderung nach § 10e EStG 1994

Gesamtbetrag der Einkünfte im Vorjahr	irrelevant	Vorbezugskosten	3.500 DM
Gesamtbetrag der Einkünfte im 1. Förderjahr	100.000 DM	Erhaltungsaufwendungen	0 DM
Jährlicher erwarteter Einkunftszuwachs (in %)	2,00%	Darlehenszinsen in 1994	12.000 DM
Kinderfreibetrag (Faktor 0,5)	1	Darlehenszinsen ab 1995	12.000 DM
Objekttyp (Neubau, Altbau, Ausbau/Erweiterung)	Neubau	Kalkulationszins (in %)	5,00%
AK/HK Gebäude(teil) bzw. HK Ausbau (mit ANK)	300.000 DM	Zulage § 9 Abs. 3 EigZulG	irrelevant
Anschaffungskosten Grundstück (mit ANK)	60.000 DM	Zulage § 9 Abs. 4 EigZulG	irrelevant

Jahr	1994	1995	1996	1997	1998	1999	2000	2001
Anfangsbestand	0 DM	10.604 DM	21.684 DM	34.153 DM	43.525 DM	52.230 DM	61.454 DM	71.215 DM
Liquiditätsverbesserung:								
Zinsen auf Vorjahressaldo	0 DM	530 DM	1.084 DM	1.708 DM	2.176 DM	2.611 DM	3.073 DM	3.561 DM
Steuerminderzahlung	10.604 DM	10.550 DM	11.384 DM	7.665 DM	6.528 DM	6.613 DM	6.689 DM	6.729 DM
Endwertvorteil	10.604 DM	21.684 DM	34.153 DM	43.525 DM	52.230 DM	61.454 DM	71.215 DM	81.505 DM
Steuerberechnung ohne Förderung								
Gesamtbetrag der Einkünfte	100.000 DM	102.000 DM	104.040 DM	106.121 DM	108.243 DM	110.408 DM	112.616 DM	114.869 DM
./. Vorsorgepauschale § 10c Abs. 2 EStG	7.830 DM	7.830 DM	7.830 DM	7.830 DM	7.830 DM	7.830 DM	7.830 DM	7.830 DM
./. Pauschbetrag § 10c Abs. 1 EStG	216 DM	216 DM	216 DM	216 DM	216 DM	216 DM	216 DM	216 DM
./. Kinderfreibetrag § 32 Abs. 6 EStG	4.104 DM	4.104 DM	6.264 DM	6.912 DM	6.912 DM	6.912 DM	6.912 DM	6.912 DM
z.v.E. ohne Förderung	87.850 DM	89.850 DM	89.730 DM	91.163 DM	93.285 DM	95.450 DM	97.658 DM	99.911 DM
ESt ohne Förderung	18.442 DM	19.026 DM	18.840 DM	19.318 DM	19.906 DM	20.390 DM	21.140 DM	21.894 DM
SolZ ohne Förderung		1.427 DM	1.413 DM	1.449 DM	1.095 DM	1.121 DM	1.163 DM	1.204 DM
Steuerzahlung ohne Förderung	18.442 DM	20.453 DM	20.253 DM	20.767 DM	21.007 DM	21.511 DM	22.303 DM	23.098 DM
Steuerberechnung mit Förderung								
Gesamtbetrag der Einkünfte	100.000 DM	102.000 DM	104.040 DM	106.121 DM	108.243 DM	110.408 DM	112.616 DM	114.869 DM
+ Zinsen auf *Vorjahressaldo ./. FB	0 DM	0 DM	0 DM	0 DM	0 DM	0 DM	0 DM	0 DM
./. Vorsorgepauschale § 10c Abs. 2 EStG	7.830 DM	7.830 DM	7.830 DM	7.830 DM	7.830 DM	7.830 DM	7.830 DM	7.830 DM
./. Pauschbetrag § 10c Abs. 1 EStG	216 DM	216 DM	216 DM	216 DM	216 DM	216 DM	216 DM	216 DM
./. Kinderfreibetrag § 32 Abs. 6 EStG	4.104 DM	4.104 DM	6.264 DM	6.912 DM	6.912 DM	6.912 DM	6.912 DM	6.912 DM
./. Vorbezugskosten § 10e Abs. 6 EStG	3.500 DM							
./. Erhaltungsaufwendungen nach § 10e Abs. 6 Satz 3 EStG	0 DM							
./. Schuldzinsenabzug nach § 10e Abs. 6a EStG	12.000 DM	12.000 DM	12.000 DM	0 DM	0 DM	0 DM	0 DM	0 DM
mögliche Grundförderung nach § 10e Abs. 1 EStG	19.800 DM	19.800 DM	19.800 DM	19.800 DM	16.500 DM	16.500 DM	16.500 DM	16.500 DM
./. § 10e Abs. 1 EStG Grundförderung	19.800 DM	19.800 DM	19.800 DM	19.800 DM	16.500 DM	16.500 DM	16.500 DM	16.500 DM
verbleibender § 10e - Vortrag	0 DM	0 DM	0 DM	0 DM	0 DM	0 DM	0 DM	0 DM
z.v.E. mit Förderung	52.550 DM	58.050 DM	57.930 DM	71.363 DM	76.785 DM	78.950 DM	81.158 DM	83.411 DM
tarifliche ESt mit Förderung	8.838 DM	10.212 DM	9.250 DM	13.188 DM	14.718 DM	15.122 DM	15.800 DM	16.516 DM
Baukindergeldanspruch	1.000 DM	1.000 DM	1.000 DM	1.000 DM	1.000 DM	1.000 DM	1.000 DM	1.000 DM
z.v.E.-Grenze für maximalen Baukindergeldabzug	16.631 DM	16.631 DM	28.079 DM	28.079 DM	28.619 DM	30.023 DM	30.023 DM	30.023 DM
./. Baukindergeld § 34f EStG	1.000 DM	1.000 DM	1.000 DM	1.000 DM	1.000 DM	1.000 DM	1.000 DM	1.000 DM
verbleibender Baukindergeldvortrag	0 DM	0 DM	0 DM	0 DM	0 DM	0 DM	0 DM	0 DM
festzusetzende ESt	7.838 DM	9.212 DM	8.250 DM	12.188 DM	13.718 DM	14.122 DM	14.800 DM	15.516 DM
SolZ mit Förderung		691 DM	619 DM	914 DM	754 DM	777 DM	814 DM	853 DM
Steuerzahlung mit Förderung	7.838 DM	9.903 DM	8.869 DM	13.102 DM	14.472 DM	14.899 DM	15.614 DM	16.369 DM

Anhang   III/5: Rechentabelle für Verheiratete mit § 10e EStG - Förderung (1994)
unter Berücksichtigung des Reformtarifs 1999

Basisdaten bei Zusammenveranlagung, Analyse der Förderung nach § 10e EStG 1994 mit Steuerreformtarif 1999

Gesamtbetrag der Einkünfte im Vorjahr	irrelevant	Vorbezugskosten	3.500 DM
Gesamtbetrag der Einkünfte im 1. Förderjahr	100.000 DM	Erhaltungsaufwendungen	0 DM
Jährlicher erwarteter Einkunftszuwachs (in %)	2,00%	Darlehenszinsen in 1994	12.000 DM
Kinderfreibetrag (Faktor 0,5)		Darlehenszinsen ab 1995	12.000 DM
Objekttyp (Neubau, Altbau, Ausbau/Erweiterung)	Neubau	Kalkulationszins (in %)	5,00%
AK/HK Gebäude(teil) bzw. HK Ausbau (mit ANK)	300.000 DM	Zulage § 9 Abs. 3 EigZulG	irrelevant
Anschaffungskosten Grundstück (mit ANK)	60.000 DM	Zulage § 9 Abs. 4 EigZulG	irrelevant

Jahr	1994	1995	1996	1997	1998	1999	2000	2001
Anfangsbestand	0 DM	10.604 DM	21.684 DM	34.153 DM	43.525 DM	52.230 DM	60.806 DM	69.889 DM
Liquiditätsverbesserung:								
Zinsen auf Vorjahressaldo	0 DM	530 DM	1.084 DM	1.708 DM	2.176 DM	2.611 DM	3.040 DM	3.494 DM
Steuerminderzahlung	10.604 DM	10.550 DM	11.384 DM	7.665 DM	6.528 DM	5.965 DM	6.043 DM	6.087 DM
Endwertvorteil:	10.604 DM	21.684 DM	34.153 DM	43.525 DM	52.230 DM	60.806 DM	69.889 DM	79.471 DM
Steuerberechnung ohne Förderung								
Gesamtbetrag der Einkünfte	100.000 DM	102.000 DM	104.040 DM	106.121 DM	108.243 DM	110.408 DM	112.616 DM	114.869 DM
./. Vorsorgepauschale § 10c Abs. 2 EStG	7.830 DM	7.830 DM	7.830 DM	7.830 DM	7.830 DM	7.830 DM	7.830 DM	7.830 DM
./. Pauschbetrag § 10c Abs. 1 EStG	216 DM	216 DM	216 DM	216 DM	216 DM	216 DM	216 DM	216 DM
./. Kinderfreibetrag § 32 Abs. 6 EStG	4.104 DM	4.104 DM	6.264 DM	6.912 DM	6.912 DM	6.912 DM	6.912 DM	6.912 DM
z.v.E. ohne Förderung	87.850 DM	89.850 DM	89.730 DM	91.163 DM	93.285 DM	95.450 DM	97.658 DM	99.911 DM
ESt ohne Förderung	18.442 DM	19.026 DM	18.840 DM	19.318 DM	19.906 DM	16.860 DM	17.528 DM	18.202 DM
SolZ ohne Förderung		1.427 DM	1.413 DM	1.449 DM	1.095 DM	927 DM	964 DM	1.001 DM
Steuerzahlung ohne Förderung	18.442 DM	20.453 DM	20.253 DM	20.767 DM	21.001 DM	17.787 DM	18.492 DM	19.203 DM
Steuerberechnung mit Förderung								
Gesamtbetrag der Einkünfte	100.000 DM	102.000 DM	104.040 DM	106.121 DM	108.243 DM	110.408 DM	112.616 DM	114.869 DM
+ Zinsen auf Vorjahressaldo ./. FB	0 DM	0 DM	0 DM	0 DM	0 DM	0 DM	0 DM	0 DM
./. Vorsorgepauschale § 10c Abs. 2 EStG	7.830 DM	7.830 DM	7.830 DM	7.830 DM	7.830 DM	7.830 DM	7.830 DM	7.830 DM
./. Pauschbetrag § 10c Abs. 1 EStG	216 DM	216 DM	216 DM	216 DM	216 DM	216 DM	216 DM	216 DM
./. Kinderfreibetrag § 32 Abs. 6 EStG	4.104 DM	4.104 DM	6.264 DM	6.912 DM	6.912 DM	6.912 DM	6.912 DM	6.912 DM
./. Vorbezugskosten § 10e Abs. 6 EStG	3.500 DM							
./. Erhaltungsaufwendungen § 10e Abs. 6 Satz 3 EStG	12.000 DM	12.000 DM	12.000 DM	0 DM	0 DM	0 DM	0 DM	0 DM
./. Schuldzinsenabzug nach § 10e Abs. 6a EStG	19.800 DM	19.800 DM	19.800 DM	19.800 DM	16.500 DM	16.500 DM	16.500 DM	16.500 DM
mögliche Grundförderung nach § 10e Abs. 1 EStG	19.800 DM	19.800 DM	19.800 DM	19.800 DM	16.500 DM	16.500 DM	16.500 DM	16.500 DM
./. § 10e Abs. 1 EStG Grundförderung	0 DM	0 DM	0 DM	0 DM	0 DM	0 DM	0 DM	0 DM
verbleibender § 10e - Vortrag	0 DM	0 DM	0 DM	0 DM	0 DM	0 DM	0 DM	0 DM
z.v.E. mit Förderung	52.550 DM	58.050 DM	57.930 DM	71.363 DM	76.785 DM	78.950 DM	81.158 DM	83.411 DM
tarifliche ESt mit Förderung	8.838 DM	10.212 DM	9.250 DM	13.188 DM	14.718 DM	12.206 DM	12.800 DM	13.432 DM
Baukindergeldanspruch	1.000 DM	1.000 DM	1.000 DM	1.000 DM	1.000 DM	1.000 DM	1.000 DM	1.000 DM
z.v.E.-Grenze für maximalen Baukindergeldabzug	16.631 DM	16.631 DM	28.079 DM	28.079 DM	28.619 DM	32.831 DM	32.831 DM	32.831 DM
verbleibender Baukindergeldabzug	1.000 DM	1.000 DM	1.000 DM	1.000 DM	1.000 DM	1.000 DM	1.000 DM	1.000 DM
festzusetzende ESt	7.838 DM	9.212 DM	8.250 DM	12.188 DM	13.718 DM	11.206 DM	11.800 DM	12.432 DM
Baukindergeld § 34f EStG								
verbleibender Baukindergeldvortrag	0 DM	0 DM	0 DM	0 DM	0 DM	0 DM	0 DM	0 DM
SolZ mit Förderung		691 DM	619 DM	914 DM	754 DM	616 DM	649 DM	684 DM
Steuerzahlung mit Förderung	7.838 DM	9.903 DM	8.869 DM	13.102 DM	14.472 DM	11.822 DM	12.449 DM	13.176 DM

Anhang III/6: Rechentabelle für Ledige mit § 10e EStG - Förderung (1995)

Basisdaten bei Einzelveranlagung, Analyse der Förderung nach § 10e EStG 1995

Gesamtbetrag der Einkünfte im Vorjahr	irrelevant	Vorbezugskosten	3.500 DM
Gesamtbetrag der Einkünfte in 1. Förderjahr	100.000 DM	Erhaltungsaufwendungen	0 DM
Jährlicher erwarteter Einkunftszuwachs (in %)	2,00%	Darlehenszinsen in 1994	irrelevant
Kinderfreibetrag (Faktor 0,5)	1	Darlehenszinsen ab 1995	irrelevant
Objekttyp (Neubau, Altbau, Ausbau/Erweiterung)	Neubau	Kalkulationszins (in %)	5,00%
AK/HK Gebäude(teil) bzw. HK Ausbau (mit ANK)	300.000 DM	Zulage § 9 Abs. 3 EigZulG	irrelevant
Anschaffungskosten Grundstück (mit ANK)	60.000 DM	Zulage § 9 Abs. 4 EigZulG	irrelevant

Jahr	1995	1996	1997	1998	1999	2000	2001	2002
Anfangsbestand	0 DM	10.884 DM	20.937 DM	31.584 DM	42.737 DM	53.231 DM	64.342 DM	76.148 DM
Liquiditätsverbesserung:								
Zinsen auf Vorjahressaldo	0 DM	544 DM	1.047 DM	1.579 DM	2.137 DM	2.662 DM	3.217 DM	3.807 DM
Steuermindezahlung	10.884 DM	9.508 DM	9.600 DM	9.574 DM	8.358 DM	8.449 DM	8.589 DM	8.709 DM
Endwertvorteil:	10.884 DM	20.937 DM	31.584 DM	42.737 DM	53.231 DM	64.342 DM	76.148 DM	88.665 DM
Steuerberechnung ohne Förderung								
Gesamtbetrag der Einkünfte	100.000 DM	102.000 DM	104.040 DM	106.121 DM	108.243 DM	110.408 DM	112.616 DM	114.869 DM
./. Vorsorgepauschale § 10c Abs. 2 EStG	3.888 DM	3.888 DM	3.888 DM	3.888 DM	3.888 DM	3.888 DM	3.888 DM	3.888 DM
./. Pauschbetrag § 10c Abs. 1 EStG	108 DM	108 DM	108 DM	108 DM	108 DM	108 DM	108 DM	108 DM
./. Kinderfreibetrag § 32 Abs. 6 EStG	4.104 DM	6.264 DM	6.912 DM	6.912 DM	6.912 DM	6.912 DM	6.912 DM	6.912 DM
./. Haushaltsfreibetrag § 32 Abs. 7 EStG	5.616 DM	5.616 DM	5.616 DM	5.616 DM	5.616 DM	5.616 DM	5.616 DM	5.616 DM
z.v.E. ohne Förderung	86.284 DM	86.124 DM	87.516 DM	89.597 DM	91.719 DM	93.884 DM	96.092 DM	98.345 DM
ESt ohne Förderung	24.594 DM	24.525 DM	25.128 DM	26.041 DM	26.969 DM	27.935 DM	28.940 DM	29.985 DM
SolZ ohne Förderung	1.845 DM	1.839 DM	1.885 DM	1.432 DM	1.483 DM	1.536 DM	1.592 DM	1.649 DM
Steuerzahlung ohne Förderung	26.439 DM	26.364 DM	27.013 DM	27.473 DM	28.452 DM	29.471 DM	30.532 DM	31.634 DM
Steuerberechnung mit Förderung								
Gesamtbetrag der Einkünfte	100.000 DM	102.000 DM	104.040 DM	106.121 DM	108.243 DM	110.408 DM	112.616 DM	114.869 DM
+ Zinsen auf Vorjahressaldo ./. FB	0 DM	0 DM	0 DM	0 DM	0 DM	0 DM	0 DM	0 DM
./. Vorsorgepauschale § 10c Abs. 2 EStG	3.888 DM	3.888 DM	3.888 DM	3.888 DM	3.888 DM	3.888 DM	3.888 DM	3.888 DM
./. Pauschbetrag § 10c Abs. 1 EStG	108 DM	108 DM	108 DM	108 DM	108 DM	108 DM	108 DM	108 DM
./. Kinderfreibetrag § 32 Abs. 6 EStG	4.104 DM	6.264 DM	6.912 DM	6.912 DM	6.912 DM	6.912 DM	6.912 DM	6.912 DM
./. Haushaltsfreibetrag § 32 Abs. 7 EStG	5.616 DM	5.616 DM	5.616 DM	5.616 DM	5.616 DM	5.616 DM	5.616 DM	5.616 DM
./. Vorbezugskosten § 10e Abs. 6 EStG	3.500 DM							
./. Erhaltungsaufwendungen § 10e Abs. 6 Satz 3 EStG								
mögliche Grun-förderung nach § 10e Abs. 1 EStG	19.800 DM	19.800 DM	19.800 DM	19.800 DM	16.500 DM	16.500 DM	16.500 DM	16.500 DM
./. § 10e Abs. 1 EStG Grundförderung	19.800 DM	19.800 DM	19.800 DM	19.800 DM	16.500 DM	16.500 DM	16.500 DM	16.500 DM
verbleibender § 10e - Vortrag	0 DM	0 DM	0 DM	0 DM	0 DM	0 DM	0 DM	0 DM
z.v.E. mit Förderung	62.984 DM	66.324 DM	67.716 DM	69.797 DM	75.219 DM	77.384 DM	79.592 DM	81.845 DM
tarifliche ESt mit Förderung	15.469 DM	16.680 DM	17.198 DM	17.966 DM	20.047 DM	20.926 DM	21.799 DM	22.730 DM
Baukindergeldanspruch	1.000 DM	1.000 DM	1.000 DM	1.000 DM	1.000 DM	1.000 DM	1.000 DM	1.000 DM
z.v.E.-Grenze für maximalen Baukindergeldabzug	10.907 DM	15.929 DM	15.929 DM	16.199 DM	16.901 DM	16.901 DM	16.901 DM	16.901 DM
./. Baukindergeld § 34f EStG	1.000 DM	1.000 DM	1.000 DM	1.000 DM	1.000 DM	1.000 DM	1.000 DM	1.000 DM
verbleibender Baukindergeldvortrag	0 DM	0 DM	0 DM	0 DM	0 DM	0 DM	0 DM	0 DM
festzusetzende ESt	14.469 DM	15.680 DM	16.198 DM	16.966 DM	19.047 DM	19.926 DM	20.799 DM	21.730 DM
SolZ mit Förderung	1.085 DM	1.176 DM	1.215 DM	933 DM	1.048 DM	1.096 DM	1.144 DM	1.195 DM
Steuerzahlung mit Förderung	15.554 DM	16.856 DM	17.413 DM	17.899 DM	20.095 DM	21.022 DM	21.943 DM	22.925 DM

Anhang   III/7: Rechentabelle für Ledige mit § 10e EStG - Förderung (1995)
unter Berücksichtigung des Reformtarifs 1999

Basisdaten bei Einzelveranlagung, Analyse der Förderung nach § 10e EStG 1995 mit Steuerreformtarif 1999

Gesamtbetrag der Einkünfte im Vorjahr	irrelevant	Vorbezugskosten	
Gesamtbetrag der Einkünfte im 1. Förderjahr	100.000 DM	Erhaltungsaufwendungen	3.500 DM
Jährlicher erwarteter Einkunftszuwachs (in %)	2,00%	Darlehenszinsen in 1994	0 DM
Kinderfreibetrag (Faktor 0,5)	1	Darlehenszinsen ab 1995	irrelevant
Objekttyp (Neubau, Altbau, Ausbau/Erweiterung)	Neubau	Kalkulationszins (in %)	5,00%
AK/HK Gebäude(teil) bzw. HK Ausbau (mit ANK)	300.000 DM	Zulage § 9 Abs. 3 EigZulG	irrelevant
Anschaffungskosten Grundstück (mit ANK)	60.000 DM	Zulage § 9 Abs. 4 EigZulG	irrelevant

Jahr	1995	1996	1997	1998	1999	2000	2001	2002
Anfangsbestand	0 DM	10.884 DM	20.937 DM	31.584 DM	42.737 DM	52.459 DM	62.720 DM	73.556 DM
Liquiditätsverbesserung:								
Zinsen auf Vorjahressaldo	0 DM	544 DM	1.047 DM	1.579 DM	2.137 DM	2.623 DM	3.136 DM	3.678 DM
Steuerminderzahlung	10.884 DM	9.508 DM	9.600 DM	9.574 DM	7.585 DM	7.638 DM	7.699 DM	7.539 DM
Endwertvorteil	10.884 DM	20.937 DM	31.584 DM	42.737 DM	52.459 DM	62.720 DM	73.556 DM	84.773 DM
Steuerberechnung ohne Förderung								
Gesamtbetrag der Einkünfte	100.000 DM	102.000 DM	104.040 DM	106.121 DM	108.243 DM	110.408 DM	112.616 DM	114.869 DM
./. Vorsorgepauschale § 10c Abs. 2 EStG	3.888 DM	3.888 DM	3.888 DM	3.888 DM	3.888 DM	3.888 DM	3.888 DM	3.888 DM
./. Pauschbetrag § 10c Abs. 1 EStG	108 DM	108 DM	108 DM	108 DM	108 DM	108 DM	108 DM	108 DM
./. Kinderfreibetrag § 32 Abs. 6 EStG	4.104 DM	6.264 DM	6.912 DM	6.912 DM	6.912 DM	6.912 DM	6.912 DM	6.912 DM
./. Haushaltsfreibetrag § 32 Abs. 7 EStG	5.616 DM	5.616 DM	5.616 DM	5.616 DM	5.616 DM	5.616 DM	5.616 DM	5.616 DM
z.v.E. ohne Förderung	86.284 DM	86.124 DM	87.516 DM	89.597 DM	91.719 DM	93.884 DM	96.092 DM	98.345 DM
EST ohne Förderung	24.594 DM	24.525 DM	25.128 DM	26.041 DM	23.539 DM	24.382 DM	25.245 DM	26.130 DM
SolZ ohne Förderung	1.845 DM	1.839 DM	1.885 DM	1.432 DM	1.295 DM	1.341 DM	1.388 DM	1.437 DM
Steuerzahlung ohne Förderung	26.439 DM	26.364 DM	27.013 DM	27.473 DM	24.834 DM	25.723 DM	26.633 DM	27.567 DM
Steuerberechnung mit Förderung								
Gesamtbetrag der Einkünfte	100.000 DM	102.000 DM	104.040 DM	106.121 DM	108.243 DM	110.408 DM	112.616 DM	114.869 DM
+ Zinsen auf Vorjahressaldo ./. FB	0 DM	0 DM	0 DM	0 DM	0 DM	0 DM	36 DM	578 DM
./. Vorsorgepauschale § 10c Abs. 2 EStG	3.888 DM	3.888 DM	3.888 DM	3.888 DM	3.888 DM	3.888 DM	3.888 DM	3.888 DM
./. Pauschbetrag § 10c Abs. 1 EStG	108 DM	108 DM	108 DM	108 DM	108 DM	108 DM	108 DM	108 DM
./. Kinderfreibetrag § 32 Abs. 6 EStG	4.104 DM	6.264 DM	6.912 DM	6.912 DM	6.912 DM	6.912 DM	6.912 DM	6.912 DM
./. Haushaltsfreibetrag § 32 Abs. 7 EStG	5.616 DM	5.616 DM	5.616 DM	5.616 DM	5.616 DM	5.616 DM	5.616 DM	5.616 DM
./. Vorbezugskosten § 10e Abs. 6 EStG	3.500 DM	0 DM	0 DM	0 DM	0 DM	0 DM	0 DM	0 DM
./. Erhaltungsaufwendungen § 10e Abs. 6 Satz 3 EStG	0 DM	0 DM	0 DM	0 DM	0 DM	0 DM	0 DM	0 DM
mögliche Grundförderung nach § 10e Abs. 1 EStG	19.800 DM	19.800 DM	19.800 DM	19.800 DM	16.500 DM	16.500 DM	16.500 DM	16.500 DM
./. § 10e Abs. 1 EStG Grundförderung	19.800 DM	19.800 DM	19.800 DM	19.800 DM	16.500 DM	16.500 DM	16.500 DM	16.500 DM
verbleibender § 10e - Vortrag	0 DM	0 DM	0 DM	0 DM	0 DM	0 DM	0 DM	0 DM
z.v.E. mit Förderung	62.984 DM	66.324 DM	67.716 DM	69.797 DM	75.219 DM	77.384 DM	79.628 DM	82.422 DM
tarifliche ESt mit Förderung	15.469 DM	16.680 DM	17.198 DM	17.966 DM	17.349 DM	18.142 DM	18.947 DM	19.984 DM
Baukindergeldanspruch	1.000 DM	1.000 DM	1.000 DM	1.000 DM	1.000 DM	1.000 DM	1.000 DM	1.000 DM
z.v.E.-Grenze für maximalen Baukindergeldabzug	10.907 DM	15.929 DM	15.929 DM	16.199 DM	19.223 DM	19.223 DM	19.223 DM	19.223 DM
./. Baukindergeld § 34f EStG	1.000 DM	1.000 DM	1.000 DM	1.000 DM	1.000 DM	1.000 DM	1.000 DM	1.000 DM
verbleibender Baukindergeldvortrag	0 DM	0 DM	0 DM	0 DM	0 DM	0 DM	0 DM	0 DM
festzusetzende ESt	14.469 DM	15.680 DM	16.198 DM	16.966 DM	16.349 DM	17.142 DM	17.947 DM	18.984 DM
SolZ mit Förderung	1.085 DM	1.176 DM	1.215 DM	933 DM	899 DM	943 DM	987 DM	1.044 DM
Steuerzahlung mit Förderung	15.554 DM	16.856 DM	17.413 DM	17.899 DM	17.248 DM	18.085 DM	18.934 DM	20.028 DM

Anhang III/8: Rechentabelle für Verheiratete mit § 10e EStG - Förderung (1995)

Basisdaten bei Zusammenveranlagung, Analyse der Förderung nach § 10e EStG 1995

Gesamtbetrag der Einkünfte im Vorjahr	irrelevant	Vorbezugskosten	3.500 DM
Gesamtbetrag der Einkünfte im 1. Förderjahr	100.000 DM	Erhaltungsaufwendungen	0 DM
Jährlicher erwarteter Einkunftszuwachs (in %)	2,00%	Darlehenszinsen in 1994	irrelevant
Kinderfreibetrag (Faktor 0,5)	1	Darlehenszinsen ab 1995	irrelevant
Objekttyp (Neubau, Altbau, Ausbau/Erweiterung)	Neubau	Kalkulationszins (in %)	5,00%
AK/HK Gebäude(teil) bzw. HK Ausbau (mit ANK)	300.000 DM	Zulage § 9 Abs. 3 EigZulG	irrelevant
Anschaffungskosten Grundstück (mit ANK)	60.000 DM	Zulage § 9 Abs. 4 EigZulG	irrelevant

Jahr	1995	1996	1997	1998	1999	2000	2001	2002
Anfangsbestand	0 DM	8.123 DM	16.095 DM	24.491 DM	33.282 DM	41.557 DM	50.247 DM	59.448 DM
Liquiditätsverbesserung:								
Zinsen auf Vorjahressaldo	0 DM	406 DM	805 DM	1.225 DM	1.664 DM	2.078 DM	2.512 DM	2.972 DM
Steuerminderzahlung	8.123 DM	7.566 DM	7.592 DM	7.566 DM	6.611 DM	6.613 DM	6.689 DM	6.729 DM
Endwertvorteil:	8.123 DM	16.095 DM	24.491 DM	33.282 DM	41.557 DM	50.247 DM	59.448 DM	69.150 DM
Steuerberechnung ohne Förderung								
Gesamtbetrag der Einkünfte	100.000 DM	102.000 DM	104.040 DM	106.121 DM	108.243 DM	110.408 DM	112.616 DM	114.869 DM
./. Vorsorgepauschale § 10c Abs. 2 EStG	7.830 DM	7.830 DM	7.830 DM	7.830 DM	7.830 DM	7.830 DM	7.830 DM	7.830 DM
./. Pauschbetrag § 10c Abs. 1 EStG	216 DM	216 DM	216 DM	216 DM	216 DM	216 DM	216 DM	216 DM
./. Kinderfreibetrag § 32 Abs. 6 EStG	4.104 DM	6.264 DM	6.912 DM	6.912 DM	6.912 DM	6.912 DM	6.912 DM	6.912 DM
z.v.E. ohne Förderung	87.850 DM	87.690 DM	89.082 DM	91.163 DM	93.285 DM	95.450 DM	97.658 DM	99.911 DM
ESt ohne Förderung	18.442 DM	18.194 DM	18.636 DM	19.248 DM	19.682 DM	20.390 DM	21.140 DM	21.894 DM
SolZ ohne Förderung	1.383 DM	1.365 DM	1.398 DM	1.059 DM	1.083 DM	1.121 DM	1.163 DM	1.204 DM
Steuerzahlung ohne Förderung	19.825 DM	19.559 DM	20.034 DM	20.307 DM	20.765 DM	21.511 DM	22.303 DM	23.098 DM
Steuerberechnung mit Förderung								
Gesamtbetrag der Einkünfte	100.000 DM	102.000 DM	104.040 DM	106.121 DM	108.243 DM	110.408 DM	112.616 DM	114.869 DM
+ Zinsen auf Vorjahressaldo ./. FB	0 DM	0 DM	0 DM	0 DM	0 DM	0 DM	0 DM	0 DM
./. Vorsorgepauschale § 10c Abs. 2 EStG	7.830 DM	7.830 DM	7.830 DM	7.830 DM	7.830 DM	7.830 DM	7.830 DM	7.830 DM
./. Pauschbetrag § 10c Abs. 1 EStG	216 DM	216 DM	216 DM	216 DM	216 DM	216 DM	216 DM	216 DM
./. Kinderfreibetrag § 32 Abs. 6 EStG	4.104 DM	6.264 DM	6.912 DM	6.912 DM	6.912 DM	6.912 DM	6.912 DM	6.912 DM
./. Vorbezugskosten § 10e Abs. 6 EStG	3.500 DM							
./. Erhaltungsaufwendungen § 10e Abs. 6 Satz 3 EStG	0 DM							
mögliche Grundförderung nach § 10e Abs. 1 EStG	19.800 DM	19.800 DM	19.800 DM	19.800 DM	16.500 DM	16.500 DM	16.500 DM	16.500 DM
./. § 10e Abs. 1 EStG Grundförderung	19.800 DM	19.800 DM	19.800 DM	19.800 DM	16.500 DM	16.500 DM	16.500 DM	16.500 DM
verbleibender § 10e - Vortrag	0 DM	0 DM	0 DM	0 DM	0 DM	0 DM	0 DM	0 DM
z.v.E. mit Förderung	64.550 DM	67.890 DM	69.282 DM	71.363 DM	76.785 DM	78.950 DM	81.158 DM	83.411 DM
tarifliche ESt mit Förderung	11.886 DM	12.156 DM	12.574 DM	13.076 DM	14.416 DM	15.122 DM	15.800 DM	16.516 DM
Baukindergeldanspruch	1.000 DM	1.000 DM	1.000 DM	1.000 DM	1.000 DM	1.000 DM	1.000 DM	1.000 DM
z.v.E.-Grenze für maximalen Baukindergeldabzug	16.631 DM	28.079 DM	28.079 DM	28.619 DM	30.023 DM	30.023 DM	30.023 DM	30.023 DM
./. Baukindergeld § 34f EStG	1.000 DM	1.000 DM	1.000 DM	1.000 DM	1.000 DM	1.000 DM	1.000 DM	1.000 DM
verbleibender Baukindergeldvortrag	0 DM	0 DM	0 DM	0 DM	0 DM	0 DM	0 DM	0 DM
festzusetzende ESt	10.886 DM	11.156 DM	11.574 DM	12.076 DM	13.416 DM	14.122 DM	14.800 DM	15.516 DM
SolZ mit Förderung	816 DM	837 DM	868 DM	664 DM	738 DM	777 DM	814 DM	853 DM
Steuerzahlung mit Förderung	11.702 DM	11.993 DM	12.442 DM	12.740 DM	14.154 DM	14.899 DM	15.614 DM	16.369 DM

Anhang   III/9: Rechentabelle für Verheiratete mit § 10e EStG - Förderung (1995) unter Berücksichtigung des Reformtarifs 1999

Basisdaten bei Zusammenveranlagung, Analyse der Förderung nach § 10e EStG 1995 mit Steuerreformtarif 1999

Gesamtbetrag der Einkünfte im Vorjahr	irrelevant	Vorbezugskosten	3.500 DM
Gesamtbetrag der Einkünfte im 1. Förderjahr	100.000 DM	Erhaltungsaufwendungen	0 DM
Jährlicher erwarteter Einkunftszuwachs (in %)	2,00%	Darlehenszinsen in 1994	irrelevant
Kinderfreibetrag (Faktor 0,5)	1	Darlehenszinsen ab 1995	irrelevant
Objekttyp (Neubau, Altbau, Ausbau/Erweiterung)	Neubau	Kalkulationszins (in %)	5,00%
AK/HK Gebäude(teil) bzw. HK Ausbau (mit ANK)	300.000 DM	Zulage § 9 Abs. 3 EigZulG	irrelevant
Anschaffungskosten Grundstück (mit ANK)	60.000 DM	Zulage § 9 Abs. 4 EigZulG	irrelevant

Jahr	1995	1996	1997	1998	1999	2000	2001	2002
Anfangsbestand	0 DM	8.123 DM	16.095 DM	24.491 DM	33.282 DM	40.898 DM	48.908 DM	57.397 DM
Liquiditätsverbesserung:								
Zinsen auf Vorjahressaldo	0 DM	406 DM	805 DM	1.225 DM	1.664 DM	2.045 DM	2.445 DM	2.870 DM
Steuerminderzahlung	8.123 DM	7.566 DM	7.592 DM	7.566 DM	5.952 DM	5.965 DM	6.043 DM	6.087 DM
Endwertvorteil:	8.123 DM	16.095 DM	24.491 DM	33.282 DM	40.898 DM	48.908 DM	57.397 DM	**66.354 DM**
Steuerberechnung ohne Förderung								
Gesamtbetrag der Einkünfte	100.000 DM	102.000 DM	104.040 DM	106.121 DM	108.243 DM	110.408 DM	112.616 DM	114.869 DM
./. Vorsorgepauschale § 10c Abs. 2 EStG	7.830 DM	7.830 DM	7.830 DM	7.830 DM	7.830 DM	7.830 DM	7.830 DM	7.830 DM
./. Pauschbetrag § 10c Abs. 1 EStG	216 DM	216 DM	216 DM	216 DM	216 DM	216 DM	216 DM	216 DM
./. Kinderfreibetrag § 32 Abs. 6 EStG	4.104 DM	6.264 DM	6.912 DM	6.912 DM	6.912 DM	6.912 DM	6.912 DM	6.912 DM
z.v.E. ohne Förderung	87.850 DM	87.690 DM	89.082 DM	91.163 DM	93.285 DM	95.450 DM	97.658 DM	99.911 DM
ESt ohne Förderung	18.442 DM	18.194 DM	18.636 DM	19.248 DM	16.230 DM	16.860 DM	17.528 DM	18.202 DM
SolZ ohne Förderung	1.383 DM	1.365 DM	1.398 DM	1.059 DM	893 DM	927 DM	964 DM	1.001 DM
Steuerzahlung ohne Förderung	19.825 DM	19.559 DM	20.034 DM	20.307 DM	17.123 DM	17.787 DM	18.492 DM	19.203 DM
Steuerberechnung mit Förderung								
Gesamtbetrag der Einkünfte	100.000 DM	102.000 DM	104.040 DM	106.121 DM	108.243 DM	110.408 DM	112.616 DM	114.869 DM
+ Zinsen auf Vorjahressaldo ./. FB	0 DM	0 DM	0 DM	0 DM	0 DM	0 DM	0 DM	0 DM
./. Vorsorgepauschale § 10c Abs. 2 EStG	7.830 DM	7.830 DM	7.830 DM	7.830 DM	7.830 DM	7.830 DM	7.830 DM	7.830 DM
./. Pauschbetrag § 10c Abs. 1 EStG	216 DM	216 DM	216 DM	216 DM	216 DM	216 DM	216 DM	216 DM
./. Kinderfreibetrag § 32 Abs. 6 EStG	4.104 DM	6.264 DM	6.912 DM	6.912 DM	6.912 DM	6.912 DM	6.912 DM	6.912 DM
./. Vorbezugskosten § 10e Abs. 6 EStG	3.500 DM							
./. Erhaltungsaufwendungen § 10e Abs. 6 Satz 3 EStG	0 DM							
mögliche Grundförderung nach § 10e Abs. 1 EStG	19.800 DM	19.800 DM	19.800 DM	19.800 DM	16.500 DM	16.500 DM	16.500 DM	16.500 DM
./. § 10e Abs. 1 EStG Grundförderung	19.800 DM	19.800 DM	19.800 DM	19.800 DM	16.500 DM	16.500 DM	16.500 DM	16.500 DM
verbleibender § 10e - Vortrag	0 DM	0 DM	0 DM	0 DM	0 DM	0 DM	0 DM	0 DM
z.v.E. mit Förderung	64.550 DM	67.890 DM	69.282 DM	71.363 DM	76.785 DM	78.950 DM	81.158 DM	83.411 DM
tarifliche ESt mit Förderung	11.886 DM	12.156 DM	12.574 DM	13.076 DM	11.588 DM	12.206 DM	12.800 DM	13.432 DM
Baukindergeldanspruch	1.000 DM	1.000 DM	1.000 DM	1.000 DM	1.000 DM	1.000 DM	1.000 DM	1.000 DM
z.v.E.-Grenze für maximalen Baukindergeldabzug	16.631 DM	28.079 DM	28.079 DM	28.619 DM	32.831 DM	32.831 DM	32.831 DM	32.831 DM
./. Baukindergeld § 34f EStG	1.000 DM	1.000 DM	1.000 DM	1.000 DM	1.000 DM	1.000 DM	1.000 DM	1.000 DM
verbleibender Baukindergeldvortrag	0 DM	0 DM	0 DM	0 DM	0 DM	0 DM	0 DM	0 DM
festzusetzende ESt	10.886 DM	11.156 DM	11.574 DM	12.076 DM	10.588 DM	11.206 DM	11.800 DM	12.432 DM
SolZ mit Förderung	816 DM	837 DM	868 DM	664 DM	582 DM	616 DM	649 DM	684 DM
Steuerzahlung mit Förderung	11.702 DM	11.993 DM	12.442 DM	12.740 DM	11.170 DM	11.822 DM	12.449 DM	13.116 DM

Anhang III/10: Rechentabelle für Ledige mit EigZulG - Förderung (1995)

Basisdaten bei Einzelveranlagung, Analyse der Förderung nach EigZulG 1995

Parameter	Wert	Parameter	Wert
Gesamtbetrag der Einkünfte im Vorjahr	100.000 DM	Vorbezugskosten	3.500 DM
Gesamtbetrag der Einkünfte im 1. Förderjahr	100.000 DM	Erhaltungsaufwendungen	0 DM
Jährlicher erwarteter Einkunftszuwachs (in %)	2,00%	Darlehenszinsen in 1994	irrelevant
Kinderfreibetrag (Faktor 0,5)	1	Darlehenszinsen ab 1995	irrelevant
Objekttyp (Neubau, Altbau, Ausbau/Erweiterung)	Neubau	Kalkulationszins (in %)	5,00%
AK/HK Gebäude(teil) bzw. HK Ausbau (mit ANK)	300.000 DM	Zulage § 9 Abs. 3 EigZulG	0 DM
Anschaffungskosten Grundstück (mit ANK)	60.000 DM	Zulage § 9 Abs. 4 EigZulG	nein

Jahr	1995	1996	1997	1998	1999	2000	2001	2002
Anfangsbestand	0 DM	8.068 DM	14.972 DM	22.220 DM	29.831 DM	37.823 DM	46.214 DM	55.025 DM
Liquiditätsverbesserung								
Zinsen auf Vorjahressaldo	0 DM	403 DM	749 DM	1.111 DM	1.492 DM	1.891 DM	2.311 DM	2.751 DM
Eigenheimzulage								
Grundförderung nach § 9 Abs. 2 EigZulG	5.000 DM	5.000 DM	5.000 DM	5.000 DM	5.000 DM	5.000 DM	5.000 DM	5.000 DM
Kinderzulage nach § 9 Abs. 5 EigZulG	1.500 DM	1.500 DM	1.500 DM	1.500 DM	1.500 DM	1.500 DM	1.500 DM	1.500 DM
Zulage nach § 9 Abs. 3 EigZulG	0 DM	0 DM	0 DM	0 DM	0 DM	0 DM	0 DM	0 DM
Zulage nach § 9 Abs. 4 EigZulG	0 DM	0 DM	0 DM	0 DM	0 DM	0 DM	0 DM	0 DM
Steuerminderzahlung	1.568 DM	0 DM	0 DM	0 DM	0 DM	0 DM	0 DM	0 DM
Endwertvorteil:	8.068 DM	14.972 DM	22.220 DM	29.831 DM	37.823 DM	46.214 DM	55.025 DM	**64.276 DM**
Steuerberechnung ohne Förderung								
Gesamtbetrag der Einkünfte	100.000 DM	102.000 DM	104.040 DM	106.121 DM	108.243 DM	110.408 DM	112.616 DM	114.869 DM
./. Vorsorgepauschale § 10c Abs. 2 EStG	3.888 DM	3.888 DM	3.888 DM	3.888 DM	3.888 DM	3.888 DM	3.888 DM	3.888 DM
./. Pauschbetrag § 10c Abs. 1 EStG	108 DM	108 DM	108 DM	108 DM	108 DM	108 DM	108 DM	108 DM
./. Kinderfreibetrag § 32 Abs. 6 EStG	4.104 DM	6.264 DM	6.912 DM	6.912 DM	6.912 DM	6.912 DM	6.912 DM	6.912 DM
./. Haushaltsfreibetrag § 32 Abs. 7 EStG	5.616 DM	5.616 DM	5.616 DM	5.616 DM	5.616 DM	5.616 DM	5.616 DM	5.616 DM
z.v.E. ohne Förderung	86.284 DM	86.124 DM	87.516 DM	89.597 DM	91.719 DM	93.884 DM	96.092 DM	98.345 DM
ESt ohne Förderung	24.594 DM	24.525 DM	25.128 DM	26.041 DM	26.969 DM	27.935 DM	28.940 DM	29.985 DM
SolZ ohne Förderung	1.845 DM	1.839 DM	1.885 DM	1.432 DM	1.483 DM	1.536 DM	1.592 DM	1.649 DM
Steuerzahlung ohne Förderung	26.439 DM	26.364 DM	27.013 DM	27.473 DM	28.452 DM	29.471 DM	30.532 DM	31.634 DM
Steuerberechnung mit Förderung								
Gesamtbetrag der Einkünfte	100.000 DM	102.000 DM	104.040 DM	106.121 DM	108.243 DM	110.408 DM	112.616 DM	114.869 DM
Zinsen auf Vorjahressaldo ./. FB	0 DM	0 DM	0 DM	0 DM	0 DM	0 DM	0 DM	0 DM
./. Vorsorgepauschale § 10c Abs. 2 EStG	3.888 DM	3.888 DM	3.888 DM	3.888 DM	3.888 DM	3.888 DM	3.888 DM	3.888 DM
./. Pauschbetrag § 10c Abs. 1 EStG	108 DM	108 DM	108 DM	108 DM	108 DM	108 DM	108 DM	108 DM
./. Kinderfreibetrag § 32 Abs. 6 EStG	4.104 DM	6.264 DM	6.912 DM	6.912 DM	6.912 DM	6.912 DM	6.912 DM	6.912 DM
./. Haushaltsfreibetrag § 32 Abs. 7 EStG	5.616 DM	5.616 DM	5.616 DM	5.616 DM	5.616 DM	5.616 DM	5.616 DM	5.616 DM
./. Vorkostenpauschale § 10i Abs. 1 Nr. 1 EStG	3.500 DM							
./. Erhaltungsaufwendungen § 10i Abs. 1 Nr. 2 EStG	0 DM							
z.v.E. mit Förderung	82.784 DM	86.124 DM	87.516 DM	89.597 DM	91.719 DM	93.884 DM	96.092 DM	98.345 DM
ESt mit Förderung	23.135 DM	24.525 DM	25.128 DM	26.041 DM	26.969 DM	27.935 DM	28.940 DM	29.985 DM
SolZ mit Förderung	1.735 DM	1.839 DM	1.885 DM	1.432 DM	1.483 DM	1.536 DM	1.592 DM	1.649 DM
Steuerzahlung mit Förderung	24.870 DM	26.364 DM	27.013 DM	27.473 DM	28.452 DM	29.471 DM	30.532 DM	31.634 DM

Anhang III/11: Rechentabelle für Ledige mit EigZulG - Förderung (1995)
unter Berücksichtigung des Reformtarifs 1999

Basisdaten bei Einzelveranlagung, Analyse der Förderung nach EigZulG 1995 mit Steuerreformtarif 1999

Gesamtbetrag der Einkünfte im Vorjahr	100.000 DM	Vorbezugskosten	3.500 DM
Gesamtbetrag der Einkünfte im 1. Förderjahr	100.000 DM	Erhaltungsaufwendungen	0 DM
Jährlicher erwarteter Einkunftszuwachs (in %)	2,00%	Darlehenszinsen in 1994	irrelevant
Kinderfreibetrag (Faktor 0,5)	1	Darlehenszinsen ab 1995	irrelevant
Objekttyp (Neubau, Altbau, Ausbau/Erweiterung)	Neubau	Kalkulationszins (in %)	5,00%
AK/HK Gebäude(teil) bzw. HK Ausbau (mit ANK)	300.000 DM	Zulage § 9 Abs. 3 EigZulG	0 DM
Anschaffungskosten Grundstück (mit ANK)	60.000 DM	Zulage § 9 Abs. 4 EigZulG	nein

Jahr	1995	1996	1997	1998	1999	2000	2001	2002
Anfangsbestand	0 DM	8.068 DM	14.972 DM	22.220 DM	29.831 DM	37.823 DM	46.214 DM	55.025 DM
Liquiditätsverbesserung								
Zinsen auf Vorjahressaldo	0 DM	403 DM	749 DM	1.111 DM	1.492 DM	1.891 DM	2.311 DM	2.751 DM
Eigenheimzulage								
Grundförderung nach § 9 Abs. 2 EigZulG	5.000 DM	5.000 DM	5.000 DM	5.000 DM	5.000 DM	5.000 DM	5.000 DM	5.000 DM
Kinderzulage nach § 9 Abs. 5 EigZulG	1.500 DM	1.500 DM	1.500 DM	1.500 DM	1.500 DM	1.500 DM	1.500 DM	1.500 DM
Zulage nach § 9 Abs. 3 EigZulG	0 DM	0 DM	0 DM	0 DM	0 DM	0 DM	0 DM	0 DM
Zulage nach § 9 Abs. 4 EigZulG	0 DM	0 DM	0 DM	0 DM	0 DM	0 DM	0 DM	0 DM
Steuerminderzahlung	1.568 DM	0 DM	0 DM	0 DM	0 DM	0 DM	0 DM	0 DM
Endwertvorteil:	**8.068 DM**	**14.972 DM**	**22.220 DM**	**29.831 DM**	**37.823 DM**	**46.214 DM**	**55.025 DM**	**64.276 DM**
Steuerberechnung ohne Förderung								
Gesamtbetrag der Einkünfte	100.000 DM	102.000 DM	104.040 DM	106.121 DM	108.243 DM	110.408 DM	112.616 DM	114.869 DM
./. Vorsorgepauschale § 10c Abs. 2 EStG	3.888 DM	3.888 DM	3.888 DM	3.888 DM	3.888 DM	3.888 DM	3.888 DM	3.888 DM
./. Pauschbetrag § 10c Abs. 1 EStG	108 DM	108 DM	108 DM	108 DM	108 DM	108 DM	108 DM	108 DM
./. Kinderfreibetrag § 32 Abs. 6 EStG	4.104 DM	6.264 DM	6.912 DM	6.912 DM	6.912 DM	6.912 DM	6.912 DM	6.912 DM
./. Haushaltsfreibetrag § 32 Abs. 7 EStG	5.616 DM	5.616 DM	5.616 DM	5.616 DM	5.616 DM	5.616 DM	5.616 DM	5.616 DM
z.v.E. ohne Förderung	86.284 DM	86.124 DM	87.516 DM	89.597 DM	91.719 DM	93.884 DM	96.092 DM	98.345 DM
ESt ohne Förderung	24.594 DM	24.525 DM	25.128 DM	26.041 DM	15.792 DM	16.420 DM	17.052 DM	17.720 DM
SolZ ohne Förderung	1.845 DM	1.839 DM	1.885 DM	1.432 DM	869 DM	903 DM	938 DM	975 DM
Steuerzahlung ohne Förderung	*26.439 DM*	*26.364 DM*	*27.073 DM*	*27.473 DM*	*16.667 DM*	*17.323 DM*	*17.990 DM*	*18.695 DM*
Steuerberechnung mit Förderung								
Gesamtbetrag der Einkünfte	100.000 DM	102.000 DM	104.040 DM	106.121 DM	108.243 DM	110.408 DM	112.616 DM	114.869 DM
Zinsen auf Vorjahressaldo ./. FB	0 DM	0 DM	0 DM	0 DM	0 DM	0 DM	0 DM	0 DM
./. Vorsorgepauschale § 10c Abs. 2 EStG	3.888 DM	3.888 DM	3.888 DM	3.888 DM	3.888 DM	3.888 DM	3.888 DM	3.888 DM
./. Pauschbetrag § 10c Abs. 1 EStG	108 DM	108 DM	108 DM	108 DM	108 DM	108 DM	108 DM	108 DM
./. Kinderfreibetrag § 32 Abs. 6 EStG	4.104 DM	6.264 DM	6.912 DM	6.912 DM	6.912 DM	6.912 DM	6.912 DM	6.912 DM
./. Haushaltsfreibetrag § 32 Abs. 7 EStG	5.616 DM	5.616 DM	5.616 DM	5.616 DM	5.616 DM	5.616 DM	5.616 DM	5.616 DM
./. Vorkostenpauschale § 10i Abs. 1 Nr. 1 EStG	3.500 DM							
./. Erhaltungsaufwendungen § 10i Abs. 1 Nr. 2 EStG	0 DM							
z.v.E. mit Förderung	82.784 DM	86.124 DM	87.516 DM	89.597 DM	91.719 DM	93.884 DM	96.092 DM	98.345 DM
ESt mit Förderung	23.135 DM	24.525 DM	25.128 DM	26.041 DM	15.792 DM	16.420 DM	17.052 DM	17.720 DM
SolZ mit Förderung	1.735 DM	1.839 DM	1.885 DM	1.432 DM	869 DM	903 DM	938 DM	975 DM
Steuerzahlung mit Förderung	*24.870 DM*	*26.364 DM*	*27.073 DM*	*27.473 DM*	*16.667 DM*	*17.323 DM*	*17.990 DM*	*18.695 DM*

Anhang III/12: Rechentabelle für Verheiratete mit EigZulG - Förderung (1995)

Basisdaten bei Zusammenveranlagung, Analyse der Förderung nach EigZulG 1995

Gesamtbetrag der Einkünfte im Vorjahr	100.000 DM	Vorbezugskosten	3.500 DM
Gesamtbetrag der Einkünfte im 1. Förderjahr	100.000 DM	Erhaltungsaufwendungen	0 DM
Jährlicher erwarteter Einkunftszuwachs (in %)	2,00%	Darlehenszinsen in 1994	irrelevant
Kinderfreibetrag (Faktor 0,5)	1	Darlehenszinsen ab 1995	irrelevant
Objekttyp (Neubau, Altbau, Ausbau/Erweiterung)	Neubau	Kalkulationszins (in %)	5,00%
AK/HK Gebäude(teil) bzw. HK Ausbau (mit ANK)	300.000 DM	Zulage § 9 Abs. 3 EigZulG	0 DM
Anschaffungskosten Grundstück (mit ANK)	60.000 DM	Zulage § 9 Abs. 4 EigZulG	nein

Jahr	1995	1996	1997	1998	1999	2000	2001	2002
Anfangsbestand	0 DM	7.599 DM	14.479 DM	21.703 DM	29.288 DM	37.252 DM	45.615 DM	54.395 DM
Liquiditätsverbesserung								
Zinsen auf Vorjahressaldo	0 DM	380 DM	724 DM	1.085 DM	1.464 DM	1.863 DM	2.281 DM	2.720 DM
Eigenheimzulage								
Grundförderung nach § 9 Abs. 2 EigZulG	5.000 DM	5.000 DM	5.000 DM	5.000 DM	5.000 DM	5.000 DM	5.000 DM	5.000 DM
Kinderzulage nach § 9 Abs. 5 EigZulG	1.500 DM	1.500 DM	1.500 DM	1.500 DM	1.500 DM	1.500 DM	1.500 DM	1.500 DM
Zulage nach § 9 Abs. 3 EigZulG	0 DM	0 DM	0 DM	0 DM	0 DM	0 DM	0 DM	0 DM
Zulage nach § 9 Abs. 4 EigZulG	0 DM	0 DM	0 DM	0 DM	0 DM	0 DM	0 DM	0 DM
Steuerminderzahlung	1.099 DM	0 DM	0 DM	0 DM	0 DM	0 DM	0 DM	0 DM
Endwert/ov. teil:	7.599 DM	14.479 DM	21.703 DM	29.288 DM	37.252 DM	45.615 DM	54.395 DM	63.615 DM
Steuerberechnung ohne Förderung								
Gesamtbetrag der Einkünfte	100.000 DM	102.000 DM	104.040 DM	106.121 DM	108.243 DM	110.408 DM	112.616 DM	114.869 DM
./. Vorsorgepauschale § 10c Abs. 2 EStG	7.830 DM	7.830 DM	7.830 DM	7.830 DM	7.830 DM	7.830 DM	7.830 DM	7.830 DM
./. Pauschbetrag § 10c Abs. 1 EStG	216 DM	216 DM	216 DM	216 DM	216 DM	216 DM	216 DM	216 DM
./. Kinderfreibetrag § 32 Abs. 6 EStG	4.104 DM	6.264 DM	6.912 DM	6.912 DM	6.912 DM	6.912 DM	6.912 DM	6.912 DM
z.v.E. ohne Förderung	87.850 DM	87.690 DM	89.082 DM	91.163 DM	93.285 DM	95.450 DM	97.658 DM	99.911 DM
ESt ohne Förderung	18.442 DM	18.194 DM	18.636 DM	19.248 DM	19.682 DM	20.390 DM	21.140 DM	21.894 DM
SolZ ohne Förderung	1.383 DM	1.365 DM	1.398 DM	1.059 DM	1.083 DM	1.121 DM	1.163 DM	1.204 DM
Steuerzahlung ohne Förderung	19.825 DM	19.559 DM	20.034 DM	20.307 DM	20.765 DM	21.511 DM	22.303 DM	23.098 DM
Steuerberechnung mit Förderung								
Gesamtbetrag der Einkünfte	100.000 DM	102.000 DM	104.040 DM	106.121 DM	108.243 DM	110.408 DM	112.616 DM	114.869 DM
Zinsen auf Vorjahressaldo ./. FB	0 DM	0 DM	0 DM	0 DM	0 DM	0 DM	0 DM	0 DM
./. Vorsorgepauschale § 10c Abs. 2 EStG	7.830 DM	7.830 DM	7.830 DM	7.830 DM	7.830 DM	7.830 DM	7.830 DM	7.830 DM
./. Pauschbetrag § 10c Abs. 1 EStG	216 DM	216 DM	216 DM	216 DM	216 DM	216 DM	216 DM	216 DM
./. Kinderfreibetrag § 32 Abs. 6 EStG	4.104 DM	6.264 DM	6.912 DM	6.912 DM	6.912 DM	6.912 DM	6.912 DM	6.912 DM
./. Vorkostenpauschale § 10i Abs. 1 Nr. 1 EStG	3.500 DM							
./. Erhaltungsaufwendungen § 10i Abs. 1 Nr. 2 EStG	0 DM							
z.v.E. mit Förderung	84.350 DM	87.690 DM	89.082 DM	91.163 DM	93.285 DM	95.450 DM	97.658 DM	99.911 DM
ESt mit Förderung	17.420 DM	18.194 DM	18.636 DM	19.248 DM	19.682 DM	20.390 DM	21.140 DM	21.894 DM
SolZ mit Förderung	1.307 DM	1.365 DM	1.398 DM	1.059 DM	1.083 DM	1.121 DM	-1.163 DM	1.204 DM
Steuerzahlung mit Förderung	18.727 DM	19.559 DM	20.034 DM	20.307 DM	20.765 DM	21.511 DM	22.303 DM	23.098 DM

Anhang III/13: Rechentabelle für Verheiratete mit EigZulG - Förderung (1995)
unter Berücksichtigung des Reformtarifs 1999

Basisdaten bei Zusammenveranlagung, Analyse der Förderung nach EigZulG 1995 mit Steuerreformtarif 1999

Gesamtbetrag der Einkünfte im Vorjahr	Vorbezugskosten	100.000 DM	3.500 DM
Gesamtbetrag der Einkünfte im 1. Förderjahr	Erhaltungsaufwendungen	100.000 DM	0 DM
Jährlicher erwarteter Einkunftszuwachs (in %)	Darlehenszinsen in 1994	2,00%	irrelevant
Kinderfreibetrag (Faktor 0,5)	Darlehenszinsen ab 1995	1	irrelevant
Objekttyp (Neubau, Altbau, Ausbau/Erweiterung)	Kalkulationszins (in %)	Neubau	5,00%
AK/HK Gebäude(teil) bzw. HK Ausbau (mit ANK)	Zulage § 9 Abs. 3 EigZulG	300.000 DM	0 DM
Anschaffungskosten Grundstück (mit ANK)	Zulage § 9 Abs. 4 EigZulG	60.000 DM	nein

Jahr	1995	1996	1997	1998	1999	2000	2001	2002
Anfangsbestand	0 DM	7.599 DM	14.479 DM	21.703 DM	29.288 DM	37.252 DM	45.615 DM	54.395 DM
Liquiditätsverbesserung								
Zinsen auf Vorjahressaldo	0 DM	380 DM	724 DM	1.085 DM	1.464 DM	1.863 DM	2.281 DM	2.720 DM
Eigenheimzulage								
Grundförderung nach § 9 Abs. 2 EigZulG	5.000 DM	5.000 DM	5.000 DM	5.000 DM	5.000 DM	5.000 DM	5.000 DM	5.000 DM
Kinderzulage nach § 9 Abs. 5 EigZulG	1.500 DM	1.500 DM	1.500 DM	1.500 DM	1.500 DM	1.500 DM	1.500 DM	1.500 DM
Zulage nach § 9 Abs. 3 EigZulG	0 DM	0 DM	0 DM	0 DM	0 DM	0 DM	0 DM	0 DM
Zulage nach § 9 Abs. 4 EigZulG	0 DM	0 DM	0 DM	0 DM	0 DM	0 DM	0 DM	0 DM
Steuerminderzahlung	1.099 DM	0 DM	0 DM	0 DM	0 DM	0 DM	0 DM	0 DM
Endwertvorteil:	**7.599 DM**	**14.479 DM**	**21.703 DM**	**29.288 DM**	**37.252 DM**	**45.615 DM**	**54.395 DM**	**63.615 DM**
Steuerberechnung ohne Förderung								
Gesamtbetrag der Einkünfte	100.000 DM	102.000 DM	104.040 DM	106.121 DM	108.243 DM	110.408 DM	112.616 DM	114.869 DM
./. Vorsorgepauschale § 10c Abs. 2 EStG	7.830 DM	7.830 DM	7.830 DM	7.830 DM	7.830 DM	7.830 DM	7.830 DM	7.830 DM
./. Pauschbetrag § 10c Abs. 1 EStG	216 DM	216 DM	216 DM	216 DM	216 DM	216 DM	216 DM	216 DM
./. Kinderfreibetrag § 32 Abs. 6 EStG	4.104 DM	6.264 DM	6.912 DM	6.912 DM	6.912 DM	6.912 DM	6.912 DM	6.912 DM
z.v.E. ohne Förderung	87.850 DM	87.690 DM	89.082 DM	91.163 DM	93.285 DM	95.450 DM	97.658 DM	99.911 DM
ESt ohne Förderung	18.442 DM	18.194 DM	18.636 DM	19.248 DM	16.230 DM	16.860 DM	17.528 DM	18.202 DM
SolZ ohne Förderung	1.383 DM	1.365 DM	1.398 DM	1.059 DM	893 DM	927 DM	964 DM	1.001 DM
Steuerzahlung ohne Förderung	*19.825 DM*	*19.559 DM*	*20.034 DM*	*20.307 DM*	*17.123 DM*	*17.787 DM*	*18.492 DM*	*19.203 DM*
Steuerberechnung mit Förderung								
Gesamtbetrag der Einkünfte	100.000 DM	102.000 DM	104.040 DM	106.121 DM	108.243 DM	110.408 DM	112.616 DM	114.869 DM
Zinsen auf Vorjahressaldo ./. FB	0 DM	0 DM	0 DM	0 DM	0 DM	0 DM	0 DM	0 DM
./. Vorsorgepauschale § 10c Abs. 2 EStG	7.830 DM	7.830 DM	7.830 DM	7.830 DM	7.830 DM	7.830 DM	7.830 DM	7.830 DM
./. Pauschbetrag § 10c Abs. 1 EStG	216 DM	216 DM	216 DM	216 DM	216 DM	216 DM	216 DM	216 DM
./. Kinderfreibetrag § 32 Abs. 6 EStG	4.104 DM	6.264 DM	6.912 DM	6.912 DM	6.912 DM	6.912 DM	6.912 DM	6.912 DM
./. Vorkostenpauschale § 10i Abs. 1 Nr. 1 EStG	3.500 DM							
./. Erhaltungsaufwendungen § 10i Abs. 1 Nr. 2 EStG	0 DM							
z.v.E. mit Förderung	84.350 DM	87.690 DM	89.082 DM	91.163 DM	93.285 DM	95.450 DM	97.658 DM	99.911 DM
ESt mit Förderung	17.420 DM	18.194 DM	18.636 DM	19.248 DM	16.230 DM	16.860 DM	17.528 DM	18.202 DM
SolZ mit Förderung	1.307 DM	1.365 DM	1.398 DM	1.059 DM	893 DM	927 DM	964 DM	1.001 DM
Steuerzahlung mit Förderung	*18.727 DM*	*19.559 DM*	*20.034 DM*	*20.307 DM*	*17.123 DM*	*17.787 DM*	*18.492 DM*	*19.203 DM*

Anhang III/14: Rechentabelle für Ledige mit EigZulG - Förderung (1996)

Basisdaten bei Einzelveranlagung, Analyse der Förderung nach EigZulG 1996								
Gesamtbetrag der Einkünfte im Vorjahr	100.000 DM	Vorbezugskosten		3.500 DM				
Gesamtbetrag der Einkünfte im 1. Förderjahr	100.000 DM	Erhaltungsaufwendungen		0 DM				
Jährlicher erwarteter Einkunftszuwachs (in %)	2,00%	Darlehenszinsen in 1994		irrelevant				
Kinderfreibetrag (Faktor 0,5)	1	Darlehenszinsen ab 1995		irrelevant				
Objekttyp (Neubau, Altbau, Ausbau/Erweiterung)	Neubau	Kalkulationszins (in %)		5,00%				
AK/HK Gebäude(teil) bzw. HK Ausbau (mit ANK)	300.000 DM	Zulage § 9 Abs. 3 EigZulG		0 DM				
Anschaffungskosten Grundstück (mit ANK)	60.000 DM	Zulage § 9 Abs. 4 EigZulG		nein				
Jahr	**1996**	**1997**	**1998**	**1999**	**2000**	**2001**	**2002**	**2003**
Anfangsbestand	0 DM	8.044 DM	14.946 DM	22.193 DM	29.803 DM	37.793 DM	46.183 DM	54.992 DM
Liquiditätsverbesserung								
Zinsen auf Vorjahressaldo	0 DM	402 DM	747 DM	1.110 DM	1.490 DM	1.890 DM	2.309 DM	2.750 DM
Eigenheimzulage								
Grundförderung nach § 9 Abs. 2 EigZulG	5.000 DM	5.000 DM	5.000 DM	5.000 DM	5.000 DM	5.000 DM	5.000 DM	5.000 DM
Kinderzulage nach § 9 Abs. 5 EigZulG	1.500 DM	1.500 DM	1.500 DM	1.500 DM	1.500 DM	1.500 DM	1.500 DM	1.500 DM
Zulage nach § 9 Abs. 3 EigZulG	0 DM	0 DM	0 DM	0 DM	0 DM	0 DM	0 DM	0 DM
Zulage nach § 9 Abs. 4 EigZulG	0 DM	0 DM	0 DM	0 DM	0 DM	0 DM	0 DM	0 DM
Steuerminderzahlung	1.544 DM	0 DM	0 DM	0 DM	0 DM	0 DM	0 DM	0 DM
Endwertvorteil:	**8.044 DM**	**14.946 DM**	**22.193 DM**	**29.803 DM**	**37.793 DM**	**46.183 DM**	**54.992 DM**	**64.241 DM**
Steuerberechnung ohne Förderung								
Gesamtbetrag der Einkünfte	100.000 DM	102.000 DM	104.040 DM	106.121 DM	108.243 DM	110.408 DM	112.616 DM	114.869 DM
./. Vorsorgepauschale § 10c Abs. 2 EStG	3.888 DM	3.888 DM	3.888 DM	3.888 DM	3.888 DM	3.888 DM	3.888 DM	3.888 DM
./. Pauschbetrag § 10c Abs. 1 EStG	108 DM	108 DM	108 DM	108 DM	108 DM	108 DM	108 DM	108 DM
./. Kinderfreibetrag § 32 Abs. 6 EStG	6.264 DM	6.912 DM	6.912 DM	6.912 DM	6.912 DM	6.912 DM	6.912 DM	6.912 DM
./. Haushaltsfreibetrag § 32 Abs. 7 EStG	5.616 DM	5.616 DM	5.616 DM	5.616 DM	5.616 DM	5.616 DM	5.616 DM	5.616 DM
z.v.E. ohne Förderung	84.124 DM	85.476 DM	87.516 DM	89.597 DM	91.719 DM	93.884 DM	96.092 DM	98.345 DM
ESt ohne Förderung	23.678 DM	24.249 DM	25.127 DM	26.041 DM	26.969 DM	27.935 DM	28.940 DM	29.985 DM
SolZ ohne Förderung	1.776 DM	1.819 DM	1.382 DM	1.432 DM	1.483 DM	1.536 DM	1.592 DM	1.649 DM
Steuerzahlung ohne Förderung	*25.454 DM*	*26.068 DM*	*26.509 DM*	*27.473 DM*	*28.452 DM*	*29.471 DM*	*30.532 DM*	*31.634 DM*
Steuerberechnung mit Förderung								
Gesamtbetrag der Einkünfte	100.000 DM	102.000 DM	104.040 DM	106.121 DM	108.243 DM	110.408 DM	112.616 DM	114.869 DM
Zinsen auf Vorjahressaldo ./. FB	0 DM	0 DM	0 DM	0 DM	0 DM	0 DM	0 DM	0 DM
./. Vorsorgepauschale § 10c Abs. 2 EStG	3.888 DM	3.888 DM	3.888 DM	3.888 DM	3.888 DM	3.888 DM	3.888 DM	3.888 DM
./. Pauschbetrag § 10c Abs. 1 EStG	108 DM	108 DM	108 DM	108 DM	108 DM	108 DM	108 DM	108 DM
./. Kinderfreibetrag § 32 Abs. 6 EStG	6.264 DM	6.912 DM	6.912 DM	6.912 DM	6.912 DM	6.912 DM	6.912 DM	6.912 DM
./. Haushaltsfreibetrag § 32 Abs. 7 EStG	5.616 DM	5.616 DM	5.616 DM	5.616 DM	5.616 DM	5.616 DM	5.616 DM	5.616 DM
./. Erhaltungsaufwendungen § 10i Abs. 1 Nr. 2 EStG	3.500 DM							
z.v.E. mit Förderung	80.624 DM	85.476 DM	87.516 DM	89.597 DM	91.719 DM	93.884 DM	96.092 DM	98.345 DM
ESt mit Förderung	22.242 DM	24.249 DM	25.127 DM	26.041 DM	26.969 DM	27.935 DM	28.940 DM	29.985 DM
SolZ mit Förderung	1.668 DM	1.819 DM	1.382 DM	1.432 DM	1.483 DM	1.536 DM	1.592 DM	1.649 DM
Steuerzahlung mit Förderung	*23.910 DM*	*26.068 DM*	*26.509 DM*	*27.473 DM*	*28.452 DM*	*29.471 DM*	*30.532 DM*	*31.634 DM*

Anhang III/15: Rechentabelle für Ledige mit EigZulG - Förderung (1996)
unter Berücksichtigung des Reformtarifs 1999

Basisdaten bei Einzelveranlagung, Analyse der Förderung nach EigZulG 1996 mit Steuerreformtarif 1999

Gesamtbetrag der Einkünfte im Vorjahr	100.000 DM	Vorbezugskosten	3.500 DM
Gesamtbetrag der Einkünfte im 1. Förderjahr	100.000 DM	Erhaltungsaufwendungen	0 DM
Jährlicher erwarteter Einkunftszuwachs (in %)	2,00%	Darlehenszinsen in 1994	irrelevant
Kinderfreibetrag (Faktor 0,5)	1	Darlehenszinsen ab 1995	irrelevant
Objekttyp (Neubau, Altbau, Ausbau/Erweiterung)	Neubau	Kalkulationszins (in %)	5,00%
AK/HK Gebäude(teil) bzw. HK Ausbau (mit ANK)	300.000 DM	Zulage § 9 Abs. 3 EigZulG	0 DM
Anschaffungskosten Grundstück (mit ANK)	60.000 DM	Zulage § 9 Abs. 4 EigZulG	nein

Jahr	1996	1997	1998	1999	2000	2001	2002	2003
Anfangsbestand	0 DM	8.044 DM	14.946 DM	22.193 DM	29.803 DM	37.793 DM	46.183 DM	54.992 DM
Liquiditätsverbesserung								
Zinsen auf Vorjahressaldo	0 DM	402 DM	747 DM	1.110 DM	1.490 DM	1.890 DM	2.309 DM	2.750 DM
Eigenheimzulage								
Grundförderung nach § 9 Abs. 2 EigZulG	5.000 DM	5.000 DM	5.000 DM	5.000 DM	5.000 DM	5.000 DM	5.000 DM	5.000 DM
Kinderzulage nach § 9 Abs. 5 EigZulG	1.500 DM	1.500 DM	1.500 DM	1.500 DM	1.500 DM	1.500 DM	1.500 DM	1.500 DM
Zulage nach § 9 Abs. 3 EigZulG	0 DM	0 DM	0 DM	0 DM	0 DM	0 DM	0 DM	0 DM
Zulage nach § 9 Abs. 4 EigZulG	0 DM	0 DM	0 DM	0 DM	0 DM	0 DM	0 DM	0 DM
Steuerminderzahlung	1.544 DM	0 DM	0 DM	0 DM	0 DM	0 DM	0 DM	0 DM
Endwertvorteil:	8.044 DM	14.946 DM	22.193 DM	29.803 DM	37.793 DM	46.183 DM	54.992 DM	64.241 DM
Steuerberechnung ohne Förderung								
Gesamtbetrag der Einkünfte	100.000 DM	102.000 DM	104.040 DM	106.121 DM	108.243 DM	110.408 DM	112.616 DM	114.869 DM
./. Vorsorgepauschale § 10c Abs. 2 EStG	3.888 DM	3.888 DM	3.888 DM	3.888 DM	3.888 DM	3.888 DM	3.888 DM	3.888 DM
./. Pauschbetrag § 10c Abs. 1 EStG	108 DM	108 DM	108 DM	108 DM	108 DM	108 DM	108 DM	108 DM
./. Kinderfreibetrag § 32 Abs. 6 EStG	6.264 DM	6.912 DM	6.912 DM	6.912 DM	6.912 DM	6.912 DM	6.912 DM	6.912 DM
./. Haushaltsfreibetrag § 32 Abs. 7 EStG	5.616 DM	5.616 DM	5.616 DM	5.616 DM	5.616 DM	5.616 DM	5.616 DM	5.616 DM
z.v.E. ohne Förderung	84.124 DM	85.476 DM	87.516 DM	89.597 DM	91.719 DM	93.884 DM	96.092 DM	98.345 DM
ESt ohne Förderung	23.678 DM	24.249 DM	25.127 DM	22.719 DM	23.539 DM	24.382 DM	25.245 DM	26.130 DM
SolZ ohne Förderung	1.776 DM	1.819 DM	1.382 DM	1.250 DM	1.295 DM	1.341 DM	1.388 DM	1.437 DM
Steuerzahlung ohne Förderung	25.454 DM	26.068 DM	26.509 DM	23.969 DM	24.834 DM	25.723 DM	26.633 DM	27.567 DM
Steuerberechnung mit Förderung								
Gesamtbetrag der Einkünfte	100.000 DM	102.000 DM	104.040 DM	106.121 DM	108.243 DM	110.408 DM	112.616 DM	114.869 DM
Zinsen auf Vorjahressaldo ./. FB	0 DM	0 DM	0 DM	0 DM	0 DM	0 DM	0 DM	0 DM
./. Vorsorgepauschale § 10c Abs. 2 EStG	3.888 DM	3.888 DM	3.888 DM	3.888 DM	3.888 DM	3.888 DM	3.888 DM	3.888 DM
./. Pauschbetrag § 10c Abs. 1 EStG	108 DM	108 DM	108 DM	108 DM	108 DM	108 DM	108 DM	108 DM
./. Kinderfreibetrag § 32 Abs. 6 EStG	6.264 DM	6.912 DM	6.912 DM	6.912 DM	6.912 DM	6.912 DM	6.912 DM	6.912 DM
./. Haushaltsfreibetrag § 32 Abs. 7 EStG	5.616 DM	5.616 DM	5.616 DM	5.616 DM	5.616 DM	5.616 DM	5.616 DM	5.616 DM
./. Vorkostenpauschale § 10i Abs. 1 Nr. 1 EStG	3.500 DM							
./. Erhaltungsaufwendungen § 10i Abs. 1 Nr. 2 EStG	0 DM							
z.v.E. mit Förderung	80.624 DM	85.476 DM	87.516 DM	89.597 DM	91.719 DM	93.884 DM	96.092 DM	98.345 DM
ESt mit Förderung	22.242 DM	24.249 DM	25.127 DM	22.719 DM	23.539 DM	24.382 DM	25.245 DM	26.130 DM
SolZ mit Förderung	1.668 DM	1.819 DM	1.382 DM	1.250 DM	1.295 DM	1.341 DM	1.388 DM	1.437 DM
Steuerzahlung mit Förderung	23.910 DM	26.068 DM	26.509 DM	23.969 DM	24.834 DM	25.723 DM	26.633 DM	27.567 DM

Anhang III/16: Rechentabelle für Verheiratete mit EigZulG - Förderung (1996)

Basisdaten bei Zusammenveranlagung, Analyse der Förderung nach EigZulG 1996

Gesamtbetrag der Einkünfte im Vorjahr	100.000 DM	Vorbezugskosten	3.500 DM
Gesamtbetrag der Einkünfte im 1. Förderjahr	100.000 DM	Erhaltungsaufwendungen	0 DM
Jährliche erwarteter Einkunftszuwachs (in %)	2,00%	Darlehenszinsen in 1994	irrelevant
Kinderfreibetrag (Faktor 0,5)	1	Darlehenszinsen ab 1995	irrelevant
Objekttyp: (Neubau, Altbau, Ausbau/Erweiterung)	Neubau	Kalkulationszins (in %)	5,00%
AK/HK Gebäude(teil) bzw. HK Ausbau (mit ANK)	300.000 DM	Zulage § 9 Abs. 3 EigZulG	0 DM
Anschaffungskosten Grundstück (mit ANK)	60.000 DM	Zulage § 9 Abs. 4 EigZulG	nein

Jahr	1996	1997	1998	1999	2000	2001	2002	2003
Anfangsbestand	0 DM	7.655 DM	14.537 DM	21.764 DM	29.352 DM	37.320 DM	45.686 DM	54.470 DM
Liquiditätsverbesserung								
Zinsen auf Vorjahressaldo	0 DM	383 DM	727 DM	1.088 DM	1.468 DM	1.866 DM	2.284 DM	2.724 DM
Eigenheimzulage								
Grundförderung nach § 9 Abs. 2 EigZulG	5.000 DM	5.000 DM	5.000 DM	5.000 DM	5.000 DM	5.000 DM	5.000 DM	5.000 DM
Kinderzulage nach § 9 Abs. 5 EigZulG	1.500 DM	1.500 DM	1.500 DM	1.500 DM	1.500 DM	1.500 DM	1.500 DM	1.500 DM
Zulage nach § 9 Abs. 3 EigZulG	0 DM	0 DM	0 DM	0 DM	0 DM	0 DM	0 DM	0 DM
Zulage nach § 9 Abs. 4 EigZulG	0 DM	0 DM	0 DM	0 DM	0 DM	0 DM	0 DM	0 DM
Steuerminderzahlung	1.155 DM	0 DM	0 DM	0 DM	0 DM	0 DM	0 DM	0 DM
Endwertvorteil:	**7.655 DM**	**14.537 DM**	**21.764 DM**	**29.352 DM**	**37.320 DM**	**45.686 DM**	**54.470 DM**	**63.694 DM**
Steuerberechnung ohne Förderung								
Gesamtbetrag der Einkünfte	100.000 DM	102.000 DM	104.040 DM	106.121 DM	108.243 DM	110.408 DM	112.616 DM	114.869 DM
./. Vorsorgepauschale § 10c Abs. 2 EStG	7.830 DM	7.830 DM	7.830 DM	7.830 DM	7.830 DM	7.830 DM	7.830 DM	7.830 DM
./. Pauschbetrag § 10c Abs. 1 EStG	216 DM	216 DM	216 DM	216 DM	216 DM	216 DM	216 DM	216 DM
./. Kinderfreibetrag § 32 Abs. 6 EStG	6.264 DM	6.912 DM	6.912 DM	6.912 DM	6.912 DM	6.912 DM	6.912 DM	6.912 DM
z.v.E. ohne Förderung	85.690 DM	87.042 DM	89.082 DM	91.163 DM	93.285 DM	95.450 DM	97.658 DM	99.911 DM
ESt ohne Förderung	17.584 DM	17.990 DM	18.560 DM	19.012 DM	19.682 DM	20.390 DM	21.140 DM	21.894 DM
SolZ ohne Förderung	1.319 DM	1.349 DM	1.021 DM	1.046 DM	1.083 DM	1.121 DM	1.163 DM	1.204 DM
Steuerzahlung ohne Förderung	18.903 DM	19.339 DM	19.581 DM	20.058 DM	20.765 DM	21.511 DM	22.303 DM	23.098 DM
Steuerberechnung mit Förderung								
Gesamtbetrag der Einkünfte	100.000 DM	102.000 DM	104.040 DM	106.121 DM	108.243 DM	110.408 DM	112.616 DM	114.869 DM
Zinsen auf Vorjahressaldo ./. FB	0 DM	0 DM	0 DM	0 DM	0 DM	0 DM	0 DM	0 DM
./. Vorsorgepauschale § 10c Abs. 2 EStG	7.830 DM	7.830 DM	7.830 DM	7.830 DM	7.830 DM	7.830 DM	7.830 DM	7.830 DM
./. Pauschbetrag § 10c Abs. 1 EStG	216 DM	216 DM	216 DM	216 DM	216 DM	216 DM	216 DM	216 DM
./. Kinderfreibetrag § 32 Abs. 6 EStG	6.264 DM	6.912 DM	6.912 DM	6.912 DM	6.912 DM	6.912 DM	6.912 DM	6.912 DM
./. Vorkostenpauschale § 10i Abs. 1 Nr. 1 EStG	3.500 DM							
./. Erhaltungsaufwendungen § 10i Abs. 1 Nr. 2 EStG	0 DM							
z.v.E. mit Förderung	82.190 DM	87.042 DM	89.082 DM	91.163 DM	93.285 DM	95.450 DM	97.658 DM	99.911 DM
ESt mit Förderung	16.510 DM	17.990 DM	18.560 DM	19.012 DM	19.682 DM	20.390 DM	21.140 DM	21.894 DM
SolZ mit Förderung	1.238 DM	1.349 DM	1.021 DM	1.046 DM	1.083 DM	1.121 DM	1.163 DM	1.204 DM
Steuerzahlung mit Förderung	17.748 DM	19.339 DM	19.581 DM	20.058 DM	20.765 DM	21.511 DM	22.303 DM	23.098 DM

Anhang III/17: Rechentabelle für Verheiratete mit EigZulG - Förderung (1996) unter Berücksichtigung des Reformtarifs 1999

Basisdaten bei Zusammenveranlagung, Analyse der Förderung nach EigZulG 1996 mit Steuerreformtarif 1999

Gesamtbetrag der Einkünfte im Vorjahr	100.000 DM	Vorbezugskosten	3.500 DM
Gesamtbetrag der Einkünfte im 1. Förderjahr	100.000 DM	Erhaltungsaufwendungen	0 DM
Jährlicher erwarteter Einkunftszuwachs (in %)	2,00%	Darlehenszinsen in 1994	irrelevant
Kinderfreibetrag (Faktor 0,5)	1	Darlehenszinsen ab 1995	irrelevant
Objekttyp (Neubau, Altbau, Ausbau/Erweiterung)	Neubau	Kalkulationszins (in %)	5,00%
AK/HK Gebäude(teil) bzw. HK Ausbau (mit ANK)	300.000 DM	Zulage § 9 Abs. 3 EigZulG	0 DM
Anschaffungskosten Grundstück (mit ANK)	60.000 DM	Zulage § 9 Abs. 4 EigZulG	nein

Jahr	1996	1997	1998	1999	2000	2001	2002	2003
Anfangsbestand	0 DM	7.655 DM	14.537 DM	21.764 DM	29.352 DM	37.320 DM	45.686 DM	54.470 DM
Liquiditätsverbesserung								
Zinsen auf Vorjahressaldo	0 DM	383 DM	727 DM	1.088 DM	1.468 DM	1.866 DM	2.284 DM	2.724 DM
Eigenheimzulage								
Grundförderung nach § 9 Abs. 2 EigZulG	5.000 DM	5.000 DM	5.000 DM	5.000 DM	5.000 DM	5.000 DM	5.000 DM	5.000 DM
Kinderzulage nach § 9 Abs. 5 EigZulG	1.500 DM	1.500 DM	1.500 DM	1.500 DM	1.500 DM	1.500 DM	1.500 DM	1.500 DM
Zulage nach § 9 Abs. 3 EigZulG	0 DM	0 DM	0 DM	0 DM	0 DM	0 DM	0 DM	0 DM
Zulage nach § 9 Abs. 4 EigZulG	0 DM	0 DM	0 DM	0 DM	0 DM	0 DM	0 DM	0 DM
Steuerminderzahlung	1.155 DM	0 DM	0 DM	0 DM	0 DM	0 DM	0 DM	0 DM
Endwertvorteil:	7.655 DM	14.537 DM	21.764 DM	29.352 DM	37.320 DM	45.686 DM	54.470 DM	63.694 DM
Steuerberechnung ohne Förderung								
Gesamtbetrag der Einkünfte	100.000 DM	102.000 DM	104.040 DM	106.121 DM	108.243 DM	110.408 DM	112.616 DM	114.869 DM
./. Vorsorgepauschale § 10c Abs. 2 EStG	7.830 DM	7.830 DM	7.830 DM	7.830 DM	7.830 DM	7.830 DM	7.830 DM	7.830 DM
./. Pauschbetrag § 10c Abs. 1 EStG	216 DM	216 DM	216 DM	216 DM	216 DM	216 DM	216 DM	216 DM
./. Kinderfreibetrag § 32 Abs. 6 EStG	6.264 DM	6.912 DM	6.912 DM	6.912 DM	6.912 DM	6.912 DM	6.912 DM	6.912 DM
z.v.E. ohne Förderung	85.690 DM	87.042 DM	89.082 DM	91.163 DM	93.285 DM	95.450 DM	97.658 DM	99.911 DM
ESt ohne Förderung	17.584 DM	17.990 DM	18.560 DM	15.638 DM	16.230 DM	16.860 DM	17.528 DM	18.202 DM
SolZ ohne Förderung	1.319 DM	1.349 DM	1.021 DM	860 DM	893 DM	927 DM	964 DM	1.001 DM
Steuerzahlung ohne Förderung	18.903 DM	19.339 DM	19.581 DM	16.498 DM	17.123 DM	17.787 DM	18.492 DM	19.203 DM
Steuerberechnung mit Förderung								
Gesamtbetrag der Einkünfte	100.000 DM	102.000 DM	104.040 DM	106.121 DM	108.243 DM	110.408 DM	112.616 DM	114.869 DM
Zinsen auf Vorjahressaldo ./. FB	0 DM	0 DM	0 DM	0 DM	0 DM	0 DM	0 DM	0 DM
./. Vorsorgepauschale § 10c Abs. 2 EStG	7.830 DM	7.830 DM	7.830 DM	7.830 DM	7.830 DM	7.830 DM	7.830 DM	7.830 DM
./. Pauschbetrag § 10c Abs. 1 EStG	216 DM	216 DM	216 DM	216 DM	216 DM	216 DM	216 DM	216 DM
./. Kinderfreibetrag § 32 Abs. 6 EStG	6.264 DM	6.912 DM	6.912 DM	6.912 DM	6.912 DM	6.912 DM	6.912 DM	6.912 DM
./. Vorkostenpauschale § 10i Abs. 1 Nr. 1 EStG	3.500 DM	0 DM	0 DM	0 DM	0 DM	0 DM	0 DM	0 DM
./. Erhaltungsaufwendungen § 10i Abs. 1 Nr. 2 EStG	0 DM	0 DM	0 DM	0 DM	0 DM	0 DM	0 DM	0 DM
z.v.E. mit Förderung	82.190 DM	87.042 DM	89.082 DM	91.163 DM	93.285 DM	95.450 DM	97.658 DM	99.911 DM
ESt mit Förderung	16.510 DM	17.990 DM	18.560 DM	15.638 DM	16.230 DM	16.860 DM	17.528 DM	18.202 DM
SolZ mit Förderung	1.238 DM	1.349 DM	1.021 DM	860 DM	893 DM	927 DM	964 DM	1.001 DM
Steuerzahlung mit Förderung	17.748 DM	19.339 DM	19.581 DM	16.498 DM	17.123 DM	17.787 DM	18.492 DM	19.203 DM

Anhang III/18: Rechentabelle für Ledige mit EigZulG - Förderung (1997)

Basisdaten bei Einzelveranlagung, Analyse der Förderung nach EigZulG 1997

Gesamtbetrag der Einkünfte im Vorjahr	100.000 DM	Vorbezugskosten	3.500 DM
Gesamtbetrag der Einkünfte im 1. Förderjahr	100.000 DM	Erhaltungsaufwendungen	0 DM
Jährlicher erwarteter Einkunftszuwachs (in %)	2,00%	Darlehenszinsen in 1994	irrelevant
Kinderfreibetrag (Faktor 0,5)	1	Darlehenszinsen ab 1995	irrelevant
Objekttyp (Neubau, Altbau, Ausbau/Erweiterung)	Neubau	Kalkulationszins (in %)	5,00%
AK/HK Gebäude(teil) bzw. HK Ausbau/Erweiterung (mit ANK)	300.000 DM	Zulage § 9 Abs. 3 EigZulG	0 DM
Anschaffungskosten Grundstück (mit ANK)	60.000 DM	Zulage § 9 Abs. 4 EigZulG	nein

Jahr	1997	1998	1999	2000	2001	2002	2003	2004
Anfangsbestand	0 DM	8.037 DM	14.939 DM	22.186 DM	29.795 DM	37.785 DM	46.174 DM	54.983 DM
Liquiditätsverbesserung								
Zinsen auf Vorjahressaldo	0 DM	402 DM	747 DM	1.109 DM	1.490 DM	1.889 DM	2.309 DM	2.749 DM
Eigenheimzulage								
Grundförderung nach § 9 Abs. 2 EigZulG	5.000 DM	5.000 DM	5.000 DM	5.000 DM	5.000 DM	5.000 DM	5.000 DM	5.000 DM
Kinderzulage nach § 9 Abs. 5 EigZulG	1.500 DM	1.500 DM	1.500 DM	1.500 DM	1.500 DM	1.500 DM	1.500 DM	1.500 DM
Zulage nach § 9 Abs. 3 EigZulG	0 DM	0 DM	0 DM	0 DM	0 DM	0 DM	0 DM	0 DM
Zulage nach § 9 Abs. 4 EigZulG	0 DM	0 DM	0 DM	0 DM	0 DM	0 DM	0 DM	0 DM
Steuermind-zahlung	1.537 DM	0 DM	0 DM	0 DM	0 DM	0 DM	0 DM	0 DM
Endwert vor-teil:	**8.037 DM**	**14.939 DM**	**22.186 DM**	**29.795 DM**	**37.785 DM**	**46.174 DM**	**54.983 DM**	**64.232 DM**
Steuerberechnung ohne Förderung								
Gesamtbetrag der Einkünfte	100.000 DM	102.000 DM	104.040 DM	106.121 DM	108.243 DM	110.408 DM	112.616 DM	114.869 DM
./. Vorsorgepauschale § 10c Abs. 2 EStG	3.888 DM	3.888 DM	3.888 DM	3.888 DM	3.888 DM	3.888 DM	3.888 DM	3.888 DM
./. Pauschbetrag § 10c Abs. 1 EStG	108 DM	108 DM	108 DM	108 DM	108 DM	108 DM	108 DM	108 DM
./. Kinderfreibetrag § 32 Abs. 6 EStG	6.912 DM	6.912 DM	6.912 DM	6.912 DM	6.912 DM	6.912 DM	6.912 DM	6.912 DM
./. Haushaltsfreibetrag § 32 Abs. 7 EStG	5.616 DM	5.616 DM	5.616 DM	5.616 DM	5.616 DM	5.616 DM	5.616 DM	5.616 DM
z.v.E. ohne Förderung	83.476 DM	85.476 DM	87.516 DM	89.597 DM	91.719 DM	93.884 DM	96.092 DM	98.345 DM
ESt ohne Förderung	23.406 DM	24.248 DM	25.126 DM	26.041 DM	26.969 DM	27.935 DM	28.940 DM	29.985 DM
SolZ ohne Förderung	1.755 DM	1.334 DM	1.382 DM	1.432 DM	1.483 DM	1.536 DM	1.592 DM	1.649 DM
Steuerzahlung ohne Förderung	*25.161 DM*	*25.582 DM*	*26.508 DM*	*27.473 DM*	*28.452 DM*	*29.471 DM*	*30.532 DM*	*31.634 DM*
Steuerberechnung mit Förderung								
Gesamtbetrag der Einkünfte	100.000 DM	102.000 DM	104.040 DM	106.121 DM	108.243 DM	110.408 DM	112.616 DM	114.869 DM
./. Zinsen auf Vorjahressaldo ./. FB	0 DM	0 DM	0 DM	0 DM	0 DM	0 DM	0 DM	0 DM
./. Vorsorgepauschale § 10c Abs. 2 EStG	3.888 DM	3.888 DM	3.888 DM	3.888 DM	3.888 DM	3.888 DM	3.888 DM	3.888 DM
./. Pauschbetrag § 10c Abs. 1 EStG	108 DM	108 DM	108 DM	108 DM	108 DM	108 DM	108 DM	108 DM
./. Kinderfreibetrag § 32 Abs. 6 EStG	6.912 DM	6.912 DM	6.912 DM	6.912 DM	6.912 DM	6.912 DM	6.912 DM	6.912 DM
./. Haushaltsfreibetrag § 32 Abs. 7 EStG	5.616 DM	5.616 DM	5.616 DM	5.616 DM	5.616 DM	5.616 DM	5.616 DM	5.616 DM
./. Vorkostenpauschale § 10i Abs. 1 Nr. 1 EStG	3.500 DM							
./. Erhaltungsaufwendungen § 10i Abs. 1 Nr. 2 EStG	0 DM							
z.v.E. mit Förderung	79.976 DM	85.476 DM	87.516 DM	89.597 DM	91.719 DM	93.884 DM	96.092 DM	98.345 DM
ESt mit Förderung	21.976 DM	24.248 DM	25.126 DM	26.041 DM	26.969 DM	27.935 DM	28.940 DM	29.985 DM
SolZ mit Förderung	1.648 DM	1.334 DM	1.382 DM	1.432 DM	1.483 DM	1.536 DM	1.592 DM	1.649 DM
Steuerzahlung mit Förderung	*23.624 DM*	*25.582 DM*	*26.508 DM*	*27.473 DM*	*28.452 DM*	*29.471 DM*	*30.532 DM*	*31.634 DM*

Anhang III/19: Rechentabelle für Ledige mit EigZulG - Förderung (1997)
unter Berücksichtigung des Reformtarifs 1999

Basisdaten bei Einzelveranlagung, Analyse der Förderung nach EigZulG 1997 mit Steuerreformtarif 1999

Gesamtbetrag der Einkünfte im Vorjahr	100.000 DM	Vorbezugskosten	3.500 DM
Gesamtbetrag der Einkünfte im 1. Förderjahr	100.000 DM	Erhaltungsaufwendungen	0 DM
Jährlicher erwarteter Einkunftszuwachs (in %)	2,00%	Darlehenszinsen in 1994	irrelevant
Kinderfreibetrag (Faktor 0,5)	1	Darlehenszinsen ab 1995	irrelevant
Objekttyp (Neubau, Altbau, Ausbau/Erweiterung)	Neubau	Kalkulationszins (in %)	5,00%
AK/HK Gebäude(teil) bzw. HK Ausbau (mit ANK)	300.000 DM	Zulage § 9 Abs. 3 EigZulG	0 DM
Anschaffungskosten Grundstück (mit ANK)	60.000 DM	Zulage § 9 Abs. 4 EigZulG	nein

Jahr	1997	1998	1999	2000	2001	2002	2003	2004
Anfangsbestand	0 DM	8.037 DM	14.939 DM	22.186 DM	29.795 DM	37.785 DM	46.174 DM	54.983 DM
Liquiditätsverbesserung								
Zinsen auf Vorjahressaldo	0 DM	402 DM	747 DM	1.109 DM	1.490 DM	1.889 DM	2.309 DM	2.749 DM
Eigenheimzulage								
Grundförderung nach § 9 Abs. 2 EigZulG	5.000 DM	5.000 DM	5.000 DM	5.000 DM	5.000 DM	5.000 DM	5.000 DM	5.000 DM
Kinderzulage nach § 9 Abs. 5 EigZulG	1.500 DM	1.500 DM	1.500 DM	1.500 DM	1.500 DM	1.500 DM	1.500 DM	1.500 DM
Zulage nach § 9 Abs. 3 EigZulG	0 DM	0 DM	0 DM	0 DM	0 DM	0 DM	0 DM	0 DM
Zulage nach § 9 Abs. 4 EigZulG	0 DM	0 DM	0 DM	0 DM	0 DM	0 DM	0 DM	0 DM
Steuerminderzahlung	1.537 DM	0 DM	0 DM	0 DM	0 DM	0 DM	0 DM	0 DM
Endwertvorteil:	**8.037 DM**	**14.939 DM**	**22.186 DM**	**29.795 DM**	**37.785 DM**	**46.174 DM**	**54.983 DM**	**64.232 DM**
Steuerberechnung ohne Förderung								
Gesamtbetrag der Einkünfte	100.000 DM	102.000 DM	104.040 DM	106.121 DM	108.243 DM	110.408 DM	112.616 DM	114.869 DM
./. Vorsorgepauschale § 10c Abs. 2 EStG	3.888 DM	3.888 DM	3.888 DM	3.888 DM	3.888 DM	3.888 DM	3.888 DM	3.888 DM
./. Pauschbetrag § 10c Abs. 1 EStG	108 DM	108 DM	108 DM	108 DM	108 DM	108 DM	108 DM	108 DM
./. Kinderfreibetrag § 32 Abs. 6 EStG	6.912 DM	6.912 DM	6.912 DM	6.912 DM	6.912 DM	6.912 DM	6.912 DM	6.912 DM
./. Haushaltsfreibetrag § 32 Abs. 7 EStG	5.616 DM	5.616 DM	5.616 DM	5.616 DM	5.616 DM	5.616 DM	5.616 DM	5.616 DM
z.v.E. ohne Förderung	83.476 DM	85.476 DM	87.516 DM	89.597 DM	91.719 DM	93.884 DM	96.092 DM	98.345 DM
ESt ohne Förderung	23.406 DM	24.248 DM	21.905 DM	22.719 DM	23.539 DM	24.382 DM	25.245 DM	26.130 DM
SolZ ohne Förderung	1.755 DM	1.334 DM	1.205 DM	1.250 DM	1.295 DM	1.341 DM	1.388 DM	1.437 DM
Steuerzahlung ohne Förderung	*25.161 DM*	*25.582 DM*	*23.110 DM*	*23.969 DM*	*24.834 DM*	*25.723 DM*	*26.633 DM*	*27.567 DM*
Steuerberechnung mit Förderung								
Gesamtbetrag der Einkünfte	100.000 DM	102.000 DM	104.040 DM	106.121 DM	108.243 DM	110.408 DM	112.616 DM	114.869 DM
Zinsen auf Vorjahressaldo ./. FB	0 DM	0 DM	0 DM	0 DM	0 DM	0 DM	0 DM	0 DM
./. Vorsorgepauschale § 10c Abs. 2 EStG	3.888 DM	3.888 DM	3.888 DM	3.888 DM	3.888 DM	3.888 DM	3.888 DM	3.888 DM
./. Pauschbetrag § 10c Abs. 1 EStG	108 DM	108 DM	108 DM	108 DM	108 DM	108 DM	108 DM	108 DM
./. Kinderfreibetrag § 32 Abs. 6 EStG	6.912 DM	6.912 DM	6.912 DM	6.912 DM	6.912 DM	6.912 DM	6.912 DM	6.912 DM
./. Haushaltsfreibetrag § 32 Abs. 7 EStG	5.616 DM	5.616 DM	5.616 DM	5.616 DM	5.616 DM	5.616 DM	5.616 DM	5.616 DM
./. Vorkostenpauschale § 10i Abs. 1 Nr. 1 EStG	3.500 DM							
./. Erhaltungsaufwendungen § 10i Abs. 1 Nr. 2 EStG	0 DM							
z.v.E. mit Förderung	79.976 DM	85.476 DM	87.516 DM	89.597 DM	91.719 DM	93.884 DM	96.092 DM	98.345 DM
ESt mit Förderung	21.976 DM	24.248 DM	21.905 DM	22.719 DM	23.539 DM	24.382 DM	25.245 DM	26.130 DM
SolZ mit Förderung	1.648 DM	1.334 DM	1.205 DM	1.250 DM	1.295 DM	1.341 DM	1.388 DM	1.437 DM
Steuerzahlung mit Förderung	*23.624 DM*	*25.582 DM*	*23.110 DM*	*23.969 DM*	*24.834 DM*	*25.723 DM*	*26.633 DM*	*27.567 DM*

Anhang III/20: Rechentabelle für Verheiratete mit EigZulG - Förderung (1997)

Basisdaten bei Zusammenveranlagung, Analyse der Förderung nach EigZulG 1997

Gesamtbetrag der Einkünfte im Vorjahr	100.000 DM	Vorbezugskosten	3.500 DM
Gesamtbetrag der Einkünfte im 1. Förderjahr	100.000 DM	Erhaltungsaufwendungen	0 DM
Jährlicher erwarteter Einkunftszuwachs (in %)	2,00%	Darlehenszinsen in 1994	irrelevant
Kinderfreibetrag (Faktor 0,5)	1	Darlehenszinsen ab 1995	irrelevant
Objekttyp (Neubau, Altbau, Ausbau/Erweiterung)	Neubau	Kalkulationszins (in %)	5,00%
AK/HK Gebäude(teil) bzw. HK Ausbau (mit ANK)	300.000 DM	Zulage § 9 Abs. 3 EigZulG	0 DM
Anschaffungskosten Grundstück (mit ANK)	60.000 DM	Zulage § 9 Abs. 4 EigZulG	nein

Jahr	1997	1998	1999	2000	2001	2002	2003	2004
Anfangsbestand	0 DM	7.652 DM	14.535 DM	21.762 DM	29.350 DM	37.317 DM	45.683 DM	54.467 DM
Liquiditätsverbesserung								
Zinsen auf Vorjahressaldo	0 DM	383 DM	727 DM	1.088 DM	1.467 DM	1.866 DM	2.284 DM	2.723 DM
Eigenheimzulage								
Grundförderung nach § 9 Abs. 2 EigZulG	5.000 DM	5.000 DM	5.000 DM	5.000 DM	5.000 DM	5.000 DM	5.000 DM	5.000 DM
Kinderzulage nach § 9 Abs. 5 EigZulG	1.500 DM	1.500 DM	1.500 DM	1.500 DM	1.500 DM	1.500 DM	1.500 DM	1.500 DM
Zulage nach § 9 Abs. 3 EigZulG	0 DM	0 DM	0 DM	0 DM	0 DM	0 DM	0 DM	0 DM
Zulage nach § 9 Abs. 4 EigZulG	0 DM	0 DM	0 DM	0 DM	0 DM	0 DM	0 DM	0 DM
Steuerminderzahlung	1.152 DM	0 DM	0 DM	0 DM	0 DM	0 DM	0 DM	0 DM
Endwertanteil	7.652 DM	14.535 DM	21.762 DM	29.350 DM	37.317 DM	45.683 DM	54.467 DM	63.691 DM
Steuerberechnung ohne Förderung								
Gesamtbetrag der Einkünfte	100.000 DM	102.000 DM	104.040 DM	106.121 DM	108.243 DM	110.408 DM	112.616 DM	114.869 DM
./. Vorsorgepauschale § 10c Abs. 2 EStG	7.830 DM	7.830 DM	7.830 DM	7.830 DM	7.830 DM	7.830 DM	7.830 DM	7.830 DM
./. Pauschbetrag § 10c Abs. 1 EStG	216 DM	216 DM	216 DM	216 DM	216 DM	216 DM	216 DM	216 DM
./. Kinderfreibetrag § 32 Abs. 6 EStG	6.912 DM	6.912 DM	6.912 DM	6.912 DM	6.912 DM	6.912 DM	6.912 DM	6.912 DM
z.v.E. ohne Förderung	85.042 DM	87.042 DM	89.082 DM	91.163 DM	93.285 DM	95.450 DM	97.658 DM	99.911 DM
ESt ohne Förderung	17.382 DM	17.910 DM	18.314 DM	19.012 DM	19.682 DM	20.390 DM	21.140 DM	21.894 DM
SolZ ohne Förderung	1.304 DM	985 DM	1.007 DM	1.046 DM	1.083 DM	1.121 DM	1.163 DM	1.204 DM
Steuerzahlung ohne Förderung	18.686 DM	18.895 DM	19.321 DM	20.058 DM	20.765 DM	21.511 DM	22.303 DM	23.098 DM
Steuerberechnung mit Förderung								
Gesamtbetrag der Einkünfte	100.000 DM	102.000 DM	104.040 DM	106.121 DM	108.243 DM	110.408 DM	112.616 DM	114.869 DM
Zinsen auf Vorjahressaldo ./. FB	0 DM	0 DM	0 DM	0 DM	0 DM	0 DM	0 DM	0 DM
./. Vorsorgepauschale § 10c Abs. 2 EStG	7.830 DM	7.830 DM	7.830 DM	7.830 DM	7.830 DM	7.830 DM	7.830 DM	7.830 DM
./. Pauschbetrag § 10c Abs. 1 EStG	216 DM	216 DM	216 DM	216 DM	216 DM	216 DM	216 DM	216 DM
./. Kinderfreibetrag § 32 Abs. 6 EStG	6.912 DM	6.912 DM	6.912 DM	6.912 DM	6.912 DM	6.912 DM	6.912 DM	6.912 DM
./. Vorkostenpauschale § 10i Abs. 1 Nr. 1 EStG	3.500 DM							
./. Erhaltungsaufwendungen § 10i Abs. 1 Nr. 2 EStG	0 DM							
z.v.E. mit Förderung	81.542 DM	87.042 DM	89.082 DM	91.163 DM	93.285 DM	95.450 DM	97.658 DM	99.911 DM
ESt mit Förderung	16.310 DM	17.910 DM	18.314 DM	19.012 DM	19.682 DM	20.390 DM	21.140 DM	21.894 DM
SolZ mit Förderung	1.223 DM	985 DM	1.007 DM	1.046 DM	1.083 DM	1.121 DM	1.163 DM	1.204 DM
Steuerzahlung mit Förderung	17.533 DM	18.895 DM	19.321 DM	20.058 DM	20.765 DM	21.511 DM	22.303 DM	23.098 DM

Anhang III/21: Rechentabelle für Verheiratete mit EigZulG - Förderung (1997)
unter Berücksichtigung des Reformtarifs 1999

Basisdaten bei Zusammenveranlagung, Analyse der Förderung nach EigZulG 1997 mit Steuerreformtarif 1999

Gesamtbetrag der Einkünfte im Vorjahr	100.000 DM	Vorbezugskosten	3.500 DM
Gesamtbetrag der Einkünfte im 1. Förderjahr	100.000 DM	Erhaltungsaufwendungen	0 DM
Jährlicher erwarteter Einkunftszuwachs (in %)	2,00%	Darlehenszinsen in 1994	irrelevant
Kinderfreibetrag (Faktor 0,5)	1	Darlehenszinsen ab 1995	irrelevant
Objekttyp (Neubau, Altbau, Ausbau/Erweiterung)	Neubau	Kalkulationszins (in %)	5,00%
AK/HK Gebäude(teil) bzw. HK Ausbau (mit ANK)	300.000 DM	Zulage § 9 Abs. 3 EigZulG	0 DM
Anschaffungskosten Grundstück (mit ANK)	60.000 DM	Zulage § 9 Abs. 4 EigZulG	nein

Jahr	1997	1998	1999	2000	2001	2002	2003	2004
Anfangsbestand	0 DM	7.652 DM	14.535 DM	21.762 DM	29.350 DM	37.317 DM	45.683 DM	54.467 DM
Liquiditätsverbesserung								
Zinsen auf Vorjahressaldo	0 DM	383 DM	727 DM	1.088 DM	1.467 DM	1.866 DM	2.284 DM	2.723 DM
Eigenheimzulage								
Grundförderung nach § 9 Abs. 2 EigZulG	5.000 DM	5.000 DM	5.000 DM	5.000 DM	5.000 DM	5.000 DM	5.000 DM	5.000 DM
Kinderzulage nach § 9 Abs. 5 EigZulG	1.500 DM	1.500 DM	1.500 DM	1.500 DM	1.500 DM	1.500 DM	1.500 DM	1.500 DM
Zulage nach § 9 Abs. 3 EigZulG	0 DM	0 DM	0 DM	0 DM	0 DM	0 DM	0 DM	0 DM
Zulage nach § 9 Abs. 4 EigZulG	0 DM	0 DM	0 DM	0 DM	0 DM	0 DM	0 DM	0 DM
Steuerminderzahlung	1.152 DM	0 DM	0 DM	0 DM	0 DM	0 DM	0 DM	0 DM
Endwertvorteil:	7.652 DM	14.535 DM	21.762 DM	29.350 DM	37.317 DM	45.683 DM	54.467 DM	63.691 DM
Steuerberechnung ohne Förderung								
Gesamtbetrag der Einkünfte	100.000 DM	102.000 DM	104.040 DM	106.121 DM	108.243 DM	110.408 DM	112.616 DM	114.869 DM
./. Vorsorgepauschale § 10c Abs. 2 EStG	7.830 DM	7.830 DM	7.830 DM	7.830 DM	7.830 DM	7.830 DM	7.830 DM	7.830 DM
./. Pauschbetrag § 10c Abs. 1 EStG	216 DM	216 DM	216 DM	216 DM	216 DM	216 DM	216 DM	216 DM
./. Kinderfreibetrag § 32 Abs. 6 EStG	6.912 DM	6.912 DM	6.912 DM	6.912 DM	6.912 DM	6.912 DM	6.912 DM	6.912 DM
z.v.E. ohne Förderung	85.042 DM	87.042 DM	89.082 DM	91.163 DM	93.285 DM	95.450 DM	97.658 DM	99.911 DM
ESt ohne Förderung	17.382 DM	17.910 DM	15.018 DM	15.638 DM	16.230 DM	16.860 DM	17.528 DM	18.202 DM
SolZ ohne Förderung	1.304 DM	985 DM	826 DM	860 DM	893 DM	927 DM	964 DM	1.001 DM
Steuerzahlung ohne Förderung	18.686 DM	18.895 DM	15.844 DM	16.498 DM	17.123 DM	17.787 DM	18.492 DM	19.203 DM
Steuerberechnung mit Förderung								
Gesamtbetrag der Einkünfte	100.000 DM	102.000 DM	104.040 DM	106.121 DM	108.243 DM	110.408 DM	112.616 DM	114.869 DM
Zinsen auf Vorjahressaldo ./. FB	0 DM	0 DM	0 DM	0 DM	0 DM	0 DM	0 DM	0 DM
./. Vorsorgepauschale § 10c Abs. 2 EStG	7.830 DM	7.830 DM	7.830 DM	7.830 DM	7.830 DM	7.830 DM	7.830 DM	7.830 DM
./. Pauschbetrag § 10c Abs. 1 EStG	216 DM	216 DM	216 DM	216 DM	216 DM	216 DM	216 DM	216 DM
./. Kinderfreibetrag § 32 Abs. 6 EStG	6.912 DM	6.912 DM	6.912 DM	6.912 DM	6.912 DM	6.912 DM	6.912 DM	6.912 DM
./. Vorkostenpauschale § 10i Abs. 1 Nr. 1 EStG	3.500 DM							
./. Erhaltungsaufwendungen § 10i Abs. 1 Nr. 2 EStG	0 DM							
z.v.E. mit Förderung	81.542 DM	87.042 DM	89.082 DM	91.163 DM	93.285 DM	95.450 DM	97.658 DM	99.911 DM
ESt mit Förderung	16.310 DM	17.910 DM	15.018 DM	15.638 DM	16.230 DM	16.860 DM	17.528 DM	18.202 DM
SolZ mit Förderung	1.223 DM	985 DM	826 DM	860 DM	893 DM	927 DM	964 DM	1.001 DM
Steuerzahlung mit Förderung	17.533 DM	18.895 DM	15.844 DM	16.498 DM	17.123 DM	17.787 DM	18.492 DM	19.203 DM

Anhang III/22: Darstellung des Tabellenblatts >Zusammenfassung<

Aktuelle Basisdaten aus Eingabedialog, gültig für Einzel- und Zusammenveranlagung:			
Gesamtbetrag der Einkünfte im Vorjahr	100.000 DM	Vorbezugskosten	3.500 DM
Gesamtbetrag der Einkünfte im 1. Förderjahr	100.000 DM	Erhaltungsaufwendungen	0 DM
Jährlicher erwarteter Einkunftszuwachs (in %)	2,00%	Darlehenszinsen in 1994	12.000 DM
Kinderfreibetrag (Faktor 0,5)	1	Darlehenszinsen ab 1995	12.000 DM
Objekttyp (Neubau, Altbau, Ausbau/Erweiterung)	Neubau	Kalkulationszins (in %)	5,00%
AK/HK Gebäude(teil) bzw. HK Ausbau (mit ANK)	300.000 DM	Zulage § 9 Abs. 3 EigZulG	0 DM
Anschaffungskosten Grundstück (mit ANK)	60.000 DM	Zulage § 9 Abs. 4 EigZulG	nein

Zusammenfassung der Endwertvorteile:				
Familienstand:	ledig		verheiratet	
Gesetzgebungsstand:	Tarif 1996	Reformtarif	Tarif 1996	Reformtarif
Fördervarianten:				
§ 10e EStG (1994)	105.767 DM	102.005 DM	81.505 DM	79.471 DM
§ 10e EStG (1995)	88.665 DM	84.773 DM	69.150 DM	66.354 DM
EigZulG (1995)	64.276 DM	64.276 DM	63.615 DM	63.615 DM
EigZulG (1996)	64.241 DM	64.241 DM	63.694 DM	63.694 DM
EigZulG (1997)	64.232 DM	64.232 DM	63.691 DM	63.691 DM

Übersicht der Endwertvorteile für Ledige

Übersicht der Endwertvorteile für Verheiratete

Anhang IV: Darstellung zweier Berechnungsbeispiele mit Vollförderung

Anhang IV/1: Rechentabelle für Verheiratete mit § 10e EStG - Förderung (1994) unter Berücksichtigung aller Fördermöglichkeiten

Basisdaten bei Zusammenveranlagung, Analyse der Förderung nach § 10e EStG 1994

Gesamtbetrag der Einkünfte im Vorjahr	irrelevant	Vorbezugskosten	10.000 DM
Gesamtbetrag der Einkünfte im 1. Förderjahr	80.000 DM	Erhaltungsaufwendungen	25.000 DM
Jährlicher erwarteter Einkunftszuwachs (in %)	2,00%	Darlehenszinsen in 1994	6.000 DM
Kinderfreibetrag (Faktor 0,5)	2	Darlehenszinsen ab 1995	12.000 DM
Objekttyp (Neubau, Altbau, Ausbau/Erweiterung)	Neubau	Kalkulationszins (in %)	5,00%
AK/HK Gebäude(teil) bzw. HK Ausbau (mit ANK)	300.000 DM	Zulage § 9 Abs. 3 EigZulG	irrelevant
Anschaffungskosten Grundstück (mit ANK)	60.000 DM	Zulage § 9 Abs. 4 EigZulG	irrelevant

Jahr	1994	1995	1996	1997	1998	1999	2000	2001
Anfangsbestand								
Liquiditätsverbesserung:								
Zinsen auf Vorjahressaldo	0 DM	584 DM	1.265 DM	1.899 DM	2.570 DM	3.055 DM	3.568 DM	4.107 DM
Steuerminderzahlung	11.688 DM	13.023 DM	11.425 DM	11.524 DM	7.130 DM	7.191 DM	7.223 DM	7.256 DM
Endwertvorteil	11.688 DM	25.295 DM	37.985 DM	51.408 DM	61.108 DM	71.355 DM	82.145 DM	93.509 DM
Steuerberechnung ohne Förderung								
Gesamtbetrag der Einkünfte	80.000 DM	81.600 DM	83.232 DM	84.897 DM	86.595 DM	88.326 DM	90.093 DM	91.895 DM
./. Vorsorgepauschale § 10c Abs. 2 EStG	7.830 DM	7.830 DM	7.830 DM	7.830 DM	7.830 DM	7.830 DM	7.830 DM	7.830 DM
./. Pauschbetrag § 10c Abs. 1 EStG	216 DM	216 DM	216 DM	216 DM	216 DM	216 DM	216 DM	216 DM
./. Kinderfreibetrag § 32 Abs. 6 EStG	8.208 DM	8.208 DM	12.528 DM	13.824 DM	13.824 DM	13.824 DM	13.824 DM	13.824 DM
z.v.E. ohne Förderung	63.746 DM	65.346 DM	62.658 DM	63.027 DM	64.725 DM	66.456 DM	68.223 DM	70.025 DM
ESt ohne Förderung	11.688 DM	12.114 DM	10.628 DM	10.724 DM	11.108 DM	11.286 DM	11.806 DM	12.362 DM
SolZ ohne Förderung	0 DM	909 DM	797 DM	804 DM	611 DM	621 DM	649 DM	680 DM
Steuerzahlung ohne Förderung	11.688 DM	13.023 DM	11.425 DM	11.528 DM	11.719 DM	11.907 DM	12.455 DM	13.042 DM
Steuerberechnung mit Förderung								
Gesamtbetrag der Einkünfte	80.000 DM	81.600 DM	83.232 DM	84.897 DM	86.595 DM	88.326 DM	90.093 DM	91.895 DM
+ Zinsen auf Vorjahressaldo ./. FB	0 DM	0 DM	0 DM	0 DM	0 DM	0 DM	0 DM	0 DM
./. Vorsorgepauschale § 10c Abs. 2 EStG	7.830 DM	7.830 DM	7.830 DM	7.830 DM	7.830 DM	7.830 DM	7.830 DM	7.830 DM
./. Pauschbetrag § 10c Abs. 1 EStG	216 DM	216 DM	216 DM	216 DM	216 DM	216 DM	216 DM	216 DM
./. Kinderfreibetrag § 32 Abs. 6 EStG	8.208 DM	8.208 DM	12.528 DM	13.824 DM	13.824 DM	13.824 DM	13.824 DM	13.824 DM
./. Vorbezugskosten § 10e Abs. 6 EStG	10.000 DM							
./. Erhaltungsaufwendungen § 10e Abs. 6 Satz 3 EStG	22.500 DM							
./. Schuldzinsenabzug nach § 10e Abs. 6a EStG	6.000 DM	12.000 DM	12.000 DM	6.000 DM				
mögliche Grundförderung nach § 10e Abs. 1 EStG	19.800 DM	36.061 DM	24.222 DM	25.223 DM	16.500 DM	16.500 DM	16.500 DM	16.500 DM
./. § 10e EStG Grundförderung	3.539 DM	31.639 DM	18.799 DM	25.223 DM	16.500 DM	16.500 DM	16.500 DM	16.500 DM
verbleibender § 10e - Vortrag	16.261 DM	4.422 DM	5.423 DM	0 DM	0 DM	0 DM	0 DM	0 DM
z.v.E. mit Förderung	21.707 DM	21.707 DM	31.859 DM	31.804 DM	48.225 DM	49.956 DM	51.723 DM	53.525 DM
tarifliche ESt mit Förderung	1.992 DM	1.992 DM	2.010 DM	2.010 DM	6.350 DM	6.470 DM	6.960 DM	7.484 DM
Baukindergeldanspruch	2.000 DM	2.008 DM	2.016 DM	2.006 DM	2.000 DM	2.000 DM	2.000 DM	2.000 DM
z.v.E.-Grenze für maximalen Baukindergeldabzug	21.815 DM	21.815 DM	31.967 DM	31.859 DM	32.399 DM	33.803 DM	33.803 DM	33.803 DM
./. Baukindergeld § 34f EStG	1.992 DM	1.992 DM	2.010 DM	2.006 DM	2.000 DM	2.000 DM	2.000 DM	2.000 DM
verbleibender Baukindergeldvortrag	8 DM	16 DM	6 DM	0 DM	0 DM	0 DM	0 DM	0 DM
festzusetzende ESt	0 DM	0 DM	0 DM	4 DM	4.350 DM	4.470 DM	4.960 DM	5.484 DM
SolZ mit Förderung	0 DM	0 DM	0 DM	0 DM	239 DM	246 DM	273 DM	302 DM
Steuerzahlung mit Förderung	0 DM	0 DM	0 DM	4 DM	4.589 DM	4.716 DM	5.233 DM	5.786 DM

Anhang   IV/2: Rechentabelle für Verheiratete mit EigZulG - Förderung (1996)
unter Berücksichtigung aller Fördermöglichkeiten

Basisdaten bei Zusammenveranlagung, Analyse der Förderung nach EigZulG 1996

Gesamtbetrag der Einkünfte im Vorjahr	80.000 DM	Vorbezugskosten	10.000 DM
Gesamtbetrag der Einkünfte im 1. Förderjahr	80.000 DM	Erhaltungsaufwendungen	25.000 DM
Jährlicher erwarteter Einkunftszuwachs (in %)	2,00%	Darlehenszinsen in 1994	irrelevant
Kinderfreibetrag (Faktor 0,5)	2	Darlehenszinsen ab 1995	irrelevant
Objekttyp (Neubau, Altbau, Ausbau/Erweiterung)	Neubau	Kalkulationszins (in %)	5,00%
AK/HK Gebäude(teil) bzw. HK Ausbau (mit ANK)	300.000 DM	Zulage § 9 Abs. 3 EigZulG	30.000 DM
Anschaffungskosten Grundstück (mit ANK)	60.000 DM	Zulage § 9 Abs. 4 EigZulG	ja

Jahr	1996	1997	1998	1999	2000	2001	2002	2003
Anfangsbestand	0 DM	16.870 DM	26.614 DM	36.845 DM	47.587 DM	58.866 DM	70.710 DM	83.145 DM
Liquiditätsverbesserung								
Zinsen auf Vorjahressaldo	0 DM	844 DM	1.331 DM	1.842 DM	2.379 DM	2.943 DM	3.535 DM	4.157 DM
Eigenheimzulage								
Grundförderung nach § 9 Abs. 2 EigZulG	5.000 DM	5.000 DM	5.000 DM	5.000 DM	5.000 DM	5.000 DM	5.000 DM	5.000 DM
Kinderzulage nach § 9 Abs. 5 EigZulG	3.000 DM	3.000 DM	3.000 DM	3.000 DM	3.000 DM	3.000 DM	3.000 DM	3.000 DM
Zulage nach § 9 Abs. 3 EigZulG	500 DM	500 DM	500 DM	500 DM	500 DM	500 DM	500 DM	500 DM
Zulage nach § 9 Abs. 4 EigZulG	400 DM	400 DM	400 DM	400 DM	400 DM	400 DM	400 DM	400 DM
Steuerminderzahlung	7.970 DM	0 DM	0 DM	0 DM	0 DM	0 DM	0 DM	0 DM
Endwertvorteil:	16.870 DM	26.614 DM	36.845 DM	47.587 DM	58.866 DM	70.710 DM	83.145 DM	96.202 DM
Steuerberechnung ohne Förderung								
Gesamtbetrag der Einkünfte	80.000 DM	81.600 DM	83.232 DM	84.897 DM	86.595 DM	88.326 DM	90.093 DM	91.895 DM
./. Vorsorgepauschale § 10c Abs. 2 EStG	7.830 DM	7.830 DM	7.830 DM	7.830 DM	7.830 DM	7.830 DM	7.830 DM	7.830 DM
./. Pauschbetrag § 10c Abs. 1 EStG	216 DM	216 DM	216 DM	216 DM	216 DM	216 DM	216 DM	216 DM
./. Kinderfreibetrag § 32 Abs. 6 EStG	12.528 DM	13.824 DM	13.824 DM	13.824 DM	13.824 DM	13.824 DM	13.824 DM	13.824 DM
z.v.E. ohne Förderung	59.426 DM	59.730 DM	61.362 DM	63.027 DM	64.725 DM	66.456 DM	68.223 DM	70.025 DM
ESt ohne Förderung	9.686 DM	9.780 DM	10.124 DM	10.256 DM	10.770 DM	11.286 DM	11.806 DM	12.362 DM
SolZ ohne Förderung	726 DM	734 DM	557 DM	564 DM	592 DM	621 DM	649 DM	680 DM
Steuerzahlung ohne Förderung	10.412 DM	10.514 DM	10.681 DM	10.820 DM	11.362 DM	11.907 DM	12.455 DM	13.042 DM
Steuerberechnung mit Förderung								
Gesamtbetrag der Einkünfte	80.000 DM	81.600 DM	83.232 DM	84.897 DM	86.595 DM	88.326 DM	90.093 DM	91.895 DM
Zinsen auf Vorjahressaldo ./. FB	0 DM	0 DM	0 DM	0 DM	0 DM	0 DM	0 DM	0 DM
./. Vorsorgepauschale § 10c Abs. 2 EStG	7.830 DM	7.830 DM	7.830 DM	7.830 DM	7.830 DM	7.830 DM	7.830 DM	7.830 DM
./. Pauschbetrag § 10c Abs. 1 EStG	216 DM	216 DM	216 DM	216 DM	216 DM	216 DM	216 DM	216 DM
./. Kinderfreibetrag § 32 Abs. 6 EStG	12.528 DM	13.824 DM	13.824 DM	13.824 DM	13.824 DM	13.824 DM	13.824 DM	13.824 DM
./. Vorkostenpauschale § 10i Abs. 1 Nr. 1 EStG	3.500 DM							
./. Erhaltungsaufwendungen § 10i Abs. 1 Nr. 2 EStG	22.500 DM							
z.v.E. mit Förderung	33.426 DM	59.730 DM	61.362 DM	63.027 DM	64.725 DM	66.456 DM	68.223 DM	70.025 DM
ESt mit Förderung	2.442 DM	9.780 DM	10.124 DM	10.256 DM	10.770 DM	11.286 DM	11.806 DM	12.362 DM
SolZ mit Förderung	0 DM	734 DM	557 DM	564 DM	592 DM	621 DM	649 DM	680 DM
Steuerzahlung mit Förderung	2.442 DM	10.514 DM	10.681 DM	10.820 DM	11.362 DM	11.907 DM	12.455 DM	13.042 DM

Anhang V: **Darstellung von Analyseauswertungen**

Anhang   V/1: Analyse des Gesamtbetrags der Einkünfte im Grundtarif bei Neubaumaßnahme zu mindestens 330.000 DM

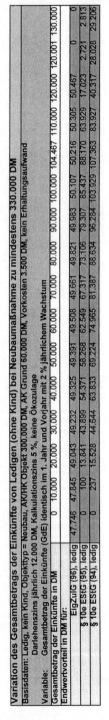

Variation des Gesamtbetrags der Einkünfte von Ledigen (ohne Kind) bei Neubaumaßnahme zu mindestens 330.000 DM

Basisdaten: Ledig, kein Kind, Objekttyp = Neubau, AK/HK Objekt 300.000 DM, AK Grund 60.000 DM, Vorkosten 3.500 DM, kein Erhaltungsaufwand

Darlehenszins jährlich 12.000 DM, Kalkulationszins 5 %, keine Ökozulage

Variable: Gesamtbetrag der Einkünfte (GdE) identisch im 1. Jahr und Vorjahr mit 2 % jährlichem Wachstum

Gesamtbetrag der Einkünfte in DM	0	10.000	20.000	30.000	40.000	50.000	60.000	70.000	80.000	90.000	100.000	104.467	110.000	120.000	120.001	130.000
Endwertvorteil in DM für:																
EigZulG (96), ledig	47.746	47.845	49.043	49.232	49.325	49.391	49.508	49.661	49.821	49.983	50.107	50.216	50.305	50.467	0	0
§ 10e EStG (95), ledig	0	0	100	13.841	43.899	54.371	58.268	62.549	67.317	73.106	79.307	85.437	88.170	63.929	17.023	2.721	2.813
§ 10e EStG (94), ledig	0	0	237	15.528	44.644	63.833	69.224	74.965	81.387	88.634	96.284	103.929	107.363	83.927	40.317	28.028	29.206

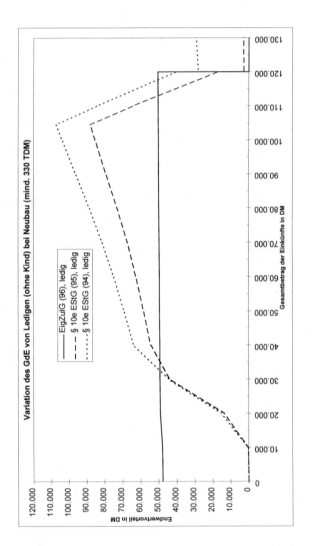

Anhang V/2: Analyse des Gesamtbetrags der Einkünfte im Grundtarif bei Neubaumaßnahme zu 100.000 DM

Variation des Gesamtbetrags der Einkünfte von Ledigen (ohne Kind) bei Neubaumaßnahme zu 100.000 DM

Basisdaten: Ledig, kein Kind, Objekttyp = Neubau, AK/HK Objekt 100.000 DM, AK Grund 0 DM, Vorkosten 3.500 DM, kein Erhaltungsaufwand
Darlehenszins jährlich 12.000 DM, Kalkulationszins 5 %, keine Ökozulage
Variable: Gesamtbetrag der Einkünfte (GdE) identisch im 1. Jahr und Vorjahr mit 2 % jährlichem Wachstum

Gesamtbetrag der Einkünfte in DM	0	10.000	20.000	30.000	40.000	50.000	60.000	70.000	80.000	90.000	100.000	104.467	110.000	120.000	120.001	130.000
Endwertvorteil in DM für:																
EigZulG (96), ledig	47.746	47.845	49.043	49.232	49.325	49.391	49.508	49.661	49.821	49.983	50.107	50.216	50.305	50.467	0	0
§ 10e EStG (95), ledig	0	100	13.610	16.745	18.104	19.480	20.930	22.732	24.658	26.760	28.677	29.535	21.945	7.238	2.721	2.813
§ 10e EStG (94), ledig	0	237	15.528	27.620	30.267	33.057	35.937	39.179	42.633	46.244	49.704	51.285	44.546	31.922	28.028	29.206

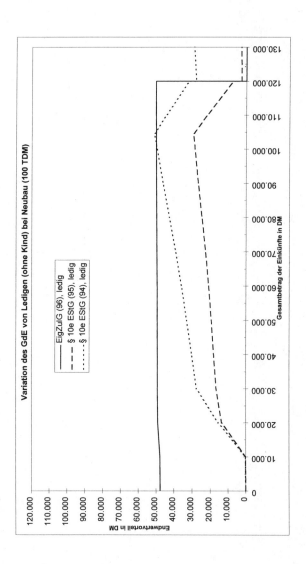

Variation des GdE von Ledigen (ohne Kind) bei Neubau (100 TDM)

Anhang   V/3:   Analyse des Gesamtbetrags der Einkünfte im Grundtarif
bei Altbaumaßnahme zu mindestens 330.000 DM

Variation des Gesamtbetrags der Einkünfte von Ledigen (ohne Kind) bei Altbaumaßnahme zu mindestens 330.000 DM

Basisdaten: Ledig, kein Kind, Objekttyp = Altbau, AK/HK Objekt 300.000 DM, AK Grund 60.000 DM, Vorkosten 3.500 DM, kein Erhaltungsaufwand
Darlehenszins jährlich 12.000 DM, Kalkulationszins 5 %, keine Ökozulage

Variable: Gesamtbetrag der Einkünfte (GdE) identisch im 1. Jahr und Vorjahr mit 2 % jährlichem Wachstum

Gesamtbetrag der Einkünfte in DM	0	10.000	20.000	30.000	40.000	50.000	60.000	70.000	80.000	90.000	100.000	104.467	110.000	120.000	120.001	130.000
Endwertvorteil in DM für:																
EigZulG (96), ledig	23.873	23.873	25.170	25.360	25.452	25.519	25.635	25.788	25.948	26.110	26.234	26.343	26.432	26.594	0	0
§ 10e EStG (95), ledig	0	100	13.841	24.512	26.214	28.253	30.307	32.795	35.687	38.527	41.408	42.675	31.375	9.452	2.721	2.813
§ 10e EStG (94), ledig	0	237	15.528	23.509	25.498	27.643	29.816	32.413	35.277	38.084	40.934	42.185	30.862	8.793	2.531	2.617

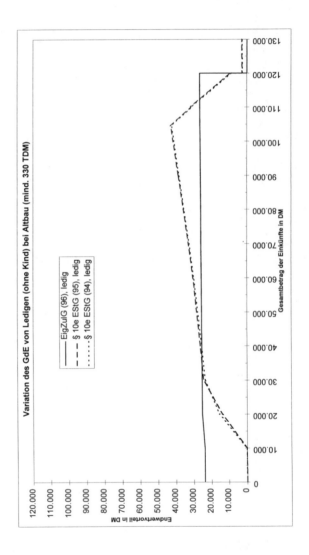

Variation des GdE von Ledigen (ohne Kind) bei Altbau (mind. 330 TDM)

Anhang V/4: Analyse des Gesamtbetrags der Einkünfte im Splittingtarif bei Neubaumaßnahme zu mindestens 330.000 DM

Variation des Gesamtbetrags der Einkünfte von Verheirateten (mit 2 Kindern) bei Neubaumaßnahme zu mindestens 330.000 DM

Basisdaten: Verheiratete, 2 Kinder, Objekttyp = Neubau, AK/HK Objekt 300.000 DM, AK Grund 60.000 DM, Vorkosten 3.500 DM, kein Erhaltungsaufwand
Darlehenszins jährlich 12.000 DM, Kalkulationszins 5 %, keine Ökozulage
Variable: Gesamtbetrag der Einkünfte (GdE) identisch im 1. Jahr und Vorjahr mit 2 % jährlichem Wachstum

Gesamtbetrag der Einkünfte in DM	0	20.000	40.000	60.000	80.000	100.000	120.000	140.000	160.000	180.000	200.000	208.934	220.000	240.000	240.001	260.000
Endwertvorteil in DM für:																
EigZulG (96), verheiratet	76.393	76.393	76.393	78.021	77.945	77.990	78.081	78.193	78.350	78.574	78.740	78.813	78.828	78.989	0	0
§ 10e EStG (95), verheiratet	0	0	3.380	51.459	74.595	78.078	82.241	86.782	92.429	98.720	104.898	107.715	77.294	20.227	2.629	2.771
§ 10e EStG (94), verheiratet	0	0	6.832	55.775	84.823	90.079	95.836	102.105	109.270	117.066	124.808	128.233	98.654	43.579	27.716	29.304

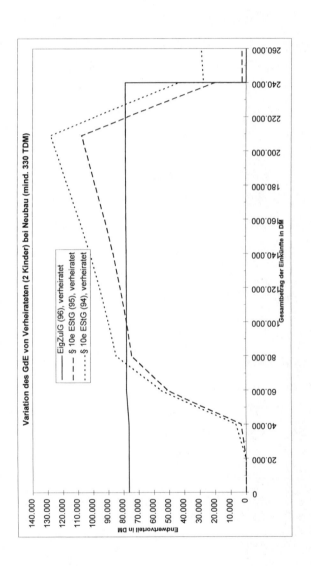

Variation des GdE von Verheirateten (2 Kinder) bei Neubau (mind. 330 TDM)

— EigZulG (96), verheiratet
– – § 10e EStG (95), verheiratet
······ § 10e EStG (94), verheiratet

Anhang V/5: Analyse des Gesamtbetrags der Einkünfte im Splittingtarif bei Neubaumaßnahme zu 100.000 DM

Variation des Gesamtbetrags der Einkünfte von Verheirateten (mit 2 Kindern) bei Neubaumaßnahme zu 100.000 DM

Basisdaten: Verheiratete, 2 Kinder, Objekttyp = Neubau, AK/HK Objekt 100.000 DM, AK Grund 0 DM, Vorkosten 3.500 DM, kein Erhaltungsaufwand
Darlehenszins jährlich 12.000 DM, Kalkulationszins 5 %, keine Ökozulage
Variable: Gesamtbetrag der Einkünfte (GdE) identisch im 1. Jahr und Vorjahr mit 2 % jährlichem Wachstum

Gesamtbetrag der Einkünfte in DM	0	20.000	40.000	60.000	80.000	100.000	120.000	140.000	160.000	180.000	200.000	208.934	220.000	240.000	240.001	260.000
Endwertvorteil in DM für:																
EigZulG (96), verheiratet	76.393	76.393	76.393	78.021	77.945	77.990	78.081	78.193	78.350	78.574	78.740	78.813	78.828	78.989	0	0
§ 10e EStG (95), verheiratet	0	0	3.380	37.400	37.841	39.255	40.661	42.165	44.091	46.159	48.198	49.020	35.066	10.186	2.629	2.771
§ 10e EStG (94), verheiratet	0	0	6.832	47.708	42.633	46.244	52.947	55.770	62.335	65.827	69.408	70.913	57.816	34.591	27.716	29.304

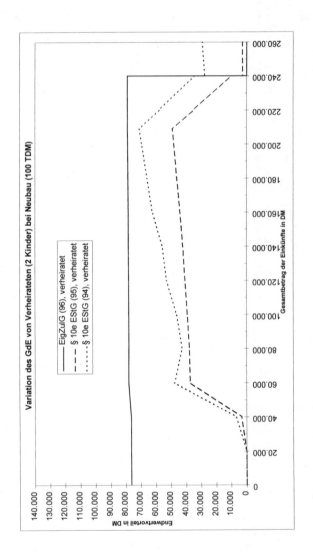

Variation des GdE von Verheirateten (2 Kinder) bei Neubau (100 TDM)

Anhang V/6: Analyse des Gesamtbetrags der Einkünfte im Splittingtarif bei Altbaumaßnahme zu mindestens 330.000 DM

Variation des Gesamtbetrags der Einkünfte von Verheirateten (mit 2 Kindern) bei Altbaumaßnahme zu mindestens 330.000 DM

Basisdaten: Verheiratete, 2 Kinder, Objekttyp = Altbau, AK/HK Objekt 300.000 DM, AK Grund 60.000 DM, Vorkosten 3.500 DM, kein Erhaltungsaufwand
Darlehenszins jährlich 12.000 DM, Kalkulationszins 5 %, keine Ökozulage
Variable: Gesamtbetrag der Einkünfte (GdE) identisch im 1. Jahr und Vorjahr mit 2 % jährlichem Wachstum

Gesamtbetrag der Einkünfte in DM	0	20.000	40.000	60.000	80.000	100.000	120.000	140.000	160.000	180.000	200.000	208.934	220.000	240.000	240.001	260.000
Endwertvorteil in DM für:																
EigZulG (96), verheiratet	52.520	52.520	52.520	54.148	54.072	54.117	54.208	54.320	54.477	54.701	54.868	54.940	54.955	55.116	0	0
§ 10e EStG (95), verheiratet	0	0	3.380	44.304	45.931	47.859	49.839	52.024	54.842	57.755	60.712	61.999	44.440	12.419	2.629	2.771
§ 10e EStG (94), verheiratet	0	0	6.832	43.420	45.093	47.124	49.218	51.567	54.386	57.263	60.180	61.453	43.876	11.552	2.446	2.578

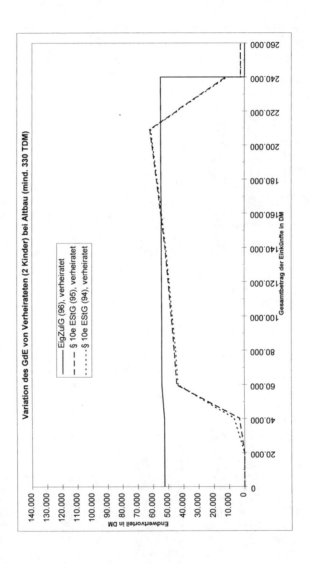

Variation des GdE von Verheirateten (2 Kinder) bei Altbau (mind. 330 TDM)

Anhang V/7: Analyse des Objekttyps für Ledige ohne Kind / mit einem Kind

Basisdaten bei Einzelveranlagung, Analyse der Objekttyp-Variation (AHK mind. 330 TDM)			
Gesamtbetrag der Einkünfte im Vorjahr	100.000 DM	Vorbezugskosten	3.500 DM
Gesamtbetrag der Einkünfte im 1. Förderjahr	100.000 DM	Erhaltungsaufwendungen	0 DM
Jährlicher erwarteter Einkunftszuwachs (in %)	2,00%	Darlehenszinsen in 1994	12.000 DM
Kinderfreibetrag (Faktor 0,5)	0 bzw. 1	Darlehenszinsen ab 1995	12.000 DM
Objekttyp (Neubau, Altbau, Ausbau/Erweiterung)	Variable	Kalkulationszins (in %)	5,00%
AK/HK Gebäude(teil) bzw. HK Ausbau (mit ANK)	300.000 DM	Zulage § 9 Abs. 3 EigZulG	0 DM
Anschaffungskosten Grundstück (mit ANK)	60.000 DM	Zulage § 9 Abs. 4 EigZulG	nein

Endwertvorteil für Ledige ohne Kind:

Fördervarianten: Objekttyp:	Neubau	Altbau	Ausbau
§ 10e EStG (1994)	103.929 DM	40.934 DM	97.156 DM
§ 10e EStG (1995)	85.437 DM	41.408 DM	78.361 DM
EigZulG (1995)	50.107 DM	26.234 DM	50.107 DM
EigZulG (1996)	50.107 DM	26.234 DM	50.107 DM
EigZulG (1997)	50.107 DM	26.234 DM	26.234 DM

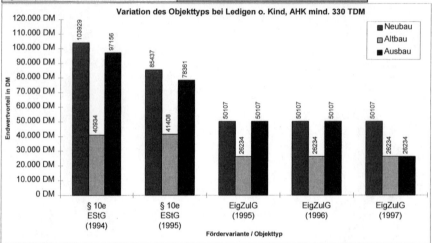

Endwertvorteil für Ledige mit 1 Kind:

Fördervarianten: Objekttyp:	Neubau	Altbau	Ausbau
§ 10e EStG (1994)	105.767 DM	47.914 DM	99.581 DM
§ 10e EStG (1995)	88.665 DM	48.329 DM	82.200 DM
EigZulG (1995)	64.276 DM	40.403 DM	64.276 DM
EigZulG (1996)	64.241 DM	40.369 DM	64.241 DM
EigZulG (1997)	64.232 DM	40.360 DM	40.360 DM

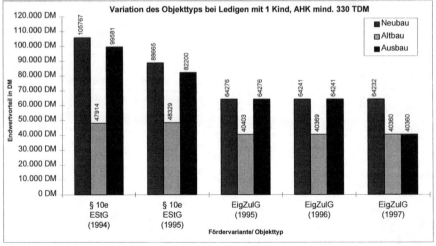

Anhang V/8: Analyse des Objekttyps für Verheiratete ohne Kind / mit zwei Kindern

Basisdaten bei Zusammenveranlagung, Analyse der Objekttyp-Variation (AHK mind. 330 TDM)				
Gesamtbetrag der Einkünfte im Vorjahr	100.000 DM	Vorbezugskosten		3.500 DM
Gesamtbetrag der Einkünfte im 1. Förderjahr	100.000 DM	Erhaltungsaufwendungen		0 DM
Jährlicher erwarteter Einkunftszuwachs (in %)	2,00%	Darlehenszinsen in 1994		12.000 DM
Kinderfreibetrag (Faktor 0,5)	0 bzw. 2	Darlehenszinsen ab 1995		12.000 DM
Objekttyp (Neubau, Altbau, Ausbau/Erweiterung)	Variable	Kalkulationszins (in %)		5,00%
AK/HK Gebäude(teil) bzw. HK Ausbau (mit ANK)	300.000 DM	Zulage § 9 Abs. 3 EigZulG		0 DM
Anschaffungskosten Grundstück (mit ANK)	60.000 DM	Zulage § 9 Abs. 4 EigZulG		nein

Endwertvorteil für Verheiratete ohne Kind:

Fördervarianten: Objekttyp:	Neubau	Altbau	Ausbau
§ 10e EStG (1994)	79.928 DM	28.106 DM	67.946 DM
§ 10e EStG (1995)	60.208 DM	28.701 DM	54.992 DM
EigZulG (1995)	49.328 DM	25.455 DM	49.328 DM
EigZulG (1996)	49.400 DM	25.528 DM	49.400 DM
EigZulG (1997)	49.400 DM	25.528 DM	25.528 DM

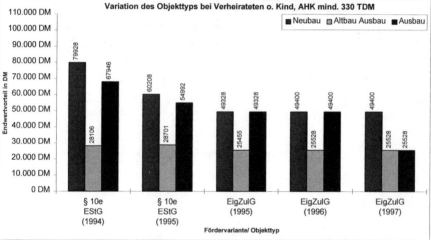

Endwertvorteil für Verheiratete mit 2 Kindern:

Fördervarianten: Objekttyp:	Neubau	Altbau	Ausbau
§ 10e EStG (1994)	90.079 DM	47.124 DM	85.307 DM
§ 10e EStG (1995)	78.078 DM	47.859 DM	73.077 DM
EigZulG (1995)	77.909 DM	54.036 DM	77.909 DM
EigZulG (1996)	77.990 DM	54.117 DM	77.990 DM
EigZulG (1997)	77.984 DM	54.111 DM	54.111 DM

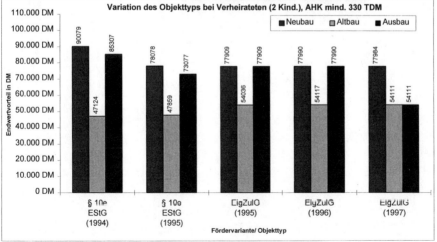

Anhang V/9: Analyse des Objekttyps für Ledige mit einem Kind im Vergleich des geltenden Steuertarifs zum geplanten Reformtarif

Basisdaten bei Einzelveranlagung, Analyse der Objekttyp-Variation im Tarifvergleich			
Gesamtbetrag der Einkünfte im Vorjahr	100.000 DM	Vorbezugskosten	3.500 DM
Gesamtbetrag der Einkünfte im 1. Förderjahr	100.000 DM	Erhaltungsaufwendungen	0 DM
Jährlicher erwarteter Einkunftszuwachs (in %)	2,00%	Darlehenszinsen in 1994	12.000 DM
Kinderfreibetrag (Faktor 0,5)	1	Darlehenszinsen ab 1995	12.000 DM
Objekttyp (Neubau, Altbau, Ausbau/Erweiterung)	Variable	Kalkulationszins (in %)	5,00%
AK/HK Gebäude(teil) bzw. HK Ausbau (mit ANK)	300.000 DM	Zulage § 9 Abs. 3 EigZulG	0 DM
Anschaffungskosten Grundstück (mit ANK)	60.000 DM	Zulage § 9 Abs. 4 EigZulG	nein

Prüfung der Abweichung des Endwertvorteils durch den Reformtarif			
Fördervariante/ Objekttyp	Tarif 1996	Reformtarif	Differenz
§ 10e EStG (1994)/ Neubau	105.767 DM	102.005 DM	3.762 DM
§ 10e EStG (1994)/ Altbau	47.914 DM	46.502 DM	1.412 DM
§ 10e EStG (1994)/ Ausbau	99.581 DM	96.259 DM	3.322 DM
§ 10e EStG (1995)/ Neubau	88.665 DM	84.773 DM	3.892 DM
§ 10e EStG (1995)/ Altbau	48.329 DM	46.477 DM	1.852 DM
§ 10e EStG (1995)/ Ausbau	82.200 DM	78.713 DM	3.487 DM
EigZulG (1996)/ Neubau	64.241 DM	64.241 DM	0 DM
EigZulG (1996)/ Altbau	40.369 DM	40.369 DM	0 DM
EigZulG (1996)/ Ausbau	64.241 DM	64.241 DM	0 DM

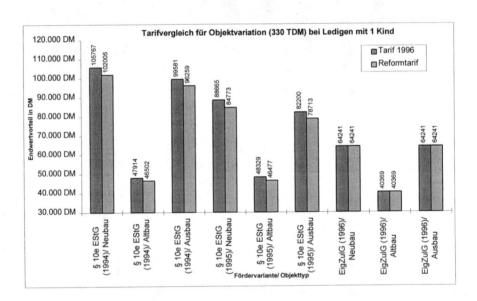

Anhang V/10: Analyse des Objekttyps für Verheiratete mit zwei Kindern im Vergleich des geltenden Steuertarifs zum geplanten Reformtarif

Basisdaten bei Zusammenveranlagung, Analyse der Objekttyp-Variation im Tarifvergleich			
Gesamtbetrag der Einkünfte im Vorjahr	100.000 DM	Vorbezugskosten	3.500 DM
Gesamtbetrag der Einkünfte im 1. Förderjahr	100.000 DM	Erhaltungsaufwendungen	0 DM
Jährlicher erwarteter Einkunftszuwachs (in %)	2,00%	Darlehenszinsen in 1994	12.000 DM
Kinderfreibetrag (Faktor 0,5)	2	Darlehenszinsen ab 1995	12.000 DM
Objekttyp (Neubau, Altbau, Ausbau/Erweiterung)	Variable	Kalkulationszins (in %)	5,00%
AK/HK Gebäude(teil) bzw. HK Ausbau (mit ANK)	300.000 DM	Zulage § 9 Abs. 3 EigZulG	0 DM
Anschaffungskosten Grundstück (mit ANK)	60.000 DM	Zulage § 9 Abs. 4 EigZulG	nein

Prüfung der Abweichung des Endwertvorteils durch den Reformtarif			
Fördervariante/ Objekttyp	Tarif 1996	Reformtarif	Differenz
§ 10e EStG (1994)/ Neubau	90.079 DM	88.001 DM	2.078 DM
§ 10e EStG (1994)/ Altbau	47.124 DM	46.191 DM	933 DM
§ 10e EStG (1994)/ Ausbau	85.307 DM	83.419 DM	1.888 DM
§ 10e EStG (1995)/ Neubau	78.078 DM	75.221 DM	2.857 DM
§ 10e EStG (1995)/ Altbau	47.859 DM	46.579 DM	1.280 DM
§ 10e EStG (1995)/ Ausbau	73.077 DM	70.483 DM	2.594 DM
EigZulG (1996)/ Neubau	77.990 DM	77.990 DM	0 DM
EigZulG (1996)/ Altbau	54.117 DM	54.117 DM	0 DM
EigZulG (1996)/ Ausbau	77.990 DM	77.990 DM	0 DM

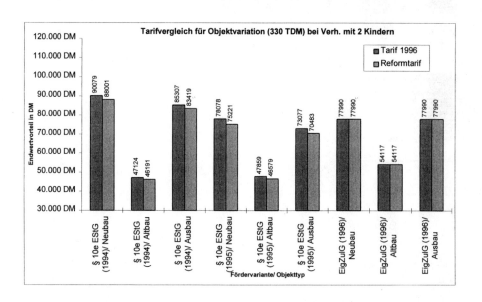

Anhang   V/11:   Analyse der Neubaukosten für Ledige mit einem Kind
bei einem anfänglichen GdE von 100.000 DM

Variation der gesamten AK/HK (inkl. Grund) einer Neubaumaßnahme bei Ledigen (mit 1 Kind) mit Anfangs-GdE 100.000 DM

Basisdaten: Ledige, 1 Kind, Objekttyp = Neubau, GdE 100.000 DM im 1. Jahr und Vorjahr mit 2 % jährlichem Wachstum, AK Grund 60.000 DM, Vorkosten 3.500 DM, kein Erhaltungsaufwand, Darlehenszins jährlich 12.000 DM, Kalkulationszins 5 %, keine Ökozulage

Variable: Gesamte AK/HK (inkl. Grund = kontinuierlich 60.000 DM) der Neubaumaßnahme

Gesamte AK/HK in DM (mit Grund)	80.000	100.000	120.000	140.000	160.000	180.000	200.000	220.000	240.000	260.000	280.000	300.000	320.000	340.000	360.000	380.000
Endwertvorteil in DM für:																
EigZulG (96), ledig	54.692	64.241	64.241	64.241	64.241	64.241	64.241	64.241	64.241	64.241	64.241	64.241	64.241	64.241	64.241	64.241
§ 10e EStG (95), ledig	24.580	29.436	34.197	39.003	43.658	48.329	52.938	57.596	62.125	66.642	71.097	75.569	80.026	84.340	88.665	
§ 10e EStG (94), ledig	44.574	49.222	53.773	58.341	62.792	67.283	71.714	76.103	80.428	84.768	89.018	93.283	97.506	101.618	105.767	

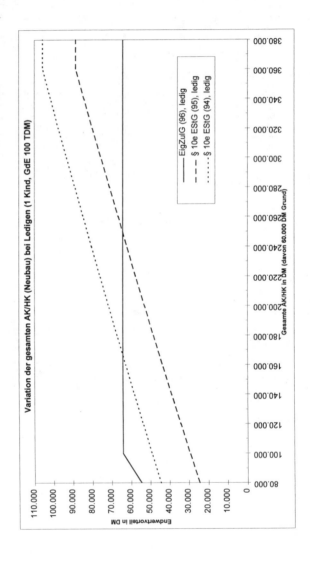

Variation der gesamten AK/HK (Neubau) bei Ledigen (1 Kind, GdE 100 TDM)

— EigZulG (96), ledig
– – § 10e EStG (95), ledig
······ § 10e EStG (94), ledig

Anhang V/12: Analyse der Neubaukosten für Verheiratete mit einem Kind bei einem anfänglichen GdE von 100.000 DM

Variation der gesamten AK/HK (inkl. Grund) einer Neubaumaßnahme bei Verheirateten (mit 1 Kind) mit Anfangs-GdE 100.000 DM

Basisdaten: Verheiratete, 1 Kind, Objekttyp = Neubau, GdE 100.000 DM im 1. Jahr und Vorjahr mit 2 % jährlichem Wachstum, AK Grund 60.000 DM, Vorkosten 3.500 DM, kein Erhaltungsaufwand, Darlehenszins jährlich 12.000 DM, Kalkulationszins 5 %, keine Ökozulage

Variable: Gesamte AK/HK (inkl. Grund = kontinuierlich 60.000 DM) der Neubaumaßnahme

Gesamte AK/HK in DM (mit Grund)	80.000	100.000	120.000	140.000	160.000	180.000	200.000	220.000	240.000	260.000	280.000	300.000	320.000	340.000	360.000	380.000
Endwertvorteil in DM für:																
EigZulG (96), verheiratet	54.145	63.694	63.694	63.694	63.694	63.694	63.694	63.694	63.694	63.694	63.694	63.694	63.694	63.694	63.694	63.694
§ 10e EStG (95), verheiratet	20.593	24.170	27.691	31.323	34.810	38.281	41.706	45.195	48.624	52.053	55.465	58.952	62.459	65.790	69.150	69.150
§ 10e EStG (94), verheiratet	35.062	38.493	41.869	45.317	48.657	51.986	55.267	58.612	61.895	65.218	68.478	71.809	75.122	78.302	81.505	81.505

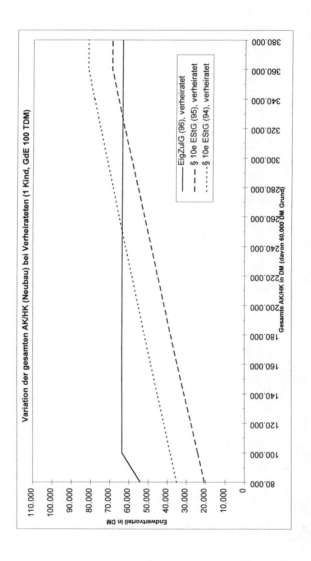

Variation der gesamten AK/HK (Neubau) bei Verheirateten (1 Kind, GdE 100 TDM)

Anhang V/13: Analyse der Neubaukosten für Verheiratete mit einem Kind bei einem anfänglichen GdE von 150.000 DM

Variation der gesamten AK/HK (inkl. Grund) einer Neubaumaßnahme bei Verheirateten (mit 1 Kind) mit Anfangs-GdE 150.000 DM

Basisdaten: Verheiratete, 1 Kind, Objekttyp = Neubau, GdE 150.000 DM im 1. Jahr und Vorjahr mit 2 % jährlichem Wachstum, AK Grund 60.000 DM, Vorkosten 3.500 DM, kein Erhaltungsaufwand, Darlehenszins jährlich 12.000 DM, Kalkulationszins 5 %, keine Ökozulage

Variable: Gesamte AK/HK (inkl. Grund = kontinuierlich 60.000 DM) der Neubaumaßnahme

Gesamte AK/HK in DM (mit Grund)	80.000	100.000	120.000	140.000	160.000	180.000	200.000	220.000	240.000	260.000	280.000	300.000	320.000	340.000	360.000	380.000
Endwertvorteil in DM für:																
EigZulG (96), verheiratet	54.508	64.057	64.057	64.057	64.057	64.057	64.057	64.057	64.057	64.057	64.057	64.057	64.057	64.057	64.057	64.057
§ 10e EStG (95), verheiratet	22.911	27.121	31.417	35.679	39.935	44.065	48.279	52.567	56.642	60.702	64.785	69.000	73.003	77.035	81.043	81.043
§ 10e EStG (94), verheiratet	40.977	45.119	49.241	53.439	57.522	61.533	65.680	69.798	73.758	77.695	81.716	85.754	89.695	93.552	97.441	97.441

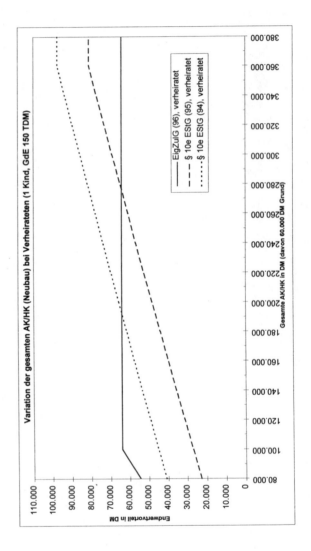

Variation der gesamten AK/HK (Neubau) bei Verheirateten (1 Kind, GdE 150 TDM)

Anhang V/14: Analyse der Neubaukosten für Ledige mit einem Kind bei einem anfänglichen GdE von 50.000 DM

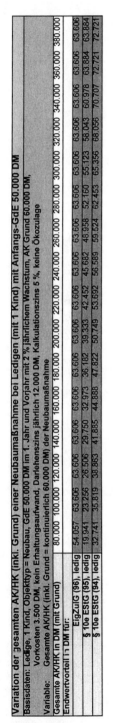

Variation der gesamten AK/HK (inkl. Grund) einer Neubaumaßnahme bei Ledigen (mit 1 Kind) mit Anfangs-GdE 50.000 DM

Basisdaten: Ledige, 1 Kind, Objekttyp = Neubau, GdE 50.000 DM im 1. Jahr und Vorjahr mit 2 % jährlichem Wachstum, AK Grund 60.000 DM, Vorkosten 3.500 DM, kein Erhaltungsaufwand, Darlehenszins jährlich 12.000 DM, Kalkulationszins 5 %, keine Ökozulage

Variable: Gesamte AK/HK (inkl. Grund = kontinuierlich 60.000 DM) der Neubaumaßnahme

Gesamte AK/HK in DM (mit Grund)	80.000	100.000	120.000	140.000	160.000	180.000	200.000	220.000	240.000	260.000	280.000	300.000	320.000	340.000	360.000	380.000
Endwertvorteil in DM für:																
EigZulG (96), ledig	54.057	63.606	63.606	63.606	63.606	63.606	63.606	63.606	63.606	63.606	63.606	63.606	63.606	63.606	63.606	63.606
§ 10e EStG (95), ledig	19.941	23.236	26.506	29.750	32.973	36.182	39.333	42.452	45.682	48.958	52.160	55.123	58.043	60.978	63.884	63.884
§ 10e EStG (94), ledig	32.741	35.819	38.863	41.885	44.888	47.822	50.749	53.692	56.589	59.524	62.453	65.356	68.056	70.707	72.721	72.721

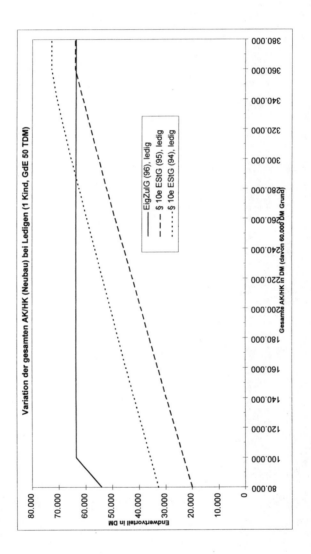

Variation der gesamten AK/HK (Neubau) bei Ledigen (1 Kind, GdE 50 TDM)

Anhang   V/15:   Analyse der Neubaukosten für Verheiratete mit einem Kind bei einem anfänglichen GdE von 50.000 DM

Variation der gesamten AK/HK (inkl. Grund) einer Neubaumaßnahme bei Verheirateten (mit 1 Kind) mit Anfangs-GdE 50.000 DM

Basisdaten: Verheiratete, 1 Kind, Objekttyp = Neubau, GdE 50.000 DM im 1. Jahr und Vorjahr mit 2 % jährlichem Wachstum, AK Grund 60.000 DM, Vorkosten 3.500 DM, kein Erhaltungsaufwand, Darlehenszins jährlich 12.000 DM, Kalkulationszins 5 %, keine Ökozulage

Variable: Gesamte AK/HK (inkl. Grund) = kontinuierlich 60.000 DM) der Neubaumaßnahme

Gesamte AK/HK in DM (mit Grund)	80.000	100.000	120.000	140.000	160.000	180.000	200.000	220.000	240.000	260.000	280.000	300.000	320.000	340.000	360.000	380.000
Endwertvorteil in DM für:																
EigZulG (96), verheiratet	53.929	63.478	63.478	63.478	63.478	63.478	63.478	63.478	63.478	63.478	63.478	63.478	63.478	63.478	63.478	63.478
§ 10e EStG (95), verheiratet	19.482	22.330	25.708	27.859	30.562	33.272	35.864	37.833	38.168	38.498	38.824	39.148	39.499	39.592	39.592	39.592
§ 10e EStG (94), verheiratet	30.138	32.746	35.343	37.849	40.295	42.767	43.469	43.469	43.469	43.469	43.469	43.469	43.469	43.469	43.469	43.469

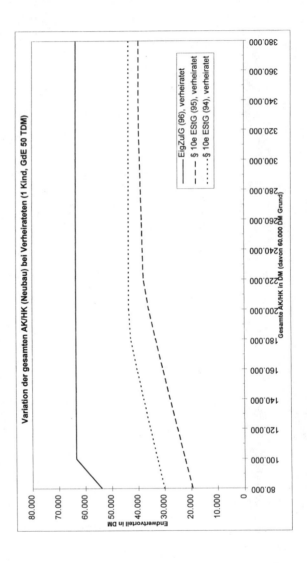

Variation der gesamten AK/HK (Neubau) bei Verheirateten (1 Kind, GdE 50 TDM)

Anhang V/16: Analyse der Altbaukosten für Ledige mit einem Kind bei einem anfänglichen GdE von 100.000 DM

Variation der gesamten AK/HK (inkl. Grund) einer Altbaumaßnahme bei Ledigen (mit 1 Kind) mit Anfangs-GdE 100.000 DM																
Basisdaten: Ledige, 1 Kind, Objekttyp = Altbau, GdE 100.000 DM im 1. Jahr und Vorjahr mit 2 % jährlichem Wachstum, AK Grund 60.000 DM, Vo-kosten 3.500 DM, kein Erhaltungsaufwand, Darlehenszins jährlich 12.000 DM, Kalkulationszins 5 %, keine Ökozulage																
Variable: Gesamte AK/HK (inkl. Grund = kontinuierlich 60.000 DM) der Altbaumaßnahme																
Gesamte AK/HK in DM (mit Grund)	80.000	100.000	120.000	130.000	140.000	150.000	160.000	170.000	180.000	190.000	200.000	210.000	220.000	230.000	240.000	250.000
Endwertvorteil in DM für:																
EigZulG (96), ledig	35.594	40.369	40.369	40.369	40.369	40.369	40.369	40.369	40.369	40.369	40.369	40.369	40.369	40.369	40.369	40.369
§ 10e EStG (95), ledig	24.580	29.436	34.197	36.623	39.003	41.323	43.658	46.039	48.329	48.329	48.329	48.329	48.329	48.329	48.329	48.329
§ 10e EStG (94), ledig	24.283	29.113	33.850	36.262	38.632	40.943	43.266	45.635	47.914	47.914	47.914	47.914	47.914	47.914	47.914	47.914

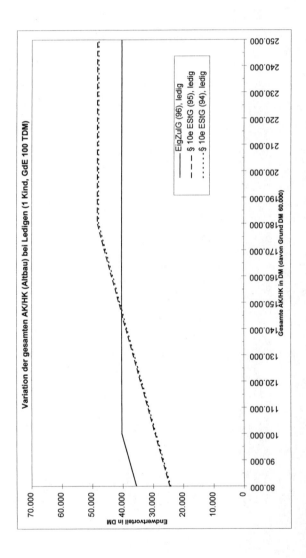

Variation der gesamten AK/HK (Altbau) bei Ledigen (1 Kind, GdE 100 TDM)

Anhang   V/17:   Analyse der Altbaukosten für Verheiratete mit einem Kind bei einem anfänglichen GdE von 100.000 DM

Variation der gesamten AK/HK (inkl. Grund) einer Altbaumaßnahme bei Verheirateten (mit 1 Kind) mit Anfangs-GdE 100.000 DM

Basisdaten: Verheiratete, 1 Kind, Objekttyp = Altbau, GdE 100.000 DM im 1. Jahr und Vorjahr mit 2 % jährlichem Wachstum, AK Grund 60.000 DM, Vorkosten 3.500 DM, kein Erhaltungsaufwand, Darlehenszins jährlich 12.000 DM, Kalkulationszins 5 %, keine Ökozulage

Variable: Gesamte AK/HK (inkl. Grund = kontinuierlich 60.000 DM) der Altbaumaßnahme

Gesamte AK/HK in DM (mit Grund)	80.000	100.000	120.000	130.000	140.000	150.000	160.000	170.000	180.000	190.000	200.000	210.000	220.000	230.000	240.000	250.000
Endwertvorteil in DM für:																
EigZulG (96), verheiratet	35.046	39.821	39.821	39.821	39.821	39.821	39.821	39.821	39.821	39.821	39.821	39.821	39.821	39.821	39.821	39.821
§ 10e EStG (95), verheiratet	20.593	24.170	27.691	29.496	31.323	32.955	34.810	36.477	38.281	38.281	38.281	38.281	38.281	38.281	38.281	38.281
§ 10e EStG (94), verheiratet	20.252	23.768	27.227	29.003	30.793	32.395	34.215	35.852	37.624	37.624	37.624	37.624	37.624	37.624	37.624	37.624

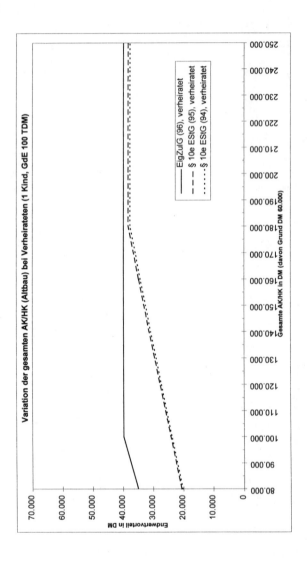

Variation der gesamten AK/HK (Altbau) bei Verheirateten (1 Kind, GdE 100 TDM)

Anhang V/18: Analyse des Fördervolumens im Splittingtarif bei Veränderung der Zahl der Kinderfreibeträge

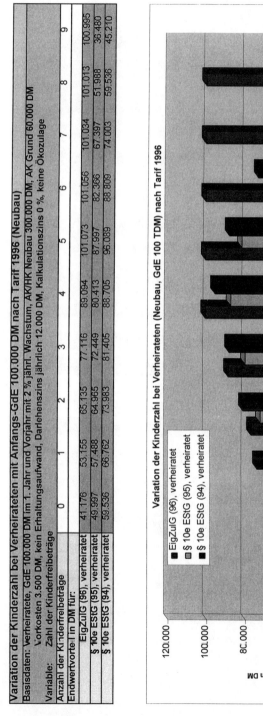

Variation der Kinderzahl bei Verheirateten mit Anfangs-GdE 100.000 DM nach Tarif 1996 (Neubau)

Basisdaten: Verheiratete, GdE 100.000 DM im 1. Jahr und Vorjahr mit 2 % jährl. Wachstum, AK/HK Neubau 300.000 DM, AK Grund 60.000 DM
Vorkosten 3.500 DM, kein Erhaltungsaufwand, Darlehenszins jährlich 12.000 DM, Kalkulationszins 0 %, keine Ökozulage

Variable: Zahl der Kinderfreibeträge

Anzahl der Kinderfreibeträge	0	1	2	3	4	5	6	7	8	9
Endwertvorteil in DM für:										
EigZulG (96), verheiratet	41.176	53.155	65.135	77.116	89.094	101.073	101.056	101.034	101.013	100.995
§ 10e EStG (95), verheiratet	49.997	57.488	64.965	72.449	80.413	87.997	82.366	67.397	51.988	36.480
§ 10e EStG (94), verheiratet	59.536	66.762	73.983	81.405	88.705	96.089	88.809	74.003	59.536	45.210

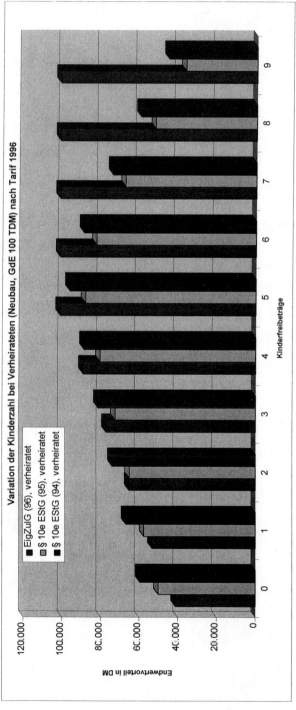

Variation der Kinderzahl bei Verheirateten (Neubau, GdE 100 TDM) nach Tarif 1996

Anhang V/19: Analyse des Fördervolumens im Splittingtarif bei Veränderung der Zahl der Kinderfreibeträge unter Berücksichtigung des Reformtarifs 1999

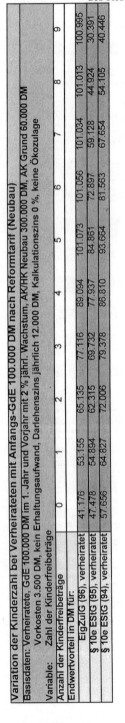

Variation der Kinderzahl bei Verheirateten mit Anfangs-GdE 100.000 DM nach Reformtarif (Neubau)

Basisdaten: Verheiratete, GdE 100.000 DM im 1. Jahr und Vorjahr mit 2 % jährl. Wachstum. AK/HK Neubau 300.000 DM, AK Grund 60.000 DM Vorkosten 3.500 DM, kein Erhaltungsaufwand, Darlehensaufwand, Darlehenszins jährlich 12.000 DM, Kalkulationszins 0 %, keine Ökozulage

Variable: Zahl der Kinderfreibeträge

Anzahl der Kinderfreibeträge	0	1	2	3	4	5	6	7	8	9
Endwertvorteil in DM für:										
EigZulG (96), verheiratet	41.176	53.155	65.135	77.116	89.094	101.073	101.056	101.034	101.013	100.995
§ 10e EStG (95), verheiratet	47.478	54.894	62.315	69.732	77.937	84.861	72.897	59.128	44.924	30.391
§ 10e EStG (94), verheiratet	57.656	64.827	72.006	79.378	86.810	93.664	81.563	67.654	54.105	40.446

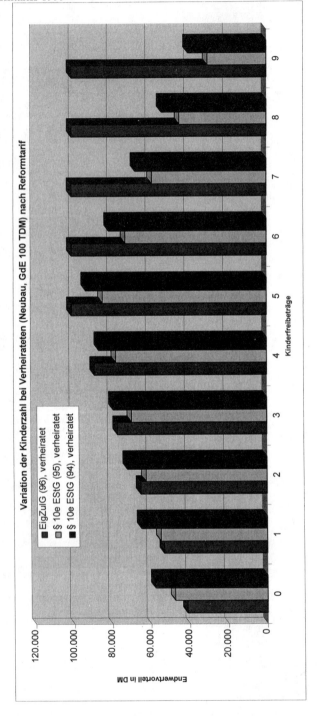

Variation der Kinderzahl bei Verheirateten (Neubau, GdE 100 TDM) nach Reformtarif

Anhang V/20: Ermittlung der Endwertdifferenzen zwischen gültigem Tarif und Steuerreformtarif bei Analyse der Kinderfreibeträge

Endwertverlust in § 10e-Förderung durch Reformtarif bei Variation der Kinderzahl bei Verheirateten (Neubau)										
Basisdaten: Verheiratete, GdE 100.000 DM im 1. Jahr und Vorjahr mit 2 % jährl. Wachstum, AK/HK Neubau 300.000 DM, AK Grund 60.000 DM Vorkosten 3.500 DM, kein Erhaltungsaufwand, Darlehenszins jährlich 12.000 DM, Kalkulationszins 0 %, keine Ökozulage										
Variable: Zahl der Kinderfreibeträge										
Anzahl der Kinderfreibeträge	0	1	2	3	4	5	6	7	8	9
Endwertdifferenz in DM für:										
§ 10e EStG (95), verheiratet	2.519	2.594	2.650	2.717	2.476	3.136	9.469	8.269	7.064	6.089
§ 10e EStG (94), verheiratet	1.880	1.935	1.977	2.027	1.895	2.425	7.246	6.349	5.431	4.764

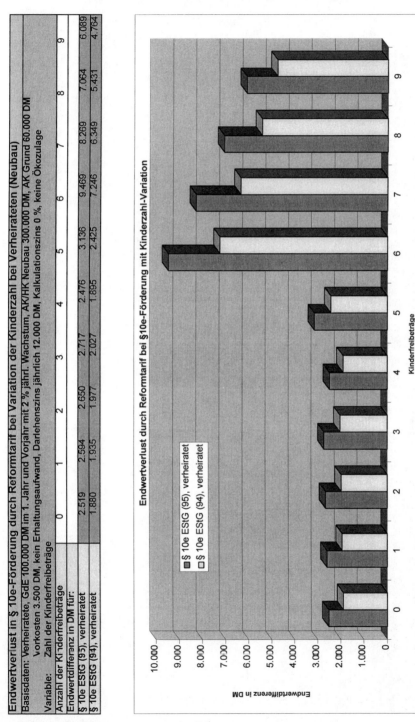

Endwertverlust durch Reformtarif bei §10e-Förderung mit Kinderzahl-Variation

Anhang V/21: Analyse der Vorbezugskosten für Ledige ohne Kind bei einem anfänglichen GdE von 80.000 DM

Variation der Vorbezugskosten (Neubau) bei Ledigen (ohne Kind) mit Anfangs-GdE 80.000 DM

Basisdaten: Ledige, ohne Kind, GdE 80.000 DM im 1. Jahr und Vorjahr mit 2 % jährlichem Wachstum, AK/HK Neubau 300.000 DM, AK Grund 60.000 DM, kein Erhaltungsaufwand, Darlehenszins jährlich 12.000 DM, Kalkulationszins 5 %, keine Ökozulage

Variable: Vorkosten vor Bezug des Objekts

Vorbezugskosten in DM	0	3.000	6.000	9.000	12.000	15.000	18.000	21.000	24.000	27.000	30.000	33.000	36.000
Endwertvorteil in DM für:													
EigZulG(96), ledig	49.821	49.821	49.821	49.821	49.821	49.821	49.821	49.821	49.821	49.821	49.821	49.821	49.821
§ 10e EStG (95), ledig	71.377	72.866	74.341	75.748	77.141	78.466	79.774	81.040	82.243	83.426	84.546	85.646	86.685
§ 10e EStG (94), ledig	87.181	88.413	89.631	90.808	91.927	93.027	94.070	95.093	96.060	97.005	97.896	98.763	99.591

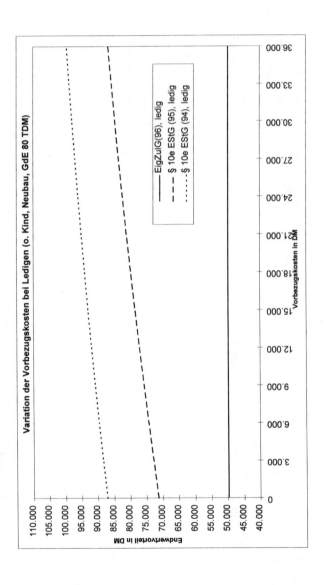

Variation der Vorbezugskosten bei Ledigen (o. Kind, Neubau, GdE 80 TDM)

Anhang V/22: Analyse der Vorbezugskosten für Verheiratete ohne Kind
bei einem anfänglichen GdE von 80.000 DM

Variation der Vorbezugskosten (Neubau) bei Verheirateten (ohne Kinder) mit Anfangs-GdE 80.000 DM													
Basisdaten: Verheiratete, 2 Kinder, GdE 80.000 DM im 1. Jahr und Vorjahr mit 2 % jährlichem Wachstum, AK/HK Neubau 300.000 DM, AK Grund 60.000 DM, kein Erhaltungsaufwand, Darlehenszins jährlich 12.000 DM, Kalkulationszins 5 %, keine Ökozulage													
Variable: Verkosten vor Bezug des Objekts													
Vorbezugskosten in DM	0	3.000	6.000	9.000	12.000	15.000	18.000	21.000	24.000	27.000	30.000	33.000	36.000
Endwertvorteil in DM für:													
EigZulG(96), verheiratet	49.358	49.358	49.358	49.358	49.358	49.358	49.358	49.358	49.358	49.358	49.358	49.358	49.358
§ 10e EStG (95), verheiratet	54.787	55.855	56.944	58.009	59.056	60.042	61.046	62.085	63.159	64.210	65.043	65.879	66.698
§ 10e EStG (94), verheiratet	66.087	67.004	67.939	68.853	69.748	70.624	71.451	72.287	73.106	73.913	74.795	75.772	76.696

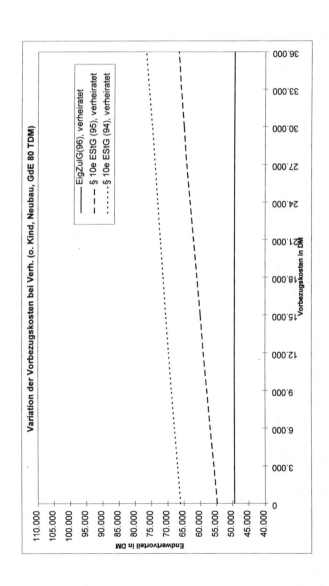

Variation der Vorbezugskosten bei Verh. (o. Kind, Neubau, GdE 80 TDM)

— EigZulG(96), verheiratet
– – – § 10e EStG (95), verheiratet
······ § 10e EStG (94), verheiratet

Anhang V/23: Analyse der Vorbezugskosten für Ledige mit zwei Kindern
bei einem anfänglichen GdE von 80.000 DM

Variation der Vorbezugskosten (Neubau) bei Ledigen (mit 2 Kindern) mit Anfangs-GdE 80.000 DM

Basisdaten: Ledige, 2 Kinder, GdE 80.000 DM im 1. Jahr und Vorjahr mit 2 % jährlichem Wachstum, AK/HK Neubau 300.000 DM, AK Grund 60.000 DM, kein Erhaltungsaufwand, Darlehenszins jährlich 12.000 DM, Kalkulationszins 5 %, keine Ökozulage

Variable: Vorkosten vor Bezug des Objekts

Vorbezugskosten in DM	0	3.000	6.000	9.000	12.000	15.000	18.000	21.000	24.000	27.000	30.000	33.000	36.000
Endwertvorteil in DM für:													
EigZulG(96), ledig	78.176	78.176	78.176	78.176	78.176	78.176	78.176	78.176	78.176	78.176	78.176	78.176	78.176
§ 10e EStG (95), ledig	82.682	83.983	85.266	86.484	87.683	88.821	89.967	91.143	92.086	93.053	94.377	95.653	96.931
§ 10e EStG (94), ledig	96.442	97.500	98.539	99.538	100.480	101.428	102.547	103.626	104.745	105.733	106.611	107.700	108.965

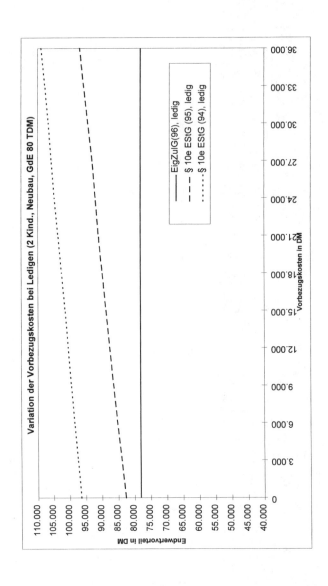

Variation der Vorbezugskosten bei Ledigen (2 Kind., Neubau, GdE 80 TDM)

Anhang V/24: Analyse der Vorbezugskosten für Verheiratete mit zwei Kindern bei einem anfänglichen GdE von 80.000 DM

Variation der Vorbezugskosten (Neubau) bei Verheirateten (mit 2 Kindern) mit Anfangs-GdE 80.000 DM													
Basisdaten: Verheiratete, 2 Kinder, GdE 80.000 DM im 1. Jahr und Vorjahr mit 2 % jährlichem Wachstum, AK/HK Neubau 300.000 DM, AK Grund 60.000 DM, kein Erhaltungsaufwand, Darlehenszins jährlich 12.000 DM, Kalkulationszins 5 %, keine Ökozulage													
Variable: Vorkosten vor Bezug des Objekts													
Vorbezugskosten in DM	0	3.000	6.000	9.000	12.000	15.000	18.000	21.000	24.000	27.000	30.000	33.000	36.000
Endwertvorte I in DM für:													
EigZulG(96), verheiratet	77.945	77.945	77.945	77.945	77.945	77.945	77.945	77.945	77.945	77.945	77.945	77.945	77.945
§ 10e EStG (95), verheiratet	73.348	74.389	75.537	76.665	77.611	78.478	79.359	80.220	81.215	82.311	83.400	84.469	85.480
§ 10e EStG (94), verheiratet	83.796	84.662	85.543	86.404	87.265	88.123	88.959	89.780	90.715	91.714	92.701	93.677	94.681

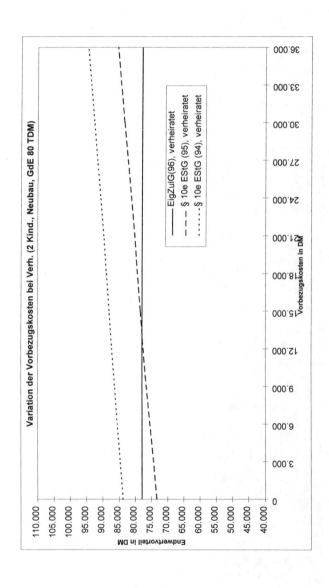

Variation der Vorbezugskosten bei Verh. (2 Kind., Neubau, GdE 80 TDM)

Anhang V/25: Analyse des Schuldzinsenabzugs für Ledige ohne Kind
bei einem anfänglichen GdE von 80.000 DM

Variation der Darlehenszinsaufwendungen bei Ledigen (ohne Kind) mit Anfangs-GdE 80.000 DM

Basisdaten: Ledige, ohne Kind, GdE 80.000 DM im 1. Jahr und Vorjahr mit 2 % jährlichem Wachstum, AK/HK Objekt (inkl. Grund) mindestens 100.000 DM bzw. mind. 330.000 DM, Vorkosten 3.500 DM, kein Erhaltungsaufwand, Kalkulationszins 5 %, keine Ökozulage

Variable: Darlehenszinsaufwendungen (konstant in den ersten 4 Jahren)

Darlehenszinsen in DM	0	1.500	3.000	4.500	6.000	7.500	9.000	10.500	12.000	13.500	15.000	16.500	18.000
Endwertvorteil in DM für:													
EigZulG(96), ledig, AHK>100TDM	49.821	49.821	49.821	49.821	49.821	49.821	49.821	49.821	49.821	49.821	49.821	49.821	49.821
§ 10e EStG (95), ledig, AHK>100TDM	24.658	24.658	24.658	24.658	24.658	24.658	24.658	24.658	24.658	24.658	24.658	24.658	24.658
§ 10e EStG (95), ledig, AHK>330TDM	73.106	73.106	73.106	73.106	73.106	73.106	73.106	73.106	73.106	73.106	73.106	73.106	73.106
§ 10e EStG (94), ledig, AHK=100TDM	24.335	26.741	29.093	31.438	33.730	35.991	38.251	40.458	42.633	42.633	42.633	42.633	42.633
§ 10e EStG (94), ledig, AHK>330TDM	72.405	74.543	76.626	78.680	80.735	82.743	84.723	86.679	88.634	88.634	88.634	88.634	88.634

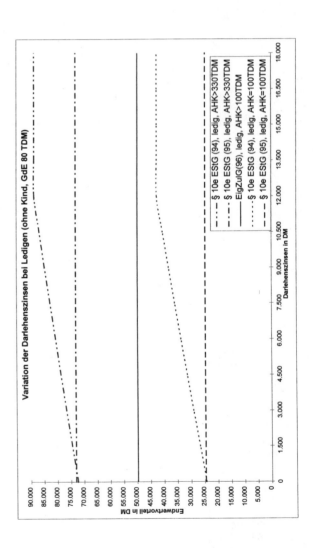

Variation der Darlehenszinsen bei Ledigen (ohne Kind, GdE 80 TDM)

Anhang V/26: Analyse des Schuldzinsenabzugs für Verheiratete mit zwei Kindern bei einem anfänglichen GdE von 80.000 DM

Variation der Darlehenszinsaufwendungen bei Verheirateten (2 Kinder) mit Anfangs-GdE 80.000 DM												
Basisdaten: Verheiratete, 2 Kinder, GdE 80.000 DM im 1. Jahr und Vorjahr mit 2 % jährlichem Wachstum, AK/HK Objekt (inkl. Grund) mind. 100.000 DM bzw. mind. 330.000 DM, Vorkosten 3.500 DM, kein Erhaltungsaufwand, Kalkulationszins 5 %, keine Ökozulage												
Variable: Darlehenszinsaufwendungen (konstant in den ersten 4 Jahren)												
Darlehenszinsen in DM	0	1.500	3.000	4.500	6.000	7.500	9.000	10.500	12.000	13.500	15.000	16.500	18.000
Endwertvorteil in DM für:													
EigZulG(96), verh., AHK>100TDM	77.945	77.945	77.945	77.945	77.945	77.945	77.945	77.945	77.945	77.945	77.945	77.945	77.945
§ 10e EStG (95), verh., AHK=100TDM	37.841	37.841	37.841	37.841	37.841	37.841	37.841	37.841	37.841	37.841	37.841	37.841	37.841
§ 10e EStG (95), verh., AHK>330TDM	74.595	74.595	74.595	74.595	74.595	74.595	74.595	74.595	74.595	74.595	74.595	74.595	74.595
§ 10e EStG (94), verh., AHK=100TDM	37.201	38.873	40.534	42.183	43.775	45.361	46.794	48.589	50.243	50.243	50.243	50.243	50.243
§ 10e EStG (94), verh., AHK>330TDM	72.698	74.300	75.767	77.243	78.787	80.279	81.791	83.291	84.823	84.823	84.823	84.823	84.823

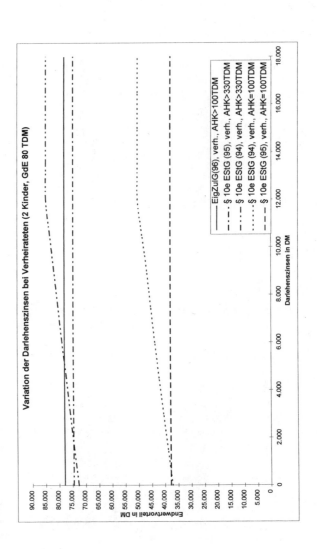

Variation der Darlehenszinsen bei Verheirateten (2 Kinder, GdE 80 TDM)

Anhang V/27: Analyse der ökologischen Zusatzförderungen

Basisdaten bei Einzel- und Zusammenveranlagung, Förderung (inkl. Öko) nach EigZulG 1997			
Gesamtbetrag der Einkünfte im Vorjahr	100.000 DM	Vorbezugskosten	3.500 DM
Gesamtbetrag der Einkünfte im 1. Förderjahr	100.000 DM	Erhaltungsaufwendungen	0 DM
Jährlicher erwarteter Einkunftszuwachs (in %)	2,00%	Darlehenszinsen in 1994	12.000 DM
Kinderfreibetrag (Faktor 0,5)	2	Darlehenszinsen ab 1995	12.000 DM
Objekttyp (Neubau, Altbau, Ausbau/Erweiterung)	Neubau	Kalkulationszins (in %)	5,00%
AK/HK Gebäude(teil) bzw. HK Ausbau (mit ANK)	300.000 DM	Zulage § 9 Abs. 3 EigZulG	variabel
Anschaffungskosten Grundstück (mit ANK)	60.000 DM	Zulage § 9 Abs. 4 EigZulG	variabel

Endwertvorteil bei Ledigen für:	Grundförderung	mit Ökozulage	Erhöhung
berücksichtigte Ökozulage			
nur Zulage nach § 9 Abs. 4 EigZulG	78.446 DM	82.265 DM	3.819 DM
nur Zulage nach § 9 Abs. 3 EigZulG	78.446 DM	83.220 DM	4.774 DM
beide Komponenten	78.446 DM	87.040 DM	8.594 DM

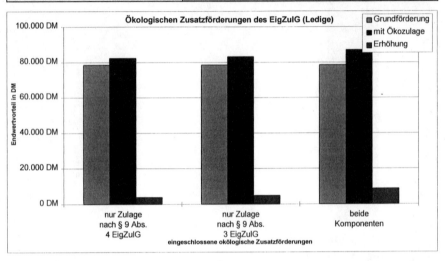

Endwertvorteil bei Verheirateten für:	Grundförderung	mit Ökozulage	Erhöhung
berücksichtigte Ökozulage			
nur Zulage nach § 9 Abs. 4 EigZulG	77.984 DM	81.804 DM	3.820 DM
nur Zulage nach § 9 Abs. 3 EigZulG	77.984 DM	82.759 DM	4.775 DM
beide Komponenten	77.984 DM	86.578 DM	8.594 DM

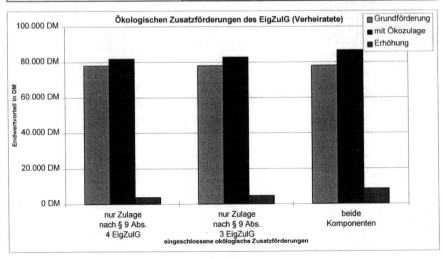

Anhang   V/28:   Analyse der Genossenschaftsanteilsförderung mit einem Kind

Eigenheimzulage bei Anschaffung von Genossenschaftsanteilen nach § 17 EigZulG									
Bemessungsgrundlage in DM	10.000	20.000	30.000	40.000	50.000	60.000	70.000	80.000	90.000
Fördergrundbetrag in DM	2.400	4.800	7.200	9.600	12.000	14.400	16.800	19.200	19.200
Kinderzulage für 1 Kind in DM	4.000	4.000	4.000	4.000	4.000	4.000	4.000	4.000	4.000
Gesamtförderung in DM	6.400	8.800	11.200	13.600	16.000	18.400	20.800	23.200	23.200

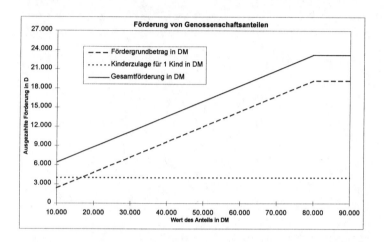

Deckungsgrenzen der Genossenschaftszulage						
Kinderzahl	1	2	3	4	5	6
Bemessungsgrundlagengrenze in DM (gerundet)	keine	10.526	15.789	21.053	26.316	31.579
Fördergrundbetrag in DM		2.526	3.789	5.053	6.316	7.579
Kinderzulage in DM	4.000	8.000	12.000	16.000	20.000	24.000

Anhang V/29: Modifizierte Berechnung für Verheiratete mit EigZulG (1997) unter Einbezug der Ansparabschreibung gem. § 7g Abs. 3 EStG (in Anlehnung an: GERL, C./STURM, H. (1996), S. 457.)

Basisdaten bei Zusammenveranlagung, Förderung nach EigZulG 1997 (Modifizierung: Prüf.-GdE überschritten, § 7g EStG - AfA)

Gesamtbetrag der Einkünfte im Vorjahr	250.000 DM	Vorbezugskosten	3.500 DM	zusätzlich einmalige Ansparabschreibung von 20.000 DM
Gesamtbetrag der Einkünfte im 1. Förderjahr	250.000 DM	Erhaltungsaufwendungen	0 DM	nach § 7g Abs. 3 EStG im Jahr 1997
Jährlicher erwarteter Einkunftszuwachs (in %)	2,00%	Darlehenszinsen in 1994	irrelevant	
Kinderfreibetrag (Faktor 0,5)	2	Darlehenszinsen ab 1995	irrelevant	
Objekttyp (Neubau, Altbau, Ausbau/Erweiterung)	Neubau	Kalkulationszins (in %)	5,00%	
AK/HK Gebäude(teil) bzw. HK Ausbau (mit ANK)	300.000 DM	Zulage § 9 Abs. 3 EigZulG	25.000 DM	ja
Anschaffungskosten Grundstück (mit ANK)	60.000 DM	Zulage § 9 Abs. 4 EigZulG		

Jahr	1997	1998	1999	2000	2001	2002	2003	2004
Anfangsbestand	0 DM	21.404 DM	19.576 DM	29.454 DM	39.827 DM	50.718 DM	62.154 DM	74.162 DM
Liquiditätsverbesserung								
Zinsen auf Vorjahressaldo	0 DM	1.070 DM	979 DM	1.473 DM	1.991 DM	2.536 DM	3.108 DM	3.708 DM
Eigenheimzulage								
Grundförderung nach § 9 Abs. 2 EigZulG	5.000 DM	5.000 DM	5.000 DM	5.000 DM	5.000 DM	5.000 DM	5.000 DM	5.000 DM
Kinderzulage nach § 9 Abs. 5 EigZulG	3.000 DM	3.000 DM	3.000 DM	3.000 DM	3.000 DM	3.000 DM	3.000 DM	3.000 DM
Zulage nach § 9 Abs. 3 EigZulG	500 DM	500 DM	500 DM	500 DM	500 DM	500 DM	500 DM	500 DM
Zulage nach § 9 Abs. 4 EigZulG	400 DM	400 DM	400 DM	400 DM	400 DM	400 DM	400 DM	400 DM
Steuerminderzahlung	12.504 DM	-11.799 DM	0 DM	0 DM	0 DM	0 DM	0 DM	0 DM
	21.404 DM	19.576 DM	29.454 DM	39.827 DM	50.718 DM	62.154 DM	74.162 DM	**86.770 DM**
Endwertvorteil:								
Steuerberechnung ohne Förderung								
Gesamtbetrag der Einkünfte	250.000 DM	255.000 DM	260.100 DM	265.302 DM	270.608 DM	276.020 DM	281.541 DM	287.171 DM
./. Vorsorgepauschale § 10c Abs. 2 EStG	7.830 DM	7.830 DM	7.830 DM	7.830 DM	7.830 DM	7.830 DM	7.830 DM	7.830 DM
./. Pauschbetrag § 10c Abs. 1 EStG	216 DM	216 DM	216 DM	216 DM	216 DM	216 DM	216 DM	216 DM
./. Kinderfreibetrag § 32 Abs. 6 EStG	13.824 DM	13.824 DM	13.824 DM	13.824 DM	13.824 DM	13.824 DM	13.824 DM	13.824 DM
z.v.E. ohne Förderung	228.130 DM	233.130 DM	238.230 DM	243.432 DM	248.738 DM	254.150 DM	259.671 DM	265.301 DM
ESt ohne Förderung	75.314 DM	77.872 DM	80.528 DM	83.330 DM	86.134 DM	88.996 DM	91.916 DM	94.892 DM
SolZ ohne Förderung	5.649 DM	4.283 DM	4.429 DM	4.583 DM	4.737 DM	4.895 DM	5.055 DM	5.219 DM
Steuerzahlung ohne Förderung	*80.963 DM*	*82.155 DM*	*84.957 DM*	*87.913 DM*	*90.871 DM*	*93.891 DM*	*96.971 DM*	*100.111 DM*
Steuerberechnung mit Förderung und § 7g-Rücklage								
Gesamtbetrag der Einkünfte	250.000 DM	255.000 DM	260.100 DM	265.302 DM	270.608 DM	276.020 DM	281.541 DM	287.171 DM
Zinsen auf Vorjahressaldo ./. FB	0 DM	0 DM	0 DM	0 DM	0 DM	0 DM	0 DM	0 DM
Wirkung des § 7g EStG	-20.000 DM	21.200 DM						
./. Vorsorgepauschale § 10c Abs. 2 EStG	7.830 DM	7.830 DM	7.830 DM	7.830 DM	7.830 DM	7.830 DM	7.830 DM	7.830 DM
./. Pauschbetrag § 10c Abs. 1 EStG	216 DM	216 DM	216 DM	216 DM	216 DM	216 DM	216 DM	216 DM
./. Kinderfreibetrag § 32 Abs. 6 EStG	13.824 DM	13.824 DM	13.824 DM	13.824 DM	13.824 DM	13.824 DM	13.824 DM	13.824 DM
./. Vorkostenpauschale § 10i Abs. 1 Nr. 1 EStG	3.500 DM							
./. Erhaltungsaufwendungen § 10i Abs. 1 Nr. 2 EStG	0 DM	0 DM	0 DM	0 DM	0 DM	0 DM	0 DM	0 DM
z.v.E. mit Förderung	204.630 DM	254.330 DM	238.230 DM	243.432 DM	248.738 DM	254.150 DM	259.671 DM	265.301 DM
ESt mit Förderung	63.682 DM	89.056 DM	80.528 DM	83.330 DM	86.134 DM	88.996 DM	91.916 DM	94.892 DM
SolZ mit Förderung	4.776 DM	4.888 DM	4.429 DM	4.583 DM	4.737 DM	4.895 DM	5.055 DM	5.219 DM
Steuerzahlung mit Förderung	*68.458 DM*	*93.954 DM*	*84.957 DM*	*87.913 DM*	*90.871 DM*	*93.891 DM*	*96.971 DM*	*100.111 DM*

Anhang V/30: Grenzsteuersätze und Steuerlasten im Vergleich
der Steuertarife 1994 bis geplanter Reformtarif 1999

	Verlauf der Grenzsteuersätze und Höhe der Steuerlast für Ledige im Vergleich der Steuertarife für die Jahre 1994 bis 1999								
z.v.E.	Tarif 1994/95	Tarif 1996/97	Tarif 1998	Reformtarif 1999	Steuerlast 1994/95	Steuerlast 1996/97	Steuerlast 1998	Steuerlast 1999	Ersparnis d. Reformtarif
0 DM	0%	0%	0%	0%	0 DM	0 DM	0 DM	0 DM	0 DM
3.500 DM	0%	0%	0%	0%	0 DM	0 DM	0 DM	0 DM	0 DM
7.000 DM	19%	0%	0%	0%	256 DM	0 DM	0 DM	0 DM	0 DM
10.500 DM	20%	0%	0%	0%	932 DM	0 DM	0 DM	0 DM	0 DM
14.000 DM	21%	26%	26%	15%	1.642 DM	506 DM	436 DM	145 DM	291 DM
17.500 DM	22%	27%	27%	15%	2.391 DM	1.438 DM	1.367 DM	672 DM	695 DM
21.000 DM	23%	27%	27%	23%	3.164 DM	2.376 DM	2.305 DM	1.419 DM	886 DM
24.500 DM	24%	28%	28%	24%	3.987 DM	3.350 DM	3.281 DM	2.246 DM	1.035 DM
28.000 DM	25%	29%	29%	25%	4.847 DM	4.345 DM	4.279 DM	3.101 DM	1.178 DM
31.500 DM	26%	29%	29%	26%	5.745 DM	5.362 DM	5.300 DM	3.985 DM	1.315 DM
35.000 DM	27%	30%	30%	26%	6.680 DM	6.400 DM	6.343 DM	4.897 DM	1.446 DM
38.500 DM	28%	30%	30%	27%	7.637 DM	7.443 DM	7.392 DM	5.823 DM	1.569 DM
42.000 DM	29%	31%	31%	28%	8.646 DM	8.523 DM	8.479 DM	6.791 DM	1.688 DM
45.500 DM	30%	32%	32%	29%	9.693 DM	9.625 DM	9.589 DM	7.787 DM	1.802 DM
49.000 DM	31%	32%	32%	30%	10.777 DM	10.748 DM	10.722 DM	8.812 DM	1.910 DM
52.500 DM	32%	33%	33%	30%	11.899 DM	11.892 DM	11.877 DM	9.865 DM	2.012 DM
56.000 DM	34%	34%	34%	31%	13.058 DM	13.057 DM	13.055 DM	10.946 DM	2.109 DM
59.500 DM	35%	35%	35%	32%	14.236 DM	14.235 DM	14.235 DM	12.038 DM	2.197 DM
63.000 DM	36%	36%	36%	33%	15.469 DM	15.468 DM	15.469 DM	13.175 DM	2.294 DM
66.500 DM	37%	37%	37%	34%	16.740 DM	16.739 DM	16.739 DM	14.340 DM	2.399 DM
70.000 DM	38%	38%	38%	34%	18.048 DM	18.048 DM	18.047 DM	15.534 DM	2.513 DM
73.500 DM	39%	39%	39%	35%	19.394 DM	19.393 DM	19.393 DM	16.756 DM	2.637 DM
77.000 DM	40%	40%	40%	36%	20.755 DM	20.755 DM	20.755 DM	17.987 DM	2.768 DM
80.500 DM	41%	41%	41%	37%	22.175 DM	22.175 DM	22.174 DM	19.264 DM	2.910 DM
84.000 DM	42%	42%	42%	38%	23.633 DM	23.633 DM	23.632 DM	20.571 DM	3.061 DM
87.500 DM	43%	43%	43%	38%	25.128 DM	25.128 DM	25.127 DM	21.905 DM	3.222 DM
91.000 DM	44%	44%	44%	39%	26.660 DM	26.660 DM	26.659 DM	23.266 DM	3.393 DM
94.500 DM	45%	45%	45%	39%	28.230 DM	28.230 DM	28.229 DM	24.635 DM	3.594 DM
98.000 DM	46%	46%	46%	39%	29.812 DM	29.812 DM	29.811 DM	25.982 DM	3.829 DM
101.500 DM	47%	47%	47%	39%	31.456 DM	31.456 DM	31.455 DM	27.351 DM	4.104 DM
105.000 DM	48%	48%	48%	39%	33.137 DM	33.137 DM	33.136 DM	28.720 DM	4.416 DM
108.500 DM	50%	50%	50%	39%	34.856 DM	34.856 DM	34.855 DM	30.089 DM	4.766 DM
112.000 DM	51%	51%	51%	39%	36.613 DM	36.613 DM	36.611 DM	31.458 DM	5.153 DM
115.500 DM	52%	52%	52%	39%	38.379 DM	38.379 DM	38.377 DM	32.806 DM	5.571 DM
119.000 DM	53%	53%	53%	39%	40.209 DM	40.209 DM	40.208 DM	34.175 DM	6.033 DM
122.500 DM	53%	53%	53%	39%	42.068 DM	42.068 DM	42.067 DM	35.544 DM	6.523 DM
126.000 DM	53%	53%	53%	39%	43.928 DM	43.928 DM	43.927 DM	36.912 DM	7.015 DM
129.500 DM	53%	53%	53%	39%	45.788 DM	45.788 DM	45.787 DM	38.281 DM	7.506 DM
133.000 DM	53%	53%	53%	39%	47.620 DM	47.620 DM	47.619 DM	39.629 DM	7.990 DM
136.500 DM	53%	53%	53%	39%	49.480 DM	49.480 DM	49.479 DM	40.998 DM	8.481 DM
140.000 DM	53%	53%	53%	39%	51.341 DM	51.341 DM	51.340 DM	42.367 DM	8.973 DM

Verzeichnis der Gesetze, Verordnungen, Verwaltungsanweisungen und amtlichen Veröffentlichungen

AO: Abgabenordnung vom 16. März 1976 (BGBl. 1976 I, S. 613, berichtigt: BGBl. 1977 I, S. 269) mit allen späteren Änderungen, zuletzt geändert durch das Jahressteuergesetz 1997 vom 20.12.1996 (BGBl. 1996 I, S. 2049).

BauGB: Baugesetzbuch (BauGB) mit Maßnahmegesetzen zum BauGB, Wertermittlungsverordnungen und -richtlinien, 27. Aufl., München 1996.

BauNVO: Verordnung über die bauliche Nutzung der Grundstücke (Baunutzungsverordnung) i. d. F. der Bekanntmachung vom 23. Januar 1990 (BGBl. 1990 I, S. 132), zuletzt geändert am 22.4.1993 (BGBl. 1993 I, S. 466).

BerlinFG: Gesetz zur Förderung der Berliner Wirtschaft (Berlinförderungsgesetz 1990) i. d. F. der Bekanntmachung vom 2. Februar 1990 (BGBl. 1990 I, S. 173) mit allen späteren Änderungen, zuletzt geändert durch Artikel 30 des StMBG vom 21.12.1993 (BGBl. 1993 I, S. 2310).

BeurkG: Beurkundungsgesetz vom 28. August 1969 (BGBl. 1969 I, S. 1513) mit allen späteren Änderungen einschließlich der Änderungen durch das Gesetz vom 20.2.1980 (BGBl. 1980 I, S. 157).

BewG (1991): Bewertungsgesetz i. d. F. der Bekanntmachung vom 1. Februar 1991, in: BGBl. 1991 I, S. 231.

BewG: Bewertungsgesetz i. d. F. der Bekanntmachung vom 1. Februar 1991 (BGBl. 1991 I, S. 231) mit allen späteren Änderungen, zuletzt geändert durch das Jahressteuergesetz 1997 vom 20.12.1996 (BGBl. 1996 I, S. 2049).

BGB: Bürgerliches Gesetzbuch vom 18. August 1896 (RGBl. 1896, S. 195) mit allen späteren Änderungen, zuletzt geändert durch das Arbeitsrechtliche Gesetz zur Förderung von Wachstum und Beschäftigung vom 25.9.1996 (BGBl. 1996 I, S. 1476).

BKGG: Bundeskindergeldgesetz (BKGG) vom 11. Oktober 1995 (BGBl. 1995 I, S. 1250, berichtigt: BGBl. 1996 I, S. 714) geändert durch das Jahressteuer-Ergänzungsgesetz 1996 vom 18.12.1995 (BGBl. 1995 I, S. 1959) und Jahressteuergesetz 1997 vom 20.12.1996 (BGBl. 1996 I, S. 2049).

BMF-Schreiben vom 30.9.1977 (IV B 1 - S 2197 - 556/77): Neuregelung des § 7b EStG und des BerlinFG durch das Gesetz über steuerliche Vergünstigungen bei der Herstellung oder Anschaffung bestimmter Wohngebäude vom 11. Juli 1977 (BGBl. 1977 I, S. 1213), in: BStBl. 1977 I, S. 457.

BMF-Schreiben vom 15.11.1984 (IV B 1 - S 2253 - 139/84): Einkommensteuerrechtliche Behandlung des Nießbrauchs und anderer Nutzungsrechte bei Einkünften aus Vermietung und Verpachtung („Nießbrauch-Erlaß"), in: BStBl. 1984 I, S. 561, berichtigt S. 609.

BMF-Schreiben vom 19.9.1986 (IV B 1 - S 2225a - 27/86): Neuregelung der steuerrechtlichen Förderung des selbstgenutzten Wohneigentums (Wohnungseigentumsförderungsgesetz); hier: Übergangsregelungen nach § 52 Abs. 21 EStG bei Wohnungen im Privatvermögen, in: BStBl. 1986 I, S. 480.

BMF-Schreiben vom 15.5.1987 (IV B 2 - S 2225a - 63/87): Neuregelung der steuerlichen Förderung des eigengenutzten Wohneigentums durch das Wohnungseigentumsförderungsgesetz vom 15. Mai 1986 (BGBl. I S. 730, BStBl. I S. 278); hier: §§ 10e und 34f EStG, in: BStBl. 1987 I, S. 434.

BMF-Schreiben vom 10.5.1989 (IV B 3 - S 2225a - 50/89): Aufwendungen für eine eigene Wohnung im Rahmen einer steuerlich anzuerkennenden doppelten Haushaltsführung; hier: Anwendung des § 10 e EStG und des § 15b BerlinFG sowie des § 52 Abs. 21 Sätze 4 bis 6 EStG, in: BStBl. 1989 I, S. 165.

BMF-Schreiben vom 25.10.1990 (IV B 3 - S 2225a - 115/90): Steuerbegünstigung der zu eigenen Wohnzwecken genutzten Wohnung im eigenen Haus nach § 10e EStG, in: BStBl. 1990 I, S. 628.

BMF-Schreiben vom 20.12.1990 (IV B 2 - S 2240 - 61/90): Abgrenzung zwischen privater Vermögensverwaltung und gewerblichem Grundstückshandel, in: BStBl. 1990 I, S. 884.

BMF-Schreiben vom 17.2.1992 (IV B 3 - S 2197a - 1/92 / S 2197b - 1/92): Anwendung der §§ 7c und 7k EStG und der §§ 14c und 14d BerlinFG sowie des § 7b Abs. 8 EStG, in: BStBl. 1992 I, S. 115.

BMF-Schreiben vom 7.8.1992 (IV B 3 - S 2225a - 171/92): Teilentgeltlicher Erwerb eines § 10e-Objekts im Wege vorweggenommener Erbfolge; hier: Anwendung des BFH-Urteils vom 7.8.1991 (X R 116/89 - BStBl. 1992 II, S. 736), in: BStBl. 1992 I, S. 522.

BMF-Schreiben vom 21.9.1992 (IV B 3 - S 2225a - 188/92): Abzug von Aufwendungen vor der erstmaligen Nutzung zu eigenen Wohnzwecken nach § 10e Abs. 6 EStG bei unentgeltlichem Erwerb der Wohnung; hier: Anwendung des BFH-Urteils vom 11.3.1992 (X R 113/89 - BStBl. II S. 886), in: BStBl. 1992 I, S. 584.

BMF-Schreiben vom 13.1.1993 (IV B 3 - S 2190 - 37/92): Ertragsteuerliche Behandlung der vorweggenommenen Erbfolge; hier: Anwendung des Beschlusses des großen Senats vom 5.7.1990 (BStBl. II S. 847), in: BStBl. 1993 I, S. 80, berichtigt: BStBl 1993 I, S. 464

BMF-Schreiben vom 22.10.1993 (IV B 3 - S 2225a - 218/93): Steuerbegünstigung der zu eigenen Wohnzwecken genutzten Wohnung im eigenen Haus nach § 10e EStG, in: BStBl. 1993 I, S. 827.

BMF-Schreiben vom 31.12.1994 (IV B 3 - S 2225a - 294/94): Steuerbegünstigung der zu eigenen Wohnzwecken genutzten Wohnung im eigenen Haus nach § 10e EStG, in: BStBl. 1994 I, S. 887, berichtigt: BStBl. 1995 I, S. 175.

BMF-Schreiben vom 17.5.1996 (IV B 3 - S 2225a - 140/96): Steuerermäßigung nach § 10e EStG: Vorkostenabzug nach § 10e Abs. 6 EStG bei Anwendung des Eigenheimzulagengesetzes, in: BStBl. 1996 I, S. 622.

BMF-Schreiben vom 15.7.1996 (IV B 3 - S 2225a - 159/96): Ausbauten und Erweiterungen i. S. von § 10e Abs. 2 EStG und § 2 Abs. 2 EigZulG i. V. m. § 17 Abs. 2 Zweites Wohnungsbaugesetz; BFH-Urteil X-R-74/94 vom 8. März 1995 (BStBl. 1996 II, S. 352), in: BStBl. 1996 I, S. 692.

BMF-Schreiben vom 12.12.1996 (IV B 2 - S 2138 - 37/96): Zweifelsfragen zur Anwendung des § 7g Abs. 3 bis 6 EStG (Ansparrücklage), in: BStBl. 1996 I, S. 1441.

BMF-Schreiben vom 16.12.1996 (IV B 3 - S 2211 - 69/96): Abgrenzung von Herstellungs- und Erhaltungsaufwendungen bei Instandsetzung und Modernisierung von Gebäuden; Anwendung der BFH-Urteile vom 9. und 10. Mai 1995 und vom 16. Juli 1996, in: BStBl. 1996 I, S. 1442.

BMF-Schreiben vom 15.5.1997 (IV B 3 - EZ 1220 - 17/97): Eigenheimzulage; Zusatzförderung für energiesparende Anlagen und Niedrigenergiehäuser (§ 9 Abs. 3 und 4 EigZulG), in: BStBl. 1997 I, S. 625.

BUNDESTAGSDRUCKSACHE 9/843 vom 28.9.1981: Gesetzentwurf der Bundesregierung: Entwurf eines Gesetzes zur Stärkung der Investitionstätigkeit im Baubereich und zum Abbau ungleichmäßiger Besteuerung in der Wohnungswirtschaft.

BUNDESTAGSDRUCKSACHE 10/3633 vom 8.7.1985: Gesetzentwurf der Bundesregierung: Entwurf eines Gesetzes zur Neuregelung der steuerrechtlichen Förderung des selbstgenutzten Wohneigentums.

BUNDESTAGSDRUCKSACHE 10/5206 vom 17.3.1986: Beschlußempfehlung und Bericht des Finanzausschusses zum Entwurf eines Gesetzes zur Neuregelung der steuerrechtlichen Förderung des selbstgenutzten Wohneigentums.

BUNDESTAGSDRUCKSACHE 12/1368 vom 25.10.1991: Gesetzentwurf der Bundesregierung: Entwurf eines Gesetzes zur Entlastung der Familien und zur Verbesserung der Rahmenbedingungen für Investitionen und Arbeitsplätze.

BUNDESTAGSDRUCKSACHE 12/1506 vom 7.11.1991: Beschlußempfehlung und Bericht des Finanzausschusses (7. Ausschuß).

BUNDESTAGSDRUCKSACHE 13/2235 vom 4.9.1995: Gesetzentwurf der Bundesregierung: Entwurf eines Gesetzes zur Neuregelung der steuerrechtlichen Wohneigentumsförderung.

BUNDESTAGSDRUCKSACHE 13/2476 vom 28.9.1995: Unterrichtung durch die Bundesregierung: Entwurf eines Gesetzes zur Neuregelung der steuerrechtlichen Wohneigentumsförderung - Drucksache 13/2235 -, hier: Stellungnahme des Bundesrates sowie die Gegenäußerung der Bundesregierung.

BUNDESTAGSDRUCKSACHE 13/2784 vom 26.10.1995: Beschlußempfehlung und Bericht des Finanzausschusses (7. Ausschuß) zum Gesetzentwurf der Bundesregierung - Drucksachen 13/2235, 13/2476 - und Anträgen von Abgeordneten.

BUNDESTAGSDRUCKSACHE 13/7242 vom 18.3.1997: Gesetzentwurf der Fraktionen der CDU / CSU und der FDP: Entwurf eines Steuerreformgesetzes (StRG) 1998.

BV: Verordnung über wohnungswirtschaftliche Berechnungen (Zweite Berechnungsverordnung - II. BV) i. d. F. der Bekanntmachung vom 12. Oktober 1990, in: BGBl. 1990 I, S. 2178.

EigZulG: Eigenheimzulagengesetz i. d. F. der Bekanntmachung vom 30. Januar 1996 (BGBl. 1996 I, S. 113), geändert durch das Jahressteuergesetz 1997 vom 20.12.1996 (BGBl. 1996 I, S. 2049).

EigZulG (1997): Bekanntmachung der Neufassung des Eigenheimzulagengesetzes vom 26. März 1997, in: BGBl. 1997 I, S. 734.

Einigungsvertrag: Vertrag zwischen der Bundesrepublik Deutschland und der Deutschen Demokratischen Republik über die Herstellung der Einheit Deutschlands - Einigungsvertrag - vom 31. August 1990, in: BGBl. 1990 II, S. 889.

EStDV: Einkommensteuer-Durchführungsverordnung 1990 i. d. F. der Bekanntmachung vom 28. Juli 1992 (BGBl. 1992 I, S. 1418) mit allen späteren Änderungen, zuletzt geändert durch das Jahressteuergesetz 1997 vom 20.12.1996 (BGBl. 1996 I, S. 2049).

EStG: Einkommensteuergesetz 1990 i. d. F. der Bekanntmachung vom 7. September 1990 (BGBl. 1990 I, S. 1898, berichtigt: BGBl. 1991 I, S. 808) mit allen späteren Änderungen, zuletzt geändert durch das Jahressteuergesetz 1997 vom 20.12.1996 (BGBl. 1996 I, S. 2049).

EStR: Einkommensteuer-Richtlinien 1993 mit Amtlichen Bearbeitungshinweisen 1995 i. d. F. der Bekanntmachung vom 18. Mai 1994, in: BStBl. 1994 I, Sondernummer 1/1994.

FinMin (Bayern) - Erlaß vom 13.12.1993 (S-2198a 10 StH 223): Erhöhte Absetzungen bei Gebäuden in Sanierungsgebieten und städtebaulichen Entwicklungsbereichen; Baurechtliche Anforderungen für Modernisierungs- und Instandhaltungsmaßnahmen im Sinne von § 177 BauGB, in: FR 1994 S. 206.

FinMin (Brandenburg) - Erlaß vom 19.3.1996 (34 S-1988 14/96): Anwendungsbereich des § 7 FördG, in: DStR 1996, S. 1087.

FinMin (Brandenburg) - Erlaß vom 22.8.1996 (34 EZ-1100 1/96): Fördergrundbetrag bei Hinzuerwerb eines Miteigentumsanteils, in: DStR 1996, S. 1530.

FinMin (Niedersachsen) - Erlaß vom 1.12.1995 (S-1900 183 351): Vorkostenabzug bei Ausübung des Wahlrechts nach § 19 Abs. 2 EigZulG, in: DStR 1996, S. 23.

FinMin (NW) - Erlaß vom 15.5.1985 (S-3198-8 V A 4): Einheitsbewertung des Grundvermögens; hier: Änderung der Rechtsprechung des Bundesfinanzhofs zum Wohnungsbegriff, in: BStBl. 1985 I, S. 201.

FinMin (NW) - Erlaß vom 22.1.1991 (S-3198-8 V A 4): Einheitsbewertung des Grundvermögens; Begriff der Wohnung im Bewertungsrecht und im Grundsteuerrecht - Mindestgröße, in: BStBl. 1991 I, S. 176.

FinMin (Sachsen) - Erlaß vom 10.5.1996 (32 S-1988c 6/3 25217): Abzugsbetrag bei zu eigenen Wohnzwecken genutzten Gebäuden nach § 7 FördG, in: DStR 1996, S. 1047.

FinMin (Sachsen) - Erlaß vom 11.10.1996 (32b EZ-1170 1/3 59335): Voraussetzungen für die Förderung von Genossenschaftsanteilen nach § 17 EigZulG, in: DStR 1996, S. 1733.

FinMin (Sachsen-Anhalt) - Erlaß vom 29.7.1996 (42 S-1988 31): Steuervergünstigung für Zwischenerwerber im Rahmen der mieternahen Privatisierung nach dem Altschuldenhilfe-Gesetz, in: Lexinform 131759.

FKPG: Gesetz über Maßnahmen zur Bewältigung der finanziellen Erblasten im Zusammenhang mit der Herstellung der Einheit Deutschlands, zur langfristigen Sicherung des Aufbaus in den neuen Ländern, zur Neuordnung des bundesstaatlichen Finanzausgleichs und zur Entlastung der öffentlichen Haushalte (Gesetz zur Umsetzung des Föderalen Konsolidierungsprogramms - FKPG) vom 23. Juni 1993, in: BGBl. 1993 I, S. 944.

FördG: Gesetz über Sonderabschreibungen und Abzugsbeträge im Fördergebiet (Fördergebietsgesetz) i. d. F. der Bekanntmachung vom 23. September 1993 (BGBl. 1993 I, S. 1654) mit allen späteren Änderungen, zuletzt geändert durch das Jahressteuer-Ergänzungsgesetz 1996 vom 18.12.1995 (BGBl. 1995 I, S. 1959).

GrEStG: Grunderwerbsteuergesetz (GrEStG 1983) vom 17. Dezember 1982 (BGBl. 1982 I, S. 1777) mit allen späteren Änderungen, zuletzt geändert durch das Jahressteuergesetz 1997 vom 20.12.1996 (BGBl. 1996 I, S. 2049).

HGB: Handelsgesetzbuch vom 10. Mai 1897 (RGBl. 1897, S. 219) mit allen späteren Änderungen einschließlich der Änderungen durch das Gesetz zur Bereinigung des Umwandlungsrechts vom 28.10.1994 (BGBl. 1994 I, S. 3210).

HStruktG: Zweites Gesetz zur Verbesserung der Haushaltsstruktur (2. HStruktG) vom 22. Dezember 1981, in: BGBl. 1981 I, S. 1523.

JStG 1996: Jahressteuergesetz 1996 i. d. F. vom 11. Oktober 1995, in: BGBl. 1995 I, S. 1250.

JStG 1997: Jahressteuergesetz 1997 i. d. F. vom 20. Dezember 1996, in: BGBl. 1996 I, S. 2049.

OFD Berlin, Vfg. vom 14.11.1996 (St-445 EigZ 3/95): Maßgebender Bauantrag; 1. bei wiederholter Antragstellung, 2. beim Erwerb teilfertiger Wohnungen, in: FR 1997, S. 242.

OFD Chemnitz, Vfg. vom 7.1.1997 (S-2225s 115/4 - St 31): Eigenheimzulage für den Erwerb von Genossenschaftsanteilen; Anrechnung von Zuschüssen der Sächsischen Aufbaubank, in: DStR 1997, S. 372.

OFD Chemnitz, Vfg. vom 8.4.1997 (EZ-1210 4/1 - St 31): Eigenheimzulage; Fördergrundbetrag nach § 9 Abs. 2 EigZulG, in: Lexinform 138367.

OFD Chemnitz, Vfg. vom 9.7.1997 (EZ-1170 3/2 - St 31): Anschaffung von Genossenschaftsanteilen (§ 17 EigZulG); Grundsatzfragen zur Festsetzung der Eigenheimzulage bei Erwerb von Genossenschaftsanteilen, in: Lexinform 138637.

OFD Erfurt, Vfg. vom 29.4.1996 (EZ-1180 A-01 - St 334): Zeitlicher Anwendungsbereich des EigZulG - hier: Beginn der Herstellung, in: DStR 1996, S. 1203.

OFD Erfurt, Vfg. vom 11.7.1996 (EZ-1200 A-01 - St 334): Bemessungsgrundlage § 8 EigZulG - Zuschüsse für Maßnahmen, die nach § 9 Abs. 3 EigZulG begünstigt sind, in: DStR 1996, S. 1732 f.

OFD Erfurt, Vfg. vom 14.10.1996 (EZ-1170 A-02 - St 334): Anschaffung von Genossenschaftsanteilen - hier: Nutzung der Genossenschaftswohnung zu eigenen Wohnzwecken, in: Lexinform 138043.

OFD Erfurt, Vfg. vom 20.12.1996 (EZ-1170 A-01 - St 334): Anschaffung von Genossenschaftsanteilen - hier: Zuschüsse bei Anschaffung eines Genossenschaftsanteils, in: Lexinform 138050.

OFD Ffm, Vfg. vom 22.4.1994 (S-2225a A-6 - St II 23): Ausschluß der Steuerbegünstigung nach § 10e EStG für Ferien- oder Wochenendwohnungen, in: DB 1994, S. 1216 f.

OFD Ffm, Vfg. vom 24.6.1996 (S-2029 A-10 - St II 23): Wärmebedarfsausweis nach § 12 Wärmeschutzverordnung als Nachweis für die zusätzliche Förderung nach § 9 Abs. 4 EigZulG, in: BB 1996, S. 1652.

OFD Ffm, Vfg. vom 28.10.1996 (EZ-1170 A-1 - St II 23): Eigenheimzulage bei Anschaffung von Genossenschaftsanteilen, in: Lexinform 138080.

OFD Kiel, Vfg. vom 9.8.1996 (S-2225a A - St 115): Nachträgliche Errichtung eines Carports mit Abstellraum nicht nach § 10e EStG begünstigt, in: DStR 1996, S. 1651.

OFD Koblenz, Vfg. vom 9.7.1996 (EZ-1010 A - St 53 3): Durchführung des EigZulG; gesonderte und einheitliche Feststellung, in: DStR 1996, S. 1528 ff.

OFD Koblenz, Vfg. vom 24.7.1996 (EZ-1010 A - St 32 2): Anwendungsfragen zum Eigenheimzulagengesetz, in: BB 1996, S. 2024.

OFD Koblenz, Vfg. vom 27.5.1997 (EZ-1010 A - St 32 2): Anwendungsfragen zum Eigenheimzulagengesetz, in: DStR 1997, S. 1084 f.

OFD Köln, Vfg. vom 17.10.1988 (S-2253 39 - St 114): Zweifelsfragen zur Anwendung des § 10e EStG, in: DStR 1988, S. 784.

OFD Münster, Vfg. vom 15.3.1996 (S-2225a 165 - St 12 31): Anwendung des EigZulG bei Erwerb teilfertiger Wohnungen, in: FR 1996, S. 470.

SolZG: Solidaritätszuschlaggesetz 1995 vom 23. Juni 1993 (BGBl. 1993 I, S. 944/975) mit allen späteren Änderungen, zuletzt geändert durch das Jahressteuer-Ergänzungsgesetz 1996 vom 18.12.1995 (BGBl. 1995 I, S. 1959).

StÄndG 1991: Gesetz zur Förderung von Investitionen und Schaffung von Arbeitsplätzen im Beitrittsgebiet sowie zur Änderung steuerrechtlicher und anderer Vorschriften (Steueränderungsgesetz 1991) vom 24. Juni 1991, in: BGBl. 1991 I, S. 1322.

StÄndG 1992: Gesetz zur Entlastung der Familien und zur Verbesserung der Rahmenbedingungen für Investitionen und Arbeitsplätze (Steueränderungsgesetz 1992) vom 25. Februar 1992, in: BGBl. 1992 I, S. 297.

STEUERTABELLEN: Textsammlung Einkommensteuer, Lohnsteuer, Vermögensteuer, Umsatzsteuer, Lohnsteuertabellen, Einkommensteuertabellen, 7. Aufl., München 1995, Stand Januar 1997.

StMBG: Mißbrauchsbekämpfungs- und Steuerbereinigungsgesetz; Gesetz zur Bekämpfung des Mißbrauchs und zur Bereinigung des Steuerrechts vom 21. Dezember 1993, in: BGBl. 1993 I, S. 2310.

WEG: Gesetz über das Wohnungseigentum und das Dauerwohnrecht (Wohnungseigentumsgesetz) vom 15. März 1951 (BGBl. 1951 I, S. 175, berichtigt: BGBl. 1951 I, S. 209) mit allen späteren Änderungen einschließlich der Änderungen durch das Gesetz zur Änderung von Kostengesetzen und anderen Gesetzen vom 24.6.1994 (BGBl. 1994 I, S. 1325).

WoBauG: Zweites Wohnungsbaugesetz (Wohnungsbau- und Familienheimgesetz - II. WoBauG) i. d. F. der Bekanntmachung vom 19. August 1994 (BGBl. 1994 I, S. 2137), zuletzt geändert durch das Jahressteuer-Ergänzungsgesetz 1996 vom 18.12.1995 (BGBl. 1995 I, S. 1959).

WoBauFG: Gesetz zur Förderung des Wohnungsbaus (Wohnungsbauförderungsgesetz) vom 22.12.1989, in: BStBl. I 1989, S. 505.

WohneigFG: Gesetz zur Neuregelung der steuerrechtlichen Förderung des selbstgenutzten Wohneigentums (Wohnungseigentumsförderungsgesetz) vom 15. Mai 1986, in: BGBl. 1986 I, S. 730.

WohneigFördG: Gesetz zur Neuregelung der steuerrechtlichen Wohneigentumsförderung (Wohneigentumsförderungsgesetz) vom 15. Dezember 1995 (BGBl. 1995 I, S. 1783) mit den Änderungen durch das Jahressteuer- Ergänzungsgesetz 1996 vom 18.12.1995 (BGBl. 1995 I, S. 1959).

ZRFG: Gesetz zur Förderung des Zonenrandgebietes (Zonenrandförderungsgesetz) vom 5. August 1971 (BGBl. 1971 I, S. 1237) mit allen späteren Änderungen, zuletzt geändert durch das Wohnungsbauförderungsgesetz vom 6.6.1994 (BGBl. 1994 I, S. 1184, berichtigt: BGBl. 1994 I, S. 1798).

Rechtsprechungsverzeichnis

Instanz	Datum	Aktenzeichen	Fundstelle
BFH	vom 08.04.1954	IV-393/53-U	in: BStBl. 1954 III, S. 175.
BFH	vom 03.02.1955	IV-234/54	in: BStBl. 1955 III, S. 89.
BFH	vom 19.12.1960	VI-206/59	in: BStBl. 1961 III, S. 37.
BFH	vom 09.03.1962	I-192/61-U	in: BStBl. 1962 III, S. 195.
BFH	vom 27.11.1962	VI-240/61-S	in: BStBl. 1963 III, S. 115.
BFH	vom 09.10.1964	VI-201/63-U	in: BStBl. 1965 III, S. 13.
BFH	vom 22.01.1967	VI-R-49/66	in: BStBl. 1967 III, S. 315.
BFH	vom 13.06.1969	III-17/65	in: BStBl. 1969 II, S. 517.
BFH	vom 25.09.1970	VI-R-101/67	in: BStBl. 1971 II, S. 130.
BFH	vom 08.07.1971	IV-253/65	in: BStBl. 1971 II, S. 707.
BFH	vom 18.01.1972	VIII-R-74/68	in: BStBl. 1972 II, S. 342.
BFH	vom 27.01.1972	IV-R-82/67	in: BStBl. 1972 II, S. 526.
BFH	vom 25.04.1972	VIII-R-107/69	in: BStBl. 1972 II, S. 671.
BFH	vom 19.12.1972	VIII-R-124/69	in: BStBl. 1973 II, S. 295.
BFH	vom 16.01.1973	VIII-R-104/69	in: BStBl. 1973 II, S. 443.
BFH	vom 11.12.1973	VIII-R-117/69	in: BStBl. 1974 II, S. 478.
BFH	vom 19.02.1974	VIII-R-114/69	in: BStBl. 1974 II, S. 704.
BFH	vom 11.03.1975	VIII-R-23/70	in: BStBl. 1975 II, S. 659.
BFH	vom 17.02.1976	VIII-R-188/71	in: BStBl. 1976 II, S. 414.
BFH	vom 08.03.1977	VIII-R-180/74	in: BStBl. 1977 II, S. 629.
BFH	vom 13.07.1977	I-R-217/75	in: BStBl. 1978 II, S. 6.
BFH	vom 11.10.1977	VIII-R-20/75	in: BStBl. 1977 II, S. 860.
BFH	vom 26.01.1978	IV-R-62/77	in: BStBl. 1978 II, S. 301.
BFH	vom 27.06.1978	VIII-R-136/74	in: BStBl. 1979 II, S. 8.
BFH	vom 18.07.1978	VIII-R-94/77	in: BStBl. 1978 II, S. 593.
BFH	vom 31.10.1978	VIII-R-182/75	in: BStBl. 1979 II, S. 399.
BFH	vom 13.03.1979	VIII-R-83/77	in: BStBl. 1979 II, S. 435.
BFH	vom 04.12.1979	VIII-R-23/78	in: BStBl. 1980 II, S. 199.
BFH	vom 23.01.1980	I-R-27/77,	in: BStBl. 1980 II, S. 365.
BFH	vom 22.04.1980	VIII-R-62/78	in: BStBl. 1980 II, S. 668.
BFH	vom 08.07.1980	VIII-R-189/78	in: BStBl. 1980 II, S. 744.
BFH	vom 25.07.1980	III-R-46/78	in: BStBl. 1981 II, S. 152.
BFH	vom 09.09.1980	VIII-R-5/79	in: BStBl. 1981 II, S. 258.
BFH	vom 20.11.1980	IV-R-117/79	in: BStBl. 1981 II, S. 68.
BFH	vom 20.07.1982a	VIII-R-207/80	in: BStBl. 1982 II, S. 735.
BFH	vom 20.07.1982b	VIII-R-162/81	in: BStBl. 1983 II, S. 198.
BFH	vom 29.09.1982	VIII-R-225/81	in: BStBl. 1983 II, S. 293.
BFH	vom 08.03.1983	VIII-R-111/81	in: BStBl. 1983 II, S. 498.

BFH	vom 03.05.1983	VIII-R-23/80	in: BStBl. 1983 II, S. 457.
BFH	vom 13.12.1983	VIII-R-17/82	in: BStBl. 1984 II, S. 368.
BFH	vom 25.01.1984	I-R-183/81	in: BStBl. 1984 II, S. 422.
BFH	vom 05.10.1984	III-R-192/83	in: BStBl. 1985 II, S. 151.
BFH	vom 22.10.1984	III-R-2/82	in: BStBl. 1985 II, S. 318.
BFH	vom 08.02.1985	III-R-62/84	in: BStBl. 1985 II, S. 319.
BFH	vom 12.02.1985	IX-R-114/83	in: BStBl. 1985 II, S. 690.
BFH	vom 26.03.1985	IX R 41/80	in: BStBl. 1985 II, S. 692.
BFH	vom 13.08.1985	IX-R-21/84	in: BStBl. 1986 II, S. 9.
BFH	vom 01.10.1985	IX-R-58/81	in: BStBl. 1986 II, S. 142.
BFH	vom 22.10.1985	IX-R-145/83	in: BStBl. 1986 II, S. 387.
BFH	vom 15.11.1985	III-R-144/81	in: BStBl. 1986 II, S. 247.
BFH	vom 07.10.1986	IX-R-78/82	in: BFH/NV 1987, S. 236.
BFH	vom 10.03.1987	IX-R-24/86	in: BStBl. 1987 II, S. 618.
BFH	vom 12.02.1988	VI-R-141/85	in: BStBl. 1988 II, S. 764.
BFH	vom 14.03.1989	IX-R-45/88	in: BStBl. 1989 II, S. 776.
BFH	vom 21.03.1989	IX-R-58/86	in: BStBl. 1989 II, S. 778.
BFH	vom 09.08.1989	X-R-77/87	in: BStBl. 1991 II, S. 132.
BFH	vom 10.10.1989	IX-R-197/85	in: BStBl. 1990 II, S. 881.
BFH	vom 14.11.1989	IX-R-197/84	in: BStBl. 1990 II, S. 299.
BFH	vom 21.11.1989	IX-R-56/88	in: BStBl. 1990 II, S. 216.
BFH	vom 21.02.1990	X-R-174/87,	in: BStBl. 1990 II, S. 578.
BFH	vom 13.03.1990	IX-R-104/85	in: BStBl. 1990 II, S. 514.
BFH	vom 28.03.1990	X-R-160/88	in: BStBl. 1990 II, S. 815.
BFH	vom 24.04.1990	IX-R-268/87	in: BStBl. 1990 II, S. 889.
BFH	vom 04.07.1990	II-R-74/87	in: BStBl. 1991 II, S. 131.
BFH (Beschluß)	vom 05.07.1990	GrS-4-6/89	in: BStBl. 1990 II, S. 847.
BFH	vom 04.09.1990	IX-R-197/87	in: BStBl. 1992 II, S. 69.
BFH	vom 05.09.1990	X-R-3/89	in: BStBl. 1991 II, S. 389.
BFH	vom 30.10.1990	IX-R-162/86	in: BStBl. 1991 II, S. 143.
BFH	vom 21.02.1991	IX-R-199/87	in: BStBl. 1991 II, S. 570.
BFH	vom 24.04.1991	II-R-2/89	in: BStBl. 1991 II, S. 683.
BFH	vom 19.06.1991	IX-R-1/87	in: BStBl. 1992 II, S. 73.
BFH	vom 07.08.1991	X-R-116/89	in: BStBl. 1992 II, S. 736.
BFH	vom 31.10.1991	X-R-9/91	in: BStBl. 1992 II, S. 241.
BFH	vom 04.12.1991	X-R-89/90	in: BStBl. 1992 II, S. 295.
BFH	vom 11.03.1992	X-R-113/89	in: BStBl. 1992 II, S. 886.
BFH	vom 21.05.1992	X-R-61/91	in: BStBl. 1992 II, S. 944.
BFH	vom 13.01.1993	X-R-53/91	in: BStBl. 1993 II, S. 346.
BFH	vom 27.01.1993	IX-R-97/88	in: BStBl. 1993 II, S. 601.
BFH	vom 24.03.1993	X-R-25/91	in: BStBl. 1993 II, S. 704.
BFH	vom 28.07.1993	IX-R-74/91	in: BStBl. 1994 II, S. 921.
BFH	vom 09.09.1993	IV-R-30/92	in: BStBl. 1994 II, S. 105.

BFH	vom 26.01.1994a	X-R-17/91	in: BStBl. 1994 II, S. 542.
BFH	vom 26.01.1994b	X-R-94/91	in: BStBl. 1994 II, S. 544.
BFH	vom 23.02.1994	X-R-131/93	in: BStBl. 1994 II, S. 694.
BFH	vom 01.06.1994	X-R-40/91	in: BStBl. 1994 II, S. 752.
BFH	vom 08.06.1994	X-R-30/92	in: BStBl. 1994 II, S. 893.
BFH	vom 27.07.1994	X-R-141/93	in: BStBl. 1995 II, S. 111.
BFH	vom 09.11.1994	X-R-69/91	in: BStBl. 1995 II, S. 258.
BFH	vom 14.12.1994	X-R-74/91	in: BStBl. 1995 II, S. 259.
BFH	vom 25.01.1995	X-R-37/94	in: BStBl. 1995 II, S. 378.
BFH	vom 16.02.1995	IV-R-27/94	in: BStBl. 1995 II, S. 895.
BFH	vom 08.03.1995	X-R-74/94	in: BStBl. 1996 II, S. 352.
BFH	vom 09.05.1995	IX-R-116/92	in: BStBl. 1996 II, S. 632.
BFH	vom 31.05.1995a	X-R-140/93	in: BStBl. 1995 II, S. 720.
BFH	vom 31.05.1995b	X-R-245/93	in: BStBl. 1995 II, S. 875.
BFH	vom 15.11.1995	X-R-102/95	in: HFR 1996, S. 327.
BFH (Beschluß)	vom 16.01.1996	X-B-138/95	in: BFH/NV 1996, S. 402.
BFH	vom 07.02.1996	X-R-12/93	in: BStBl. 1996 II, S. 360.
BFH	vom 14.02.1996	X-R-127/92	in: BStBl. 1996 II, S. 362.
BFH	vom 28.02.1996	X-R-65/93	in: BStBl. 1996 II, S. 566.
BFH	vom 18.06.1996	IX-R-40/95	in: BStBl. 1996 II, S. 645.
BFH	vom 10.07.1996	X-R-72/93	in: HFR 1997, S. 18.
BFH	vom 16.07.1996	IX-R-34/94	in: BStBl. 1996 II, S. 649.
BFH	vom 24.07.1996	X-R-20/93	in: BStBl. 1996 II, S. 603.
BFH	vom 05.11.1996	IX-R-42/94	in: BStBl. 1997 II S. 244.
BFH	vom 27.11.1996	X-R-92/92	in: HFR 1997, S. 397.
FG Baden-Würtbg	vom 21.09.1995	14-K-132/93	in: EFG 1996, S. 134.
FG Berlin	vom 07.11.1994	IX-237/93	in: EFG 1995, S. 444.
FG Bremen	vom 12.10.1993	1-93-018-K-3	in: EFG 1994, S. 206.
FG Düsseldorf	vom 10.09.1993	14-K-255/88-F	in: EFG 1994, S. 190.
FG Hamburg	vom 24.03.1980	I-182/79	in: EFG 1980, S. 432.
FG Hamburg	vom 01.02.1994	III-288/91	in: EFG 1994, S. 777.
FG Hessen	vom 11.12.1995	1-K-266/94	in: EFG 1996, S. 473.
FG Münster	vom 18.09.1992	4-K-19/90-E	in: EFG 1993, S. 303.
FG Niedersachsen	vom 21.06.1991	VI-487/89	in: EFG 1992, S. 189.
FG Niedersachsen	vom 09.03.1994	IX-543/92	in: EFG 1994, S. 1091.
FG Niedersachsen	vom 14.09.1995	II-478/93	in: EFG 1996, S. 141.
FG Rheinland-Pfalz	vom 21.02.1994	5-K-2440/93	in: EFG 1994, S. 701.

Literaturverzeichnis

ANDERS, J. (1991): Zum Vorkostenabzug nach § 10e Abs. 6 EStG, in: BB 1991, S. 2421 f.

ANGSTENBERGER, J. (1994): Anschaffung eines Altobjektes zur Eigennutzung nach § 10e EStG neue Fassung, in: DStZ 1994, S. 115 f.

ANGSTENBERGER, J. (1997): Ausbau und Erweiterung bei der Wohneigentumsförderung ab 1996 bzw. 1997 (EigZulG §§ 2 Abs. 2, 6, 8, 9 Abs. 2 und Abs. 6, 11 Abs. 2), in: DStZ 1997, S. 366 ff.

BAUMDICKER, G. (1994): Der Abzug von Vorkosten nach § 10e EStG, in: INF 1994, S. 161 ff.

BECK, G. (1997): Die Änderungen des Erbschaftsteuer- und Schenkungsteuergesetzes (ErbStG) und der Erbschaftsteuer-Durchführungsverordnung (ErbStDV) bei den Steuerklassen, Tarifen, Freibeträgen, Betragsbegrenzungen einschließlich der Tabelle der maßgebenden Grenzwerte für die Anwendung des Härteausgleichs nach dem Jahressteuergesetz (JStG) 1997, in: Die Steuerwarte 1997, S. 105 ff.

BIERGANS, E. (1990): Sonderausgabenabzug für Aufwendungen zur Renovierung und Modernisierung von Baudenkmälern und Gebäuden in Sanierungs- und städtebaulichen Entwicklungsgebieten (§ 10f EStG), in: FR 1990, S. 133 ff.

BOCK, H. (1994): Steuerbegünstigung nach §§ 10e und 34f EStG für auswärts studierende Kinder, in: DStR 1994, S. 1527 ff.

BOEKER, H. (1997): §§ 7b, 10e EStG, in: LADEMANN, F./SÖFFING, G. (Hrsg.): Kommentar zum Einkommensteuergesetz, Loseblattsammlung, Stuttgart u. a. 1997, Stand Januar 1997.

BOORBERG, W. (1992): Schließt Objektverbrauch i. S. des § 10e Abs. 4 EStG den Abzug von Vorkosten wirklich aus?, in: BB 1992, S. 1614 ff.

BRANDENBERG, H. B./KÜSTER, G. (1995a): Probleme des selbstgenutzten Wohneigentums, Anmerkungen zum BMF-Schreiben vom 31.12.1994, in: DStR 1995, S. 353 ff.

BRANDENBERG, H. B./KÜSTER, G. (1995b): Der neue Erlaß zu § 10e EStG, Köln 1995.

BRYCH, F. (1991): § 10e EStG bei Bauten auf fremdem Grund und Boden, in: DStR 1991, S. 971.

BRYCH, F. (1993): Die Neujahrsfalle und Neuobjekt-Tücke des neuen § 10e EStG, in: DB 1993, S. 1390 f.

BUNDESFORSCHUNGSANSTALT FÜR LANDESKUNDE UND RAUMORD-
NUNG (Hrsg.) (1995): Wohneigentumsbildung in den neuen Bundesländern, Materialien zur Raumentwicklung, Heft 70, Bonn 1995.

BUNDESMINISTER FÜR RAUMORDNUNG, BAUWESEN UND STÄDTEBAU
(Hrsg.) (1991): Dokumentation und Querschnittuntersuchung „Kosten- und
Flächensparendes Bauen" und „Organisierte Gruppenselbsthilfe im Eigen-
heimbau" - Forschungsvorhaben des Experimentellen Wohnungs- und
Städtebaus, Mönchengladbach 1991.

BUNDESMINISTERIUM FÜR WIRTSCHAFT (Hrsg.) (1996a): Anstehende große
Steuerreform - Gutachten des Wissenschaftlichen Beirats beim Bundesministerium für Wirtschaft, Studienreihe, Nr. 94/1996, Bonn 1996.

BUNDESMINISTERIUM FÜR WIRTSCHAFT (Hrsg.) (1996b): Die wirtschaftliche
Lage in der Bundesrepublik Deutschland 1996 (Monatsbericht), Heft 12,
Bonn 1996.

BUNDESMINISTERIUM DER FINANZEN (Hrsg.) (1997): Die Steuerreform für
Wachstum und Arbeitsplätze, „Petersberger Steuervorschläge" (Informa-
tionsbroschüre), Bonn 1997.

BURHOFF, A. (1983): Handbuch zu § 7b EStG, 8. Aufl., Berlin 1983.

CHRISTOFFEL, H. G. (1987): Einbeziehung von Anschaffungskosten für ein Erbbaurecht in die Bemessungsgrundlage der § 10e-Förderung, in: DB 1987,
S. 403 f.

CHRISTOFFEL, H. G./CREMERS, K.-H./JASPER, L. (1997): Wohnungsbauförderung
- Steuerliche Begünstigungen und Finanzierungshilfen des Bundes und der
Länder, Bonn 1997.

CLAUSEN, U. (1997): §§ 7b, 10g, 34f EStG, in: HERRMANN, C. / HEUER, G. /
RAUPACH, A. (Hrsg.): Einkommensteuer- und Körperschaftsteuergesetz -
Kommentar, Loseblattsammlung, 21. Aufl., Köln 1997, Stand Mai 1997.

CZISZ, K. (1994): Steuerliche Förderung des selbstgenutzten und unentgeltlich überlassenen Wohneigentums: § 10e, § 10h, § 34f EStG, § 7 FördG, 2. Aufl.,
Kissing 1994.

DEUTSCHER VERBAND FÜR WOHNUNGSWESEN, STÄDTEBAU UND RAUM-
PLANUNG (Hrsg.) (1960): Methoden der Eigenheimförderung, Köln 1960.

DIEMEL-METZ, D. (1996): Wann sind Herstellungskosten für eine selbstgenutzte Immobilie nach § 7 FördG begünstigt? - Anmerkungen zum Erlaß des Finanz-
ministeriums Brandenburg vom 19.3.1996; in: DStR 1996, S. 1641 f.

DRENSECK, W. (1986): Gestaltungsüberlegungen aus Anlaß der Neuregelung der
Nutzungswertbesteuerung, in: DStR 1986, S. 379 ff.

DRENSECK, W. (1987): Zur Selbstnutzung eines Einfamilienhauses, in: FR 1987, S. 354 f.

DRENSECK, W. (1995): § 7b EStG, in: SCHMIDT, L. (Hrsg.): Einkommensteuergesetz (Kommentar), 14. Aufl., München 1995.

DRENSECK, W. (1997): §§ 7, 7h, 7i, 10e, 10g, 10i, 21, 34f EStG, in: SCHMIDT, L. (Hrsg.): Einkommensteuergesetz (Kommentar), 16. Aufl., München 1997.

EGGESIECKER, F. (1986): Selbstgenutztes Wohneigentum - Neues Steuerrecht, neue Möglichkeiten, neue Beratungsschwerpunkte, in: FR 1986, S. 605 ff.

EHMCKE, T. (1986): Das Wohneigentumsförderungsgesetz: Darstellung des neuen Rechts und Gestaltungshinweise, München 1986.

ERHARD, G. (1997): §§ 10e, 10f, 10g, 10h, 10i EStG sowie EigZulG, in: BLÜMICH: Einkommensteuergesetz, Körperschaftsteuergesetz, Gewerbesteuergesetz - Kommentar (hrsg. von EBLING, K.), Loseblattsammlung, 15. Aufl., München 1997, Stand Februar 1997.

ERNST, P. (1982): Der Einfluß der Besteuerung auf den Erwerb inländischen privaten Wohneigentums, Hochschulschriften zur Betriebswirtschaftslehre, Band 4, München 1982.

FRIELE, K. (1983): Folgen aus der Entscheidung des BFH zur erhöhten Absetzung nach § 7b EStG für Wochenend- und Ferienhäuser sowie Ferienwohnungen, in: DStR 1983, S. 705 ff.

FUCHS, R. G./SCHABE, T. (1992): Konkurrenz und Synergien der §§ 10e und 10 f EStG bei Baudenkmälern, in: FR 1992, S. 770 ff.

FUCHS, R. G./SCHABE, T. (1993): Umgehung der Limitierung des Gesamtbetrags der Einkünfte im Rahmen des § 10e EStG durch getrennte Veranlagung, in: DStZ 1993, S. 174 f.

GABLOFFSKY, J. (1983): Zur Entwicklung von Steuervergünstigungen für Bauherren sowie Erwerber von Immobilien in der Bundesrepublik Deutschland, München 1983.

GdW (Hrsg.) (1993): Gesamtverband der Wohnungswirtschaft (Hrsg.): Positionen und Forderungen zum Wohneigentum und zur Wohneigentumsbildung, Köln / Wissen 1993.

GERHARDS, H./KELLER, H. (1996): Gabler-Lexikon Baufinanzierung von A bis Z, 5. Aufl., Wiesbaden 1996.

GERL, C./STURM, H. (1996): Die neue Wohneigentumsförderung auch für „besserverdienende" Unternehmer und Selbständige mit Hilfe der Ansparabschreibung nach § 7g Abs. 3 EStG, in: DStR 1996, S. 455 ff.

GLANEGGER, P. (1987): Anschaffungs- und Herstellungskosten bei Grundstücken und Gebäuden, in: DB 1987, S 2173 ff.

GLANEGGER, P. (1997): § 6 EStG, in: SCHMIDT, L. (Hrsg.): Einkommensteuergesetz (Kommentar), 16. Aufl., München 1997.

GOETZE, U./BLOECH, J. (1995): Investitionsrechnung: Modelle und Analysen zur Beurteilung von Investitionsvorhaben, 2. Aufl., Berlin u. a. 1995.

GRÄF, D. (1988): Handbuch der Rechtspraxis in der DDR, Düsseldorf 1988.

GREFE, C. (1995): Steuerliche Förderung selbstgenutzten Wohneigentums - Systematischer Grundriß der Regelungen des § 10e EStG und des § 34f EStG, in: SteuerStud 1995, S. 497 ff.

GREFE, C. (1996): Neuregelung der steuerlichen Wohneigentumsförderung - Eigenheimzulage und Vorkostenabzug, in: SteuerStud 1996, S. 154 ff.

GROB, H. L. (1989): Investitionsrechnung mit vollständigen Finanzplänen, München 1989.

GRUBE, G. (1991): Außenanlagen beim Wohngebäude und Einkommensteuer - Zur Beurteilung insbesondere von Hausgärten und der Grundstückseinfriedung, in: DStZ 1991, S. 97 ff.

GRUNDSCHOK, L. (1989): Miteigentum und § 10e EStG, in: FR 1989, S. 523 ff.

GRUNE, J. (1997): Überblick über das Jahressteuergesetz 1997, in: SteuerStud 1997, S. 56 ff.

GUMPP, T. (1991): Zum Begriff der unentgeltlichen „Überlassung" i. S. d. § 10e EStG, in: DStR 1991, S. 239 f.

GÜNTHER, K.-H. (1988a): Vorkostenabzug bei Ausbauten und Erweiterungen, in: DB 1988, S. 1089 f.

GÜNTHER, K.-H. (1988b): Förderung selbstgenutzten Wohneigentums - Kürzung der Bemessungsgrundlage bei einem steuerlich nicht anerkannten Arbeitszimmer?, in: DB 1988, S. 2330.

GÜNTHER, K.-H. (1990): Getrennte Veranlagung und § 10e EStG, Diskussionsbeitrag, in: FR 1990, S. 669.

GÜNTHER, K.-H. (1994): Unentgeltliche und teilentgeltliche Nutzungsüberlassung an nahe Angehörige, in: INF 1994, S. 80 ff.

GÜNTHER, K.-H. (1995): Die einkommensteuerliche Behandlung von Ferienwohnungen, in: INF 1995, S. 239 ff.

GÜNTHER, K.-H. (1997): Einkommensteuerliche Vergünstigungen durch Kinder, in: Die Steuerwarte 1997, S. 49 ff.

HAHN, G. (1990a): Die einkommensteuerrechtliche Behandlung von Baudenkmalen und Gebäuden in Sanierungsgebieten und städtebaulichen Entwicklungsbereichen nach dem Wohnungsbauförderungsgesetz (WoBauFG) einschließlich der Übergangsregelungen, in: DB 1990, S. 65 ff.

HAHN, G. (1990b): Steuerbegünstigung des selbstgenutzten Wohneigentums nach § 10e EStG, in: DB 1990, S. 2439 ff.

HANDZIK, P. (1990): Wohneigentumsförderung nach § 10e EStG - Steuer- und verfassungsrechtliche Probleme der Grundförderung und der Vorkostenregelung beim selbstgenutzten Wohneigentum, Köln 1990.

HANDZIK, P. (1995): Hinzuerwerb von Miteigentumsanteilen und Objektverbrauch bei § 10e EStG, in: DStR 1995, S. 825 ff.

HANDZIK, P. (1996): Das Eigenheimzulagen-Gesetz unter verfassungsrechtlichem Blickwinkel, in: DStZ 1996, S. 202 ff.

HANDZIK, P./MEYER, B. (1996): Die Eigenheimzulage: Neuregelung der steuerrechtlichen Förderung des selbstgenutzten Wohneigentums ab 1.1.1996, Bielefeld 1996.

HAUSEN, B./KOHLRUST-SCHULZ, M. (1996): Genossenschaftsförderung nach dem Eigenheimzulagengesetz auch für bloße Kapitalanleger?, in: FR 1996, S. 411 f.

HEINHOLD, M. (1996): Unternehmensbesteuerung, Band 3: Investition und Finanzierung, Stuttgart 1996.

HOFFMANN, W.-D. (1996): Abgrenzung zwischen Erhaltungs- und Herstellungsaufwand bei Gebäuden, in: DStR 1996, S. 1797 ff.

HORLEMANN, H.-G. (1986): Förderung von Wohneigentum ab 1987 - Beispiele und Probleme zur Neuregelung und zum Übergang, in: DStZ 1986, S. 523 ff.

HORLEMANN, H.-G. (1991): Der Abzug von Erhaltungs- und Herstellungsaufwand bei vermieteten und selbstgenutzten Immobilien, in: DStZ 1991, S. 133 ff.

HORLEMANN, H.-G. (1995): Die neue Wohneigentumsförderung, in: DB 1995, S. 2289 ff.

IDW (Hrsg.) (1997): Institut der deutschen Wirtschaft Köln: Zahlen zur wirtschaftlichen Entwicklung der Bundesrepublik Deutschland, Ausgabe 1997, Köln 1997.

IFO-INSTITUT (Hrsg.) (1996): ifo Wirtschaftskonjunktur, Monatsberichte des ifo Instituts für Wirtschaftsforschung 1996, Heft 12, München 1996.

INFRATEST (Hrsg.) (1994): Wünsche und Realisierungsmöglichkeiten des Eigentumserwerbs in den neuen Bundesländern, München 1994.

JACHMANN, M. (1995): Zur Behandlung der mittelbaren Grundstücksschenkung im Rahmen von § 10e EStG, in: DStR 1995, S. 515 ff.

JANKE, G. (1993): Das verliehene Nutzungsrecht und das damit verbundene separate Gebäudeeigentum am Eigenheim, Schweinfurt 1993.

JANSEN, R. (1996): § 2 EStG, in: HERRMANN, C. / HEUER, G. / RAUPACH, A. (Hrsg.): Einkommensteuer- und Körperschaftsteuergesetz - Kommentar, Loseblattsammlung, 21. Aufl., Köln 1997, Stand Mai 1997.

JASER, G./WACKER, R. (1992): Die neue Eigenheimbesteuerung, 6. Aufl., Freiburg/ Breisgau 1992.

JECHNERER, M. (1996): Neuregelung der Wohneigentumsförderung nach dem Eigenheimzulagengesetz und § 10i EStG, in: BB 1996, S. 401 ff.

JECHNERER, M. (1997a): Eigenheimzulagengesetz und § 10i EStG - Anwendungsfragen in der Praxis und Beispielsfälle, in: BB 1997, S. 913 ff. und 965 ff.

JECHNERER, M. (1997b): Genossenschaftsanteile nach § 17 EigZulG als attraktive Geldanlage, in: BB 1997, S. 1508 f.

KIESCHKE, H.-U. (1977): Der neue § 7b EStG, in: DStZ 1977, S. 419 ff.

KOLLER, A. (1990): Der Sonderausgabenabzug nach dem neuen § 10f EStG, in: DStR 1990, S. 128 ff.

KOLLER, A. (1992a): (Wieder-)Einführung des erweiterten Schuldzinsenabzugs für selbstgenutztes Wohneigentum, in: DStR 1992, S. 773 ff.

KOLLER, A. (1992b): Sonderausgabenabzug für unentgeltlich überlassene Wohnungen nach dem neuen § 10h EStG, in: DStR 1992, S. 844 ff.

KRUHL, A. (1997): Jahressteuergesetz 1997, in: BB 1997, S. 177 ff.

KÜPER, H./WERSCHMÖLLER, K. (1995): Die Neuregelung der Wohneigentumsförderung nach dem Eigenheimzulagengesetz, in: INF 1995, S. 737 ff.

LAMM, M. (1995): Gegenüberstellung von § 10e EStG und der geplanten Eigenheimzulage, in: NWB, Aktuelles 47/95, S. 3748 ff.

LANGE, H.-F. (1995): Doppelte Haushaltsführung und Grundförderung nach § 10e EStG - Zur Anwendbarkeit des § 10e Abs. 1 EStG auf eine aus beruflichem Anlaß am Beschäftigungsort hergestellte oder angeschaffte und unterhaltene Zweitwohnung, in: DStZ 1995, S. 584 ff.

LÄNGSFELD, H. (1977): Die einkommensteuerlichen Vorschriften des Gesetzes über steuerliche Vergünstigungen bei der Herstellung oder Anschaffung bestimmter Wohngebäude, in: DB 1977, S. 1331 ff.

LAUX, H. (1996): Vorsorgeaufwendungen 1996, in: BB 1996, Beilage 10/1996.

LEBERFINGER, S. (1990): Erhöhte Absetzungen für Baumaßnahmen an Gebäuden zur Schaffung neuer Mietwohnungen nach dem neuen § 7c EStG, in: DStR 1990, S. 170 ff.

LEU, D. (1991): Zweifelsfragen zu § 10e EStG, in DStZ 1991, S. 142 ff.

LEU, D. (1992): Folgeüberlegungen bei der Trennung von Ehegatten im Zusammenhang mit § 10e EStG, in: DStZ 1992, S. 177 ff.

LEU, D. (1994): „Restwert-AfA" bei § 7b-Objekten nach Ablauf des Begünstigungszeitraumes, in: DStZ 1994, S. 117 ff.

MÄRKLE, R. W. (1979): Die Steuern des Haus- und Wohnungseigentümers, Stuttgart u. a. 1979.

MÄRKLE, R. W./FRANZ, R. (1987): Selbstgenutztes Wohneigentum, 2. Aufl., Stuttgart u. a. 1987.

MÄRKLE, R. W./FRANZ, R. (1989): Die im Miteigentum mehrerer Personen stehende eigengenutzte Wohnung (Zugleich eine Besprechung des „Arbeitszimmer-Urteils" des BFH v. 12.02.1988 - VI 141/85), in: BB 1989, S. 258 ff.

MÄRKLE, R. W./FRANZ, R. (1991): Selbstgenutztes Wohneigentum (Bereits mit dem neuen § 10e-Erlaß), 3. Aufl., Stuttgart u. a. 1991.

MÄRKLE, R. W./FRANZ, R. (1992): Förderung von Wohneigentum nach dem Steueränderungsgesetz 1992, in: BB 1992, S. 963 ff.

MÄRKLE, R. W./FRANZ, R. (1994): Selbstgenutztes Wohneigentum, 4. Aufl., Stuttgart u. a. 1994.

MÄRKLE, R. W./FRANZ, R. (1995): Neuregelung der steuerrechtlichen Wohneigentumsförderung und Verbesserung der Bausparförderung, in: Die Steuerberatung 1995, S. 444 ff.

MÄRKLE, R. W./FRANZ, R. (1996): Selbstgenutztes Wohneigentum (Mit Eigenheimzulagengesetz), 5. Aufl., Stuttgart u. a. 1996.

MÄRKLE, R. W./WACKER, R./FRANZ, R. (1986): Die steuerliche Behandlung selbstgenutzter Wohnungen ab 1987 (Sogenannte Konsumgut- oder Privatgutlösung), in: BB 1986, Beilage 8/1986.

MEYER, B. (1987a): Die Neuregelung der steuerlichen Förderung eigengenutzten Wohneigentums gemäß § 10e EStG, in: FR 1987, S. 361 ff.

MEYER, B. (1987b): Zum Objektverbrauch gem. § 10e Abs. 4 und Abs. 5 EStG bei Ehegatten nach Wegfall der Voraussetzungen des § 26 Abs. 1 EStG, in: DStZ 1987, S. 168 ff.

MEYER, B. (1990): Nutzung zu eigenen Wohnzwecken als Voraussetzung für den Sonderausgabenabzug nach § 10e EStG, Anmerkung zum BFH-Urteil vom 13.8.1990, in: FR 1990, S. 645.

MEYER, B. (1991a): Zur steuerlichen Förderung eigengenutzten Wohneigentums gem. § 10e EStG (Anmerkungen zum neuen Einführungsschreiben des BMF vom 25.10.1990), in: FR 1991, S. 33 ff.

MEYER, B. (1991b): Neue Probleme bei § 10e EStG-Miteigentumsfällen, in: FR 1991, S. 677 ff.

MEYER, B. (1992a): Steuervorteile bei eigengenutztem Wohneigentum - Nachbesserungen durch das Steueränderungsgesetz 1992, in: FR 1992, S. 277 ff.

MEYER, B. (1992b): Zur Steuerbegünstigung unentgeltlich überlassener Wohnungen gemäß § 10h EStG, in: FR 1992, S. 389 ff.

MEYER, B. (1993): Rück- und Vortrag von Baukindergeld gem. § 34f Abs. 3 EStG - verfahrensrechtliche Fragen, in: FR 1993, S. 260 f.

MEYER, B. (1994a): Einzelfragen zur Wohneigentumsförderung gem. §10e EStG - Anmerkungen und Hinweise zum BMF-Schreiben vom 22.10.1993, in: FR 1994, S. 37 ff.

MEYER, B. (1994b): Die eigenartige Eigennutzung des § 10e Abs. 1 Satz 2 EStG - Überlegungen zum BFH-Urteil vom 26.1.1994 X R 94/91, in: FR 1994, S. 320 ff.

MEYER, B. (1995a): Grundförderung gemäß § 10e EStG bei teilentgeltlicher mittelbarer Grundstücksschenkung, in: FR 1995, S. 18 ff.

MEYER, B. (1995b): Steuerbegünstigung der Wohnung im eigenen Haus - Bemerkungen zum neuen § 10e-Erlaß vom 31.12.1994, in: FR 1995, S. 129 ff.

MEYER, B. (1996a): Die Neuregelung der privaten Wohneigentumsförderung - Ausgewählte Einzelfragen zum Eigenheimzulagengesetz und § 10i EStG, in: FR 1996, S. 45 ff.

MEYER, B. (1996b): Die Vorkostenfalle des § 52 Abs. 14 Satz 6 EStG - Diskussionsbeitrag, in: FR 1996, S. 98 f.

MEYER, B. (1996c): Neuregelung des Vorkostenabzugs gemäß § 10i EStG, in: FR 1996, S. 197 ff.

MEYER, B. (1996d): Eigenheimzulage: Höhe der Anschaffungs- oder Herstellungskosten als Fördergrenze (§ 9 Abs. 6 EigZulG), in: DStR 1996, S. 616 f.

MEYER, B. (1997): §§ 10e, 10f, 10h, 10i EStG, in: HERRMANN, C. / HEUER, G. / RAUPACH, A. (Hrsg.): Einkommensteuer- und Körperschaftsteuergesetz - Kommentar, Loseblattsammlung, 21. Aufl., Köln 1997, Stand Mai 1997.

MEYER, B./HANDZIK, P. (1996): Neuregelung der privaten Wohneigentumsförderung durch das Eigenheimzulagengesetz und § 10i EStG, in: DStR 1996, Beilage zu Heft 5/1996.

MEYER, B./RICHTER, H. (1991): Die steuerliche Wohnungsbauförderung: eigengenutzte Wohnungen - Mietwohnungen, Wohnungen mit Sozialbindung, Bielefeld 1991.

MÜLLER, W. (1990): Neuregelung der steuerlichen Förderung des selbstgenutzten Wohneigentums (Kommentierung der Neuregelung und der Übergangsregelung für Wohnungen im Privat- bzw. Betriebsvermögen), Wiesbaden 1990.

NEUE WEGE e. G. (Hrsg.) (1996): Die wohnungspolitische Alternative, Baugenossenschaft Neue Wege e. G. (Hrsg.), Augsburg 1996.

NEUFERT, S. (1980): Entstehungsbedingungen und Funktionen des Rechts der Eigenheimförderung, Frankfurt am Main u. a. 1980.

NIESKENS, H. (1989): Die Konsumgutlösung im Bereich der Immobilienbesteuerung: eine systematische Studie unter verfassungsrechtlichen Gesichtspunkten, Frankfurt am Main u. a. 1989.

OBERMEIER, A. (1988): Das selbstgenutzte Wohneigentum ab 1987 (Einkommensteuerliche Gestaltungs- und Steuersparmöglichkeiten), 2. Aufl., Herne/ Berlin 1988.

OBERMEIER, A. (1989): Nutzung zu eigenen Wohnzwecken; keine Ferien- und Wochenendwohnungen (§ 10e Abs. 1 Satz 2 EStG), in DStR 1989, S. 764 ff.

OBERMEIER, A. (1992): Das selbstgenutzte Wohneigentum (Einkommensteuerliche Gestaltungs- und Steuersparmöglichkeiten), 3. Aufl., Herne/Berlin 1992.

OLBERTZ, P. (1997): Abzug von Aufwendungen für das häusliche Arbeitszimmer - Das BFH-Urteil vom 27.9.1996 (VI R 47/96), in: BB 1997, S 1181 ff.

o. V. (1978): Nachträgliche Anschaffungskosten und Nachholung von erhöhten Absetzungen nach § 7b EStG, in: DB 1978, S. 517.

o. V. (1981): Nachholung von 7b-Absetzungen, in: DB 1981, S. 41.

o. V. (1982): Fragen zur Steuerermäßigung für Kinder bei 7b-Absetzungen (§ 34f EStG), in: DB 1982, S. 1646 ff.

o. V. (1986a): § 10e EStG - Folgeobjekte bei Ehegatten, in: DB 1986, S. 1547.

o. V. (1986b): Garagen und § 10e-Abzugsvergünstigung, in: DB 1986, S. 2258.

o. V. (1991): Zum Wohnungsbegriff i. S. des § 10e Abs. 1 EStG, in: DB 1991, S. 1252.

o. V. (1997a): Abgrenzung von Herstellungs- und Erhaltungsaufwendungen bei Modernisierung von Gebäuden, in: BBK 1997, Fach 13, S. 4013 ff.

o. V. (1997b): Bundeskabinett billigt Reform des Wohnungsbaurechts, in: FAZ vom 23.7.1997, S. 3.

o. V. (1997c): Koalition hält an großer Steuerreform fest, in: FAZ vom 1.8.1997, S. 1.

o. V. (1997d): Die großen Reformen stecken im Stau, in: Die Welt vom 1.8.1997, S. 14.

o. V. (1997e): Bundestag billigt Abschaffung der Gewerbekapitalsteuer - Koalition: Solidaritätszuschlag soll 1998 sinken, in: FAZ vom 6.8.1997, S. 1.

PAUS, B. (1989): Zweifamilienhäuser in Miteigentum - Einige Feinheiten der Wohnraumbesteuerung, in: DStZ 1989, S. 113 ff.

PAUS, B. (1990): Grundförderung bei Umzug in eine andere Wohnung, in: DStZ 1990, S. 434 ff.

PAUS, B. (1991): Miteigentum und 10e-Objektverbrauch bei Ehegatten, in: FR 1991, S. 199 ff.

PAUS, B. (1992a): Steuerliche Vergünstigung bei teilentgeltlichem Erwerb eines Einfamilienhauses, Anmerkung zum BMF-Schreiben vom 7.8.1992 (IV B 3 - S 2225a - 171/92): Teilentgeltlicher Erwerb eines § 10e-Objektes im Wege vorweggenommener Erbfolge; hier: Anwendung des BFH-Urteils (X-R-116/89) vom 7.8.1991 (BStBl. 1992 II S. 736), in: DStZ 1992, S. 41 f.

PAUS, B. (1992b): Steuerliche Förderung unentgeltlich überlassener Wohnungen, in: INF 1992, S. 196 ff.

PAUS, B. (1995): Unentgeltliches Überlassen oder entgeltliches Vermieten einer Wohnung an ein studierendes Kind, in: BB 1995, S. 1570 ff.

PAUS, B. (1996): Die neue Eigenheimzulage, in: Die Steuerwarte 1996, S. 61 ff.

PAUS, B. (1997): Änderungen im Erbschaft- und Schenkungsteuerrecht, in: Die Steuerwarte 1997, S. 97 ff.

PAUS, B./ECKMANN, G. (1991): Steuersparende Gestaltungen mit Kindern, Berlin 1991.

PFALZGRAF, H./MEYER, B. (1995): Schuldzinsen im Einkommensteuerrecht: rechtliche Grundlagen, Praxishinweise, Gestaltungsmöglichkeiten, Bielefeld 1995.

POHLMANN, H.-R. (1983): Erhöhte Abschreibungen für Wohngebäude (§ 7b EStG), 3. Aufl., Bonn 1983.

PRESSE- UND INFORMATIONSAMT DER BUNDESREGIERUNG (Hrsg.) (1996): Jahressteuergesetz 1997, Aktuelle Beiträge zur Wirtschafts- und Finanzpolitik, Nr. 18/1996, Bonn 1996.

PRINZ, U. (1990): Anschaffungsnaher Aufwand - aktuelle beratungsrelevante Aspekte, in: FR 1990, S. 632 f.

PUHL, E. (1986): Überblick über das Gesetz zur Neuregelung der steuerlichen Förderung des selbstgenutzten Wohneigentums, in: DStR 1986, S. 387 ff.

RAMISCH, G. (1995): Das häusliche Arbeitszimmer im Steuerrecht, 3. Aufl., Stuttgart 1995.

RICHTER, H./BOVELETH, K.-H. (1986): Die neue Wohnraumbesteuerung - Das Wohneigentumsförderungsgesetz: Leitfaden zur Änderung der Besteuerung von selbstgenutzten überlassenen Eigentumswohnungen, Ein- und Zweifamilienhäusern und Wohnungen in Mehrfamilienhäusern, Köln 1986.

RICHTER, H./WINTER, W. (1982): Die Kinderkomponente zu § 7b EStG nach dem neuen § 34f EStG, in: DStR 1982, S. 344 ff.

RITZMANN, P. (1987): Determinanten der regionalen Eigenheim-Bautätigkeit, Münster 1987.

SCHIEBEL, H. (1996): Finanzierung von Haus und Wohnung, 8. Aufl., München 1996.

SCHÜTZ, B. (1991): Kennziffermodell zur Beurteilung von Immobilieninvestitionen, Chur/Zürich 1991.

SEITHEL, R. (1979): Erhöhte Absetzungen nach § 7b EStG für Ausbauten und Erweiterungen bei entgeltlichem und unentgeltlichem Erwerb begünstigter Objekte nach dem 31.12.1976, in: DStR 1979, S. 428 ff.

SIEGLE, W. (1996): Neuregelung der privaten Wohneigentumsförderung - Grundfälle zum Eigenheimzulagengesetz, in: SteuerStud 1996, S. 322 ff.

SIEGLE, W. (1997): Neue Fälle zum Eigenheimzulagengesetz, in: SteuerStud 1997, S. 69 ff.

SÖFFING, G. (1977): Der neue § 7b EStG und die neuen §§ 14a, 14b und 15 BerlinFG, in: FR: 1977, S. 337 ff.

SPANKE, E. (1990): Neue Abschreibungsvergünstigungen für neue Mietwohnungen in bestehenden Gebäuden, in: DB 1990, S. 143 ff.

SPANKE, E. (1997): Die geplante Verlängerung der steuerlichen Förderung der neuen Bundesländer, in: DB 1997, S. 1246 f.

STATISTISCHES BUNDESAMT (Hrsg.) (1996): Konjunktur aktuell 1996, Heft 12, Wiesbaden 1996.

STEPHAN, R. (1986): Das Wohneigentumsförderungsgesetz, in: DB 1986, S. 1141 ff. und 1192 ff.

STEPHAN, R. (1987): Bauten auf fremdem Grund und Boden, in: DB 1987, S. 297 ff.

STEPHAN, R. (1991a): Erwerb eines Miteigentumsanteils an selbstbewohntem Wohneigentum vom Ehegatten, in: DB 1991, S. 15.

STEPHAN, R. (1991b): Die zusätzliche Förderung selbstbewohnten Wohneigentums bei Zuzug in die neuen Bundesländer (§ 10e Abs. 4 Sätze 7 bis 9 EStG), in: DB 1991, S. 1743 ff.

STEPHAN, R. (1992): Gestaltungsmöglichkeiten nach Einschränkung der Grundförderung durch § 10e Abs. 5a EStG 1992, in: DB 1992, S. 1493 ff.

STEPHAN, R. (1993): Die Besteuerung selbstgenutzten Wohneigentums, 4. Aufl., Stuttgart 1993.

STEPHAN, R. (1996a): Die Wohneigentumsförderung - Eigenheimzulage, Grundförderung und Übergangsregelungen (Titel früherer Auflagen: Die Besteuerung selbstgenutzten Wohneigentums), 5. Aufl., Stuttgart 1996.

STEPHAN, R. (1996b): Die Neuregelung der Wohneigentumsförderung, in DB 1996, S. 240 ff. und 298 ff.

STEPHAN, R. (1996c): Der Fördergrundbetrag nach § 9 Abs. 2 Satz 3 EigZulG bei Miteigentum, in DB 1996, S. 2458 ff.

STEPHAN, R. (1997a): §§ 10e, 10f, 10g, 10h EStG, in: LITTMANN, E. / BITZ, H. / HELLWIG, P. (Hrsg.): Das Einkommensteuerrecht - Kommentar zum Einkommensteuerrecht, 15. Aufl., Stuttgart 1997, Stand April 1997.

STEPHAN, R. (1997b): Jahressteuergesetz 1997 - Die Änderungen bei der Eigenheimzulage, in: DB 1997, S. 296.

STEPHAN, R. (1997c): Wirtschaftliches Eigentum bei Bauten auf fremdem Grund und Boden - Folgerungen aus dem BFH-Urteil vom 27.11.1996 (X R 92/92), in: DB 1997, S. 1049 ff.

STEUERREFORM-KOMMISSION (Hrsg.) (1997): Reform der Einkommensbesteuerung, - Vorschläge der Steuerreform-Kommission vom 22. Januar 1997 -, „Petersberger Steuervorschläge", Bonn 1997.

„ST. MARTIN" e. G. (Hrsg.) (1997): Genossenschaftsanteile als neue attraktive Anlageform - Prospekt und Satzung, Wohnungsgenossenschaft „St. Martin" e. G. (Hrsg.), Aschaffenburg 1997.

STUHRMANN, G. (1977): Gesetz über steuerliche Vergünstigungen bei der Herstellung oder Anschaffung bestimmter Wohngebäude (§ 7b-Abschreibungen auch von Altbauten), in: BB 1977, S. 1035 ff.

STUHRMANN, G. (1986a): Das Wohneigentumsförderungsgesetz - Neue steuerrechtliche Behandlung der selbstgenutzten Wohnung, in: DStZ 1986, S. 263 ff.

STUHRMANN, G. (1986b): Einkommensteuerliche Behandlung von Gebäuden auf fremdem Grund und Boden, in: FR 1986, S. 410 ff.

STUHRMANN, G. (1987a): Anwendung des § 10e EStG bei Wohneigentumserlangung nach § 95 Abs. 1 BGB, in: DStZ 1987, S. 547 f.

STUHRMANN, G. (1987b): Aufwendungen für ein Erbbaurecht als Grundstücksanschaffungskosten i. S. des § 10e EStG?, in: DStZ 1987, S. 612 f.

STUHRMANN, G. (1988): Zur Anwendung des § 10e Abs. 6 EStG - Zweifelsfragen -, in: DStR 1988, S. 308 ff.

STUHRMANN, G. (1990): Einkommensteuerliche Vergünstigungen bei Baudenkmalen unter Berücksichtigung der Regelungen durch das Wohnungsbauförderungsgesetz, in: DStZ 1990, S. 107 ff.

STUHRMANN, G. (1992): Steuervergünstigung für weder zur Einkunftserzielung noch zu eigenen Wohnzwecken genutzte Baudenkmale und sonstige Kulturgüter (§ 10g EStG), in: DStR 1992, S. 534 ff.

STUHRMANN, G. (1996): Neuregelung der steuerrechtlichen Wohneigentumsförderung, in: NWB 1996, Fach 3, S. 9613 ff.

STUHRMANN, G. (1997a): §§ 7b, 10e, 10f, 34f EStG, in: HARTMANN, A./ BÖTTCHER, C./ NISSEN, K.H./BORDEWIN, A. (Hrsg.): Kommentar zum Einkommensteuergesetz, Loseblattsammlung, Heidelberg, Stand April 1997.

STUHRMANN, G. (1997b): § 7 FördG, in: BLÜMICH: Einkommensteuergesetz, Körperschaftsteuergesetz, Gewerbesteuergesetz - Kommentar (Hrsg.: EBLING, K.), 15. Aufl., Loseblattsammlung, München 1997, Stand Februar 1997.

STUHRMANN, G. (1997c): Abgrenzung von Herstellungs- und Erhaltungsaufwendungen bei Instandsetzung und Modernisierung von Gebäuden, in: BB 1997, S. 658 ff.

SUTER, R. A. (1995): Anlageentscheide bei Immobilien - Empirische Analyse bei Immobilienfonds, Lebensversicherungen, Pensionskassen und Anlagestiftungen in der Schweiz, Bamberg 1995.

TRAXEL, W. (1991): Abzugsbetrag und Objektverbrauch bei Miteigentümern (§§ 7b, 10e EStG), in: DStZ 1991, S. 737 ff.

TRAXEL, W. (1996): Die Eigenheimförderung nach dem Eigenheimzulagengesetz unter besonderer Berücksichtigung getrennt lebender und geschiedener Ehegatten, in: BB 1996, S. 510 ff.

TROMPETER, F./LEHMANN, F. (1996): Eigenheimzulage oder Sonderausgabenabzug? - Eine ökonomische Analyse des Wahlrechts für 1995 -, in: DStR 1996, S. 1783 ff.

UNVERICHT, W. (1988): Der Anteil einer zu eigenen Wohnzwecken genutzten Wohnung (§ 10e Abs. 1 Satz 5 EStG), in: DStR 1988, S. 627 ff.

VOLZ, W. (1990): Die Besteuerung privaten Wohneigentums unter besonderer Berücksichtigung der Selbstnutzung - eine ökonomische Analyse alternativer Rechtsetzungen, Frankfurt am Main u. a. 1990.

WACKER, R. (1994): Aktuelle Fragen zu § 10e EStG: Begrenzung des Vorkostenabzugs durch das StMBG - Das BMF-Schreiben vom 22.10.1993, in: BB 1994, S. 977 ff.

WACKER, R. (1996): Kommentar zum Eigenheimzulagengesetz, München 1996.

WAGNER, K.-R./LORITZ, K.-G. (1993): Konzeptionshandbuch der steuerorientierten Kapitalanlage, Band 1: Immobilienanlagen - Baumodelle, München 1993.

WEWERS, O. (1991): Steuervergünstigungen nach dem Gesetz über Sonderabschreibungen und Abzugsbeträge im Fördergebiet (Fördergebietsgesetz), in: DB 1991, S. 1539 ff.

WEWERS, O. (1992): Steueränderungsgesetz 1992: Die Änderungen bei der steuerlichen Förderung des Wohneigentums und der Instandsetzung und Instandhaltung von Kulturgütern, in: DB 1992, S. 704 ff. und 753 ff.

WICHMANN, G. (1991): Der Bauherr im Einkommensteuerrecht, in: BB 1990, S. 589 ff.

WINKELJOHANN, N. (1997): § 6 EStG, in: HERRMANN, C. / HEUER, G. / RAUPACH, A. (Hrsg.): Einkommensteuer- und Körperschaftsteuergesetz - Kommentar, Loseblattsammlung, 21. Aufl., Köln 1997, Stand Mai 1997.

WISSENSCHAFTLICHER RAT DER DUDENREDAKTION (Hrsg.) (1990): Fremdwörterbuch, DUDEN Band 5, 5. Aufl., Mannheim u. a. 1990.

ZENS, D. (1993): Föderales Konsolidierungsprogramm: Die Änderungen bei der Steuerbegünstigung der zu eigenen Wohnzwecken genutzten Wohnung im eigenen Haus nach § 10e EStG, in: DB 1993, S. 1539 ff.

Stichwortverzeichnis

Abgeschlossene Wohneinheit 110, 293
Absetzungen
- erhöhte 14, 29
- vom Restwert 14, 33
Abzugsbetrag 41, 73, 84, 112, 117, 123, 128
Altbau 76, 160, 255
Altbausubstanz 58, 109, 112, 146, 160
Altschuldenhilfegesetz 134
Anbau 34, 109, 283, 287
Angehörige 21, 108, 143
Anschaffung 279
Anschaffungskosten 279, 294
- des Grund und Bodens 279, 294
- nachträgliche 23, 57, 86, 147
Anschaffungsnaher Aufwand 279, 294
Anspruchsberechtigte 15, 42, 88, 95, 99, 108, 116, 122, 126, 135, 168, 178
Anteil
- Miteigentum 290
- Genossenschaften 177, 270
Arbeitszimmer 21, 61 f., 111, 150
Aufstockung 283
Ausbau 280
Außenanlagen 57

Bauantrag 281
Baugenehmigung 25, 73, 134, 158
Bauherr 281
Baukindergeld 35, 99, 212
Baunebenkosten 289
Begünstigungszeitraum 24, 63, 129, 150
Bemessungsgrundlage 22, 55, 112, 117, 123, 128, 146

Carport 283

Dachgeschoßausbau 47, 109, 280, 287
Damnum/Disagio 92, 97, 173, 295
Dingliche Rechte 281
Doppelte Haushaltsführung 52, 72, 101, 143, 157

Ehegatten 27, 71, 157, 240
Eigenheim 281
Eigenheimzulage 159 ff.
Eigenleistungen 56, 109, 161, 295
Eigentum 281
Eigentumswohnung 282
Einbaumöbel 23, 56, 295
Einfamilienhaus 282
Einkommensgrenzen 4, 135, 202, 211
Einkunftsgrenze 65, 89, 94, 105, 113, 152, 174, 235, 272
Einzelrechtsnachfolger 16, 44, 59, 88, 136, 174
Erbauseinandersetzung 282
Erbbaurecht 282
Erbbauzins 96
Erbe 16, 67, 86, 88, 137
Erbfall 16, 26, 45, 59, 68, 79, 136, 148
Erhaltungsaufwand 282
Erstarrungsprinzip 17, 46
Erstobjekt 19, 49, 97, 100, 141, 175
Erweiterung 283
Erwerb 284
- entgeltlich 284
- teilentgeltlich 284
- unentgeltlich 284
Erwerber 284

Ferienhaus/-wohnung 285
Fertigstellung 285
Finanzierungshilfen 3, 9
Folgeobjekt 19, 49, 97, 100, 141, 175
Förderausschlüsse 25, 65, 152
Fördergrundbetrag 135, 159
Förderinstrumente 2, 7 ff., 221
Fördermittel 3
Förderrichtlinien 3
Fördersysteme 8, 10, 12
Förderung
    - des Wohneigentums 14, 41, 132
    - des Wohnungsbaus 1
    - staatliche 2
    - steuerliche 4
Förderzeitraum 24, 63, 129, 150
Fremdnutzung 53

Garage 18, 21, 47, 57, 61, 63, 105, 138,
    284, 294
Gebäude 286
    - auf fremdem Grund und Boden
    44, 150, 286 f.
Gebäudeteile 17, 46, 116, 122, 163, 281
Geldbeschaffungskosten 96, 114, 292,
    295
Gemischte Schenkung 149
Genossenschaftsanteile 177
Genossenschaftszulage 177
Gesamtrechtsnachfolge/r 16, 23, 26, 45,
    59, 67, 79, 86, 88, 136, 149, 174
Grund und Boden, Kosten für 279, 294
Grundbuch 286
Grundbuchamt 294
Grundförderung 42
Grundstück 286
Grundstückskosten 55, 146

Herstellung 287
Herstellungsaufwand 287
Herstellungskosten 288
    - nachträgliche 23, 57, 86, 147

Immobilien 289
Instandhaltung 282
Investitionsgutlösung 14

Kalkulationszins 192
Kauf 289
Kaufvertrag 289
Kegelbahn 22, 56
Keller 21, 47, 61, 138, 280, 293 f.
Kinderkomponente 132, 191
Kinderzulage 168
    - Genossenschaftsanteile 170, 179
Konsumgutlösung 41, 56

Lebensführung, private 56, 294

Mehrfamilienhaus 17, 28, 61, 83
Mieter, Wohnungskauf 134, 176
Miteigentum 289
Miteigentumsanteil 290
Mittelbare Schenkung 45
Modernisierung 2, 58, 115, 117, 128,
    148, 177, 288

Nachholung 32, 84
Nebenräume 21, 47, 280, 293
Negativbescheinigung 73
Neubau 130, 159, 167, 250
Niedrigenergiehaus 167
Nießbrauch 290
Notarielle Beurkundung 290
Nutzfläche 21, 61
Nutzungsformen 20, 51, 110, 143

Nutzungsrecht 286
Nutzungswert 30, 35 ff.
Nutzungswertbesteuerung 37

Objekt 291
Objektbeschränkung 121, 125
Objektverbrauch 25, 66, 113, 120, 154
Ökologische Maßnahmen 165, 268

Privatgutlösung 41

Räumlicher Zusammenhang 59, 67,
    110, 121, 139
Rohbau, Erwerb 72

Sauna 22, 56 f., 296
Schönheitsreparatur 280
Schuldzinsen 37 f., 91, 292
Schuldzinsenabzug 94
Schwarzbauten 73, 158
Schwellenhaushalte 133, 214, 229
Schwimmbad/-becken 22, 48, 56 f., 296
Solaranlagen 166 f., 193
Sonderabschreibungen 3 ff., 34, 125 ff.
Sonderausgabenabzug 11, 41

Übergangsregelung 37 ff.
Umbau 46, 109, 138, 148

Verkehrswert 291
Vorbehaltsnießbrauch 16
Vorkosten 291
Vorkostenpauschale 173
Vorweggenommene Erbfolge 291

Wahlrecht 41, 108, 133, 137, 170
Wärmepumpen 166, 193
Wärmerückgewinnung 166, 193

Waschküche 21, 47, 61, 138, 293 f.
Werbungskosten 291
Wesentlicher Bauaufwand 47, 280
Wintergarten 47, 118, 284
Wirtschaftliches Eigentum 292
Wochenendhaus/-wohnung 293
Wohneigentum 1 ff.
Wohneigentumsförderung 14, 41, 132
Wohnfläche 47, 61
Wohnrecht 16, 281
Wohnung 293
Wohnungsbau 1 ff.
Wohnungsbauförderung 1 ff.
Wohnungsüberlassung
    - an Angehörige 53, 108, 144
    - an Fremde 53
    - an Kinder 54, 106, 169
    - unentgeltliche 53, 108, 144
Wohnzwecke 293

Zulage
    - Eigenheim 132
    - Genossenschafts 177
    - Kinder 168
    - ökologische 165
Zuschüsse 3, 40, 57, 78, 112, 117 f.,
    124 f., 128, 147, 167, 180
Zweifamilienhaus 294
Zweitwohnung 72, 101, 157